中國政治思想史

（下）

張金鑑著

學歷：美國士丹福 (Stanford) 大學政治學系
學士、政治研究所碩士
經歷：國立政治大學教授先後兼政治學系主任
、政治研究所主任、公共行政研究所主
任、財政部簡派專門委員及高等考試典
試委員、立法院立法委員、教育部學術
審議委員、中華學術院行政管理研究所
理事長、國立中興大學兼任教授

三民書局印行

中國政治思想史　／張金鑑著 - - 初版 - -
台北市：三民，民78
3 册；（〔13面〕，〔2040面〕）；21公分
參考書目：面2041—2067
含索引

1. 政治—哲學，原理—中國　I 張金鑑著
570.92/8766

中國政治思想史（下）

作者　張金鑑
校訂者　朱浤源
發行人　劉振強
出版者　三民書局股份有限公司
印刷所　三民書局股份有限公司
地址／臺北市重慶南路一段六十一號
郵撥／〇〇〇九九九八－五號
初版　中華民國七十八年一月
編號　S 57075
基本定價　拾元
行政院新聞局登記證局版臺業字第〇二〇〇號

中國政治思想史（下）
編號　S 57075
三　民　書　局

下册　專制時期至國民革命

第七編　專制時期（上）（西元五八九—一二七六）

附錄

下册　專制時期至國民革命

第七編　專制時期（上）（西元五八九—一二七六）
——隋、唐、宋時代

第五十三章　專制國家的形成

第一節　專制國家的性質

一、**專制國家的經濟基礎**——在霸權國家時代，中間經過西晉與北魏的兩度統一，經遭破壞的農業，漸有恢復趨勢；豪宗大族的塢堡莊園及勢力所及的範圍內，復努力經營，生產量額亦有增加。農業經濟的發展，自可以促進商業的興盛。因商業的增進與交換又增進各地方間的相互依存。加以因戰爭的頻仍與軍隊的調動，使國內交通益形便利；於是隋唐統一的基礎得以奠定。史稱「隋文帝開皇時，百姓承平漸久，雖遭水旱，而戶口增加，諸州調物，每歲河南自潼關，河北自蒲坂，至於京師，相屬於道，晝夜不絕。」（《隋書》卷二四，食貨志）煬帝卽位，亦因「戶口益多，府庫充溢，乃除婦人及奴婢部曲之課。」（《文獻通考》田賦考）隋代大開河渠，鑿馳道，通南洋航線，擴西域交通，皆適應經濟上的需要，有利國家統一。

唐承隋業，乘此社會經濟繼續發展，府庫日充，國勢日强，君主權力益强，統一基礎更厚。唐以後至清達一千多年之久，除中間僅有五代短期的戰亂外，並無長期的分割，中間亦無權臣篡弒之亂。唐於地方設各種「使」官，如巡察使、按察使、觀察使，監督地方，削弱其權勢。又有度支營田使、租庸使、轉運使、鑄錢使，直接主辦中央財政。至宋代中央集權益甚，以朝臣出爲知府、知縣不去底缺，地方完全淪爲中央工具。元設行中書省、行御史臺、行樞密院；明清省設布政使、總督、巡撫、按察使，府縣分設知府、知縣，中央對地方的控制權益加强大。大非秦、漢郡守、縣令、長之比矣。

經濟發達、財富集中、商業興盛，稅收增多爲國家統一、中央集權的重要因素。《唐會要》卷三，崔融曰：「天下諸津，舟艇各給郡名，並標明產物名稱於楸上，舟航所聚，洪舸鉅艦，千軸萬艘，交貨往還永日昧旦。」廣陵郡船堆積錦、鏡、銅器、海味；丹陽郡船堆積京口綾紗緞；晉陵郡船堆積綾綉；會稽郡船堆積吳綾絳紗；南海郡船堆積瑇瑁、珍珠、象牙、沉香；豫章郡船堆積名瓷、酒器、茶釜、鐺、盌；宣城郡船堆積香石、紙、筆、黃連（《唐書》卷五二，食貨志）。商貿繁盛，經濟富裕，可以想見。

唐代通商大埠西東兩京外，尙有太原、范陽、涼府、汴州、益州、瓜州。交通驛路，重要者有長安、鳳翔、成都線；長安、丹江、荊江、長沙、廣西、安南線；長安、洛陽、山東線；長安、太原、范陽線。天下驛路舍館凡一千六百三十九所，水驛二百六十所，陸驛一千二百九十七所，水陸兼驛八十三所，而驛路擁擠，進退不得，日向暮，官私客旅，群隊鈴鐸數千（李肇《國史補》上）。商業繁榮，交通發達，政府財政收入上，鹽稅、商稅、酒稅、關稅、鑛稅、間架稅、典當稅，皆佔重要比重（《通典》卷七）。重要國際商埠有廣州、揚州、泉州等地。「廣州通海夷、至獅子國，又西四日行經沒來，南天

竺之最南國，從沒來國至烏剌國皆緣海東岸行。」（《新唐書》地理志，卷四三）

唐代國內外貿易均繁盛，硬幣既不便携帶又不敷用，於是紙幣出現。紙幣首用於高宗時，永徽間印行「大唐寶鈔」，數下載十貫。武室會昌中又發行九貫及一貫兩種，飭行天下，任民使用，僞造者斬。另有「飛錢」及「便換」，猶如今日的滙票（《新唐書》卷五二，食貨志）。此外尚有私人所設之存放錢組織曰櫃坊及邸店，類似今日錢莊或銀行（《太平廣記》卷三百）。德宗爲籌措軍費曾扐對僦櫃質庫四之一，得錢二百萬貫（《唐書》卷十二）。此外，外國商人作貨幣兌換及存放之用者，有波斯人和阿拉伯人所開「波斯店」，卽外國銀行。

宋、元兩代商業較之隋、唐，又趨進步，故能繼續維持統一與集權專制。宋代國內重要商埠，北宋爲汴京，南宋爲臨安。沿海商埠有廣州、泉州、明州、杭州、華亭、上海、溫州、還浦、密州，爲國際貿易中心。內地航運要衝，推揚州、眞州、楚州、泗州、虔州、江陵、婺州、臺州、潭州、吉州、嘉州、鳳翔、斜谷等地。各地貿易商業均甚可觀。開封爲漕運中心，「處四達之會，故建爲京都，政教所在，五方雜處。」臨安人口富庶，街市櫛比，分爲十市區，城內外溝澮甚多，橋梁約二千。廣州爲對外貿易中心，設提擧市舶司。泉州爲國際貿易良港，地位重要，不在廣州之下（《宋史》卷八五，地理志）。消費稅和田賦佔同等地位，徵稅客體爲鹽、茶、酒、麵、醋、香、礬丹、錫、鐵十種貨品。征收市商稅都市有三百餘所，商稅收入，亦實龐大。熙寧十年，每年商稅各收四十萬者三處；歲各二十萬者五處；歲各十萬者十九處；歲各收五萬以上者三十一處；歲各收一萬左右者七十三處（《文獻通考》卷十四，征榷考）。

元以蒙古人入主中國，憑其威勢，建立兼跨歐、亞、非三洲的大帝國，版圖廣大，權力集中，國內外貿易益盛達，其商業所及達於花剌子模（今阿富汗）、木剌夷（裏海南岸）、欽察（黑海東北）、康里（鹽海、裏海東岸）、西遼（蘇屬中亞細亞）、報達（米索波達米亞）及歐洲俄羅斯。中外交通頻繁，外國人來中國互市者甚衆，並有就仕者，馬哥孛羅與蒲壽庚便是著例。馬哥孛羅著《東方見聞記》，盛道中國繁榮富庶與美麗，甚是動人，傳至歐洲。

元代內地商業亦甚發達，從其商稅徵收上可以見之。元制「凡商賈之稅，歲有定額，謂之常課，無定額者謂之額外課，有溢額者別作增餘，立征收課稅所。凡倉庫院務官，選有資產及謹飭者充之。至元七年，申明三十分取一之制，以銀四萬五千錠爲額。」（《新元史》卷七十三，食貨志）各地商稅相加爲數至鉅，《元史》卷九四，食貨志，皆有詳數記載，幅長不贅述。

宋元兩朝國內外貿易十分盛達，硬幣既不便又不敷用」，於是有鈔法的施行。宋代紙幣有會子、交子、關子、湖會、錢引諸種。會子、交子取法於唐之飛錢。眞宗時「張詠鎭蜀，患蜀人錢重，不便貿易，設質之法，一交一緡，以三年爲界而換之，六十五年爲二十二界謂之交子。轉運官薛田、張若谷請置益州交子務，以榷其出入，私造者禁之。」（《續文獻通考》卷十一，錢幣考）神宗時，曾將交子法推行於河東、陝西。蔡京當國，交子改曰錢引，當時除閩、浙、湖廣外，全國通行。大觀元年詔政四川交子務爲錢引務。南渡交子改曰會子又曰關子。高宗紹興元年詔：「有司因婺州屯兵，請椿辦合用錢，而路不通舟，錢重難致，乃造關子付婺州，召商人入中執關於榷貨務取錢；願得香貨鈔引者聽，於是州縣以關子充糴本。」（《宋史》卷一七九，食貨志）會子的發行數量甚鉅。會子發行每歲以百二十五萬六千三百四十緡爲定額。元代強行紙幣專用政策。元太宗八年詔造交鈔行。憲宗三年立交鈔提舉司，印鈔以助用。中統元年行中統寶鈔，票額分十貫至二千貫九種。世祖二十四年更改造至元寶鈔。武宗至大二年循舊典造至大銀鈔。元代鈔法雖亂，然印行流通之廣，實商業上資本需要有以促成之（《元史》卷九四，食貨志）。

明、清兩朝對商業與交通雖少積極開拓與突破性的建樹，然因泰西各國勢力的東漸，比之唐宋經濟與貿易反益見宏大。明代因受海盜及倭寇的侵擾，曾禁止國人作海上航行，但此禁令並未能貫徹，廣州、泉州、寧波仍爲國際貿易中心，至爲繁盛。明太祖洪武三年於此三處設市舶司。成祖永樂三年命內臣提督之。廣州市舶司掌與占城、暹羅及西洋諸國通商事；泉州市舶司掌與琉球通商事；寧波市舶司掌與日本通商事。武宗正德六年葡萄牙人始來中國通商。神宗萬曆八年（西元一五八〇年）西班牙派使節來華，貢獻方物；二十九年（西元一六〇一年）荷蘭人駕大艦泊香山。光宗泰昌元年（西元一六二〇年）英艦亦過澳門，對外貿易興盛於此可見（《明史》卷三二三）。至於三保太監鄭和之率艦隊下西洋，事經三朝，奉使七次，經三十餘國，更屬事績輝煌。明代國內交通亦甚進步，陸路有驛站之制，水道有漕運之法，當時運河往來船隻甚多，英宗天順間，官船有一萬七千一百七十隻；私人船隻不在其內（《明史》卷八十五，食貨志）。

清代政策雖不鼓勵對外貿易，西勢東移，無力阻止，外商仍蜂湧而至。鴉片戰爭後，海禁大開，外船來中華者甚衆。穆宗同治三年輸入總值五一、二九三、五七八關銀；同治九年增至六三、六九三、二六八關銀；德宗光緒二十六年爲二一一、〇七〇、四三一關銀；宣統二年爲四六二、九六四、三二四關銀。因外貿刺激，國內工商業亦因之發達。至於現代化的交通設備，如鐵路、汽船、郵政、電訊等亦次第採行，且有大規模的興建。但國際貿易入超甚大，國內建設多仰給外債。所以自隋、唐經濟發達以來，遭到打擊。在遭受商敵的歷年的侵略下，淪爲次殖民地經濟。於是內有太平天國之叛亂，外有帝國主義砲艦攻勢之侵略，對外作戰，地方封疆大吏竟聯合倡局外中立，成何體統？中國欲進一步建設現代統一的民族自立國家，仍須勇往邁進，自立更生，推行工業革命，使生產科學化，分配社會化，政治民主化，加强經濟力量與基礎，鞏固國家統一的基礎。

二、專制國家的性質——自隋唐至明清，中國的經濟貿易的發達，促成國家的統一。在這種經濟情形下是產生中央集權和專制君主的大好環境及有利條件。由於漕運及交通的發達，大量餉糈可以集中於京師；貨幣流通廣，商稅徵收多，中央政府乃能大量控制金錢，且可發行硬幣及紙幣。這是豢養大量常備軍隊及地方官員最有力的工具。兩漢的君主廢立，六朝的豪强奪位，隋唐至明清即未再見。

財權集中的結果，使軍隊完全僱傭化，軍權直接控制於中央，君主與軍隊的關係制度化。秦漢兵權以地方勢力爲主，六朝兵制係以私人關係結合。這些軍隊是皇帝的僱兵，付錢卽來，無餉卽去。宋太祖能以杯酒釋兵權，係運用其金錢的力量，故語曹彬曰：「人生何必將相，不過多錢耳。」專制君主爲行使其絕對統治權，便運用科學制度，使官員成爲君主的忠實臣僕，聽從君主的指揮與呼喚，形成層級節制完整體系，最後權力掌於君主，如此則結合經濟、軍事、政治三權於一體。專制君主於是形成。

宋專制權力的運用，靠「官」、「差」區分的特派制度。地方官員以朝臣出任不去底缺，朝臣是本職，地方事務祇是差使。地方官員完全是中央代表對皇帝負責，以中央之意志爲意志，地方政府無獨立自治的法人資格。爲貫徹君主專制，地方官員變動吏員亦大受限制，防止其任用私人，造成個人勢力。胥吏係世襲或採師徒制，地位率爲終身職，故當時有「官無封建，吏有封建」的怨言（《葉水心集》卷三，論胥吏）。

元統一中國後，其政權仍爲專制性質，政治措施，多因沿於宋世。地方政務由中央特派的行中書省、行御史臺、行樞密院等以主持之，中央集權較前未減。明清兩朝的總督、巡撫照例兼中央官位，如兵部尚書或侍郎，仍是宋代特派制的含義。各省主要官員如布政使、按察使、提學使，完全對中央負責，因其爲使臣，非地方首長。元朝以習儒的知識分子奴隸性不足，多以奴隸性更深的刀筆吏爲官，謀作專制集權的更有效控制。故《元史》稱：「天下習儒者少，而由刀筆吏得官者多。」

明太祖殘酷寡恩，以匹夫恢復中原，乃厲行中央集權政策，而造成强固的專制君主制。在行政上又對其臣僚作無情、無理的刻薄待遇，以養成其絕對的服從性。對貪污至六十兩以上之官，則梟首示衆，並剝實草，懸於公座傍，以示觸目驚心。明世苛待文人，殘殺官吏爲前代不曾有之烈。皇帝對臣屬並不重視其人格，輕視之如奴隸，常撒錢於地，令群臣俯拾，謂之「恩典」。官吏可以隨時被捕，任意廷杖，太監亦可予以辱罵。這是專制集權的高度運用。

滿清以異族入統中國，政治上的集權運用，行政上是奴化的措施，比之明朝實又過之。康熙、雍正各帝大興文字之獄，廣事株連，對官員士子大肆殺戮、恐嚇及壓迫，使之俯首貼耳，作忠實的奴隸服從。所有宋、元、明三朝的專制、集權及奴化臣民的政策皆採行之。這時統治大權雖完全集中於皇帝，但支持行政及推行事務的人員，在上者是奴隸成性的腐儒，在下者是墨守成規的胥吏。專制政權過度發達，習慣僵化，精神不振，徒留軀殼，其基礎日見脆弱，於是民族革命義旗一舉，全國響應，清社以斬。現代化的民族共和的民主國家得以產生。這一階段國家的發展端在提高教育，完成產業革命，增加生產，平均財富，解決民生，力行民主憲政與法治。

第二節　專制國家的君權

一、**絕對的專制君主**——封建國家的天子，政治權力，不出王畿。諸侯多爲其舅伯，事實上他不過是一名義領袖。漢代的君主是一超然王權，地位維持重在調和，政治重心在於豪强的大商賈與大地主，君主在保持這兩大勢力的利益平衡。霸權國家的霸主，政權奪取，憑其暴力，竊挾利用，在多種勢力均衡下，維持其存在。只有專制國家的君主，以財權的大量掌握，軍隊的傭傭化，及官員的服從，能對全國上下作有效的控制。這種形勢的統治，不是封建式的聯合，亦不是階級利益的調和，或霸權式的勢力均衡，而是「唯我獨尊」、「泰山壓頂」、「一把抓」的集權統一。這種專制君主的形成和政權基礎，可從三方面予以說明：

1.隋唐以後的君主對其臣民可以擅作威福，妄行殺戮，乃前此所不多見。前此縱有類似的殺戮，多在鼎革之際或變亂中，性質是平等的敵對，或在變亂中的肆殺，至於在平時，君主對臣下的殺戮，乃是隋、唐以後的事。隋文帝卽是猜忌殘酷，妄殺臣屬的專制君主。上柱國梁士彥、宇文忻、劉昉被隨意加以罪名殺死。楚州參軍李君才被殺於任內，大將軍賀若弼以矜功而除名。虞慶則、史萬歲亦是佐命功臣，同遭殺害。武則天以女主陰謀，妄行殺戮，肆虐海內，刺史劉思禮、同平章事李元素、孫元通等三十六家族誅，最爲慘酷。明太祖刻薄寡恩，獨斷專行，固爲苛求，誅殺臣民。胡惟庸、藍玉之獄，株連被誅殺者，四萬餘人。廖永忠功勳甚大，周德興年歲最高，以僭用龍鳳、其子亂宮諸細故均賜死。且時發文字之禍，以鎭壓人心。浙江府學教授林元亮作增俸表，表內有「作則重憲」，常州府學訓導作正旦賀表，表內有「睿性生智」，以「則」音嫌於「賊」，「生」音嫌於「僧」，均遭誅殺。滿淸以異族入主中原，對臣民常妄加殺妄，以爲鎭壓，時興文字獄，廣事株連，莊廷鑨《明史》之獄，戴名世《南山集》之獄，胡中藻堅磨生之獄，卽其中之較著者。金聖嘆（本姓張名采）以諸生訐吳縣令不法事，群生哭文廟，十七人坐斬，籍其家。張煌言以舉人起義被處死。

2.秦漢時代的宰相，論道經邦，燮理陰陽，國家大事，經由群臣集議，宰輔地位重要，猶如今日的「責任內閣制」下的總理或首相，相權甚重。在魏晉南北朝，相職輕重高下，未可一概而論，然總括言之，宰輔地位每爲權臣篡奪的厲階或憑藉，是相職亦不可等閒視之。但自隋、唐以後，則君權重而相權輕，宰相不足以牽制君主，於是君主乃能爲所欲爲，形成專制局面。唐、宋的宰輔職位，一方面權力分散相互牽制，不能發揮强大效能；一方面又名分顚倒錯亂，職與權不相符，非經皇帝特別指定，不能成爲眞宰相。就分散牽制論，尙書、中書、門下三省共議國事，權力相若各不相下，無異「一國三公」，議而難決，實行困難。同時又有學士院爲「內相」，又樞密院掌軍事，轉運使和度支使爲「計相」，奪去大部份相權。就名分錯亂顚倒論，尙書令本爲相職而不設，其次官左右僕射升爲令長而又以他官分其權。有相位者不必典相職，典相職者必須經皇帝指定特派，於是「參議得失」、「參知政事」、「同中書門下三品」、「同平章事」等名成爲宰相的職銜。卽使有此宰相職銜者，亦未必能行使宰相實權。而皇帝所信任的則是近幸的私人學士，卽所謂「內相」，反握宰臣大權。

元朝以中書省、御史臺、樞密院分掌宰相職權。中書省典領百官，會決事務，權位甚重要，然嘗以皇太子兼領，無異皇帝自任。同時又有左右丞相、平章政事等職，亦以混亂宰相的職權。明太祖洪武十三年，丞相胡惟庸誅，不再設丞相，其事權分屬於吏、戶、禮、兵、刑、工六部，且諭以後臣下有奏請設立丞相者論極刑。明成祖以後，殿閣大學士雖漸可參預機要，然其職權重在票擬，非眞丞相之職。且終明之世，殿閣學士位不過四品，階級低下，只有俯首聽命。淸因明制，殿閣大學士爲相職，然滿漢分置，人數不少，並有協辦大學士，牽制亦多，權力愈小。而又有軍機處、督辦政務處及翰林院分去殿閣大學士的職權。大學士之兼軍機大臣，始有宰相之權。唐宋以後的宰相多是皇帝的私人親信，聽其頤指氣使，非復昔之社稷大臣可以左右天子者。

3. 唐宋以後，君主的地位與基礎已經鞏固，權臣篡弒，旣不成功，亦未再見。唐宋君權傾覆，多由外來異族勢力的推翻，不是前代的權臣廢立或篡弒。朝廷大亂多起於皇帝親信的女后、宦官、外戚與權臣。唐代初期爲專制政體，皇室基礎甚爲鞏固，雖經變亂，卒能自力維持，保大統於不墜。韋后之亂，臨淄王能擧兵討誅，續保李唐大統。安史之亂，玄宗雖蒙難播遷，而其子肅宗卽位靈武，卒能平定大亂，收復京師，迎還上皇。郭子儀、李光弼復國元勳，擁有大軍，朝廷可以宦官魚朝恩節制之。憲宗時唐室已中衰，然王室仍能遣兵使吳元濟伏誅，强藩悍將遂皆思效順。此後唐君昏庸失德，宴安耽樂，遂起藩鎭割據之禍。

趙宋一代無時不在異族侵略之下，處境危殆，軍力不足，然皇室正統卒能安然保持，未遭權臣篡竊，蓋專制君主集權的效果。當帝昺逃厓山，陸秀夫負帝赴海，皇統始斬，爲蒙古人所滅。君死其國，臣死其君，王室祚統，於危難中保至最後，爲前朝所未見。臣下効死以盡忠，節烈凜然，亦專制君主政制下所具的特色。

有明一代外則不斷異族的侵略，內則常逢君嗣之中斷，處境艱險，不減於宋，然君主系統卒能維持於不墜，實君主集權制的力量有以維持之。明室傾覆時，思宗崇禎身殉社稷，亡國的正烈，可與宋代相媲美。

滿清以異族統治中國，君主專制不減於宋、明，其所遭遇，雖前有三藩之亂，後有洪楊之叛，然有忠臣勇將効死盡忠，卒能敉平變亂而保大統。列國兵力東進，軍艦大炮侵凌華夏，清廷無力，不能抵抗，對外戰爭，節節失敗，割地賠款，喪權辱國，寧贈朋友，不與家奴，激起民族義憤，國父高舉國民革命大旗，登高一呼，全國響應，清帝遜位，民國以興。清廷失統去位，無人喪亡，亡國之幸，史所僅見。

二、極度的中央集權——秦漢雖爲統一國家，然政治體制仍屬外重內輕，並非眞正的中央集權。魏晉南北朝時代，國家分裂，政治上是均勢牽制局面，中央對地方不足作有效控制。隋唐以後，除短期的藩鎭割據外，中國的政治體系確已進入極度的中央集權制的境地。唐制內重外輕，對於地方官員並不審愼甄選。貞觀十六年，諫議大夫褚遂良以皇子年幼者多任都督刺史，曾上書力諫，主張「王子之內，年齒尚幼，未堪臨人者，且留京師」（《唐會要》卷四七）。外官在當時，頗不受人所重視，而內官則特別受世崇敬。馬周曾諫曰：「古者郡守賢令，皆選賢德，欲有所用，必先示以臨人，或由二千石高第入爲宰相。今獨重內官，刺史縣令，顧輕其選。又刺史多武夫勳人，或京官不稱職始出外補；折衝果毅身力強者，入爲中郎將，其次乃補邊州。」（《新唐書》卷九八，馬周傳）張九齡上封事亦說：「今刺史縣令，除京輔近處雄望之州，刺史猶得其人，縣令或備員而已。其餘江、淮、隴、蜀、三河諸處，除大府之外，稍稍非才，但於京官之中，出爲州縣者，或是緣身有累，在職無聲，用於牧宰之間，以爲斥逐之地；或因勢附會，遂忝高班，比其勢衰，且無他職，又謂之不稱京職，亦乃出爲刺史。至於武夫流外，積資而得官，成於經久，不計於有才，諸若此流，盡爲刺史。其縣令以下，固不可勝言。」（《曲江文集》卷十六）似此之重京官，輕外官，實由於中央權大勢强，位高爵顯，皇帝至尊，權力至大，故才智之士，樂近天顏，攀登較易。唐代厲行中央集權的方法，常將地方財政大權，直接歸由中央掌握，戶部尚書之外，另遣派勸農使、度支使、鹽鐵使、轉運使等欽差代表中央壟斷地方財權。這種實施，卽在紛亂的五代，中央政府亦照舊進行。朱溫雖廢度支使、鹽鐵使，然另設租庸使，「領天下錢穀」。其權力反更爲集中而普遍。唐明宗雖廢租庸使，然以大臣一人判戶部、度支、錢穀，號曰「判三司」，所受於皇帝直接控制者益甚。

宋代中央集權的運用，更甚於唐朝。其所採行的方式：一爲特派制度的普遍實行，一爲地方政府權力分散牽制。地方政府的主管長官，悉由「朝臣出守，不去底缺」，所謂知府事、知州事、知縣事及同知等皆係皇帝的差使，爲中央的行政工具，以派遣者的意志爲意志，並非爲地方造福，爲人民謀利，重在收糧、收稅、應付上官及維持治安。於是「官」、「差」、「職」三者分離，皇帝藉差派的運用，便可以運用操縱把持及機動的運用皇權，自由的擺佈臣僚，而握緊其專制君權。有官爵者不必有職位，有職位者未必有實權。而實權的獲得在於皇帝的差派。當時有「寧登瀛不爲卿，寧抱關不作監」之諺語，正足以說明差遣的重要。宋代鑑於唐末藩鎭割據之禍，對地方官員的權力，採分散制衡的辦法。軍、民、財、刑四權分立，諸州軍事由節度使或宣撫使等統領之，民政另設通判主持之，財政則由轉運使主管，監察司法以提點刑政司之。四司分立，各有專掌，不相統屬，相互牽制，地方政府權力分散，固然不易形成尾大不掉之勢，然一遇危機，則無集中力量以爲應付。所以葉水心(適)說：「視天下之大如一家之佃，孰有如本朝之密者歟？嗚呼！靖康之難何爲？遠夷作難，而中國拱手歟!?小臣伏首，而州縣迎降歟!?……豈其能專而不能分，能密而不能疏，知控制而不知縱舍歟!?」陳邦瞻亦曰：「當時務强主勢，矯枉過直，兵財盡聚京師，藩籬日削，故主勢强而國勢反弱。」

元、明、清三朝就宋代的中央集權制，皆儘量因襲而應用之，以支持專制君主的體制。元帝國於中國境內分設行省，以中央派遣的機構行中書省、行御史臺、行樞密院掌理轄境政事，表示中央直接控制地方。集權程度更進一步。但此三個特派機關，是行政、監察、軍事分立，不相統屬，事權不集中，彼此相監視與牽制，地方權勢，無從坐大，自不能與中央抗衡。此外更有宣慰使、肅政清廉使等官的遣派，亦可以加强對地方的控制，並以分散地方政府的權力。

明清的地方長官亦皆爲中央遣派的人員，並採權力分散的制度。明代行省長官爲布政使掌一省民財要政，設提刑按察使掌一省刑名按劾之事，另有特派的按察使，代表中央督察各省。至於軍事則臨時特派大臣充任總督或巡撫以掌理之。清因明制，地方官制未大變更。惟總督、巡撫成爲常設官職，布政、按察、提刑三使之外，另設提督學政使等，其分散牽制亦如明朝。

三、奴化的官僚制度——在漢代鄉舉里選制下及魏晉九品中正制下，官員出身多爲地方豪强與門閥所把持壟斷。他們皆挾有特殊的社會地位與經濟力量，並非全靠官俸養家活口，皇帝對之待之以禮遇，出之以敬畏。但自隋唐改行科擧制度，皇帝對臣下便可就其意向，定立苛刻條件，作「招之則來，揮之則去」的運用。皇帝憑藉其集中的財力，既可招募僱傭的常備軍隊，敉平變亂，又可羅致文人爲官使之收稅理民。科擧出身的士子多爲中產階級，甚至貧窮寒微之輩，大富有者不多。在地方上並無雄厚的勢力與財富，不足以引起皇帝的重視與敬畏。而官員又多靠祿俸維持生活，很怕丟官，只得逢迎君主，巴結上司以保官位，成爲唯唯諾諾、俯首貼耳的奴僕。士子懷牒自進，趨赴利祿，不尚氣節，競作虛僞。李肇《國史補》擧列唐時科擧流弊曰：「造詣權要，謂之關節；激揚聲價，謂之往還。匿名造謗，謂之無名子。挾藏入試，謂之書策。」孟郊本狷介者，然對科擧得失，亦憂喜不能自禁。其下第詩云：「棄置復棄置，情如刀劍傷。」及登第時，則曰：「春風得意馬蹄急，一日看盡長安花。」舒元輿於元和中擧進士，「見有司鉤校苛切，旣試尙書，雖水炭脂炬飡食，皆人自將，吏一呼名，乃得入，列棘圍，席坐廡下。」因上書言：「古貢士未有輕於此者，且宰相公卿由此出。且宰相公卿，非賢不在選，而有司以隸人待之，誠非所以下賢意。羅棘遮截疑其奸，又非所以求忠直也。詩賦微藝，斷離經傳，非所以觀人文化成也。」（《新唐書》舒元輿傳）當時所謂高蹈遯遁之士，亦多藉隱逸淸俊之名以爲干求祿仕的手段。故《新唐書》隱逸傳序曰：「唐興，賢人在位衆多，其遁戢不出者，才班班可述，然皆下概者也。雖然，各保其素，非託默於語，足崖壑而志城闕也，然放利之徒，假隱自名，以詭祿仕，肩相摩於道，至號終南嵩少爲仕途捷徑，高尙之節喪焉。」

唐宋以後以科舉舉士獵官，朝廷選拔者多重服從的奴役性，而輕雄才大略的豪放性。所選非軼衆超群之才而爲循規蹈矩之輩。皇帝對之不但不似昔日優禮有加，反而妄作威福，不予禮敬。唐代有百官杖罰之制，官僚地位顯已奴隸化。杜甫贈高適詩云：「脫身簿尉中，始與捶楚辭。」韓退之贈張功曹詩曰：「判司卑官不堪說，未免捶楚塵埃間。」杜牧寄姪阿宜詩曰：「參軍與簿尉，塵土驚皇皇，一語不中治，鞭捶身滿瘡。」唐代百官受杖笞杖者，不祇是低級的胥吏，高級官僚亦所不免。代宗嘗令劉晏考所部官五品以上輒繫劾，六品以下杖然後奏。張鎬杖殺刺史閭邱曉，嚴武杖殺刺史章彝，楊炎杖殺縣令李太簡，是刺史縣令亦受笞杖。漢光武時雖有杖罰，然繼而行之者或係有名無實，或則偶一用之，杖罰成爲廣泛應用的制度，至唐始告完成（《陔餘叢考》卷十七）。

宋承唐制，官僚奴化趨勢並未縮減，且有過之之勢。至明朝，官僚奴化實達於登峯造極的地步。明代皇帝對其臣僕，始終以殘酷奴化手段對付之，並不重視其人格，不過視之爲供應驅使的奴才罷了。皇帝撒金錢於地，令群臣俯拾，謂之「恩典」（《明史》李時勉傳及傅儀智傳）。皇帝常妄作威怒，妄殺群臣。至於官吏的逮捕、廷杖及受太監的辱罵則是司空見慣的平常事。明太祖洪武九年，葉伯巨上書曰：「其始也，朝廷取天下之士，網羅捃摭，務爲餘逸。有司敦迫上道，如捕重囚。比到京師，而除官多以貌選。洎乎居官，一有蹉跌，苟免誅戮，則必在屯田兵役之科。率是爲常，不少顧惜。」（《明史》葉伯巨傳）解縉於洪武十五年上封事曰：「國初至今，將二十載，無幾時不變之法，無一日無無過之人。嘗聞陛下震怒，鋤根翦蔓，誅其姦逆矣，未聞褒一大善，賞延於世，復及其鄉，始終如一者也。」（《明史》解縉傳）周敬心於洪武二十五年上書曰：「十三年連坐胡黨，十九年逮官吏積年爲民害者，二十三年罪妄言者，大戮官民，不分臧否。於茲見陛下薄德而任刑矣。」（《明史》周敬心傳）明太祖對官吏異常嚴苛，直以奴役視之，由此記載可見一斑。凡守令貪汚者，許民赴京陳訴，贓至六十兩以上者，梟首示衆，仍剝皮實草，公座傍各懸一剝皮實草之袋囊，使人觸目驚心。

卷一　隋唐時代

第五十四章　隋唐儒家思想的復興

第一節　王通的儒家政治思想

一、生平事略——魏晉時代清談玄學之風盛行。南北朝之世佛道競爭劇烈，儒學趨於式微。至隋有大儒王通出，著《中說》及《元經》二書，闡揚孔孟學說，儒學以振。繼之者有魏徵、陸贄、韓愈、柳宗元等，皆儒家者流，隋唐時代，儒家思想得以復興。《隋書》不知爲何，未爲王通立傳。惟《舊唐書》王質傳（卷一六三）稱：「五世祖字仲淹，隋末大儒。」《新唐書》王質傳（卷一六四）亦云：「五世祖通爲隋大儒。」王續傳（卷一九六）並曰：「兄通隋末大儒也，倣古作《元經》，又爲《中說》，以擬《論語》，頗爲諸儒稱道。」

唐人杜淹撰文中子世家，則可見及王通生平事蹟。文中子王氏，諱通，字仲淹，先世居祁，山西省祁縣東南，後遷絳州龍門（今山西省河津縣），至通居龍門已四代。通十八代祖王殷爲雲中太守，以《春秋》、《周易》訓鄉里。十四代祖述，克紹前績，著《春秋義統》，公府辟不就。九代祖寓，遭懷愍之難，遂東去。寓生罕，罕生秀，皆以文學顯。秀生二子，長曰玄謨，以將略升，次曰玄，則以儒術進。玄則爲王通六代祖，仕劉宋爲太僕國子博士。

王通祖父名彥爲同州刺史，彥生濟州刺史傑曰安康公卽王通之祖父，著《皇極讜論》九篇，論三才去就之理。王通父名隆字伯高，傳先王之業，教授門人千餘。王通生於隋文帝開皇四年（西元五八四年），卒於隋煬帝大業十三年（西元六一七年），享年僅三十四歲。王通兄弟四人，通居第二，長兄爲芮城府君，任芮城令，三弟名凝字叔恬，仕唐至監察御史，四弟名績，字無功，《新、舊唐書》皆有本傳。通初生，銅川府君筮之，遇坤之師，獻於安康獻公。獻公曰：素王之卦也。文帝開皇九年，江東平，銅川府君曰：王道無叙，天下何爲而一乎!?

王通禀賦聰敏，少好學，無常師，受《書》於東海李育，學《詩》於會稽夏琠，問《禮》於河南闕子明，正《樂》於北平霍汲，考《易》於族父仲華。不解衣勤讀六年，精志如此之專。文帝仁壽三年（西元六〇三年），王通年及冠，慨然有濟蒼生之心，西遊長安，見隋文帝。帝坐太極殿，召見，因奏太平策十有二策；遵王道，推霸略，稽古驗今，恢宏乎運天下於掌上矣。帝大悅曰：得生幾晚矣，天以生賜朕也。下其議於公卿，公卿不悅。時將有兄弟鬩牆之禍，文中子知謀不可用也，作東征之歌而歸。帝聞而再徵之，辭不應命。仁壽四年文帝崩，煬帝大業元年（西元六〇五年），煬帝再召徵，辭以疾，不就。在家治學，致力於讀《詩》、《書》、正禮樂、修《元經》，讚《易》道，九年而六經大就。門人自遠方來，河南董常、太山姚義、京兆杜淹、趙郡李靖、南陽程元、扶風竇威、河東薛收、中山賈瓊、清河房玄齡、鉅野魏徵、太原溫太雅、潁川陳叔達等，咸稱師，北面受王佐之道。往來受業者，不可勝數，蓋千餘人。

隋季文中子王道之教，興於河汾，雍雍如也。煬帝大業十年（西元六一四年），尙書召署蜀郡司戶，不就。十一年徵著作郎國子博士，亦不就。十三年江都難作，王通有疾，召薛收謂曰：吾夢顏回，稱孔子之命，曰，歸休乎，殆夫子之召我也；何必永厥齡，吾不起矣。寢疾七日而卒。門弟子數百人會議曰：吾師其至人乎，自仲尼以來，未之有也。禮，男子生有字，所以昭德；有謚，所以易名。夫子生當天下亂，莫予宗之；故續《詩》《書》，正禮樂，修《元經》，讚《易》道，聖人之大旨，天下之能事畢矣。仲尼既沒，文不在茲乎！《易》曰：黃裳元吉，文在中也；請謚曰文中子。絲麻設位，哀以送之；禮畢，悉以文中子之書，還於王氏。《禮論》二篇，列爲十卷；《元經》五十篇，列爲十五卷；《續書》一百五十篇，列爲二十五卷；《續詩》三百六十篇，列爲十卷；《贊易》七十篇，列爲十卷。並未及行，遭時喪亂。先夫人藏其書於篋笥，東西南北未嘗離身。大唐高祖武德四年（西元六二一年）天下大定，先夫人返於故居，又以書授於其弟凝。文中子二子，長曰福郊，次曰福時。

二、重要著作——杜淹所撰文中子世家一文中所述王通的各種著作，今皆佚散，僅《中說》一書稱曰文中子流傳至今，蓋以謚名稱其書。王通次子福畤所撰《王氏家書雜錄》稱：《中說》一百餘紙，大抵雜記，不著篇名，首卷及序則蠹絕磨滅，未能次詮。又曰：其仲父凝以《中說》授福時，曰：先兄之緒言也。福畤再拜曰：《中說》之爲敎也，務約致深，言寡理大，其比方《論語》之記乎？孺子奉之，無使失墜。《中說》今流行本（臺灣中華書局，四部備要本）共爲十卷，凡十篇目：一曰王道篇，二曰天地篇，三曰事君篇，四曰周公篇，五曰問易篇，六曰禮樂篇，七曰述史篇，八曰魏相篇，九曰立命篇，十曰關朗篇。

杜淹文中子《中說》序曰：「文中子聖人之修者也，孟軻之徒歟，非諸子之流也。」明宋濂《諸子辨》曰：「孟子而下知尊孔子者，曰荀、楊；楊本黃老，荀雜申商，唯通爲近正。」全書以儒家爲宗，其論道也，則神往周、孔；其論政也，則心馳堯舜；其論倫理出處，則居仁由義，允執厥中；其論文學，則上明三綱，下達五常。文中子衷心嚮往儒道，慨然以孔子之志業自任。魏晉之世，清談玄學風氣大起，南北朝則佛道兩家競行，人皆騖於虛無之說及避世之念，儒學思想被掩蓋而趨於式微，獨文中子揭舉儒學大幟著《中說》，倡王道，行仁義，重禮樂，開啓儒學復興的大道，功在學術，功績不可沒。

三、政治思想——茲依據《中說》一書之所記，扼要舉述王通的政治思想於次：

1.崇王道——仲尼之徒無道桓文之事。齊桓、晉文雖尊王攘夷，然以力假仁而行霸道，爲孔孟所不取。因以力服人者，非心服也，力不贍也；以德服人者衷心悅而誠服也，如七十子之服孔子也。孔子憲章文武，祖述堯舜，以行其王道，以德化民。王通大儒故崇尚王道。他說：「子在長安，楊素、蘇夔、李德林皆請見。子與之言，歸而有憂色。門人問子，子曰：素與吾言終日，言政而不及化。夔與吾言終日矣，言聲而不及雅。德林與吾言終日，言文而不及理。門人曰，然則何憂？子曰：非爾所知也，二三子皆朝之預議者，今言政而不及化，是天下無禮也；言聲而不及雅，是天下無樂也；言文而不及理，是天下無文也。王道從何而興乎？吾所以憂也。」（《中說》王道篇）禮樂理文王道之所興也，今舍此而不言，王道墜矣，故王通深憂之。

2.輕稅斂——儒家爲政，省刑罰，薄稅斂，故曰國以義爲利也，與其有聚斂之臣，寧有盜臣!?王通爲要使民富庶、充裕，主張與民休養生息，少所作爲，輕其徭役，薄其稅斂。王通曰：「賈瓊問富而教之，何謂也？子曰：仁生於歉，義生於豐，故富而教之斯易也。古者聖王在上，田里相距，鷄犬相聞，人至老死，不相往來，蓋自古也。是以至治之代，五典潛，五服不章，人知飲食，不知蓋藏，人知群居，不知敬愛，上如標枝，下如野鹿。何哉？蓋上無爲，下自足故也。」（《中說》立命篇）上無爲，省事節用，民負自輕，負輕則自足；人民生活簡樸，不事浪費，則財用充裕，富而復教，易如反掌。王通更說：「易樂者必多哀，輕施者必好奪。子曰：無赦之國，其刑必平；多斂之國，其財必削。廉者常樂無求，貪者常憂不足。」（《中說》王道篇）這是戒斂，戒貪，勵廉的至意，亦所以要輕稅以裕民。

王通更指出行王道及富利人民，並非一蹴而幾，忽然而至，必須長期施行禮樂，平之、富之、和之，居之以恒，持之以久，方能成功。《中說》魏相篇曰：「子有疾，謂薛收曰：如有王者出，三十年而後禮樂可稱也，斯已矣。收曰：何謂也？子曰：十年平之，十年富之，十年和之；斯成矣。」王道之行，重在行禮樂，教化人民，並以平之、富之、和之。

3.重封建——魏晉南北朝是中國歷史上變亂最爲劇烈的時代。君臣屢易位，戰爭常不休，禍起蕭牆，骨肉相殘，生靈塗炭，慘絕人寰。這種變亂禍源，實在於軍閥跋扈，擁兵自雄，爭奪不已。而王通則認爲由於未行封建，無樊籬以屏障王室，所使然也。因之他不但懷念兩漢郡國並行之制，且大爲贊揚姬周的封建制度。他說：「二帝三王吾不得而見也，捨兩漢將安之乎？大哉七制之王，其以仁義公恕統天下乎！其役簡，其刑清，君子樂其道，小人懷其生，四百年間，天下無二志，其有以結人心乎，終之以禮樂，則三王之學也。」（《中說》天地篇）他又進而贊揚周代的封建制曰：「宗周列國，八百餘年，皇漢雜建，四百餘載。魏晉已降，滅亡不暇，吾不知其用也。」（《中說》事君篇）

王通既重視封建制度，所以反對郡縣之治。《中說》事君篇曰：子見牧守屢易，曰：堯舜三載考績，仲尼三年有成。今旬月而易，吾不知其道。薛收曰：如何？子曰：三代之興邦，家有社稷焉；兩漢之盛，牧守有子孫焉。不如是之亟也，無定主而責之以忠，無定民而責之以化，雖曰能之，末由也已。王通又曰：「郡縣之政，其異列國之風乎？列國之風深以固，其人篤，曰：我君不卒求我也，其上下相安乎！及其變也，勞而散；其人蓋傷君恩之薄也，而不敢怨。郡縣之政悅以幸，其人慕；曰：我君不卒撫我也。其臣主屢遷乎。及其變也，苛而迫；其人蓋怨吏心之酷也，而無所傷焉。雖有善政，未及行也。」（《中說》事君篇）

4. 尙統一——南北朝之世乃神州分裂的時代，南北對峙，北方淪於異族，形成五胡十六國亂華的慘局。南朝各代偏安江左，而篡弒屢起，內亂不絕，兄弟鬩牆，骨肉相殘，局勢悲慘，怵目驚心。華、戎爭疆拓界，固然互相征伐，未有已時。就是戎夷之間亦自相殺伐，無所顧惜。國家不統一，政出多門，干戈不息，國亂如麻，生靈塗炭，人民陷於水深火熱之中。國家統一，政令定於一，始足以救人民，治國家。隋文帝能北一周齊，南滅南陳，而一天下，正王通所渴望的國家盛事。

但爲時不久，而江都變起，宇文化及等作亂，入犯宮闕，煬帝崩於溫室（《隋書》卷四，煬帝紀）。這是對統一大業的一大挑戰。時王通寢疾，自知不起，「泫然而興曰：生民厭亂久矣。天其或者將啓堯舜之運，吾不與焉命也。」（《中說》王道篇）齊桓公，挾天子以令諸侯，尊王攘夷，而能九合諸侯，一匡天下，王通稱許之。苻堅用王猛而能使北方安定者約三十年；北魏孝文帝能維持國家的相當統一，均爲王通所贊許。

王通曰：「夷王已下，變風不復正矣。夫子蓋傷之者也，故終之以豳風，言變之可正也，唯周公能之，故繫之以正，歌豳曰：周之本也。嗚呼，非周公孰知其艱哉。變而克正，危而克扶，始終不失於本。其惟周公乎。繫之豳遠矣哉。齊桓尊王室而諸侯服，惟管仲知之。苻秦舉大號，而中原靜，惟王猛知之。或曰苻秦逆。子曰：晉制命者之罪也。苻堅何逆？昔周制至公之命，故齊桓、管仲不得而背也。晉制至私之命，故苻秦王猛不得而事也。其應天順命，安國濟民乎！是以武王不敢逆天命，背人而事紂。齊桓不敢逆天命，背人而黜周。故曰，晉之罪也，苻堅何逆！三十餘年，中國士民，東西南北，自遠而至，猛之力也。苻秦之有臣，其王猛之所爲乎！元魏之有主，其孝文之所爲乎！中國之道不墜，孝文之力也。」（《中說》周公篇）

5. 勵臣道——魏晉南北朝之世，風流學士，豪宗大族，崇尚玄學，空談虛無，以政局混亂，事變迭起，人人不知命在何時，所以爲人臣者多抱明哲保身及置身超然，不肯深切淪入政爭漩渦，以期自保，少有對君主竭智盡慮，效忠赴死者。道德淪喪，臣道式微，王通爲挽救世之頹風，盡力勵臣道。王通認爲居大臣之位者，必須勝任稱職，方可稱之爲大臣或宰輔之任；否則，便是具臣。他說：「不以伊尹、周公之道康其國，非大臣也；不以霍光、諸葛亮之心事其君者，皆具臣也。」（《中說》立命篇）國有大臣則國强盛；國多具臣，則國衰亡。

「房玄齡問事君之道。子曰：無私。問使人之道，曰：無偏。敢問化人之道。子曰：正其心。問禮樂。子曰：王道盛，則禮樂從而興焉。」（《中說》事君篇）事君無私，爲人民謀福利，「乃是大政治家。事君而私，乃惟利是圖的肖小政客。使人無偏謂之中，中者天下之正道。所謂無偏無黨，王道蕩蕩。化民要以身作則，以德率民，誠意正心，風行草偃，無往而不利。盛行王道，則禮樂從之而興起。「房玄齡問，善則稱君，過則稱己，可謂忠乎？子曰：讓矣。」（《中說》立命篇）房氏所言只可謂之讓，不能稱爲忠。盡己之謂忠。人臣在竭智盡慮，萃全力以赴之，完成所負荷的使命，方可謂之忠。中心爲忠，正其心，誠其意，無私無偏，一心一意爲全民謀利益，造幸福，始可謂之忠。

王通曰：「古之事君者，以道；今之事君者，以佞，無所不至。」（《中說》事君篇）道是正義與公理，放之四海而皆準，百世以俟聖人而不惑。故以道事君而國治。佞是逢迎君心，以長君非，脅肩諂笑，以悅君心，助君之惡，以圖私利。以佞事君，而國必敗。王通曰：「古之從仕者，養人；今之從仕者，養己。」（《中說》事君篇）古之人臣以愛利人民，爲急務，因民之所利而利之，不奪民時，省刑罰，薄稅歛，裕民財以養民命。今之人臣，旨在干祿取俸以養己，至於民生疾苦，則非其所注意。

《中說》事君篇載文中子論爲臣之道，甚爲詳切。「芮城府君起家，爲御史，將行，謂文中子曰：何以贈我？子曰：清而無介，直而無執。曰，何以加乎？子曰：太和爲之表，至心爲之內，行之以恭，守之以道。」王通更指出，「不知道無以爲人臣。」薛收問政於仲長子光，子光曰：舉一綱，衆目張；弛一機，萬事隳；不知其政也。收告文中子。子曰：子光得之矣。文中子曰：不知道無以爲人臣，況君乎。（《中說》關朗篇）

6. 評人物——爲政之道，首重得人。得人之方，端在知人。知人之法固多，然其要者有二：一曰聽其言，因言爲心聲。二曰觀其文，因文如其人。王通憑言與文以品評人物，至爲詳審，且具卓見。《中說》天地篇載或問蘇綽，子曰：俊人也。曰：其道如何？子曰：行於戰國可以强，行於太平則亂矣。問牛弘，子曰：厚人也。子觀田。魏徵、杜淹、董常至。子曰：各言志乎！徵曰：願事明王，進思盡忠，退思補過。淹曰：願執明主之法，使天下無寃人。常曰：願聖人之道行於世，常也無事於出處。子曰：大哉，吾與常也。文中子對魏徵、杜淹未作可否，蓋有默許之意。對董常特別贊許，蓋王通深願聖人之道行於世。

王通以文學品評人物曰：「子謂荀悅，史乎史乎！謂陸機，文乎文乎！皆思過半矣。子謂文士之行可見。謝靈運小人哉！其文傲，君子則謹。沈休文小人哉！其文冶，君子則典。鮑照、江淹，古之狷者也，其文急以怨。吳筠、孔珪，古之狂者也，其文怪以怒。謝莊、王融，古之纖人也，其文碎。徐陵、庾信，古之夸人也，其文誕。或問孝綽兄弟，鄙人也，其文淫。或問湘東王兄弟，子曰，貪人也，其文繁。謝朓，淺人也，其文捷。江揔，詭人也，其文虛。皆古之不利人也。子謂顏延之、王儉、任昉，有君子之心焉，其文約以則。尙書召子仕，子使姚義往辭焉，曰，必不得已，署我於蜀。或曰，僻。子曰，吾得從嚴楊游泳於世，何患乎僻？吾惡夫佞者，必也愚乎！愚者不妄動。吾惡乎豪者，必也恪乎！恪者不妄散。子曰：達人哉，山濤也，多可而少怪。或曰，王戎賢乎？子曰：戎而賢，天下無不賢矣。子曰，陳思王可謂達理者也，以天下讓，時人莫之知也。君子哉！思王也，其文深以典。」（《中說》事君篇）

7.言廢立——晉葛洪對人臣之廢君立君，深以爲非。他說：「世人誠謂湯武爲是，伊霍爲賢，此乃相勸爲逆者也。又見廢之君，未必皆非也。或輔翼少主，作威作福，罪大惡極，慮於爲後患；及尙持勢，因而易之，以延近世之禍，規定策之功，計在自利，未必爲國也。」（葛洪《抱朴子》外篇，卷七）這不免是反湯武革命，伊霍廢立的保守思想，似在爲君主的權位辯護。而王通深知南北朝君主的殘酷及隋煬帝的暴虐，不足以當人君之位，而贊成孟子所謂：「君有大過則諫，反覆之而不聽，則易位。」（《孟子》萬章下篇）及「殘賊之人，謂之一夫，聞誅一夫紂矣，未聞弒君也。」（《孟子》梁惠王下篇）文中子只要廢昏君，擧明君，以康天下，乃是正當的。《中說》事君篇載：「房玄齡曰：《書》云：霍光廢帝擧帝，何謂也？子曰：何必霍光，古之大臣，廢昏擧明，所以康天下也。」

8.論諫諍——佞臣事君，逢迎君心，長君之非，助君之惡。忠臣事君，進諫言正君非，陳諍論補君過，國治民安。「薛收曰：諫其見忠君之心乎？其志直，其言危。子曰：必也直而不迫，危而不詆；其知命者之所爲乎！狡乎逆上，吾不與也。賈瓊曰：虐哉漢武，不嘗從諫也。子曰：孝武其生知之乎，雖不從，未嘗不悅而容之。故賢人攢於朝，直言屬於耳；斯有志於道，故能知悔而康君業，可不謂有志之主乎？」（《中說》禮樂篇）

王通曰：「改過不悋，無咎者善補過也。古之明王，詎能無過，從諫而已矣。故忠臣之事君也，盡忠補過。君失於上，則臣補於下；臣諫於下，君從於上。此王道之所以不跌也；取泰於否，易昏以明；非諫孰能臻乎？」（《中說》問易篇）

9.施敎化——儒家施政，重在行敎化，藉以使人向善，淑世正俗。施行敎化，不止一端，文中子提出左列諸事，以爲敎化人民的途徑：

(1)化民——《中說》周公篇載：「陳守謂薛收曰：吾行令於郡縣，而盜不止；夫子居於鄉里，而爭者息，何也？薛生曰：此以言化，彼以心化。陳守曰：吾過矣，退而靜居。三月盜賊出境。子聞之曰：收善言，叔達善聽。」化民在以德化人心，徒令不足以化民。文中子曰：「古之爲政者，先德而後刑，故其人悅以恕；今之爲政者，任刑而棄德，故其人怨以詐。」（《中說》事君篇）以德化民，人民心悅而誠服；以刑治民，民免而無恥。《中說》事君篇曰：「陳叔達爲絳郡守，下捕賊之令。曰：無急也；請自新者，原之以觀其後。子聞之曰：陳守可與言政矣；上失其道，民散久矣，苟非君子，焉能固窮？導之以德，懸之以信；且觀其後，不亦善乎？」

(2)四經——王通認爲施行敎化，須以《春秋》、《樂經》、《書經》、《易經》四經爲敎材。因不學《春秋》無以主斷；不學《樂經》，無以知和；不學《書經》，無以議制；不學《易經》，無以通理。《中說》立命篇曰：「門人有問姚義孔庭之法，曰《詩》曰《禮》不及四經，何也？姚義曰：嘗聞諸夫子矣，《春秋》斷物，志定而後及也；《樂》以知和，德全而後及也；《書》以制法，從事而後及也；《易》以窮理，知命而後及也。故不學《春秋》，無以主斷；不學《樂》，無以知和；不學《書》，無以議制；不學《易》，無以通理。四者非具體不能及，故聖人後之，豈養蒙之具耶!?」

(3)詩禮——四經雖屬重要，而《詩》、《禮》卻先於四經。因敎之以《詩》，則出辭氣而遠暴慢矣；約之以《禮》，則動容貌斯立威嚴矣。否則，驟語《春秋》，則蕩志輕義；驟而語《樂》，則喧德敗度；驟而語《書》，則狎法；驟而語《易》，則玩神。《中說》立命篇載：「或曰，然則《詩》、《禮》何爲而先也？姚義曰：夫敎之以《詩》，則出辭氣而遠暴慢矣；約之以《禮》，則動容貌斯立威嚴矣。度其言，察其志，考其行，辯其德，志定則發之以《春秋》，於是乎斷而能變；德全而導之以《樂》，於是和而知節；可從事則達之以《書》，於是乎可以立制；知命則申之以《易》，於是乎可以盡性。若驟而語《春秋》，則蕩志輕義；驟而語《樂》，則喧德敗度；驟而語《書》，則狎法；驟而語《易》，則玩神。是以聖人知其必然，故立之以宗。」

王通對婚、冠、喪、祭諸禮儀至爲重視，若棄此而不用，則天下紊亂，將瀕於無成人，無家道，無親無祖敗德亂倫的險境。他說：「冠禮廢，天下無成人矣；婚禮廢，天下無家道矣；喪禮廢，天下遺其親矣；祭禮廢，天下忘其祖矣。吾末如之何也已矣。」（《中說》禮樂篇）

(4)人倫——子路曰：衞君待子爲政，子將奚先？子曰：必也正名乎！孔子認爲「名不正，則言不順；言不順，則事不成；事不成，則禮樂不興；禮樂不興，則刑罰不中；刑罰不中，則民無所措手足。」（《論語》子路篇）正名就是正名分。齊景公問政於孔子。孔子對曰：「君君、臣臣、父父、子子。」公曰：「善哉！信如君不君，臣不臣，父不父，子不子，雖有粟，豈得而食諸!?」（《論語》顏淵篇）王通甚爲贊佩這種正名分的思想。《中說》王道篇曰：「子遊孔子之廟，出而歌曰：大哉乎！君君、臣臣、父父、子子、兄兄、弟弟、夫夫、婦婦；夫子之力也。其與太極合德，神道並行矣。」

(5)恕道——曾子曰：「夫子之道，忠恕而已。」（《論語》里仁篇）盡己之謂忠。恕有兩種意義：一是己所不欲，勿施於人。一是推己及人，己欲立而立人，己欲達而達人。王通對恕道的解釋，是他人有心，余忖度之。《中說》天地篇曰：「賈瓊問君子之道。子曰：必先恕乎。曰：敢問恕之說。子曰：爲人子者，以其父之心爲心；爲人弟者，以其兄之心爲心。推而達之於天下，斯可矣。」

10明賞罰——賞罰爲治國之二柄。惟賞罰二柄不限於法家所專用。儒家亦言明賞罰。惟儒家先德而後刑，故其人悅以恕；法家則重罰輕賞，棄德而任刑，故其人怨以詐。文中子曰：「天下無賞罰，三百載矣；《元經》可得不興乎？薛收曰：始於晉惠，何也？子曰：昔者明王在上，賞罰其有差乎？《元經》褒貶，所以代賞罰也。其以天下無主，而賞罰不明乎？薛收曰：然則春秋之始，周平、魯隱，其志亦若斯乎？子曰：其然乎？而人莫之知也。薛收曰：今乃知天下之治，聖人斯在上矣；天下之亂，聖人斯在下矣。聖人達而賞罰行，聖人窮而褒貶作。」（《中說》王道篇）晉惠帝以後，三百年間，天下混亂，賞罰不明，王通乃仿孔子作《春秋》之旨而著《元經》，以示褒貶善惡，而代賞罰，所謂一字之褒貶，嚴於斧鉞。

「杜如晦問政。子曰：推爾誠，擧爾類，賞一以勸百，罰一以懲衆；夫爲政而何有？如晦出，謂竇威曰：讜人容其訐，佞人杜其漸，賞罰在其中，吾知乎爲政矣。」（《中說》立命篇）賞以勸善，賞一善則百善從之。罰以禁惡，罰一惡而衆惡戒之。大度容人，奸人感而向善，是猶賞也。防微杜漸，使佞人不得逞其詐，是猶罰也。

第二節　唐太宗的儒家政治思想

一、唐太宗的重要事功——名儒歐陽修撰《新唐書》卷二，太宗本紀所載其一生的豐功偉績甚詳，且在位二十三年文治武功，多有足述者，故不克詳擧。茲擇其要者略述之：

唐太宗姓李名世民，爲唐代二世主。隴西成紀人，係東晉末年割據西涼武昭王李暠之後。涼亡，其後裔歷朝仕爲大臣。父爲李淵襲封唐公。隋末爲太原留守。煬帝遊幸江南，天下盜賊紛起，竟至無法返回京都。世民力勸其父起兵，攻克西京，立隋室之代王侑爲帝，而遙尊留在江都的煬帝爲太上皇。煬帝旋被宇文化及所弒。李淵遂以唐王而受隋禪，國號唐，建都隋之西京長安，是謂唐高祖。

李世民受封爲秦王，任尙書令，乃宰相職位。世民雄才大略，有軍事才能，屢建戰功，掃平當時割據自立的群雄。世民恃功驕横，有野心，謀登大位，與其兄太子建成及弟元吉，爭鬬甚烈，於高祖武德九年（西元六二六年），世民遣兵伏宮門，突擊殺死太子建成與弟元吉。高祖對此慘局，心雖不悅，亦不能不承認既成事實，只得立世民爲太子，次年高祖遜位於世民，是謂太宗，改元貞觀元年（西元六二七年）。

李世民殺兄害弟，奪取帝位，人倫慘變，名教敗壞，手段惡劣，心術不正，不齒於名教諸君子。惟其得帝位雖逆取，然居大位後卻有順守，勵精圖治，政通民治，文治武功皆有輝煌的成就，拓疆闢土，揚威異域，漢唐盛世，史家並稱。則漢武帝與唐太宗均功不可沒。

二、唐太宗崇儒的理由——魏晉南北朝之世，清談玄學風氣盛行。崇尚虛無，主張無爲而治；由無爲更進而主張無君無法的無政府主義。名流士子只圖明哲保身，並無忠君愛國的思想。隋代王通著《中說》，倡儒學，崇王道，尙統一，勵臣道，重忠君，正符合唐代統一國家，專制君主的政治需要。太宗時的名臣，多出自文中子門下。君臣思想一致，相得益彰，故能有貞觀之治，得以奠定唐代三百年專制君主的政治基業。

太宗卽位，銳意圖治，不及數年，經濟繁榮，社會安寧。糧食跌價，米一斗僅四、五錢，外戶而不閉者，達數月之久。畜牲滋繁，牛馬遍野，人行數千里不齎糧，民物蕃息（《新唐書》卷五十一，食貨志一）。太宗武功輝耀，建奇功於異域，夷突厥，平鐵勒，制西域，征高麗，伐遼東，攻契丹，通吐蕃與黨項並服天竺，不但華夏一統，四夷亦咸服。實際上作到了「際天所覆，悉臣而屬之，薄海內外，無不州縣，遂尊天子爲天可汗」（《新唐書》卷二百十九，北狄傳贊）。

這種外服四夷，內一華夏的統一大帝國，爲前史所未見。唐太宗爲要尋求健全的理論基礎，以爲維持其國家統一、君主專權、四夷賓服的有力支持。於是在中國古代三教、九流、諸子百家中尋找到儒家思想最爲適合其時代環境的要求。所以太宗君臣相互唱和，崇尙儒學，以爲治國論政的指導準則。

孔子著《春秋》，旨在尊王攘夷。尊王就是尊天子，崇周室。邦有道，禮樂征伐自天子出；邦無道，禮樂征伐自諸侯出。仲尼之徒，無道桓文之事；然管仲相桓公九合諸侯，一匡天下，而贊許管仲曰：如其仁！如其仁！蓋意重統一。《春秋》隱公元年，「元年春，王正月。」《公羊傳》曰：「春者何，歲之始也；王者孰謂？謂文王也；曷謂先言王而後言正月？大一統也。」《漢書》藝文志曰：「儒家者流，蓋出於司徒之官；助人君順陰陽，明敎化者也。游文於六藝之中，留心於仁義之際，祖述堯舜，憲章文武，宗師仲尼，以重其言，於道最爲高。」儒家的這種思想，正是唐太宗維持統一，强化君權所需要，故受到他的歡迎與發揚。

三、天下一家的思想——唐太宗的國勢，達於「普天之下，莫非王土；率土之濱，莫非王臣」的境地。而孔子著《春秋》，嚴夷夏之防，親華夏，卑夷狄，不適合於實際的政治情勢。所幸孔子曾言：「四海之內皆兄弟也」，正可利用，於是宣示「天下一家」的政治思想，俾能維統一，懷遠人，揚國威，尊君主；並以沖淡華夷的歧視與分別。李靖乃王通門人，對太宗曰：「天之生人，本無蕃漢之別。然地遠荒漠必以射獵爲生，由此常習戰鬭，若我恩信撫之，衣食周之，則皆漢人矣。」（《武經七書》唐太宗李衞公問對卷中）這天下一家的思想亦不背於用夏變夷的主旨。太宗亦曰：「自古皆貴中華，賤夷狄，朕獨愛之如一，故其種落皆依朕如父母。」（《資治通鑑》卷一百九十八，貞觀二十一年）

唐太宗倡天下一家的政治思想，另有一實際原因，就是因爲唐之皇室乃是華夷或胡漢雜種。唐高祖之父李昞娶獨孤氏爲后（《唐會要》卷三，皇后）。獨孤乃是拓跋魏初三十六部落之一，乃胡種。高祖李淵娶竇毅之女爲后。竇氏雖原爲漢人，而東漢靈帝時，因避竇武之難，逃亡於匈奴，遂爲部落之人（《周書》卷三十，竇熾傳）。竇毅乃熾子，是竇氏早已匈奴化。太宗娶長孫晟之女爲后。長孫爲北魏之支族，原姓拓跋，魏孝文帝遷都洛陽，改姓長孫（《舊唐書》卷五十一，長孫皇后傳）。唐皇室既然是胡漢混合的雜亂血統，皇室自身就是夷夏混一，那肯接受「嚴夷夏之防」的舊論，故倡「天下一家」的新思想。

歷來論夷夏之別者，或以地區，或以血統。居於中州者爲華夏之族，南蠻，北狄，西戎，東夷皆爲異族。尊親血統爲華夏之人，其子孫皆爲華夏之族。尊親血統爲夷狄之類，其子孫亦皆爲夷狄之人。其實，夷夏之別，既不在於地域，亦不由於血統，而實依於文化。凡文化程度高，守禮法，有教化，信行忠孝仁愛信義和平之人群，皆可稱之爲文明的華夏人。陳黯曰：「苟以地言，則有華夷，以教言，亦有華夷乎？夫華夷者辨在心，辨心察其趣嚮。有生於中州而行戾乎禮義，是形華而心夷也。生於夷域而行合乎禮義，是形夷而心華也。」（《全唐文》卷七百六十七，陳黯撰華心）

四、封建制度的論辯——孔子祖述堯舜，憲章文武，著《春秋》，尊天子，而貶諸侯的僭位侵周。是孔子並未反對西周的封建制度。《孟子》萬章下篇，北宮錡問曰：「周室班爵祿也，如之何？」孟子詳答之，並曰：「諸侯惡其害己也，而皆去其籍」，可見孟子並不反對封建制度。孟子曰：「方里而井，井九百畝；其中爲公田，八家皆私百畝，同養公田。公事畢，然後敢治私事；所以別野人也。」（《孟子》滕文公上篇）這是孟子贊成封建式的世卿制祿的井田制。

唐太宗既崇尚儒學，故欲行封建制度以符孔孟之旨。而其所持的重大理由有二：第一、唐初，國家統一，地大而人稀，政府爲有效的處理廣大的荒廢土地，期以增加田賦收入，乃師古井田制之義，而行公田制度，一夫百畝。第二、唐太宗功蓋天下，創立殊勳，願與子弟親戚，共享榮華，以爲藩衞，共保王室，不致蹈「秦以孤立而亡」的覆轍。

太宗曰：夫六合曠道，大室重任，曠道不可偏制，故與人共致之；重任不可獨居，故與人共守之。是以封建親戚，以爲藩衞，安危同力，盛衰一心；遠近相持，親疏兩用；並兼路塞，逆節不生。昔周之興也，割裂山河，分王宗族；內有晉鄭之輔，外有魯衞之虞。故卜祚靈長，歷年數百。秦之季也，棄淳于之策，納李斯之謀，不親其親，獨智其智；顛覆莫恃，二世而亡。斯豈非枝葉不疏，則根柢難拔；股肱既殞，則心腹無依者哉，漢初定關中，誡亡秦之失策；廣封懿親，過於古制。大則專都偶國，小則跨郡連州。末大則危，尾大難掉。六王懷叛逆之志，七國受鈇鉞之誅。此皆地廣兵强，積勢之所致也。魏武創業，暗於遠圖，子弟無封戶之人，宗室無立錐之地。外無維城以自固，內無磐石以爲基。遂乃大器保於他人，社稷亡於異姓。夫封之太彊，卽爲噬臍之患；致之太弱，則無固本之基。由此言之，莫若衆建宗親而少力，使輕重相鎭，憂樂同共；則上無猜忌之心，下無侵寃之慮。此封建之鑒也。」（《帝範》建親第二）太宗主張封建的主旨在「衆建宗親而少力」。少力則不致尾大而爲患；封衆則廣恃而衞足。太宗的構想，固言之成理。孰知唐中葉以後，異姓武人，兵力强大，地盤廣大，割據自雄，卒成藩鎭之禍，而爲亡國厲階。

太宗貞觀十一年，太宗依其所持理論：周封子弟，八百餘年；秦罷諸侯，二世而滅；呂后欲危劉氏，終賴宗室獲安諸劉的史實，以爲封建親賢，當是子孫長久之道。乃定制以子弟都督荆州王元景，安州都督吳王恪等二十一人；又以功臣司空趙州刺史長孫無忌，尙書左僕射宋州刺史房玄齡等一十四人，並爲世襲刺史（《貞觀政要》封建第八）。

太宗行封建，群臣中持反對之論者不少。禮部侍郎李百藥曰：「天下五服之內盡封諸侯，王畿千里之間俱爲采地。數世之後，王室浸微，始自屏藩，化爲仇敵，家殊俗，國異政，強凌弱，衆暴寡，疆埸彼此，干戈侵伐。封君列國，籍慶門資，忘其先業之艱難，輕其自然之崇貴，莫不世增淫虐，代益驕侈。……內外群官，選自朝廷，擢士庶以任之，澄水鏡而鑒之，年勞優其階品，考績明其黜陟。爵非世襲，用賢之路斯廣；人無定主，附下之情不固，此乃愚智所辨，安可惑哉？」（《貞觀政要》封建第八）

中書舍人馬周以受封始主雖賢，其子嗣未必盡肖爲理由，而反對封建，因上疏曰：「伏見詔書，令宗室勳賢作鎮藩部；貽厥子孫嗣守其業，非有大故，無或黜免。臣竊以爲陛下封植之者，誠愛之重之，欲其緒裔承守，與國無疆，可使世官也。何則？以堯、舜之父猶有朱、均之子，況此以還，而欲以父取兒，恐失之遠矣。儻有孩童嗣職，萬一驕逸，則兆庶被其殃，而國受其敗。與其毒害於見存之百姓，則寧使割恩於已亡之一臣，明矣。然則嚮之所謂愛者乃適所以傷之也。」（《貞觀政要》封建第八）

《唐會要》卷四十六載：太宗卽位，因舉屬籍問侍臣曰：封宗子，於天下便乎？尚書左僕射（卽尚書令丞相之職，因太宗爲太子時曾任尚書令，太宗登極以後卽不設尚書令）封德彝對曰：「不便。歷觀古往封王者，今日最多，兩漢以降，唯封帝子及親兄弟，若宗室遠疏者，非有功如周之郇滕，漢之賈澤，並不得濫叨名器，所以別親疏也。先朝敦睦九族，一切封王，爵命卽崇，多給役力，蓋以天下爲私，殊非至公馭物之道也。」

直臣魏徵以唐代經濟發達，全國富庶，商務繁盛，稅收徵自各地，財源富裕，府庫充實，中央財足力强，分封國邑，財力分散，富少力散，非强幹弱枝之正道。他說：「王畿千里，地畝不多，至於貢賦所資，在侯甸之外，分爲國邑，京都府藏必虛，諸侯朝宗，無所取給。」（《全唐文》卷一百四十一，魏徵，象古建侯未可議）

唐太宗善納諫，不虧爲明君，貞觀元年封房玄齡爲邗國公，杜如晦蔡國公，長孫無忌齊國公。太宗行封建，上封事陳諫言者多。太宗乃謂群臣曰：自兩漢以降，惟封子及兄弟；其疏遠者，非有大功如漢之賈澤，並不得受封。若一切封王，多給力役，及至勞苦百姓，以養己之親屬。於是宗室先封郡王，其間無功者，皆降爲縣公。貞觀十一年太宗又定制以子弟都督荆州王元景等二十一人，功臣起州刺史長孫無忌等十四人爲世襲刺史。李百藥、馬周、封德彝、魏徵等皆上言力陳封建之弊。子婦長樂公主亦固請上，而言曰：「臣等披荆棘，事陛下，今海內寧一，奈何棄之於外州，與遷徙何異!?」太宗嘉納群臣諫言，於是下詔，盡罷子弟及功臣世襲刺史（《貞觀政要》封建，第八）。

五、治國養民的正道——唐太宗向群臣提出治國養民的正道，爲數甚多，無法盡述。惟其中有二端，自覺頗爲中肯，故於此擧之：一曰治國養民，如病人養病，大病初覺稍愈，更當安心休息，善自靜養；若不小心，輕擧妄動，則大病再犯，而身危矣。治國亦然，天下稍安，尤當謹愼將事，勿逸勿驕，協力同心，兢兢業業，扶安防危。二是治國養民，如園丁植樹，植樹要深根厚本，不加動搖，施肥充足，自然枝茂葉盛，而成鉅材。治國亦然，與民休養生息，養其生，裕其財，厚其力，不可東征西討，窮兵黷武，以免耗民財，喪民命。李世民得國强邦，雖以殺兄弟，滅群雄，是一好戰之徒，喜殺之輩，但馬上得天下，不能以馬上治之，逆取而順守，所擧喩之理，誠治天下與順守的正道。不愧爲允文允武的一代明君。

貞觀五年，太宗謂侍臣曰：治國與養病無異也。病人覺愈，彌須將護，若有觸犯，必至殞命。治國亦然，天下稍安，尤須兢愼，若使驕逸，必至喪敗。今天下安危，繫之於朕，故日愼一日，雖休勿休。然耳目股肱寄於卿輩，旣義一致，宜協力同心，事有不安，可極言勿隱；儻君臣有疑，不能備盡肝膈，實爲國之大害也（《貞觀政要》卷一，政體，第二）。

貞觀九年，太宗謂侍臣曰：往昔初平京師，宮中美女珍玩，無院不滿，煬帝意猶不足，徵求無已；兼東西征討，窮兵黷武，百姓不堪，遂致亡滅。此皆朕所目見，故夙夜孜孜，惟欲清淨，使天下無事，遂得徭役不興，年穀豐稔，百姓安樂。夫治國猶如栽樹，本根不搖，枝葉茂榮；君能淸淨，百姓何得不安樂乎！（《貞觀政要》卷一，政體，第二）

六、**絕對的忠君思想**——西周封建國家，雖有天子與諸侯之分，然或爲兄弟之邦，或係甥舅之國，或爲叔姪之屬，不足以言君臣之義。到了春秋戰國時代，楚材可以晉用，秦用客卿而成霸業。吳起本爲衞人，爲魯將而大破齊兵，繼爲魏文侯將，敗秦，拔五城，拜西河守；文侯卒往楚爲相，南平百越，北併陳、蔡，卻三晉，敗西秦。商鞅爲衞庶公子，原事魏相公叔痤，後爲秦孝公宰相。當時論者，未有斥吳、商之不忠君者。齊景公問政於孔子，孔子曰：「君君、臣臣……。」（《論語》顏淵篇）那是說君盡君之義務，臣盡臣的義務；君享君的權利，臣享臣的權利。易言之就是「君使臣以禮，臣事君以忠。」孔子認爲君臣的地位是相對的，權利義務是對等的。孟子亦說：「君之視臣如手足，則臣視君如腹心；君之視臣如犬馬，則臣視君如國人；君之視臣如草芥，則臣視君如寇讎。」（《孟子》離婁下篇）

就是到了秦漢統一時代，皇帝亦尚未達到專制的地位。秦始皇被千古專制暴君的惡名，但相權甚重，可以牽制皇帝。廢封建，行郡縣；焚詩書，坑儒生，皆丞相李斯所議，始皇祇制曰可而已。趙高竟能指鹿爲馬，且得矯詔立二世胡亥，使太子扶蘇監軍在外。漢代相權仍重，大事須經群臣議定，郡國之制並行，地方權力頗爲强大，中央不能爲所欲爲。高祖諸臣多係義氣結合，誼同兄弟。叔孫通雖訂朝儀，丞相見君祇登拜，君臣相見席坐，並無跪膝叩頭大禮。皇權基礎不固，君主屢遭廢立，且兩漢皆被權臣篡位。魏晉南北朝，世局混亂，南北對害，北方有五胡十六國的變亂，南朝則君臣屢易位，軍人擁兵奪大權，文臣清談玄學，明哲保身，國無定主，臣亦不以效忠盡死爲尚。

到了唐朝眞正中央集權的統一國家始告形成，專制君主的絕對忠君思想亦隨之而產生。太宗謂侍臣曰：「君雖不君，臣不可以不臣。裴虔通煬帝舊左右也，而親爲亂首。朕方崇奬敬義，豈可猶使宰臣訓習。詔曰：天地定位，君臣之義已彰，卑高旣陳，人倫之道斯著，是以敦厚風俗，化成天下。雖復時經治亂，主或昏明，疾風勁草，芬芬無絕，剖心焚體，赴蹈如歸，夫豈不愛七尺之軀，重百年之命，諒由君臣義重，名教所先，故能明大節於當時，立清風於身後。至於趙高之殞二世，董卓之鴆弘農，人神所疾，異代同憤。況凡庸小豎，有懷凶悖，遐觀典册，莫不誅夷。辰州刺史長蛇縣男裴虔通，昔在隋代，委質晉藩。煬帝以舊邸之情，特相愛幸，遂乃志蔑君親，潛圖弒逆，密伺間隙，招結群醜，長戟流矢，一朝竊發。天下之惡，孰云可忍。宜其夷宗焚首，以彰大戮。但年代異時，累逢赦令，可特免極刑，除名削爵，遷配驩州。」（《舊唐書》卷二，太宗紀，貞觀二年）這一詔令定訂君爲天，臣爲地，君尊臣卑，君可不君，臣不可不臣，臣須對君絕對的效死盡節，縱使君昏，臣亦得赴湯蹈火，粉身碎骨；至於叛逆之臣，定當夷宗焚首，以彰大戮。君權絕對化，人臣奴隸化，君臣成爲主奴關係，這是專制君主政制的一大特徵。

貞觀二年，太宗謂群臣曰：「比有奴告主謀逆，此極弊法，特須禁斷，假令有謀反者，必不獨成，終將與人計之，衆計之事，必有他人論之，豈藉奴告也。自今奴告主者不須受，盡令斬決。」（《貞觀政要》卷八，刑法，第三十一）君爲主，臣爲奴，奴告主謀逆，不受理，且斬決告主之奴。蓋所儆戒群臣對君主不得有任何不利行爲。爲人臣者只有服從與效忠，對君主不得存携貳之心。戈直對此篇作註曰：「太宗詔，自今告主者勿受，盡令斬決。斯言一出，固足以感格天下，使無叛上之事矣。」

《貞觀政要》卷五，論忠義，第十四篇，擧述對前朝忠臣褒揚旌表事件爲數甚多，旨在激勵群臣效死盡節以忠君，防杜臣下反上而作亂。事件極多，不勝枚擧，玆擧述幾件以見一斑：

1.貞觀五年，太宗曰：「屈突通爲隋將，共國家戰於潼關，聞京城陷，乃引兵東走，義兵追及於桃林，朕遣其家人往招慰，遽殺其奴。又遣其子往，乃云：我蒙隋家驅使，已事兩帝，今者吾死節之秋，汝舊於我家爲父子，今則於我家爲仇讎，因射之，其子避走，所領士卒多潰散。通一人向東南慟哭盡哀曰：臣荷國恩，任當將帥，智力俱盡，致此敗亡非臣不竭誠於國。言盡追兵擒之，太上皇授其官，每託疾固辭。此之忠節，足可嘉尚。因敕所司採訪大業（隋）中直諫被誅者子孫聞奏。」

2.貞觀九年，太宗謂房玄齡曰：武德六年以後，太上皇有廢立之心，我當此時不爲兄弟所容，實有功高不賞之懼。蕭瑀爲尚書左僕射，不可以厚利誘之，不可以刑戮懼之，眞社稷臣也。乃賜詩曰：「疾風知勁草，板蕩識忠臣。」瑀拜謝。

3.貞觀十一年，太宗行至漢太尉楊震墓，傷其以忠非命，親爲文以祭之。

4.貞觀十二年，太宗幸蒲州。因詔曰：隋故鷹擊郎將堯君素，往在大業，受任河東，固守忠義，克終臣節；雖桀犬吠堯，有乖倒戈之志，疾風勁草，實表歲寒之心。……宜錫寵命，以申勸獎，可追贈蒲州刺史，並訪其子孫以聞。

七、仁義禮樂的重視——儒學主旨重在行仁義，與禮樂。太宗君臣既崇尙儒學，自然重視仁義禮樂。貞觀元年，太宗曰：「朕看古來帝王，以仁義爲治者，國祚延；任法御人者，雖救弊於一時，敗亡亦促。既見前王成事，足爲元龜。今欲專以仁義誠信爲治，望革近代之澆薄也。」王珪曰：天下彫喪日久，陛下承其餘弊，弘道移風，萬代之福。」（《貞觀政要》卷五，仁義，第十三）太宗曰：「是以爲國之道，必須撫之以仁義，示之以威信，因人之心，去其苛刻，不作異端，自然安靜，公等宜共行斯事也。」（《貞觀政要》仁義，第十三）

貞觀十三年，太宗謂侍臣曰：「林深則鳥棲，水廣則魚游，仁義積則物自歸之。人皆知畏避災害；而不知行仁義，則災害必生。」（《貞觀政要》仁義，第十三）魏徵亦謂：「故聖哲君臨，移風易俗，不資嚴刑峻法，存仁義而已。故非仁無以廣施，非義無以正身。惠下以仁，正身以義，則其政不嚴而理，其敎不肅而成矣。然則仁義理之本也，刑戮理之末也。」（《全唐文》卷一四〇，魏徵，理獄聽訟疏）

貞觀四年，太宗謂侍臣曰：「比聞京城士庶，居父母喪者，乃有信巫書之言，辰日不哭，以此辭於弔問。拘忌輟哀，敗風傷俗，極乖人倫，宜令州縣敎導，齊之以禮典。」（《貞觀政要》卷七，禮樂，第二十九）

貞觀五年，太宗謂侍臣曰：「佛道設教，本行善事。豈遣僧尼、道士等，妄自尊崇，坐受父母之拜，損害風俗，悖亂禮經，宜卽禁斷。仍令致拜於父母。」（《貞觀政要》禮樂，第二十九）太宗曰：「我與山東崔、盧、李、鄭，舊既無嫌，爲其世代衰微，全無官宦，猶自云士大夫，婚嫁之際，則多索財物；或才識庸下，而偃仰自高，販鬻松檟，依託富貴，我不解人間何爲重之。……積習成俗，迄今未已，既紊人倫，實虧名教。朕夙夜兢惕，憂勤政道，往代蠹害，咸已懲革，惟此弊風，未能盡變，自今以後，明加告示，使識嫁娶之序，務合禮典。」（《貞觀政要》禮樂，第二十九）

杜淹曰：「前代興亡，實由於樂。陳之將亡也，爲玉樹後庭花；齊將亡也，而爲伴侶曲。行路聞之，莫不悲泣。所謂亡國之音，以是觀之，實由於樂。太宗曰：不然，夫音聲豈能感人，歡者聞之則悅，哀者聽之則悲。悲悅在於人心，非由樂也。……尙書右丞魏徵進曰：古人稱；禮云禮云，玉帛云乎哉！樂云樂云，鐘鼓云乎哉；樂在人和，不由音調。太宗然之。」（《貞觀政要》禮樂，第二十九）

八、民爲邦本的思想——民爲邦本，國無民不立。唐太宗雖勵行中央集權，君主專制，但同時，他亦知道，君猶舟也，民猶水也，水能載舟，亦能覆舟。所以他深知民可畏，君無道，則心棄而不用。貞觀六年，太宗謂侍臣曰：「看古之帝王有興有衰，猶朝之有暮，皆爲蔽其耳目，不知時政得失；忠正者不言，邪諂者日進；既不見過，所以至於滅亡。朕既在九重，不能盡見天下事；故佈之卿等，以爲朕之耳目。莫以天下無事，四海安寧，便不存意。可愛非君，可畏非民；天子者有道，則人推而爲主；無道則民棄而不用；誠可畏也。」（《貞觀政要》政體，第二）

民既爲邦本，又可畏，爲人君者必須愛民，民始戴君。貞觀初，太宗謂侍臣曰：「爲君之道，必須先存百姓；若損百姓，以奉其身，猶割股而啖腹，腹飽而身殞。若安天下，必須先正其身；未有身正而影曲，上理而下亂者。朕每思傷其身者，不在外物，皆由嗜欲，以成其禍。若耽嗜滋味，玩悅聲色，所欲既多，所損亦大；既妨政事，又擾人生，且復出一非理之言，萬姓為之解體。」（《貞觀政要》卷一，君道，第一）

魏徵亦力言愛利人民的重要曰：「《書》曰：撫我則后，虐我則仇。荀卿子曰：君，舟也；人，水也。水所以載舟，亦所以覆舟。孔子曰：魚失水則死，水失魚猶為水也。故唐虞戰戰慄慄，日愼一日，安可不深思之乎？安可不熟慮之乎？」（《貞觀政要》卷三，論君臣鑒戒，第六）魏徵又曰：「陛下為人父母，愛人民，當憂其所憂，樂其所樂。自古有道之主，以百姓之心為心。故君處臺榭，則欲民享有棟宇之安；食膏粱，則欲民無飢寒之患；顧嬪御，則欲民有室家之歡；此人主之常道也。」（《貞觀政要》卷二，納諫，第五）

九、政在養民的思想

——《書》云：「德惟善政，政本養民」，「民為邦本，食為民天」。故唐太宗認為養民之道，首在務農；因務農則民食不虞匱乏。他說：「夫食為人天，農為政本。倉廩實則知禮節，衣食足則志廉恥。故躬耕東郊，敬授人時。國無九歲之儲，不足備水旱；家無一年之服，不足御寒暑。然而莫不帶牛佩犢，棄堅就偽；末什一之利，廢農業之基。以一人耕而百人食，其為害也，甚於秋螟；莫不禁絕浮華，勸課耕織，使人還其本，俗返其眞。則競懷仁義之心，永絕貪殘之路。此務農之本也，斯二者制俗之機，子育黎黔，惟資威惠。」（《帝範》務農，第十）

貞觀二年，太宗謂侍臣曰：「凡事皆須務本，國以人為本，人以衣食為本。凡營衣食，以不失時為本。夫不失時者，在人君簡靜，乃可致耳。若兵戈屢動，土木不息，而欲不奪民時，豈可得乎？」（《貞觀政要》卷八，務農，第三十）貞觀十六年，太宗以天下粟價，計斗值五錢；其尤賤者，計斗值三錢。因謂侍臣曰：「國以民爲本，民以食爲命；若禾黍不登，則兆庶非國所有。既屬豐稔若斯，朕爲兆億人父母，唯欲躬務儉約，必不輒爲奢侈。朕常欲賜天下人皆使富貴；今省徭賦，不奪其時，使比屋之人，恣其耕稼，此則富矣。敦行禮讓，使鄉閭之間，少敬長，妻敬夫，此則貴矣。但令天下皆然，朕不聽管絃，不從畋獵，樂在其中矣。」（《貞觀政要》卷八，務農，第三十）

十、求諫納諫的事理——人非聖賢，孰能無過，過而能改，善莫大焉。人眼只能前瞻，不能後顧，故有過每不自知。改過以知過爲先。而知過又須以求諫與納諫爲要務。唐太宗既爲一代明君，故對此甚爲重視。貞觀六年，太宗謂侍臣曰：「古人云：危而不持，顚而不扶，焉用彼相？君臣之義，得不盡忠匡救乎？朕嘗讀書，見桀殺關龍逢，漢誅鼂錯，未嘗不廢書嘆息。公等但能正詞匡諫，裨益政教；終不以犯顏忤旨，妄有誅賞。朕比來臨朝斷決，亦有乖於律令者，公等以爲小事，遂不執言。凡大事皆起於小事，小事不論，大事又將不可救；社稷傾危，莫不由此。隋主殘暴，身死匹夫之手。率土蒼生，罕聞嗟痛。公等爲朕思隋氏滅亡之事，朕爲公等思關龍逢、鼂錯之誅，君臣保全，豈不美哉？」（《貞觀政要》卷一，政體，第二）君雖有求諫的表示，然握有妄行誅殺的專制君權，敢直言進諫者除魏徵外，並不多有。

太宗曰：「夫王者高居深視，虧聰阻明，恐有過而不聞，懼有闕而莫補。所以設鞀樹木，思獻替之謀；傾耳虛心，佇忠正之言。言之而是，雖在僕隸芻蕘，猶不可棄也。言之而非，雖在王侯卿相，未必可容。其義可觀，不責其辯；其理可用，不責其文。至若折檻懷疏，標之以作戒；引裾自坐，顯之以自非。故云：忠者瀝其心，智者盡其策；臣無隔情於上，君能遍照於下。昏王則不然，說者拒之以威，勸者窮之以罪。大臣惜祿而莫諫，小臣畏誅而無言；恣暴虐之心，極荒淫之志，其爲擁塞，無由自知；以爲德超三皇，材過五帝。至於身亡國滅，豈不悲哉？此拒諫之惡也。」（《帝範》納諫，第五）帝言雖在納諫，然「言之而非，雖在王侯卿相，未必可容」，則誰還敢冒危險而進諫。納諫要則，應該是：言之而是則有賞；言之而非亦無罰。

貞觀五年，太宗謂房玄齡等曰：「自古帝王，多任情喜怒；喜則濫賞無功，怒則濫殺無罪，是以天下喪亂，莫不由此。朕今夙夜未嘗不以此爲心，恒欲公等盡情極諫，公等亦須受人諫語，豈得以人言不同己意，便卽護短不納!?若不能受諫，安能諫人？」（《貞觀政要》卷二，求諫，第四）太宗謂王珪曰：「卿所論皆中朕之失；自古人君莫不欲社稷之永安，然而不得者，祇爲不聞己過，或聞而不能改故也。今朕有所失，卿能直言，朕復聞過能改，何患社稷不安乎？」（《貞觀政要》卷二，任賢，第三）

十一、擇任賢才的思想——君主不能獨治天下，必須任用群臣，以爲輔助。然任用群臣，必須擇賢才而用之，方能國治民安。貞觀元年，太宗謂房玄齡等曰：「致理之本」，「惟在於審量才授職，務省官員。故《書》稱：任官惟賢才；又云：官不必備，惟其人。若得善者，雖少亦足矣。」（《貞觀政要》卷三，擇官，第七）貞觀三年，太宗謂吏部尙書杜如晦曰：「比見吏部擇人，惟取其言詞刀筆，不悉其景行。數年之後，惡跡始彰，雖加刑戮，而百姓已受其害。如之何可獲善人？如晦對曰：兩漢取人，皆行善鄉閭，州郡貢之，然後用之，故當時號稱多士。今每年選集，向數千人，厚貌飾詞，不可知悉，選司但配階品

而已。銓簡之理，實所未精。」（《貞觀政要》卷三，擇官，第七）

貞觀十一年御史馬周上疏曰：「理天下者，以人爲本。欲令百姓安樂，惟在刺史、縣令。縣令既衆，不可皆賢；若每州得良刺史，則合境蘇息，百姓不慮不安。」（《貞觀政要》卷三，擇官，第七）貞觀十三年，太宗謂侍臣曰：「能安天下者，惟在用得賢才，公等旣不知賢，朕又不可徧識，日復一日，無得人之理。」（《貞觀政要》卷三，擇官，第七）

太宗嘗追思王業之艱難，佐命之匡弼，乃作威鳳賦以自喩，因賜房玄齡等。賦有詞曰：有一威鳳，憩翮朝陽，晨遊紫霧，夕飲玄霜。資長風以擧翰，戾天衢而遠翔。西翥則烟氛閉色，東飛則日月騰飛，化垂鵬於北裔，訓群鳥於南荒，珍亂世而方降，應明時而自彰。」（《貞觀政要》卷二，任賢，第三）房玄齡曰：杜如晦聰明識達，王佐才也，若大王守藩，端拱無所用之。必欲經營四方，非此人莫可。太宗自此彌加禮重，寄以心腹（《貞觀政要》任賢，第三）。

「魏徵曰：『皇太子若從臣言，必無今日之禍。』太宗爲之斂容，厚加禮異，擢拜諫議大夫，數引之臥內，訪以政術。徵雅有經國之才，性又抗直，無所屈撓。太宗每與之言，未嘗不悅。」（《貞觀政要》任賢，第三）「太宗卽位，召拜王珪爲建議大夫，每推誠盡節，多所獻納。」（《貞觀政要》任賢，第三）高祖克京城，執李靖將斬之。靖大呼曰：公起義兵，除暴亂，不欲就大事，而以私怨斬壯士乎？太宗亦加救，遂舍之。太宗嗣位，拜靖爲刑部尚書（《貞觀政要》任賢，第三）。李勣本姓徐，字茂功，原仕李密，後歸唐，隨太宗征王世充、竇建德，平之，貞觀元年拜并州都督。馬周有機辯，能敷奏深識事故，故動無不中。太宗嘗曰：暫時不見，卽便思之（《貞觀政要》任賢，第三）。中興以人才爲本，得人者昌，太宗能任用這些傑出賢臣，貞觀之治，非爲無因。

十二、愼用刑賞的思想——太宗以儒道治道，行仁義，興禮樂，重道德。但人有善惡，以德固可化善人，舍刑不能禁惡人，故刑法與賞罰，卒不能盡廢。不過愼用刑罰不失之於妄濫。貞觀五年，詔曰：「在京諸司，比來奏決死囚，雖云五覆，一日卽了，都未暇審思。五奏何益？雖有追悔，又無所及。自今後，在京諸司，奏決死囚，宜三日中五覆奏。天下諸州三覆奏。又手詔敕曰：比來有司斷獄，多據律文，雖情在可矜，而不敢違法；守文定罪，或恐有寃。自今門下省復有據文合法，而情在可矜者，宜錄狀奏聞。」（《貞觀政要》卷八，刑法，第三十一）這種詔敕，旨在愼刑法，重死囚，哀矜勿喜，依法不屈情。

太宗曰：「夫天之育物，猶君之御衆。天以寒暑爲德，君以仁愛爲心。寒暑既調，則時無疾疫；風雨不節，則歲有飢寒。仁愛下施，則人不凋弊；敎令失度，則政有乖違。防其害源，開其利本；顯罰以威之，明賞以化之；威立則惡者懼，化行則善者勸。適己而妨於道，不加祿焉，逆己而便於國，不施刑焉。故賞者不德君，功之所致也；罰者不怨上，罪之所當也。故《書》曰：無偏無黨，王道蕩蕩，此賞罰之權也。」（《帝範》賞罰，第九）施行賞罰，無偏無黨，公平誠信，賞當其功以勸善，罰當其罪以禁惡，無功不賞，無罪不罰，賞罰明，國必治。

賞罰既明當，自不可妄行赦宥。赦宥濫行，則賞罰不明矣。赦宥行，則犯罪者心在僥倖而不畏罰矣。貞觀七年，太宗謂侍臣曰：「天下愚人者多，智人者少；智者不肯爲惡，愚人好犯憲章。凡赦宥之恩，惟及不軌之輩。古人云：小人之幸，君子之不幸；一歲再赦，善人喑啞。凡養稂莠者，傷禾稼；惠奸宄者賊良人。昔文王作罰，刑茲無赦。故諸葛亮理蜀十年，不赦，而蜀大化。梁武帝每年數赦，卒至傾敗。大謀小仁者，大仁之賊。故我得天下以來，絕不放赦。今四海安寧，禮義興行；非常之恩，彌不可數。將恐愚人常冀僥倖；惟欲犯法，不能改過。」（《貞觀政要》卷八，赦令，第三十二）

十三、唐太宗所得史贊——宋名儒歐陽修著《新唐書》，在太宗本紀論贊曰：「甚矣，至治之君不世出也。禹有天下，傳十有六王，而少康有中興之業。湯有天下，傳二十八王，而其甚盛者，號稱三宗。武王有天下，傳三十六王，而成康之治與宣王之功，其餘無所稱焉。雖詩書所載，時有闕略；然三代千有七百餘年，傳七十餘君，其卓然見著於後世者，共六、七君而已。嗚呼！可謂難得也。唐有天下，傳世二十，其可稱者三君。玄宗、憲宗皆不克其終。盛哉！太宗之烈也。其除隋亂，比迹湯武，致治之美，庶幾成康。自古功德兼隆，由漢以來未之有也。至其牽於多愛，復立浮圖，好大喜功，勤兵於遠；此中材庸主之所常爲，然春秋之法，常責備於賢者。是以後世君子之欲成人之美者，莫不嘆息於斯焉。」歐陽修盛贊唐太宗的盛烈，除隋亂，迹比湯武，治幾成康；惟惜其多愛立寺，好大喜功，窮兵黷武，而有《春秋》責備賢者之意。

第五十五章　魏徵的政治思想

第一節　生平事蹟

魏徵的生平事蹟，《舊唐書》卷七十一，《新唐書》卷九十七本傳皆有記載。《貞觀政要》卷二，任賢第三亦有魏徵事略的記述。文字甚繁，不克詳舉，茲擇其要者舉列於次：

一、入唐前的事略——魏徵字玄成，先世鉅鹿（河北省順德鉅鹿縣）人，後遷居相州內黃（河南省彰德內黃縣）。父長賢北齊屯留令。徵少孤貧，落拓有大志，不事生產，出家爲道士，好讀書，多所通涉；見天下日亂，尤屬意於縱橫之說。隋煬帝大業末年，武陽郡丞元寶藏舉兵，以應李密之召，魏徵典書記，密每見寶藏之書，莫不稱善，既聞乃徵所爲，密召之，徵進十策以干密，密雖奇之，而不能用。及王世充攻密於洛口，徵說密之長吏鄭頲曰：魏公雖驟勝，然驍將銳卒，死傷多矣；又軍無府庫，有功不賞，戰士心怠，此二者難以應戰。未若深溝高壘，曠日持久，不過旬日，敵人糧盡，可不戰而退，追而擊之，取勝之道；且東都食盡，世充計窮，意欲死戰，可謂窮寇難與爭鋒，請愼無與戰。頲曰：此老生之常談耳。徵曰：此乃奇謀深策，何謂常談!?因拂袖而去。後竇建德攻陷黎陽（今河南省濬縣）獲徵，署爲起居舍人。及竇建德被擒，徵與裴矩西入關投唐。

二、入唐後的事略——李密敗，徵隨密來降唐，至京師久不見知，自請安輯山東，乃授秘書丞，驅傳至黎陽時，徐世勣（徐茂功，賜姓李名勣）尙爲李密擁衆。徵與世勣書曰：自隋末亂離，群雄競逐，跨州連郡，不可勝數，……固知神器之重，自有所歸，不可以力爭，知幾其神，不俟終日。今公處必爭之地，乘宜速之機，更事遲疑，坐觀成敗，恐凶狡之輩，先人生心，則公之事去矣。世勣得書，遂定計遣使歸唐。隱太子建成聞知魏徵賢名，於唐高祖武德末年，以之爲太子洗馬掌經史子集四庫圖籍，甚禮遇之。徵見李世民與隱太子陰相傾奪，勸太子建成早爲之謀，及玄武門之變，太子被殺。太宗召徵責之曰：汝離間我兄弟，何也？衆皆爲之危懼，徵慷慨自若，從容對曰：皇太子若從臣言，必無今日之禍。

太宗爲之斂容，厚加禮異，擢爲諫議大夫，數引之入臥內，訪以政術。徵雅有經國之才，性又抗直。太宗每與言，未嘗不悅。徵亦喜逢知己之主，竭其力用；又勞之曰：卿所諫，前後二百餘事，皆稱朕意。非卿忠誠奉國，何能若斯？貞觀三年（西元六二九年）累遷秘書監參與朝政，深謀遠籌，多所弘益。太宗嘗謂曰：卿罪重於中鉤，我任卿逾於管仲。近代君臣相得，寧有似我於卿者乎？

貞觀六年（西元六三二年）太宗幸九成宮，宴近臣長孫無忌、王珪、魏徵，往事息隱，臣見之若讎，不謂今者又同此宴。太宗曰：魏徵昔者實我所讎，但其盡心所事，有足嘉者，朕能擢而用之，何慚古烈。徵每犯顏切諫，不許我爲非，我所以重之也。徵再拜曰：陛下導臣使言，臣所以敢言；若陛下不受臣言，臣亦何敢犯龍鱗，觸忌也。太宗大悅，各賜錢十五萬。貞觀七年（西元六三三年）徵代王珪爲侍中，累封鄭國公。尋以疾，乞辭所職，請爲散官。太宗曰：朕拔卿於讎虜之中，任卿以樞要之職，見朕之非，未嘗不諫。公獨不見金之在礦，何足貴哉。良冶鍛而爲器，便爲所寶。朕方自比於金，以卿爲良工，雖有疾，未爲衰老，豈得便爾耶!?徵乃止。

後徵復固辭，聽解侍中，授以特進，仍知門下省事。貞觀十二年（西元六三八年）太宗以誕皇孫，詔宴公卿，帝極歡，謂侍臣曰：貞觀以前，從我平定天下，周旋艱難，玄齡之功，無所與讓。貞觀以後，盡心於我，獻納忠讜，安國利人，成我今日功業，爲天下所稱者，惟魏徵而已，古之名臣，何以加也？於是親解佩刀以賜二人。

太宗初立，長子承乾爲太子，後以罪廢爲庶人，在春宮不修德業。魏王泰（太宗第四子）寵愛日隆，內外庶寮，咸有疑議。太宗聞而惡之，謂侍臣曰：當今朝臣，忠謇無如魏徵，我遣傅皇太子。貞觀十七年（西元六四三年）遂以徵爲太子太傅，以道德輔導太子，知門下省事如故。徵自陳有疾。太宗謂曰：太子宗社之本，須有師傅，故選中正以爲輔弼，知公疹病，可臥護之，徵乃就職。不期不久，魏徵病卒，六十四歲。

太宗親臨徵喪，慟哭，贈司空，謚曰文貞，太宗親爲製碑文，復自書於石。特賜其家食實封九百戶。太宗後嘗謂群臣曰：以銅爲鏡，可以正衣冠；以古爲鏡，可以知興替；以人爲鏡，可以明得失。常保此三鏡，以防己過。今魏徵殂逝，遂亡一鏡矣，因泣下久之。乃詔曰：昔惟魏徵，每顯予過，自其逝也；雖過莫彰，朕豈獨有非於往日，而皆是於玆日，故亦庶僚，苟順難觸龍鱗者歟，所以虛己外求，披迷內省。言而不用，朕所甘心；用而不言，誰之責也!?自是以後，各悉乃誠，若有是非，直言無隱。

第二節　人格表現

一、深謀遠慮——魏徵博學多智，聰敏機變，曾習縱橫之說，故能言善辯，對問題考慮周全，堪稱深謀遠慮的策士。當其未入唐時，向李密獻抵禦王世充之策，使之深溝高壘，守而不戰，待其糧盡兵疲以出擊，乃奇謀深策，竟被以老生常談視之。

入唐後，貞觀七年，徵上四疏陳得失：一曰：以隋亡爲殷鑑，深加警惕，日愼一日，雖休勿休，懼危於峻宇，思安處於卑宮，神化潛通，無爲而理。二曰：求木之長者，必固其根本；欲流之遠者，必浚其泉源；思國之安者，必積其德義。源不深，豈望流之遠，根不固何能求木之長，德不厚而思國之治，雖在下愚，知其不可，而況於明哲乎!?三曰：明德愼罰，惟刑恤哉。爲上易事，爲下易知，則刑不煩矣。上多疑，則百姓惑；下難知，則君長勞矣。四曰：立國之基，必資於德禮。君子所保，惟在於誠信。誠信立，則下無二心；德禮形，則遠人斯格（《舊唐書》載有四疏全文，祇錄其題要）。四疏文多意詳，誠語重心長，深謀遠慮的肝膽忠言。

二、忠勇果決——魏徵在思考上固能深謀遠慮；在行爲上亦是忠勇果決。太宗踐位，擢拜魏徵爲諫議大夫，封鉅鹿縣男，使安輯河北，許以便宜從事，至磁州，遇前宮千牛李志安，齊王護軍李思行，錮送詣京師。徵謂副使李桐客曰：吾等受命之日，前宮齊府左右，皆令赦原不問。今復送思行此外，誰不自疑，使遣使往，彼必不信。此乃差之毫厘，失之千里。且公家之利，知無不爲，寧可慮身，不可廢國家大計。今若釋遣思行，不問其罪，則信義所感，無遠不臻。古者大夫出疆，苟利社稷，專之可也。況今日之行，許以便宜行事。主上旣以國士見待，安可不以國士報之乎!?卽釋遣思行等，仍以啓聞，太宗甚悅。似此當機立斷，只計國家之利，不顧個人之慮，堪稱忠勇果決的良臣（《舊唐書》卷七十一，魏徵傳）。

三、抗直諍臣——魏徵對太宗忠貞耿介，敢犯天顏，直言極諫，堪稱抗直諍臣。《舊唐書》魏徵傳曰：太宗新卽位，勵精政道，數引徵入臥內，訪以得失。徵雅有經國之才，性又抗直，無所屈撓。太宗與之言，未嘗不欣然納受。徵亦喜逢知己之主，思竭其用，知無不言。太宗嘗勞之曰：卿所陳諫，前後二百餘事，非卿至誠奉國，何能若斯!?

魏徵遷升尚書左丞，或有言徵阿黨親戚。帝使御史大夫溫彥博案驗無狀。彥博奏曰：徵爲人臣，雖存形跡，不能遠避嫌疑，遂招此謗，雖情在無私，亦有可責。帝令彥博責徵。且曰自今後，不得不存形迹。他日徵入奏曰：臣聞協契，義同一體，不存公道，唯事形迹；若君臣上下同遵此路，則邦國之興衰，或未可知。帝瞿然改容曰：吾已悔之（《舊唐書》魏徵傳）。不得不存形迹，蓋指君臣上下的禮節儀式。若存形迹，則難推誠置信，上下重形迹而生隔閡。徵敢直言辯之。

太宗曰：「魏徵往昔，實我所讎，但其盡心所事，有足嘉者。朕能擢而用之，何慚古烈。徵犯顏切諫，不許我爲非，我所以重之也。」（《貞觀政要》卷二，任賢，第三）太宗曰：「徵每諫我，我不從，我發言輒不卽應，何哉?」徵曰：「恐遂行之。」帝曰：「第卽應，須別陳，論顧不得。」徵曰：「昔舜戒群臣，爾無面從，退有後言；若面從可，方別陳論，此乃後言，非稷禹所以事堯舜也。」帝大笑，曰：「人言徵擧動粗慢，我但見其嫵媚耳。」徵再拜曰：「陛下導臣使言，所以敢然；若不受，臣敢數批逆鱗哉!?」（《新唐書》卷九十七，魏徵傳）

四、佐國勳臣——魏徵雅有經國之才，受太宗知遇之恩，抗直進諫，力正君非，輔助君主，利國安民，成貞觀之治，誠佐國功臣。貞觀十二年，太宗以誕皇孫，詔宴公卿，帝極歡，謂侍臣曰：「貞觀以前，從我平定天下，周施艱難，玄齡之功，無所與讓。貞觀以後，盡心於我，獻納忠讜，安國利人，成我今日功業，爲天下所稱者，惟魏徵而已，古之名臣，何以加也。」（《貞觀政要》任賢，第三）

魏徵多病，請辭職，太宗曰：「朕拔卿於讎虜之中，任卿以樞要之職，見朕之非，未嘗不諫。公獨不見金之在礦，何足貴哉？良冶鍛而爲器，便爲人所寶。朕方自比於金，以卿爲良工，雖有疾，未爲衰老，豈得便爾耶!?徵乃止。」（《貞觀政要》任賢，第三）魏徵死後，太宗嘗謂侍臣曰：「夫以銅爲鏡，可以正衣冠；以古爲鏡，可以知興替；以人爲鏡，可以明得失。朕常保此三鏡，以防己過。今魏徵殂逝，遂亡一鏡矣。因泣下久之。」（《貞觀政要》任賢，第三）太宗嘗問群臣，「魏徵與諸葛亮孰賢？岑文本曰：亮才兼將相，非徵可比。帝曰：徵蹈履仁義，以弼朕躬，欲致之堯舜，雖亮無以抗。」（《新唐書》卷九十七，魏徵傳）由太宗這些言論以觀之，足見帝對徵倚恃之重，徵對帝貢獻之鉅。稱爲佐國功臣，孰曰不宜!?

第三節　政治思想

魏徵並無著作，對政治思想作有系統的論述。但從《貞觀政要》一書，魏徵對太宗的諫諍，及新、舊《唐書》魏徵傳所錄其所上疏奏，確有正確而豐富的政治思想。玆扼要論述。

一、民爲邦本——魏徵曰：「書曰，民惟邦本，本固邦寧；爲人上者，奈何不敬？陛下貞觀之始，視民如傷；恤其勤勞，愛民猶子；每存節約，無所營爲。頃年以來，意在奢縱，忽忘卑儉，輕用民力；乃云百姓無事則驕逸，勞役則易使。自古以來，未有由百姓逸樂，而致傾敗者也，何有逡畏其驕逸，而故欲勞役者哉？恐非興邦之至言，豈安人之長算。」（《新唐書》卷九十七，魏徵傳，諫十漸不克終疏）

鄭仁基息女美而才，皇后建請爲克華典册具，或言許聘矣。魏徵諫曰：「陛下處臺榭，則欲民有棟宇；食膏粱，則欲民有飽適；顧嬪御，則欲民有家室。今鄭已約婚，陛下取之，豈爲人父母意！」帝痛自咎，卽詔停册（《新唐書》卷九十七，魏徵傳）。

魏徵曰：「然則古人之震怒，將以懲惡；當今之威罰，所以長姦；此非唐虞之心也，非禹湯之事也。《書》曰，撫我則后，虐我則讎。荀卿子曰，君舟也，人水也。水所以載舟，亦所以覆舟。故孔子曰，魚失水則死，水失魚猶水也。故唐虞戰戰慄慄，日愼一日，安可不深思之乎？安可不熟慮之乎？」（《貞觀政要》卷三，君臣鑒戒，第六）

二、爲君之道——在專制君主政制時代，「君可以不君，臣不可以不臣」，臣對君須絕對服從。此時而言君道，固甚難爲。君可以教訓群臣，人臣那可以教訓君主如何作君。獨有魏徵秉性剛毅耿介，敢於犯天顏而極諫，而以抗直諍臣提出不少君道思想。

1.兼聽與偏信——唐太宗問何道而明，何失而暗。魏徵曰：「君所以明兼聽也；所以暗偏信也。堯舜氏闢四門，明四目，達四聰，雖有共鯀，不能塞也，靖言庸違，不能惑也。秦二世隱藏其身，以信趙高，天下潰叛，而不得聞；梁武帝信朱昇，侯景向闕，而不得聞；隋煬帝信虞世基，賊遍天下，而不得聞。君能兼聽，則姦人不得壅蔽，而下情通矣。」（《新唐書》卷九十七，魏徵傳）

時以上封事者衆，或不切事，太宗厭之，欲加譴黜。魏徵曰：「古者立謗木，欲聞己過，封事其謗木之遺乎！陛下思聞得失，當恣其陳言。而是乎，爲朝廷之益；非乎，無損於政。帝悅。」（《新唐書》卷九十七，魏徵傳）

2.親賢而遠佞——魏徵向太宗上疏陳事曰：「自王道休明，緜十餘載，倉廩愈積，土地益廣，然而道德不日博，仁義不日厚，何哉？由待下之情，未盡誠信，雖有善始之勤，而無克終之美。故便佞之徒，得肆其巧，謂同心爲朋黨，告訐爲至公，彊直爲擅權，忠讜爲誹謗。謂之朋黨，雖忠信可疑，謂之至公；雖矯僞無咎，彊直者畏擅權，而不得盡忠讜者；慮誹謗而不敢與之爭。熒惑視聽，鬱於大道，妨化損德，無斯甚者。今將致治，則委之君子，得失或訪諸小人，是毀譽常在小人，而督責常加諸君子也。夫中智之人，豈無小惠，然慮不及遠，雖使竭力盡誠猶未免傾敗；況內懷姦利，承顏順旨乎！善不積不足以忠，今謂之善人。……若欲令君子小人是非不雜，必懷之以德，待之以信，厲之以義，節之以禮，然後善善而惡惡，審罰而明賞，無爲之化，何遠之有？善善而不能進，惡惡而不能去，罰不及有罪，賞不加有功，則危亡之期，或未可保。」（《新唐書》卷九十七，魏徵傳）

3.大臣的敬重——貞觀十年，越王長孫皇后所生，太子介弟；聰敏絕倫，太宗特爲寵異。或言三品以上官，皆輕蔑王者，意在譖侍中魏徵等，以激上怒。上御齊政殿，引三品以上人，坐定，大怒作色而言曰：我有一言，向公等道。往前天子卽是天子，今時天子非天子耶？往年天子兒是天子兒，今日天子兒非天子兒耶？我見隋家諸王，達官以下皆不免被其躓頓；我之兒子，自不許其縱橫。公等所容易過得，相共輕蔑；我若縱之，豈不能躓頓公等？房玄齡等戰慄，皆拜謝。

魏徵正色而諫曰：「當今群臣必無輕蔑越王者，然在禮臣子一例傳稱。王人雖微，列於諸侯之上；諸侯用之爲公卽爲公，用之爲卿卽爲卿；若不爲公卿卽下士於諸侯。今三品以上列爲公卿，並天子大臣，陛下所加敬異。縱其小有不是，越王何得加以折辱？若國家綱紀廢壞，臣所不知，以當今聖明之

時，越王豈得如此？且隋高祖不知禮義，使行無禮；尋以罪黜，不可爲法，亦何足道。」（《貞觀政要》卷二，納諫，第五）

4.仁義的施行——至是天下大治，蠻夷君長，襲衣冠，帶刀宿衛，東薄海，南踰嶺，戶闔不閉，行旅不齎，糧取給於道。帝謂群臣曰：「此魏徵勸我行仁義既效矣。」（《新唐書》卷九十七，魏徵傳）魏徵曰：「五帝三王不易民以敎，行帝道而帝。行王道而王，顧所行如何耳。黃帝逐蚩尤，七十戰而勝其亂，因致無爲。九黎害德，顓頊征之，已克而治。桀爲亂，湯放之。紂無道，武王伐之。湯武身及太平。若人漸澆詭，不復返朴，今當爲鬼爲魅，尚安得而化哉。」帝深納之不疑。（《新唐書》魏徵傳）所謂以敎行帝道而帝，行王道而王，均是施行仁義，以德敎化民。

魏徵以爲施仁義爲治道之本，行刑罰爲治道之末。有道明君，以德敎化民，端在施行仁義，不在嚴刑峻法。仁所以惠利人民，義指施政得其宜，使民安樂。徵曰：「故聖哲君臨，移風易俗；不資嚴刑峻法，在仁義而已。故非仁無以廣施，非義無以正身。惠下以仁，正身以義；則其政不嚴而理，其敎不肅而成矣。然則仁義理之本也；刑罰理之末也。爲理之有刑罰，猶執御之有鞭策也。人皆從化，而刑罰無所施；馬盡其力，則鞭策無所用。」（魏徵，論治疏）

5.德禮與誠信——貞觀十年，魏徵上疏曰：「臣聞爲國之基，必資於德禮；君之所保，惟在於誠信。誠信立，則下無二心；德禮形，則遠人斯格。然則德禮、誠信，國之大綱，在於君臣父子，不可斯須而廢也。故孔子曰：君使臣以禮，臣事君以忠。又曰：自古皆有死，民無信不立。文子曰：同言而信，信在言前；同令而行，誠在令外。然則言而不信，言無信也；令而不從，令無誠也。不信之言，無

誠之令；爲上則敗德，爲下則危身。雖在顚沛之中，君子所不爲也。」（《貞觀政要》卷五，誠信，第十七）

6. 四事與十思——魏徵上疏，言爲君之道，應重四事，尙十思。四事者：一曰，臣觀自古受圖膺運，繼體守文，控御英傑，南面臨下，皆欲配厚德於天地，齊高明於日月，本枝百代，傳祚無窮。然而克終者鮮，敗亡相繼，其故何哉？所以求之失其道也。覆轍不遠，隋亡可爲殷鑑。二曰，有善始者實繁，能克終者蓋寡。豈其取之易而守之難乎？昔取之而有餘，今守之而不足。何也？夫在殷憂，必竭誠以待下；既得志則縱情以傲物。竭誠則胡越爲一體，傲物則骨肉爲行路。雖董之以嚴刑，振之以威怒；終苟免而不懷仁，貌恭而不心服。怨不在大，可畏惟人，載舟覆舟，所宜深愼。三曰，君有一德，臣無二心，上播忠厚之誠，下竭股肱之力，然後太平之基不墜，康哉之詠斯起，當今道被華夷，功高宇宙，無思不服，無遠不臻。然言尙於簡大，志在於明察。刑賞之本，在乎勸善而懲惡。帝王之所以與天下爲畫一，不以貴賤親疏而輕重者也。今之刑賞未必盡然。四曰，自王道休明，十有餘載，威加海外，萬國來庭，倉廩日積，土地日廣；然而道德未益厚，仁義未益博者，何也？由於待下之情未盡於誠信。雖有善始之勤，未覩克終之美故也。昔貞觀之始，聞善若驚，暨五、六年間，猶悅以從諫。自玆厥後，漸惡直言，雖或勉强，時有所容，非復曩昔之豁如也。謇諤之士稍避龍鱗；便佞之徒，肆其巧辯（《舊唐書》卷七十一，魏徵傳）。

貞觀十一年，特進魏徵上疏太宗，提出爲人君者應守十思之道，卽經流傳的著名的十思疏曰：「君人者誠能見可欲，則思知足以自戒；將有作，則思知止以安人；念高危，則思謙沖而自牧；懼滿溢，則思江海下百川；樂盤遊，則思三驅以爲度；憂懈怠，則思愼始而敬終；慮壅蔽，則思虛心以納下；

想讒邪，則思正身以黜惡；恩所加，則思無因喜而謬賞；罰所及，則思無因怒而濫刑。總此十思，弘茲九德，簡能而任之，擇善而從之，則智者盡其謀，勇者竭其力，仁者播其惠，信者効其忠。」（《貞觀政要》卷一，君道，第一）

三、人臣正邪——魏徵對君道思想已有詳明而正確的論述；至對於臣道思想，魏徵亦有卓越的見解與立論。

1.大臣與小臣——魏徵所謂大臣與小臣之分，乃就其品德言，乃就其所負荷的職責大小輕重而言。大臣任大事，小臣任小事。大臣猶如今日的政務官，小臣猶如今日的事務官。若責大臣以小事，而責小臣以大事，背悖政理，亂之所由生。魏徵曰：「夫委大臣以大體，責小臣以小事；為國之常也，為理之道也。今委之以職，則重大臣而輕小臣。至於有事，則信小臣而疑大臣。信其所輕，疑其所重；將以至理，豈可得乎？又政貴有恒，不求屢易；今或責小臣以大體，或責大臣以小事；小臣乘非所據，大臣孰得其所守。大臣或以小過獲罪，小臣或以大體受罰。職非其位，罰非其罪；欲其無私，求其盡力，不亦難乎？」（《全唐文》卷一百三十九，論治道疏）

2.良臣與忠臣——貞觀六年，魏徵拜而言於太宗曰：「臣以身許國，直道而行，必不敢有所欺負。但願陛下使臣為良臣，勿使臣為忠臣。太宗曰：忠良有異乎？徵曰：良臣使身獲美名，帝受顯號，子孫傳世，福祿無疆。忠臣身受誅夷，君顯大惡，家國並喪，獨有此名。以此言之，相去遠矣。良臣稷、契、咎、陶也。忠臣龍逢、比干也。」（《新唐書》卷九十七）

3.正臣與邪臣——魏徵指出人臣可分正邪。正臣有六種，邪臣亦有六種。魏徵曰：「因其材以取之，審其能以任之，用其所長，揜其所短，進之以六正，戒之以六邪，則不嚴而自勵，不勸而自勉矣。故《說苑》（劉向所著）曰：人臣之行，有六正六邪。行六正，則榮；犯六邪，則辱。何謂六正？一曰萌芽未動，形兆未見，昭然獨見存亡之機，得失之要，預禁乎未然之前，使主超然立乎顯榮之處；如此者，聖臣也。二曰虛心盡意，日進善道，勉主以禮義，諭主以長策，將順其美，匡救其惡；如此者，良臣也。三曰夙興夜寐，進賢不懈，數稱往古之行事，以勵主意；如此者，忠臣也。四曰明察成敗，早防而救之，塞其隙，絕其源，轉禍以爲福，使君終以無憂；如此者，智臣也。五曰守文奉法，任官職事，不受贈遺，辭祿讓賜，飲食節儉；如此者，貞臣也。六曰國家昏亂，所爲不諛，敢犯主之嚴顏，面言主之過失；如此者，直臣也。是謂六正。」（《貞觀政要》卷三，擇官，第七）

魏徵曰：「何謂六邪？一曰安官貪祿，不務公事，與代浮沉，左右觀望；如此者，具臣也。二曰主所言皆曰善，主所爲皆曰可，隱而求主之所好而進之，以快主之耳目，偷合苟容，與主爲樂，不顧其後害；如此者，諛臣也。三曰內實險詖，外貌小謹，巧言令色，妬善嫉賢，所欲進則明其美隱其惡，所欲退則明其過匿其美，使主賞罰不當，號令不行；如此者，奸臣也。四曰智足以飾非，辯足以行說（稅），內離骨肉之親，外構朝廷之亂；如此者，讒臣也。五曰專權擅勢，以輕爲重，私門成黨，以富其家，擅矯主命，以自貴顯；如此者，賊臣也。六曰諂主以佞邪，陷主於不義，朋黨比周，以蔽主明，黑白無別，是非無間，使主惡布於境內，聞於四隣；如此者，亡國之臣也。是謂六邪。賢臣處六正之道，不行六邪之術，故上安而下理，生則見樂，死則見思，此人臣之術也。」（《貞觀政要》卷三，擇臣，第七）

四、君臣關係——唐太宗雖倡「君可以不君，臣不可以不臣」的絕對忠君的專制君主思想，而魏徵仍執儒家古說，認爲君臣的關係乃是相對的。魏徵曰：「孔子曰：君使臣以禮，臣事君以忠。然則君之待臣，義不可薄。陛下初登大位，敬以待下，君恩下流，臣情上達，咸思竭力，心無所隱。頃年以多所忽略。或外官充使，奏事入朝；思覩闕庭，將陳所見。欲言則顏色不接，欲請又恩禮不加。間因所短，結其細過，雖有聰辯之略，莫能申其忠款；而謂君臣交泰，上下同心，不亦難乎？」（《全唐文》卷一百四十，魏徵論十漸不克終疏）

貞觀十四年，特進魏徵上疏曰：「臣聞君爲元首，臣作股肱，齊契同心，合而成體。體或不備，未有成人。然則首雖尊高，必資手足以成體。君雖明哲，必藉股肱以致理。禮云，人以君爲心，君以人爲體。心莊則體舒，心肅則容敬。《書》云：元首明哉，股肱良哉，庶事康哉。元首叢脞哉，股肱惰哉，萬事墮哉。然則委棄股肱，獨任胸臆，具體成理，非所聞也。」（《貞觀政要》卷三，君臣鑒戒，第六）

五、知人善任——君主一人不能獨治其國，必須任用群臣以輔佐，方能國治而政理。群臣的任用，必須選擇賢才而使之，方能濟事，所謂「得人者昌，失人者亡。」魏徵認爲賢才歷代皆有，並非古有而今無，只要人君求之好之，賢才自易得而用之。貞觀十四年，魏徵上疏曰：「臣聞知臣莫若君，知子莫若父。父不能知子，則無以睦一家；君不能知臣，則無以齊萬國。萬國咸寧，一人有慶，必藉忠良作弼，俊乂在官，則庶績其凝，無爲而化矣。故堯舜文武，見稱前載，咸以知人則哲，多士盈朝，元凱翼巍巍之功，周召光煥之美。然則四岳、九官、五臣、十亂，豈惟生於曩代，而獨無於當今者哉？在於求與不求，好與不好耳。」（《貞觀政要》卷三，擇官，第七）

知人始能善任，魏徵認爲知人之方，端在察其善惡，審訪其行。貞觀六年，太宗謂魏徵曰：古人云，王者須爲官擇人，不可造次卽用。……故知賞罰不可輕行，用人彌須審擇。徵對曰：「知人之事，自古爲難，故考績黜陟，察其善惡；今欲求人，必須審訪其行，若知其善，然後用之；設令此人不能濟事，只是才力不足，不爲大害。誤用惡人，假令強幹，爲害極多。但亂代惟求其才，不顧其行；太平之時，必須才行俱兼，始可任用。」（《貞觀政要》卷三，擇官，第七）

一個人是否是賢能之才，必須從多方面加以考察，方能知之。魏徵曰：「然而今之群臣，罕能貞白卓異者，蓋求之不切，勵之未精故也。若勉之以公忠，期之以遠大，各有職分，得行其道。貴則觀其所舉，富則觀其所養，居則觀其所好，習則觀其所言，窮則觀其所不受，賤則觀其所不爲。因其材以取之，審其能以任之。」（《貞觀政要》卷三，擇官，第七）

世無全才，用人不能求全責備，只可用其所長，舍其所短。才有大小，要因材而施用，大材則大用，小才則小用。貞觀十一年，所司奏凌敬乞貧之狀。太宗責侍中魏徵等濫進人。徵曰：「臣等每蒙顧問，常具言其長短；有學識，強諫諍，是其所長；愛生活，好經營，是其所短。今凌敬爲人作碑文，教人讀漢書；因茲附託，回易求利，與臣等所說不同。陛下未用其長，惟見其短，以爲臣等欺罔，實不敢心伏。」太宗納之（《貞觀政要》卷二，納諫，第五）。

六、刑賞施行——魏徵儒者，雖主張行仁義，施教化，以化民向善。然天下不能無頑劣之惡人，爲要懲惡以止邪，法與刑終不可廢。魏徵曰：「法，國之權衡也，時之準繩也。權衡所以定輕重，準繩所以正曲直。今作法貴寬平，罪人宜其嚴酷，喜怒肆志，高下在心。是則捨準繩以正曲直，棄權衡而定輕重者也；不亦惑哉！諸葛孔明，小國之相，猶曰吾心如秤，不能爲人作輕重。況萬乘之主，當可封之日，而任心棄法，取怨於人乎？」（魏徵，論治疏）法爲據一止亂的客觀標準，法爲去私塞怨的有效手段；法爲齊民使衆的必要工具，法爲興功定罪的公平權衡，故爲國者必須依法以爲治，不可捨法而以意裁輕重。

魏徵認爲治國之道，先德而後刑，凡立法者，非以司民短而誅過誤也；乃以防姦惡而救禍亂，檢淫邪而內正道。他說：「是故上聖無不務理民心。故曰：聽訟吾猶人也，必也使無訟乎。道之以禮，務厚其性而明其情。民相愛，則無相傷害之意，動思義，則無蓄姦邪之心。若此，非定律之所理也。此乃敎化之所致也。聖人甚尊德而卑刑罰，故舜先敕契以敷五敎，而後任咎、繇以五刑也。凡立法者，非以司民短而誅過誤也；乃以防姦惡而救禍也，檢淫邪而內正道。」（魏徵，論治疏）

刑賞的施行，應就事論事，依法爲準，務求客觀與公平，刑當其罪，賞當其功，無罪不刑，無功不賞。刑賞施行決不可有個人喜怒好惡存於其間，或因貴賤親疏，而故爲出入，上下其手。刑賞不中則民怨沸騰。民怨沸騰，則人心背離，國之危亡，可立而至。魏徵曰：「夫刑賞之本，存乎勸善而懲惡。帝王之所以與天下爲畫一，不以貴賤親疏而輕重者也。今之刑賞，未必盡然，或屈伸在乎好惡，或輕重由於喜怒。遇喜則矜其情於法中；逢怒則求其罪於事外；所好則鑽其皮出其毛羽；所惡則洗垢求其瘢痕。瘢痕可求，則刑斯濫矣；毛羽可出，可賞因謬矣。刑濫則小人道長，賞謬則君子道消。小人之惡不懲，君子之善不勸，而望治安刑措，非所聞也。」（《貞觀政要》卷八，刑法，第三十一）

儒家爲治，先德而後刑，德者本也，刑者末也，故主張明德愼刑，哀矜恤刑。貞觀十一年，特進魏徵上疏曰：「臣聞書曰，明德愼刑，惟刑恤哉。禮云，爲上易事，爲下易知，則刑不煩矣。」（《貞觀政要》卷八，刑法，第三十一）魏徵論治疏亦曰：「故舜命咎、繇曰，汝作士，惟刑之恤，又後加之以三訊，衆所善，然後斷之。是以爲法參之人情。故《傳》曰，小大之獄，雖不能察，必以情。而世俗拘愚苛刻之吏，以爲情也者，取貨者也，立愛憎者也，右親戚者也，陷怨仇者也。何世俗小吏之情，與夫古人之懸遠乎？有司以此情疑之群吏，人主以此情疑之有司；是君臣上下通相疑也。欲其立忠盡節，難矣！凡理獄之情，必本所犯之事以主，不敢訊，不榜求，不貴多端以見聰明，故律正。其舉劾之法，參伍其辭，所以求賢也，非所以飾實也；但當參伍明聽之耳。不使獄吏鍛鍊飾理，成辭於手。孔子曰，古之聽訟，求所以生之也；今之聽獄，求所以殺之也。」魏徵所謂非指私情或人情，乃指多訊明聽，傍求廣證，以明見所犯之事的眞情與實事。以眞情實事以論斷，正符於公平客觀的理則，故律正。以防止聽獄者武斷輕率，草菅人命。以生人之心以斷獄，不以殺人之心以聽訟，乃明德恤刑的至意。

七、提倡儉約——貞觀十三年，魏徵恐太宗不能克終儉約，近歲頗好奢縱，乃上疏諫曰：「臣觀自古帝王，受圖定鼎，皆欲傳之萬代，貽厥孫謀，故其垂拱巖廊，布政天下，其語道也，必先淳朴而抑浮華；其論人也，必貴良臣而鄙邪佞；言制度也，則絕奢縱而崇儉約；談物產也，則重穀帛而賤珍奇。然受命之初，皆遵之以成治。稍安之後，多反之而敗俗。其故何哉？豈不以居萬乘之尊，有四海之富，出言而莫己逆，所爲而人必從，公道溺於私情，禮節虧於嗜欲故也。

語曰：非知之難，行之惟難；非行之難，終之斯難，所言信矣。伏惟陛下年甫弱冠，大拯橫流，削平區宇，肇開帝業。貞觀之初，時方克壯，抑損嗜欲，躬行節儉，內外康寧，遂臻至治。論功則湯武不足方，語德則堯舜未爲遠。臣自擢居左右，十有餘年，每侍帷幄，屢奉明旨，常許仁義之道，守之而不失；儉約之志，終始而不渝。一言興邦，斯之謂也。德音在耳，敢忘之乎！

而頃年以來，稍乖曩志，敦朴之理，漸不克終。謹以所聞，列之如左：陛下貞觀之初，無爲無欲，清靜之化，遠被遐荒，考之於今，其風漸墜。聽言則遠超乎上聖，論事則不踰於中主。何以言之，漢文、晉武俱非上哲，漢文之辭千里之馬，晉武焚雉頭之裘。今則求駿馬於萬里，市珍奇於域外，取怪異於道路，見輕於夷狄，此其漸不克終一也。」（《貞觀政要》卷十，愼終，第四十）

第四節　後人評論

一、吳兢的評論——唐吳兢撰《貞觀政要》，於卷二，任賢篇評論魏徵曰：「愚按魏鄭公之諫，自兩漢以來，一人而已，史稱爲三代之遺直，豈不信哉！然嘗聞之孟子曰：人不足與適也，政不足與間也，惟大人爲能格君心之非。蓋更一弊政，是一弊政而已；去一小人，是一小人而已。非心存焉，吾恐不勝其去，不勝其更也。今觀鄭公之諫疏，大概能裨益於政事，而不能匡正於本原，能規諫於臨時，而不能涵養於平昔。無乃於格心之道，猶有所未至乎。」

二、劉煦的評論——後晉（五代）劉煦著《舊唐書》，於魏徵傳後作評論曰：「鄭公與文皇討論政術，往復應對，凡數十萬言，其匡過弼違，能近取譬，博約達類，皆前代諍臣所不至者。其實身正而心勁，上不負時主，中不阿權幸，內不侈親族，外不爲朋黨，不以逢時改節，不以圖位賣忠，前代諍臣，一人而已。」

三、歐陽修的評論——宋歐陽修著《新唐書》於魏徵傳後論贊曰：「君臣之際，顧不難哉？以徵之忠，太宗之睿，身殁未幾，猜讒遽行。始徵之諫，累數十萬言。至君子小人，未嘗不反復爲帝言之。以佞邪之亂忠也，久猶不免。故曰皓皓者易汚，嶢嶢者難全，自古所嘆云。唐柳芳稱，徵死，知不知莫不恨惜，以爲三代遺直。」

四、曾鞏的評論——宋曾鞏曰：「太宗屈己以從群臣之議。而魏公之徒，喜遭其時，感知己之遇，事之大小，無不諫爭，雖其忠直所自至，亦得君以然也。」（見《貞觀政要》卷二，任賢，第三）

五、呂祖謙的評論——宋呂祖謙曰：「或謂三代遺直者，以至公爲心，而不以事形迹爲美。以後言爲戒，而不以卽應爲嫌。任强直之責，而不顧擅權之議。爲忠讜之論，而不畏誹謗之譏。此太宗貞觀之治，獨歸於徵勸行仁義之效者，以其此歟。」（《貞觀政要》卷二，任賢，第三）

第五十六章　陸贄的政治思想

第一節　生平事略

一、**事略**——劉昫《舊唐書》卷一百三十九，歐陽修《新唐書》卷一百五十七，皆有陸贄傳，詳述其生平事蹟且錄有陸氏不少奏議原文，篇幅太長，不便參引。而唐韓愈撰《順宗實錄》，內中有陸贄事蹟，簡明扼要，引錄於左：

紀云，陸諱贄，字敬輿，吳郡人。年十八，進士及第。又以博學鴻詞，拔萃授渭南尉，遷監察御史，未幾遷爲翰林學士，遷祠部員外郎。德宗幸奉天，贄隨行在。天下搔擾，遠近徵發；詔書一日數十下，皆出於贄。贄操筆持紙，成於須臾，不復起草。同職皆拱手嗟嘆，不能有所助。常啓德宗言，方今書詔，宜痛自引過，罪己以感人心。昔成湯以罪己致興，後代推以爲聖人，楚王失國亡走，一言善而復其國，至今稱爲賢者。陛下誠能不怯改過，以言謝天下，臣雖愚陋，爲詔詞無所忌諱，庶能令天下叛逆者回心喻旨。德宗從之。故行在制詔始下，聞者雖武夫叛卒，無不揮涕感激。議者咸以爲德宗尅平寇難，旋復王位，不惟神武成功，爪牙宣力，蓋以文德廣被，心腹有助焉。

贄累遷考功郎中，諫議大夫，中書舍人兼翰林學士。丁母憂，免喪，權知兵部侍郎，復入翰林，中外屬意，旦夕竢其爲相。竇參深忌之，贄亦短參之所爲，且言其黷貨。於是與參不能平。尋眞拜兵部侍郎，加知禮部貢擧，於進士中得人爲多。德宗八年（貞元四年，西元七八八年）遷中書侍郎平章事，始令吏部每年集選人。舊事，每年集人；其後遂三年一置選。選人猥至，文書多不了，尋勘眞僞紛雜，吏因得大爲姦巧。選士一蹉跌，或至十年不得官；而官之闕者，或累歲無人。

贄令吏部分內外官員爲三分，計闕集人以爲常，其弊十去七、八，天下稱之。初竇參出李巽爲常州刺史，且迫其行，巽常銜之。至參貶爲郴州別駕，巽適遷湖南視察。德宗常與參言故相姜公輔罪，參漏其語，參敗。公輔因上疏自陳其事，非臣之過。德宗詰之，知參洩其語，怒未有所發。會巽奏汴州節度劉士寧遣參金帛若干，士寧得汴州，參處其議，士寧常德之，故致厚貺。德宗以參得罪，而以武將代結，發怒，竟致參於死，而議者多言參死由贄也。

裴延齡判度支，天下皆嫉怨，而獨幸於天子，朝廷無敢言其短者，贄獨身當之；自陳不可用。延齡固欲去贄而代之，而又知贄不與己，多阻其奏請也；謗毀百端。翰林學士吳通元故與贄同職，姦巧佻薄，與贄不相能。知贄與延齡有間，因盛言贄短。宰相趙璟，本贄所引，同對嫉贄之權，密以贄所戢彈延齡事告延齡，延齡益得以爲計。由於天子益信延齡，而不直贄。竟罷贄相，以爲太子賓客，而黜張滂、李充等權。言事者皆言其屈。贄固畏懼，至爲太子賓客，拒門不納交親友。

春旱，德宗數獵苑中。延齡疏言，贄等失權怨望，言於衆曰，天下旱，百姓且流亡，度支愛惜，不肯給諸軍，軍中人所食，其事奈何？以動搖群心，其意非止中傷臣而已。後數日又獵苑中，會神策軍人跪馬前云，度支不給馬草。德宗憶延齡前言，卽廻馬而歸，由是貶贄爲忠州別駕；滂、充皆斥逐，德宗怒未解，贄不可測；賴陽城等救乃止。贄居忠州十餘年，常閉不出入；人無識面者。避謗不著書，習醫方，集古今名方爲《陸氏集驗方》，五十卷。年五十二。順宗初卽位永貞元年（西元八〇五年）下詔徵鄭餘慶、陽城、陸贄，詔始下，而城與贄皆卒。

二、著作——陸贄著作傳世者有《翰苑集》十卷及《陸宣公奏議》十二卷。前者係陸贄爲翰林學士時，奉命所草之詔書；此雖係奉君命所屬之文，但實際上皆自出贄之心裁。雖係君主詔書，實是陸贄的創意與執筆，堪稱自創，君王固不可掠其美也。後者分爲奏草及中書奏議各六卷，均爲陸贄自動的構思與創作。

宋哲宗元祐七年（西元一〇九二年）五月七日，名臣蘇軾、呂希哲、范祖禹等七人上疏曰：「……伏見唐宰相陸贄，才本王佐，學爲帝師，論深切於事情，言不離於道德；智如子房而文則過，辯於賈誼，而術不疏。上以格君心之非，下以通天下之志。但其不幸，仕不遇時。德宗以苛刻爲能，而贄諫之以忠厚；德宗以猜疑爲術，而贄勸之以推誠。德宗好用兵，而贄以消兵爲先；德宗好聚財，而贄以散財爲急。至於用人聽言之法，治邊馭將之方，罪己以收人心，改過以應天道；去小人以除民害，惜名器以待有功。如此之流，未易悉數。……臣等欲取其奏議，稍加校正繕寫進呈。……」陸贄謚曰宣，遂稱宣公，故全書名曰：《陸宣公奏議》。

第二節　治國的政治思想

政理、政術、政法、政略、政策均可稱之爲治國的政治思想。陸贄的治國政治思想，擧其要者，計有左列諸端：

一、得民心——得天下者，得其民。得其民者，得其心。民心的向背決定國家的成敗與存亡。陸贄曰：「是以古先聖王之居人上也，必以其心從天下之心，而不敢以天人之欲從其欲。」（《奏議》奉天論奏當今所切務狀）得民心，在於君主與人民同其欲惡。贄曰：「夫理亂之道，繫於人心；況乎當變故動搖之時。在危疑向背之際，人之所歸則植；人之所去則傾。陛下安可不慎察群情，同其欲惡!?使億兆歸趨以清邦家乎?此誠今當急也。然尚恐爲之不易者，蓋以朝廷播越，王命未行，施之空言，人或不信。」（奉天論奏當今所切務狀）贄又曰：「夫以天下之心爲心，則我之好惡乃天下之好惡。」（《奏議》論裴延齡姦蠹書）

曾參曰：「蓋人心之靈，莫不有知；而天下之物，莫不有理。惟於理未窮，故其智有不盡。」（《大學》五）陸贄以爲得人心之道，在於天下之理。他說：「臣聞虞舜察邇言，故能成聖化；晉文聽輿誦，故能恢霸功。大雅有詢於芻蕘之言，洪範有謀及庶人之義。是則聖賢爲理，務詢衆心；不敢忽細微，不敢侮鰥寡。侈信無驗不必用；質言當理不必違，遜於志者不必然；逆於心者不必否；異於人者不必是；同於衆者不必非；辭拙而效速者不必愚；言甘而利重者不必智。是皆考之於實，慮之以終，其用無他，唯善所在；則可以盡天下之理，見天下之心。」（《奏議》奉天請數對群臣，兼許令論事狀）

得人心之務，在廣聽聞，審輿情，博訪周諮，勤求民隱，以衆智以爲智，以衆心以爲心。陸贄曰：「夫君人者，以衆智爲智，以衆心爲心；恒恐一夫不盡其情，一事不得其理，孜孜訪納，唯善是求；豈但從諫不咈而已哉。聽輿誦，葑非不以下體而不採，故英華靡遺；芻蕘不以賤品而不詢，故幽隱必達。」（《奏議》與元論解姜公輔狀）

陸宣公奏議「論叙遷幸由狀」曰：「書曰：天視自我人視，天聽自我人聽。又曰：天難忱，命靡常，常厥德，保厥位；厥德靡常，九有以亡。此則天之所聽視，皆因於人；天降災，皆考其德，非於人事之外，別有天命也。」《書》曰：「惟上帝不常，作善降之百祥，作不善降之百殃。」（伊訓篇）惟命不與常，道善則得之。天以人心爲心，行善政，順人心則受祥；行惡政，逆人心，則遭殃。

二、同生樂——政之所興，在順人心。而人心莫不樂生而喜安。孟子問梁惠王曰：「獨樂樂，與人樂樂，孰樂？」曰：「不若與人！」問曰：「與少樂樂，與衆樂樂，孰樂？」曰：「不若與衆。」孟子曰：「今王田獵於此，百姓聞王車馬之音，見羽毛之美，舉疾首蹙額而相告曰：今王之好田獵，夫何使我至於此極也!?父子不相見，兄弟妻子離散。」孟子曰：「此無他，不與民同樂也。」（《孟子》梁惠王下）所以明君治國，必須與民同樂。而天下之人，莫不樂生而喜安，所以治國之要務，在於君與民同樂其生，同喜（樂）其安。

因之，陸贄曰：「好生以及物者，乃自生之方；施安以及物者，乃自安之術；擠彼於死地，而求此之久生也，自古及今，未之有也。而求此之久安也，從古及今，亦未有之也。是以昔之聖王，知生之人之所樂，故己亦樂之；故與人同其生，則上下之樂兼得矣。聖王知安者人之所同利，而己亦利之；故與人共其安，則公私之利兩全矣。」與民同樂樂其生，與民同喜安其安（《奏議》收河中後請罷兵狀）。與民同樂生，同喜安，端在利民。此即管子所謂「政之所興，在順民心，順之之道，莫如利之。」（《管子》牧民篇）

三、辨義利——儒家的要務，最重義利之辨。孔子曰：「君子喻於義，小人喻於利。」（《論語》里仁篇）

「不義而富且貴，於我如浮雲。」（《論語》述而篇）孟子曰：「亦有仁義而已矣，何必曰利。」（《孟子》梁惠王上）《大學》（十，釋治國平天下）曰：「國不以利爲利，以義爲利也。」董仲舒亦曰「正其誼不謀其利；明其道不計其功。」程頤以爲「大凡出義則入利，出利則入義。」

陸贄是儒家，自然重義利之辨；但他對義利的看法，卻不認爲二者是相反的或相對立的，可以相互爲用，僅是本末之別，義爲本，利爲末；德義立，利用自豐，人庶安，財貨自足。這和墨子所說：「義，利也」不無相似之處。後世的思想家如葉適、陳亮、王夫之、顏元則强調義利並重。顏元且說：「正其誼（義）以謀其利，明其道以計其功。」

陸贄曰：「夫理天下者，以義爲本，以利爲末；以人爲本，以財爲末。本盛則末自擧，末大則其本必傾。自古及今，德義立，而利用不豐；人庶安，而財貨不給，因以喪邦失位者，未之有也。故曰：不患寡而患不均，不患貧而患不安。有德者，必有人；有人必有土，有土必有財。百姓足，君孰與不足，蓋謂此也。自古及今，德義不立，而利用克宣，人庶不安，而財貨可保，因以興邦固位者，亦未之有也。故曰：財散則民聚，財聚則民散；與其有聚斂之臣，寧有盜臣；無令侵削兆庶，以爲天子取怨於下。其有若此者，行罰無赦，蓋爲此也。」（《奏議》論裴延齡姦蠹書）

四、識治亂——凡事皆無絕對的優劣，福禍相連。失之爲得，得之爲失，自古爲然。殷憂啓聖，多難興邦。故亂或資理。燕雀處堂，居安忘危，飽暖思淫逸，無敵國外患者國恒亡，理或生亂。陸贄曰：「臣聞理或生亂，亂或資理；有以無難而失守，有因多難而興邦。理或生亂者，恃理而不修也；亂或資理者，遭亂而能懼也。無難失守者，忽萬機之重而忘憂危也；多難興邦者，涉庶事之艱而知敕慎也。今生亂失守之事，則既往不可復追矣；其資理興邦之業，在陛下尅勵而謹修之。當至危至難之機，得其道則興，失其道則廢；其間不容復有所悔也。惟陛下勤思焉！熟計焉！」（《奏議》論叙遷幸之由狀）陸贄又論理亂之道曰：「危者，安其位者也，亡者，保其存者也。故君子安而不忘危，存而不忘亡，理而不忘亂。是以安身而國家可保。」（《奏議》論叙遷幸之由狀）

五、守誠信——誠者物之終始，不誠無物。自古皆有死，民無信不立。故明君爲治，重在守誠信，去私心。陸贄曰：「臣聞人之所助在乎信，信之所立由乎誠。守誠於中，然後俾衆無惑；存信於己，可以教人不欺；惟信誠，有補無失。一不誠則心莫之保，一不誠則言莫之行。故聖人重焉，以爲食可去而信不可失也。又曰：誠者物之終始，不誠無物，物者，事也，言不誠則無復有事矣。匹夫不信，無復有事；況王者賴人之誠以自固，而可不誠於人乎？陛下所謂失於誠信而致害者，臣竊以是言爲過矣。孔子曰：可與言而不與言失人，不可與言而言失言；智者不失人，亦不失言。由此論之，陛下可審其所言，而不可不愼，信其所與而不可不誠。」（《奏議》奉天請數對群臣兼許令論事狀）

誠則明，明者不蔽。信則人任焉，信者無欺。如何始能不受蔽，無欺心，端在於去私。私去則誠且信矣。陸贄曰：「王者之道，坦然著明。奉三無私以勞天下，平平蕩蕩，無側無偏。所謂三無私者，如天之無私覆也，如地之無私載也，如日月之無私照也；其或有過，如日月之有蝕焉，過也人皆見之，更也人皆仰之。日月不疾於蔽虧，人君不吝於過失，虧而能復，無損於明，過而能改，不累至德。」（謝密旨因論所宜事狀）

六、重集權——唐初無節度使，迨至玄宗開元中（西元七一三—七四一年）先後於沿邊設十節度使以防外患，如防西域者曰安西節度使，防吐蕃者曰隴右節度使，防突厥者曰朔方節度使，防契丹者曰范陽節度使。節度使初設時，文武迭用，不兼統，不久治。至天寶年間（西元七四二—七五五年），初法盡壞，一節度可兼統數州，且內地亦均設節度使。玄宗寵任番將安祿山，一人兼領范陽、河東、平盧三鎭節度使，卒釀成安祿山、史思明的叛亂。肅宗雖賴朔方節度使郭子儀、河東節度使李光弼等人之力平安史之亂，但節度使權重勢强，已成尾大不掉之局，藩鎭之禍已生其根。代宗大曆十年（西元七七五年）節度使田承嗣叛亂。迨至德宗建中三年（西元七八二年）節度使李希烈、朱滔、朱泚、田悅、李納、王武俊並相叛亂。陸贄覩此情勢，深以爲危，乃大倡强榦弱枝之論，强調中央集權的重要。

陸贄曰：「臣聞國家之立也，本大而末小，是以能固。又聞理天下者，若身之使臂，臂之使指，則大小適稱而不悖焉。身所以能使臂者，身大於臂故也；臂所以能使指者，臂大於指故也。王畿者四方之本也，京邑者又王畿之本也。其勢當令京邑如身，王畿如臂，四方如指，故用則不悖，處則無危，斯乃居重處輕，天子之大權也，非獨爲御諸夏而已，抑又有鎭撫夷狄之術焉。是以前代之制，轉天下租稅，委於京師，徙郡縣豪傑，處於陵邑，選四方壯勇，實之邊城。其賦役，則輕近而重遠也。其惠化，則悅近以來遠也。太宗文皇帝，既定大業，萬方底乂，猶務戎備，不忘慮危，列置府兵，分隸諸衞，大凡諸府八百餘所，而在關中者殆五百焉。擧天下不敵關中，則居重馭輕之意明矣。」（《奏議》論關中事宜狀）

七、明刑賞——刑賞爲治國之二柄。因人類天性皆趨利而避害。賞之以利，則人勸善；刑之以害，則人抑惡。故治國者應善用刑賞以興善止惡。陸贄曰：「臣愚以爲信賞必罰，霸王之資；輕爵褻刑，衰亂之漸。信賞在功無不報，必罰在罪無不懲。非功而獲爵，則爵輕；非罪而肆刑，則刑褻。爵賞刑罰，國之大綱。一綱或棼，萬目皆弛。雖有善理，莫如之何！。」（《奏議》又論進瓜果人擬官狀）賞罰施行必須公開，俾大衆共知，以明無私。公生明，明則不能行私，私不行則怨不生。無私無怨，國無不治。陸贄曰：「伏以理國化人，在於獎一善，使天下之爲善者勸，罰一惡，使天下之爲惡者懲。是以爵人必於朝，刑人必於市；惟恐衆之不覩，事之不彰。君上行之無愧心，兆庶聽之無疑議；受賞安之無怍色，當刑居之無怨言。此聖上所以宣明典章，與天下公共者也。獎而不言其善，斯謂曲貸；罰而不書其惡，斯謂中傷。曲貸則授受不明，而恩倖之門啓；中傷則枉直莫辨，而讒間之道行。此柄一虧，爲害滋大。」（《奏議》謝密旨因論所宣事狀）

所謂信賞者，謂賞必當其功，功大賞重，功小賞輕，無功不賞。賞若濫行，則不足以勸善，賞失其效。陸贄曰：「臣聞賞以懋庸，名以彰行。賞乖其庸，則忠實之效廢；名浮於行，則瀆冒之弊興，一足以撓國權，一足以亂風俗。授受之際，豈容易哉？」（興元請撫循李楚琳狀）陸贄又曰：「伏以爵位者，天下之公器也，而國之大柄也。惟功勳才德，所宜處之，非此二者，不在賞典。恒宜愼惜，理不可輕。輕用之，則是壞其公器而失其大柄也。器壞則人將不重，柄失則國無所恃。起端雖微，流弊必大。」（《奏議》駕幸梁州論進獻瓜果人擬官狀）

八、任賢才——治國之要，端在任用賢才，所謂邦有道擧直措諸枉。但知人始能善任。故任賢才的前提在於知賢與求賢。陸贄論其道曰：「夫理道之急，在於得人，而知人之難，聖哲所病。聽其言，則未保其行；求其行，則或遺其才。校勞考，則巧僞繁興，而貞方之人罕進。徇聲華，則趨競彌長，而沉退之士莫升。自非素與交親，備詳本末，探其志行，閱其器能，然後守道藏用者可得而知，沽名飾貌者不容其僞。故孔子曰：視其所以，觀其所由，察其所安，人焉廋哉，人焉廋哉。夫欲視觀而察之，固非一朝一夕之所能也。」（《奏議》請許臺省長官舉薦屬吏狀）

世無全才，各有長短，用人才只能因材而施用，用其所長，舍其所短，若求全責備，則無人可用。陸贄曰：「天之生物，爲用罕兼，性有所長，必有所短，材有所合，亦有所睽。曲成則品物不遺，求備則觸類皆棄。是以巧梓順輪桷之用，故枉直無廢材。良御適險易之宜，故駑驥無失性。物既若此，人亦宜然。」（《奏議》論朝官闕員及刺史等改轉倫序狀）

陸贄以爲人事升黜必得其法，才績不同，升黜亦異。他說：「夫覈才取吏，有三術焉。一曰拔擢，以旌其異能；二曰黜罷，以糾其失職；三曰序進，以謹其守常。如此，則高課者驟升，無庸者亟退；其餘績非出類，守不敗官，則循以常資，約以定限。故得殊才不滯，庶品有倫；參酌古今，此爲中道。而議者暗於通理，一概但曰宜久其任，得非誦老生之常談，而不推時變者乎？」（《奏議》論朝官闕員及刺史等改轉倫序狀）

既用其人，便當委以其任責其成。用人不疑，疑人不用。陸贄曰：「所謂委任責成者，將立其事，先擇其人；既得其人，愼謀其始；既謀其始，詳慮其終。始終之間，事必前定。有疑則勿果於用，既用則不復有疑。待終其謀，乃考其事。事愆於素者，革其弊而黜其人；事協於初者，賞其人而成其美。使受賞者無所與讓，見黜者莫得其辭。夫如是，則苟無其才，孰敢當任；苟當其任，必得竭才。此古之聖王，委任責成，無爲而理之道也。」（《奏議》請許臺省長官舉薦屬員狀）陸贄指出當時人事，「計有七患，擧而言之，期有所改正。他說：「臣每於中夜，竊自深惟，朝之乏人」，其患有七」：「不澄源而防末流，一也。不考實而務博訪，二也。求精太過，三也。嫉惡太甚，四也。程試乖方，五也。取舍違理，六也。循故事而不擇可否，七也。」（《奏議》論朝官闕員及刺史等改轉倫序狀）

第三節　富國的政治思想

陸贄以爲凡人皆樂生喜安。如何使人民能樂生喜安，莫如利之。利民者在增生產，薄稅斂，益戶口，整稅制，積財貨，足衣食，不虞匱乏，民生安樂。國者民之積，全民皆富，國自因之而富。茲將其富國的政治思想，扼要舉述如次：

一、增戶減稅——國以民爲本，戶口不增，人力不足，生產無力，有人斯有土，有土斯有財，有財斯有用。減輕稅負，民有餘力，從事儲蓄，儲蓄多則民裕國富。陸贄曰：「夫課吏之法，所貴戶口增加者，豈不以撫字所得，人益阜蕃乎！今或詭情以誘其姦浮，苛法以析其親族；豈益戶數，務登賞條。所誘者將議薄徵，已遽驚散；所析者不勝重稅，又漸流亡。州縣破傷，多起於此。長吏相效以爲績，安忍莫懲。齊人相扇以成風，規避轉甚。所貴田野墾闢者，豈不以訓導有術，人皆樂業乎！今或牽率黎蒸，播植荒廢；約以年限，免其地租。……若當管之內，人益阜殷，所定稅額有餘，任其據戶均減，率計減數多少，以爲考課等差。凡當管稅務，通比較每戶十分減三分者爲上課，十分減二分者次焉，十分減一分者又次焉。」（《奏議》均節賦稅恤百姓狀）

二、防備饑荒——備預不虞，古之敎言；人無遠慮，必有近憂。農業生產，所受於天時影響者，至深且鉅。旱潦蟲疫，均可對農業生產造成嚴重災害，發生饑荒，危及民命。故防備饑荒，亦爲政治要務。陸贄曰：「臣聞仁君在上，則海內無饑殍之人；豈必耕而餉之，爨而食之哉？蓋以慮得其宜，制得其道，致人於歉乏之外，設備於災沴之前。是以年雖大殺，衆不恇懼。夫水旱爲敗，堯湯被之矣；陰陽相尅，聖何禦哉？所貴堯湯之盛者，在於遭患能濟耳。古云，國無九年之蓄曰不足，無六年之蓄曰急，無三年之蓄曰國非其國也。周官司徒之屬，掌鄉里之委積，以恤艱阨；縣鄙之委積，以待凶荒。魏用平糴之法，漢置常平之倉；利兼公私，頗亦爲便。貞觀初，戴冑建積穀備災之議，太宗悅焉。因命有司，詳立條制，所在貯粟，號爲義倉。豐則斂藏，歉則散給。歷高宗之代五六十載，人賴其資。國步中艱，斯制亦弛。開元之際，漸復修崇。是知儲積備災，聖王之急務也。語曰：百姓足，君孰與不足；百姓不足，君孰與足。此言君養人以成國，人戴君以成生；上下相成，事如一體。」（《奏議》均節賦稅恤百姓狀）

三、授田農民——自井田制廢，土地兼倂盛行，以致富者連阡陌，貧者無立錐。富者且藉田產以苦勒貧者。貧者無田可耕，生活無依。故陸贄倡授田之制，以濟貧窮。他說：「古者哲王疆理天下，百畝之地，號曰一夫。蓋以一夫授田，不得過於百畝也。欲使人無廢業，田無曠耕；人力田疇，二者適足。是以貧弱不至竭涸，富厚不至奢淫；法立事均，斯謂制度。今制度弛紊，疆理隳壞；恣人相呑，無復畔限。富者兼地數萬畝，貧者無容足之居；依託强豪，以爲私屬，貸其種食，賃其田廬，終年服勞，無日休息，罄輸所假，常患不足。有田之家，坐食租稅，貧富懸絕，乃至於斯。……昔之爲理者，所以明制度而謹經界，豈虛設哉？斯道浸亡，爲日已久。……令百官集議，參酌古今之宜；凡所占田，約爲條限。裁減租價，務利貧人。法貴必行，不在深刻。裕其制以便俗，嚴其令以懲違，微損有餘，稍優不足；損不失富，優可賑窮。」（《奏議》均節賦稅恤百姓狀）

四、改革稅制——唐代稅制行租、庸、調法。租為地稅即田賦。庸為人丁稅，即徭役。調為實物稅，就物品而徵抽。稅制既繁複，又欠公平。不分貧富同樣徵丁稅，貧者不勝負荷，富者輕而易勝任。楊炎為相，廢除租、庸、調法，改採兩稅法，徵稅祇以財產為對象，計其價值，以價值的高下而定稅的多寡，以期統一而簡便。每年稅分兩次繳納，夏不過六月，冬不過十一月，故曰兩稅法。

兩稅法施行後，仍見流弊，因財產易隱瞞，計數亦難公平與準確，陸贄主張加以改革。陸贄曰：「……臣謂宜令所司勘會諸州府，初納兩稅年絹布定估，比類當時時價，加賤減貴，酌取其中。總計合稅之錢，折為布帛之數，仍依庸調舊制，令隨鄉土所宜。某州某年定出稅布若干端，某州某年定出稅絹若干疋；其有絁綿雜貨，亦隨所出定名，勿更計錢，以為稅數。如此，則土有常制，人有常輸，衆皆知上令之不遷；於是一其心而專其業，應出布麻者，則勤於紡績；供綿絹者，則事於蠶桑，日作月營，自然便習。」（《奏議》均節賦稅恤百姓狀）

五、輕稅緩徵——富國必先裕民，百姓足君孰與不足。裕民之道，在於勞民得時，斂民有度。所謂不失民時，薄其稅斂。陸贄曰：「建國立官，所以養人也；賦人取財，所以資國也。明君不厚其所資，而害其所養。故必先其人事，而借其暇力；先家給，而斂其餘財。遂人所營，恤人所乏；借必以度，斂必以時。有度則忘勞，得時則易給。是以官事無缺，人力不殫。公私相全，上下交愛。古之得衆者，其率用此歟！法制成虧，本末倒置；但務取人以資國，不思立國以養人；非獨徭賦繁多，夐無蠲貸。至於徵收追促，亦不矜量；蠶事方興，已輸縑稅；農功未艾，遽斂穀租。上司之繩責既嚴，下吏之威暴愈促。有者急賣而耗其半值，無者求假而費其倍酧。所繫遲速之間，不過月旬之異。一寬稅限，歲歲相

承；遲無所妨，速不爲益。何急敦逼，重傷疲人。」（《奏議》均節賦稅恤百姓狀）

六、廢除二庫——陸贄奏曰：「臣昨奉使軍營，出遊行殿；忽覩右廊之下，牓列二庫之名，矍然若驚，不識所以。何則？天衢尙梗，師旅方殷，瘡痛呻吟之聲，噢咻未息；忠勤戰守之效，賞賚未行；而諸道貢珍，據私利庫，萬目所視，孰能忍懷？竊揣軍情，或生觖望。試詢候舘之吏，兼採道路之言；果如所虞、積憾已甚，或忿形謗讟，或醜肆謳謠；頗含思亂之情，亦有悔忠之意。……今者攻圍已解，衣食已豐，而謠讟方興，軍情稍阻，豈不以勇夫恒性，嗜貨矜功？其患難既與，同憂而好樂不與之同利；苟異恬默，能無怨咨？此理之常，固不足怪。記曰：財散則民聚，財聚則民散；豈非其殷鑑乎!?衆怨難任，蓄怨終泄，其患豈徒人散而已，亦將慮有構姦鼓亂，干紀而强取者焉。」（《奏議》奏天請罷瓊林、大盈二庫狀）

第四節　安國的政治思想

安國指運用軍事力量，抵禦外來侵略，維護國防安全，保障國家主權及領土的完整與獨立。陸贄的安國政治思想，計有左列諸要旨：

一、適人情，固邊防——維護國家安全，不祇求軍事作戰一時的勝利，更在於平時鞏固邊防，使夷狄不敢輕於挑戰。平時固邊防，端在適人情，使守邊者，樂其居，定其志，奮其士氣，俾能固守强戰。陸贄曰：「夫人情者，利焉則勸，習焉則安；保親戚則樂生，顧家業則忘死。故可以理術馭，不可以法制軀；此所謂鎭守之兵也。夫欲備封疆，禦戎狄，非一朝一夕之事，固當選鎭守之兵以置焉。古之善選置者，必量其性習，辨其土宜，察其技能，知其欲惡；用其力而不違其性，齊其俗不易其宜，引其善而不責其所不能，禁其非而不處所不欲。而又類其部伍，安其室家，然後能使之樂其居，定其志，奮其氣勢，結其恩情。撫之以惠，則感而不驕；臨之以威，則肅而不怨。靡督課而人自爲用，弛禁防而衆自不攜；故出則兵足，居則食足，守則固，戰則强；其術無他，便於人情而已矣。」（《奏議》論緣邊守備事宜狀）

二、察敵情，施對策——知己知彼，百戰百勝。欲操戰勝之左劵，須識敵我情勢，深明夷狄之强弱，確知華夏之長短，而定因應作戰方策，方能克敵致果。陸贄以爲勝敵的計策，在於用華夏之長制夷狄之短，用華夏之易制夷狄之難。他說：「是以五方之俗長短各殊，長者不可踰，短者不可企。勉所短而校所長，必殆；用所長而乘其所短，必安。强者以水草爲邑居，以射獵供食茹，多馬而尤便馳突，輕生而不恥敗亡，此戎狄之所長也。戎狄之所長，乃中國之所短。而欲益兵蒐乘，角力爭驅，交鋒原野之間，決命尋常之內，以此爲禦寇之術，可謂勉所短而校其所長矣。務所難，勉所短，勞費百倍，終於無成；雖果成之，不挫則廢，豈不以越天授而違地產，虧時勢而反物宜者哉!?將欲去危就安，息費從省，在其愼守所易，精用所長而已。若乃擇將吏以撫衆庶，修紀律以訓師徒，燿德以佐威，能邇以柔遠，禁侵掠之暴以彰吾信，抑攻取之議以安戎心，彼求和則善待，而勿與結盟，彼爲寇則嚴備，而不務報復，此當今之所易也。賤力而貴智，惡殺而好生，輕利而重人，忍小以全大，安其居而後動，俟其時而後行，足以修封疆，守要害，塹蹊隧，壘軍營，謹禁防，明斥候，務農以足食，練卒以蓄威，非萬全不謀，非百尅不鬬，寇小至，則張聲勢力以遏其入；寇大至，則完守禦以邀其歸，據險以乘之，多方以誤之，使其勇無所加，掠則靡獲，攻則不能，進有腹背受敵之虞，退有首尾難救之患，所謂乘其弊，不戰而屈人之兵；此中國之所長也。我之所長，乃戎狄之所短；我之所易，乃戎狄之所難。以長制短，則用力寡而見功多；以易制難，則財不匱而事速就。捨此不務，而反爲所乘，斯謂倒持戈矛，以鐏授寇者也。」（《奏議》論緣邊守備事宜狀）

三、擇良將，善馭之——兵隨將轉。將善謀，則兵善戰；將推誠，則兵一心；將品高，則兵忠勇。故戰爭勝敗，以是否有良將而善馭之爲轉移。陸贄曰：「尅敵之要，在乎將得其人；馭將之方，在乎操得其柄。將非其人者，兵雖衆不足恃；操失其柄者，將雖才不爲用。兵不足恃，與無兵同；將不爲用，與無將同。將不能使兵，國不能馭將，非止費財翫寇之弊，亦有不戢自焚之菑，何嘗不由於此。」（《奏議》論兩河及淮西利弊狀）

馭將之柄，在於賞罰。賞罰得宜，則諸將聽命。但唐自中葉以後，對武將多所姑息，致貽後患。有功者不敢賞，而慮無功者反側；有罪者不敢罰，因慮同惡憂虞。凡有敗北，將帥則以軍糧不濟爲詞。陸贄曰：「自頃權移於下，柄失於朝，將之號令，既鮮克行之於軍，國之典常又不能施之於將，務相遵養，苟度歲月。欲賞一有功，反慮無功者反側；欲罰一有罪，復慮同惡有憂虞。罪以隱忍而不彰，功以嫌疑而不賞，姑息之道，乃至於斯！……又有遇敵而所守不固，陳謀而其效靡成，將帥則以資糧不足爲詞，有司復以供應無缺爲解，旣相執證，理合辨明，朝廷每爲含糊，未嘗窮究曲直，措理者呑聲而靡訴，誣善者罔上而不懲。馭將若斯，可謂課責虧度矣。」（《奏議》論緣邊守備事狀）

四、將帥多，兵力分——唐廷鑑於方鎭作亂，乃於沿邊各地，分鎭駐兵，並派中央貴幸監臨，各鎭分立，莫相稟屬。遇有邊警外患，始令會合用兵，事權不統一，臨時相撮合；固不易協同一致通力作戰，運用不靈活，行動失機宜，不遭敗績，亦云難矣。陸贄曰：「開元天寶之間，控制西北兩番，惟朔方、河西、隴右三節度而已，尙慮權分勢散，或使兼而領之。中興以來，未遑外討，僑隸四鎭於安定，據附隴右於扶風，所當西北兩番，亦朔方、涇原、隴右、河東四節度而已。關東戍卒至則屬焉，雖委任未盡得人，而措置尙存典制。自頃逆泚（朱）誘涇原之衆叛，懷光（李）汚朔方之軍反，割裂誅鋤，所餘無幾，而又分朔方之地，建牙擁節者凡三使焉。其餘鎭軍數且四十，皆承特詔委寄，各降中貴監臨，人得抗衡，莫相稟屬。每俟邊番告急，方令計會用兵，既無軍法下臨，唯以客禮相待，是乃從容拯溺，揖讓救焚，冀無阽危，固亦難矣。……建軍若斯，可謂力分於將多矣。」（《奏議》論緣邊守備事宜狀）

五、苦樂異，怨心生——禁中軍衞，安居中央，並無戰鬪，而待遇優厚，生活安樂，而邊境戍卒與戰士，皆終年勤苦，不得休息；且戰亂迭起，疆埸效命，而其所獲糧餉，常不足以供養一家。兩相比較，苦樂不平，厚薄差異，心生忿恨，那肯盡死節以禦寇。陸贄曰：「今者窮邊之地，長鎭之兵，皆百戰傷夷之餘，終年勤苦之劇，角其所能則練習，度其所處則孤危，考其服役則勞，察其臨敵則勇，然衣糧所給，唯止當身，例爲妻子所分，常有凍餒之色。而關東戍卒，歲月踐更，不安危城，不習戎備，怯於應敵，懈於服勞，然衣糧所頒，厚踰數等，繼以茶藥之饋，益以蔬醬之資，豐約相較，懸絕斯甚。又有素非禁旅，本是邊軍，將校詭爲媚詞，因請遙隸神策，不離舊所，惟改虛名，其於稟賜之饒遂有三倍之益，此則儔類所以忿恨，忠良所以憂嗟，疲人所以流亡，經費所以褊匱。夫事業未異，而給養有殊，人情不能甘也。況乎矯佞行而稟賜厚，績藝劣而衣食優，苟未忘懷，孰能無慍，不爲戎首則已可嘉，而欲使其同心協力，以攘寇難，雖有韓白吳孫之將，臣知其必不能焉。養士若斯，可謂怨生於不均。」

（《奏議》論緣邊守備事宜狀）

第五節　後人評論

一、韓愈的評論——唐韓愈撰《順宗實錄》，文中對陸贄作評論曰：「陸贄之爲相，常以少年入翰林，得幸於天子，長養成就之，不敢自愛。事之不可者，皆爭之。德宗在位久，益自攬持機柄，親治細事，失人君之體。而宰相益不得行其事職，而議者乃云由贄而然。」

二、劉昫的評論——後晉劉昫著《舊唐書》，於陸贄本傳（卷一百三十九）中有評論曰：「近代論陸宣公比漢之賈誼，而高邁之行剛正之節，經國成務之要，激切仗義之心，初蒙天子重知，末途淪躓皆相類也。而誼中止大夫，贄及臺鉉，不爲不遇矣。昔公孫鞅挾三策說秦王，淳于髡以隱語見齊君，從古以還，正言不易。昔周昭戒急論議，正爲此也。贄居珥筆之列，調飪之地，欲以片心除衆弊，獨手遏群邪，君上不諒其忠，群小共攻其短，欲無放逐，其可得乎!?詩稱：其維哲人，告之話言；又有誨爾，聽我之恨，此皆賢人君子歎言之不見用也。故堯咨禹拜，千載一時，攜手提耳，豈容易哉!?」

三、歐陽修的評論——宋歐陽修著《新唐書》，於陸贄本傳（卷一百五十七）後，作論贊曰：「德宗之不亡，顧不幸哉！在危難時聽贄謀，及已平，追仇盡言，怫然以讒佞逐猶棄梗。至裴延齡輩則寵任磐桓不移如山，昏佞之相濟也。世言，贄曰罷翰林以爲與吳通元兄弟爭寵，竇參之死，贄泄其言。非也。夫君子小人不兩進，邪諂得君，則正士危，何可訾耶！觀贄論諫數十百篇，譏陳時病，皆本仁義，可爲後世法，炳炳如丹，帝所用才十一，唐祚不競，惜哉！」

四、蘇軾的評論——宋蘇軾撰進奏唐陸贄奏議劄子，文中對陸贄有評論曰：「伏見唐宰相陸贄，才本王佐，學爲帝師；論深切於事情，言不離於道德。智如子房，而文則過；辯於賈誼，而術不疏。上以格君心之非，下以通天下之志。但其不幸，仕不適時。德宗以苛刻爲能，而贄諫之以忠厚；德宗以猜疑爲術，而贄勸之以推誠；德宗好用兵，而贄以消兵爲先；德宗好聚財，而贄以散財爲念。至於用人聽言之法，沿邊馭將之方，罪己以收人心，改過以應天道；去小人以除民患，惜名器以待有功。如此之流，未易悉數。可謂進苦口之藥石，鍼害身之膏肓。使德宗盡用其言，則貞觀可得而復。」

第五十七章　韓愈的政治思想

第一節　生平事略

一、事略——韓愈字退之，河陽（今河南孟縣）人；而《舊唐書》本傳（卷一百六十）稱愈爲昌黎人；《新唐書》本傳（卷一百七十六）稱愈爲鄧州南陽人，或係其先世所曾居住之所。父仲卿爲武昌縣令，政聲美著。愈三歲喪父，賴堂兄會及嫂鄭氏撫育成人。愈生於唐代宗大曆三年（西元七六八年），卒於穆宗長慶四年（西元八二四年），享年五十七歲。愈幼而刻苦向學，習儒；比長，盡通六經及百家言。德宗貞元八年，愈登進士第。愈時年二十五歲。宣武節度使董晉任愈爲推官。晉卒，汴軍亂，乃去依武寧節度使張建封，任爲府推官，操行正直，直言無所忌，拙於世務，調四門學博士。德宗貞元十九年（西元八〇三年）升爲監察御史。

德宗晚年，綱紀敗壞，政出多門，宰相不專機務，宮市公行，賦歛甚重，人民窮苦，愈上書力言其弊，帝大怒，貶愈爲陽山縣令，地在僻遠的廣東連州，時在貞元十九年十二月。在縣勤政愛民，縣民感戴。順宗永貞元年（西元八〇五年）調愈爲江陵府法曹參軍，掌刑審事宜。憲宗元和元年（西元八〇六年）愈內調任國子學博士。次年以國子博士兼東都司官。元和四年（西元八〇九年）改調都官員外郎，次年派爲河南令。元和六年（西元八一一年）轉任職方員外郎。

華陰令柳澗有辠，刺史劾之，貶官。愈過華陰，以刺史有私，上書治之，復訊驗，得澗贓，愈因而被貶爲國子博士。愈以才高而常被貶黜，乃作進學解以自喻，多傷感之辭。執政者覽之，奇其文而憐之，改任比部郎中，史舘修撰；次年（西元八一二年）調任考功郎中，知誥制。元和十一年（西元八一六年）愈升任中書舍人。但爲時不久，有人謗愈，左遷爲太子右庶子。

元和十二年（西元八一七年）宰臣裴度出任淮西宣慰處置使，愈爲行軍司馬，隨軍東征，平定蔡州吳元濟叛亂，愈因功升刑部侍郎，並受命撰平淮西碑文。李愬首入蔡州擒吳逆，自認功居首位，不滿愈文，憲宗令毀其碑文，另令段文昌重撰文勒石。元和十四年（西元八一九年）憲宗遣使至鳳翔迎佛骨入宮中，供奉三日，送入佛祠，王公士庶，莫不爭相膜拜。愈聞而惡之，乃上表極諫，以佛爲夷狄之法，言辭激烈，帝大怒，貶愈爲潮州刺史，潮州有鱷魚爲害傷人，愈作祭鱷魚文，自是鱷害遂去。愈上表言潮州環境惡劣，生活困苦，乃改調袁州刺史。

袁州有抵押子女爲奴的陋俗，逾期不贖，永失自由。愈到州，設法將被抵押之子女一一贖回，歸還其父母，共計七百餘人，並下令禁除此陋俗。

元和十五年（西元八二〇年）穆宗卽位，召愈爲國子祭酒，後轉兵部侍郎，適鎭州（河北正定縣）發生兵變。兵馬使王廷湊殺節度使田宏正自任節度使，詔愈前往宣撫。愈行，衆皆危之。愈至鎭州，廷湊以兵卒拔刀張弓迎之，並重圍圍之，愈毫無懼色，曉以大義，喻之以利害。廷湊聽後，順服，不與朝廷作對。愈還奏，帝大悅，愈轉任吏部侍郎。

時宰相李逢吉惡李紳，欲逐之。遂以愈爲京兆尹，兼御史大夫，特詔不臺參，以紳爲御史中丞。紳上書劾愈，愈奉詔自解。其後雙方爭執，文刺紛然。宰相以臺府不協，乃出紳爲江西觀察使，罷愈爲兵部侍郎，後復爲吏部侍郎。穆宗長慶四年（西元八二四年）八月愈因病免職，十二月病逝，年五十七，追贈禮部尚書，謚曰文。

二、著作——韓愈去世後，愈之學生李漢蒐集整理其遺文，共七百餘篇，合爲四十一卷，稱爲《韓昌黎文集》。內容包括賦四，古詩二百一十，聯句十一，律詩一百六十，雜著六十五，書啓序九十六，哀詞祭文三十九，碑誌七十六，筆墨鱷魚文三，表狀五十二。後世對愈文續有蒐集，增出《外集》十卷。另有《論語注》十卷，《順宗實錄》五卷。前者爲儒學研究，後者列爲史書。

韓愈的著作大部份皆屬於文學性與文藝性的作品，文筆優美，膾炙人口，故能被列唐宋八大家之一。至於表現其哲學及政治思想的作品，則屬於所謂雜著類，例如原道、原性、原毀、原人，對禹問、師說、讀荀、讀墨子、進學解、爭臣論、圬者王承福傳，伯夷頌、子產不毀鄉校、論佛骨表等篇便是。

第二節　學術地位

一、儒學的拯救者——自漢光武崇信圖讖符命之說，東漢之世，乃是一迷信讖緯、符命的時代，儒學卽趨於式微，儒者桓譚以「臣不習讖」，竟激怒光武，幾乎喪命。王充等雖反對圖讖感應之說，但其立場卻傾於道家。魏晉南北朝時代清談玄學之風大盛，老莊思想成爲時代思潮的主流，儒學幾乎被此潮流淹沒。六朝名流貴幸豪門皆以空談虛無爲高貴。或崇尚自然，只追求個人自由；或信持曠達，放浪形骸，不拘禮法；或倡無政府主義，無君無法，反對一切拘束；或持爲我主義，盡情追求快樂，奢淫享受無度。遂致人倫敗壞，道德淪喪，天下大亂。故顧炎武曰：「三國鼎立，至此垂三十年。一時名士風流，盛於洛下，乃其棄經典而尚老莊，蔑禮法而崇放達，視其主之顚危若路人然。……是講六藝，鄭玄王肅爲集漢之終，王弼何晏爲開晉之始，至於國亡於上，敎淪於下，羌戎互僭，君臣屢易，非林下諸賢之咎其誰哉！」（《日知錄》卷十三）除清談玄學，風靡六朝外，同時佛敎與道敎的流傳發展亦十分盛達，勢力雄厚，遍及朝野。儒學三面受侵，焉得不陷於頹萎與衰微。韓愈攘臂奮起，立壯志，力圖挽此頹風，重振儒學威勢，於是立言倡仁義，尊孔孟，揚道統，講道德，倡忠孝，闡六經，拯救世道與人心。故蘇軾譽之曰：「道濟天下之溺。」

歐陽修曰：「唐興，承五代剖分，王政不綱，文弊質窮，俗俚混併。天下已定，治荒剔蠹，討究儒術，以興典憲薰釀涵浸，殆百餘年。其後，文章稍稍可述。至貞元、元和間，愈遂以六經之文爲諸儒倡，障隄末流，反刓以樸，剗僞以眞。然愈之才，自視司馬遷揚雄至班固以下不論也。當其所得，粹然一出於正；刊落陳言，橫騖別驅，汪洋大肆。要之，無牴牾聖人也。其道蓋自比孟軻，以荀況、揚雄爲未淳，寧不信然!?至進諫陳謀，排難恤孤，矯拂媮末，皇皇於仁義，可謂篤道君子矣。自晉迄隋，老佛顯行，聖道不斷如帶，諸儒倚天下正議，助爲怪神。愈獨喟然引聖，爭四海之惑，雖蒙訕笑，跲而復奮，始若未之信，卒大顯於時；昔孟軻拒楊、墨，去孔子才二百年。愈排二家，乃去千餘歲。撥衰反正，功與齊而力倍之；所以過況、雄爲不少矣。自愈沒，其言大行，學者仰之如泰山北斗。」（《新唐書》韓愈傳）

二、道統的繼承者——儒家所謂道統，指歷代聖人傳授和繼承下來的學術思想體系及處世、接物、應人的生活傳統。孟子之世楊朱、墨翟之言盈天下，不入於爲我，便及於兼愛，大違聖人之旨，孟子以衞道的積極精神，大張韃伐，力拒楊墨而以儒學道統的繼承者自居。他說：「昔者，禹抑洪水而天下平。周公兼夷狄，驅猛獸，而天下寧。孔子作春秋而亂臣賊子懼。……無父無君，是周公所膺也。我亦欲正人心，息邪說，距詖行，放淫辭，以承三聖者。」（《孟子》滕文公下）

韓愈才高志廣，博覽群書，自負不凡，承先啓後，任重致遠，而隱然以儒學道統的繼承者自任。自魏晉六朝以來，老莊虛無之說，釋氏空寂之論，盛行於天下，危害儒學正道的流傳，至深且鉅。韓愈乃效孟子拒楊墨的衞道精神而倡儒學斥釋、老。他說：「是道也，何道也？曰：是吾所謂道也。非向所謂老與佛之道也。堯以是傳之舜，舜以是傳之禹，禹以是傳之湯，湯以是傳之文武周公，文武周公傳之孔子，孔子傳之孟軻。軻之死，不得其傳焉。」（《韓昌黎文集》卷一，原道）這無異是說，他的原道的道統，便是上承孟軻。愈於孔子之外，最尊重孟軻，以爲「孔子之徒沒，尊聖人者，孟氏而已」（《韓昌黎文集》卷一，讀荀）。又說：「自孔子沒，諸弟子莫不有書，獨孟子之傳得其宗，故吾少而樂觀焉。」（《韓昌黎文集》卷四，送王秀才序）這些雖是愈自負自任之辭，卽衡之其學術造詣與貢獻，確不失爲一儒學承先啓後的關鍵人物。

三、文學的革命者——自漢、魏、晉、宋、齊、梁、陳、隋歷八代迄唐，文學上的不良風氣，是講究駢四儷六，只求詞藻的艷麗，不問其實質有無價值。由於文風非常淫靡，甚而影響到社會及政治風氣的敗壞。韓愈認爲「文以載道」。文學的功能在於闡揚古往今來的大道，而並通其辭。通其辭者卽是有志於古人之道。古文文辭樸實，內容豐碩，明道述志之作，非祇圖華麗而無內容的駢文所能望其項背。愈爲唐宋古文運動的領袖，爲文氣勢雄偉宏通，內容曲折變化，抒情懷，達物理，均生動勃發。故蘇軾稱贊曰：「匹夫而爲百世師，一言而爲天下法」；「文起八代之衰，道濟天下之溺」，足見其文學改革成功的偉績，學術造詣甚深。其文與柳宗元者並稱韓、柳，爲唐宋八大家之首。

劉眗曰：「愈常以爲自魏晉以還，爲文者多拘偶對，而經誥之指歸，遷雄之風格，不復振起矣。故愈所爲文，務反近體，抒意立言，自成一家新語。後學之士，取爲師法。當時作者甚衆，無以過之，故世稱韓文焉。」（《舊唐書》韓愈傳）

第三節　政治思想

韓愈雖以繼承儒家道統自任，文起八代之衰，自成一家之言。但在政治思想上，多因襲前人之說，尊傳統，重君主，抑人民，維現制，充分表現保守派的色彩，少所創發。茲扼要論述其政治思想的要義於次：

一、**原政治**——韓愈認爲太古之世，人民處於自然狀態，爲害滋多，不能相生、相養、相樂，十分痛苦。迨有聖賢之人出，乃爲之君，爲之師，設政府，立法制，行教化，敎之以生養之道，以樂其生。這就是政治的起源。他說：「古之時，人之害多矣。有聖人者立，敎之以生養之道。爲之君，爲之師，驅其蛇蟲禽獸，而處之中土。寒然後爲之衣，飢然後爲之食。木處而顚，土處而病也，然後爲之宮室。爲之工，以贍其器用，爲之賈，以通其有無。爲之醫藥，以濟其夭死。爲之葬埋祭祀，以長其恩愛。爲之禮，以次其先後。爲之樂，以宣其抑鬱。爲之政，以率其怠倦。爲之刑，以鋤其强梗。相欺也，爲之符璽斗斛權衡以信之。相奪也，爲之城郭甲兵以守之。害至而爲備，患生而爲防。……如古之無聖人，

人之類滅久矣。」（《韓昌黎文集》卷一，原道）

韓愈的這種論說，和英儒霍布士（Thomas Hobbes）的思想頗相似。霍布士於一六五一年著《巨靈》（*Leviathan*）一書，指出人類在太古的自然狀態（state of nature）中，戰鬥不已，自相殘殺，生活十分惡劣與痛苦。人民爲解除痛苦，改善生活，乃訂立契約，設立政府，推舉君主以爲治理。政府契約一經訂立，便不容撕毀，縱使君惡政劣，人民亦無推翻政府的革命權。因爲「惡法勝於無法」、「暴君優於無君」。愈雖未明言人民無革命權，但依其論說，無君無師，則爲害滋深。

二、尊君主——孔子著《春秋》，倡「尊王攘夷」大義。韓愈師孔子，自然主張尊君主。荀子謂「君者，善群者也」（《荀子》王制篇），「百姓之力待之而後功」（《荀子》富國篇）。愈引申是言，極言君主功能的重大，生民之所賴以生也，故萬民不可不尊君而服事之。他說：「人不可偏爲，宜乎各致其能以相生也。故君之理我所以生者也。而百官者承君之化者也。」（《文集》卷十二，圬者王承福傳）又說：「一國之中，君、臣、民各有其職任，大小惟其所能。而君獨管分之樞要，位至尊者也」；「是故君者出令者也。臣者行君之令而致之於民者也。民出粟米麻絲，作器皿，通財貨以事其上者也。君不出令則失其所以爲君。臣不行君令致之民，民不出粟米麻絲、作器皿、通財貨以事其上者則誅。」（《文集》卷一，原道）

依韓愈之論，君主位尊權重，出令以統治人民，由天下萬民出粟米麻絲，作器皿，通財貨以奉養君主。人民若不如此，便要受誅殺。這是擁護專制君主的政治思想。這和孟子所說的「民爲貴，君爲輕，社稷次之」（《孟子》盡心下）大相逕庭。自然，韓愈生活在專制君主政制下，不但要生存，還要求功名富貴，那敢對君主不特別崇敬，亦不敢有片言隻語的抨擊，環境不同，時代相殊，吾人固不可以當今的民主政治思想而厚責之。

三、抑人民——韓愈的政治思想概可於其所撰「原道」一文中窺見之。該文指出「君者行令者也。臣者行君之令致之於民者也。民出粟米麻絲，作器皿，通財貨以養事其上者也。」君出令，臣行令，君臣都是人民的統治者。人民只有服從命令，出粟米麻絲，作器皿，通財貨以奉養其君上的義務。人民有何地位與權利，愈並未道及，則尊君抑民的思想，至爲明顯。愈最尊重孟子，何以對孟子民貴君輕及「聞誅一夫紂矣，未聞弒君也」等民主思想，均未觸及!?

韓愈不僅尊君抑民，且贊成「民可使由之，不可使知之」的愚民政策，對周末「庶人議政」則深致不滿與譏刺。其言曰：「聞之師曰，古之君天下者化之，不示其所以化之之道；及其弊也，易之。不示其所以易之之道。政以是得，民以是淳」；「周之政失，既其弊也，後世不知其承，大敷古先，遂一時之術，明示於民，民始惑敎，百氏之說以興」；「於是長民者發一號令，民莫不悱然非之」（《文集》卷十二，本政）。孟子尊重民意，嘗曰：「天視自我民視，天聽自我民聽，天明畏自我民明威。」子產治鄭，不毀鄉校，而重民意。愈持愚民政策，大悖孟子之旨，尊孟者應如此乎!?

四、贊傳子——堯舜傳賢不傳子，是爲公天下，世人多稱譽之。夏禹傳子，家天下，創君主世襲制，論者多微詞。而韓愈則贊成傳子制度。其所持理由，是「禹之傳子也，憂後世爭之之亂也」;「禹之慮民也深。或問曰，堯、舜傳諸賢，禹傳諸子，信乎？曰，然。然則禹之賢，不及於堯舜也歟？曰，不然。堯、舜之傳賢也，欲天下之得其所也；禹之傳子也，憂後世爭之之亂也。堯、舜之利民也，大矣；

禹之慮民也，深矣。然則堯、舜可以不憂後世？曰：舜如堯，堯傳之；禹如舜，舜傳之。得其人而傳之，堯、舜也；無其人，慮其患而不傳者，禹也。舜不能傳禹，堯爲不知人；禹不能傳子，舜爲不知人。堯以傳舜爲憂後世；禹之傳子爲慮後世。曰：禹之慮也則深矣，傳之子而當不淑，奈何？曰，時益以難理。傳之賢則爭，未前定也；傳之子則不爭，前定也。前定雖不當賢，猶可以守法；不前定而不遇賢，則爭且亂。夫天之生大聖也不數，其生大惡也亦不數。傳諸人，得大聖，然後人不敢爭。傳諸子，得大惡，然後人受其亂。禹之後四百年然後得桀；亦四百年然後得湯與伊尹。湯與伊尹不可待而傳也。與其傳不得聖人而爭且亂，孰與傳諸子，雖不賢，猶可守法。」（《文集》卷十一，對禹問）

韓愈極力爲禹傳子辯護，亦有悖孟子天與賢則與賢，天與子則與子」，孟子所謂天乃指人民而言。禹傳子啓，因天下之朝覲謳歌者不之益而之啓。可見啓既賢而又爲人民所擁戴。禹傳子既是尊重民意，又守傳賢之旨。至於所謂傳子所以防爭之之亂也，因前定則不爭。唐高祖既已以建成爲太子，君位已前定矣。何以仍有玄武門之爭亂，李世民殺兄建成與弟元吉!?韓愈認爲傳子雖不賢，猶可守法，即維持政治的安定。然中國二千多年的家天下，權臣篡弒、女禍、外戚、宦官、流寇、黨錮、藩鎭……等爭亂，殆皆傳子不賢所致之。不知愈何以自解!?

五、性三品——孟子言性善，荀卿言性惡。揚雄、王充言性善惡混。告不害（告子）曰：「人性之無分於善不善，猶水之無分於東西也。」韓愈原性，均不採這些理論，而從孔子「性相近，習相遠」，「惟上智與下愚不移」之說，而倡性三品論。其言曰：「孟子之言性曰，人之性善。荀子之言性曰，人之性惡。揚（雄）子之言性曰，人之性善惡混。夫始善而進惡，與始惡而進善，與始也混，而今也善惡，皆舉其中而遺其上下者也。得其一而失其二者也。叔魚之生也，其母視之，知其必爲賄死。楊食我之生也，叔向之母聞其號曰，知必滅其宗。越椒之生也，子文爲之大戚，知若敖氏之鬼不食也。人之性果善乎？后稷之生也，其母無災；其始匍匐也，則岐岐然，嶷嶷然。文王之在母也，母不憂，既生也，傅不勤；既學也，師不煩。人之性果惡乎？堯之朱，舜之均，文王之管蔡，習非不善也，而卒爲姦。瞽叟之舜，鯀之禹，習非不惡也，而卒爲聖。人之性善惡果混乎？故曰：三子之言性也，舉其中而遺其上下者也，得其一而失其二者也。曰：然則性之上下者，其終不可移乎？曰：上之性就學而愈明，下之性畏威而寡罪。是故上者可敎，而下者可制也。其品則孔子謂不移也。」（《文集》卷一，原性）

六、論師道——韓愈爲名儒，爲政重敎化。推行敎化，不能不有良師。故韓愈對師道提出自己的見解。其言曰：「古之學者必有師，師者所以傳道、授業而解惑也。人非生而知之者，孰能無惑。惑而不從師，其爲惑也終不解矣。生乎吾前，其聞道也固先乎吾，吾從而師之。吾師道也，夫庸知其年之先後於吾乎？是故無賤無貴，無少無長。道之所在，師之所存也。嗟乎！師道之不傳也，久矣，欲人無惑也，難矣。古之聖人，其出人遠矣，猶且從師而問焉。今之衆人，其下聖人也亦遠矣，而恥學於師。是故聖益聖，愚益愚。聖人之所以爲聖，愚人之所以爲愚，其皆出乎於此。」（《文集》師說）由是言之，師不以貴，不以長，必有道者始足以爲師。所謂道，其所指者爲堯、舜、禹、湯、文、武、周公、孔子、孟子之正道。師之責任，在於宏揚此道於衆人，於天下。人非生而知之，必有所不知，必有所困惑，從有道而師之，當可啓廸知識，解除困惑與疑難，由迷途入正道。有道而不惑者，如何成功立業，立身處世，亦賴其師以爲傳授。

七、釋仁義——儒家爲政，在行仁義，守道德。而黃老與釋氏亦倡仁義道德之說。韓愈以繼承儒家道統者自任，深恐黃老釋氏邪說之亂正道，特撰「原道」一文，闡揚儒家的正道而斥駁釋道二家的謬論。其言曰：「博愛之謂仁，行而宜之之謂義。由是而之焉之謂道。足乎已無待於外之謂德。仁與義爲定名，道與德爲虛位；故道有君子小人，而德有凶有吉。老子之小仁義，非毀之也，其見者小也。坐井而觀天，曰，天小者，非天小也。彼以煦煦爲仁，孑孑爲義，其小之也則宜。其所謂道，道其所道，非吾所謂道也。其所謂德，德其所德，非吾所謂德也。凡吾所謂道德云者，合仁與義言之也，天下之公言也。老子之所謂道德云者，去仁與義言之也，一人之私言也。周道衰，孔子沒，火於秦，黃老於漢，佛於魏晉梁隋之間。其言道德仁義者，不入於楊，則入於墨，不入於老，則入於佛。入於彼，必出於此。入者主之，出者奴之；入者附之，出者汙之。噫！後之人，其欲聞仁義道德之說，孰從而聽之？老者曰，孔子吾師之弟子也；佛者曰，孔子吾師之弟子也。爲孔子者，習聞其說樂其言而自小也。亦曰，吾師亦嘗師之云爾。不惟擧之於口，而又筆之於書。噫！後之人，雖欲聞仁義道德之說，其孰從而求之。」（《文集》卷一，原道）

八、議復讎——周代封建社會，禮以待貴族，刑以制小人。故曰「刑不上大夫，禮不下庶人」。中國法制，由秦漢迄明清，皆帶有家族主義的色彩。其著例如「獨子無死罪」，「子可報父讎」便是。前者所以延宗嗣，後者所以重孝道。惟復仇須注意以下條件：㈠殺人者合法及合於正義，不得復仇。㈡殺人不得其正，不得其宜者，其子可復仇。㈢父罪不當誅而被殺，其子可復仇。㈣凡復仇者，先言於官，則復仇而殺人者無罪。唐時，復讎，成爲爭論問題。韓愈倡議，復讎不宜明定一概有罪或無罪，而曰：

「凡有復父仇者，事發，具其事申尚書省。尚書省集議奏聞，酌其宜而處之」，卽由皇帝視個案情節而裁其有罪或無罪。

韓愈曰：「臣愚以爲復讎之名雖同，而其事各異；或百姓相仇，如周官所稱，而議於今者；或爲官所誅，如公羊所稱不可行於今者。又周官所載，將復仇，先告於士則無罪者。若孤稚羸弱，抱微志而伺敵人之便，恐不能自首於官，未可以爲斷於今日。然則殺之與赦，不可一例。宜定其制曰：凡有復父仇者，事發，具其事申尚書省，尚書省集議奏聞，酌其宜而處之，則經、律不失其指也。」（《文集》復讎狀）

九、擢賢才——唐代以科擧選才取士。但因科擧制度程序迂廻，手續繁瑣，監試呵叱搜索，對士子如囚犯，卽使中式錄取，亦只能從低級官員入仕。科擧只足以引進一般的普通人才。至於德高望重及奇才異能的特殊人才，多不肯屈身委節，經由科擧以入仕，遂致野有遺才，國無大用。韓愈認爲宰相者應禮賢下士，擢拔這些特殊人才，以爲不次之用，不受科擧制度的限制與拘束。

韓愈曰：「國家之仕任者，必擧於州縣，然後升於禮部吏部，試之以繪雕之文，考之以聲勢之順逆，章句之短長，中其式者，然後得從下士之列。雖有化俗之方，安邊之劃，不由是而稍進者，萬不有一得焉。彼惟恐入山之不深，入林之不密；其影嚮昧昧，惟恐聞於人也。今若聞有以書進宰相而求仕者，而宰相不辱焉，薦之天子而爵命之，而布其書於四方；枯槁沉溺魁閎寬通之士，必且洋洋焉動其心，峨峨焉纓其冠，于于焉而來矣。此所謂勸賞不必徧加於天下，而天下從焉者也；因人之所欲，而遂推之之謂也。」（《文集》上宰相書）

十、飭綱紀——綱紀者，治國之典章制度，亦猶今日之憲法與法律。國家之治亂，每視國家綱紀是否振飭爲轉移。綱紀振飭者，國治而民安；綱紀敗壞者，國亂而民傷。韓愈認爲爲政之道，端在振飭綱紀。其言曰：「善醫者，不視人之瘠肥，察其脈之病否而已矣。善計天下者，不計天下之安危，察其綱紀之理亂而已矣。安危者，瘠肥也；綱紀者，脈也。脈不病，雖瘠不害。脈病而肥者，死矣。通於此說者，其知所以爲天下乎！夏、殷、周之衰也，諸侯僭，而戰伐日行矣。傳數十王而天下不傾者，綱紀存焉耳。秦之王天下也，無分勢於諸侯，聚兵而焚之，傳二世天下傾者，綱紀亡焉耳。是故四肢雖無病，不足恃也，脈而已矣。四海雖無事，不足矜也，綱紀而已矣。憂其所可恃，懼其所當矜。善醫善計者，謂之天扶與之。」（《文集》雜說）

十一、儒墨通——孟子嚴拒楊朱、墨翟，斥之爲「無父無君是禽獸也」。韓愈雖尊孟子，但卻持儒墨相通之說，不亦異乎!?其言曰：「儒譏墨以尚同、博愛、尚賢、明鬼；而孔子畏大人，居斯邦也不非其大夫，春秋譏專臣，不尚同乎？孔子泛愛親仁，以博施濟衆爲聖，不兼愛哉？孔子賢賢，以四科進褒弟子，疾沒世而名不稱，不尚賢乎？孔子祭如在，譏祭如不祭者，曰，我祭則受福，不明鬼哉？儒墨同是堯舜，同非桀紂，同正心修身以治天下，奚不相悅如斯哉!?余以爲辯生於末，各務售其師說，非二師之道本然。孔子必用墨子，墨子必用孔子；不相用，不爲孔、墨。」（《文集》讀墨子）孔墨之學，有其同亦有其異，儒墨分爲兩家，由來已久。舍異而言同則同矣；舍同而言異則異矣。粗論則同，細察則異；部份則同，全體則異。若謂儒墨全同，則不成其所謂儒墨矣。

十二、非佛法——韓愈以儒家道統繼承者自居，自然要以維護這一道統爲職志，而反對來自外國印度的佛法。信奉佛法是「以夷變夏」，違反孔子以「以夏變夷」的正統思想。故韓愈極力反對佛法。其言曰：「伏以佛者，夷狄之一法耳。自後漢時流入中國，上古未嘗也有。漢明帝時，始有佛法，明帝在位才十八年。其後亂亡相繼，運祚不長。宋、齊、梁、陳、元魏以下，事佛漸謹，年代尤促。惟梁武帝在位四十八年，前後三度舍身事佛；宗廟之祭，不以牲牢，止於菜果。其後竟爲侯景所逼，餓死臺城，國亦遂滅。事佛求福，乃更得禍。由此觀之，佛不足事，亦可知矣。……今聞陛下令群僧迎佛骨於鳳翔，御樓以觀，舁入大內；又令諸寺遞迎供奉。臣雖至愚，必知陛下不惑於佛，作此供奉，以祈福祥也。」（《文集》論迎佛骨表）

第四節　後人評論

一、劉煦的評論——劉煦著《舊唐書》，於韓愈傳中有評論曰：「李賀父名晉，不應進士，而愈爲賀作諱辨，令舉進士；又爲毛穎傳，譏戲不近人情；此文章之甚紕繆者。時謂愈有史筆，及撰《順宗實錄》，繁簡不當；叙事拙於取捨，頗爲當代所非。而穆宗、文宗嘗詔史臣添改。」

二、歐陽修的評論——歐陽修著《新唐書》，於韓愈傳中有評論曰：「言文章自漢司馬相如、太史公、劉向、揚雄後，作者不世出。故愈深探本原，卓然樹立，成一家言。其原道、原性、師說等數十篇，皆奧衍閎深，與孟軻、揚雄相表裏，而佐佑六經云。至他文，造端置辭，要爲不襲蹈前人者。然惟愈爲之，沛然若有餘。」

三、著者的評論——著者不言愈之文與哲。惟自其政治思想以觀之，就論而論之，可作如左的評論：

1.保守派的政治學者——綜觀韓愈尊君主，抑人民，輕輿論等政治思想，稱之爲保守派的政治學者，並無不當。所謂保守派的思想特點有二：一是尊重傳統，二是維持現狀。自秦始皇於西元前二四六年建立統一集權的國家及君主專制制度，至韓愈出生時，已有一千零十四年的歷史，基礎鞏固，衆意僉同。這是衆所公認的正當合宜的傳統政治體系，視之爲莊嚴而神聖的文化傳統，無人敢予以挑戰。韓愈尊君抑民的政治思想，乃是尊重歷史傳統的自然結果。

韓愈生長在專制君主制度下，爲要求生存，求發展，只有承認這制度，擁護這制度，何敢妄言批評與改革。「利不百不變法」、「一動不如一靜」。這是保守派主張維持現狀的有利理由。孟子所謂「民爲貴，君爲輕，社稷次之」，是在「處士橫議」的戰國時代。而韓愈在君主專制時代，那敢提出。自然，韓愈文起八代之衰，維護儒學道統及反佛法的愛國與衞道精神，是極可佩服的，不失爲一代偉人，固不可以今日民主政治的觀點而卑抑先賢。

2.君主世襲的擁護者——夏禹於西元前二二五七年傳位於子啓，開君主世襲的政制，至韓愈之世，已有三千多年的悠久歷史。韓愈是位保守派的政治學者，對這歷史傳統與現狀，自然要予以擁護。他在所撰「對禹問」一文，提出傳子的一些理由。但所提理由，不無商榷的餘地。

愈曰：「禹之傳子也，憂後世爭之之亂也」，又曰：「傳之人則爭，未前定也；傳之子，則不爭，前定也。」傳之子果不爭乎？事前定，果不亂乎？兄弟爭王位繼承之亂，史不絕書。周幽王寵褒姒，宜臼、伯服相爭，引致犬戎之亂及申侯之計。晉獻公寵驪姒，太子申生死，重耳、夷吾、奚齊、卓子，兄弟鬩牆，造成晉國之亂。李淵已立建成爲太子，李世民爭之，而致手足相殘，建成、元吉血濺宮門而死。明燕王朱棣與姪建文帝爭君位，而有靖難之亂。南北朝百餘年間，共歷五十君，被廢殺及被俘虜者達三十君，保全性命者僅五分之二。政治爭亂，原因甚多，僅憑「傳子」、或「前定」，而弭爭之之亂，實不足恃。

3.忠君盡職的實踐者——韓愈既倡尊君之論，自然對君主是服從、盡忠、效力的實踐者。唐太宗對群臣曾明白宣示：「君可以不君，而臣不可以不臣。」韓愈生在君權重威勢強的政制下，自然要忠君盡職。韓愈本忠君愛國赤忱，上書直指「宮市」之弊及「迎佛骨」之害，先後激怒德宗與憲宗而遭貶黜，忠而被貶，誠而受辱，愈坦然受之，而無怨尤，誠忠君典型。

德宗貞元十九年，韓愈以諫「宮市」，由監察御史貶爲陽山令，不憂抑，不沮喪，仍守分盡職，勤政愛民，澤被黎庶，以盡忠效命，奉公盡職爲職志，不計及個人的得失與榮辱。才高如賈誼而氣度寬宏，胸懷豁達則遠過之，處順境易，處逆境難。愈逆來順受，蓋儒學修養深厚有以致之。憲宗元和十四年，因憲宗遣人迎佛骨，供入大內。韓愈以佛爲夷狄之法，力言其不可，被貶爲潮州刺史。潮州地處蠻荒，民智不開，鱷魚肆虐，實爲難治之區，而愈一本忠君盡職之旨，推行教化，移風易俗，興利除弊，造福萬民，精誠感召，馴鱷魚之暴，蠻荒大治，由野蠻而進入文明，南荒之民心悅而誠服，永感大德，廟享百世。今日臺灣屏東潮州鎮有韓文公廟以祀之，足見其德澤及人之深遠，教化感人之悠久。

第五十八章　柳宗元的政治思想

第一節　生平事略

一、**事略**——柳宗元的生平事蹟，俱載於《舊唐書》卷一百六十本傳及《新唐書》卷一百六十八本傳。前者敍述較簡；後者爲文頗繁，玆參酌二者，扼要論述其事略如次：

柳宗元字子厚，先世河東人。父名鎭，玄宗天寶末年，因時值戰亂，奉母隱居王屋山，後遷居於吳郡。肅宗時平安史之亂，鎭上書言事，擢任左衞率府兵曹參軍，佐朔方節度使郭子儀平賊有功，三遷殿中侍御史，以事觸奸相竇參，貶夔州司馬，還歸終侍御史。宗元生於代宗大曆八年（西元七七三年）卒於憲宗元和十四年（西元八一九年）享年四十七歲。宗元少聰敏出衆，尤精西漢詩騷，下筆構思，以古爲尙，而卑近體駢文，精裁密緻，璨若珠貝，時人咸推重之。進士及第又應博學宏詞科中式，授校書郎，調藍田尉。德宗貞元十九年（西元八〇三年）爲監察御史裏行，與王叔文、韋執誼友善，二人奇其才。順帝卽位，二人得政，引宗元入禁近與計事，擢爲禮部員外郞，欲大用之。不久，王叔文敗，同輩七人俱受貶黜，宗元貶邵州刺史，半道中又降貶永州司馬。

宗元旣遭竄斥，地又荒癘，因自放山澤間，其傷感抑鬱之情，一寓於諸文。倣《離騷》爲文數十篇，讀之者莫不爲之悽惻。詒書友人，言其苦情，京兆尹許孟容亦在內，然衆畏其才高，懲刈復進，故無用力者。宗元久滯不振，其文思益深。嘗著書一篇曰貞符。宗元不得受召入內，悼悔往事，深相自咎，作賦自儆曰懲咎。

憲宗元和十年（西元八一五年）徙柳州刺史。時朗州司馬劉禹錫轉播州刺史。宗元曰：播州非人所可居，禹錫有老母在堂，吾不忍窮，而使其母子永訣，即具奏請以柳州授禹錫而自往播州。會大臣亦爲禹錫請，乃改調建州。宗元至柳州，當地有陋俗，以子女爲質而借錢，逾期不還錢贖之，則沒爲奴婢。宗元憐之，設法爲力，盡贖回，還於其父母，並禁除此陋習，黎庶德之。南方進士多有走數千里從宗元游，一經指授，爲文辭皆大進益，名聞遐邇。元和十四年病卒於柳州，年四十七歲，世號柳柳州，名蓋一時。韓愈稱其文曰：雄深雅健，似司馬子長，崔、蔡不足多矣。宗元歿，柳人懷德感恩，託言降柳州之堂，人有慢者輒死。建祠廟於羅池，韓愈爲碑文以記之。

二、著作——宗元傳世之作，惟《柳河東集》，係其至友劉禹錫受遺囑，收遺文，編輯而成。禹錫所集計四十五卷，另有外集上下二卷，補遺一卷，附錄上下二卷。唐宋古文八大家，韓、柳並稱。韓愈與宗元之文，相互輝映，難分高下。禹錫於《柳河東集》序中有言曰：「宗元病且革，留書抵其友中山劉禹錫曰，我不幸卒於謫死，以遺草累故人。禹錫執書以泣，遂編次爲四十五通（卷）行於世。子厚之喪，昌黎韓退之誌其墓，且以書來弔之，並推崇其文似司馬子長，崔、蔡不足多矣。」

第二節　政治思想

柳宗元懷才不遇，仕途坎坷，病死謫所。然其政治思想卻卓然可觀，異彩特放，光芒四射，創意迭見。韓柳文章固並稱，而二人的政治思想，則大異其旨趣。韓愈代表專制君主政制下的正統思想，重傳統、尊君主、抑人民、尚忠順，乃是保守主義者。柳宗元的立論則偏離正統思想，反傳統，非天命，重養民，尚人為，具有相當的「叛逆」色彩和「異端」性質，乃是創新主義者。柳氏甚而說，堯舜禪讓，湯武革命，曹氏篡奪，無以異也；天下者天下人之天下也，君位者，公器也，惟有仁德與具强力者居之。言前人之所未能言，言前人之所不敢言，有膽有識，自出心裁，實有足多者。茲將其政治思想扼要論述如次：

一、政治起源——儒家的政治起源論，則認為君主的產生，由於聖人奉天承命，為民興利除害，布施教化，而人民擁戴之。賈誼《新書》的道基，董仲舒《春秋繁露》的立元神，韓愈的《原道》均持此說。而柳氏則揚棄天與人歸之說，認為「有形之大者」的天不能為人類的主宰，那明智而有力的能以戡亂止爭而行公道公理於天下，便自立為君而行政權，並非由於人民的自然擁戴。

柳宗元曰：「惟人之初，總總而生，林林而群。雪霜風雨雷雹暴其外，於是乃知架巢空穴，挽草木，取皮革。飢渴牝牡之欲毆其內，於是乃知噬禽獸，咀果穀，合偶而居。交焉而爭，睽焉而鬥。力大者搏，齒利者齧，爪剛者決，群衆者軋，兵良者殺。披披藉藉，草野塗血。然後强有力者出而治之。往往為曹於險阻，用號令起而君臣什伍之法立，德紹者嗣，道怠者奪。」（《柳河東集》卷一，貞符）又曰：「人不能搏噬而且無羽毛，莫克自奉自衞。荀卿有言，必將假物以為用者也。夫假物者必爭，爭而不已，必就其能斷曲直而聽命焉。其智而明所伏必衆。告之以直而不改，必痛而後畏。由是君長刑政生焉。」（《柳河東集》卷三，封建論）

柳氏的立論，和近世所謂國家武力起源論頗符合。在原始社會的自然狀態中，無政府，無法律，人群爲要爭食、爭地、爭居必然發生鬥爭。鬥爭的結果，自然是智高力强者勝，智低力弱者敗。所謂弱肉强食，優勝劣敗。弱者因以依賴强者受其支配。愚者自然聽從智者，受其指揮。自然的優越者和强大者乃是政治權力的基礎。政治權力的維持、靠法律。而法律所以能生效，因最後有法院或警察的强制執行。國內若有叛亂發生，亦要用武力加以敉平。柳氏的思想在指明君主的設立，既非由於人民的自然擁戴，亦不是由上帝眷顧的天命；而是智强者戰勝愚弱者的結果。這是實際的政治性質的說明，和儒家理想性的政治企求是大不相同的。柳是描述政治的實然；儒者指示政治的應然。

二、封建制度——一般論者以爲封建制度的產生，乃是得國者或戰勝者的君主，劃地設界，分封同姓與功臣建立邦國，以爲屏藩的結果。例如武王伐紂而得天下，便分封同姓兄弟與功臣共達百餘國。這是說封建制度乃是人爲的建樹，即製造出來的（to be made or by creation）。而柳宗元則反對此說，認爲封建制度不是人爲的結果，而是在政治組織由小而大的發展過程中自然成長的事實（to be found or by growth）。君主的出現既是戰爭的結果，君主乃是勝利者的一群的領袖或酋長。在原始社會武器不精，組織力不强，統治方術不高，所以一個酋長祇能控制一個較小的人群或部落。其後人類進化，智更高，力更强，器更利的酋長能控制其他人群或部落，而仍承認其存在。這便是封建諸侯形成原因。堯舜三王未嘗不欲廢封建（各酋長統帥的部落）而勢不可能。武王滅紂，對殷代已有的各氏族，不能全予消滅，自不能不承認其存在與地位。史稱武王大會諸侯於孟津，諸侯叛殷會周者八百。可見封建諸侯，殷已有之，封建並非周代創作。

柳宗元曰：「封建，非聖人之意也。彼其初，與萬物皆生，草木榛榛，鹿豕狉狉，人不能搏噬，而且無羽毛，莫克自奉自衞。荀卿有言，必將假物以爲用者也。夫假物者必爭，爭而不已，必就其能斷曲直而聽命焉。其智而明者，所伏必衆。告之以直而不改，必痛之而後畏，由是君長刑政生焉。故近者聚而爲群，群之分，其爭必大；大而後有德有兵，又有大者。衆群之長又就而聽命焉，以安其屬。於是有諸侯之列，則其爭又有大者焉。德又大者，諸侯之列又就而聽命焉，以安其封。於是有方伯連帥之類。則其爭又有大者焉。德又大者，方伯連帥之類又就而聽命焉，以安其人。然後天下會於一。是故有里胥，而後有縣大夫；有縣大夫而後有諸侯；有諸侯而後有方伯連帥；有方伯連帥而後有天子。自天子至於里胥，其德在人者，死必求其封。故封建非聖人意，勢也。」（《柳河東集》卷三，封建論）柳氏以爲政治發展的歷程，由小而大，由下而上。先有村落，里胥治之。集村落之數而成縣，縣大夫治之。集多數之縣而爲省區，諸侯治之。集多數省區而成天下（國家），天子治之。先有諸侯後有天子，天子承認諸侯的既成事實。非天子之力所能製造諸侯。

論者以爲封建是公天下，郡縣是家天下；封建制國祚長久，郡縣制國祚短促，故不如廢郡縣而復封建。柳宗元對此種論說，皆不以爲然，乃立言以辯之。其言曰：「或者曰：夏商周漢封建而延，秦郡邑而促，尤非所謂知理者也！魏之承漢也，封爵猶建；晉之承魏也，因循不革；而二姓陵替，不聞延祚。今矯而變之，垂二百年，大業彌固，何繫於諸侯哉？或者又以爲殷周聖王也，而不革其制；固不當復議也，是大不然。夫殷周之不革也，是不得已也。蓋以諸侯歸殷者三千焉，資以黜夏，湯不得而廢。歸周者八百焉，資以勝殷，武王不得而易。徇之以爲安，仍之以爲俗；湯武之所不得已也。夫不得已，非公之大者也，私其力於己也，私其衞於子孫也。秦之所以革之者，其爲制，公之大者也；其情私也，私其一己之威也，私其盡臣畜於我也。然而公天下之端自秦始。夫天下之道，理安斯得人者也。使賢者居上，不肖者居下，而後可以理安。今夫封建者，繼世而理；繼世而理者，上果賢乎？下果不肖乎？則生人之理亂未可知也。將欲利其社稷以一其人之視聽，則又有世大夫世食祿邑，以盡其封略。聖賢生於其時，亦無以立於天下，封建者爲之也。豈聖人之制使至於是乎？吾固曰：非聖人之意也，勢也。」（《柳河東集》卷三，封建論）

封建的形成，乃政治發展自然形勢所使然，非聖人之意所制成。成湯藉夏已有諸侯之力而代夏；武王藉殷已有諸侯之力而滅殷。殷周欲廢諸侯，勢有不能，只得承認之以爲己私並裔子孫，乃自私的措施，非所謂公天下。柳氏認爲秦廢封建而行郡縣乃是公天下的開始，因諸侯、公卿、大夫皆不能世食其祿。官位、俸祿天下之公器也，人人可得而享之，不限於少數世襲貴族，故曰公天下。至於所謂封建國祚久，郡縣國祚促，亦不盡然。魏晉皆行封爵制，而國祚不久。唐行郡縣制自高祖至憲宗，國祚已二百年，不可謂不久。儒者論封建制與郡縣制之得失者，率在强幹弱枝或內重外輕的命題上立言。而柳宗元則能超脫這一命題的窠臼，而從其他角度，另立新意，可謂獨出己見。

三、天人不相涉——天人感應之說，始自《尚書》。伊訓篇曰：「惟上帝不常，作善降之百祥，作不善降之百殃。」後人宗信之，至漢董仲舒著《春秋繁露》一書，對天人感應之說，作有系統的闡釋，鞏固其理論基礎，一般學者皆信之不疑。而柳宗元卻獨持異議，而强調天人不相涉。他說：「古之所以言天者，蓋以愚蚩蚩者耳。」（《集》卷三，斷刑論下）又曰：「天地大果蓏也，元氣大癰痔也，陰陽大草木也，其烏能賞功而罪禍乎。功者自功，禍者自禍，欲望其（天）賞罰者大謬，呼而怨，欲望其（天）哀且仁者愈大謬矣。」（《集》卷十六，天說）柳氏認爲天只是自然現象。如四時運行，寒暑交替，日月升降，萬物生長，風雨雪霜等屬於天的自然事例。至於立法制，用以賞善而懲惡，乃是人爲的措施。二者各行其事，不相干涉。

劉禹錫附論之曰：「動類曰蟲，倮蟲之長，爲智最高，能執人理，與天交勝；用天之利，立人之紀，綱紀或壞，復歸其始。堯舜之書，首曰稽古，不曰稽天。幽厲之詩，始曰上帝，不曰人事。在舜之廷，元凱舉焉；曰，舜用之，不曰天授。在殷高宗，襲亂而興，心知說賢，乃曰帝賚。堯民知餘，難以神誣。商俗以訛，引天而敺。由是而言，天預人乎？」（《集》卷十六，天說附天論下）又曰：「夫雷霆雪霜特一氣耳，非有心於物者也。聖人有心於物者。春夏之有雷霆也，或發而震，破巨石，裂大木，木石豈爲非常之罪也哉？秋冬之有霜雪也，舉草木而殘之，草木豈有非常之罪也哉？彼豈有懲於物者哉？彼無所懲，則效之者惑也。」（《集》卷三，斷刑論下）

柳宗元答劉禹錫天論書曰：發書得天論三篇，以僕所爲天說者未究；欲畢其言。始得之，大喜，謂有以開吾志慮。及詳讀五六日，求其所以異吾說，卒不可得。其歸要曰：非天預乎人也。凡子之論，乃吾天說傳疏耳，無異道也。諄諄佐吾言，而曰有以異，不識何以爲異也；子之所以爲異者，豈不以贊天地之能生植也歟？夫天之能生植久矣，而待贊而顯。且子以天之生植也，爲天乎？爲人乎？抑自生而植耶？若以爲爲人，則吾愈不識也。若果以爲自生而植，則彼自生而植耳，何以異夫果蓏之自爲果蓏，癰痔之自爲癰痔，草木之自爲草木耶？是非爲蟲謀明也；猶天之不謀乎人也。彼不我謀，而我何爲務勝之耶？子所謂父勝者，若天恒爲惡，人恒爲善。人勝天，則善者行；是又過德乎人，過罪乎天也。又曰：天之能者，生植也；人之能者，法制也。是判天與人爲四而言之也。余則曰：生植與災荒，皆天也，法制與悖亂，皆人也。二之而已，其事各行不相預，而凶豐理亂出焉。

四、禪簒的新解——論者皆以唐虞的禪讓，乃堯舜本天下爲公的心懷，不傳子而傳賢，普利天下之民，世稱其聖德。而柳宗元則另作新解，認爲舜禹有德有能，理政治民，庶績咸熙，澤被萬民，功蓋一世，全民感戴，無以復加，旣握實權，又得人心，雖未居帝位，而權勢實已帝矣。是以堯不得不禪讓於舜；舜不得不禪讓於禹。湯放桀，武王伐紂世稱之爲順天應人的盛事，而柳宗元以爲實是以强力奪人國祚，自建王朝，而美其名曰奉天申討，除惡救民的革命。權臣逼主，奪其國祚，自立爲君，世稱爲簒奪，爲大逆不道的叛徒。簒位者爲避去惡聲，而美其名曰禪代。如曹氏簒漢便是。柳宗元認爲曹氏已有權高震主的事實，不動兵干而易姓授位，免使人民遭受戰禍災害，不亦可乎！天下者天下人之天下也，君位者天下之公器也，有仁德有强力者皆可得而居之，豈可限定爲一姓所永有。在漢魏之際，漢君已勢孤力弱，已失君之所以爲君者無敵之勢，受制於人，欲振無力。曹臣則權重勢强，已成人臣臣君之局。兩相比較，勢力大失平衡。自然要强者爲刀俎，弱者爲魚肉。漢君受曹臣的擺佈作弄，遂成不得不然之局。這種不以征誅或戰爭而以和平方式移轉政權，生靈不受塗炭，實愈於以征誅與戰爭而得天下。

柳宗元曰：「凡易姓授位，公與私，仁與强，其道不同，而前者忘，後者繫，其事同。使以堯之聖，一日得舜而與之天下，能乎？吾見小爭於朝，大爭於野。其爲亂，堯無以已之。何也？堯未忘於人，舜未繫於人也。堯之得於舜也，以聖；舜之得於堯也，以聖。兩聖獨得於天下之上，奈愚人何。其立於朝者，放齊猶曰朱啓明，而況在野者乎。堯知其道不可退而自忘，舜知堯之忘己而繫舜於人也，進而自繫。舜舉十六族，去四凶族，使天下咸得其人。命二十二人，興五教，立禮刑，使天下咸得其理；合時月，正曆數，齊律度，量權衡，使天下咸得其用。積十餘年，人曰：明我者舜也；齊我者，舜也；資我者，舜也。天子之在位者，皆舜之人也。而堯隤然，聾其聰，昏其明，愚其聖。人曰，往之所謂堯者，果烏在哉！或曰，耄矣；或曰，匿矣。又十餘年，其思而問者加少矣。至於堯死，天下曰，久矣舜之君我也，夫然後能揖讓，受終於文祖。舜之與禹也，亦然。禹旁行天下，勸繫於人者多，而自忘也晚。益之自繫，猶是也。而啓賢聞於人，故不能。夫其始繫於人也厚，則其忘之也遲。不然，反是。漢之失德久矣，其不繫而忘也甚矣。……丕之父攘禍以立強，積三十餘年，天下之主，曹氏而已，無漢之恩也。丕嗣而禪，天下得之以爲晚，何以異乎舜禹之事耶？然則漢非能自忘也，其事自忘也。曹氏非能自繫也，其事自繫也。公與私，仁與強，其道不同，其忘而繫也，無以異也。」（《集》卷二十，舜禹之事）

五、斥天命月令——天與人旣各事其事，不相干涉，而天命論者以爲天子受命於天，其得位必有祥瑞符兆以啓示之。這是天命干涉人事，謬誤悖理，故駁斥之。陰陽家主張依月令以行政事，亦違犯天人不相涉的至理。月令者自然現象乃天之道。政事者，當政者之作爲。推行政事當依人意而行之，乃人事。人事何可受自然現象的月令限制。柳宗元以爲董仲舒、劉向、揚雄、班彪等人，皆沿襲嗤嗤，推祥瑞符兆以配合天命，有似淫巫瞽史，誑亂後代，不足以知聖人立極之本。

柳宗元認爲古今賢君之得天下，皆以行仁取義，恩德普被，而百姓歸之。漢高祖滅暴秦而興漢，亦是由於其德能與仁恩，「而其妄臣乃下取虺蛇，上引天光，推類號休，用今於無知之氓」，末流所及

「莽述（公孫述）承效，卒奮驁逆。」（《集》卷一，貞符）天命符瑞乃是野心家欲得天下，恐其力量不足，乃編造謊言，說天賜祥瑞符命，彼當奉天承運而有天下。這完全是自欺欺人的愚民政策與迷信天神的妄誕心理，不值識者一笑。天命思想，害政悖理，自當駁斥之。

月令之說亦爲害政悖理的思想，同爲柳宗元斥駁的對象。柳氏以爲「聖人之道，不窮異以爲神，不引天以爲高。利於人，備於事，如斯而已矣。」（《集》卷三，時令論）漢奉《呂氏春秋》所述陰陽、五行、十二月及七十二條之法以爲施政依準。按時令以行政，旣拘且忌，不便於事，不利於人，迷信天道而害人事，不智實甚。就賞罰一事論之，持時令之說者以爲賞必行於春夏，刑則行於秋冬。柳宗元駁之曰：「或者乃以爲雪霜者天之經也。雷霆者天之權也。非常之罰不時可以殺，人之權也。當刑者必順時而殺，人之經也。是又不然。夫雷霆雪霜者特一氣耳，非有心於物者也。聖人有心於物者也。春夏之有雷霆，或發而震，破巨石，裂大木；木石豈爲非常之罪也哉。秋冬之霜雪也，擧草木而殘之；草木豈有非常之罪也哉。彼豈有懲於也哉。彼無所懲，則效之者惑也。」（《集》卷三，斷刑論）

天命月令之不足信，其理至明，然而人民與當政者，多有信之者，何者？因其爲古人之言，且載於典籍故也。殊不知「古之所以言天者，蓋以愚蚩蚩耳，非爲聰明睿智者設也。」（《集》卷三，斷刑論）古者民智未開，神道設敎，以警愚頑；而今之人，應憑智慧以辨事，不可受其欺蒙。柳氏曰：「夫聖人之爲賞刑者非他，所以懲勸者也。賞務速而後有勸，罰務速而後有懲，必曰賞以春夏而刑以秋冬，而謂之至理者，僞也。」（《集》卷三，斷刑論）

六、苛稅毒於蛇

——孔子嘗謂「苛政猛於虎」（《禮記》檀弓下）。柳宗元師其意，而言「苛稅毒於蛇」，其立論見於所撰「捕蛇者說」一文。其言曰：「永州之野，產異蛇，黑質而白章，觸草木盡死，以齧人，無禦之者。然得而臘之以為餌，可以已大風、攣、踠、瘻、癘，去死肌，殺三蟲。其始，大醫以王命聚之，歲賦其二，募有能捕者，當其租入。永之人爭奔走焉。有蔣氏者，專其利，三世矣。問之，則曰，吾祖死於是，吾父死於是，今吾嗣為之十二年，幾死者，數矣。言之，貌若甚慼者。余悲之，且曰：若毒之乎？余將告於蒞事者，更若役，復若賦，則何如？蔣氏大戚，汪然出涕曰：君將哀而生之乎？則吾斯役之不幸，未若復吾賦不幸之甚也。嚮吾不為斯役，則久已病矣。自吾氏三世居是鄉，積於今六十歲矣。而鄉鄰之生日蹙，殫其地之出，竭其廬之入；號乎而轉徙，飢渴而頓踣。觸風雨，犯寒暑，呼噓毒癘，往往而死者相藉也。曩與吾祖居者，今其室十無一焉；與吾父居者，今其室十無二三焉；與吾居十二年者，今其室十無四五焉。非死而徙爾，而吾以捕蛇獨存。悍吏之來吾鄉，叫囂乎東西，隳突乎南北，嘩然而駭者，雖雞犬不得寧焉。吾恂恂而起，視其缶，而吾蛇尚存，則弛然而臥。謹食之，時而獻焉。退而甘食其土之有以盡吾齒。蓋一歲之犯死者二焉，其餘則熙熙而樂；豈若吾鄉鄰之旦旦有是哉？今雖死乎此，比吾鄉鄰之死則已後矣，又安敢毒耶!?」柳氏藉捕蛇者之言，指出當時賦稅之苛重，民生之困窮，胥吏之暴厲，人民之苦於虐政者久矣。由此，則知國以義以利也，不以利為利，與其有聚斂之臣，寧有盜臣；財聚則民散，財散則民聚。

七、養民的正道

《書》曰：「德惟善政，政在養民。」（大禹謨）養民要得其道，方能達到政修明，民安樂的目的。養民的正道端在與民休養生息，不苛不擾，使之安其生，樂其業，足其養，順其性情，遂其生長。柳宗元撰「種樹郭橐駝傳」一文，以種樹的方法，譬喻養民的正道，頗有見地。其文曰：「郭橐駝，不知始何名，病瘻，隆然伏行，有類橐駝者，故鄉人號之曰駝。駝聞之曰，甚善，名我固當。因捨其名，亦自謂橐駝云。其鄉曰豐樂鄉，在長安西，凡長安富豪人，爲觀游及賣果者，皆爭往迎取養，視橐所種樹，或移徙，無不活；且碩茂蚤養以蕃。他植雖窺視倣慕，莫能如也。有問之，對曰：橐駝非能使木壽且孳也，能順木之天，以致其性焉爾。凡植木之性，其本欲舒，其培宜平，其土欲故，其築欲密；既然已，勿動勿慮，去不復顧。其蒔若子，其置也若棄；則其天者全而其性得矣。故我不害其長而已，非有能碩茂之也；不仰耗其實而已，非有能蚤而蕃之也。他種者則不然，根拳而土易；其培之也，若不過焉則不及。苟有能反是者，則又愛之太恩，憂之太勤，旦視而暮撫，已去而復顧；甚而爪其膚而驗其生枯，搖其本以觀其疏密，而木之性日以離矣。雖曰愛之，其實害之；雖曰憂之，其實讎之，故不我若也。吾又何能爲哉。聞者曰：以子之道移之官理可乎？駝曰，我知種樹而已，理非吾業也。然吾居鄉，見長人者好煩其令，若甚憐焉，而卒以禍。旦暮吏而呼，官命促爾耕勗爾植，督爾穫，蚤繅而緒，字而幼孩，遂而雞豚。鳴鼓而聚之，擊木以召之；吾小人輟飧饔以勞吏者，且不得暇，又何以蕃吾生而安吾性耶？故病且怠。若是則與吾業者其有類乎？聞者嘻曰，不亦善矣！吾聞養樹得養人之術，傳其事以爲官戒。」爲政養民，順其自然，不可過度干涉，煩擾人之生活；順民之生，適民之性，使之安居樂業，自理其生，則萬民得其生養。政令煩瑣，愛之反以害之。

八、吏非以役民——柳宗元對吏道的看法，有其獨到的見解，以爲吏者非以役民，應爲民役。這和今日民主政治的思想，頗相吻合。其意卽所謂公務人員乃是人民的公僕，應爲人民效力與服務；官吏不是人民的上司，不可役使人民，而以統治者自居。柳氏所作送薛存義序曰：「河東薛存義將行，柳子載肉於俎，崇酒於觴；追而送之江之滸，飲食之。且告曰：凡吏於土者，若知其職乎？蓋民之役，非以役民而已也。凡爲民之食於土者，出其十一傭乎吏，使司平於我也。今我受其值，怠其事者，天下皆然。豈惟怠之，又從而盜之。向使傭一夫於家，受若值，怠若事，又盜若貨器，則必甚怒而黜罰之矣。而今天下多此類，而民莫敢肆其怒而黜罰者，何哉？勢不同也；勢不同而理同，如吾民何？有達於理者，得不恐而畏乎？存義假令零陵二年矣，蚤作而夜思，勤力而勞心；賦者均，訟者平，老弱無懷詐暴憎，其爲不虛取值也，的矣。其知恐而畏也，審矣。吾賤且辱，不得與考績幽明之說。於其往也，故賞酒肉，而重之以辭。」

第五十九章　佛道思想的流行

第一節　佛教思想的流行

印度佛教於東漢明帝永平十年始傳入中國。西晉懷帝永嘉年間，西域龜茲人佛圖澄至洛陽，戒行甚嚴，傳化至廣，徒衆亦多。後秦時，鳩摩羅什至長安，姚興待以國師之禮，譯佛經甚多。南北朝之世，佛教極爲盛行，皇帝大臣多信佛，佛寺林立，僧尼衆多，皆達於驚人境地。佛教繼續發展，至隋唐而不衰，仍頗流行。玆將這一時代的傑出高僧事略及佛教宗派，略述於後：

一、傑出高僧——隋唐時代傑出高僧可得而論述者，計有左列諸人：

1.杜順——杜僧陳武帝永定元年（西元五五七年）生於雍州萬年，卒於唐太宗貞觀十四年（西元六四〇年），壽八十四歲。世稱杜順爲文殊菩薩，掌司華嚴經法界之觀智，如欲入華嚴法界者，非依此文殊菩薩不可，故爲華嚴宗始祖。杜順的著作，有《五教止觀》一卷，《法界觀門》一卷。

2.智顗——智顗於梁武帝大同四年（西元五三八年）誕生於湖南華容縣，七歲卽能誦《觀音普門品》，時人稱爲神童。隋文帝開皇十七年（西元五九七年）卒，享年六十，世稱「智者大師」。十八歲出家，投禮法緒大師。陳天嘉元年（西元五六〇年）行至河南光州大蘇山投禮慧思大師，苦練參究，精修普賢道場，一日讀《法華經》，忽然心境朗照，被稱曰「大蘇妙悟」。智顗在金陵八年期間（西元五六八—五七五年）受到大衆的皈依。智顗三十八歲隱居天台山華頂峯，曾有「華頂妙悟」，故世稱「天台大師」。陳後主至德三年（西元五八五年）召大師至金陵，講《大智度論》及《仁王經》。隋文帝十一年（西元五九一年）楊廣（煬帝）爲晉王，任揚州總督，仰慕智者大師，召至揚州，設千僧大齋會並授菩薩戒。開皇十三年，大師返故鄉建玉泉寺，講法華玄義、摩訶止觀。開皇十六年返天台山，完成所著《淨名義疏》十卷。開皇十七年十一月對徒衆講完《觀心論》，不久卽在天台山石城寺圓寂。

3. 玄奘——玄奘俗姓陳，名褘，河南偃師人，生於隋文帝仁壽二年（西元六〇二年），卒於唐高宗麟德元年（西元六六四年），享年六十三年。父名惠，曾任江陵縣令，隋亡歸隱。長兄名素，早年出家號長捷法師，風神朗俊，體態魁偉，善講佛理，住洛陽城淨土寺。玄奘十歲，父惠卒，深感「世事無常」，乃依長兄長捷法師住淨土寺凡三年，受兄影響，對佛學漸生興趣。隋煬帝大業十年（西元六一四年）下詔度民二十七人出家，玄奘年十三歲，受度爲僧，法號玄奘。隋朝末年，天下大亂，玄奘隨兄長捷法師離洛陽至長安，住莊嚴寺，聽道基法師講授佛經。二十一歲隨兄自長安經子午谷入四川，住定慧寺，受具足大戒，取得僧伽資格。

從此玄奘離開兄長，獨立雲遊各地，宏揚佛法，自成都出發，過三峽至荆州入湖南，折回遊蘇皖各地，北至相州（河南安陽縣）趙州（河北趙縣）等地。唐高祖武德七年（西元六二四年）玄奘二十三歲返回長安。玄奘周遊全國授佛法，習佛理，仍覺學養不足，乃學竺文，立志西行取經，且以佛經譯本多有訛謬，願至天竺得原本以爲參證。

唐初建國，不許人民私人與外國交往。玄奘上奏朝廷請准西行，竟被擱置。玄奘不得已，乃於唐太宗貞觀元年（西元六二七年）混入長安饑民群中，私自偸至甘肅敦煌。歷盡千辛萬苦，跋山涉水而抵於高昌國（新疆吐魯番）。國王麴文泰請求玄奘留高昌宏揚佛法，玄奘堅不允。麴文泰乃送玄奘入突厥，會突厥葉護可汗。玄奘繞道西伯利亞南端，經俄屬土耳其斯坦，經阿富汗而至印度。長途跋涉，歷盡艱苦。玄奘經北印度及中印度而入摩羯佗國的那爛陀寺，參見戒賢大師。在途中費時三年，在印度留學及宏法歷十四年之久。遍遊印度，隨時參習佛法佛理，卒達於大成。

玄奘於唐太宗貞觀十七年返抵國門，至長安，太宗見之大悅，與之談論。於是詔將佛經六百五十七部使玄奘於弘福寺翻譯，並令房玄齡召碩學沙門五十餘人助譯。其後，高宗爲文德太后追福，建慈恩寺及譯經院，恭送玄奘及譯經高僧等入住慈恩寺。高宗顯慶元年（西元六五六年）令左僕射于志寧、侍中許敬宗、中書令來濟、杜正倫、黃門侍郎薛元超等共潤色玄奘所定之經。後又加譯佛經七十五部。因京城人衆，競來禮謁，玄奘乃奏請移至宜君山故玉華宮譯經。麟德元年卒，歸葬於白鹿原，送葬者數萬人。

高宗永徽三年（西元六五二年）玄奘奏請於長安南十二里處，建築高塔以貯藏由印度取回的佛教經籍，以免佚失並防火災。塔七級，全高一百九十四尺，塔基每邊八十四尺，成正方形，規模偉大閎壯。塔南建立兩碑，一爲唐太宗御製之「大唐三藏聖教序」，另一爲唐高宗之「述聖記」，皆由名書法家褚遂良書丹，唐時稱此爲「慈恩寺浮圖」，足爲玄奘紀念的重要遺物。

4.慧能——慧能俗姓盧，本籍范陽（河北涿縣），因其父盧行瑫於唐高祖武德年間（西元六一八—六二六年）被流放嶺南新州（廣東新興縣），遂居於斯。慧能生於唐太宗貞觀十二年（西元六三八年）。「據說他出生時有異僧來，爲之取名慧能。唐玄宗開元元年（西元七一三年）慧能對僧徒講經畢，卽圓寂，在世七十六歲。慧能幼年喪父，生活至爲淸苦，及長以打柴賣柴贍養母親，無力就學。

一次慧能在賣柴市，聽到一人說：「應無所住而生其心」，他深受感動，問那句話是什麼經語，並問那人從何處來。那人答曰，從蘄州黃梅縣東禪寺來，禪宗五祖弘忍在寺宏揚佛法。於是慧能別母遠赴黃梅，到寺參拜弘忍大師。弘忍以他來自蠻地，又未受過敎育，就派他劈柴和碓舂米工作。有一天弘忍到碓房對慧能說，「我深知你有成佛宿根，但未當衆道破，怕遭人嫉妬而陷害你。」一次弘忍召集僧徒，要各人自內心發現智慧，證悟自己的絕對本性，並就所悟，作成偈句給我。如果有眞悟道者，卽將衣鉢傳給他。

僧衆皆以神秀爲上座，其悟道必深，偈句必精，衣鉢自然是他的，我們亦不必費心作偈句。神秀作成偈句，寫在牆上，文曰：「身似菩提樹，心如明鏡臺，時時勤拂拭，勿使惹塵埃。」慧能在寺工作已八個月，第一次到前堂去。聽說牆上偈句，請人唸給他聽。他聽了，說我亦會作偈句，請替我寫在牆上。文曰：「菩提本無樹，明鏡亦非臺，本來無一物，何處惹塵埃？」

五祖弘忍看了這兩個偈句，知慧能已悟大道。夜至碓房，敲碓子三下便離去。慧能會意，夜三更至五祖處，弘忍爲之講金剛經至「應無所住而生其心」時，慧能忽然大徹大悟，而知萬事萬物，皆不離開本性。五祖便把衣鉢傳給慧能，並示之以偈句曰：「有情來下種，因地果還生，無情既無種，無性亦無生。」這次傳法在唐高宗龍朔元年（西元六六一年），慧能時年二十四歲。弘忍怕衆僧知之不服而滋生事端，連夜送慧能離寺渡江南行。慧能行至韶州，上南華山寶林寺任主持。

唐高宗儀鳳元年（西元六七六年）慧能三十歲至廣州法性寺，正值印宗法師在講涅槃經。座前佛幡飄動。印宗問慧能曰：那是風動抑是幡動？慧能答曰：既非風動，亦非幡動，而是心動。印宗請慧能出示衣鉢於衆，並問曰：弘忍大師傳授何秘密法門？慧能答曰，並無秘密法門，只提到見性，未及禪定。印宗異而問曰，何以不論禪定解脫？慧能曰：因禪定解脫是二法，而佛法是不二法門。印宗又問，何謂佛法不二法門？慧能曰：慧根有二，一是常，永久不變；一是無常，變動不居。佛性是變亦是不變，不能分離，故曰不二。印宗悅而奇之，使慧能受戒定。

慧能受戒後二年，回韶州南華山寶林寺講佛法，信徒日增，有不遠千里而來求法者，韶州刺史韋據亦成爲他的信徒。慧能不負五祖弘忍賞識與囑付，在寶林寺大轉法輪，引度無數弟子，證悟無上菩薩。神秀早享盛名，武則天親向之跪拜。神秀並不嫉忌慧能得到弘忍的衣鉢，且向武則天推薦慧能。於是中宗神龍元年（西元七〇五年），后與帝特派內侍薛簡帶詔迎接慧能至京師奉養，慧能以多病婉辭。慧能在韶州曹溪南華山寶林寺弘法三十六年，唐玄宗開元元年圓寂。

5. 神秀——神秀俗姓李，汴州尉氏（河南尉氏縣）人，少博覽經史，以天下戰亂出家，遇蘄州双峯山東山寺弘忍，以坐禪爲修持，乃嘆服曰：此眞吾師。便往東山寺拜弘忍爲師。印度有達摩者，得坐禪妙法，云自釋迦相傳，有衣鉢爲記，帶衣鉢渡海來中國，與梁武帝談，不相投契，乃過江北上至嵩山少林寺，爲中國禪宗始祖。達摩傳慧可，慧可傳僧璨，僧璨傳道信，道信傳弘忍。弘忍爲黃梅人。弘忍對神秀，深器異之。弘忍卒，神秀乃往荆州，居當陽。

武則天聞神秀高名，召至京師，坐轎上殿，親加跪禮。勅當陽山置度門寺以旌其德。時王公士庶，聞風爭往晉謁，日以萬數。中宗卽位，更加敬異。中書舍人張說嘗問道執弟子禮。初，神秀同學慧能與神秀行業相埒。弘忍卒後，慧能住韶州廣果寺。該地原多虎豹，一朝盡去，遠近驚嘆，咸歸服之。神秀曾上奏則天，請召慧能至京師，慧能固辭。神秀自作書邀之。慧能謂使者曰，吾形貌短陋，北土見之，恐不敬吾法；且先師以吾南中有緣，亦不可違，竟不過嶺而卒，天下乃散傳其道，謂神秀爲北宗，慧能爲南宗。神秀於中宗神龍二年（西元七〇六年）卒，在世七十三歲。有詔賜諡大通禪師，又於相王舊宅置報恩寺。

二、佛教宗派——佛教在隋唐前已大爲發達，已有八個宗派的形成。在隋唐之世，佛教又有五個新宗派。玆將此十三個宗派簡介如左：

1. 毗曇宗——此宗係承佛教的原始正統而來。其初盛行於大月氏，後傳入中國。道安等譯其經典，然其教尚未大著。迨至後秦姚興有關中，罽賓沙門伽提婆譯成《阿毗曇八犍度論》二十卷，毗曇宗的傳譯，始見盛行。其後伽提婆入廬山依慧遠，譯法勝尊者所作《阿毗曇心論》四卷，世人亦稱之爲《法勝毗曇》。其宗儀尚實行，而異空想，故飫聞其旨者，以北朝人爲較多。

2. 成實宗——此宗以創著《成實論》之訶梨跋摩爲遠祖，但其宗義並不盛行。後秦鳩摩羅什譯《成實論》二十卷，始流行於中國。羅什精佛理，識漢語，門徒衆多，且不乏高徒。此宗能流行於中土，羅什實居首功。梁武帝所皈依者是此宗。此宗以五根（眼、耳、鼻、舌、身）五境（色、聲、香、味、觸）乃「極微」之集合，心王心所，皆非實體，徹悟世界萬有之心，解脫生死輪廻之苦。

3. 三論宗——三論者指羅什所譯龍樹所著之《中觀論》、《十二門論》及龍樹弟子所著之《百論》。此宗立義，在正破外道，傍破小乘，顯大乘義。羅什之後，江南盛行成實宗，北方盛行毗曇宗，此宗頗不振。惟三論宗以空爲主，頗合南朝人士意味。羅什弟子曇濟傳此於江南，授之道朗，道朗傳僧詮，僧詮傳法朗，法朗傳吉藏，所謂嘉祥大師。

4.涅槃宗——此宗的遠祖爲世親，因世親主《涅槃論》。北涼建國，天竺沙門曇無識，來中國，從事《涅槃經》的翻譯，譯成盛行國中。其後沙門慧觀欲繼曇無識之志，補綴《涅槃經》缺佚，遣道晉等西行，中途遇難，未能成其志。慧觀與慧嚴，別翻法顯所譯之經，文飾增減，自爲比訂，時議非之，以其多竄改。於是《涅槃經》有南本與北本的分別。北本爲北涼原譯，凡四十卷。南本爲南朝所定，凡三十六卷。此宗教義以衆生皆有佛性，若能徹悟，人人可以成佛。此一宗派後併入天台宗，在陳隋之間絕滅。

5.地論宗——此宗以世親所主《十地經論》而得名。當後魏宣武帝時，天竺沙門勒那摩提至洛陽，奉敕譯《十地經論》。譯者三人意見不一致；沙門惠光參與譯事，因立三本以著異同。惠光門徒甚多，其著者爲法僧範、惠順、道慧、道愼。諸人皆堅信《十地經論》，隨方弘布。惟此宗義，實藉《華嚴》一部份而立義，其流行祇限於北朝。中國統一後，華嚴宗日益興盛，此宗遂滅。

6.淨土宗——此宗創始，依無量壽經、阿彌陀經及往生論而成，以信受奉行念佛法門，發願往極樂世界清淨佛土，故名淨土宗。此宗在中國流行甚廣。東晉慧遠在廬山東林寺結社念佛，號白蓮社，實地修持，此宗大行。後魏中世，菩提流支至中國，傳譯《往生論》，以授曇鸞。曇鸞著《往生論注》及《贊阿彌陀佛偈》，以讚嘆此佛，盛行於北方。北齊之世，善導弘揚此宗法義。這一時期，淨土宗分爲南北兩派。曇鸞爲北派，慧遠爲南派。

7.禪宗——唐代始有禪之名。相傳釋迦牟尼在靈山會上，拈花示衆，衆皆不解，獨迦葉微笑。釋尊曰：「吾有正法眼藏涅槃妙心，今付囑於汝」，是爲禪宗起源。自迦葉傳二十八世至達摩。達摩於梁武帝時來中國，入嵩山少林寺，面壁九年，爲中國禪宗始祖。自後二祖慧可，三祖僧璨，四祖道信，五祖弘忍，皆依古例傳衣鉢。弘忍傳衣鉢於慧能爲南派，神秀爲北派。自後卽不傳衣鉢。禪宗宗義，不著語言，不立文字，直指本心，見性成佛，以自性含萬法，萬法盡在本性。

8.攝論宗——本宗依於無著之攝大乘論而成。梁武帝時，天竺沙門眞諦渡海至廣州，久居此地，翻譯群經。《攝大乘論》譯成於此。其徒慧愷又別著《攝論疏》，此宗由是而興。僧宗忍等弘布其敎。攝論宗宗義在盡攝大乘佛敎之眞理極談立意，故以攝論爲名。其後法相宗大行，而攝論宗遂絕。

9.天台宗——此宗起於北齊慧文，陳之慧思繼之。至隋之智顗集其大成。智顗亦稱智者大師，因居天台山修持，故名。智顗所說：一爲《法華經》，二爲《法華玄義》，三爲《摩訶止觀》。智者門下以灌頂爲最秀，稱章安大師。章安沒後，智威等繼之。天台宗曾中衰，至荆溪尊者，始復振興。此宗宗義在明一心三觀、圓融三諦，中道實相，會三顯一之佛理。

10.華嚴宗——東晉末年，跋陀羅來中國，始譯《華嚴經》六十卷，爲華嚴宗起源。隋唐間杜順通曉華嚴而光大之，爲此宗二祖，三祖法藏，亦稱賢首國師，此宗大盛，四祖澄觀，亦稱清凉國師，五祖宗密。此宗宗義持「事事無碍法界觀」，極圓融之妙致。

11.法相宗——玄奘爲法相宗初祖，依憑世親之唯識論，故亦稱唯識宗。唐太宗、高宗對玄奘之宗派尤爲重視。玄奘高足窺基號慈恩法師，悉受微言，妙達玄旨，成《唯識論》十卷，集本宗大成，故法相宗亦曰慈恩教。窺基傳惠治，其教大盛。其後經智周、如理諸大師繼續弘揚，法相宗遂日趨光大。法相宗宗義以爲心外無法，萬法皆心，以心王爲主，別爲八識。八識者：眼識、耳識、鼻識、舌識、身識、意識、末那識、阿賴耶識。歸本於心外無境，萬法唯識。

12. 律宗——律宗遠祖是印度優婆離尊者。《魏書》釋老志稱魏明帝時，天竺沙門曇柯迦到洛陽，宣譯誡律，爲中國律宗始祖。釋迦牟尼說法，即制戒律。律宗派別雖多，然爲修持時正身端行的守則，其旨則一。傳入中國者有十誦律、僧祇四分律、五分律等本，而以四分律爲較流行。五台山法聰律師弘宣律戒，最著功德，收門徒甚衆。其徒洪遵通釋四分戒律。其後律宗分爲三派：懷素立東塔宗，智首道宣立南山宗，法礪立相部宗。律宗明戒有止作持二種：止持在止惡門，作持在修善門。戒法分四科，一曰戒法，二曰戒身，三曰戒行，四曰戒相。戒有五戒與八戒。五戒者，一、不殺生，二、不偷盜，三、不邪淫，四、不妄語，五、不飲酒。另加六、香油塗身戒，七、歌舞觀戒，八、高廣大床戒，爲八戒。

13. 密宗——佛教有顯密之別。密宗以密秘眞言爲宗，故亦稱眞言宗。密宗在印度爲最後出，以大日如來爲教主，以《大日經》、《金剛頂經》爲教典。金剛薩埵親受灌頂爲二祖。龍樹開南天鐵塔，受傳於薩埵爲三祖。龍樹傳龍智爲四祖。龍智傳於金剛智爲五祖。唐時金剛智來長安傳眞言教，是爲中國一祖。不空亦從龍智受密宗爲六祖，乃中國密宗二祖。惠果爲不空門下上首爲七祖。惠果以下無繼之而爲祖者。日本則以空海繼之爲八祖。密宗在西藏最爲盛行，日本亦頗流行。密宗以持咒結印爲修行要法。佛有法、報、應三身。法身爲體，報身爲相，應身爲用。法身無形相，無說法。密宗以法身佛爲宗，故自謂密秘。

第二節　道教思想的流行

一、道教流行的略述——在南北朝之世，後魏最崇信道教，隋承鮮卑之緒，道教亦不衰。唐高祖代隋而有天下，因道教係依老子李耳立言。而老子與李淵同姓，故以道教為國教，追尊老子為太上玄元皇帝，其後屢加尊號。至玄宗時，崇信道教益篤，道士、女冠（女道士）的法定地位，均在僧尼以上；依田同秀之言，在東西二都皆建立廟宇以祀老子。道廟建築初成，命工人於太白山砥石為太上玄元皇帝作聖像。玄宗亦用白石造帝像，立於老子之像右，衣以王者冠冕及帝服。玄宗曾使道士、女冠隸屬於宗正寺，無異視道士、女冠為皇室家族。玄宗天寶二年加封老子為大聖祖玄元皇帝，八年加封為大聖祖大道玄元皇帝，十三年加封為大聖高上大道金闕玄元皇帝。宗正寺內置崇玄署，掌道士、女冠諸事。當時全國道觀有一千六百八十餘所，公主妃嬪多入道院為女冠，受「金仙」、「玉眞」等封號，楊貴妃玉環曾為女冠。睿宗的二位公主亦為女冠。這是唐代道教最盛之時。

唐武宗崇道抑佛。佛教法難，有三武之厄，唐武宗便是其中之一。武宗並請趙歸眞等人入宮禮懺，為一世所推崇。右拾遺王哲且請度進士、明經為道士。同時劉玄靖受廣成子之號，鄴玄表受通玄之名。名臣賀知章請為道士還鄉，並捐捨會稽自宅為千秋觀。李林甫為獻媚君上，信奉道教，且大力宣揚。唐代科舉考試，並考試《老子》一書。肅宗、代宗以後，國事敗壞，戰亂不息，皇帝對宗教不暇予以特別提倡，道教與佛教並行，任其自然發展，所以道佛普行於民間，而二者常有起伏與衝突。

唐代君主或崇道、或信佛，而朝臣亦多隨君主的好惡而依附之，所以唐代道教與佛教便因之而有起伏與盛衰。朝臣因迷信宗教而影響到政事敗壞，例如李林甫等信道教，王縉等信佛教，傾心教務而廢及政事。唐初，高祖、太宗均崇信老子李耳之教，道教因而大爲盛行。武則天出身佛教家庭，因而崇信佛教，佛氏因而得志。玄宗崇信道教，設崇玄署掌道士、女冠事，道教又得以振起而大行。憲宗一代英主，因迷信道教方士之言，服食丹藥，企求長壽，反因而殞命。武宗會昌五年（西元八四五年）聽信趙歸眞、劉玄靖道士之言，下詔排佛，毀寺院四千六百，蘭若四萬，僧尼被迫還俗者凡二十六萬多人。宣宗即位大中元年（西元八四七年）誅道士趙歸眞等十二人，以其進言武宗排佛。憲宗信道又信佛，遣使至鳳翔迎佛骨供入大內，韓愈上表極諫，憲宗怒，貶愈爲潮州刺史。唐代君主因信道教服食丹藥致死者有太宗、憲宗、穆宗、敬宗、武宗、宣宗六君。唐代是道教、佛教相互競爭的形勢，可視之爲南北朝宗教風氣的遺緒。

二、道家思想的擧例——隋唐時代道教固然盛行，而信持老莊道家思想者，亦頗不乏人。玆擧述元結及无能子二人的事略及道家思想，以見一斑。

1.元結——元結字次山，常山人，生於唐玄宗開元中，卒於代宗大曆之初，歷世五十歲。結少年聰敏，放浪不羈；十七歲乃折節向學，師事元德秀。天下兵亂，逃難入猗玗洞，自號猗玗子，後家居瀼濱，又自稱浪士，著有《元子》十卷。玄宗天寶十二年（西元七五三年）元結擧進士，值天下戰亂，史思明攻河陽，肅宗問天下士，結乃上時議三篇，一曰天子能以危爲安而忍以未安忘危耶!?二曰請朝廷昭公直與明信於天下。三曰擧賢士，斥小人，然後推仁信威令，謹行不惑。肅宗大悅擢結爲右金吾兵曹參軍，以結募義士討賊有功，遷監察御史裏行。代宗即位，結固辭乞侍親歸樊上，授著作郎，益自著書。結卒，贈禮部侍郎（參見《新唐書》卷一百四十三，元結傳）。

時局不靖，干戈不息，世風敗壞，道德淪喪。元結憤慨而嘆嗟曰：「時之化也，道德爲嗜欲化爲險薄，仁義爲貪暴化爲凶亂，禮樂爲耽淫化爲侈靡，政教爲煩急化爲苛酷。」（《全唐文》元結，時化）元結最惡政教煩急流於苛酷，因其違悖道家我無爲而民自化的政治思想。他又說：「時之化也，大臣爲權威所恣，忠信化爲奸謀。庶官爲禁忌所拘，公正化爲邪佞。公族爲猜忌所限，賢哲化爲庸愚。人民爲征賦所傷，州里化爲禍邸。姦凶爲恩澤所迫，厮皁化爲將相。」（《全唐文》元結，時化）大臣貪權恣肆，庶官爲政令所拘，去正行邪。公族猜忌，聰明人作愚蠢事。州里禍人，征賦傷民，皁吏可爲將相。政風敗壞道德淪喪，人民困苦、重稅壓迫。政令繁亂，民受苛擾，社會紊亂。救之之道，端在清心寡欲，返樸歸眞。自然的性情，化爲狡詐；敦樸的風俗，化爲澆薄；養民政教，流於苛擾；遂使天下大亂，人民困窮，骨肉流離，饑寒交迫，千萬黎庶，皆陷於水深火熱之中。元結曰：「世之化也，四海之內，巷戰門鬥，斷骨腐肉，萬里相藉，天下非斧鑕也耶!?人民暗夜盜起，求食晝遊，則傷亡相及，日月非豺虎也耶!?人民相與寄身命於絕崖深谷之底，始能聲呼動息，山澤非州里也耶!?人民奔走，非深林薈叢不能藏蔽，草木非宗族也耶!?人民去鄉國，入山海，千里一息，力盡暫休，風雨非邸舍也耶!?人民相持於死傷之中，裸露而行，霜雪非衣裘也耶!?人民勞苦相寃，瘡痍相痛，老弱孤獨相苦，死亡不相救，呻吟非常聲也哉!?人民多飢餓溝瀆，痛傷道路，糞汚非粱肉也耶!?人民奔亡潛伏，戈矛相拂，前傷後死，免而存者，一息非千歲也耶!?僵主腐卿，相枕路隅，鳥獸讓其骨肉，烏犬非君子也耶!?」（《全唐文》元結，世化）

天下混亂，干戈不息，人民流離失所，飢寒交迫，死亡枕藉，人民憔瘁於虐政者久矣。夫誰致於此極也？元結以爲，處頹弊之世，人君治國若得其正道則「頹弊以昌」；人君治國若不得其正道，則「頹弊以亡。」他說：「上古之君用眞而恥聖，故大道清粹，滋於至德，至德蘊淪而人自純。其次用聖而恥明，修教設化，教化和順而民從信。其次用明恥殺，故沿化興法，因教置令，法令簡要而人順教。此頹弊以昌之道。迨乎衰世之君，先嚴而後殺，乃引法樹刑，援令立罰。刑罰積重，甚下畏恐。繼者先殺而後淫，乃深刑長暴，酷罰恣虐。暴虐日肆，其下須臾。繼者先淫而後亂，乃乘暴至亡，因虐及滅，亡滅兆億，其下憤凶。此頹弊以亡之道也。」（《全唐文》元結，元謨）元結的政治理想乃是用眞恥聖，大道清粹，滋於至德。這是道家的政治思想。

同爲「頹弊」，何以有人「頹弊以昌」，有人「頹弊以亡」，其理由安在？元結進而說明其理由曰：「頹弊以昌之道，其由上古。强毀純樸，强生道德，使興云云，使亡惛惛。始開禮樂，始鼓仁義，乃有善惡，乃生眞僞。然後仁義之風發而逾扇，嚴急之教起而逾變，須智謀以引喩，須信讓以敦護。是故必垂清淨，必保公正。頹弊以亡之故，其由中古。轉生澆眩，轉起邪詐。變其娭娭，驅令嗤嗤，則聞溺惑，則見凶侈，遂長淫靡。然後忿爭之源，流而日廣。慘毒之根，植而彌長。用苛酷以威服，用諂諛以順欲。是故皆恣昏虐，必生亂惡。」（《全唐文》元結，演謨）元結認爲「頹弊以昌」之道，在於存純樸，垂清淨，保公正；去道德，廢仁義，摒智謀，殆是老莊的政治思想。

元結所持之爲治之道，在於清靜無爲，即老子所謂「我無爲而民自化，我好靜而民自正，我無事而民自富，我無欲而民自樸。」（《老子》第五十七章）元結曰：「夫王者其道德在清純元粹，惠和溶油，不可恩會漫㦪，衰傷元休。其風教在仁慈諭勸，禮信道達，不可沿以澆浮，溺之淫末。……其賦役在簡薄均當，使各勝供，不可橫酷繁聚，損人傷農。其刑法在大小必當，理察平審，不可煩苛暴急，殺戮過甚。其兵甲在防制戎夷，鎮服暴變，不可怙恃威武，窮黷戰爭。……其任用在校掄材能，察視邪正，不可授付非人，甘順姦佞。……其思慮在愼於安危，誡其溢滿，不可沉溺近習，肆任談誕。如此，順之爲聖明，逆之爲虐凶，可以觀乎興廢，可以見乎善惡。」（《全唐文》元結，系謨）

2.无能子——《新唐書》卷五十九，藝文志，道家類載《无能子》三卷，注曰：「不著人名氏，光啓中，隱民間。」由此則知无能子是唐僖宗光啓年間人，隱居民間，未入仕途，著書立說，以明其道。僖宗居唐代末世，國事敗壞，政情惡劣，更甚於往昔。黃巢造反，殺人如麻。黃巢亂後，又有秦宗權大屠殺，加以連年饑饉，食物昂貴，民不聊生，餓骸遍野。長安米貴斗三十千，朝士或賣餠爲業。」（《舊唐書》黃巢傳）洛陽居民不滿百戶，田野俱無耕者。」（《資治通鑑》唐僖宗光啓三年）唐祚已瀕滅亡邊緣，繼之者爲五代十國之亂。无能子生長在這一時代，認爲天下的亂源由於政府的煩擾及官吏的壓迫，於是主張人類平等，不分君臣貴賤，而信持無政府主義的道家思想。

无能子認爲人類並非萬物之靈，不過是裸蟲之一，與禽獸同居，任其自然，遂其天眞，自由自在，無拘無束，旣甚自由，亦無不平等。他說：「所以太古之時，裸蟲與鱗毛羽甲雜處，雌雄牝牡自然相合，無男女夫婦之別，父子兄弟之序。夏巢冬穴，無宮室之制。茹毛飲血，無百穀之食。生自馳，死自仆，無奪害之心，無瘞藏之事。任其自然，遂其天眞，無所司牧，濛濛淳淳，其理也，居且久矣。」（《无能子》卷上，第一，聖過）无能子以爲在原始社會的「自然狀態」(state of nature) 中，人類的生活是美好而快樂的。這和英國洛克（John Locke）、法國盧梭（J.J. Rousseau）的思想，正是不謀而合。

其後，裸蟲中有名「人」者，運智慮，結罔罟，爲耒耜，製弓矢，以漁、以佃、以獵，而限鱗毛羽甲諸蟲。人中智哲者更建宮室，設婚姻，於是有斧斤之功，夫婦之別，兄弟之序，自然的自由以失，原始的天眞被戕，有强有弱，不平等的罪惡以生。无能子曰：「無何，裸蟲中繁其智慮者，其名曰人，以法限鱗毛羽甲諸蟲。又相教播種以食百穀，於是有耒耜之用；構木合土，以建宮室，於是有斤斧之功。設婚姻以析男女牝牡，於是有夫婦之別，兄弟之序。爲棺槨衣衾以瘞藏其死，於是喪葬之儀。結罘網羅，以取鱗毛羽甲諸蟲，於是有刀俎之味。澆淳以之散，情意以之作，然猶自强自弱，無所制焉。」（《无能子》卷上，第一，聖過）

人群之中，復有强弱之別，智愚之分。强智者以力制人，以智欺人，設政府，立法制以御衆，於是有君臣之分，貴賤之別，尊卑之殊，等級分明，貧富懸殊。人以制人的不平等、不自由、不自然的惡劣社會得以形成。无能子曰：「繁其智慮者，又於其中擇一以統衆，名一爲君，名衆爲臣。一可役衆，衆不得凌一。於是有君臣之分，尊卑之節。尊者隆，衆皆同。降及後世，又設爵祿以升降其衆，於是有貴賤之等，用其物；貧賤之差，得其欲。乃謂繁智慮者爲聖人。」（《无能子》卷上，聖過）

但人皆喜富厭貧，慕貴惡賤，於是爭端以起。於是所謂聖人或君長者，乃設立仁義忠信之敎，禮樂之章，以愚衆人之心，以拘衆人之行，以弭爭端而固其位。无能子曰：「旣而賤慕貴，貧慕富，而人之爭心生焉。謂之聖人者憂之，相與謀曰，彼始濛濛淳淳，孰謂之人，吾强名之曰人，人蟲乃分。彼始無卑無尊，孰謂之君臣，吾强分之，乃君乃臣。彼始無取無欲，何謂爵祿，吾强品之，乃榮乃辱。今則醨眞淳，厚嗜欲，而包爭心矣。爭則奪，奪則亂，將如之何。智慮愈繁者曰，吾有術焉。於是立仁義忠信之教，禮樂之章以拘之，君苦其臣曰苛，臣侵其君其叛；父不愛子曰不慈，子不尊父曰不孝。兄弟不相順曰不友不悌；夫婦不相一曰不貞不和。爲之者爲非，不爲之者爲是。是則榮，非則辱。於是樂是恥非之心生焉，則爭抑焉。」（《无能子》卷上，第一，聖過）

聖人設仁義忠信之教及禮樂之拘，並不能維持長久的和平與安寧。那些慕貴慕富者仍然起而爭名奪利，引起爭鬥與叛亂。於是用五刑以鎮殺，用兵戎以戮誅。无能子曰：「降及後代，嗜欲愈熾。於是背仁義忠信，踰禮樂而爭之。謂之聖人者悔之不得已，乃設刑法與兵以制之，小則刑之，大則兵之。於縲紲桎梏鞭笞流竄之罪充於國，戈鋋弓矢之伐充於天下。覆家亡國之禍，綿綿不絕。生民困窮夭折之苦，漫漫不止。」（《无能子》卷上，聖過）

聖人設制度，布法令，別尊卑，分榮辱，殊貴賤，區貧富，取物用，本欲以治國而安民；但反而因此引致慕富慕貴者起而爭名奪利的爭亂。爲要平此爭亂，於是肆用刑與兵，恣行殺戮，卒蒙覆家亡國之禍；所謂法令滋彰，盜賊滋多；聖人不死，大盜不止。故无能子認爲此乃聖人之過。如何致至治之道，端在清心寡欲，返樸歸眞，摒棄賢名與貨利。即莊子所謂「在宥天下」。老子曰：「不尚賢，使民不爭；不貴難得之貨，使民不爲盜。」（《老子》第三章）无能子亦認爲致至治之道在於去名與利。他說：「物足則富貴，富貴則帝王公侯，故曰富貴者足物爾。夫物者人之所能爲者也。自爲之，反爲不爲者感之，乃以足物者爲富貴，無物者爲貧賤。於是樂富貴，恥貧賤，不得其樂者無所不至，自古及今，醒而不悟，壯哉物之力也。夫所謂美名者，豈不以居家孝，事上忠，朋友信，臨財廉，充乎才，足乎藝之類耶。此皆所謂聖人者尙之，以拘愚人也。夫何以被之美名者，人之形質爾。无形質，廓乎太空，故非毀譽所能加也。形質者，囊乎血，輿乎滓者也。朝合而暮壞，何有於美名哉。今人莫不失自然正性而趨之，以至於詐僞奮激者，何也？所謂聖人者誤之也。」（《无能子》卷上，第五，質妄）

无能子認爲帝王者何足貴，公侯者何足榮。他說：「夫所謂貴且尊者，不過於一二分中，徇喜怒，專生殺而已；不過於一二分中，擇土木以廣宮室；集繒帛珍貴以繁車服；殺牛羊，種百穀以美飲食；列姝麗，敲金石，以悅視聽而已。嗜欲未厭，老至而死，豐肌委於螻蟻，腐骨淪於土壤，匹夫匹婦一也，天子之貴何有哉!?自古帝王與公侯卿大夫之說，皆聖人强名之以等差貴賤，而誘愚人耳。夫强名者衆人皆能爲之，我苟悅此，當自强名曰公侯卿大夫可矣，何須子之强名哉!?」（《无能子》卷中，第九，嚴陵說）

无能子崇尚自然，反對法術與人爲。他說：「天地自天地，萬物自萬物，春以和自生，冬以寒自殺，非天地使之然也。」（《无能子》卷中，第六，范蠡說）又曰：「美不能醜之，醜不能美之。長不能短，短不能長。强壯不能尩弱之，尩弱不能强壯之。」（《无能子》卷中，第七，宋玉說）又曰：「鳥飛於空，魚游於淵，非術也，自然而然也。」（《无能子》卷上，第七，修眞）

无能子主張無爲而治，無爲則能不滯，有爲則嗜欲而亂人性。他說「西伯曰，天地無爲也。日月星辰運於晝夜，雨露雪霜隕於秋冬，江河流而不息，草木生而不止，故無爲則能無滯，若滯於有爲，則不能無爲矣。」（《无能子》卷中，第一，文王說）又曰：「夫天下自然之時，君臣無分乎其間。爲之君臣以別尊卑，謂之聖人者，以智欺愚也。以智欺愚妄也。……夫無爲則淳正而當天理，父子君臣何有哉。有爲則嗜欲而亂人性，孝不孝，忠不忠，何異哉。」（《无能子》卷中，第二，陽子說）

卷二　五代時代

第六十章　五代的政治亂局

第一節　朝代的更替

一、**後梁**——朱全忠本名溫，碭山人，唐僖宗時從黃巢爲盜寇，後降唐，賜名全忠，因攻滅黃巢及秦宗權有功，封東平郡王；又以兵拒李克用，使爲宣武節度使，舉兵討宦官，改封梁王。朱溫出身盜賊，又多非行，竟野心勃勃，不守臣節，於唐昭宣帝天祐四年（西元九〇七年）廢唐帝而自立，國號梁，都大梁（河南開封），改元開平元年。朱溫建梁稱太祖，在位之六年，罹疾，以屢敗於晉，鬱鬱多躁，又無內行，嘗淫諸子婦。假子友文，婦王氏，色尤美，常欲立友文爲太子。溫子友珪聞知，夜率兵斬關而入，誅友文。友珪於梁太祖乾化二年（西元九一一年）弒父而自立，遽而荒淫，內外憤怨。友貞用駙馬都尉趙巖謀，與禁軍聯合，友貞殺友珪自卽帝位，是謂末帝。末帝在位，疏忌宗室，專用趙巖輩，趙乃得專政恣肆。外與晉敵，復屢遭敗北。在位十一年，遂爲李存勗所滅。

二、**後唐**——李克用先人本姓朱邪，世爲沙陀部酋長，其祖父執宜降唐，其父赤心以功授大同節度使，始賜姓李，及克用繼父位，會黃巢作亂，陷京師，克用率沙陀兵大破之，收復長安封晉王，忠於唐室。克用與朱溫有隙，戰而不勝，引以爲憾。克用子李存勗襲父爵，以復唐爲心，與朱梁數戰，滅梁而有其地，入大梁，卽帝位，國號唐，改元同光元年（西元九二三年）。初入汴，諸鎭景附，振主威，討不服，用兵於蜀，降其主王衍；然內畏劉皇后，外惑宦官伶人，志氣驕滿，沉湎聲色；伶人郭從謙反，存勗親征，中流矢喪命，在位四年，廟號莊宗。

李嗣源平郭從謙之亂，卽帝位是爲明宗。嗣源本夷狄人，克用養子，卽位後以租庸使孔謙苛斂，殺之，並除去謙所立一切苛法。每夕於宮中焚香祝天，願早生聖人，爲生民主，在位八年，年穀屢豐，兵革罕用，百姓賴以休息，世稱五代明君。明宗病卒，子從厚嗣位，是謂閔帝，改元淸泰元年（西元九三四年），在位僅四月，被嗣源養子潞王從珂弒閔帝而自立，是謂廢帝，在位二年。

三、後晉——石敬瑭本西夷人，唐末從李克用征戰有功，拜河東節度使，入後唐後，妻永寧公主，而爲明宗駙馬。敬瑭與李從珂同爲節度使，及從珂爲帝疑敬瑭，敬瑭表以從珂爲明宗養子，不應承祀。從珂怒削奪敬瑭官爵，並遣兵討之。石敬瑭乃借契丹兵以禦之，令桑維翰草表稱臣於契丹，且請以父禮事之，約事捷之日割盧龍一道及雁門關以北諸州相與，契丹主大悅，允出兵相助。石敬瑭以北京留守擧兵，合契丹兵衆攻唐廢帝李從珂。契丹兵大敗唐兵，入大梁，立石敬瑭爲帝，世稱兒皇帝，國號晉，改元天福元年（西元九三六年），是謂晉高祖，在位七年崩，其兄之子重貴嗣位，是謂出帝，在位五年。出帝開運三年（西元九四六年）契丹兵入大梁，執出帝而去。

四、後漢——劉知遠本沙陀人，世居太原，初從石敬瑭起兵，以佐命功臣，拜中書令，封北平王，加太尉。晉出帝被契丹執去，中原無主，知遠乃卽帝位於晉陽，國號漢，旋下洛陽，尋入大梁，改元天福元年（西元九四七年），在位一年，廟號太祖。知遠病，召蘇逢吉、楊邠、郭威、史弘肇入受顧命，以皇子承祐幼弱，示以託孤之意。知遠卒，子承祐卽位，是謂隱帝，改元乾祐元年（西元九四八年），楊邠擅機政，郭威主征伐，史弘肇宿衞，王章掌財政，國以粗安，郭威功最大。次年李守貞反，郭威平之。隱帝親近左右嬖佞，不願受制於大臣，俟楊邠、史弘肇、王章入朝使殿中甲士，出而殺之；並欲殺郭威。郭威聞之垂淚，遂由鄴舉兵反。承祐使漢將慕容彥超，率兵與威戰，不勝。承祐聞郭威將至，遂出奔，途中爲亂兵所殺，在位三年。

五、後周——郭威舉兵殺隱帝自立而代漢，國號周，改元廣順元年（西元九五一年），在位三年，廟號太祖。威在位銳意圖治，罷貢獻，禁越訟，除牛租，誅贓吏，立訴訟法，印刷九經。慕容彥超初仕漢，後降周，仍爲泰寧軍節度。漢故將翟延美舉兵徐州，威遣軍平之。彥超內心疑懼不安，威在位之二年，彥超起事，威自將討伐，克之，彥超自殺。威疾，詔以養子晉王榮聽政。威病卒，榮嗣位，是謂世宗，改元顯德元年（西元九五四年）。世宗本姓柴，善武略，除敗漢軍外，親征南唐，使李璟去帝號，奉周正朔；伐蜀，取秦、階、成三州；自將伐遼，取瀛、易、莫三州及瓦橋以南之地。趙匡胤皆與其役，有戰功，擢爲殿前都虞候，後又爲殿前都檢點。柴榮不祇善武略，文治亦甚著績效，均田租、定刑統、考雅樂、設科目等均稱善政，不愧爲五代明君。顯德六年柴榮病沒，皇子宗訓繼位，是謂恭帝。恭帝卽位元年（西元九六〇年），遼兵入寇，遣趙匡胤率兵禦寇。時主幼國疑，匡胤弟匡義、歸德節度使趙普及其同黨石守信、王審琦等密議推匡胤爲君，軍行至陳橋，黎明將士以黃袍加匡胤身，群呼「諸將無主，願册太尉爲皇帝」，都中亦讙言「立檢點爲天子」。匡胤遂還都卽帝位，國號宋，改元建隆元年（西元九六〇年），奉宗訓爲鄭王，周遂亡。

第二節　混亂的情況

五代爲時僅五四年，而朝代五易，國君或被簒弑，或遭虜刼，兄弟鬩牆，手足相殘；兵連禍結，殺戮不止；民生困窮，饑寒交迫；外患不絕，先有契丹，後有遼人，時局混亂，達於極點。玆將其混亂情況，扼要擧列於次：

一、軍人的跋扈——軍人跋扈，唐代末葉，已成風氣，及至五代，跋扈恣肆，更爲劇烈。軍人割據地盤，擁兵自雄，橫徵暴歛，爲所欲爲，尾大不掉，不但中央政令不能管轄，而且帝王皆由軍人推戴。帝王有如傀儡，被軍人玩弄於股掌之上。例如後唐明宗李嗣源、廢帝從珂、周太祖郭威及宋太祖趙匡胤，便皆是由軍人推戴而踐帝位。唐世軍人恣肆，不過擁立藩鎭；軍人殺節度使自爲留後，中央便以留後爲節度使。而五代時期的軍人，竟能直接自行擁立帝王。帝王由軍人所立，自然被軍人所挾持。於是軍人恃功，橫徵暴歛，恣意剽掠，人民痛苦，陷於水深火熱之中，時局黑暗，政治敗壞，蓋軍人跋扈，禍國殃民所使然。

二、土宇的分裂——唐朝亡後，自朱溫建後梁至趙匡胤統一（自西元九〇七至九六〇年）史稱爲五代十國之世。中原地帶先由朱溫滅唐在大梁建後梁，其後以開封爲中心，李存勗建後唐，石敬塘建後晉，劉知遠建後漢，郭威建後周，是謂五代。而中原土地又復被夷狄侵佔甚多，國都開封先後被契丹及遼人所攻佔。其他地域則有大小十個獨立政權的存在。十國者：吳、南唐、前蜀、後蜀、南漢、楚、南平、吳越、閩及北漢。茲作簡介如次：

1.吳國——楊行密爲唐淮南節度使，昭宗時討朱溫有功，賜爵吳王。行密沒，子渥代爲淮南節度使，唐封爲弘農郡王。楊渥欲復唐，無應者。渥死，行密第三子隆演，修政息民，淮南以治，改稱吳王，建宗廟社稷，置百官，用天子禮。隆演沒，弟溥立，徙都金陵於後唐明宗天成二年（西元九二七年）稱帝國號吳。凡四主，歷五十年而亡。

2.南唐國——李昪爲吳潤州刺史，後入江都輔吳政，督內外軍事，攬大權，及篡吳，自稱係唐憲宗之後，因改國號曰唐，不受尊號，禮賢下士，謹心安輯人民，頗爲吳人所喜。昪歿，子璟繼位，時在後晉出帝二年，即天福八年（西元九四三年）。璟喜人順己，諛臣日進，政事日亂。後周世宗柴榮，親征南唐，敗之，盡失江北之地，去帝號，奉後周正朔，留其子煜於金陵，遷都洪州。煜即工詩詞的李後主，性驕侈，好聲色，不恤政事。宋太祖遣使召之，不至，遂爲宋所擒，封違命侯。南唐凡三主，歷三十九年而亡。

3.前蜀國——前蜀爲王建所建立。王建於唐僖宗光啓二年（西元八八六年）攻取閬州（四川閬中縣）自稱防禦使，唐師攻成都不克，詔以建爲永平節度使，旋破成都。唐昭宗天復二年（西元九〇二年）李茂貞作亂，刼遷車駕，王建出師勤王，明年建進爵爲蜀王。朱溫篡唐，建乃稱帝，國號蜀。建歿，子衍繼位。衍不親政事，斥遠故老，親昵小人，國勢日弱。後唐莊宗李存勗同光三年（西元九二五年）遣師伐之，衍出降，前蜀遂亡，凡二主，歷三十五年。

4.後蜀國——後蜀爲孟知祥所建立。知祥初事李克用、李存勗爲太原尹，後爲西川節度使，至後唐明宗時，知祥起事，攻略全蜀諸州，唐師攻之不克。閔帝從厚卽位（西元九三四年），知祥稱帝號，國號蜀，都成都。知祥歿，子昶立。後周遣師攻蜀，取秦、成、階、鳳諸州，昶仍不服周室。昶不振作，君臣競相奢侈。宋太祖旣下荆南，乃遣王全斌取蜀，昶遂降宋，後蜀以亡，凡二主，歷四十一年。

5.南漢國——劉隱建南漢國。隱父謙與隱皆商賈南海，富資財，黃巢掠廣州，謙爲牙將，授廣州刺史，謙歿子隱繼。唐昭宣帝天祐二年（西元九〇五年）授隱廣州節度使。又四年後梁太祖朱全忠開平三年（西元九〇九年）封隱爲南平王。隱歿弟龑繼立，其名取「飛龍在天」，遂稱帝號，國號大越，後改名漢，都廣州。後晉高祖石敬塘天福七年（西元九四二年）龑歿，子玢立，不能任事，惟知淫樂。其弟晟，乘其不德而失衆，殺玢而自立。後周世宗柴榮顯德四年（西元九五七年）晟歿，子鋹立。鋹淫樂不親政事。宋興遣使諭之稱臣，而鋹不從，乃派兵討伐，鋹出降。南漢凡五主，歷六十七年而亡。

6.楚國——馬殷建立楚國。殷原爲叛將秦宗權部屬，後與劉建鋒擾掠各地，南走洪州，建鋒爲首，有衆十餘萬，掠取潭州，自稱武安留後。建鋒死，衆推殷爲主，攻取邵州。唐昭宗光化元年（西元八九八年）詔以殷爲武安留後，悉定湖南諸地。朱全忠代唐，封殷爲楚王，改潭州爲長沙府，以爲楚都。梁亡，事唐惟謹，境內鑄鐵錢，令民造茶，地大民服。後唐明宗長興元年（西元九三〇年）殷死，子希聲嗣位。越三年，希聲歿，弟希範立，土宇日拓，南通桂林，西接牂牁，西南諸夷皆附。後漢高祖劉知遠乾祐元年（西元九四八年）希範卒，弟希廣立。弟希萼自武陵奔喪希廣拒之。希萼怒，借南唐之兵，破潭州，殺希廣自立爲楚王，悉以軍政委弟希崇。希崇作亂，幽希萼於衡山。國內東境爲南唐兵侵佔，且攻破長沙，希崇降。南唐王李璟封希蕚爲楚王，希崇爲舒州節度使。宋興希崇兄弟十七人至京師投宋。楚國凡五主，歷五十七年而亡。

7.南平國——高季興建南平國。季興爲朱溫將，累官至防禦使，溫取荆南，以季興爲留後。李存勗建後唐，封季興爲南平王。後與唐有隙，曾稱臣於吳。後唐明宗天成三年（西元九二八年）季興歿，子從誨立，向後唐進銀三千兩贖罪，復受封爲南平王。至後漢隱帝乾祐二年（西元九四九年）從誨卒，子保融立，助後周征淮南有功，惟性迂緩無能，委政於弟保勗。宋興，一歲三入貢，是年歿，弟保勗立。又二年保勗歿，子繼冲立。宋遣將南伐，下江陵，南平之地悉爲宋有。南平國凡五主，歷五十九年而亡。

8.吳越國——吳越國係錢鏐所建立。唐代黃巢之亂，始立軍功，爲都治兵馬使。其後以平常州、潤州、蘇州功，進爲鎭海節度使。鏐討平董昌之叛，浙境地多爲所有。唐昭宗天復二年（西元九〇二年）封越王，又二年封吳王。朱溫代唐，封鏐爲吳越王。及後唐代梁，賜鏐玉册金印。鏐以其子元瓘，爲鎭海等軍節度，自稱吳越王，以杭州爲都。遣使册新羅、渤海以王海中諸酋長，聲勢頗盛。後唐明宗長興三年（西元九三三年）鏐卒，子元瓘立，善撫將士，又樂用賢。後晉高祖天福六年（西元九四一年）元瓘因病狂而死，子佐立，南唐兵侵吳越，佐雖年少而勇敢，能敗南唐兵。後漢高祖乾祐元年（西元九四八年）佐卒，弟倧立，爲其將胡進思所廢，弟俶立。歷漢、周二朝，襲封吳越王如故。宋興，俶嘗朝宋，厚禮遣返國，俶既喜且感，遂擧族歸宋。吳越國凡五主，歷八十四年而亡。

9.閩國——王潮建立閩國。唐僖宗時，壽州屠夫王緒作亂，攻陷固始，以潮爲軍校。未幾，緒渡江掠閩，軍亂，殺緒，推潮爲主，後入福州，取汀、連二州，潮遂有全閩之地，詔授潮爲威武節度使。唐昭宗乾寧四年（西元八九七年）潮卒，弟審知繼位有善政。後梁代唐，封閩王，以福州爲都。後唐莊宗同光三年（西元九二五年）審知卒，子延翰立。當年存勗被害，中原多故，延翰建國稱尊號，自號閩國王。其弟璘害延翰自立，稱帝。後晉高祖天福元年（西元九三六年）延翰爲其子昶所害。昶迷信左道，行多可議，嘗以神言，殺審知諸子。後晉高祖天福四年（西元九三九年）審知子曦殺昶自立，仍無道。其弟延政治建州，與曦不睦，互相攻，互有勝負。曦自稱大閩皇帝。延政在建州亦稱帝，國號殷。後晉出帝開運元年（西元九四四年）閩國啓內鬨，曦遇害，推朱文進爲主。南唐乘閩亂伐之，延政降南唐，文進降吳越。閩國凡六主，歷六十一年而亡。

10.北漢國——劉旻建北漢國。旻乃後漢高祖劉知遠同母弟，事知遠爲河東節度使，鎭太原，與郭威不睦，威殺其子，旻乃自立，稱帝於晉陽，國號亦曰漢，未改元。及子承鈞嗣位始改元立廟，全爲帝制，然地狹產薄，又須貢契丹，國用日艱。後周世宗顯德四年（西元九五七年）承鈞卒，養子繼恩立。繼恩初立，爲供奉官所害，弟繼元代立。繼元與繼恩同母，但係何姓子，盡殺劉氏子孫。宋太祖屢遣兵伐之而不克，至太宗匡義時始降宋。北漢國凡四主，歷二十八年而亡。

中原一帶，五代更迭，政權爭奪，戰亂不息。中原以外地域，則先後分爲十國，軍閥割據，擁兵自立，建國獨立，稱王稱帝，僭越不戢，逞凶肆强，惟力是視。國與國之間，相互征伐，一國之內，亦內亂迭起。十國之地，多在偏隅。負隅則虎視鴟張，恣肆攻取。多國並立，則蟬聯蠶食，爭戰不已。五代十國之世，軍閥混亂，肆行殺戮，死亡枕藉，百姓流離，天昏地暗，烏烟瘴氣，爲中國政治史上，半世紀的黑暗時期。

三、仕進的紛雜——秦始皇滅六國，建一統，廢封建，行郡縣，世卿制祿的官位世襲制遭受破壞，政府用人乃另建新制。漢行鄉擧里選制，察擧孝廉、賢良、方正、茂才卓異，得人甚盛。魏晉行九品中正制，雖有「上品無寒門，下品無世族」的流弊，然政府用人，究遵行一定的途徑與規制，仍屬可取。隋唐行分科取士的科擧制度，士可懷牒自進，仕途不再被門閥所壟斷，仕進之門大開，有志之士皆可憑才能以進身。降及五代十國時代，天下大亂，連年戰亂不止，科擧制度遂遭破壞，仕進無正途，雜流得紛進，官吏不得其人，政風敗壞，國事日非。

仕進旣無一定的制度與途徑，任官便不講資格經驗，不憑學識才能，不論品德操行；於是肖小之徒，姦佞之輩遂得夤緣攀附，苟且鑽營而得居高位。如萇從簡以屠戶而位居顯要，張筠以販夫走卒，而任高官。王峻以善歌唱而爲貴要，朱守殷以廝養之輩而得顯名。董璋乃富人家僮，以分伐蜀之功，而任大官。馮玉則初不知書，而膺知制誥之職。另如伶人宦官以諂媚而乘時竊柄者，亦不可勝數。用人無法，雜流可仕進，官吏莠多良少，小人道長，君子道消，品能低落，效率降低，政風國政安得不日趨敗壞，卒引致衰亂與滅亡。

四、操節的墮落——禮義廉恥，國之四維，四維不張，國乃滅亡。五代之世，政權爭奪，惟力是視，臣弒其君，子弒其父，兄弟鬩墻，手足相殘，人倫敗壞，禮教蕩然，君無君格，臣乏臣節。喪亂之世，人皆自私，惟利是圖，爭權奪利，成爲社會流行的普遍風氣，所謂小人喩以利，徇利而忘義，國以利爲利，人惟財是求。所謂君子喩於義的君子，遂不可見。守正不阿，嚴守法度，不取不義之財，不作踰越禮法之事，守身如玉，一芥不取，一塵不染，此所謂廉正之士。五代之世，禮敎旣失，法紀蕩然，權位可以力爭，錢則可以妄取，分際不明，正邪不分，所謂廉正者，已成爲無意義的名詞。追求正義爲爲人處世的正當準則。凡百行事，皆當訴諸理性，合乎良知。凡行事違悖此準則者，便內心羞愧不已，深自悔悟而力謀改正，此謂之知恥。人若虧理悖義，不知羞愧，不求改正，是謂之無恥。無恥之恥大矣。五代之世，禮義廉恥之德，喪失殆盡，四維不張，故各國國祚，皆甚短促，卽歸覆亡。

五代之世旣是寡廉鮮恥，無禮無義的時代，所以君主不守德，朱溫衣冠禽獸而姦淫諸子之婦及臣下妻妾。爲臣者只知貪求利祿，苟保官位，朝秦暮楚、「人盡可夫」、「有奶便是娘」，至於所謂忠貞志節，品德操行，均非彼等之所思。這種寡廉鮮恥的典型人物，當推馮道。道初事劉守光，去仕後唐莊宗李存勗，至後周世宗柴榮時始卒，歷唐、晉、漢、周四朝並契丹，常不離將相公師之位，不知自愧，反自號長樂老，著書數百言，叙述歷事四朝及契丹所得勛階官爵以爲榮，誠失節無恥之尤者。然無恥之習不自馮道一人始。唐末的張文蔚、楊涉、張策、薛貽矩、蘇循號爲六臣，皆背唐媚梁以爲榮，視之白馬死難諸忠臣義士得無羞愧。先風旣開，餘風益熾。故張全義之徒，至以妻妾子女爲朱溫淫亂，而不以爲辱；迨後唐李存勗滅朱梁，張又賄賂劉后伶人宦官等以求保全祿位。寡廉鮮恥，不忠不德之徒，豈止馮道、張全義二人!?五代之世，世風敗壞，道德淪喪，操節墮落，未有甚於此時者也。

第六十一章　羅隱的政治思想

第一節　生平事略

一、事略——羅隱字昭諫，本名橫，餘杭人，一說爲新城人，生於唐文宗太和七年（西元八三三年），卒於後梁太祖開平三年（西元九〇九年），歷世七七歲。據《舊五代史》卷二十四本傳，擇要叙其生平事略。隱善爲詩，詩名布於世，尤善詠史，然恃才傲物，詩文多譏諷，因此爲公卿所厭惡，在京師舉進士，留七年而不第，頗爲沮喪。然唐宰相鄭畋、李蔚頗知重之。隱文名雖高，但相貌醜陋。鄭畋女幼有文性，嘗覽隱詩，諷誦不已，畋疑其女有慕才之意。一日隱至鄭宅，鄭女垂簾而窺之，自是絕不再誦隱詩，蓋嫌其貌醜。

隱既六舉不第，又不爲鄭女所喜，故在著《讒書》卷五，答賀蘭友書中有云：「自出山二十年，所向惟沮，未嘗有得幸於一人。」在京既不得志，又值秦宗權的僭亂，隱乃於唐僖宗光啓三年（西元八八七年）返歸鄉里。當隱在京時，有羅尊師者，精相術，謂隱曰恐爲相陋所棄，縱使及第，亦不過簿尉爾。不如棄科舉，東歸霸國（錢鏐之吳越國）以求用，當可致富貴。隱乃歸里。節度使錢鏐辟爲從事，遷著作郎，辟掌書記。後梁太祖開平元年（西元九〇七年），以右諫議大夫徵，不至。時錢鏐得兩浙之地，稱吳越王，使隱典軍中書檄，開平二年，鏐遷隱爲給事中。開平三年鏐以隱爲運發使。是年卒於錢塘，葬於定山鄉，金部郎中沈崧銘其墓。

二、著作——《舊五代史》羅隱本傳稱有文集數卷行世，但未見流傳。《唐才子傳》云，隱所著《讒書》，本名《淮海寓言》，與《湘南應用集》、《甲乙集》、《外集》、《啓事》等並行於世（見本傳後）。隱之著作流行於世者，有《讒書》五卷，編入《拜經樓叢書》；有《兩同書》、今編入《正光文史叢書》，《續百川學海》。《淮海寓言》，就是《讒書》，至於《湘南應用集》、《甲乙集》等，均未見流行，當已佚散。

第二節　政治起源

一、自然狀態——論政治起源的學者，皆必須從原始的自然狀態說起。對自然狀態的描述，要不外兩派：一派認爲自然狀態是惡劣的、痛苦的，戰鬪不已的。管仲、商鞅、韓非及柳宗元等均信持這種思想。一派認爲原始的自然狀態是美好的、快樂的、自由平等的。老聃、莊周及无能子均信持這種。无能子以爲原始的自然狀態是萬物平等，人亦是裸蟲之一，並非所謂人爲萬物之靈。羅隱的思想則與无能子的立論相反，以爲在自然狀態中，人類初生，就不平等，而有强弱之分。他說：「夫强不自强，因弱以奉强。弱不自弱，因强以禦弱。故弱爲强者所伏，强爲弱者所宗。上下相制，自然之理。」（《兩同書》强弱篇）强者所以强，因有弱者的服從與擁戴。弱者所以弱，因爲强者所制伏與控制。强者制弱，弱者奉强。强者在上，弱者在下。這種上下相制的不平等現象乃自然之理。

二、强弱相凌——强制弱，弱奉强雖是自然之理；但人究竟不是無知無識的裸蟲之一，而是有智慧有意志的萬物之靈。人人皆有一個自尊自重和自覺的「自我」(ego)存在。因而要求人格平等與獨立及人格價值的尊重。所以人皆不願受人控制，不願被人奴役。當强者進行控制弱者的時會，弱者必思起而抵禦與抵抗，則强欲凌弱便引起戰爭。縱使强者戰勝弱者，予以控制與奴役。弱者不甘永久蟄服，有時自會作轉弱爲强的叛亂或革命。由此言之，原始的自然狀態，乃是强弱相凌，戰鬪不息的混亂局勢。

羅隱以爲人類初生，就不平等。不平等在於人有强弱之別及智愚之分。於是强者凌制弱者，智者欺弄愚者。但弱者不甘永久蟄伏，愚者不會永被欺騙。於是起而反擊與革命。於是戰亂不得休止。羅隱以爲戰亂不止的根本原因在於人心貪狠陰險。他擧神羊故事，以明其意曰：「堯之庭有神羊以觸不正者，後人圖形像，必使頭角怪異，以表神物。噫！堯之羊亦由今之羊也。但以上世淳樸未去故，雖人與獸，皆得相指令。及淳樸消壞，則羊有貪狠性，人有刲割心。有貪狠性，則崇軒大厦，不能駐其足矣。有刲割心，則雖邪與佞，不敢擧其角矣。是以堯之羊亦由今之羊也。貪狠搖其至性，刀几制其初心，故不能觸阿諛矣。」(《讒書》題神羊圖)

三、君長止亂——强弱相凌，爭亂不息。這種混亂狀態若任其長此發展，不加制止，則人類必同歸於盡。幸有强聖出，立爲君長，設政府；置百官，理庶政；樹法度，明分際；制禮義，範生活；施敎化，正人心；使人各得其所，各安其分，和平相處，互不侵犯，則人類可以合群力以爲力，集衆智以爲智，役使萬物，充裕生活。羅隱曰：「遠古之代，人心混沌，不殊於草木，取類於羽毛。後代聖人，乃導之以禮樂，敎之以仁義，然後君臣貴賤之制，坦然有章矣。」(《兩同書》敬慢篇)

能以制亂止爭的君長，必其一切措施，順乎天理，合乎人情，方能達到目的。故羅隱以爲君長必爲明聖賢德之人。他說：「然則萬物之中，唯人爲貴。人不自理，必有所尊，亦以明聖之才而居億兆之上也。是故時之賢者則貴之以爲君長，才不應代者賤之爲黎庶。」（《兩同書》貴賤篇）人不能自理其政，必尊明聖賢才爲君長以治理之。其無此明聖賢才者只得卑居於黎庶之列。

君長爲政必須順乎天理，合乎人情。荀卿所謂「義以一之，便是順乎天理」；「分以和之」便是合乎人情。荀子曰：「人力不若牛，走不若馬，而牛馬爲用，何也？曰：人能群，彼不能群也。人何以能群？曰分。分何以能行？曰義。故義以分則和，和則一，一則力多，力多則强，强則勝物。」（《荀子》王制篇）君也者，善群者也。明聖賢才的君長，卽在於定分際以止爭亂，行義理以成一力。各守分際便能和平相處；守義理則能協同一致。合群力，一心志，則國可長治，民可永安，聖王之事畢矣。

四、有德者强——羅隱所謂「弱爲强者所伏，强爲弱者所宗，上下相制，自然之理也。」（《兩同書》强弱篇）但其所謂强者，豈壯勇之謂耶？所謂弱豈怯懦之謂耶？蓋在乎有德，不在乎多力也。」（《兩同書》强弱篇）有德者强，無德者弱。有德者治人，無德者治於人。羅隱曰：「然處君長之位，非不貴矣，雖蕴力有餘，而無德可稱，則其貴不足貴也。居黎庶之位，非不賤矣，雖弱不足，而有道可採，則其賤未爲賤也。故夫人主所以稱尊者，以其有德也。苟無其德，則何以異於萬物乎？」（《兩同書》貴賤篇）

羅隱進而解釋德與力曰：「何謂德？唯仁唯慈。何謂力？且暴且武。」《兩同書》强弱篇曰：「夫所謂德者何？唯仁唯慈矣。所謂力者何？且暴且武耳。苟以仁慈，則天地所不違，鬼神將來舍，而況於邇乎!?苟以暴武，則九族所離心，六親所側目，而況於遠乎!?是故德者，兆庶之所賴也。力者，一夫之所持也。矜一夫之用，故不能得其强；乘兆之恩，故不可得其弱。」

第三節　天道思想

一、天人的感應——天人感應的觀念，首見於《尚書》。大禹謨曰：「民棄不保，天降之咎」，「至誠感神，矧茲有苗」。皋陶謨曰：「天聰明自我民聰明，天明畏自我民明畏。」伊訓曰：「惟上帝不常，作善降之百祥，作不善降之百殃。」這都是把天視爲有意義，具權威的神明，視人事的善惡而降福殃。前漢董仲舒著《春秋繁露》對天人感應的思想更作有系統的解釋，成爲權威的理論，認爲人君施政失德，天則降災異以示譴責；人君爲善政，天則降瑞符以示嘉慰。後漢光武最迷信符命圖讖之說。故天人感應可視之爲中國學術上傳統思想。

而荀子則持新的天道觀，承認天只是永久不變的自然體，沒有意識，不能降禍福。他說：「天能生物，不能辨物，地能載人，不能治人也。」（《荀子》禮論篇）天生之，人成之，一切人爲事務都與天毫無關係。後漢王充著《論衡》一書，極力反對天人感應之論。他說：「在天之變，日月薄蝕，四十二月日一食，五十六月月亦一食，食有常數，不在政治，百變千災，皆同一狀，未必人君政教所致。」（《論衡》治期）唐柳宗元亦認爲天是自然現象，天人不相涉。他說：「物之生長，時之旱災，不過自然現象，至於法制與悖亂始是人爲之事，二者各行其事而不相預。」（《柳河東集》答劉禹錫天論）

羅隱信持傳統思想的天人感應說。他認爲天是有意志的主宰，在正常情況下，天是普施恩澤的。他說：「有覆於下者如天，載於上者如地，而百姓不之知。有恩信及一物，教化及一夫，民則歸之。」（《讒書》本農篇）天既然是有意志的主宰，所以天可以監臨天下，視情節優劣善惡，使神作不同的措施。善良者降以福祥；惡劣者降以災殃。他說：「以敬事天，則神降；以慢事天則神欺。神降人必得福，神欺人必得禍。」（《讒書》敬慢篇）由此言之，吉凶禍福皆操之天神。天神之降吉福，或降凶禍，每視人對他的敬慢為轉移，則天神者豈不太自私耶？視政事之得失而降福殃，乃係為萬民福利着想，天神具愛民為公之心意；若以敬慢為轉移，天神亦是私心滔滔者。羅隱之說，似欠周延。

二、天命與窮通——羅隱曰：「水旱兵革，天之數也。」（《讒書》書馬嵬驛篇）由此可知他是位宿命論者，人的一切吉凶禍福，莫不由於天命。因為他生長在一個戰亂不息的時期，而個人力量無法挽救，遂產生這悲觀的宿命論。他才高識廣，卻屢試不第，只能在邊陲的吳越國任不甚重要的官職，而不能得志於中原。仕途坎坷，懷才不遇，只得歸之於天命。

羅隱舉周公、孔子為例，以為其宿命論的佐證。周公、孔子同為賢德的聖人。周公則顯貴得志，大行其道，治理天下。孔子則不得明君受其道，且在陳絕糧。此豈有他哉，蓋有天命存焉。羅隱曰：「夫周公席文武之教，居叔父之尊，而天又以聖人之道屬之，是位勝其道，天下不得不理也。仲尼之生也，源流梗絕，周室衰替，而天以聖人之道屬於旅人，是位不勝其道，天下不得不亂也。位勝其道者，以之尊，以之顯，以之躋康莊，以之致富壽。位不勝其道者，泣焉、圍焉、歎焉、厄焉。天之所以達周於理也，故相之於前。窮仲尼於亂也，故廟之於後。」（《讒書》聖人理亂篇）周公之顯達，孔子之窮厄，蓋天之所以予也。天之所予即天命的註定。王充亦以為窮通貴賤，莫不有命，「命當貧賤，雖富貴之，猶涉禍患矣；命當富貴，雖貧賤之，猶逢福善矣。」（《論衡》祿命篇）

羅隱之論，以爲有德之人，須得高位，而後能用其才德治理天下。此卽孟子所謂「居下位而不獲乎上，民不可得而治也。」（《孟子》離婁上）「匹夫而有天下者，德必若舜禹，而又有天子薦之者，故孔子不有天下。」（《孟子》萬章上）孔子雖有舜禹之德，而無天子薦之，故不有天下。羅隱曰：「大舜不得位，則歷山一耕夫耳，不聞一耕夫能翦四凶，而進八元。呂望不得位，則棘津一窮叟耳，不聞一窮叟能取獨夫而王周業。」（《讒書》君子之位篇）

三、天道的機變——賢德的人必須獲得權位，方能展其才德，治理天下。縱使是賢德的人，不得其權位，仍卑居野下，不能有所作爲。周公得權位而弘周道。孔子不得權力，竟在陳絕糧。何以同爲賢德的聖人，或得權位，或不能得之？羅隱以天道的常與「機」說明之。依天道之常，則賢德者皆當得其大權，居其高位。但同爲賢德之人，有人顯達，有人窮困，乃是天道的反常現象，羅隱所謂之「機」，機者是機運或機變。他說：「善而福，不善而災，天之道也。用則行，不用則否，人之道也。天道之反，有水旱殘賊之事。人道之反，有詭譎權詐之事。是入者謂之機也。機者，蓋天道、人道一變耳，非所以悠久也。苟天無機也，則當善而福，不善而災，安得饑夷齊而飽盜跖？苟人無機也，則當用則行，不用則否，又何必拜陽貨而刼衞使？是聖人之變合於其天者，不得已有也，故曰機。」（《讒書》大機篇）賢德應得權位而不得，乃天道之反常，故曰天機。

羅隱所說的「天機」，和王充所說的「際遇」，不無相似之處。王充曰：「操行有常賢，仕宦無常遇。賢不賢才也，遇不遇時也。才高行潔，不可保以必尊貴；能薄操濁，不可保以必卑賤。或高才潔行，不遇，退在下流。薄能濁操，遇，在衆上。處尊居顯，未必賢，遇也。位卑在下，未必愚，不遇

也。故遇或抱洿行，尊於桀之朝；不遇或持潔節，卑於堯之廷。」（《論衡》逢遇篇）

第四節　君道思想

一、簡易恬淡——人君爲政，須知致治弭亂之道。致治必守乎簡易，簡易則易從，將有恥且格。弭亂必在乎恬淡，恬淡則自守，恒以逸以待勞。羅隱曰：「夫家國之理亂，在乎文武之道也。昔者聖人之造書契以通隱情，制弓矢以威不伏；二者古今之所存焉。然則文以致理，武以定亂。文雖致理，不必止其亂；武雖定亂，不必適其理。故防亂在乎用武，勸理在乎用文，若手足之遞使，舟車之更載也。然夫文者，道之以德；德在乎內誠，不在乎誇飾者也。武者示之以威，威在乎自全，不在乎强名也。苟以强名，則吳雖多利兵，適足彰在敗也。苟以誇飾，則魯雖盡儒服，不足救其弱也。且夫文者，示人以章，必存於簡易；簡易則易從，將有恥且格。武者示人以有備，必在乎恬淡；恬淡則自守，恒以逸而待勞，則攻戰無不利；有恥且格，則教化無不行。化行而衆和，戰利而寇息；然後澄之以無事，濡之以至仁，此聖人所以得其理也。」（《兩同書》理亂篇）

二、儉與無爲——羅隱認爲賢君治國，重在儉與無爲。人君不知務儉而去奢，蓋由於人君多欲而貪爲。寡欲則心清，無爲則尚儉。羅隱曰：「夫萬姓所賴在於一人，一人所安資乎萬姓，則萬姓爲天下之足，一人爲天下之首也。然則萬姓衆矣，不能免塗炭之禍。一人尊矣，不能免放逐之辱。豈失之於足，實在於元首也。……是故古先聖君，務修儉德，土階茅宇，綈衣粗裘，捨難得之貨，掊無用之器，薄賦斂，省徭役，損一人之愛好，益萬人之性命，故得天下歡娛，各悅其生矣。古先暴王，志在奢淫，瑤臺象床，錦衣玉食，購難得之貨，斲無用之器，厚賦歛，煩徭役，益一人之愛好，損萬人之性命，故使天下困窮，不畏其死矣。夫死且不畏，豈可畏其亂乎。生且是悅，豈不悅其安者，天子所以得其安也。人亂者，天子所以罹其亂也。人主欲其己安，而不念其人安；恐其大亂，而不思其已亂，不可謂智也。」（《兩同書》損益篇）君主務儉則欲求少，欲求少，則百姓不煩勞，不煩勞則可達到無爲而化的境界。

三、權不傍落——君之所以爲君者，以其居君位，掌君權也。君失其權，則君位不保。羅隱生於唐末及五代之初，親見君主之權，不落之於宦官，便墮之於藩鎭。遂致君失其位，天下大亂。他心中憤怨，惡叛亂，慕治安，遂倡君權不可傍落。他以自然現象喻其意曰：「風雨雪霜，天地之權也。山川藪澤，鬼神之所伏也。故風雨不時，則歲有飢饉。雪霜不時，則人有疾病。然後禱山川藪澤以致之，則風雨雪霜，果爲鬼神所有也明矣。得非天之高不可以周理，而寄之山川？地之厚不可以自運，而憑之鬼神。苟祭祀不時，則飢饉作，報應不至，則疾病生。是鬼神用天地之權，而風雨雪霜爲牛羊之本也。夫復何歲時爲，復何人民爲？是以大道不傍出，懼其弄也；大政不聞下，懼其偷也，夫欲何言。」（《讒書》風雨對篇）

羅隱更以爲君權不但不可以傍落於宵小之手，卽使是賢人君子，亦不可假之以君權。他說：「逐長路者，必在於駿馬之力；理天下者，必求於賢臣之用。然駿馬苟馴，猶不可以無轡也。賢臣雖任，終不可以失權也。」（《兩同書》得失篇）羅氏深恐君主大權傍落，一方面要防宵小之竊弄，一方面要防大臣之擅專。但君主每於不自覺之中而失其權；及至察覺，爲時已晚，挽救無力。

四、愼防姦邪——大臣專擅者，近侍竊弄者，蓋必皆姦邪之輩。所以君主平時細心觀察，明辨邪正，深識姦忠，而善防之，使正人忠臣得其用；姦邪之輩不得逞，則君安而國治。羅隱曰：「且夫毛髮植於頭也，日以櫛之。爪甲冠於指也，月以鑢之。爪之不鑢，長則不便於使也。髮之不櫛，久則彌成於亂也。夫爪甲毛髮者，近在己躬，本無情識，苟不以理，猶爲之難，況於臣下，非同體之物，人心有遷之慮。」（《兩同書》得失篇）君主不能不用臣下，但用臣下不可無防姦杜邪的智慮與心意。一有察覺近侍有偷弄之萌，大臣有擅專之漸，便當當機力斷而淸除之，以絕後患，而鞏固君主權位。否則當斷不斷，必受其亂。

羅隱曰：「有理不能無其亂，唯人自制也。是牧馬者先去其害，驅羊者亟鞭其後。後之不鞭，羊之所失也。害之不去，馬之所亡也。魯不能去三家之害，國之所叛也；晉不能鞭六卿之後，地之所分也。」（《兩同書》理亂篇）君主之防察臣下，不可失之過嚴，過嚴則臣下畏懼，不敢認眞作事，勇於負責，不足以恢宏政治效能；同時亦不可失之過寬，過寬則臣下放縱恣肆，則偸弄有隙，專擅將萌。防察臣下必須寬嚴得宜，方能收到所期欲的功效。羅隱曰：「夫御馬者，其轡煩，則其蹀而不進。其轡縱，則其馬驕而好逸。使夫縱不至逸，煩而每進者，唯造父之所能也。夫御臣者，其權峻，則其懼而不安；其權寬，則其臣慢而好亂。使夫寬不至於亂，峻而能安者，唯聖人之所明也。」（《兩同書》得失篇）

五、任使賢才——君主一人不能獨治國家，必須任使臣下以爲輔佐。任使臣下又須擇其賢德者，方稱得人。得人者昌，失人者亡。所謂得人，蓋指甄選賢才而任使之。故羅隱曰：「主上不能獨化也，必資賢輔。物心不爲易治也，方俟甄議。」（《兩同書》眞僞篇）甄議的目的，在能辨眞僞，識賢不肖，俾能「使夫小人退野，君子居朝，然後可謂得矣。」（《兩同書》眞僞篇）惟眞僞不易辨，賢不肖亦難識，故選用賢才，須有知人之方術。知人之術，首先要瞭解人情難知的情由，而後因情由而爲肆應，不至於受欺蒙。羅隱曰：「夫人者姦宄無端，眞僞非一，或貌恭而心慢，或言親而行違，或賤廉而貴貪，或貧貞而富黷，或悰大以求變，或位高而自疑，或見利而忘恩，或逃刑而搆隙。此則卜筮不足決，鬼神不能定。且利器者至重也，人心者難知也，以至重之利器，假難知之人心，未明眞僞之情，徒信毀譽之口，有霍光之才者，亦以得矣，有王莽之行者，亦以失矣。」（《兩同書》得失篇）

知人不可憑衆人的毀譽，亦不可依其個人之言辯，要從多方加以考驗，始能見其眞相，此所謂「視其所以，觀其所由，察其所安，人焉廋哉。」羅隱曰：「眞僞之際，有數術焉，不可不察也。何者？夫衆之所譽者，不可必謂其善也。衆之所毀者，不可必謂其惡也。我之所親者，不可必謂其賢也。我之所疏者，不可必謂其鄙也。」（《兩同書》眞僞篇）衆之好惡不可信，己之親疏不可憑，然則如何始可知人？羅隱以爲在於君主「詳省己慮」，「考著以究徵」。他說：「良馬驗之於馳驟，則駑駿可分；柔刄徵之以斷割，則利鈍可見。」（《兩同書》眞僞篇）這是從工作的成績表現，可以測知人的才能。但僅憑此一端，尚難以收知人的全功；更當從多方面加以考驗。羅隱曰：「故先王之用人也，遠使之以觀其忠節；近使而察其敬勤；令之以謀，可識其知慮；煩之以務，足見其材能；襍之以居，視其貞濫；委之以利，詳其貪廉。」（《兩同書》眞僞篇）

六、崇尚仁德——孔子曰：「夫仁者，己欲立而立人，己欲達而達人。」（《論語》雍也篇）孟子曰：「惻隱之心，仁之端也。」（《孟子》公孫丑上）明君治國要以仁心仁德，以不忍人之心行不忍人之政，便是仁政，亦即孔子的己立立人，己達達人；孟子的惻隱之心以推恩。推恩足以保四海；不推恩，不足以保妻子。羅隱亦以爲人君要「以仁守位。」他說：「易曰：聖人之大寶曰位，何以守位？曰仁。苟無其仁，亦何能守位乎？是以古之人君，朝乾而夕惕，豈徒爲名而已哉？實恐墮聖人之大寶，辱先王之餘慶也。」（《兩同書》貴賤篇）

人君稱尊。人君稱尊者以其有德。有德者強，故尊；無德者弱，故卑。羅隱曰：「人主之所以稱尊者，以其有德也。苟無其德，則何以異乎萬物乎？是明君者，納陛軫慮，旰食興懷，聽八音而受諫，蓋有由矣。」（《兩同書》貴賤篇）人君「稱尊以德」，然此之所謂德者，何德也。羅隱以爲人君之德乃是仁德。人君若不能行仁德以惠愛黎庶，則無以異於黎庶。他說：「是故時之所賢者，則貴之以爲君長，才不應代者，賤之以爲黎庶。然處君長之位，非不貴矣，雖蕊力有餘，而無德可稱，則其貴不足貴也。居黎庶之內，非不賤也，雖貧弱不足，而有道可採，則其賤不爲賤也。」（《兩同書》貴賤篇）羅氏仍恐君主務「力」而不重德；輕「道」而不尚「仁」，他遂強調曰：「德者，兆庶之所賴也。力者，一夫之所持也。矜一夫之用，故不可得其強，乘兆庶之恩，故不可得其弱。是以紂能索鐵，天下懼之如虎狼；堯不勝衣，天下親之如父母。然虎狼雖使懼之，豈可言虎狼強於人耶？父母能令子親之，豈可言父母弱於子耶？則強弱之理固亦明矣。是以古之明君道濟天下，知衆心之不可以力制，大名不可以暴成，故盛德以自修，柔仁以御下。」（《兩同書》強弱篇）羅氏更指出凡任「力」而不尚「德」的君主，必遭慘然的敗亡。他說：「嗟乎！古之暴君，驕酷天下，捨德而任力，忘己而責人。壯可行舟，不能自制之嗜欲；材堪舉鼎，不足自全其性靈。至今社稷爲墟，宗廟無主，永爲後代所笑。」（《兩同書》強弱篇）

第五節　臣道思想

一、忠以事君——《尙書》曰：伊訓篇曰：「爲下克忠」，傳曰：「事上竭誠也」。「夫子之道，忠恕而已矣。」（《論語》里仁篇）盡己之謂忠，推己之謂恕。羅隱的臣道思想，主張臣事君以忠，卽竭誠心，盡己力，奉君命以推行政事，利國以福民。羅氏的忠君思想，可從他讚賞屈原的忠節，而知其心意。他說：「原出自楚，而又事懷王朝，雖逐放江湖間，未必有腹江湖意。及發憔悴！述離騷，非所以顧望逗留。抑由禮樂去楚，不得不悲吟嘆息。夫禮樂不在朝廷，則在山野，苟有合乎道者，則楚之政未亡，楚之靈未去。原在朝有秉忠履直之過，是上無禮也。在野有揚波歠醨之嘆，是下無禮也。朝無禮樂則證諸野；野無禮樂，則楚之政不歸，楚之靈不食。原，忠臣也，楚存與存，楚亡與亡。」（《讒書》三閭大夫意篇）

羅隱指出歷代多闇君，忠臣進忠言多不被君上所採納；而奸臣進邪言，卻爲君上所樂聞。忠臣不遇明君，莫由竭忠誠，成志節。羅氏舉吳王夫差不聽忠言而敗亡的事例，說明能納諫諍，聽忠言者，方爲明君。他說：「吳王築臺於姑蘇之左，俾參政事者，以聽百姓之疾苦焉，以察四方之兵革焉。一之日視之以伍員，未三四級，且奏曰，王之民饑矣！王之兵疲矣！王之國危矣！夫差不悅。俾嚭以代焉，畢九層而不奏，且倡曰，四國畏王，百姓歌王，彼員者欺王。員曰，彼徒欲其身之亟高，固不暇爲王視也，亦不爲百姓謀也，臣其欺哉？王賜員死，而嚭用事，明年越入吳。」（《讒書》吳宮遺事篇）伍員忠言，吳王不納，嚭之邪言，吳王樂聞，遂致越王勾踐得以滅吳。

人君何以不納忠臣之忠言，而喜聽佞臣的邪言？因忠言皆為「損己之私而利公勤事」；邪言皆為「利己之私而損公怠事」。闇君只顧目前的己利，殊不知目前的私利即他日國害。明君則不貪求目前的私利，而謀求他日的國利。忠言如良藥，藥雖利於病，但苦口，故闇君不接納。佞人的邪言，猶如糖衣的毒丸，只知目前的味甜，而不顧以後的毒害，故闇君樂於聽聞。

二、敬以事君——敬有三種意義：一曰尊敬。人君居至高之位，人格至尊，具有不可侵犯的特權。臣下對此特權，須特加敬重，謂之尊敬，若犯上作亂，便是大不敬。二是禮敬。臣下事君須遵守一定的禮範與禮儀，不可殞越，謂之禮敬。其有違禮範悖禮儀者是謂失禮敬。漢文帝目周勃曰：「怏怏非少主臣」；漢宣帝覩霍光之驂乘而內憚於心。若周、霍者對人君大失禮敬矣。三是恭敬。在貌為恭，在心為敬。人臣事君，貌須恭，心須敬。貌不恭，謂之失禮。心不敬，謂之欺君罔上。

羅隱主張忠敬以事君，所以直斥安祿山為大不敬的叛逆。他說：「天寶中，逆胡用事，鑾輿西幸，貴妃死於馬嵬驛。臣在草野間，得本朝讀書，未嘗不恨，生不得批虜頷，以快天子意。」（《讒書》書馬嵬驛篇）伊尹者世皆與周人同視之為聖人。而羅隱則不滿伊尹諉過於其君，有失敬君的美德。他以為伊尹苛求其君，而不反責諸己，豈非躬自厚而薄責於君也。況太甲非太惡也，伊尹自可效周公之輔成王，而敎之歸於善，固不可放逐之。唐林愼思曾著論認為太甲可遷於善。他說：「知道先生曰，吾聞伊尹放太甲於梧宮，有諸？仲蒙子曰，於書有之。曰，臣於君，忠乎？曰，太甲始立不肖，伊尹放之可也。曰，桀紂不肖，龍逢、比干惡不放歟？曰，桀紂大不肖也，安能放焉？曰，吾聞狸能捕鼠，不能捕狗，則伊尹其捕鼠耶？仲蒙子莞爾而笑曰，先生聞良馬能有害人者乎？良馬必能維縶以馴伏其性也。聞猛虎有噬人者乎？武士安能囚拘以馴伏其性邪？太甲不肖，猶良馬也，伊尹則可維縶以遷於善也。桀紂不肖，猶猛虎也，龍逢、比干豈可囚拘，以遷於善乎？知道先生釋然曰，誠哉！吾子可謂知言矣。」（林愼思著《伸蒙子》卷上，中篇，遷善篇）

三、反對廢立——羅隱既然主張忠以事君，敬以事君，自然反對臣下擅權專政，妄自廢君立君，因此爲不忠不敬。他說「唐虞氏以傳授得天下，而猶用和仲稷禹，以醞釀風俗，堙洪水，服四罪，然後垂衣裳而已，百姓飲食而已，亦時之未漓，非獨生唐虞之能理也。及商湯氏以鳴條誓，放桀於南巢。揖遜既異，渾樸亦壞。伊尹放太甲，立太申，則臣下有權，始於是矣，而曰耻君之不及堯舜。嗚呼！商湯氏之取，非唐虞氏之取也；商湯氏之時，非唐虞氏之時也；商湯氏之百姓，非唐虞氏之百姓也；商湯氏之臣，非唐虞氏之和仲稷禹也；伊尹不恥其身不及仲和稷禹，而恥君之不及堯舜；其致君之。誠則極矣，而勵己之事何如耳。惜哉！」（《讒書》伊尹有言篇）

羅隱所以反對伊尹之放太甲，蓋因其鑑於後世之奸雄與權臣，私心自用，弑君篡位，竊國盜柄，禍亂不已，生靈塗炭，故倡忠敬以事君，臣下固不可妄自廢立君主。他說：「視玉帛而取之者，則曰牽於寒饑。視家國而取之者，則曰救彼塗炭。牽於寒饑者，無得而言矣；救彼塗炭者，宜以百姓心爲心。而西劉則曰居宜如此；楚籍則曰可取而代；意彼未必無退遜之心，正廉之節，蓋以視其靡曼驕崇，然後生其謀耳。爲英雄者猶若是，況常人乎？」（《讒書》英雄之言篇）奪國盜柄的英雄豪傑，皆藉救彼塗炭之美名，而滿其自私自利的大慾。奸雄權臣廢立君主，亦皆假利國福民的美名而滿其自私自利的大欲。至於臣下廢立君主者，亦可作如是觀。

第六十二章　譚峭的政治思想

譚峭正史無傳，不知其爲何許人，亦不詳其生平事蹟，大約生在唐代末年，歷五代而卒於宋太祖開寶年間（西元九六八—七五年），著有《化書》一種，凡六卷。因峭生長在五代的混亂時代，戰爭不息，朝代屢易，殺戮不止，死亡枕藉，民不聊生，飢寒交迫，骨肉流離，億兆生靈，皆陷於水深火熱之中。峭親覩此等慘狀，深以爲此乃由於政令煩苛，賦稅沉重，人君貪慾過甚所使然，故宣揚道家思想，主張社會退化論，要人崇儉去奢，清心寡欲，返於古樸，無爲而治，省刑罰，薄稅歛。玆將譚峭的政治思想扼要論述於次：

第一節　社會退化論

社會是變動不居的，然則社會變動的方向，到底是如何呢？對於這一問題，有三種不同的答案。一是社會退化論者。他們認爲社會變動朝着壞的方向去，愈變愈壞。他們常慨嘆的說：人心不古，世道衰退，江河日下，一蟹不如一蟹。道家崇尚自然，反對人爲制作，贊賞古樸，厭棄文明，絕智去文，返樸歸眞，認爲原始的自然狀態是最美好的；去蒙昧而開化，則邪惡叢生，日趨敗壞。譚峭信持道家思想，故主張社會退化論。二是社會進化論者。他們認爲社會的變遷，朝着好的方向去發展，後來居上，今勝於古，時代的推移作向上向前的進步，日新月異，日入佳境，今日遠勝於過去。漢王充著《論衡》一書，內有宣漢篇，力言漢代文物制度大優於往昔，並斥責是古非今論者。可爲進化論者代表之一。三是社會循環論者。他們認爲社會變動的方向，既不是向後退，亦不是向前進，而是依循着循環往復的路線。孟子曰：「一治一亂，五百年必有王者興」，《三國演義》一書，開端便說：「話說天下大事，分久必合，合久必分。」這種治亂分合的理論，便是社會循環論的代表。

一、老子的社會退化論——譚峭師宗老子，所以在論述譚氏的思想前，先舉列老子的社會退化論，便足以窺見譚氏立論的要旨。老子曰：「人法地，地法天，天法道，道法自然。」（《老子》第二十五章）是老子最崇尙自然。自然的意義，就是說：一切的事物原來是怎樣就讓他怎樣，不可加以任何干涉、拘束和做作。他以爲原始社會的自然狀態，是合乎天道的，純樸天眞，素潔清白，無拘無束，自由自在，人人平等，乃是理想的幸福的美滿社會。

迨後有所謂聖人者，要開務成務，要修己以安人，治國平天下，提倡所謂仁義、倫理、道德、禮樂，設法令，立制度，使人不得安其居，樂其生，失去了原來的自由、平等與快樂。那些野心家或講修齊治平之大道，或玩富國强兵的方術，去作自私自利、損人利己的活動，發動戰爭，殘害人民，罪惡叢生，痛苦萬狀。所謂由草莽至於文明者，由野蠻至於開化者，實是舍去原來的美滿幸福，而墮入惡劣慘痛苦海。聖人的制作不是進化而是退化。所以老子曰：「朝多利器，國家滋昏；人多伎巧，奇物滋起；法令滋彰，盜賊多有。」（《老子》第五十七章）

老子懷念留戀原始的自然狀態的美好幸福，所以要人淸心寡欲，返樸歸眞。老子曰：「絕聖去智，民利百倍。絕仁棄義，民復孝慈。絕巧去利，盜賊無有。此三者以爲文不足，故令有所屬。見素抱樸，少私寡欲。」（《老子》第十九章）聖和智傷害自然；仁與義，拘束天性；伎巧與貨利，引起盜賊。盡行摒棄此三者，則可恢復人的純樸天眞，自由自在，無拘無束，海濶任魚躍，天空任鳥飛。

二、譚峭的社會退化論——譚峭師老子之意，認爲原始社會的自然狀態是十分美滿、快樂、幸福的，熙熙怡怡，和合混同，不需要任何組織、賞罰與制度。他說：「我心熙熙，民心怡怡，心怡怡兮不知其所思，形惚惚兮不知其所爲。若一炁之和合，若一神之混同，若一聲之哀樂，若一形之窮通。安用旌旗，安用金鼓，安用賞罰，安用行伍。」（《化書》卷一，道化，神交）

社會由原始的純樸、天眞、自由、平等、快樂、幸福，淪於黑暗、痛苦、邪惡、殘酷、爭亂的悲慘境地，乃是由於所謂聖人者，敎民爲網罟，使之務畋漁，行仁義，興禮敎，長智信，遂由古樸自然，進入所謂開化與文明者，而好殘喜殺之風起，欺詐詭僞之事行；强弱相凌，戰爭莫由息，智愚相詐，罪惡因以生。社會退化，由光明墜入黑暗，由快樂淪入悲慘，由幸福變爲痛苦，皆聖人與敎化，創文明，謀開化的罪惡。

譚峭曰：「夫禽之於人也，何異；有巢穴之居，有夫婦之配，有父子之性，有死生之情。烏反哺，仁也。隼憫胎，義也。蜂有君禮也；羊跪乳智也；雉不再接，信也，孰究其道。萬物之中，五常百行，無所不有也。而敎之爲網罟，使之務畋漁。且夫焚其巢穴非仁也，奪其親愛非義也，以斯爲享非禮也，敎民殘暴非智也，使萬物懷疑非信也。夫羶臯之慾不止，殺害之機不已。羽毛雖無言，必狀我爲貪狼之與封豕。鱗介雖無知，必名我爲長鯨之與巨虺也。胡爲自安，焉得不恥。吁！直疑自古無君子。」（《化書》卷四，仁化，畋漁）這是萬物之中皆自有仁義禮智信的五常，禽獸尚且有五常之德，而況人乎!?原始社會中的人群中，自然亦存在有仁義禮智信的五常美德，自可各安其生，各保其性，自由自在，快樂無邊。而所謂聖人者偏要建君主，設政府，布法令，行賞罰，破壞原始的和平秩序，戕賊自然的五常美德。和平秩序因以紊亂，五常美德受到汚染。聖人豈能自安，豈不自恥。

聖人制作，干擾自然，墮入昏亂，而聖人卻自稱之爲禮義之邦。譚峭乃以歷史的事實，說明自三皇至於秦漢，每況愈下，戰亂不已，以佐證其所謂社會退化的理論。他說：「三皇有道者也，不知其道，化爲五常之德。五帝有德者也，不知其德，化爲三王之仁義。三王有仁義者也，不知其仁義，化爲秦漢之戰爭。醉者負醉，疥者療疥，其勢彌顚，其病彌篤，而無反之者。」（《化書》卷一，道化，稚子）三皇之五常，退化爲五帝的仁義。三王的仁義退化爲秦漢的戰爭；乃至世人皆迷醉，遍地皆瘡痍，愈治愈亂，愈療愈病，愈理愈亂，然仍不覺悟，不知淸心寡欲，返樸歸眞。

譚峭認爲在太古之世，人群社會猶如群蟻，蟻雖有王，同處同食，甘苦共嚐，心氣相通，平等而自由，故怨莫由起，叛無從生。迨有所謂聖人者出，立君王，定制度，行法令，乃有君臣之分，臣民之別，上下不平等，貴賤有差殊，尊卑相對立，苦樂不同，心氣不平，於是怨尤生，戰亂起。他說：「螻蟻之有君也，一拳之宮，與衆蟻處之。一塊之臺，與衆臨之。一粒之食，與衆蓄之。一蟲之肉，與衆咂之。一罪之疑，與衆戮之。故得心相通而後神相通，神相通而後氣相通，氣相通而後形相通。故我病則衆病，我痛則衆痛。怨何由起，叛何由生。此太古之化也。」（《化書》卷四，仁化，螻蟻）

後世君王居至尊之位，握至重之權，高高在上，脫離民衆，自作享受，崇宮峻宇，錦衣玉食，嬪妃盈後庭，珠寶充府庫，悉天下以奉一身，享樂極人間之盛，華貴無人能及。君王與人民，判分爲兩階級，甘苦異味，尊卑對立，貴賤懸殊。卑賤者忌羨尊貴者，於是君王之位引人覬覦。菁英之輩曰：「大丈夫當如是也」；野心之家曰：「彼可取而代之」，怨尤叢生，叛亂迭起，戰爭莫由息，爭奪日益烈。譚峭曰：「服布素者，愛士之簪組；服士之簪組者，愛公卿之劍佩；服公卿之劍佩者，愛王者之旒冕。」（《化書》卷六，儉化，君民）「上下不同，尊卑懸殊，苦樂大異，則下者對上，卑者對尊，苦者對樂，由忌羨而生怨尤，由怨尤而起叛亂，再求太古的和平安寧，不可得矣。」

君王與百官，貪慾難滿，需索無窮，橫徵暴歛，人民不勝其負荷，賦稅不能供，則鞭韃隨之。鞭韃不濟事則繼之以刑罰與殺戮。苛政甚於猛虎，人民為避虎害，多有墮谷投水者。譚峭曰：「王取其絲，吏取其綸，王取其綸，吏取其綍。取之不已，至於欺罔。欺罔不已，至於鞭韃。鞭韃不已，至於盜竊。盜竊不已，至於殺害。殺害不已，至於刑戮。欺罔非民愛，而裒歛者敎之。殺害非民願，而鞭韃者訓之。且夫火將逼，而投於水，知必不免，且貴其緩。猛虎噬，而投於谷，知不可免，或覬其生。以斯為類，悲哉。」（《化書》卷五，食化，絲綸）

第二節　民以食為天

一、民食的重要性——書曰：「德為善政，政在養民」（大禹謨），能養民者始為善政。養民的起碼條件，在能提供人民足够的食物使得溫飽，俾能維持其生命與生活，並保持身心的健康，故曰民為邦本，食為民天。這一觀點，固然道家的譚峭信持此說，而儒宗孔子為政，亦曰：「足食，足兵，民信之矣。」（《論語》顏淵篇）法家先驅管子亦說：「倉廩實而後知禮節，衣食足而後知榮辱。」（《管子》

牧民篇）足民之食，不僅所以養民維生，更所以安民而治國，因人皆嗜食，不足則爭鬥，不與則叛亂。揆之中國歷代的大變亂，殆皆饑民求食，鋌而走險所致之。爲政者不可不深自省察之。

譚峭論民食的重要曰：「一日不食則憊，二日不食則病，三日不食則死，民事之急莫甚於食。」（《化書》卷五，食化，七奪）又說：「戎羯之禮，事母而不事父；禽獸之情，隨母而不隨父；凡人之痛，呼母而不呼父，蓋乳哺之教也。虎狼不過於嗜肉，蛟龍不過於嗜血，而人無所不嗜，所以不足則鬥，不與則叛，鼓天下之怨，激烈士之忿，食之道非細也。」（《化書》卷五，食化，巫像）譚峭更進而指出，誰能與人之食者則親誰，君主若能使民足衣足食以養生其生，則民必親之愛之。君視民如子而育養之，則民必視君如父母。否則，君不能使民溫飽，民必怨尤，積怨成忿恨，由忿恨而起叛亂。譚峭曰：「養馬者主，而牧之者親。養子者母，而乳之者親。君臣非所比，而比之者祿也。子母非所愛，而愛者哺也。」（《化書》卷五，食化，養馬）

二、**萬物莫不求食**——人類固然求可食之物以維生，禽獸亦皆爲求食而奔忙不休；就是有生而無知的草木亦需要攝取日光、水分、土壤、肥料等以爲食，方能維持其生長。故譚峭以爲萬物莫不求食。他說：「牛可使之駕，馬可使之負，犬可使之守，鷹可使之擊，蓋食之所感也。獼猴可使之舞，鸚鵡可使之語，鴟鳶可使之死鬪，螻蟻可使之合戰，蓋食之所教也。魚可使之吞鈎，鹿可使之入陷，鴈可使之觸網，敵國可使之自援，蓋食有所利也。天地可使之交泰，神明可使之掖衞，高尚可使之屈折，夷狄可使之委伏，蓋食有所奉也。故自天下至於庶人，暨乎萬族，皆可以食而通之。我服布素，則民自煖。我食葵藿，則民自飽。善用其道者，可以肩無爲之作。」（《化書》卷五，食化，無爲）人民何以會有食物匱乏之虞，蓋因君主奢靡，耗用過多所致。君若能尙儉而省政，在上不亂耗用，在下者則富有而足食。

三、食不足的危險——「民爲邦本，本固邦寧」。固本之道在使民豐衣足食，身健康，心快愉，安居樂業，則國治邦寧。否則，民食不足，凍餒不免，民有饑色，野有餓殍。饑寒交迫，瀕臨絕境，便無所不爲，邦本不固，而國危矣。譚峭曰：「苟其飢也，無所不食。苟其迫也，無所不爲。」（《化書》卷五，食化，興亡）又曰：「民腹常餒，民情常迫，而諭以仁義，其可信乎，講以刑政，其可畏乎。」（《化書》卷五，食化，戰欲）人在饑寒交迫之下，則仁義無所信，刑政無所畏。人民不信仁義，不畏刑政，而不犯上作亂，未之有也。虎狼飢，則瘋狂亂噬；人民飢，則冒死作亂。

譚峭以爲食爲五常之本，五常爲食之末。當人不得食，枵腹雷鳴，飢腸嗷嗷，則所謂仁義禮智信之五常，則不暇思顧，一概抛至腦後。五常淹沒，國必敗亡。譚峭曰：「有智者憫鵄鳶之擊腐鼠，嗟螻蟻之駕斃蟲，謂其爲蟲，不若人也。殊不知當歉歲則爭臭腐之屍，値嚴圍則食父子之肉。斯豺狼之所不忍爲而人爲之，則其爲人不若蟲。是知君無食必不仁，臣無食必不義，士無食必不禮，民無食必不智，萬類無食必不信。是以食爲五常之本，五常爲食之末。」（《化書》卷五，食化，鵄鳶）

四、食不足的原因——人民何以食不足，難以果腹，而有饑餓之災。依譚峭的意見，乃是由於政府橫徵暴斂，奪民財富；官吏多，兵員衆，不事生產，食民食，耗民財；戰爭討伐不息，既喪人口，復耗巨費，更妨礙人民從事糧食生產；加以僧寺道觀林立，僧尼道士衆多，遊食四方，不事勞作，只食他人之食。他說：「民事之急，無甚於食。而王者奪其一，卿士奪其一，兵吏奪其一，戰伐奪其一，工藝奪其一，商賈奪其一，道釋之族奪其一。稔亦奪其一，儉亦奪其一。所以蠶告終，而繰葛苧之衣，稼云畢，而飯橡櫟之實。王者之刑理不平，此不平之甚也。大人之道救不義，此不義之甚也。而行切切之仁，用感感之禮，其何以謝之哉」。（《化書》卷五，食化，七奪）

第三節　無為而治

一、老子的無爲而治——老子曰：「人法地，地法天，天法道，道法自然。」（《老子》第二十五章）天之道是自然。所以老子崇尚自然，凡事要順乎自然，不要干涉，不可强制，萬不宜多所作爲，妨害了純樸的天性，和平的秩序。無所作爲，順乎自然，則國泰而民安。否則，妄事作爲，多生事端，破壞自然的和平秩序，戕賊人類的純樸天性。秩序亂，民怨生，爭奪是起，征戰是生。他說：「以正治國，以奇用兵，以無事取天下。吾何以知其然哉？以此。天下多忌諱，而民彌貧；朝多利器，國家滋昏；人多伎巧，奇物滋起；法令滋彰，盜賊多有。故聖人云：我無爲而民自化，我好靜而民自正，我無事而民自富，我無欲而民自樸。」（《老子》第五十七章）又曰：「是以聖人不行而知，不見而名，無爲而成。」（《老子》第四十七章）

二、譚峭的無爲而治——譚峭師老子之意，亦主張無爲而治。他說：「我服布素，則民自煖；我食葵藿，則民自飽。善用其道者，可以肩無爲之作。」（《化書》卷五，食化，無爲）這就是老子所謂「我無欲而民自樸」。君主多欲，則必奢靡。奢靡則費用多。費用多，自必横徵暴斂。徵斂多則民不堪命。民不堪命，則必鋌而走險。民走險則犯上作亂。故羅隱曰：「是故古先聖王務修儉德，土堦茅宇，綈衣粗裘，捨難得之貨，棓無用之器，薄賦斂，輕徭役，損一人之愛好，益萬人之性命，故天下歡娛，各悅其

生矣。」（《兩同書》卷上，損益）

老子曰：「民之饑，以其上食稅之多，是以饑。」（《老子》第七十五章）君上何以食稅之多？一因奢靡，二因多作爲，制禮樂以防臣下，三因尚兵武威天下，修城郭以防敵衞己。故不能不窮民之力，以償其欲。但防人者人亦反防之，威人者人亦反威之，互不信賴，彼此猜疑，爭亂以生，民窮財盡，飢寒交迫，凍餒難忍，怨尤蓬生，叛亂迭起。譚峭曰：「窮民之力，以爲城郭；奪民之食，以爲儲蓄。」（《化書》卷三，德化，有國）君子固窮，小民窮斯濫矣。濫則無所不爲，叛亂終不能消弭。

譚峭更進而申論其義曰：「天子作弓矢以威天下，天下盜弓矢以侮天子。君子作禮樂以防小人，小人盜禮樂以僭君子。有國者好聚斂，蓄粟帛，具兵甲，以禦盜賊，盜賊擅兵甲，踞粟帛，以奪其國。或曰安危德也，又曰興亡數也。苟德可以恃，何必廣粟乎，苟數可以憑，何必廣兵甲乎。」（《化書》卷三，德化，弓矢）這就是老子所謂「朝多利器，國家滋昏，法令滋彰，盜賊多有」，「天下多忌諱，而民彌貧」。

盜賊多，人民叛，爲君主者，不必怨尤，因爲這些的事亂，皆由君主所自召，固不可歸咎於盜賊和人民。譚峭曰：「人主愼勿怨盜賊，盜賊惟我召；愼勿怨叛亂，叛亂稟我教。」（《化書》卷四，仁化，太和）在政風萎靡不振，官吏寡廉無恥之際，政府多一作爲，便多害民一次，因之人民便多生怨一層。所以譚峭曰：「民不可理，而理之愈怨。」（《化書》卷四，仁化，止鬪）又曰：「濟民，不如不濟；愛民，不如不愛。」（《化書》卷三，德化，養民）所謂濟民者，則貪官汚吏，便可假公濟私，乘機以剝削人民，而飽私囊。所謂愛民者實足以擾民，使民不得安居樂業，因我不好靜，而民自不能得其正。

第四節　去奢崇儉

一、奢侈的危害——君主奢靡的原因有二：一是多欲。人生而有欲。有欲則求，君主位高權重，求則得之。得其所求，而償其欲，欲償則身樂心怡。欲無窮，樂難止，愈奢侈則愈想奢侈，愈貪樂則愈想貪樂。君多欲而奢侈，則費用必鉅。費鉅則食稅多。君食稅多，人民陷於飢餓。民飢則怨生，怨生則叛起，叛起則君危而國亂。二是禮繁。禮尚繁文瑣節，禮尚服章，別貴賤，禮尚揖讓昇降，禮重冠冕車輅，禮重宮殿燕享。凡此諸端，皆耗財多費。為籌此財費，自不得不從事聚斂。聚斂沉重，民不勝負擔，淪於窮苦，窮則濫，濫則亂，於是爭戰以起，甲兵以興，終至王朝滅亡。禮與奢有密切關係，故孔子警告曰：「禮與其奢也，寧儉。」（《論語》八佾篇）

譚峭曰：「夫禮失於奢，樂失於淫。奢淫如水，去不復返。議欲救之，莫過於儉。儉者均食之道也。食均則仁義生，仁義生則禮樂序，禮樂序則民不怨，民不怨則神不怒，太平之業也。」（《化書》卷六，儉化，太平）欲壑難滿，奢者愈奢，慾火不戢，必將自焚。譚峭曰：「服絺綌者不寒，而衣之布帛愈寒。食藜藿不飢，而飯之黍稷愈飢。是故我之情也不可不慮，民之心也不可不防。凡民之心，見負石者樂於負塗，見負塗者樂於負芻。饑寒無實狀，輕重無必然。蓋豐儉相形，彼我相平。我心重則民心重，我務輕則民務輕。能至於儉者可以與民為權衡。」（《化書》卷六，儉化，權衡）奢則多欲，多欲必重斂，重斂則民怨叛。所謂「財聚則民散，財散則民聚」。儉則寡欲，寡欲則少作為，少作為則民不受擾。所謂「我無為而民自化，我無事而民自富」。

禮趨於奢，奢則斂，斂則亂。譚峭曰：「顧盼化揖讓，揖讓化升降，升降化尊卑，尊卑化分別，分別化冠冕，冠冕化車輅，車輅化宮室，宮室化掖衞，掖衞化燕享，燕享化奢蕩，奢蕩化聚斂，聚斂化欺罔，欺罔化刑戮，刑戮化悖亂，悖亂化甲兵，甲兵化爭奪，爭奪化敗亡。其來也勢不可遏，其去也力不可拔。是以大人以道德游泳之，以仁義漁獵之，以刑禮籠罩之，蓋保其國而護其富貴也。」（《化書》卷一，道化，大化）所謂道德、仁義、刑禮，非以利民、保民、養民，而是君主用以保其君位，護其富貴的御用工具。羅隱亦曰：「古先暴君，志在奢淫，瑤臺象床，錦衣玉食，購難得之貨，斲無用之器，厚賦斂，煩徭役，益一人之愛好，損萬人之性命，故使天下困窮，不畏其死矣。」（《兩同書》卷上，損益篇）

二、去奢而崇儉——君子之德風，小人之德草，草上之風必偃。所以去奢崇儉，須自君主自己作起，以爲表率，方能收風行草偃之效。譚峭曰：「使之儉，必不儉。我儉，則民自儉。機在此，不在彼，柄在君，不在人。」（《化書》卷六，儉化，解惑）又曰：「君儉則臣知足；臣儉則士知足；士儉則民知足；民儉則天下知足。天下知足，所以無貪財，無競名，無欺罔，無矯佞。是故禮義自生，刑政自寧，溝壘自平，甲兵自停，遊蕩自耕，所以三皇之化行。」（《化書》卷六，儉化，三皇）儉則知足，知足則無貪、無競、無欺、無矯，於是禮義生，刑政息，戰備除，戰爭息，民輟遊蕩而自耕，則國泰民安，三皇之化得以實現。

譚峭處在農業社會，人口日見增加，而生產技術未能進步，只有節約儉省，減低消費量，消除浪費，始能維持生活，不致有飢餓之苦。民無饑餓，始可安其居，樂其業，使社會安定，不生暴亂。農業社會的生活規範與道德標準，以勤儉爲重要要求。這亦就是《大學》所說的「生財有大道，生之者衆，食之者寡，爲之者急，用之者舒，則財恒足矣。」（《大學》十，釋治國平天下）譚峭曰：「奢者三歲之計，一歲之用。儉者一歲之計，三歲之用。至奢者猶不足，至儉者尙有餘。奢者富不足，儉者貧有餘。奢者心常貧，儉者心常富。奢者好親人，所以多過，儉者能遠人，所以寡禍。奢者事君，必有所辱，儉者事君，必保其祿。奢者多憂，儉者多福。能終其儉者，可以爲天下牧。」（《化書》卷六，儉化，天牧）奢者多過、不足、多憂；儉者則寡禍、有餘、多禍。奢者劣，儉者優，爲天下牧者，自須去奢崇儉，其理至爲明顯。儉則無事，老子曰：「我無事而民自富。」（《老子》第五十七章）

譚峭曰：「儉於臺榭，則民力有餘。儉於寶貨，則民財有餘。儉於戰伐，則民時有餘。」（《化書》卷六，儉化，雕籠）又曰：「自古及今，未有亡於儉者也。」（《化書》卷六，儉化，損益）由此言之，儉德具有極大的功效與價値；奢侈則有無窮的罪戾，爲政者焉可不去奢而崇儉。譚峭以爲由崇儉而至慳吝者，亦不足爲恥，且爲富國富家的大道。他說：「世有慳吝者，人以爲大辱，殊不知始得純儉之道也。於己無所與，於民無所取。我耕我食，我蠶我衣，婢僕不饑。人不怨之，神不罪之。故一人知儉，則一家富；王者知儉，則天下富。」（《化書》卷六，儉化，慳號）譚峭極力崇尙儉德，蓋基於老子的思想。老子曰：「我無事而民自富，我無欲而民自樸」（《老子》第五十七章）；「見素抱樸，少私寡欲」（《老子》第十九章）。譚峭崇儉的理論基礎，實起源於老子的這些啓示。

卷三　兩宋時代

第六十三章　宋代政治思想的大勢

第一節　宋代政治思想的特質

一、儒學獨尊的時代——中國的學術思想，於春秋戰國時代，最爲蓬勃興盛，百家爭鳴，異彩四放，思想創新，派別分歧，實空前未有的學術盛事。論者區分當時的學術思想爲六家，曰儒，曰道，曰墨，曰陰陽，曰名，曰法。儒爲當時顯學，洙泗思想，魯鄒學說，風行流傳，可稱鼎盛，六經之學立中國學術道統之始基，有百世不渝之價值。迨暴秦統一中國，箝制思想，施行暴政，焚詩書，坑儒士，儒家的學術思想受到一大打擊。

漢興，儒學乃見復興，六經之學雖有古文經、今文經兩派之爭，然同爲研究儒家的學術思想，不足爲怪。西漢初，鑑於秦政暴戾，苛擾實甚，民不堪命，且在長期戰亂之後，國喪元氣，民力疲憊，黃老思想遂得大爲流行，主張淸靜無爲，與民休養生息。開國元勳，朝廷重臣，如蕭何、曹參、陳平、周亞夫、張釋之、汲黯等，皆信持黃老思想，反對多所更張。竇太后尤篤黃老。漢武帝有若干改革構想，皆受制於竇太后，未得施行。武帝雖罷黜百家，獨尊儒學，然自此而後，習儒者流爲干祿入仕之階，且重章句，失之枝離瑣細，對經學義理之發揮，無甚貢獻。前漢之世，雖有陸賈、賈誼等力倡儒學，然其勢未盛。董仲舒以陰陽五行之說滲入儒學，失卻儒學眞面目。故前漢之世，儒學未及於興盛境界。

漢光武篤信圖讖符命之說，軍中餘暇尙發圖讖，卽帝位，定服色，皆依圖讖而爲之，用人行政，多以符命決疑，甚而下詔布讖書於國中。圖讖符命之說跡近迷信虛妄，儒者多不贊成。儒者桓譚上疏諫之，極言圖讖非經，且曰：「臣不識讖」，激怒光武，至於下令斬譚，譚叩頭流血，得釋。鄭興儒者，亦以「臣不爲讖」，而遭光武之不悅。上有好者，下必有甚焉。後漢開國君主既倡圖讖符命之說於前，後繼諸帝遂亦信之而不疑。故後漢之世，爲圖讖符命的迷信思想盛行時代，儒學受其掩蓋，以致其勢不彰。王充著《論衡》一書，力斥圖讖、符命、災異、鬼神等說的虛妄，但其思想取向則近於道家學說，並非儒者的立論。

三國之世，曹操尙計謀，崇法術，卑視儒士，以其迂濶不切實用，用人重才不重德，故儒學不得振起。諸葛亮自比管樂，治蜀則科敎嚴明，信賞必罰，殆法家者流，並非醇儒。時值戰亂，儒學中心的洛陽太學，毀於戰火，化爲灰燼，儒士喪沮，精神不振，自無以言儒學之硏究與振興。

魏晉南北朝時代，老莊思想盛行，儒學趨於式微。這一時代，神州分裂，南北對峙；五胡亂華，僭國十六。干戈不息，政治混亂，朝代屢易，簒殺頻仍，骨肉相殘，兄弟鬩牆，爭城爭地，殺人盈野，生死不測，禍福無門，人人不知命在何時，於是名流世族及才識之士，態度悲觀，只圖明哲保身，逃避現實，不論時政，免談國事，皆乃空談虛玄，信持老莊思想。或尙曠達，不拘禮法，放浪形骸。或崇自然，只求自由，無法無君。或只爲我，自私自利，縱欲享樂。摒棄六經，卑視儒學，世風敗壞，道德淪喪。故顧炎武曰：「三國鼎立，至此垂三十年，一時名士風流，盛於洛下，乃其棄經典而尙老莊，蔑禮法而崇曠達，視其主之顚危若路人。……是以講六藝，鄭玄、王肅爲集漢之終；王弼、何晏爲開晉之始。至於國亡於上，教淪於下，羌戎互僭，君臣屢易，非林下諸賢之咎其誰哉？」（《日知錄》卷十三）

儒學衰於後漢，息於六朝，至隋唐而儒學復興。南北朝之世，胡人亂華，侵佔中原。然胡戎之主，多有景慕中華文化，而仿擬行之者。如北周官制悉仿於西周，石勒之修明堂、辟雍、靈臺便是其例。因之，儒學源流，遂得流傳於異族，而得有所保存。隋文帝以北周權臣而一天下，對中國文化並不生疏，遂能建立科學取士制度。隋末王通起於河汾，著《中說》一書，宏揚儒學，盛讚孔子，爲一代儒宗，謚文中子，開唐代儒學復興之先河，通之弟子如李靖、房玄齡、魏徵等皆爲唐初名臣。

唐李淵、李世民父子平定天下，建統一政權，勵精圖治，文治武功，皆有足多者。國內安定，四夷賓服。《貞觀政要》一書，乃太宗與大臣儒學論政的紀錄。太宗自撰《帝範》十二篇，主張仁義治國，任用賢才，愛民畏民，宣揚儒學，不無貢獻，君倡於上，臣效於下，儒學復興於唐代，良有以也。大唐聲威遠播海外，新羅來唐請禮經，日本入朝受經教。民族自信心因以大振。韓愈、柳宗元皆以盛世樂觀心情，宏揚儒學。韓愈之功尤著，崇道統，尊孔孟，「文起八代之衰，道濟天下之溺。」

宋太祖受後周之禪，結束五代亂局，天下復歸統一，國內趨於安定。學術思想的研究，承受唐代儒學復興的餘緒而更光大之。儒學遂能進於獨尊的地位。宋代學者無論理學派的周敦頤、張載、程顥、程頤、朱熹、陸九淵；功利派的陳亮、葉適，進取派的李覯、蘇洵、王安石，保守派的歐陽修、蘇軾等雖各人政治立場、思想取向多有不同，然皆崇尙儒學，師述孔孟，不背悖於道統，無一不是博覽群經，碩學鴻儒。儒學佔着絕對優勢，居於獨尊的地位。道釋兩家的思想，均屈居下位，不能與之抗衡。

二、儒學變古的時代——一個學派的存在與發展，要依循累積進化的原則，不斷的隨時代環境而變遷，且此變遷的本身又隨時改進與創新。具體言之，一個學派要隨時代環境變遷，不斷的攝取新資源，吸收新思想加以融會與消化，使成爲本身的新血輪，以充實自身，提昇自身。此之謂推陳出新，依舊生新，俾日趨壯大，日趨發展。否則，一個學派若祇能保持原來的理論與內容，抱殘守缺，因陋就簡，不求進步與充實，必日漸萎縮，成爲時代的落伍者，而歸於衰退與式微。

儒學的原始思想與內容，概見於孔孟的《論語》、《孟子》及《詩》、《書》、《易》、《禮》、《樂》、《春秋》之六經。子夏發明章句，六經之義，一章一句，燦然大明，如日當正中，爲六經不刊之作。荀卿著《荀子》二十卷，倡人性惡，重禮義，釋天道，尙正名，研心理，創新義，立宏詞，明奧旨，對儒學輸入新血，充加新力，發揚及恢宏儒學的重大貢獻與價值，功不可沒。

漢代雖有黃老思想及圖讖符命之說的流行，然儒學於此時亦有可觀的發展與進步。經籍蒐求頗有收獲。記口耳授受之師說而有今文經的出現；得壞壁之藏書，而有古文經的收獲。這些經籍提供儒學研究不少新資源。設太學，立五經博士，培育儒學新秀。漢代思想家著書立說宏揚儒學者不乏其人。董仲舒《春秋繁露》、陸賈《新語》、賈誼《新書》、揚雄《法言》、《太玄》、桓譚《新論》、王符《潛夫論》、仲長統《昌言》、徐幹《中論》、劉向《說苑》、荀悅《申鑒》等即其例證。至於大儒傳經注經者，亦大有人在。如京房《京氏易傳》，戴德、戴聖傳《禮記》，馬融注《孝經》、《論語》、《詩》、

《易》、《尚書》，鄭玄注《易》、《詩》、《書》、《禮》、《儀禮》、《論語》、《孝經》、《尚書大傳》，王肅爲《尚書》、《詩》、《論語》、三《禮》、《左傳》作疏解，便是著例。

魏晉南北朝之世，老莊思想盛行，清談玄學成風氣。然何晏註《論語》，王弼註《周易》，皆以道家思想解釋儒家之論，對儒學不失爲一新刺激。何晏作《論語集解》，六朝以來，風行於世。其書係集漢儒解釋《論語》之言，而有所補充，然多爲以道家思想論儒學者。《易》本爲卜筮之書，至其末流，則流爲圖讖、符命與緯書，王弼註《周易》極力攻擊此種流弊，自標新理，而糾責之。

隋末王通著《中說》，宏揚儒學，尊崇孔子，開唐代儒學復興之先河。唐興，太宗踐位，海內無事，乃銳意經籍，廣用儒術之士，設弘文舘，建孔子廟。貞觀二年，停以周公爲先聖，始立孔子廟，以孔子爲先聖，顏子爲先師；選文學儒士虞世南、姚思廉等更番入殿，講論經義，商略政事，至夜分始罷。太宗更令顏師古考校五經頒於天下；孔穎達等撰定《五經正義》，令天下傳習。中唐之世，韓愈大振儒家之業，力斥釋氏之說，別華夷之界，明仁義之本，講爲治之正道，論養生之要。儒學的發達，於唐代殆達於登峯造極的境地。

儒學發展及於唐代，達於登峯造極的境地或飽和狀態，不有新血輪的輸入及催化劑的注射，便難再提昇至於高的層次及更光大的發揮。宋代理學的興起，便是尊儒者融佛於儒、融道於儒的新儒學，雖依傍於孔子，而不拘守漢代的師法，不受唐代經義的限制，不失爲推陳出新，依舊創新的大創化。這是儒學的變古而生新。

理學的主旨在探求明心見性之理。而高僧慧能的明心見性，直了成佛，自性含萬法，萬法皆在人性中。理學得佛學之助，遂蔚成空前未有的哲學系統。在魏晉之世，何晏著《論語集解》，王弼注《周易》，道已融於儒。周敦頤著《太極圖說》，言無極，由太極而明人極。而道經中本有「太極先天之圖」。邵雍之學以心爲體，以人爲本，而言「宇宙便是吾心，吾心便是宇宙」，與慧能之言，無以異矣。張載本跅弛豪縱，幡然知性命之求，出入佛老，終歸於儒家。程顥之學，以識仁爲先，定性爲本，而存之以誠敬。程頤以理與氣爲天地萬物之本原；萬物本性卽爲理，理無不善，故性亦善。朱熹之學在於窮理以致其知，反躬以踐其實。朱熹謂性卽理，故窮理以盡性。陸九淵謂心卽理，故明心以見性。

宋代另有經世致用的功利派的思想，和明心見性的理學派思想處於對立的地位，批評理學派空談心性，不切世用，無補時艱。功利派的思想，講究經世致用，研究富國强兵實務，俾能禦敵自强，振揚國威。北宋的歐陽修、李覯、王安石，南宋的呂祖謙、陳傅良、陳亮、葉適爲此派代表人物。經世致用本爲儒家的傳統目的，惟先秦漢唐儒者，多注重仁民愛物，與民休養生息。若談及富國强兵之道，便視爲申韓覇術，不以聖人之徒相許。後儒王符、荀悅雖針砭衰政，指斥時弊，然所論亦不過整飭綱紀，任用賢才。而宋代功利派諸儒士則公然倡功利思想，以與仁義相抗衡，相表裏，一反孟子「亦有仁義而已矣，何必曰利」之教；和董仲舒、賈誼的論說亦大不相同。這是宋代儒學的鉅變，可視之學術革命。

第二節　理學派思想的崛興

一、學術的背景——孔子學說經卜子夏發明章句，六經之義，燦然大明。曾參著《大學》，述孔子之言。大學者以其記博學可以爲政也。孔伋著《中庸》。程頤曰：「此篇（《中庸》）乃孔門傳授心法，子思恐其久而差也，故筆之於書，以授孟子。其書首言一理，中散爲萬事，末復合爲一理。放之則彌六合，卷之則退藏於密，其味無窮，皆實學也。」（《大學》序）孔子弟子之傳經者，《詩》則有子夏，《書》則有漆雕開，《易》則有商瞿，《禮》則有曾參，《春秋》則有左邱明及子夏門人公羊高、穀梁赤。孟軻著文七篇曰《孟子》，言人性善，仁義禮智皆源於人之本性，爲政「亦有仁義而已矣，何必曰利」。荀卿著文二十篇，曰《荀子》，言人性惡，善者僞也，重禮義，以矯飾人性；尚合群，分以和之，義以一之。孔學經這些大儒的闡釋與發揚，精義盡見，光芒四放。

暴秦焚詩書，坑儒士，儒學受到一大打擊和挫折。漢興，惠帝除挾書之禁，廣搜尋舊日經籍。然舊經搜尋不易，乃由耆宿鴻儒，口授經義，以當時文字，筆之於書，而博傳於生徒，是謂今文經。武帝末，魯恭王壞孔子宅，欲以爲宮，於壁中得舊經多種，皆古文字，爲古文經。武帝罷黜百家，獨尊儒學，表章六經，立太學，設五經博士。但因有今古經之爭，互不相下，或重章句，或守師法，儒學殊少長足發展。董仲舒雖係儒者，然著《春秋繁露》，以陰陽五行之說，滲入儒學，而自建思想體系，可謂儒學之一變。東漢之世，乃圖讖、符命、緯書盛行時代，儒學因以不振。

魏晉南北朝之世，老莊思想大爲流行；無論豪族貴胄，才識之士，皆崇尚清談玄學，或喜曠達，不拘禮法，放浪形骸；或倡爲我，縱欲享受，只求目前快樂；或羨神仙，服食丹藥，企求長生不老，或重自由，只求自由自在，無拘無束，無父無君。且佛教思想同時亦頗流行，帝王多信佛，佛寺林立，僧尼衆多，佛圖澄、鳩摩羅什、曇摩羅利等高僧，所譯佛經，册帙浩瀚；民間信佛者，亦頗普遍。儒學在佛道兩家思想的雙重壓迫下，自趨於式微。然清談鉅子王弼注《周易》，何晏著《論語集解》，皆以道家思想解釋儒學。融道於儒，乃是儒學的又一變。

隋末，王通著《中說》，宏揚儒學，讚揚孔子，開唐代儒學復興之先河。唐興，太宗崇念古先哲王，重用儒士爲大臣，《貞觀政要》乃太宗與大臣儒學論政的紀錄。太宗設弘文館，詔以杜如晦、虞世南、褚亮、姚思廉等十八儒者爲館之學士，崇其品秩，優其待遇，且常引入殿內，講論經義，商略政事。且始立孔子廟於國學，以孔子爲先聖，顏淵爲先師，大徵天下儒士，以爲學官。更詔令顏師古考定五經，頒於天下，命學子學習；令孔穎達等撰《五經正義》，凡一百七十卷，令天下傳習。儒學因於歷長期的不振後，而大見復興，且使往昔儒者的爭執與分歧而趨於統一。

然唐代佛敎思想亦甚爲流行，終唐之世，佛敎思想與儒學呈分庭抗禮之勢，儒學尚未佔到獨尊的地位。魏晉南北朝時代，佛敎雖盛行，然重在佛經的翻譯，而隋唐之世，對佛敎的研究，重在理解與融化，因以收到發揚光大的功效，於是佛敎組織與儒學體系得以大備。佛敎宗派，前此有成實、三論、涅槃、地論、淨土、禪、俱舍、攝論八宗。隋唐時代繼而新起者有天台、華嚴、法相、眞言、律五宗。唐三藏玄奘至天竺取經，受戒賢法師之敎，並斟酌其他九家之說著成《唯識論》十卷，其弟子窺基作成《唯識論述記》二十卷及《因明大疏》三卷，使佛學生氣勃發，非儒學所能及。

宋承唐代學術思想之餘緒。迨至唐代，中國固有的儒學已達於登峯造極的地步，呈現飽和狀態，亦可以說瀕臨於盛極必衰的邊緣；若無新血輪的輸入或催化劑的注入，恐將趨於衰微。而此時，外來的佛敎思想，如禪宗慧能的明心見性，直了成佛，法相宗玄奘的心王爲主，心外無法，百法皆心，以心傳心，卻生氣勃發，引人入勝。而宋儒乃仿效漢人董仲舒，滲雜陰陽五行之說於儒學的故智，晉人王弼、何晏融道於儒的技巧，就地取材而將佛學思想作爲新血輪與催化劑注射入於儒學的身體中而產生所謂新儒學的理學。這一混血兒乃是一聰明絕世的哲學天才，並非經世致用的實際政治家。

二、學說的要旨——理學亦曰性理學或道學。後漢以後，治經者專重章句與訓詁，而宋儒治學則着重義理，故曰理學；同時，宋儒治學在究談性命之理及明心見性之道，故亦稱性理學。稱道學者，意指繼承堯、舜、禹、湯、文、武、周公、孔子、孟子一脈相傳之「道統」。理學亦曰宋學，蓋別於漢學而言。理學實乃採釋氏心性之說及道家象數之理，用以解釋先秦的經籍。理學家雖自命繼先聖絕學，實則係採所謂「異端」的思想而自立門戶。理學得佛道兩家新血液的注入，遂使盛極將衰的固有儒學，大有起色，蔚然振作而形成中國空前未有的哲學系統。

韓愈雖排佛學，但其門生李翺著《復性書》，係採梁肅止觀統例之說解釋《大學》、《中庸》，受佛學影響甚深，實爲理學家融佛於儒的先導。他以佛學的本心釋性，以無明煩惱釋情。衆生與佛皆具淨明圓覺的本性，不過衆生的本性被無明煩惱所遮蓋，如水因沙而渾濁，但沙固無害於水之爲水。李翺曰：「人之所以爲聖人者，性也；人之所以惑其性者，情也。喜怒哀懼愛惡欲七者，皆情之所爲也。情既昏，性斯溺矣」；「水之渾也，其流不清；火之煙也，其光不明。非水火清明之過，沙不渾，流斯清矣；煙不鬱，光斯明矣。」（《李習之全集》《復性書》上）惟情實由性而生，性亦由情以明；故欲去無明煩惱，不在斬斷其情，乃在復乎其性。他說：「聖人者，豈其無情也？聖人者，寂然不動，不往而到，不言而神，不耀而光，制作參乎天也，變化合乎陰陽，雖有情也，未嘗有情也。」（《復性書》上）他依循此理，而解釋《中庸》之誠曰：「是故誠者，聖人之性也。寂然不動，廣大清明，照乎天地，感而遂通天下之故；行

止語默，無不處於極也。復其性者，賢人循之而不已者也，不已則能歸其源也。」（《復性書》上）

漢初，董仲舒融陰陽五行之說於儒學，而建立天人合一論的經學，宋初，周敦頤更融道於儒，融佛於儒，建立新天人合一論的理學；並以其理學解釋《大學》、《中庸》。他以爲人間社會乃是「萬一各正，大小有定」（《通書》）。他說：「無極而太極。太極動而生陽，動極而靜，靜而生陰。靜極復動，一動一靜，互爲其根，分陰分陽，兩儀立焉。陽變陰合，而生金木水火土。五氣順佈，四時行焉。五行一陰一陽也，陰陽一太極也，太極本無極也。五行之生也，各一其性。無極之眞，二五之精，妙合而凝。乾道成男，坤道成女，二氣交感，化生萬物，萬物生生而變化無窮焉。惟人得其秀而最靈。形既生矣，神發知矣，五性感動，而善惡分，萬事出矣。聖人定之以中正仁義而主靜，立人極焉。」（《太極圖說》）人極乃指聖人。「故聖人與天地合其德，與日月合其明，四時合其序，鬼神合其吉凶。君子修之吉，小人悖之凶。」周氏以爲人極便是人性的本體，猶如佛家的「眞如」，或《中庸》之「誠」。他說：「誠者聖人之本。大哉乾元，萬物資始，誠之源也。乾道變化，各正性命，誠斯立焉，純粹至善者也。」（《通書》誠第一）

邵雍以爲「太極不動，性也。發則神，神則數，數則象，象則器，器之變，復歸於神也。」（觀物外篇）由此觀念，他認爲一切事物都是循環性的，且依佛學的成、住、壞、空的四段循環以解釋《易經》。故天以日、月、星、辰而循環，世界以元、會、運、世而循環，政治依皇、帝、王、覇而循環。

張載思想的極致，是「爲天地立心，爲生民立命，爲往聖繼絕學，爲萬世開太平」，精思力踐，聖人之詣必可至，三代之治必可復。著西銘曰：「乾爲父，坤爲母，予玆藐焉，乃渾然中處。故天地之塞吾其體，天地之帥吾其性，民吾同胞，物吾與也。」

程顥以識仁爲先，定性爲本而存之以誠敬。他說：「仁者，渾然與物同體。義禮智信，皆仁也。識得此理，以誠敬存之而已，不須防檢，不須窮索。」（識仁篇）又曰：「所謂定者，動亦定，靜亦定，無將迎，無內外。苟以外物爲外，牽己而從之，是己性爲有內外也。且以己性爲隨物於外，則當其在外時，何者爲在內？是有意於絕外物，而不知性之無內外也。既以內外爲二本，又烏得遽語定哉。」（定性篇）

程頤以爲性卽是理，理無不善，故性亦善；氣有清濁，才稟不同，乃有善惡。他說：「性卽理也，所謂理性也。天下之理原其所自，未有不善，哀樂之未發，何嘗不善？發而中節，則無往而不善，發不中節，然後天下之間，只有一個感應而已，更有何事？」（《伊川語錄》）性分本然之性與氣質之性。本然之性，卽爲理性；氣質之性，卽爲才稟之性。本然之性爲純善；氣質之性，有善不善。

朱熹之學在窮理以致其知，反躬以踐其實；重持敬以成始成終，尊學問以克保其性。他說「所謂致知在格物者，言欲致吾之知，在卽物而窮其理也。」（《四書集註》）朱子曰：「或問所謂格物致知之學，與世之所謂博物洽聞者奚以異？曰：此以反躬窮理爲主，而必究其本末是非之極；至於彼則以徇外誇多爲務，而不覈其表裡之實。」（《朱子語錄》）又曰：「克保其性，而不悖其事，所以順乎天也。然舍講學其誰之哉。」（《朱子語類》）又曰：「因歎敬字工夫之妙，聖賢所以成始成終者皆由此，故曰修己以敬。」（《朱子語錄》）

朱陸異同，在於朱熹以爲性卽理，故窮理以盡性。陸九淵以爲心卽理，故明心以見性。陸氏曰：

「宇宙便是吾心，吾心便是宇宙。此理塞宇宙，所謂道外無事，事外無道。」（《象山語錄》）陸氏師孟子之意，以爲爲學之本以心爲主，力持先立其大者。《孟子》告子篇曰：「心之官則思，思則得之，不思則不得也；此天之所與吾者，先立乎大者，則其小者不能奪也。」朱熹道學問，故主張格物致知，卽物以窮其理。陸九淵尊德性，故主張明心見性，不失其大者。

第三節　功利派思想的勃起

一、時代的要求——兩宋之世，國勢薄弱，外患不斷，戰未必能操勝算；講和未必能瓦全，國勢艱危，朝野憂心。國家興亡，匹夫有責。而飽學碩儒，社會菁英，不謀救危圖強方術，竟一味空談心性，虛究哲理，不切實務，毫無補助於國計民生。於是深思遠識之愛國志士，愍然憂心，奮然興起，倡經世致用的功利思想，發爲富國强兵之議，圖振委弛苟安之習，以與空談心性的理學派思想相對抗。

五代之世，周世祖勵精圖治，先滅南唐，後取後蜀四州（秦、鳳、階、成），復伐北涼，親征契丹，收復瀛、莫二州，議攻幽州時，中途得病，晏駕。宋太祖卽帝位，雖能統一中原，平定十國，然北邊夷狄之患卻不能滅。太宗繼位，雖曾兩次伐遼，然出師皆不利，石敬塘所割去之燕雲十六州不能收復。眞宗在位，契丹直犯魏貝，帝親自出征，未能勝寇，而有澶淵之盟，納歲幣以講和，只求苟安，無敗敵之壯圖。太祖懲唐末藩鎭之禍，集重兵於京師，矯枉過正，集權太甚，造成地方兵力薄弱，無力應變禦敵。遂致「遠夷作難，而中國拱手歟！小臣伏死而州縣迎降歟！」（葉適語）西夏元昊坐大，屢次內侵，宋竟納歲幣以求和，以大事小，示弱於人，實乃奇恥大辱。蓋當時君臣自知兵弱財乏，難以應敵，不得不忍痛以求苟安。

仁宗之世，政風士氣，多務因循，不求振作。王旦爲相，謂：「祖宗之法具在，務行故事，愼所改變」；仁宗亦意在「遵守故常」，而宰相呂夷簡復「以姑息爲安，以避謗爲智」，無所改進，焉能致強。宋制，總天下之兵，集於京師，遇邊患分番遣兵屯戍以禦寇，軍費消耗至爲龐大，造成財政匱乏，國庫虛空。且募強悍失職及凶年饑民入兵籍，遂致「將帥之臣入奉朝請，獷暴之民收隸尺籍，雖有桀驁恣肆而無施於其間。」（《宋史》兵志序）其弊則流於「悉變雄武可用之才爲媮惰文弱之卒，內不足以爲亂，則外亦不足以禦侮。」（趙翼《二十二史劄記》卷二五）

神宗英明有大志，慨夫數世之國恥，思所以湔拔之，意在用兵開邊而復國。然欲成此志，首在富國強兵，於是用王安石爲相，變法圖強，然因守舊派的阻擾，以致新政未能貫徹，圖強未成，徒啓政爭。徽宗在位，崇信道敎，大興土木，廣建道觀，耗費鉅大之府庫財於無用之地，喜愛藝術，愛戀名妓李師師，怠於朝政，又用宵小蔡京、童貫爲宰相，敗壞國事，朝政日非，瀕於不可收拾的邊緣，乃內禪於皇子恒是謂欽宗，在位一年，年號靖康，而金人大擧入侵，攻破汴京，徽、欽二帝被俘北狩，北宋以亡。

康王趙構南渡，於臨安卽帝位，是謂南宋高宗。高宗並無恢復中原之大志只求苟安於一隅，不採宗澤、李綱、岳飛忠勇進取之謀，而聽奸相秦檜構和之議。宋對金雖屈辱構和，而金人侵宋之兵並未稍息。此後朝野仍不圖振作有爲，或者專權擅政，國事日壞，或者爭逐酒色，燕安享樂，而所謂碩學鴻儒，國之菁英者卻漠不關心國事，謀所以救危圖強，乃一味空談心性，虛究哲理，無補於國計民生；於是深謀遠識、忠勇進取之士及經世致用之儒，乃起而揭功利思想的旗幟，發爲富國强兵之議，圖振萎弛苟安之習，深信圖强非恃空言，救危必資實學。

二、思想的要旨——較早的功利派的思想家當推呂祖謙。他咎責性理玄談的不切日常生活，理論與實踐並不一致。他說：「人二三十年讀聖賢書，一旦遇事，便與里巷人無異。……教國子以三德三行，立其根本，固是綱擧目張，又須教以國政，使之通達治體。古之公卿皆自幼時，便教之以爲異日之用，今日之子弟，卽他日之公卿，故國政之善者，則教之以爲法；或失，則教之以爲戒；又教之以如何整救，如何指畫，使之洞曉國家之本末源委。蓋生天地間，豈可不知天地間之事乎？」（《宋儒學案》）

陳亮生當南宋國事日蹙之時，目覩空談性理者之百事不理，故以事功爲務，冀復國土，而雪國恥，以爲「功到成處，便是有德，事到濟處，便是有理」，蓋道德義理，莫不在事功之內，除卻事功，便無道德義理之可言。他鍼砭當時的理學家曰：「世之學者玩心於無形之表，以爲卓然而有見。此其得之淡者，不過如槁木死灰；得之深者，亦安得所謂文理密察之道。」（《龍川文集》與應仲實書）陳亮以爲士當以文章行義自名，居官當以政事書判自顯；千途萬轍，以事作則，爲學之道，在於成人。他說：「爲士以文章行義自名，居官以政事書判自顯，各務其實，而極其所至，各有能不能，卒亦不敢强也。……爲士者恥言文章行義，而曰盡心知性，居官者恥言政事書判，而曰學道愛人。相蒙相欺，以盡廢天下之實，終於百事不理而已。」（《龍川文集》送吳允成序）他以爲道學必須以人學爲根本，舍人學更無所謂道學。他說：「人之所以與天地並立爲三者，非天地常獨運而人爲有息也。人不立，則天地不能以獨運；舍天地則無以爲道矣。夫道不爲堯存，不爲桀亡者，非謂其舍人而爲道也；若謂道之存亡，非人之所能與，則

舍人可以爲道，而佛氏之言不誣矣。」（《龍川文集》復朱元晦書）

葉適指責當時的理學曰：「古人多識前言往行以蓄其德，近世必心通性達爲學，而見聞幾廢，狹而不充，爲德之病。」（《水心文集》題周子實所錄）葉適之學，以禮爲宗，以恕爲本，力矯當時之虛論，而歸本於開務成物之道。他說：「禮者所以修己，恕者所以治人。程氏誨學者必以敬始，予謂必始於禮，禮復而後始能敬。」（《水心文集》敬亭後記）又曰：「故明恕而多通，吏之所以自敎，節廉而少欲，吏之所以自善。少欲則民有餘力；多通則民有餘情，然後推其所以自養者亦養人廉，推其所以自敎者亦敎人恕。此忠信禮義之俗所由起，學之道所由明也。」（《水心文集》瑞安縣學記）禮爲葉適的學術宏旨。言性理者主持敬，以敬則能誠。能靜，可以致窮理之功。言事功者則重禮，以禮爲體爲履，所以體國經家。葉適以爲無功利則道義爲無用之虛語。他說：「正其誼不謀其利，明其道不計其功，初看極好，細看全疏濶。古人以利與人，而不自居其功，故道義光明。旣無功利，則道義乃爲無用之虛名耳」；「古人勤心苦力，爲民除患致利，遷之善而遠其罪，所以成民也。」（《水心文集》習學記言）又曰：「讀書不知接統緒，雖多無益也；爲文不能關敎事，雖工無益也；篤行而不合於大義，雖高無益也；立志而不存於憂世，雖仁無益也。」（《水心文集》贈薛子長序）

甲、北宋之世

第六十四章　改進派的政治思想

第一節　范仲淹的政治思想

一、**生平事略**——范仲淹字希文，其先邠州人，後徙江南爲吳縣人，生於宋太宗端拱元年（西元九八八年），卒於仁宗皇祐四年（西元一〇五二年），年六十四。二歲時，父卒，家貧，母改適朱姓，遂名朱說，及稍長，詢知身世，毅然離朱家，隻身往南京睢陽學舍就讀，過着「一簞食，一瓢飲，曲肱而枕之」的窮苦生活。歷五、六年而學大成，常感時立志，而曰：「士當先天下之憂而憂，後天下之樂而樂。」眞宗大中祥符八年（西元一〇一五年）中進士，派爲集德軍司理參事。眞宗天禧元年（西元一〇一七年）上表請復范姓，調集慶軍推官，三年除秘書省校書郎，五年監泰州西溪鹽倉。仁宗天聖元年（西元一〇二三年）以勞績升大理寺丞，三年改監楚州糧料院，上書宰相王曾，請「固邦本，厚民力，重名器，備戎狄，杜奸雄，明國聽」。以晏殊薦召試秘閣校理。仁宗十三歲卽帝位，由章獻太后垂簾聽政，至天聖七年，仲淹上書太后請還政於帝，不報，詔出爲河中府通判。九年遷太常博士，旋移調陳州通判。所居雖非要職，然無時不關心國事利病，對朝中不當措施，嘗上疏直諫。

仁宗明道二年（西元一〇三三年）章獻太后逝世，仁宗親政，召還仲淹為司諫，諫阻廢郭后，與宰相呂夷簡不合，出知睦州，不久改調蘇州。仁宗景祐二年（西元一〇三五年），以仲淹興修水利有功，除尚書禮部員外郎天章閣待制，判國子監。為遷都事，上疏言事，大抵皆譏諫時政，忤宰相呂夷簡，指其越職言事，薦引朋黨，出知饒州。後由饒州調潤州，再徙越州。仲淹在官盡力推行惠民興利之政，深得人民愛戴，多有為之立生祠者。

仁宗寶元元年（西元一〇三八年）趙元昊僭稱帝號，國曰大夏。康定元年（一〇四〇年）元昊入寇延州。帝於慶曆元年（西元一〇四一年）派韓琦為陝西經略安撫使，范仲淹為副使共禦西夏，仲淹兼知延州。二人同心協力，攻防兼施，使敵困疲，西藩乃固。時軍中有言曰：「軍中有一韓，西賊聞之心骨寒；軍中有一范，西賊聞之驚破膽。」

西賊平，仁宗慶曆三年（西元一〇四三年）仲淹自樞密副使進拜參知政事，乃是宰相之職。仁宗求治心切，使仲淹上奏時政得失與應興革事宜。仲淹與韓琦、富弼聯合上奏，提出十項綱要，以為革新指標：一曰明黜陟，二曰抑僥倖，三曰精貢舉，四曰擇長官，五曰均公田，六曰厚農桑，七曰修武備，八曰減徭役，九曰覃恩信，十曰重命令。次年，仲淹出為陝西河東路宣撫使，富弼亦使河北，「慶曆革新」遂告停頓。當時朝中已萌朋黨之爭，仁宗聽讒言，慶曆五年仲淹罷任，降知邠州。慶曆八年（西元一〇四八年）徙知荊南府。次年以資政殿大學士加給事中，移知杭州，加禮部侍郎。皇祐二年（西元一〇五〇年）加戶部侍郎，移知青州，兼京都路安撫使。皇祐四年（西元一〇五二年）以疾請改知潁州，行至徐州疾劇，遂卒。贈兵部尚書，諡文正（參考《宋史》卷三百十四，本傳）。

二、各種著作——范仲淹志雖不在於學術研究，但明究經術，獨得奧旨；撰寫文章，則以傳道為任務。他的著作流行於世者，有《范文正全集》，包括正集二十卷，別集四卷，奏議二卷，尺牘三卷，言行拾遺事餘四卷，鄱陽遺事錄不分卷，褒賢祠記二卷，贊頌疏不分卷。《四庫全書總目提要》，對仲淹著有讚譽曰：「仲淹之人品事業卓絕一時，本非借文章以傳名後世。不尚空言，不重辭藻，純用誠心，心之所至即文所行。所論皆能貫通經術，明達治道，有本有原，有體有用；其行祇求無愧於聖賢，學問必求對天下國家有實用，不愧為一代大儒。」

三、政治思想——范仲淹的政治思想具有進取與革新的特性，反對墨守成規，循故蹈常的保守思想，認為政治制度與政治措置，皆須隨時代而演進，作適當的改革，不可一成不變，以致不合時宜。玆依范氏所撰「答手詔條陳十事」疏舉述其政治思想於次：

1.明黜陟——百官的升降，必須以其任職績效為依據，方屬客觀而公平，足以勵士氣，增功效；若僅依年資以晉升，則將坐以待升，而不勤職。他說：「臣觀書曰：三載考績，三考黜陟幽明；然則堯舜之朝，建官至少，尚乃九載一遷，必求成績，而天下大化。百世之後，仰為帝範」。我祖宗廟，文武百官，皆無磨勘之例。惟政能可旌者，擢以不次。無所稱者，至老不遷，故人人自勵，以求績效。今文資三年一遷，武職五年一遷；謂之磨勘，不限內外，不分勞逸，賢不肖並進。此豈堯舜黜陟幽明之意耶？……因循者拘考績之限，特達者加不次之賞，然後天下公家之利必興，生民之病必救，政事之弊必去，綱紀之壞必葺。」一般人依考績優劣，以為升降；特殊人才可作不次之拔。

2. 抑僥倖——眞宗定制，兩省自知雜御史以上，每逢南郊及聖節，皆可奏子充京官，倖進浮冗，與寒素爭路，范氏奏請革除此僥倖任官之弊。他說：「自眞宗皇帝以太平之樂，與臣下共慶，兩省自知雜御史以上，每逢南郊並聖節各奏子充京官。今百姓貧困，冗官至多，授官既輕，政事不擧；俸祿既廣，刻削不暇。審官旣常患充塞，無缺可補。臣請特降詔書，今後兩府及兩省官等，遇大典，只許奏一子爲京官，如奏弟姪骨肉，卽與試銜外，每年聖節更不得陳乞。……如此，則舘閣職事，更不輕授；足以起朝廷之風采，紹祖宗之本意，副陛下愼選矣。」

3. 精貢擧——宋代科擧取士，試詩賦與墨義，重小道而捨大才。范仲淹主張加試策論與經義，俾能選擧通明治理及大道的通才。他說：「今諸道學校，各得明師，尙可敎人六經，傳治國治人之道，而國家及專心辭賦取進士，以墨義取諸科。士皆捨大才而趨小道，求有才有德者，十無一二。況天下危困，乏人如此，將何以救!?臣請諸路州郡，有學校處，擧通經有道之士，專於敎授，務在興行。其敎材之科，卽依賈昌朝等起請，進士先策論而後詩賦；諸科墨義之外，更通經旨，使人不專辭藻，必明理道，則天下諸學必興，浮薄知勸，最爲重要。」

4. 擇官長——地方官長理政治民，爲人民之直接長官，關係至爲重要，不可不愼選賢能以膺其任。范仲淹曰：「今之刺史縣令，卽古之諸侯，一方舒慘，百姓休戚，實繫其人。故盛明之時，必重此任。今乃不問賢愚，累以資考陞爲方面。儒弱者，不能檢吏，得以蠹民；强幹者，惟是近名，率多害物。邦國之本，由此凋殘，朝廷雖至憂勤，天下何以蘇息?……今日以後，所差知州、知縣、縣令，並具合人人歷任功過，擧主人數奏聞；委中書看詳。委得允當，然後引對。如此擧擇，則諸道官吏庶幾得人。」

5. **均公田**——所謂公田乃指職分田，簡稱職田。唐宋之制，各按百官品秩高低，給以一定數目的職田，俾以足食而養廉。其時制度侵亂不均不平，故范氏主張均公田。他說：「臣謂職田本欲養賢，緣而侵民者有之。曰比之衣食不足，壞其名節，不能奉法，以直爲枉，以枉爲直，衆怨思亂，而天下受弊，豈止職田之害耶？又自古常患，百官重內而輕外；外官月俸尤宜豐足，簿尉俸錢尙一二十貫。今窮於財用，未暇增復。臣請兩地同議，外官職田有不均者均之，有未給者給之，使其衣食得足，婚嫁喪葬之禮不廢；然後可以責其廉節，督其善取，有不法者，可廢而誅，且使英俊之流，樂於爲郡爲邑之任，則百姓受賜。」

6. **厚農桑**——宋代仍爲農業社會，養民之要務在厚農桑。范仲淹曰：「臣觀書曰，德惟善政，政在養民。善政之要，惟在養民。養民之政，必先務農。農政既修，則衣食足。衣食足，則愛膚體。愛膚體，則畏刑罰。畏刑罰，則寇亂不興。是聖人之德，發於善政；天下之化，起於農桑。故詩有七月之篇，陳王業也。今國家不務農桑，粟帛常貴。粟帛常貴，府庫日虛，此而不謀，將何以濟？」

7. **修武備**——范仲淹以爲文經武備，二者不可或缺，有文事者，必有武備。他說：「聖人之有天下也，文經之，武緯之，此二道者天下之大柄也。昔諸侯暴武之時，孔子曰，俎豆之事，則嘗聞之，此聖人敎之文也。及夾谷之會，孔子則曰，有文事者，必有武備，請設左右司馬。此聖人濟之武也。文武之道，相濟而行，不可斯須而去也。唐明皇之時，太平日久，人不知戰，國不慮危，逆寇犯闕，勢如瓦解。此失武之備也。」

8. **減徭役**——范仲淹主張採精簡政策，併鄉邑，裁機構，去冗員，藉以緊縮政府支出。政府支出，人民的傜役自可因而輕減。他說：「臣請依後漢故事，遣使先行西京，併省諸邑爲十縣；其所廢之邑並改爲鎭，令本路擧文資一員董榷酤關征之利，兼人烟公事，所廢公人，除歸農外，有願居公門者，送所存之邑；其所在邑中役人，卻可減省歸農，則兩不失所，俟西京併省，稍存倫序，則行於大名府，然後遣使諸道，依此施行。……其鄉村耆保，地里近者，亦令併合，能併一保舊管，亦減役十餘戶；但少傜役，人自耕作，可期富庶。」

9.覃恩信——政府所宣布對人民的恩澤，要切實施行，使得實惠，不可流爲空言，失信於民。范仲淹曰：「至於寬稅斂，減傜役，存恤孤貧，振擧滯淹之事，未嘗施行。使天子及民之意，盡成空言，有負聖心，損傷和氣。臣請今後赦書內，宣布恩澤，有所施行；而三司轉運司州縣，不切遵禀者，並從違制，徒二年，情重者，當行刺配。……今後每遇南郊赦後精選臣僚，往諸路安撫。察官吏能否，求百姓疾苦。使赦書中及民之事，一一施行。」

10重命令——令重如山，令出必行，所以樹立政府威權而昭大信於民；故君主發布命令，務求愼重。范仲淹曰：「臣聞書曰，愼乃出令；令出惟行。準律文，諸被制書，有所施行；而違者徒二年，失錯者，杖一百。又監臨主司，受財而枉法者，十五疋絞。蓋先王重其法令，使無敢動搖，將以行天下之政也。今觀國家每降宣勅條貫，煩而無信，輕而弗禀；上失其威，下受其弊。……今後百官起條貫，令中書樞密院，看談會議；必可經久，方得施行。」

第二節　李覯的政治思想

一、生平事略——李覯字泰伯，建昌軍南城人，生於眞宗大中祥符二年（西元一〇〇九年），卒於仁宗嘉祐四年（西元一〇五九年），享年五十一歲。俊辨能文，舉茂才異等不中，以雙親年老，乃以敎授自資，學生常數百人。仁宗皇祐初，范仲淹薦覯爲太學助敎，升任說書，上明堂定制圖，並爲序。仁宗嘉祐中，以國子監奏，召爲海門主簿。卒於太學說書，亦稱直講。

二、各種著作——李覯一生未顯達，終生太學敎授，致力學術研究，故著作宏富。仁宗天聖九年，年二十三，著《潛書》十五篇，明道元年，年二十四，著《禮論》七篇，景祐三年，年二十八，著《平土書》二十則，寶元元年，年三十，著《廣潛書》，寶元二年，年三十一，著《富國、强兵、安民策》三十篇，慶曆三年，年三十五，著《慶曆民言》三十篇，皇祐五年，年四十五，著《周禮致太平論》十卷、《常語》三卷。均經世致用之學，富國强兵之策，雖係儒者而不迂濶，不空言性理，而講致治救危之道。李氏諸著作均收入《李直講文集》三十七卷，外集三卷，附年譜一卷，《四部叢刊》，影印明刻本。

三、政治思想——李覯的政治思想以經世致用爲本，富國强兵爲務，具積極進取精神，以革新圖强救危爲標的。玆舉述其重要政治思想於次：

1.反對理學——宋受外寇侵擾，戰而不勝，國步艱難，民生困窮，而所謂飽學博通的儒者，竟不關心國難，亦不慮及民生疾苦，奈空談性理。李覯以爲性非學者所當急，孔子罕言性與天道；六經所論皆人事之切於世用者。而理學家竟參合佛老，極研心性，且放言象數之學，大背聖人之敎。他說：「聖人作《易》，本以敎人。而世之鄙儒忽其常道，競習異端。有曰我明其象，猶卜筮之書，未爲泥也；有

曰，我通其意，則釋老之學，未爲荒也。晝讀夜思，疲心於無用之說，以其惑也，不亦宜乎。」（《李直講文集》易論）

2.崇尚功利——李覯所講究者爲經世致用之道，反對空談性理，進而大倡功利思想，而矯俗儒不言利的錯識。自孟子曰：「王何必曰利，亦有仁義而已矣」，後之儒者承其敎，每以言利爲恥。李覯力斥此說，以爲聖人無不言利。他說：「愚竊觀儒者之論鮮不貴義而賤利。其言非道德敎化，不出諸口矣。然觀洪範八政，一曰食，二曰貨。孔子曰，足食足兵，民信之矣。則是治國之實必本於財用。」（《文集》富國策二）人生而有欲，非利無以養之。養之有節，是謂仁義。覯曰：「利可言乎？曰，人非利不生，曷爲不可言？欲可言乎？曰，欲者人之情，曷爲不可言？言而不以禮，是貪與淫矣。不貪不淫而口不可言，無乃賊人之生，反人之情。世俗之喜儒，以此。孟子謂何必曰利，激也。焉有仁義而不利者乎。」（《文集》原文）

3.霸政可取——孟子曰：「聖人之徒，無道桓文之事者」（《孟子》，梁惠王上），又曰：「以力假人者霸，以德行仁者王。」（《孟子》公孫丑上）因之，後之儒者遂崇王而賤霸。荀卿曰：「仲尼之門人，五尺之豎子，言羞稱五霸。」（《荀子》仲尼篇）宋理學家更是崇王道，鄙霸政。李覯則力反此說，而爲霸政辯護，認其可取。他首先指出王霸是地位之別，非政術之分。他說：「自漢迄唐，孰王孰霸。天子也，安得霸哉。皇帝王霸，非其道之目也。自王以上，天子號也」；「霸，諸侯號也。霸之爲言伯也。所以長諸侯也，豈天子所得爲哉。道有粹有駁，其人之號不可以易之也。世俗見古之王者粹，則諸侯而粹者亦曰行王道。見古之霸者駁，則天子而駁者亦曰行霸道。悖矣！」「所謂王道則有之矣，安天下也。所謂霸道，則有之矣，尊京師也。非駁與粹之謂也。」（《文集》常語下）王霸是天子與諸侯的名號地位不同，無關政術之粹與駁。

李覯進而倡言王政不能純用仁義，因「焉有仁義而不利」。所以政術的粹與駁，應以人民受到的功利大小爲轉移。管仲相桓公九合諸侯，一匡天下，「民到於今受其賜」；商鞅相秦孝公，富國强兵，有何不可!?覯曰：「儒者之論，但恨不及王道耳。而不知霸者强國也，豈易可及哉。管仲之相齊桓公，是霸也。外攘戎狄，內尊京師，較之於今何如。商鞅之相秦孝公，是强國也。明法術耕戰，國以富而兵以强，較之於今何如。」（《文集》上范參政書）

4. 君在養民——李覯信持《尚書》所謂「民爲邦本，本固邦寧」，「德惟善政，政在養民」。所以他認爲天立君，所以養民。他說：「愚觀書至於天聰明，自我民聰明；天明畏，自我民明畏。未嘗不廢書而嘆也。嗟乎！天生斯民矣，能爲民立君，而不能爲天養民。立君者，天也；養民者，君也。非天命之私一人，爲億萬人也。民之所歸，天之所右也。民之所去，天之所左也。天命不易哉，民心可畏哉。是故先哲聖王皆孳孳焉以安民爲務也。」（《文集》安民策第一）君品的高下，以能否養民爲標準。古之天子能養民，故爲明君；今之人君使民自養，故爲庸主。故他說：「古之天下，君養民也；後之天下，民自養也。」（《文集》潛書）

5. 實行禮治——李覯所謂之禮，非指揖讓進退之禮，而是經國治民之禮。他說：「禮者法制之總名也」（《文集》禮論第二），「禮者君之大柄也，所以治政安民也。」（《文集》社論第六）李覯的禮治，雖類於荀子，但舍人性惡而言人性善。故曰「順人之性欲而爲節文，則禮生焉。」（《文集》禮論第一）他說：「夫禮人道之準，世教之主也。聖人所以治天下國家，修身正心，無他，一於禮而已。曰，嘗聞之，禮樂政刑，天下之大法也，仁義禮智信，天下之至行也。八者並用，「傳之者久矣」。而君子不本於禮，無乃不可乎。曰是皆禮也，飲食衣服，宮室器皿，夫婦父子長幼，君臣上下，師友賓客，死喪祭祀，禮之本也。曰樂、曰政、曰刑，禮之支也。曰仁、曰義、曰信、曰智，禮之別名也。是七者蓋皆禮矣。」（《文集》禮論第一）

6.刑罰必要——《中庸》曰：「或安而行之，或利而行之，或勉强而行之，及其成功一也。」（《中庸》第二十章）李氏之養民，乃安而行之，重功利乃利而行之，刑罰之必要，乃勉强而行之。覯曰：「刑罰之行，尚矣。積聖累賢未有能去之者也。非好殺也，欲民之不相殺也；非使畏己，欲民之相自畏也。」（《文集》刑禁第一）又曰：「天討有罪，王者奉之，以作五刑。刑者非王之意，天之意也；非天之意，天下人之意也。殺人者死，而民猶相殺；傷人者刑，而民猶相傷，苟有以不忍而赦之，則殺人者不死，傷人者不刑。殺傷之者，無以懲其惡，被殺傷者無以伸其寃，此不近於帥賊而攻人者乎。」（《文集》刑禁第三）

7.治亂之由——中國政治史的演變常態，誠如孟子所謂「天下一治一亂」。但孟子並未說明一治一亂的原因。而李覯則以爲一治一亂的原因，乃由於人心的「亂極思治，治極思亂」。他說：「治之民思亂，亂之民思治。何也？生無事之時，身安而意侈，刑弛矣，急之則驚，斂輕矣，加之則怨；力未嘗鬥，自謂勇；心未嘗謀，自謂智，知兵之利未見兵之害，小而得意，則欲翼而飛矣，故曰治之民思亂也。處多難之世，城者不肆，野者不稼，强者僵於戰，弱者斃於饑，父母妻子，㧗束屠膾，然後見興兵之害，而不獲兵之利，幸而有王，則將其槁矣，故曰亂之民思治也。思治矣，雖中才而得而歡；思亂矣，非聖人不能弭其漸。」（《文集》備亂）

8.仁詐並用——李覯以爲强兵之道，不可專恃仁義，亦不可純用詐力，要仁詐並用，可不戰而屈人之兵。他說：「然爲將者多知詐力，而爲君者或不通仁義，故雖百戰百勝，而國愈不安。所謂仁義者，亦非朝肆赦暮行賞，姑息於人之謂也。賢者興，愚者廢，善者勸，惡者懲，賦歛有法，傜役有時，人各有業而無乏用，樂其生而親其上，此仁義之凡也。彼貧其民，而我富之；彼勞其民，而我逸之；彼虐其民，而我寬之，則敵人望之，若赤子之號父母，將匍匐而至矣。彼雖有石城湯池，誰與守之；雖有堅甲利兵，誰與執之。是謂不戰而屈人之兵矣。」（《文集》强兵策第一）

9.兵農合一——宋多邊患，禁兵馳禦，勞兵傷財，每不能勝。李覯以爲備邊之策，端在興屯田之利，使兵農合一。他說：「當今之慮，莫若興屯田之利，以積穀於邊，外足兵食，內免饋運，民以息肩，國以省費，既安既飽，以時訓練，來則奮擊，去則勿追，以逸待勞，以老其師，此上策也。邊郡之兵，除禁旅之外，別置屯兵。辨其夫晦，列之廬舍，授之耒耜，敎之稼穡。……而農功集矣。既又爲之什伍，立其長帥，賦以兵器，與其甲冑，乘其閒暇，敎之戰鬥，是謂因內政以寄軍令也。然而武事與矣，食既足，兵既練，禁旅未動，而屯兵固已銳矣。利則進戰，否則堅守，國不知耗，民不知勞，而邊將高枕矣。」（《文集》强兵策第二）

10强本節用——富國之道，端在足財用。足財用之策，在於强本節用。李覯曰：「是治國之實必本於財用。蓋城郭宮室，非財不完；羞服車馬，非財不具；百官群吏，非財不養；軍旅征戍，非財不給；

郊社宗廟，非財不事；兄弟親媾，非財不親；諸侯四夷，朝覲聘問，非財不接；矜寡孤獨，凶荒札瘥，非財不恤。禮以是舉，政以是成，愛以是立，威以是行。舍是克爲治者，未之有也。是故賢聖之君，經濟之士，必先富其國者。富國在乎強本節用，下無不足，而上有餘也。」（《文集》富國策第一）强本在乎重農桑，薄稅斂，輕傜役，使民有時而節，民富是國富。節用在乎去奢侈，節耗用，省政事。爲之急，用之舒；生者衆，食者寡，則財用恒足。

第三節　蘇洵的政治思想

一、生平事略——蘇洵字明允，蜀眉山人，年二十七，始發憤讀書，試進士、茂才異等皆不中，悉焚常所爲文，閉戶益治學，遂通六經百家之說，下筆頃刻數千言。仁宗至和嘉祐（西元一〇五四—一〇五六年）年間與其二子轍、軾皆至京師。歐陽修上其所著書二十二篇，既出，士大夫競傳誦之，以爲賈誼、劉向不能過，一時學者競效其文。《宋史》本傳（卷四百四十三）錄其心術與遠慮二篇。洵生於眞宗大中祥符二年（西元一〇〇九年）卒於英宗治平三年（西元一〇六六年）。宰相韓琦見其書，善之，奏於朝，召試舍人院，辭疾不至，遂除秘書省校書郎，會太常修纂建隆以來禮書。遂以洵爲文安縣主簿，尋遷項城縣令，卒贈光祿寺丞，歸葬於蜀。

二、各種著作——蘇洵著有《六經論》六篇，《權書》十篇，《衡論》十篇，《幾策》二篇。這些著作均蒐入《老泉文集》中。文集原名《嘉祐集》。《老泉文集》有《四部叢刊》影印本。

三、政治思想——老泉的政治思想較其二子者爲精彩，且具革新與進步精神。他說：「臣今觀兩制以上，皆奉法供職無過而已。莫肯於繩墨之外，爲陛下深思遠慮，有所建明。何者，陛下待之於繩墨之內也。」（《老泉文集》卷九，上皇帝書）玆將其政治思想扼要擧述於次：

1. 政治起源——蘇洵以爲原始草莽社會，並無法制，故無君臣父子兄弟之別。他說：「生民之初，無貴賤，無尊卑，不耕而不飢，不蠶而不寒，故其民逸。」（《文集》卷六，易論）迨後，人口日增，資生之物不足，乃生爭殺。蘇洵曰：「天下無貴賤，無尊卑，無長幼，是人之相殺無已也。不耕而食鳥獸之肉，不蠶而衣鳥獸之皮，是鳥獸與人相食無已也。」（仝上，易論）如何制止這種慘殺？聖人知人之情，與其逸而死，不如勞而生，乃爲之定禮法，而分貴賤、尊卑、長幼之別。蘇洵曰：「民之苦勞而樂逸也，若水之走下。人之好生也，甚於逸，而惡死也，甚於勞。而聖人獨爲之君臣，而使天下貴役賤；爲之父子，而使天下尊役卑；爲之兄弟，而使天下長役幼。蠶而後衣，耕而後食，率天下而勞之。一聖人之力，固非足以勝天下之民之衆，而其所以能奪其樂，而易之以其所苦。而天下之民亦遂肯棄逸而就勞，欣然戴之以爲君師而遵蹈其法制者，禮則使然也。」（仝上，易論）

2. 重視刑賞——蘇洵認爲禮爲政治之要與源，如何使禮維持永久，而人不敢犯，在於刑賞。他說：「威者君所恃以爲君也。」（《文集》卷一，審勢）君欲表其威勢，則須經由刑賞，故曰：「以刑使人，以賞使人。」（《文集》卷二，法制）刑賞若成慣例，民熟知之，則失其效用矣。故不測之刑賞，最爲有效。他說：「用不測之刑，用不測之賞，而使天下之人視之，如風雨雷電，遽然而至，截然而下，不知其所從發，而不能逃遁。朝廷如此，然後平民益務檢愼，而姦民滑吏亦常恐恐然懼刑法之及其身，而斂其手足，不敢輒犯法，此之謂强政。」（《文集》卷一，審勢）蘇洵更主張重刑而愼賞。他說：「夫刑必痛之而後人畏焉。罰者不能痛之，必困之，而後人怨焉。」（《文集》卷五，議法）蘇洵以爲不可按年勞以行賞，應依功而爲賞。他說：「古者賞一人而天下勸。今乃輕用爵祿，使天下之士積日持久而得之，譬如傭力之人計工而受直，雖與之千萬，豈知德其主哉」；「務爲因循之政，與之休息，及其久安而無變，則必有不振之禍。是以聖人破其苟且之心，而矯其怠惰之氣。……今天下少墮矣，宜有以激發其心，使踴躍於功名以變其俗。」（《文集》卷九，上皇帝書）

3.王霸新解——傳統的立論，認爲王者任德，霸者任刑。而蘇洵則不以爲然，而曰任刑者未必爲霸，任德者未必爲王。他說：「或曰王者任德不任刑，任刑霸者之事，非所宜言。此又非所謂知理者也。夫湯武皆王也，桓文皆霸也。武王乘紂之暴，出民於炮烙斬刖之地，苟又遂多殺人，多刑人以爲治，則民之心去矣。故其治一出於禮義。彼湯則不然，桀之惡固無以異紂，然其刑不若紂暴之甚也；而天下之民化其風，淫惰不事法度，《書》曰，有衆率怠弗協；而又諸侯昆吾首爲亂，於是鋤誅其強梗怠惰不法之人，以定紛亂。故記曰，殷人先罰而後賞。至於桓文之事，則又非皆任刑也。桓公用管仲，仲之書好言刑，故桓公之治常用刑。文公長者，其佐狐、趙、先、魏皆不悅以刑法，其治未嘗以刑爲本，而號亦爲霸。而謂湯非王文非霸也，得乎？故用刑不必霸，而用德不必王，各觀其勢之何所宜用而已。然則今之勢，何爲不可用刑，用刑何爲不曰王道，彼不先察天下之勢，而欲用天下之務，難矣。」（《文集》卷一，審勢）

4.利在義存——蘇洵深不滿儒者之空談仁義，而恥言利；豈不知利在則義存，利亡則義喪。這和李覯所謂「焉有仁義而不利者乎」的意義，正是不謀而合。蘇洵曰：「武王以天命誅獨夫紂，揭大義而行，夫何恤天下之人，而其發粟散財，如此之汲汲也。意者，雖武王亦不能以徒義加天下也。君子之恥言利，亦恥言夫徒利而已。聖人聚天下之剛以爲義。……凡天下之言剛者皆義屬也。故君子欲行義，必卽於利。卽於利，則其爲力也易；戾於利，則其爲力也艱。利在則義存，利亡則義喪。……必也天下無小人，而後吾之徒義始行矣。嗚呼，難哉。」（《文集》卷八，義者利之和論）

5.神秘與君——蘇洵以爲君主所以能維持其爲君之地位者，以其有尊嚴；而尊嚴生於神秘。君有不可測、不可知、不可窺者，人始敬畏之。由敬畏而生尊嚴。他說：「凡人之所以見信者，以其中無所不可測者也；人之所以獲尊者，以其中有所不可窺者也」；「雖然明則易達，易達則褻，褻則易廢。聖人懼其道之廢而天復於亂也，然後作易，觀天地之象以爲爻，通陰陽之變以爲卦，考鬼神之情以爲辭。探之茫茫，索之冥冥。童而習之，白首而不得其源。故天下視聖人如神之幽，如天之高，尊其人而其敎亦隨之而尊。故其道所以尊於天下而不敢廢者，易爲之幽也。」（《文集》卷六，易論）

6.用人之弊——蘇洵對於當時的制度，至表不滿；選拔之路既狹，科擧取人，亦難得賢才。他說：「夫古之用人，無擇於勢，布衣寒士而賢，則用之；公卿之子弟而賢，則用之；武夫健卒而賢，則用之；巫醫方伎而賢，則用之；胥史賤吏而賢，則用之。今也，布衣寒士持方尺之紙，書聲病剽竊之文，而至享萬鐘之祿。卿大夫之子弟飽食於家，一出而駕高車，以民爲上。……而胥史賤吏忽之而不錄，使老死於敲傍趨走，而賢與功者不獲一施，吾甚惑也。……夫人固有才智奇絕，而不能爲章句名數聲律之學者，又有不幸而不爲者，苟一之以進士制策，是使奇才絕智有時而窮也。」（《文集》卷四，廣士）

第四節　王安石的政治思想

一、生平事略——王安石字介甫，撫州臨川（江西省臨川縣西）人，少好讀書，一過目，終生不忘，屬文動筆如飛，若不經意，文成，見者皆服其精妙。曾鞏以其文示歐陽修，修爲之延譽，於仁宗慶曆二年（西元一〇四二年）登進士第，簽書淮南判官，秩滿調知鄞縣，興水利，辦農貸，民甚德之，仁宗嘉祐三年（西元一〇五八年）由提點江東刑獄，入爲度支判官，上書言事，請革因循之弊，而爲當時之變。嘉祐五年應詔直集賢院，糾察在京刑獄。次年知制誥。因一少年追殺盜鶉者，開封府判死，安石力言不當死，語多忤執政者，遂以母憂而去，終英宗之世，召不赴。

神宗在藩邸，因韓維薦，得知安石賢能，甫卽位，命知江寧府，數月召爲翰林學士兼侍講。神宗熙寧二年（西元一〇六九年）二月拜安石爲參知政事，上問施政以何爲先，曰變風俗，立法度。於是設制置三司條例，令判知樞密院事，與陳升之同領制置三司條例司，時安石四十九歲。安石當政，遂銳意變法，創行新制，如農田水利、均輸、青苗、保甲、募役、經義策士、市易、保馬、方田、均稅等相繼施行。大臣范純仁、蘇轍、韓琦、富弼、呂公著、趙抃、司馬光、文彥博等先後以諫阻新法遭謫貶。熙寧三年加禮部侍郎，同平章事，監修國史。四年春，京東河北有烈風之異，七年春，天下久旱，饑民流離，帝憂形於色，鄭俠上疏附流民苦狀圖，太后爲之流涕。反對者日衆，安石亦多病，乞解機務，乃以禮部尚書觀文殿大學士知江寧府。八年二月復以昭文殿大學士入相。九年十月罷相判江寧府。安石當國政達九年之久，君臣知遇，大展宏猷，古所少有。神宗元豐元年（西元一〇七八年）封舒國公，三年改封荊國公。

安石生於眞宗天禧五年（西元一〇二一年），卒於哲宗元祐元年（西元一〇八六年），贈太傅（參考《宋史》卷三百二十七本傳）。

二、卓越人傑——宋立國之後，歷經太祖、太宗、眞宗、仁宗、英宗五朝，屢遭遼、金侵略，戰而不勝，納歲幣以和。西夏叛亂，僭稱帝號，竟亦納歲幣以避患，以大事小，示弱於人，亦屬可恥。國勢日見衰弱。而大臣多苟且因循，只求無過無災，不知振作有爲。郡縣長官亦多安於常規，守於故俗，難有建樹。這時神宗踐帝位，以非深居於禁中，頗知民間疾苦及國家危難，其爲人也「果於有爲」，亟思振作朝政，有所作爲，以挽救國之頹萎。適這時出現一位卓越人傑的王安石，慨然有矯世變俗之志，以爲人主制法不當制於法，人主化俗，不當化於俗。且謂「天變不足畏，祖宗不足法，人言不足恤。」（見《宋史》列傳八十六）這是驚世駭俗之論，震古鑠今之言，誠超群軼衆的卓越人傑。

神宗任用安石爲宰相，可謂風雲際會，君臣相得。神宗嘗謂「漢文帝之才，不能立國更制」（《宋史》王安石傳）；王安石亦曰：「君子之爲政，立善法於天下，則天下治；立善法於一國，則一國治。如不能立法而欲人悅之，則曰亦不足矣。」（《王臨川全集》卷六十四，周公）君臣變法更制之志既相同，於是而有農田水利、均輸、保甲、青苗、募役、市易、保馬、方田等新法之施行。凡此皆富國强兵之術，若行之成功，未始不能轉弱爲强，轉危爲安。李覯乃改進派的理論家，王安石是改進派的實行家。惜保守派的阻力甚强，神宗亦未能大力支持到底，遂告失敗，實是中國政治發展史上一大不幸。

三、各種著作——王安石身膺宰輔重任，機務繁複，政事叢集，尙能有許多著作，實屬難能可貴。王氏著作，有《三經新義》、《春秋左氏解》、《禮記要義》、《論語解》、《孟子解》及《字說》

等，約近三百卷，以負國政實務的政治家，有如此宏富的著作，實屬少見。其著作蒐入《王臨川全集》，明本影印，列入《四部叢刊》。

四、政治思想——明江廣兩省學政王宗沐撰《王臨川文集》序有言曰：「公以平生卓絕之行，精博之學，處得君之地，觀其注意措手，規局旨趣，三代以來，一人而已。」王氏的政治思想有革新進取的精神，有切實詳盡的計畫，恰中時弊，不愧爲富國强兵之術。玆扼要舉述如次：

1.禮時爲大——禮法之行不可一成不變，應隨時代的演進而爲變革的適應，方能收時效。故曰：「法不可恒也」；「法與時轉則治」。王安石是儒者，乃採《禮記》「禮時爲大」（卷二十三）之說，以爲其適時變法的支持與辯護。他說：「行於禹之時，而由回之行，則是楊朱也。生於回之時，而由禹之行，則是墨翟也。」（《王臨川全集》卷六十四，子貢）宋係儒學獨尊時代，反對新政者指其不法先王，他辯曰：法先王者法其意，非行其迹也。他說：「夫五帝三王相去，千有餘歲，一治一亂，盛衰之時具矣。其所遭之變，所遭之勢不同，其施設之方亦皆殊，而其爲國家之意，本末先後，未嘗不同也。臣故曰，當法其意而已。」（《全集》卷四十一，擬上殿劄子）又曰：「夫天下之事，其爲變豈一乎哉？固有迹同而實異者矣。今之人諰諰然求合於其迹，而不知權時之變，則是所同者古人之迹，而所異者其實也。事同於古人之迹而異於其實，則其爲天下之害莫大焉。此聖人所以貴乎權時之變者也。」（《全集》卷六十七，非禮之禮）

2.學用失調——當時學校所習者乃是講習章句，及學成之後，而責之以政務推行，用非所學，學非所用，學用失調。王氏對此作指責曰：「方今州縣雖有學，取牆壁具而已，非有教導之官，長育人才之事也。唯太學有教導之官，而亦未嘗嚴其選，朝廷禮樂刑政之事，未嘗在於學，學者亦漠然自以禮樂政刑爲有司之事，而非己所當知也。學者之所教，講說章句而已。講說章句固非古者教人之道也，近歲乃始教之以課試之文章，非博誦强學，窮日之力，則不能及。其能工者，大則不足以應天下國家，小則不足以爲天下國家之用。故雖白首於庠序，窮日之力，以帥上之教，及使之從政，則茫然不知其方者皆是也。……夫古之人，以朝夕專其業於天下國家之事，而猶才有能有不能。今乃移其精神，奪其日力，以朝夕從事於無補之學。及其任之以事，然後卒然責之以爲國家之用，宜其才足以有爲者少矣。」（《全集》卷三十九，上仁宗皇帝言事書）

3. 科舉之失——宋代科舉所試科目雖多，而以詩詞最佔重要地位，音韻有一字之差，雖有才學，即見擯棄。若音韻無失，雖末學淺近，多可中式。王安石主張科舉取士宜去「聲病對偶之文」，而重通義理，明治道之才。他說：「方今取士，强記博誦而略通於文辭，謂之茂才異等，賢良方正。茂才異等，賢良方正者公卿之選也。記不必强，誦不必博，略通於文辭，而又嘗學詩賦，則謂進士，進士之高者亦公卿之選也。夫此二科所得之技能不足以爲公卿，不待論而可知。而世之識者乃以爲吾常以此取天下之士，而才之可爲公卿者常出於此，不必法古之取人，而後得士也。其亦蔽於理矣。……然而不肖者，苟能雕蟲篆刻之學，以此進乎公卿，才之可以公卿者困於無補之學，而以此絀死於巖野，蓋十八、九矣。」（《全集》卷三十九，上仁宗皇帝言事書）

4. 用人之道——世無全才，用人要因才而施用，用其所長，舍其所短；用人要推心置腹，信而不疑，方能委以其任責其成。安石曰：「高祖之任人也，可以任則任，可以止則止。至於一人之身，才有長短，取其長則不問其短；情有忠者，信其忠而不疑其僞。其意曰我以其人長於某事而任之，在他事雖短何害焉。我以其人忠於我心而任之，在他人雖僞何害焉。故蕭何刀筆之吏也，委之關中，無復西顧之憂。陳平亡命之虜也，出捐四萬餘金，不問出入。韓信輕猾之徒也，與之百萬之衆而不疑。此三子者豈素著忠名哉，蓋高祖推己之心而寘於其心，則他人不能離間，而事以濟矣。」（《文集》卷六十九，委任）又曰：「以文學進者而使之治財；已使之治財矣，又轉而使之典獄矣，又轉而使之治禮，是則一人之身，而資之以百官之能備，宜其人才之難爲也。」（《全集》卷三十九，上仁宗皇帝言事書）

5. 均定稅賦——宋承五代之亂，天下田賦不均，田多者有納田稅少；田少者有納田稅多，大失負擔公平之原則。王安石執政，乃採方田之制。「方田之法，以東西南北各千步，當四十一頃六十六畝一百六十步爲一方，歲以九月令佐分計畫，驗土地肥瘠，定其色號，分爲五等，均定稅數。」（《宋史》卷三百二十七，王安石傳）方田之制本以謀稅負之公平，用意甚善，然在實施過程中，因方田使者之舞弊，反成擾民之政，誠哉，徒法不足以自行。

6. 御官之方——人君一人不能獨治其國，必用百官以爲佐治。御官有方，則皆奉公盡職。御官首在豐其祿俸以養其廉恥，防其貪鄙之行。俸既豐富，仍須約之以禮，裁之以法，以防奢亂。安石曰：「所謂養之之道何也？饒之以財，約之以禮，裁之以法也。何謂饒之以財？人之情，不足於財，則貪鄙苟得，無所不至。先王知其如此，故制其祿，自庶人之在官者，其祿已足以代其耕矣。由此等而上之，每有加焉，使其足以養廉恥而離於貪鄙之行。……何謂約之以禮？人情足於財而無禮以節之，則又放僻邪侈，無所不至。先王知其如此，故爲之制度，婚喪祭養燕享之事，服食器用之物，皆以命數爲之節，而齊之以律度量衡之法。……何謂裁之以法？……約之以禮矣，不循禮，則待之以流殺之法。王制曰，變衣服者其君流。酒誥曰，厥成誥曰，群飲汝勿佚，盡執拘以歸於周，予其殺。」（《全集》上仁宗皇帝言事書）

7. 察用賢才——王安石曰：「夫工人之爲業也，必先淬礪其器用，掄度其才幹，然後用力寡而用功得矣。聖人之於國也，必先遴柬其賢能，練覈其名實，然後任使，逸而事以濟矣。故取人之道，世之急務。」（《文集》取材論）取士不可僅憑科學的考試，要舉之於鄉黨，察之於庠序，試之以事功，然後視其才之高才而任使之。王氏曰：「先王之取人也，必於鄉黨，必於庠序，使人推其所謂賢能，書之以告於上而察之。誠賢能也，然後隨其德之大小，才之高下，而官使之。所謂察之者，非專用耳目之聰明而聽私於一人之口也；欲審知其德問以行，欲審知其才問以言；得其言行，則試之以事。所謂察之者，試之以事是也，雖堯之用舜，亦不過如此而已。」（《文集》上仁宗皇帝言事書）

8. 興學育才——治民之要，富之敎之。富之所以養其生，敎之所以育其才。才既育，而後可以爲國用。育才之施，必賴於興學。王安石曰：「天下不可一日無政敎，故學不可一日而亡於天下。古者井天下之田，而黨庠遂序國學之法立乎其中。鄉射、飲酒、春秋合樂、養老、勞農、尊賢、使能、考藝、選言之政，至於受成、獻馘、訊囚之事無不出於學。於此養天下智仁聖義忠和之士，以至一偏一伎一曲之學，無所不養。而又取士大夫之材行完潔，而其施設已嘗試於位而去者，以爲之師。釋奠釋菜，以敎不忘其學之所自，遷徙偪逐，以勉其怠，而除其惡。則士朝夕所見所聞，無非所以治天下國家之道；其習服必於仁義，而所學必皆盡其材。一日取以備公卿大夫百執事之選，則其材行皆已素定。而士之備選者，其施設亦皆素所見聞而已，不待閱習而後能者也。」（《全集》慈溪縣學記）

9.革新立場——王安石變法度，行新政，司馬光反對之，指其侵官生事，征利拒諫，以致天下怨謗也。王安石致書於司馬光爲其新政辯護，申明革新圖治的立場。書中有言曰：「儒者所爭，尤在於名實；名實已明，而天下之理得矣。今君實所以見教者，以爲侵官生事，征利拒諫，以致天下怨謗也。某則以謂受命於人主，議法度而修之於朝廷，以授之於有司，不爲侵官；擧先王之政，以興利除弊，不爲生事；爲天下理財，不爲征利；闢邪說，難壬人，不爲拒諫。至於怨誹之多，則固前知其如此也。人習於苟且非一日，士大夫多以不恤國事，同俗自媚於衆爲善。上乃欲變此，而某不量敵之衆寡，欲出力助上以抗之，則衆何爲而不洶洶然。盤庚之遷，胥怨者民也，非特朝廷士大夫而已。盤庚不爲怨者故改其度，度義而後動；是而不見可悔故也。如君實責我以在位久，未能助上大有爲以膏澤斯民，則某知罪矣。如曰今日當一切不事事，守前所無爲而已；則非某之所敢知。」（《全集》答司馬諫議書）

10居安思危——燕雀相堂，自以爲安樂，不知禍立卽及身而至。故人君當國應居安而思危，則危險可避免；若居安而不思危，則禍將及身而至。王安石曰：「臣竊觀自古人主享國日久，無至誠惻怛憂天下之心，雖無暴政虐刑加於百姓，而天下未嘗不亂。自秦以下，享國日久者，有晉之武帝，梁之武帝，唐之明皇。此三帝者，皆聰明睿略有功之主也。享國日久，內外無患；因循苟且，無至誠惻怛憂天下之心，趨過目前，而不爲久遠之計。自以禍災可以無及其身，往往身遇災禍而悔無所及，雖或僅得身免，而宗廟固已毀辱，而妻子固已困窮，天下之民固已膏血塗草野，而生者不能自脫於困饑刼束之患矣。夫爲人子孫，使其宗廟毀辱；爲人父母，使其比屋死亡；此豈仁孝之主所宜忍者乎？然而晉梁唐之三帝以晏安致此者，自以爲其禍災可以不至於此，而不自知忽然已至也。」（《全集》上時政疏）

11廣用人才——爲政之道，以得人爲先。得人者昌，失人者亡。所謂得人蓋指得人才而言。王安石曰：「然則方今之急，在於人才而已。誠能使天下之才衆多，然後在位之才，可以得其人而取足焉。在位者得其才矣，然後稍視時勢之可否，而因人情之患苦，變更天下之弊法，以趨先王之意甚易也。今之天下，亦先王之天下，先王之時，人才嘗衆矣，何至於今而獨不足乎？故曰，陶冶而成之者，非其道故也。商之時，天下嘗大亂矣；在位貪毒禍敗皆非其人；及文王之起，而天下之才嘗少矣。當是時，文王能陶冶天下之士，而使之皆有士君子之才，然後隨其才之所有而官使之。」（《全集》上仁宗皇帝言事書）王氏明知變法之前應先用人才在位，方能濟事。因有治法仍須輔之以治人，良以徒法不足以自行。然王氏新政失敗的原因之一，就是任用不得其人；且舉事過多，而人才太少，以致事不得其人，遂致百廢欲舉而一事莫成。

第六十五章　保守派的政治思想

第一節　司馬光的政治思想

一、**生平事略**——司馬光字君實，陝州夏縣人，生於宋眞宗天禧三年（西元一〇一九年）卒於哲宗元祐元年（西元一〇八六年），世代簪笏，稟賦聰敏，喜愛《左氏春秋傳》。仁宗寶元元年中進士，光年二十，除奉禮郎，遷蘇州判官，丁母喪，服滿，簽書武成軍判官，改大理寺評事，補國子學直講。日蝕，京師不見，群臣欲表賀。光言四方見，京師不見，此人君爲陰邪所蔽，不當賀，衆從之。同知諫院蘇轍答制策，言直切，考官欲黜之，光言轍有愛君憂國之心，不宜黜。仁宗有疾，皇嗣未定，天下憂心，莫敢言者。光見宰相韓琦陳宜早立皇嗣之意，琦嘉納，因以立太宗之曾孫趙曙爲太子，卽英宗。嘉祐八年（西元一〇六三年）仁宗崩，英宗卽位，因其本生父爲濮王允讓，韓琦、歐陽修等本親親之旨議尊濮王爲皇考；光本尊尊之旨，謂入嗣仁宗，應稱仁宗爲皇考，稱濮王爲皇伯。兩派爭執頗爲激烈，光兩次上書，堅持己見。

英宗崩，神宗卽位，改元熙寧元年（西元一〇六八年）擢光爲翰林學士，力辭，改御史中丞。次年王安石自翰林學士除參知政事，「立法度，變風俗」，行保甲、青苗、保馬、方田等新政。光盡力反對，指斥其侵官、生事、征利、拒諫。熙寧三年（西元一〇七一年）因反對新政而去官，徙居洛陽，專心寫《資治通鑑》，如是者十五年，絕口不談政治，清望日隆。神宗元豐七年（西元一〇八四年）上《資治通鑑》，深蒙嘉許，次年神宗崩逝。

哲宗以十歲幼童卽帝位，改元元祐元年（西元一〇八六年），與皇太后同聽政，有意恢復英宗時之舊制，渴望安靖清平，與人民休養生息，乃遣使特詔詔光入京爲相。依光之建議，下詔廣求直言，蠲免民間逋賦，使百姓耳目爲之一新，並次第廢除王安石所行之一切新政。王安石行新政，行之太急而失敗。司馬光復舊制，復之過速，亦引起范純仁等反對。光於元祐元年二月繼蔡確爲相，爲期僅七個月竟患病，於九月間去世，享年六十八。贈太師溫國公。諡曰文正，賜碑曰，忠清粹德。（司馬光生平事略參見《宋史》卷三百三十六，本傳，宋宰輔編年錄卷九）

二、各種著作——司馬光的著作，極爲宏富，計有《資治通鑑》二百九十四卷，《稽古錄》二十卷，《通鑑目錄》三十卷，《考異》三十卷，《歷年圖》七卷，《皇宋百官公卿表》六卷，《翰林詞草》三卷，《注老子道德論》二卷，《集注太玄經》八卷，《注古文孝經》一卷，《易說》三卷，《通歷》八十卷，《注繫辭》二卷，《大學中庸義》一卷，《集注揚子法言》十三卷，《文中子傳》一卷，《河外諮目》三卷，《迂書》十卷，《書儀》八卷，《家範》四卷，《續詩話》一卷，《遊山行記》十二卷，《醫問》七篇，《涑水記聞》十六卷，《潛虛》一卷，《微言》一卷。蘇軾稱讚司馬光的文章如金玉藥石，有益於濟世，從不寫無用之文。其歷史學的地位可與漢司馬遷相匹美。清康熙時，張伯行集刊《司馬溫公文集》。《四部叢刊》本有《司馬文正公集》。

三、保守性格——司馬光的保守性格，從下列二事表現無遺：一是認爲祖宗之法不可變，和王安石所謂「祖宗不足法」，適正相反。二是他極力反對王安石所舉辦的一切新政。安石得政，行新法，光逆疏其利害。邇英進讀，至曹參代蕭何事，帝曰：「漢常守蕭何之法，不變可乎？」對曰：「寧獨漢也，使三代之君常守禹湯文武之法，雖至今存可也。漢武取高帝約束紛更，盜賊半天下。元帝改孝宣之政，漢業遂衰。由此言之，祖宗之法，不可變也。」（《宋史》卷三百三十六，本傳）

司馬光反對王安石變法度，行新政，曾上表奏劾王安石有言曰：「而安石首倡邪術，欲生亂階；違法易常，輕革朝典；學非言僞，王制所誅；非曰良臣，是爲民賊。」光致安石書，有云：「侵官生事，征利拒諫，以致天下怨謗也。」光論新政之害曰：「方今朝之闕政，其大者有六而已。一曰廣散青苗錢，使民負債日重，而縣官實無所得。二曰免上戶之稅，斂下戶之錢，以養浮浪之人。三曰置市易，與細民爭利，而實耗散官物。四曰中國未治，而侵擾外域，得少失多。五曰結保甲，教習凶器，以疲擾農民。六曰信狂狡之人，妄興水利，勞民費財。若其他瑣瑣米鹽之事，皆不足爲陛下道也。」（應詔言朝政闕失狀）

四、政治思想——司馬光爲人誠實不欺，光明坦蕩，故其政治思想明快爽朗，是吐自衷腸的心聲。司馬光是醇儒，其政治思想的基本立場，不離於仁義道德，具傳統色彩和保守態度。玆扼要擧述其政治思想如次：

1. 尊君——唐以前，儒家認爲君臣的關係是相對的，故曰君使臣以禮，臣事君以忠，又曰君臣有義。孟子且曰：「君之視臣如手足，則臣視君如腹心；君之視臣如犬馬，則臣視君如國人；君之視臣如土芥，則臣視君如寇讎。」（《孟子》離婁下）但自唐太宗倡「君可以不君，臣不可以不臣」，專制君主的思想遂以產生，君尊臣卑的絕對關係亦得以形成。司馬氏的尊君思想實緣此而起。他說：「文王序卦，以乾坤爲首，孔子繫之曰，天尊地卑，乾坤定矣。卑高以陳，貴賤位矣。言君臣之位，猶天地之不可易也。春秋抑諸侯，尊王室，王人雖微，序於諸侯之上，以是見聖人於君臣之際，未嘗不惓惓也。非有桀紂之暴，湯武之仁，人歸之，天命之，君臣之分，當守節伏死而已矣。」（《資治通鑑》周烈王三十三年，臣光言）

司馬光的尊君思想至爲深切，以君比父，以臣比子，子違父命爲不孝，臣違君命爲不忠，不孝不忠，人人可得而誅之。他說：「王者萬物之父也，父之命，子不敢逆，君之言，臣不敢違。父曰前，子不敢不前；父曰止，子不敢不止。臣之於君亦然。故違君之言，臣不順也；違父之命，子不孝也。不順不孝者，人得而刑之；順且孝者，人得而賞之。違天之命者，天得而刑之；順天之命者，天得而賞之。」（《迂書》士則）

2. 重農——爲政之道，首重富民。民富則易治，民貧則難治。在農業經濟時代，富民的途徑，莫重於勸農桑，增生產。司馬光曰：「臣聞食者生民之大本，爲政之首要也。今國家每下詔書必以勸農爲先。然而農夫日寡，豈非爲利害所驅邪。今爲農夫苦身勞力，惡衣糲食，以殖百穀，賦斂萃焉，徭役出焉。歲豐賤糶以應公上之需，給債家之求。凶歲又流離異鄉，轉死溝壑。如是而欲使乎商賈末作之人，坐享厚利，鮮衣美食者，轉而緣南疇，斯亦難矣。然則勸農者言也，害農者政也。天下生之者益少，食之者益多，欲穀之無涸，得乎哉？爲今之術，勸農莫如重穀。穀重而農勸，雖有饑饉，當無流亡盜賊之患矣。」（論勸農上殿劄子）

3. 治要——爲政之要，君逸而臣勞。明君總其大體，執其樞要，舉綱而目張，絜領而毛理，若察察爲明，事必躬親，則臣逸而君反勞矣。司馬光曰：「臣聞舜與臯陶，賡歌相戒；以明良爲美，以叢脞爲非。蓋以王者奄有四海，君臨億兆，若事無鉅細皆以身親之，則所得至寡，所失至多矣。古語有之曰，察目睫者不能見百步；察百步者不能見目睫。非不欲兼之，勢不可也。是以明王總其大體，執其樞要，精選賢能，任以百職。有功者賞，有罪者誅。故處躬不勞，而收功甚大；用此道也。臣伏見陛下自親政以來，厲精求治；孳孳不倦，未明求衣，日昃不食；雖大禹之勤勞，文王之懿恭，無以過此。然而政有本末，事有細大；舉其綱則百目張，挈其領則衆毛理。臣願陛下先其本，後其末，急其大，緩其細，擇人而任之，此政之本也。賞善而罰惡，此事之大者。」(陳治要上殿劄子)

4.務實——爲政要切合實際，使能福民利國，不可徒託虛文，口惠而實不卒。司馬光曰：「周書曰，若作梓材，旣勤樸斲，惟其塗丹雘。此言爲國家者，必先實而後文也。夫安國家，利百姓，仁之實也。保基緒，傳子孫，孝之實也。辨貴賤，立綱紀，禮之實也。和上下，親遠邇，樂之實也。決是非，明好惡，政之實也。詰姦邪，禁暴亂，刑之實也。察言行，試政事，求賢之實也。量材能，課功狀，審官之實也。詢安危，訪治亂，納諫之實也。選勇果，習戰鬥，治兵之實也。實之不存，雖文之盛美，無益也。」(進五規狀)

5.威福——司馬光主張尊君。君何以爲人所尊，蓋以其握有威福之柄。他說：「凡人主所以保國家者，以有威福之柄也。」(言奉養上殿第二劄子)何謂威福之柄？他說：「人君者固所以決是非，行賞罰也。」(上體要疏)決是非，行賞罰，便是威福之柄。他論人君決是非之柄曰：「夫三人群居，所無統一，不散則亂，是故立君以司牧之。群臣百姓，勢均力敵，不能相治，故從人君決之。人君固所以決是非，行賞罰也。若人君復不可決，當使從誰決之乎。」（上體要疏）論行賞罰之柄曰：「王者之職，在於賞功罰罪而已。」（上體要疏）又曰：「凡人君之要，在於賞善罰惡而已。爵祿者天下之爵祿，非以厚人君之所喜也；刑罰者天下之刑罰，非以快人君之所怒也。是故古者爵人於朝，與士共之；刑人於市，與衆棄之；明不敢以己之私心，盡天下之公議也。」（言爲治所先上殿劄子）

6.委任——宋鑑於唐末藩鎭割據及五代紛爭之亂，乃厲行中央集權制，軍隊集於京師，財權掌於三司，地方政府權力削弱，不能當機應變，矯枉過正，致有水心所謂「遠夷作難，州縣迎降耳」之弊，故司馬光主張委任責成。他說：「今陛下好使大臣奪小臣之事，小臣侵大臣之職，是以大臣解體，不肯竭忠；小臣諉上，不肯盡力。此百官所以弛廢，而萬事所以墮頹者也」；「夫帝王之道，當務其遠者大者，而畧其近者小者。國之大事，當與公卿議之，而不當使小臣參之。四方之事，當委牧伯察之，而不當使左右覘之」；「凡天下之事，在一縣者，當委之知縣；在一州者，當委之知州；在一路者，當委之轉運使；在邊鄙者，當委之將帥；然後事乃可集。」（均上體要疏）

7.保業——開國君主創業固屬艱難，繼體之主，守成亦非容易。司馬光所謂保業，就是要現在的人主戒愼恐懼，兢兢業業，勿驕，勿奢，勿怠，俾能繼體守成，克保祖宗基業。他說：「天下重器也，得之至艱，守之至難。……及繼體之君，群雄已伏，衆心已定，上下之分明，强弱之勢殊；則中人之性皆以爲子孫萬世，如泰山之不可動搖也。於是有驕墮之心生。驕者玩兵慚武，窮奢極慾，神怒不恤，民怨不知，一旦渙然，四方糜潰，秦隋之季是也。墮者沈酣宴安，慮不及遠，善惡雜揉，是非顚倒，日復一日，至於不振，漢唐之季是也。二者或失之强，或失之弱，其致敗一也。是亦守成之至難乎？」（進五規

狀）

8.治道——司馬光以爲致治之道有三，即任官、信賞與必罰。他說：「人君之德三，曰仁，曰明，曰武。致治之道三，曰任官，曰信賞，曰必罰。……夫治亂安危存亡之本源，皆在人君之心；仁明武所出於內者也；用人賞功罰罪所施於外者也。出於內者，雖有厚薄，有多有寡，稟之自天然，好學則知所宜從，力行則光美日新矣。施於外者，施之當，則保其治，保其安，保其存；不當，則至於亂，至於危，至於亡。行之由己者也，所以能當，所以能明，在於至公。是以明君善用人者，博訪遠舉，拔其殊尤，德行高人謂之賢，智勇出衆謂之能；賢不必能，能不必賢，若隨所長授以位。任有功則賞，有罪則罰。其人果賢能，雖讎必用；其人苟庸愚，雖親必棄。賞必有所勸，罰必有所懲。賞不以喜，罰不以怒；賞不厚於所愛，罰不重於所憎；必與一國之人同其好惡。」（進修心治國之要劄子）

9.風俗——司馬光指責當時學風時俗，重視性命之學，喜好老莊之言，深以爲憂。他說：「今之學人發口秉筆，先論性命，乃至流蕩忘返，遂入老莊，縱虛無之談，騁荒唐之辭，以此欺惑考官，獵取名第；利之所在，衆心所趨，如水赴壑，不可禁遏。彼老莊棄仁義而絕禮學，非堯舜而薄周孔，死生不以爲憂，存亡不以爲患；乃匹夫獨行之私言，非國家教人之正術也。魏之何晏，晉之王衍，相與祖述其道，宅心事外，選舉者以此爲賢，仕宦者以此爲業，遂使綱紀大壞，禍患並興，神州陸沉。今若於選士之際，用此爲術，臣懼向去任官之士，皆何晏王衍之徒；則政事安得不隳，風俗安得不壞？正始永嘉之弊，將復見於今日矣。」（論風俗札子）

10納諫——兼聽則明，偏聽則闇。子路聞過則喜，禹聞善言則拜。故司馬光認爲明君應廣納諫言，集衆智以爲己智，虛懷若谷，容萬流而成汪洋大海。他說：「是故明君之於聽納，無彼無我，無親無疏，無先無後，唯其是而已矣。若重我所有，而輕彼所陳；信其所親，而疑其所賤，主先入之言，而拒後來之議，則雖有是者，亦不可得而見矣。夫人心之所好者，視醜以爲美；所惡者，視善以爲惡。苟能以平心察之，則是非易見矣。《書》曰，有言逆於汝心，必求諸道；有言遜於汝志，必求諸非道，若必待合於聖意，則悅而從之，不合則怒而棄之。臣恐讒諂日進，方正日疏，殆非所以增社稷之福也。」（上皇帝疏）

第二節　歐陽修的政治思想

一、生平事略——歐陽修字永叔，自號醉翁，晚稱六一居士，廬陵（江西吉安縣西）人，生於宋眞宗景德四年（西元一〇〇七年），卒於神宗熙寧五年（西元一〇七二年），幼敏悟過人，讀書過目成誦，四歲而孤，母鄭氏守節敎子，嘗以荻畫地，敎修習字。擧進士，補西京留守推官。召試學士院，遷鎭南節度掌書記，館閣校勘。范仲淹貶知饒州，諫官高若訥不言救，修責其無恥，因謫夷陵令。其後遷太子中允，修《崇文書目》禮書總目成，改集賢院校理，知太常禮院，數論天下事。仁宗進用范仲淹、杜衍、韓琦、富弼輔政，欲更改諸事，修屢請召對咨訪，責以所爲。夏竦罷樞密使而用杜衍，竦不悅，指衍、韓琦、修等爲黨人。修因作朋黨論，謂君子有朋，小人無朋。

修有甥女張氏嫁修族兄之子晟。張氏後在晟所被奴所姦，事下開封府，因張氏奩中有歐陽氏，修左遷知制誥，知滁州。久之，遷起居舍人，知揚州，復龍圖閣直學士，知應天府，以母喪去。服滿，爲翰林學士，使修輯《唐書》，並奉使契丹。仁宗嘉祐二年（西元一〇五七年）貢擧時，士子好爲險怪奇澀之文，號曰太學體，修痛排抑之。旋加龍圖閣學士，知開封府，承包拯威嚴之後，一切簡易循理，不尙華采。《唐書》成，修拜禮部侍郎兼翰林侍讀學士，在翰林八年知無不言，匡輔政事。仁宗無子嗣，修上疏請早立皇儲，因立濮王允讓之子趙曙爲太子，卽後之英宗。嘉祐五年拜樞密院副使，次年參知政事，與曾公亮、韓琦同心輔國政。

英宗卽位，改元治平元年（西元一〇六四年），帝未親政，慈聖光獻太后垂簾聽政，修與韓琦等二三大臣佐佑兩宮，力事調和，裨益國政；執政聚議，事有未可，修必力爭。帝將追崇本生父濮王，下有司議，衆議皆謂當稱皇伯，改封大國。修獨持異議，以爲若本生之親改稱皇伯，歷考前世皆無典據，仍應稱皇考。太后出手書，許帝稱尊親。於是御史呂誨等詆修之議。惟蔣之奇之說，合乎修議，因薦之奇爲御史，衆目爲姦邪，之奇患之，思所以自解，乃造無根謗言摧辱之。帝推究之奇，之奇辭窮坐罷。修亦力求退罷，乃改觀文殿學士，刑部尙書知亳州。次年遷兵部尙書，知青州；改宣徽南院使判太原府。修風節自持，旣被汚衊，年六十卽連乞謝事，帝輒優詔弗許。及請罷止青苗錢法，爲王安石所詆，故求歸愈切。神宗熙寧四年（西元一〇七一年）以太子少師致仕，次年卒，贈太子太師，諡曰文忠。

修天資剛勁，見義勇爲，雖機穽在前，觸發之不顧，逐放流離至於再三，志氣自若，不介於懷。修在朝，以獎進天下士爲己任，立正不阿，誠社稷之臣。修之文章爲天下宗匠。蘇洵嘗論修之文章，詞令雍容似李翶，切近適當似陸贄，而修之才亦似過此二人。蘇軾敍修之文曰：論大道似韓愈，論事似陸贄，記事似司馬遷，詩賦似李白；可謂知言。修爲政不務求聲譽，寬簡而不擾，故所至民便之（生平事略參考《宋史》卷三百十九及神宗實錄本傳）。

二、各種著作——歐陽修的著作，除《新唐書》及《新五代史》兩大鉅著外，尚有《居士集》五卷，《居士外集》三十五卷，《童子問》三卷，《外制集》三卷，《內制集》八卷，《表奏書啓》八卷，《奏議》十八卷，《河南奉使奏章》二卷，《河北奉使奏章》二卷，《濮議》四卷，《崇文總目叙釋》一卷，《于役志》一卷，《歸國錄》二卷，《詩話》一卷，《詩本義》十四卷，《筆說》一卷，《試筆》一卷，《近體樂府》三卷，《集古錄跋尾》十卷。這些著作均經蒐錄於《歐陽永叔文集》，列入《國學基本叢書》印行。

三、政治思想——歐陽修爲醇儒，故其政治思想不離於孔孟的仁義道德之旨，重傳統，惡變更，對王安石之新政亦甚不滿，故視之爲保守派的政治思想家。玆扼要擧述其政治思想於次：

1.治道——歐陽修認爲治國之道，在於擧五事，去三弊。他論擧五事曰：「於今之務衆矣，所當先者五也。其二者有司之所知，其三者則未之思也。足天下之用，莫先乎財；繫天下之安危，莫先乎兵；此有司之所知也。然則財足矣，取之無限而用之無度，則下益屈而上益勞。兵强矣，而不知所以用，則兵驕而生禍；所以節財用兵者，莫先乎立制。制已備矣，兵已可使，財已足用；所以共守之者，莫先乎治人；是均財而節兵，立法以制之，任賢以守法，尊名以勵賢。此五者相爲用，有天下者之常務，而今之世所光，而執事者之所忽也。」（《居士集》本論）

所謂三弊，一曰令多變，而威不信。二曰賞罰不當，將不用命。三曰敎兵不實，百戰百敗。修曰：「請言三弊。夫言多變，則俗不信，令頻改則下難從。今出令之初，不加詳審；行之不久，尋又更張。以不信之言，行難從之令，故每有處置之事，天下知朝廷未是一定之命，則官吏咸相謂曰，且未可行，不久必須更改。或曰，備禮行下，略與應破指揮，旦夕之間，果然又變。至於將吏更易，道路疲於迎送；文牘縱橫，上下莫能遵守。中外臣庶，或聞而嘆息，或聞而竊笑；嘆息者有愛天下之心，竊笑者有輕朝廷之意。號令如此，欲威天下，其可得乎？此不愼號令之弊一也。用人之術，不過賞罰；然賞及無功，則恩不足勸；罪失有罪，則威無所懼，雖有人不可用也。……近四五年來，大將以無功罷者，依舊居官，諸將誰肯立功矣！裨將懦畏逗留者，皆當斬，然或暫貶而尋遷，或不貶而依舊，諸將誰肯用命矣！賞罰如此，而欲用人，其可得乎？此不明賞罰之弊二也。數年以來，是有點兵之虛名，而無得兵之實效。新集之兵，所在教習；而主教者非將領之材，所教者無旗鼓之法，訓兵無實用。諸路州軍，分造器械，多不中度，所用不堪，經歷官司，又無檢覈，器械徒有虛名。……百戰百敗，理在不疑；臨事而悟，何可及乎！此兵政不修之弊三也。」（準詔言爲上書）

2.用人——歐陽修認爲，任人固應「必專」，但仍宜謀於人，不可拒群議；信人固應「必篤」，但仍當審事之可否，計功之成敗。苻堅不謀於人，復拒群議，獨專信慕容垂而侵晉，致慘招失敗。齊桓公專信管仲，劉先主專信諸葛亮，符於群議，順於民心，故能成功。他說：「爲君難者，孰難哉？蓋莫難於用人。夫用人之術，任之必專，信之必篤，然後能盡其材而可共成事。及其失也，任之欲專，則不復謀於人，而拒絕群議，是欲盡一人之用，而先失衆人之心也。信之欲篤，則一切不疑而果於必行，是不審事之可否，不計功之成敗也。……昔秦苻堅地大兵强，有衆九十六萬，號稱百萬，蔑視東晉，指爲一隅，謂可直以氣吞之耳。然而擧國之人，皆言晉不可伐，更進互說者，不可勝數，不聽。惟聽信一將慕容垂，……遂大擧南伐，大敗而歸。……齊桓公之用管仲，劉先主之用諸葛亮，可謂專而信矣。不聞擧齊

蜀之臣民非之也，蓋其令出而舉國之臣民從；事行而舉國之臣民便；故桓公、先主得以專任而不貳也。」(為君難上)

3.勸農——為政之要，首在富民。因政在養民，民富而後可以養其生。宋代仍為農業社會，故富民之道，莫重於勸人民，勤耕作，增生產，戒游墮，輕稅斂。歐陽修論勸農之重要與方法曰：「夫農，天下之本也。凡為國者，莫不務焉。要在節其用，則易充；勉其力，使不匱。今夫食者甚衆而輸者已殫，勸之不勤，而取之仰足；使民盡耕猶不給，而半為游墮之手；彼歲常熟猶恐之而多罹水旱之凶。調斂不得已也，而吏之不仁者緣以誅求。賦役自有法也，而政之不明者重為煩費。農者有幾，害者若玆，欲寬吾民，何可得也？既富而教，豈無術乎？體余玆懷，望爾良吏。自今在官，有能興水利，闢田荒，課農桑，增戶口，凡有利農而弗擾者，有司具其賞格，當議旌酧。其或陂池不修，田野不闢，桑棗不植，戶口流亡；慢政隳官，亦行降黜。夫言不信，法弛於寬；朕久思之；方思革弊，爾勿猶習舊態，慢我新書。」(勸農勅)

4.取士——歐陽修以為策論取士，徒託空文，難得實用之才，應棄末求本，舍華取實，信詩書，尊聖賢，而取「導和而率俗」，「共治而建中」的眞才。他說：「夫近世取士之弊，策試為先，談無用之空文，角不急之常論。知井田之不能復，妄設沿革之辭；知榷酤之不可除，虛開利害之說。或策之者鉤探微細，殆皆游談；而對之者皷皺曲辭，僅能塞問。棄本求末，舍實得華，若乃詩書之可疑，聖賢之異行；樂所以導和而率俗，官所以共治而建中。此皆聖師之所談，明問之至要。敢陳臆見，用備詢求。」(國學試策三道)

5.朋黨——後漢及唐末，小人執政，宦官恣肆，陷害忠良，妄指正人君子爲朋黨而錮害之。宋代夏竦等肖小誣指杜衍、韓琦及修等爲朋黨。英宗時爲追崇濮王，有「皇伯」與「皇考」之爭，形成黨派對立。神宗熙寧間王安石變法，而有新、舊黨爭。修著朋黨論，力辨朋黨自古有之。惟小人以利而結合，利盡而交疏，其黨朋僞而難久。正人君子以道義相結合，故同心爲國，而能成爲久而合的朋黨。所謂「君子不黨」，意非正確。

修曰：「大凡君子與君子以同道爲朋，小人與小人以同利爲朋；此自然之理也。然臣謂小人無朋，惟君子則有之，其故何哉？小人所好者祿利也，所貪者財貨也。當其同利之時，暫相黨引以爲朋者，僞也。及其見利而爭先，或利盡而交疏，則反相賊害，雖其親戚兄弟，不能相保。故臣謂小人無朋，其暫爲朋者，僞也。君子則不然，所守者道義，所行者忠信，所惜者名節。以之修身，則同道而相益，以之事國，則同心而共濟，終始如一。此君子之朋也。故爲人君者，但當退小人之僞朋，用君子之眞朋，則天下治矣。」（朋黨論）

6.縱囚——唐太宗縱死囚三百餘人還家，約其自歸以就死，死囚果如期而歸，得以免死。歐陽修認爲乃是君臣交相賊以成此名，不足以言施恩德及知信義。修曰：「信義行於君子，而刑戮施於小人；刑入於死者，乃罪大惡極，此又小人之尤甚者也。寧以義死，不苟幸生，而視死如歸，此又君子之尤難者也。方唐太宗之六年，錄大辟囚三百餘人，縱使還家，約其自歸以就死；是以君子之難能，期小人之尤者以必能也。其囚及期而卒自歸，無後者，是君子之所難，而小人之所易也。此豈近於人情？或曰，罪大惡極，誠小人矣。及施恩德以臨之，可使變爲君子。蓋恩德入人之深，而移人之速，有如是者矣。

曰，太宗之爲此，所以求此名也；然安知夫縱之去也，不意其必來以冀免，所以縱之乎？又安知夫被縱而去也，不意其自歸而必獲免，所以復來乎？夫意其必來而縱之，是上賊下之情也；意其必免而復來，是下賊上之心也。吾見上下交相賊以成此名也，烏有所謂施恩德與夫知信義者哉？」（縱囚論）

7.赦宥——歐陽修反對赦宥的施行，因爲這是申小惠，推私恩，而弛古刑之典者。他說：「蓋周家之政，至忠厚也，須成康而刑乃措。漢世之德，至寬仁也，至文景而獄乃平。夫所以致刑之措，獄之平，其要非他，在削苛刻之深文，執議論之平讞，無罹民之不遠，無縱誅以快怒。使愚民知所避，姦吏無所弄；則獄雖不赦，刑將自平。且投簞者不能救饑，持轡者不能御騎，又何必申小惠，推私恩，啓民心之姦，弛古刑之典者哉？故謂不赦者良醫之鍼石，赦者奔馬之委轡。質斯言也，不其然乎。」（南省試策第二道）

第三節　蘇軾的政治思想

一、生平事略——蘇軾字子瞻，蜀眉山人，生於宋仁宗景祐四年（西元一〇三七年），卒於徽宗建中靖國元年（西元一一〇一年），博通經史，屬文日數千言。仁宗嘉祐二年（西元一〇五七年）舉進士，除大理寺簽書，鳳翔府判官。英宗治平二年（西元一〇六五年）入判登聞鼓院。召試入選得入直史舘。會値父洵之喪，去官還鄉守制。神宗熙寧二年（西元一〇六九年）還朝，以判官告院。熙寧四年，王安石欲變科學，興學校，軾上書反對。安石不悅，使軾權開封府推官，將困之以事。次年，王安石變法行新政，軾上書論其不便。安石怒，降爲杭州通判。先後知密州與汝州；後又貶黃州，居黃州時，築室東坡，號曰東坡居士，最後貶知瓊州。

哲宗立，改元元祐元年（西元一〇八六年），司馬光爲相，召軾爲禮部郎中，旋遷中書舍人。次年除翰林學士兼侍讀。元祐三年權知禮部貢擧。四年，積以論事爲當軸所恨，軾恐不見容，請外，拜龍圖閣學士，知杭州。在杭州沿西湖築堤植楊柳，世稱蘇堤，與白居易所築白堤相匹美。元祐七年（西元一〇九二年）徙知揚州，弭盜賊，濟飢寒，除舟楫之弊，民德之。未閱歲，以兵部尙書召兼侍讀。八年，宣仁后崩，哲宗親政。軾乞補外，以兩學士出知定州。哲宗紹聖元年（西元一〇九四年）御史論軾掌內外制日，所作詞命，多譏先朝，降一等貶寧遠軍節度副使，惠州安置，居三年，泊然無所蔕芥。又貶瓊州別駕，居昌化。昌化苦困，非人所居，藥餌皆無，時時從其父老游，若將終身。徽宗卽位，改元建中靖國元年（西元一一〇一年）改舒州團練副使，徙永州。值大赦，遂提擧玉觀局復朝奉郎。當年卒於常州，贈太師，諡文忠（參考《宋史》卷三百三十八，本傳）。

二、各種著作——蘇軾爲文涵渾奔放，詩亦清疏雋逸，又善書，兼工畫。著作有《易書傳》，《論語說》，《仇池筆記》，《東坡志林》，《東坡詞》等。軾之著作，蒐錄於《蘇文忠公全集》，明成化年間海虞程氏刊助，臺灣商務印入《國學基本叢書》，收入此集，定名《蘇東坡集》。此集包括《前集》四十卷，《後集》二十卷，《續集》十二卷，《奏議》十五卷，《外制集》三卷，《內制集》十卷，《應詔集》十卷。

三、政治思想——蘇軾的政治思想是穩健的，所以反對王安石的變法度，行新政。因此而遭貶謫，且新政歸於失敗，於是其政治思想益趨於保守。但保守並不是泥古，而主張變革須合於時俗，爲民所悅者，方可行之。所以他說：「大抵事若可行，不必皆有故事；若民所不悅，俗所不安，縱有經典明文，亦不可行。」（上神宗皇帝書）玆扼要擧述其政治思想於後：

1. 禮法起源——蘇軾認爲原始的社會，乃是爭亂不息的，人不得安其生，聖人惡其爭亂，乃立禮法，作器皿，使民生樂利，各守分際，止亂息爭。他說：「昔者生民之初，不知所以養生之具。擊搏挽裂，與禽獸爭一旦之命，惴惴焉朝不謀夕，憂死之不給，是故巧詐不生而民無知。故聖人惡其無別而憂其無以生也，是以作爲器用，耒耜弓矢舟車網罟之類，莫不備至，使民樂生便利，役御萬物，而適其情。而民始有以極其口腹耳目之欲。器利用便而巧詐生，求得欲從而心志廣，聖人又憂其桀猾變詐而難治也，是故制禮以返其初。禮者所以返本復始也。」（秦始皇帝論）所以返本復初，蓋指巧詐不生而民無知而言。

2. 反富强說——王安石變法，行新政，旨在富國强兵，但行之不當，國未富而民反陷於窮困。故蘇軾乃反對王氏之富强說。他說：「夫國家之所以存亡者，在道德之深淺，不在乎强與弱。曆數之所以長短者，在風俗之厚薄，不在乎富與貧。道德誠深，風俗誠厚，雖貧且弱，不害於長而存。道德誠淺，風俗誠薄，雖富且强，不救於短而亡。」（上神宗皇帝書）蘇軾儒者，其說固有類於孟子所謂「王何必曰利，亦有仁義而已矣。」（《孟子》梁惠王上）

3. 省費養財——王安石之新政，處處擾民，時時費財，故蘇軾曰：「今日之政，小用則小敗，大用則大敗，若力行而不已，則亂亡隨之。」（《東坡續集》卷九，論時政狀）國家若言利，自不能不假手於臣下，致力征斂。而臣下多不肯節費用，求儉約，多不顧人民的負擔能力，只知强征暴斂，所謂「與其有聚斂之臣，寧有盜臣。」（《大學》十，釋治國平天下）臣下聚歛，民受窮，國受害。故蘇軾主張省費養財。他說：「夫興利以聚財者，人臣之利也，非社稷之福。省費以養財者，社稷之福也，非人臣之利。何以言之？民者國之本，而利者民之賊。興利以聚財，必先煩刑以賊民。國本搖矣，而言利之臣先受其賞。」（《東坡續集》卷九，刑政）

4. 法簡易行——法簡則易行，事簡在易舉。蘇軾深明此理，所以他在仁宗嘉祐八年，即著論申說此理。惜王安石對此不加省察，變法度，行新政，所舉辦的革新事項爲數太多，其欲百廢俱舉者，卒至一事莫成。軾曰：「方今天下何病哉，其始不立，其卒不成。夫所貴於立者，以其規模先定也。古之君子先定其規模，而後從事，故其應也有候，而其成也有形。今夫富人之營宮室也，必先料其資財之豐約，以制宮室之大小。及期而成，既成而不失富，則規模之先定也。今治天下者則不然，百官有司不知上之欲爲也。……民不知其所適從也。及其發一政，則曰姑試行之而已，其濟與否，固未可知也。前之政未見其利害，而後政復發矣。何則？其規模不先定也。」（《東坡前集》思治論）又曰：「法者本以存其大綱，而其出入變化，固將付之於人。」（《東坡應詔集》策別七）法若失之繁細，百官必將困於繩墨之間，而不能盡其才智，而有所作爲。

5. 法不常變——法不常變，政治安定；人不常易，政府穩固。法屢變，民無所信守；人屢易，政令難貫徹。因法之不行，而疑用人之失，因而易人。因用人之失，而疑法之不善，因而變法。人事不能久任，政策不能持常，政亂而國危。蘇軾曰：「夫天下有二患，有立法之弊，有任人之失。二者疑似而難明，此天下之所以亂也。當立法之弊也，其君必曰吾用某也，而天下不治，是某不可用也，又從而易之，不知法之弊，而移咎於其人。及其用人之失也，又從而尤其法，法之變未有已也。如此，則雖至於覆敗，死亡相繼而不悟，豈足怪哉？」（《東坡應詔集》策略第三）

6. 養士之要——所謂士，卽今日之知識分子，乃社會的菁英，有才智，有抱負，如能得其用，厚其祿，俾能展其才抱，養其家室，自可盡力於國事，而致政治之安定。若使這些菁英之士，不得其位，不給其養，將不安其分，而思亂求。唐黃巢落第乃造反作亂，導致唐朝敗亡。宋張元殿試見黜，忿而降元昊，助長西夏之叛。蘇軾論養士之要曰：「夫智勇辯力，皆天下之秀傑也。故先王分天下之富貴與此四者共之。此四者不失職，則民靖矣。三代以上出於學，戰國至秦出於客，漢以後出於郡縣吏，魏晉以來出於九品中正，隋唐至今出於科舉，雖不盡然，取其多者論之。六國之君虐用其民，不減於始皇二世。然當是時百姓無一人叛者，以凡民之秀傑者多以客養之，不失職也。其力耕以奉上，皆椎魯無能爲者，雖欲怨叛而莫爲之先，此其所以少安而不卽亡也。秦始皇初欲逐客，用李斯之言而止。旣併天下，則以客爲無用。……故隳名城，殺豪傑。民之秀異者散而歸田畝，向之食於四公子呂不韋之徒者皆安歸哉，不知其能槁項黃馘以老死於布褐乎!?抑將輟耕太息以俟時也!?」（《東坡後集》志林）

7. 善結人心——得天下者得其民，得其民者得其心。人心之向背，爲治亂興衰之所繫。爲政之要，首在善結人心。收拾人心之道首在愛民。愛民之要莫如行仁政。蘇軾曰：「孔子曰，信而後勞其民，未信則以爲厲己也。商鞅變法，不顧人言，雖能驟至富强，亦以召怨天下，使其民知利而不知義，見刑而不見德；雖得天下，旋踵而亡，至於其身，亦卒不免負罪出走，而諸侯不納；車裂以徇，而秦人莫哀。君臣之間，豈願如此？此宋襄公雖行仁義，失衆而亡；田常雖不義，得衆而强。是以君子未論行事之是非，先觀衆心之向背，謝安之用諸桓未必是，而衆之所樂，則國以義安；庾亮之召蘇峻未必非，而有不可則反爲危辱。自古及今，未有和易同衆而不安，剛愎自用而不危者也。」（上神宗皇帝言事書）

8.**民相親睦**——民相親睦，則衆皆同心協力，安危與共，緩急不離，則人人具歡舞心情，自愛其身，皆親其親，便不輕於犯法違禁，而安其業，樂其生。蘇軾曰：「夫民相與親睦者，王道之始也。……自秦漢以來，法令峻急，使民離其親愛歡欣之心，而爲隣里告訐之俗。富人子壯則出居，窮人子壯則出贅。一國之俗，而家各有法；一家之內，而人各有心，紛紛乎離散而不相屬。是以禮讓之風息，而爭鬪之獄繫。天下無事，則務爲欺詐，相傾以自成；天下有變，則流徙渙散，相棄以自存。嗟夫！秦漢以下，天下何其多故而難治也？此無他，民不愛其身而輕犯法，輕犯法則王政不行；欲民之愛其身，則莫若使其父子親、兄弟和、妻子相好。夫民仰以事父母，傍以睦兄弟，而俯以卹妻子，則其所賴於生者重，而不忍以其身輕犯法。三代之政，莫尙於此。」（《東坡應詔集》策別，第十三）

9.**施行敎化**——孔子曰：「道之以政，齊之以刑，民免而無恥；道之以德，齊之以禮，有恥且格。」（《論語》爲政篇）刑罰僅能使人不爲惡，而德禮之敎化施行，旣可禁惡，復能勸善；卽人人以爲惡可恥，而甘心樂意的赴義趨善。蘇軾曰：「夫聖人之於天下也，所恃以爲牢固不拔者，在乎天下之民可與爲善，而不可與爲惡也。昔者三代之民，見危而授命，見利而不忘義；此非必有爵賞勸乎其前，而刑罰驅乎其後也。其心安於爲善，而忸怩於不義；是故有所不爲。……昔武王旣克商，散財發粟，使天下知其不貪；禮下賢俊，使天下知其不驕；封先聖之後，使天下知其仁；誅飛廉惡來，使天下知其義。如此則其敎化天下之實，固已立矣。」（《東坡應詔集》策別，第十二）

10滌蕩振刷——人君治國，必須自强不息，滌蕩振刷，積極有爲，固不可溺於宴安，怠墮廢弛，日趨衰敗。蘇軾曰：「方今之世，苟不能滌蕩振刷，而卓然有所立，未見其可也。臣嘗觀西漢之衰，其君皆非有暴鷙淫虐之行，特以怠墮弛廢，溺於宴安，畏朞月之勞，而忘千載之患，是以日趨於亡而不自知也。夫君者天也，仲尼贊《易》，稱天之德曰，天行健，君子以自强不息。由此觀之，天之所剛健而不屈者，以其動而不息也。惟其動而不息，是以萬物雜然各得其職而不亂；其光爲日月，其文爲星辰，其畏爲雷霆，其澤爲雨露，皆生於動者也。使天而不知動，則其塊然者將腐壞，而不能自持，況能以御萬物哉？苟天子一日赫然奮其剛健之威，使天下明知人主欲有所立，則智者願效其謀，勇者樂致其死，縱橫顚倒，無所施而不可。」（《東坡應詔集》策略，第一）

第六十六章　理學派的政治思想

第一節　邵雍的政治思想

一、**生平事略**——邵雍字堯夫，其先范陽（河北大興縣）人，幼年隨父古徙共城（河南輝縣），生於宋眞宗大中祥符四年（西元一〇一一年）卒於神宗熙寧十年（西元一〇七七年）。雍少時自雄其才，慷慨欲樹功名，於書無所不讀。但三十七歲以後，即隱居以習道，終身未嘗入仕。共城令北海李之才，聞雍好學，造其廬，謂曰：子亦聞物理性命之學乎？對曰，願受敎，遂師事之。子才授以河圖洛書，伏羲八卦及六十四卦圖像。雍以高明之資，以觀夫天地之運化，陰陽之消長，遠而古今世變，微而走飛草木之情質，探頤索隱，深造曲暢，遂成爲象數之學的宗師，洞明幾微，預知未來。

雍初至洛陽，居茅屋，躬親樵炊以事父母，生活窮苦，而自得其樂，名其居曰安樂窩，自號安樂先生。富弼、司馬光、呂公著諸大臣退居洛陽時，多從雍交游。司馬光以兄禮事雍。二人德粹望隆，衆皆慕嚮之。雍德氣粹然，望之而知其賢，不事衣飾，不設防畛，群居燕笑，終日不爲異甚，樂道人之善而隱人之惡。來就學者，人無貴賤少長，一接以誠，故賢者悅其德，不肖者服其化，一時洛陽人才特盛，忠厚之風聞於天下。雍與程顥程頤兄弟爲世交，彼此交往頗多，相互切琢，究探象數心性之學，互有裨益。雍疾病，司馬光、張載、程顥、程頤晨夕候之。

邵雍隱居講學於河南輝縣蘇門山下百源（百泉）之地，故其學被稱為百源學派。邵氏之學蓋援道入儒者，近承道教，遠宗緯書，而《易》緯尤為其主要依據，以太極、陰陽、動靜解釋宇宙萬物變化之道。故舊日友朋多有以王安石新政問雍者，雍曰：新法過於嚴峻，能寬一分，則民受一分之賜。生活刻苦自勵，「冬不生爐，夏不揮扇」；處世則「不為十分人，不責十分事」；「平生不作皺眉事，天下應無切齒人。」

仁宗嘉祐年間（西元一〇五六—一〇六三年），朝廷求隱逸之士，洛陽留守王拱辰應詔薦雍，授將作監主簿，固辭不就。神宗熙寧年間（西元一〇六九—一〇七七年）朝廷又下詔徵召在隱逸賢，御史中丞呂公誨等人應詔薦雍，補潁州團練推官，稱疾不就。當年即病卒，年六十七，贈秘書省著作郎。程顥為雍撰墓誌銘，稱雍之學為「內聖外王」之學（生平事略，參考《宋史》卷四百二十七本傳）。

二、重要著作——邵雍的重要著作，有《皇極經世書》十二卷（上海涵芬樓藏本，商務印書館影印），《伊川擊壤集》二十四卷（有《四部叢刊》本）及《漁樵問答》一卷。另有《邵子全書》，明徐必達刊本。

三、學養評定——《宋史》邵雍本傳稱：雍高明英邁，迥出千古，而坦夷渾厚，不見圭角，是以清而不激，和而不流，人與交久，益尊信之。程顥初侍雍父古，得以識雍，論議終日，退而嘆曰：堯夫「內聖外王」之學也，知慮絕人，遇事能知。程頤嘗曰，雍心虛明自能知之。當時學者，因雍造詣之識，務高雍之所為，至有人謂雍有玩世之意，因雍能預知事變，至謂雍於凡物聲之所觸，輒以其動而預知其變化。

邵雍治學注重客觀事實的實際觀察，而繼之縝密思考及探頤索微，而成己之創見，可謂合於格物致知及現代實證主義的研究精神。惟因其引道入儒，以「玄之又玄，衆妙之門」的虛無之論以解釋儒家經世致用的平實之理，自不免失之於牽強附會」。如雍之論政體種類，分爲皇、帝、王、伯四者，而又以春、夏、秋、冬及《易》、《書》、《詩》、《春秋》配合之，實非常理所可通。其政治哲學的奧妙，常達於「玄之又玄」的境界，使人不易理解，虛玄所至，恐將流爲「空中樓閣」，可望而不可卽。

四、政治思想——邵雍的象數之學及預知之術，非本著所研討的範疇。茲將其政治思想扼要擧述於次：

1.適合時變——政治的措施應適合時代的變遷，方能切中時需，與日並進。因革之施，與時日消長須相配合；時將治，人必尚行；時將亂，人必尙言。他說：「以今觀今，則謂之今矣；以後觀今，則今亦謂之古矣。……是故古亦未必爲古，今亦未必爲今，皆自我而觀之也」；「時有消長，經有因革，時有消長；否泰盡之；經有因革，損益盡之」；「夫天下將治，則人必尚行也；天下將亂，則人必尙言也。」（均見《皇極經世書》觀物內篇）因革損益，皆隨時日之消長，所爲的適合時變的因應措置。雍爲知幾（機）的哲人，知機故須應機應變。時不可失，機必須應時。孔子聖之時者也。管仲亦曰：「法者，不可恒也」（《管子》任法篇），韓非亦曰：「法與時轉則治，治與世宜則有功」（《韓非子》心度篇）。老子曰：「字之曰道，强爲之名曰大。大曰逝，逝曰遠，遠曰反」（《老子》第二十五章），「反者，道之動」（《老子》第四十章）。邵雍是知機者，故深知時之義，大矣。遂持適時應變的進步的政治思想。

2.人治思想——邵雍是儒者，故持以人爲中心的德治的政治思想。孔子曰：「爲政以德；譬如北辰，居其所，而衆星拱之。」（《論語》爲政篇）所以邵雍認爲天下之治亂，繫於民心之正邪；民心之正邪，視君主之德佞爲轉移。他說：「善化天下者，止於盡道而已。善敎天下者，止於盡德而已。善勸天下者，止於盡功而已。善率天下者，止於盡力而已。以道德功力爲化者，乃謂之皇矣。以道德功力爲敎者，乃謂之帝矣。以道德功力爲勸者，乃謂之王矣。以道德功力爲率者，乃謂之伯（霸）矣。」（《皇極經世書》觀物內篇）

3. 政治循環——孟子倡「一治一亂，五百年必有王者興」的政治循環論。陰陽家鄒衍，以金、木、水、火、土五行生尅之理，倡「五德始終」的政治循環論。邵雍以《易經》六十四卦的次序表示宇宙萬物演變的過程。這過程自亦適於政治事象的衍化與循環。「復」卦之初爻爲一陽始生，亦卽宇宙萬物始生的表現。由是陽盛陰微，至於「乾」卦而陽極，乃宇宙萬物盛壯的表現。陽極而一陰之「姤」又生，由是陰長陽消，至「坤」卦而陰極，乃宇宙萬物毀滅的表現（《皇極經世書》演易圖）。陰極而一陽之「復」又生。如此，則少、壯、衰、死的自然循環，週而復始，運用於無窮。

邵雍根據這一理論，把人類所生存的世界定出一消長生滅的年譜。這年譜中用「元、會、運、世」計算時間。又以元當日，會當月，運當星，世當辰。三十年爲一世，十二世爲一運，十二運爲一會，十二會爲一元。以天地之始終爲一元，共爲一十二萬九千六百年。以一元之時間與六十四卦相配合，則宇宙萬物始於「復」而終於「坤」。元、會、運、世的計算年表，見邵伯溫（雍子）所撰之「一元消長圖」（此圖見《理性大全》一書）。邵雍的「元、會、運、世」暗合於佛家「成、住、壞、空」的四段循環論。復以此解釋《易經》。宇宙以日、月、星、辰爲循環；世界以元、會、運、世爲循環；政治以皇、帝、王、霸爲循環。

4. 政體種類——邵雍把政體分爲四種不同的種類，卽皇、帝、王、霸。皇政的理想是：「以道化民者，民亦以道歸之，故尚自然。夫自然者無爲無有之謂也。無爲者非不爲也，不固爲者也，故能廣；無有者非不有也，不固有者也，故能大。」帝政的理想是：「以德教民，民亦以德歸之，故尚讓。夫讓者，先人後己之謂也。以天下授人而不爲輕，若素無之也。受人之天下而不爲重，若素有之也。」王政的理想是：「以功勸民者民亦以功歸之，故尚政。夫政也者，正也。以正正夫不正之謂也。天下之正莫如利民焉，天下之不正莫如害民焉。能利民者正，則謂之曰王矣。能害民者不正，則謂之曰賊矣。」伯（霸）政的理想是：「以力率民者，民亦以力歸之，故尚爭。夫爭者爭夫利者也。取以利，不以義，然後謂之爭。小爭交於言，大爭交於兵，爭夫強弱者也，猶借夫名焉者謂之曲直。」（均見《皇極經世書》觀物內篇四）

邵雍曰：「三皇，春也；五帝，夏也；三王，秋也；五伯（霸），多也；七國，冬之餘例也。漢王而不足，晉伯而有餘，三國，伯之雄者也。」（觀物內篇）又曰：「孔子贊易，自羲、軒而下。序書，自唐虞而下。刪詩，自文武而下。修春秋，自桓文而下。自羲而下，祖三皇也；自堯舜而下，宗五帝也；自

政體	天時		經書	職業	德性	國命	
三皇	春	生溫	易	士	仁	正命	天與
五帝	夏	長燠	書	農	義	受命	人歸
三王	秋	收淒	詩	工	禮	改命	征誅
五伯	多	藏冽	春秋	商	智	攝命	臣行君事

文武而下，子三王也；自桓文而下，孫五伯（霸）也。」（觀物內篇）邵氏以春、夏、秋、冬，《易》、《書》、《詩》、《春秋》，士、農、工、商，仁、義、禮、智，及正命、受命、改命、攝命，分別配合皇、帝、王、伯四種政體，並列表如前（見觀物內篇三—十）。

第二節　周敦頤的政治思想

一、生平事略——周敦頤字茂叔，道州營道（湖南道縣）人，生於宋眞宗天禧元年（西元一〇一七年），卒於神宗熙寧六年（西元一〇七三年），因家居濂溪傍，因號濂溪。年十一而孤，投依舅父龍圖直學士鄭向，舅以其器宇軒昂，禀賦聰穎，汲汲好學，視如己出。以鄭薦應試任分寧主簿，時二十五歲。有獄久不決，敦頤一訊而辨。二十八歲升南安軍司理參軍。時程珦通判南安軍事，視敦頤氣貌非常，與之言知爲達道學者，因使二子顥、頤往受業。因轉運使王逵薦，移爲彬州桂陽令，治績卓著，時年三十四。仁宗至和二年（西元一〇五五年）調升大理寺丞，掌管洪州南昌訟事。南昌人皆知敦頤嚴明而善斷獄，富豪强族黠吏皆懦懦然而懼之，不僅以罹罪爲憂，且以汚穢善政爲恥。政清刑明，人民愛戴；廉介自持，兩袖清風，眞所謂「出汚泥而不染」。虔州通判趙抃聞知其行事，執其手而深加嘉譽。英宗治平元年（西元一〇六四年）虔州大火，燬民房多家，敦頤公出不在場，因降永州（湖南零陵縣）通判。神宗熙寧二年（西元一〇六九年）以趙抃、呂公誨薦，升廣東轉運判官，提點刑獄，以洗寃澤物爲己任。熙寧四年升任提點廣南東路刑獄。敦頤居官盡責，斷獄明辨，洗寃甚多；所至之任所爲瘴癘險遠荒凉之區，不計苦難，淡然赴之。因疾求知南康軍。趙抃再鎮蜀，奏請用敦頤，未及用而疾卒，年五十七（參考《宋史》卷四百二十七，本傳）。南宋寧宗嘉定十三年（西元一二二〇年）賜諡元公。理宗淳祐元年（西元一二四一年）封汝南伯，從祀孔子廟。

二、重要著作——周敦頤的重要著作有二：一爲《太極圖說》，其旨在明天理之根源，究萬物之終始，而曰：「無極而太極，太極動而生陽，動極而靜，靜而生陰，陰極復動。一動一靜，互爲其根。分陰分陽，兩儀立焉。陽變陰合，而生金、木、水、火、土，五行順布，四時行焉。五行一陰一陽也，陰陽一太極也。太極本無極也。五行之生也，各一其性。無極之眞，二五之精，妙合而凝，乾道成男，坤道成女，二氣交感，化生萬物。萬物生生而變化無窮焉。惟人也，得其秀而最靈。」二曰《通書》四十篇，發明陰陽太極之精蘊；序者曰：其言約而道大，文質而義精，得孔孟之本源，大有功於學者。

三、學養評定——黃庭堅評論周子的人品曰：「人品崇高，胸懷灑落，如光風霽月，廉於取名，而銳於求志；薄於徼福，而厚於得民；菲於奉身，而燕及煢嫠；陋於希世，而尙友千古。」敦頤每令尋孔顏樂處，所樂何事，二程之學，源流乎於此。故程頤曰：自再見周茂叔後，吟風弄月以歸，有吾與點也之意。

四、思想特質——周敦頤之思想，見於《太極圖說》及《通書》，篇幅雖簡，而體大思精，得聖賢不傳之學，自成體系，甚多創見，可謂通古今之變，成一家之言。周子的思想雖受到佛道兩家學說的影響，但其本質仍是儒家精蘊。彼仍可當醇儒之稱。周氏學說的要旨在闡揚儒家經典的《易經》與《中庸》。《太極圖說》中的宇宙觀，雖帶有道家色彩，然太極一詞已見於儒家經典的《易經》中，並不能指爲離經叛道。他不過把太極推究到前一根源的「無」，近似於道。但《太極圖說》的後半部所研究的全是人生問題；《通書》所論，亦復如此。周子學說的大要，幾乎皆在研討作人處世的心性修養。這正是儒學的中心課題。佛家雖亦主張修心養性，但佛者逃避現實，只求個人解脫，超出近於迷信的生死輪廻。而周子的修養論，在於正心盡性，是面對現實，修己安人，而達到誠、正、修、齊、治國平天下的目的。為政的方法亦係以儒家的興禮作樂為手段。周子一生刻苦自勵，所持的道德實踐精神，尤屬超群軼衆。他的學說中雖滲透着佛道思想，但其本質，實是融會貫通儒家經籍，並將孔孟的微言大義發掘出來而建立的完整哲學體系，使儒學的荒蕪庭園重新恢復清新整潔的面目。

五、政治思想——兩宋理學家以周敦頤最佔重要地位；蓋因朱熹之學乃本於程子，而程氏兄弟又受業於周敦頤。周子的思想程序，先言天道（《太極圖說》宇宙論），由天道而及於人性（《太極圖說》人生論），由人性觀而論及為政之道。茲扼要擧述其政治思想如次：

1. 人性本善——孟子主張人性善，仁義禮智皆源於人的天性。荀子認為人性惡，其善者，僞也。周敦頤宗孟子之論，亦認為人性本善。周子《太極圖說》曰：「太極化生萬物，萬物生生而變化無窮焉。惟人也，得其秀而最靈。」而太極之理，即所謂誠。誠為純粹至善，故人類之本性，亦為純粹至善。至於善惡之分，則由於「幾」，因「幾」之接觸外物，變成欲望，於是內心動搖，造成善惡之端，而有賢不肖之別。聖人惟恐陷入邪惡，故以「神」應之。所謂「神」者，即守其「誠」，致其「靜」，而復其性也。故曰：「誠無為，幾善惡。德愛曰仁，宜曰義，理曰禮，通曰智，守曰信。性焉安焉之謂聖，復焉執焉之謂賢，發微不可見，充周不可窮之謂神。」（《通書》誠幾德第三）

2. 人極標準——人極是人的理想人格。極是標準，人極就是作人的最高標準，亦就是聖人。故聖人與天地合其德，與日月合其明，四時合其序，鬼神合其吉凶。《太極圖說》曰：「陽變陰合，而生金木水火土。五行一陰陽也。陰陽一太極也，太極本無極也。五行之生也，各一其性。無極之眞，二五之精，妙合而凝。乾道成男，坤道成女，二氣交感，化生萬物，萬物生生而變化無窮焉。惟人也，得其秀而最靈。形既生矣，神發知矣，五性感動，而善惡分，萬事出矣。聖人定之以中正仁義而主靜，立人極焉。故聖人與天地合其德，與日月合其明，與四時合其序，與鬼神合其吉凶。君子修之吉，小人悖之凶。故曰，立天之道，曰陰與陽；立地之道，曰柔與剛；立人之道，曰仁與義。」又曰：「原始反終，故知死生之說，大哉易也，斯其至矣。」

3.誠敬爲本——周敦頤以爲「太極之理，卽所謂誠」，《中庸》亦曰：「誠者，物之終始，不誠無物。」(第二十五章)又曰：「惟天下至誠，爲能經綸天下之大經，立天下之大本，參天地之化育。」(第三十二章)周氏《太極圖說》曰：「形既生矣，神發知矣，五性感動，而善惡分，萬事出矣。聖人定之以中正仁義而主靜，立人極焉。」成聖人，致人極的修養功夫，卽在於「誠」與「靜」。無欲故靜，靜者「定之以中正仁義，是謂居靜持敬」。《通書》曰：「聖誠而已矣，誠者五常之本，百行之源也。」守誠、居靜、持敬，乃是聖人之大本。

4.仁義化民——周敦頤一則曰：「聖人定之以中正仁義，立人極焉」；再則曰：「立人之道，曰仁與義。」足見仁義在周子的學說中佔很重要的地位。所以他認爲爲政的要道以仁義化萬民。宋代理學家所致力追求的是「內聖外王」之學，亦卽修己以安人的經綸。格物、致知、誠意、正心是內聖修養；修身、齊家、治國、平天下是外王的目的。周子的學說亦是以「內聖外王」爲目的。他所主張的「誠敬」

是內聖修養；所强調的仁義是外王之道。周子《通書》曰：「天以陽生萬物，以陰成萬物。生，仁也；成，義也。故聖王在上，以仁育萬物，以義正萬民。天道行而萬物服，聖道修而萬民化。」（《通書》順化，第十一）

5.禮樂教民——《太極圖說》曰：「五性感動，而善惡分，萬事出矣。」又曰：「立地之道，曰剛與柔。」人既有善惡，故當施行教化，使之存善去惡，改過遷善，俾社會秩序得以維持和平安寧，人倫關係得以各守其分。剛則强悍、勇猛、嚴肅；柔則怯懦、畏縮、懈弛。剛柔皆失之過與不足，皆不合中和之道。施教化莫如禮，致中和莫如樂。故為政的積極手段，便在興禮樂，藉以節民行，和民情。禮樂的功用，在於正三綱，明五常，和七情，叙九疇。周敦頤曰：「禮，理也。樂，和也。陰陽理而後和。君君、臣臣、父父、子子、兄兄、弟弟、夫夫、婦婦，各得其理而後和，故禮先而樂後。」（《通書》論禮樂）又曰：「古者聖王制禮法，修教化，三綱正，九疇叙。百姓大和，萬物成若。乃作樂以宣八風之氣，以平天下之情。」（《通書》樂論上）又曰：「聖，誠而已。誠，五常之本，百行之原。」（《通書》誠下）仁義禮樂的施行，皆本於誠，故能正人倫，和萬民，端百行。所謂「聖人定之以中正仁義」。就是樂以致中和，禮以正人倫。仁者生也，仁以生育萬物；義者宜也，義以使百行各得其宜。

第三節　張載的政治思想

一、生平事略——張載字子厚，先世居大梁（開封），後徙居陝西郿縣橫渠鎮，後人因尊稱橫渠先生，生於宋眞宗天禧四年（西元一〇二〇年），卒於神宗熙寧十年（西元一〇七七年），享年五十八。載少好談兵，至欲結客取西洮。二十一歲以書謁宰相范仲淹。范警告曰：「名教中自有樂，何必言兵」，因勸載讀《中庸》，但載以為不足，又習佛道，累年無所得，乃返而求諸六經。嘗坐虎皮講《易經》，京師聽者甚衆。仁宗嘉祐二年（西元一〇五七年）中進士，為雲巖縣令，政事以敦本善俗為務，治績斐然可觀。

神宗熙寧二年（西元一〇六七年）以御史中丞呂公著薦，帝召載問治道。載曰：「為政不法三代者，終苟道也」，帝任為崇文閣校書。一日，王安石問新政。載曰：「公與人為善，則人以善歸公，如教玉人琢玉，宜有不受命矣。」王安石既不得載之合作，遂調之離京師派赴明州治獄。還朝，其弟戩為御史亦與王安石不睦。新黨勢盛，知在京難有為，乃稱疾去官返居橫渠，終日危坐，日夜讀書、講學與著作，敝衣蔬食，怡然樂之，每告知弟子知禮成性，變化氣質之道。橫渠之學，尊禮貴德，樂天安命，以《易》為主，以《中庸》為體，以孔孟為法，黜怪妄，辨鬼神，堪稱醇儒。疾終，家貧無以為歛，門人買棺衾壅之，詔贈舘職。南宋寧宗嘉定十三年，賜諡明公；理宗淳祐元年封郿伯，從祀孔子廟（事略參考《宋史》卷四百二十七，本傳）。

二、重要著作——張載的重要著作有二：一是《西銘》一卷。張載學堂的雙牖，右書「訂頑」，左書「砭愚」。程頤改「訂頑」曰「西銘」；改「砭愚」曰「東銘」。又云：「《西銘》之書，推理以存義，擴聖人所未發，與《孟子》性善養氣之論同功。」二是《正蒙》，凡九卷，十七篇，包括太和、參兩、天道、神化、誠明、大心、乾稱等重要篇目。認為從童蒙起，即應培育其以立志做聖賢為目的，故曰《正蒙》。

後人輯印有關張載著作的書籍，有以下幾種：㈠《張子全書》，十四卷，附錄一卷，清高安朱軾取舊稿重刊，中華書局列入《四部備要》重印，內容有《西銘》、《正蒙》、《經學理窟》、《易說》、《語錄鈔》、《文集鈔》、《性理拾遺》、《近思錄拾遺》、《二程書拾遺》及附錄。㈡《張橫渠集》十二卷，清張伯行輯刻，商務印書館列入《圖書集成》簡編。㈢《張子語錄》三卷，《後錄》一卷，宋天台吳堅刊，上海涵芬樓藏本，商務印書館列入《四部叢刊續編》。

三、學養評定——張載稟性剛毅，博通精思，樂天安命，刻苦力行，毅然以聖人之境必可至，三代治隆必可復。而揭櫫「爲天地立心，爲生民立命，爲往聖繼絕學；爲萬世開太平」的理想與目標，爲關中士人之宗師，世稱其學爲「關學」，與程氏兄弟之「洛學」並耀爭輝。其天道觀，以「虛空之氣」爲宇宙萬物之本體，其聚散變化無窮。其人生觀，以「仁」的境界爲最高理想，繼之以虛心存誠，循禮處敬，變化氣質，完成實踐道德的完美人格。在政治上以當時法不師古，貧富不均，遂遠承先王遺意，深深致意於宗法之治，禮敎之施及井田制度的恢復，篤守儒家的歷史傳統而不變。張載以天地爲心的抱負，民胞物與的偉大精神，皆爲後人所尊崇。他推天以人，闡無以有，極內以外，驗古以今的思想，使聖學湮而復明，道統絕而復續，恢宏儒學之功，實有足多者。

四、政治思想——張載的政治思想，雖不離於儒學的傳統，但能因古義而立新論，推衍陳說而作新釋，襲而創之，故其立論，能自成一家之言。玆扼要舉述其政治思想於次：

1.尊君——張載曰：「陽遍體衆陰，衆陰共事一陽，理也。」（大易篇）陽指君主，陰指臣民。他依此理而曰：「二君共一民，一民事二君，上與下皆小人之道也。一君而體二民，二民而宗一君，上與下皆君子之道也。」（大易篇，第十四）一民不可事二君，只許二民宗一君，他認爲這是合「理」，此乃忠君的政治思想。張載的基本觀念是「一理而萬殊」，故反對佛家的平等觀，而以為君臣、父子、夫婦的尊卑差別，乃是「本體」中事，合乎自然之理。

張載進而以家國一體之說，而支持其尊君思想。《西銘》曰：「乾稱父，坤稱母，予玆藐焉，乃渾然中處。夫天地之塞吾其體，天地之帥吾其性。民吾同胞，物吾與也。大君者，吾父母宗子；其大臣，宗子之家相也。尊高年，所以長其長；慈孤弱，所以幼其幼。聖人合德，賢其秀也。凡天下疲癃殘疾，惸獨鰥寡，皆吾兄弟之顚連而無告者也。於時保之，子之翼之。樂且不憂，純乎孝者也。違曰悖德，害仁曰賊，濟惡者不才，其踐形唯肖者也。」天為父，地為母，君主便是父母（天地）的宗子。宗子在家中居至要之地，百官乃其家臣，人民乃其子弟，故可以治家之法以治國。

2.宗法——張載既信持儒家的傳統思想，故贊成以倫理為尙，譜系不亂的宗法制度。他說：「管攝天下人心，收宗族，厚風俗，使人不忘本，須是明譜系世族與立宗子法。宗法不立，則人不知統系來處。古人亦鮮有不知統系來處者。宗子法廢，後世尙譜牒，猶有遺風。譜牒又廢，人家不知來處。經百年之家，骨肉無統，雖至親，恩亦薄。」（《經學理窟》宗法）人有「天地之性」，宇宙為我一大父母，是理一；「愛由差等」，「施由親始」，是理一而分殊。又曰：「宗子之法廢，則朝廷無世臣。今日大臣之家，且可仿宗子法。朝廷有制，曾任兩府，則宅舍不許分。」（仝上）宗法制度下的貴族，靠土地為其權力基礎，田宅分，則失其權力的憑藉，並無以保持宗子的地位。

3.井田——封建廢，郡縣行，土地私有，且可自由買賣，於是土地兼併之風大行，以致富者連阡陌，貧者無立錐，經界不正，穀祿不平，稅負不均，為害滋甚。故張載主張恢復井田制度。他說：「治天下不由井田，終莫由得平，周道止是均平」；「井田至易行，但朝廷出一令，可以不笞一人而定。蓋人無敢據土者，又須使民悅從，其多有田者，使不失其爲富。借如大臣有據土千比者，不過封與五十里之國，則已過其所有。其他隨土多少爲一官，使有稅租，人不失故物。治天下之術，必自此始。今以天下之土，棊畫分布，人受一方，養民之本也」；「井田亦無他術，但先以天下之地，棊布畫定，使人各一方，則自是均。大有田之家雖以其田授民，然不得分種，如租種矣，所得雖差少，然使之爲田官以掌其民，使人旣喻此意，人亦自從，雖少不顧，然悅者衆而不悅者寡矣，又安能每每恤人之情如此。其始雖分公田與之，及一二十年，須別立法，始則因命爲田官，自後則是擇賢。」（均見《經學理窟》周禮）張載主張行井田制，用意固善，然時光不能倒流，居今之世，行古之制，實非易事。

4. 封建——要恢復井田，同時必須封建。張載曰：「必要封建者，天下之事分得簡，則治之精；不簡則不精，故聖人必以天下分之於人，則事無不治者。聖人立法，必計後世子孫，使周公當軸，雖攬天下之政，治之必精，後世安得如此。其爲天下者，奚爲紛紛必親天下之事。今便封建，不肖者復逐之，有何害，豈有以天下之勢，不能正一百里之國，使諸侯得以交結以亂天下，自非朝廷不能治，安得如此。而後世乃謂秦不封建爲得策，此不知聖人之意也。」（《經學理窟》周禮）

5. 禮樂——儒家爲治，必與禮樂。樂由中出，禮自外作；樂和民聲，禮節民心。《禮記》曲禮曰：「道德仁義，非禮不成；教訓正俗，非禮不備；紛爭辨訟，非禮不決；君臣上下，父子兄弟，非禮不定；班朝治軍，蒞官行法，非禮不行。」樂記曰：「禮以道其志樂以和其聲；政以一其行，刑以防其姦。」張載亦認爲「禮樂爲治國安民的根本」；他說：「禮爲性分本具，吾所固有，不待外爍。禮不必皆出於人（爲），天地之禮自然而有。又說：「時措之宜便是禮，禮卽時措中見之事業者。」他說：「樂，樂得其所自成；樂則得其所樂。」又說：「周禮言樂，六變而致物各異，此恐非周公之制作本意，事亦不能如是確然。若謂天神降，地祇出，人鬼可得而理，則庸有此理。」（均見《經學理窟》禮樂）

6.仁義——《西銘》一文的主旨，重在使學者求仁。「民胞物與」之說，是物我無分，要人行仁以愛人愛物。爲人之道在於心能盡性，始可無私，無私則能仁民愛物，爲學乃所以修身、求仁。張載曰：「心能盡性，人能弘道也；性不能檢其心，非道弘人也」；「聖人盡性，不以見聞梏其心，其視天下無一物非我，孟子謂盡心則知性知天以此」（皆見《正蒙》）。《橫渠語錄》曰：「學者當立人之性，當辨其人之所以爲人。學者學所以爲人。」人學所以爲人，在於居仁由義，動作中禮。「氣質有清濁，必須志於學，以變化其昏者濁者，而反之於善」；「居仁由義，自然心和而體正；更要約時，但拂去舊日所爲，使動作皆中禮，則氣質自然全好。」

第四節　程顥的政治思想

一、生平事略——程顥字伯淳，學者稱爲明道先生，先世居中山，徙居洛陽，生於宋仁宗明道元年（西元一〇三二年）卒於神宗元豐八年（西元一〇八五年），享年五十四。少時聰慧過人，氣度老成。十歲時便能寫詩曰：「中心如自固，外物豈能遷。」十五六時與弟頤從周敦頤論學，遂厭科擧之習，慨然有求道之志，泛濫於諸家，出入於老釋者久之，最後返求六經而後得之。中進士，任鄠上元主簿，斷事公允，破除迷信，推行敎化，興修水利，減少訟事，三年有成，治績斐然，鄠民甚愛戴。

神宗熙寧初，以呂公著薦，任太子中允，監察御史裏行。神宗素知顥名，數召見，勸帝正心窒欲，求賢育材，防未萌之欲，勿輕天下士。王安石行新政，顥不以爲然，指爲非朝廷之福，遂乞去言職，出爲僉書鎭寧軍判官。以司馬光薦，特遷太常丞，帝欲使顥修三經義，王安石反對，出爲扶溝知縣，縣境瀕河，饒舟楫之利，有惡少群，奪財焚舟爲患，顥緝撫之，使令轉業，民得安生。哲宗即位（西元一〇八五年）召顥爲太常丞，未行而卒。南宋寧宗嘉定十三年謚曰純公，理宗淳祐元年封河南伯，從祀孔子廟（參考《宋史》卷四百二十七，本傳）。

二、**重要著作**——程顥的重要著作，有《識仁篇》與《定性書》，另有《語錄》及《遺書》。程顥與弟頤的文章語錄均蒐錄於《二程全書》一書中。此書經中華書局列入《四部備要》刊行，流傳於世。南宋朱熹曾編輯二程的文章與語錄而成《二程遺書》行於世。

三、**學養評定**——程顥稟賦過人，性情寬和，和粹之氣，盎於面背，遇事雍容，雖當倉卒，不動聲色。待人接物，渾然一團和氣，門人從游者三十年，從未見其急言厲色。朱光庭來問學，歸語人曰：「余在春風中坐一月。」敎人自致知至於知止；自誠意至於平天下；自灑掃應對至於窮理盡性。病詬學者厭卑近而騖高遠，卒至道無所成。言曰：「道之不明，異端害之也，昔者害近而易知，今者害深而難辨。昔之惑人者，乘其迷暗；今之惑人者因其高明。自謂之窮神知化，而不足以開物成務。言爲無不周遍，實則外於倫理；窮深極微，而不可以入堯舜之道。天下之學非淺陋固滯，則必入於此。自道之不明也，邪誕妖妄之說競起，塗生民之耳目，溺天下於汚濁，雖高才明智，膠於見聞，醉生夢死，不自覺也。是皆正路之蓁蕪，聖門之蔽塞，闢之而後可以入聖。」（《宋史》卷四百二十七，本傳）這種慨然興起，毅然辟邪說，衞聖道的抱負與精神，與孟子的斥辟楊朱墨翟，殆可以前後相輝耀。

程顥十四歲卽從周濂溪學正學與聖道，便立志要學聖人，遂放棄科擧功名之途，而致力於識仁，定性之研究，卒能得孔孟之道。濂溪敎顥尋「顏回所樂之處」，因之，其學養功夫得力於顏回的地方頗多。他認爲孔子如天地之元氣，顏回如春生之和氣，孟子如秋日之肅殺氣。孔子的氣象無所不包，顏回的氣象，自然溫淳，不言而化，近於聖人；孟子則披露才華，英氣逼人。孔子如天地日月，顏回如和風祥雲；孟子如泰山巍峨。孔子修爲行事，無迹可尋，顏回微有形迹，孟子形迹昭著。孟子規模雖大，而學養不純，顏回規模雖小，而備具聖人全體。故要求門人學顏回的德行，有此德行，然後可以有孟子的表現。程顥的學養功夫，於是可以見之。

四、政治思想——程顥的政治思想見於識仁篇、定性篇及上神宗陳治法十事書。程氏以「治心」爲政治之本。先聖後聖，若合符節，非傳聖人之道，傳聖人之心也。非傳聖人之心，傳己之心也。己之心無異聖人之心，廣大無垠，萬物皆備。欲傳聖人之道，擴充此心耳。玆扼擧述其政治思想於次：

1. 天理與人倫——程顥的思想以道爲本。道是渾然一體，變化無窮的「天理」。他以爲「理在天下只是一個理，故推之四海而皆準，質諸鬼神而不疑，考諸三王而不易。」（《二程語錄》）天理無所不在。天尊地卑，大位以成。所以人倫間的君臣、父子、夫婦、長幼的差別，亦是天理之所在，固所宜然。他說：「道（天理）之外無物，物之外無道。天地之間無適而非道也。卽父子在所親，卽君臣在所敬，以至於爲夫婦，爲長幼，爲朋友，無所爲而非道。此道所以不可須臾離也。然則敗人倫，去四大者，其分於道也遠矣。」（《二程遺書》卷四）又說：「父子君臣，天下之定理，無所逃於天地之間。安得天分，不有私心，則行一不義，殺一不辜，有所不為。有分毫私，便不是王者事。」（《二程遺書》卷五）他更持天道（理）以支持人倫的不平等的差別關係曰：「天之生物也，有長有短，有小有大。君子得其大者矣，安可使小者亦大乎？天理如此，豈可逆哉。」（《二程遺書》卷十一）

2.井田與務農——程顥上神宗陳治法十事書，其中有一事便是行井田，務農桑。他說「行井田，取民田使貧富均，則願者衆，不願者寡。」又曰：「天生蒸民，立之君，使司牧之，必制之以常產，以厚其生。經界必正，井地必均，此為治之大本也。唐尚存口分授田之制，今益蕩然。富者田連阡陌，跨州縣，而莫之止；貧者日流離飢殍，而莫之卹。倖民猥多，衣食不足，而莫之制，將生齒日繁，轉死日促。制之之道，所當漸圖。」其論務農桑之重要曰：「古者國有三十年之通，除九年之食，以制國用。無三年之食者，則國非其國。今天下耕之者少，食之者衆，地力不盡，人力不勤，雖富室强宗，鮮有餘積，況有貧弱者乎。一遇年歲之凶，卽盜賊縱橫，饑羸滿路。如不幸而有方二三千里，災故連年之歉，當何以處之。宜漸從古制，均田務農，俾公私交務於儲餘，以預為之備，未可以幸為恃也。古者四民各有常職，民農者十居八九，故衣食易給，而民無所苦。今京師浮民，數愈百萬，遊手遊食，不可貲度，其窮蹙辛苦，孤貧疾病，變詐巧僞，以自求生，而當不足生，日益歲滋。」

3.修禮與戒奢——程顥上神宗陳治法十事書中有一事卽是修禮制以戒奢靡。其言曰：「古婚冠喪祭，車服器用，差等分別，莫敢逾僭，故財用易給，而民有常心。今禮制不修，奢靡相尚，卿大夫之家，莫能中禮；而商販之類，或踰王公，禮制不足以檢飭人情，名數不足以旌別貴賤，詐虞攘爭，人人求饜其欲而後已，此大亂之道也。因先王之法，講求而損益之。」

4.師儒與尊德——儒家爲政以德。德治是賢者在位，以身作則，以德化民，上行下效，君子之德風，小人之德草，草上之風必偃。故曰，政者正也，子率以正，孰敢不正；其身正，不令而行；其身不正，雖令不從。然賢德之養成，端賴有師儒而施之以教化。故程顥上神宗陳治術十事書中，卽提出設師儒養成尊德樂善之風。其言曰：「古者自天子達於庶人，未有不須師友而成其德者。故堯舜文武之聖，亦皆有所從受學。今師傅之職不修，友臣之義不著，而尊德樂善之風未成。」

5.興學與養才——爲政之道，首在任用賢才，所謂得人者昌，失人者亡；人存政擧，人亡政息。齊桓公不用管仲，不能九合諸侯，一匡天下；漢高祖不用張良、蕭何、韓信，當難以入咸陽，成帝業，但人才之興起，多由庠序學校之施化。所以程顥在上神宗陳治術十事書中乃提出興學校，育人才之論。其言曰：「古者政教始於鄉里，其法起於比閭族黨州鄉酇遂，以聯屬統治其民。故民安於親睦，刑法鮮犯，廉恥易格，此亦人情之自然，行之則效。庠序學校之敎，先王所以明人倫，化成天下者也。今師學廢而道德不一，鄉射亡而禮義不興；貢擧不本於鄉里，而行實不修；秀士不養於學校，而人才多廢；此較然之事。」

6.無爲與自然——程顥的學術思想，以識仁爲先，以定性爲本。性定則無爲而順乎自然。他說：「學者須先識仁，仁者渾然與物同體。義禮智信，皆仁也。識得此理，以誠敬存之而已，不須防檢，不須窮索。」（《識仁篇》）又曰：「所謂定者，動亦定，靜亦定，無將迎，無內外。苟以外物爲外，牽己而從之，是以己性爲有內外也。且以己性爲隨物於外，則當其在外時，何者爲在內？是有意於絕外誘，而不知性之無內外也。旣以內外爲二本，又烏能遽語定哉？」（《定性書》）

性既無分於內外，故人心不得有所繫，適道不可自私以用智。程顥曰：「夫天地之常，以其心普萬物而無心；聖人之常，以其情順外物而無情。故君子之學，莫若廓然而大公，物來順應。人之情各有所蔽，故不能適道，大率患在於自私而用智，自私則不能以無爲爲應迹；用智則不能以明覺爲自然。」（《明道語錄》）由此言之，爲政要道在不自私；不自私則無爲；不用智則能順乎自然。順乎自然而無爲，自然反對一切的變革。王安石變法度，行新政，當然得不到程顥的贊成與合作。

第五節　程頤的政治思想

一、生平事略——程頤字正叔，洛陽人，與兄顥同爲宋代著名理學家，學者稱伊川先生，生於宋仁宗明道二年（西元一〇三三年），卒於徽宗大觀元年（西元一一〇七年），器識過人，舉止端莊，十八歲即上書皇帝，請黜世俗之論，以王道爲心。遊太學時，胡瑗問顏回所好者何學？答曰學以至聖人之道。瑗問：聖人可學而至乎？答曰然；並爲文申論其義。瑗見其文，大異之，即延見，予以學職。哲宗即位，以司馬光薦，召爲西京國子監教授，力辭，改秘書省秘書郎，及入見擢崇政殿說書，每進講，容色莊敬，但多有諷諫。一日問帝於浴時曾有避蟻之事，恐傷之。因進言曰，推此心以及四海，乃帝王之要道。神宗之喪未除，多至日百官欲表賀。頤以爲節序變遷，時思方切，不宜賀，應改表慰。

哲宗患病，上不御殿。頤謂百官應問疾，太后不可獨坐殿。蘇軾與頤不睦。胡宗愈等亦詆訐程頤。哲宗紹聖元年（西元一〇九四年）章惇任相，復行新政。新舊黨爭益烈，頤被削籍，遣謫涪州（四川涪陵縣）。差官急促上道，頤欲辭叔母，不許。赴涪途中，船過三峽，波浪洶湧，船幾翻覆，船上衆人皆哭號，頤則一無驚恐，正地而坐，面不改色，蓋誠敬工夫深厚使然。徽宗卽位（西元一一〇一年）徙頤峽州，旋卽又被奪官。徽宗大觀元年（西元一一〇七年）卒，年七十五。南宋寧宗嘉定十三年（西元一二二〇年）謚曰正公，理宗淳祐元年（西元一二四一年）追封伊陽伯，從祀孔子廟（生平事略，參考《宋史》卷四百二十七，本傳）。

二、重要著作——程頤的重要著作，有《易傳》、《春秋傳》、《語錄》及《文集》等。朱熹蒐集頤及兄顥的著作，編輯《二程遺書》行世。另有《二程全書》一種，經中華書局列入《四部備要》刊行。另有人編輯《二程文集》、《程氏經說》、《二程粹言》者。但其文均經蒐錄於《二程全書》中。

三、學養評定——程頤於書無所不讀，其學本於誠，以《大學》、《中庸》、《論語》、《孟子》爲標指，而達於六經，動止語默，一以聖人爲師，其不至乎不止也（見《宋史》本傳）。明道之學主張物我一理，天人無二，且謂下學而上達，極高明而道中庸，不可語高遺卑，語本舍末。他說：「生之謂性，性卽氣，氣卽理」，可稱之爲理氣一元論者。伊川之學，以爲萬物的形體，皆由陰陽二氣所產生，而萬物之本性卽爲理。陰陽二氣所產生的形體爲物質，卽形下之器。所謂理者，乃是抽象的，卽爲形而上之道。然二者相生相成，不可分離。故曰「有理則有氣，有氣則有理」，乃是理氣二元論者。

四、政治思想——程頤的政治思想和其兄明道者大致相同，完全主張採行儒家的治道，認爲三代之政，可施行於今日。玆扼舉述其政治思想如次：

1.親賢——程頤受任爲崇政殿說書，卽上疏皇帝請親賢士，備訪問，養成聖德。疏有言曰：「習與智長，化與心成。今夫人民善敎其子弟者，亦必延名德之士，使與之處，以薰陶成性。況陛下春秋之富，雖睿聖得之天資，而輔養之道，不可不至。大率一日之中，接賢士大夫之時多，親寺人宮女之時少，則氣質變化，自然而成。願選名儒入侍勸講，講罷留之，分直以備訪問。或有小失，隨時獻規，歲月積久，必能養成聖德。」（見《宋史》卷四百二十七，本傳）

2.立治——程頤認爲立政之本，在於立治。他說：「君主當至誠一心，以道自任，以聖人之訓爲必可信，先王之治必可行；不狃滯於近規，不遷惑於衆口，必期致天下於三代之世。」（皇祐二年上仁宗皇帝書）

3.仁政——程頤宗師孔孟，故主張爲政之道，在於以仁心行仁政。仁宗皇祐二年，頤上書曰：「竊惟王道之本，仁也。臣觀陛下之仁，堯舜之仁也，然天下未治者，誠由有仁心而無仁政爾。孟子曰，今有仁心仁聞，而民不被其澤，不可法於後世者，不行先王之道也。陛心精心庶政，常懼一夫不獲其所，未嘗以一喜怒殺一無辜，官吏有入人罪者，則終身棄之。是陛下愛人之深也。然而凶年饑歲，老弱轉死於溝壑，壯者散之四方，爲盜賊犯刑戮者，幾千萬人矣。豈陛下愛人之心哉？必謂歲使之然，非政之罪歟？則何異於刺人而殺之，曰，非我也，兵也。三代之民，無斯病也。豈三代之政，不可行之於今耶？」

4.君治——程頤的政治思想，純然是君治論，希望革君心之非，變化其氣質，使有明君在上以爲治，自必政理而民安。他說：「天之生民，必有出類拔萃之才，起而君之治之而爭奪息，導之而生養遂；敎之而倫理明，然後人道立，天道成，地道平。」（《春秋傳》序，見《宋史》卷四百二十七，本傳）

5.爲學——程頤受業於周敦頤。周氏敎頤學顏回所樂之道。頤在太學，胡瑗問以爲學之道如何？頤爲文詳答之，瑗得文，大驚異之。文中有言曰：「爲學之道，必先明諸心，知所養，然後力行以求至，所謂自明而誠也。誠之之道，在乎信道篤；信道篤，則行之果；行之果，則守之固。仁義忠信，不離乎心，造次必於是，顚沛必於是，出處語默必於斯。久而弗失，則居之安，動容周旋中禮，而邪僻之心無自生矣。故顏子所事，則曰非禮勿視，非禮勿聽，非禮勿言，非禮勿動；仲尼稱之則曰得一善，則拳拳服膺而弗失之矣。又曰，不遷怒，不貳過；有不善未嘗不知，知之未嘗不行。此其好之篤，學之得其道也。」（《宋史》卷四百二十七，本傳）

乙、南宋之世

第六十七章　進取派的政治思想

第一節　李綱的政治思想

一、生平事略——李綱字伯紀，邵武（福建省，建陽縣）人，生於神宗元豐六年（西元一〇八三年），卒於南宋高宗紹興十年（西元一一四〇年），享年五十八。徽宗政和二年（西元一一一二年）登進士第。積官至監察御史，兼權殿中侍御史，上疏請假皇太子位號，以勵將士之心，而以死捍國，乃內禪。欽宗即位改元靖康元年（西元一一二六年）。上疏言事，帝嘉之，以綱爲兵部侍郎。金兵南侵，不戰而渡河，綱極力主戰，願效死禦敵，遂以綱爲尚書右丞，擬定禦敵計劃，欲攻敵後路，絕其糧源。姚平仲勇而無謀，急於要功，先期發兵迎敵，兵敗。金使來，宰相李邦彥語上曰用兵乃李綱、姚平仲，非朝廷意，遂罷綱。靖康之難，徽欽二帝北狩。欽宗之弟康王趙構南渡，卽帝位於臨安（今杭州市），改元建炎元年（西元一一二七年），綱受任尚書右僕射兼中書侍郎。初，議遷都，綱奏關中爲上，襄陽次之，若南渡忘鄉，則中原非復我有。帝竟依黃潛善、汪伯彥意而南渡。綱上疏陳十事：一曰議國是，二曰議巡幸，三曰議赦令，四曰議僭逆，五曰議僞命，六曰議戰，七曰議守，八曰議本政，九曰議久任，十曰議修德。惟僭逆、僞命二事，留中不發，綱力爭之。張復爲御史，劾綱以私意殺侍衞及買馬招軍之罪，詔罷綱爲觀文殿大學士。高宗紹興二年（西元一一三二年）綱任湖廣宣撫使，知潭州，掃平盜賊，數至萬餘人。

高宗紹興四年（西元一一三四年）金人及僞齊兵來攻，綱具防禦三策，有恢復中原之志，詔賜褒諭，任爲江西安撫制置大使，兼知洪州。紹興六年，綱至朝，引對殿內。綱言今日用兵之失者四，措置未盡善者五，宜詔備者三，當善後者二。疏所奏雖與衆議不合，而帝不以爲忤。紹興九年任荆湖南路安撫大使，知潭州。綱力辭，遂允其請。次年病逝。訃聞，帝爲軫悼，遣使賻贈，撫問其家，給喪葬之費，贈太師（生平事略參考《宋史》卷三五八—三五九，本傳）。

二、各種著作——李綱儒者，著有《易傳》內篇十卷、外篇十二卷、《論語詳說》十卷、文章歌詩奏議百餘卷。又有《靖康傳信錄》、《奉迎錄》、《建炎時政記》、《建炎進退志》、《建炎制詔表劄集》、《宣撫荆廣記》、《制置江右錄》。

三、品格評定——李綱負天下重望，忠義昭然，愛國志切，禦敵膽壯，以一身之用舍，而爲社稷生民安危之所繫。雖身或用或不用，用而不久，而其忠誠義氣，凜然動乎遠邇。每當宋使至燕山，民衆同問李綱、趙鼎安否，爲敵所畏懼，爲民所仰望。以李綱之忠且賢，若使得畢力殫慮於靖康、建炎間，莫或撓之，二帝何至於北狩，而宋或亦不至於南渡偏安。夫用忠賢則安，用奸邪則危，此乃自然之理，不可更移。人情莫不喜安而惡危。而忠賢的李綱反不見久用。綱居相位，僅七十日，其善謀，多不見用，卻獨信黃潛善、汪伯彥、秦檜之言，且信而任之，恒若不及。高宗用人如此，欲復中原，欲圖中興，無異緣木求魚。中興功業之不振，雖有人歸之於天。然人謀不臧，君主不明，固爲其重要原因。李綱雖有效諸葛亮復興漢室之大志，然未能承擔規復中原的重任，賚志以歿，誠令人長太息而不能已矣。

四、政治思想——李綱生當靖康國難，社稷南遷的時期，國家命運，岌岌可危，故其政治思想以保衞國家，規復中原，挫敗敵寇爲中心，所論及者均爲實際的政治問題，固非理學家空談性命的虛言，不切於國計民生的空論。茲扼要擧述其政治思想於次：

1.審戰守——李綱認爲能守而後可戰，能戰而後可和。若不圖自强，一味屈辱求和，示弱於人，張敵之威，必難免於覆亡。他說：「中國之御四夷，能守而後能戰；能戰而後可和；靖康之末皆失之。今欲戰則不足，欲和則不可。莫若先自治，專以守爲策，俟吾政事修，士氣振，然後可議大擧。……今軍政久廢，士氣怯惰，宜一新紀律，信賞必罰，以作其氣。」他論守禦曰：「敵情狡獪，勢必復來；宜於沿河江淮，措置控禦，以扼其衝。」（輔政十事，見《宋史》卷三五八，本傳）

2.明順逆——漢賊不兩立，忠奸不並存。朝廷大臣，不忠於本朝，而降敵求榮，是謂國賊奸臣，應予懲治而正典刑；至於受僞官，腼顏事敵者，宜一律定罪，以昭炯戒。明順逆，別忠奸，嚴賞罰，辨是非，乃爲治之正道。李綱曰：「張邦昌爲國之大臣，不能臨難死節，而挾金人之勢，易姓改號，宜正典刑，垂戒萬世」；「國家更大變，鮮有伏節死義之士，而受僞官屈膝於其庭者，不可勝數。昔唐肅宗平賊，汚僞命者，以六等定罪，宜仿之以勵士氣。」又曰：「祖宗登極，赦令皆有常式。前日赦書，乃以張邦昌僞赦爲法，如赦惡逆及罪廢官，盡復官職，皆汎濫不可行，宜悉改正。」（輔政十事，均見《宋史》卷三五八，本傳）

3.請還京——靖康國難後，人心不安，政事紊亂，人君百官，皆心存恐懼，播遷在外，欲避敵鋒，不敢留居京師，且欲遷都，李綱以爲不可，因進言請還京，安人心，振士氣，固根本。綱曰：「河東河北，天下之根本。昨者誤用奸臣之謀，始割三鎭，繼割兩河；其民怨入骨，至今無不扼腕。若因而用之，則可藉而守，否則兩河兵民，無所繫望，陛下之事去矣。且請急還京師，因其有五利：奉宗廟，保陵寢一也；慰安人心，二也；繫四海之望，三也；釋河北割地之疑，四也；早有定處，而一意於邊防，五也。夫國之安危，在乎兵之强弱，與將相之賢不肖，而不在乎都之遷與不遷也。誠使兵弱而將士之不肖，雖渡江而南，安能自保。」（《宋史》卷三五八，本傳）

4.諫巡幸——帝下詔擇日巡幸東南。李綱進諫曰：「車駕巡幸之所，關中爲上，襄陽次之，建康爲下。陛下縱未能行上策，猶當且適襄鄧，示不忘故都，以繫天下之心。不然，中原非復我有，車駕還闕無期矣。」帝乃諭兩京以還都之意，讀者感泣。已而帝意復變。綱曰：「自古中興之主，起於西北，則足以據中原而有東南；起於東南，則不能以復中原而有西北。蓋天下精兵健馬，皆在西北，一旦委中原而棄之，豈惟金人將乘間而擾內地，盜賊亦將蠭起爲亂，跨州連邑，陛下雖欲還闕，不可得矣，況欲治兵勝敵，以歸二聖哉。」（《宋史》卷三五八，本傳）

5.立規模——甲子以李綱兼御營使，李綱入殿進言，言規復兩河之策曰：「今國勢不逮靖康間甚遠；然而可爲者，陛下英斷於上，群臣輯睦於下，庶幾中興可圖。然非有規模，而知先後緩急之序，則不能以成功。夫外禦强敵，內銷盜賊，修軍政，變士風，裕邦財，寬民力，改弊法，省冗官，誠號令以感人心；信賞罰，以作士氣，擇帥臣以任方面，選監司郡守，奉行新政；俟吾所以自治者，政事已修，然後可以問罪金人，迎還二聖，此所謂規模也。」

6.務急先——李綱兼御營使，應召入殿進言曰：「至於所當急而先者，則在於料理河北、河東，蓋河北河東，國之屏蔽也；料理稍就，然後中原可保，而東南可安。今河北所失者，忻、代、太原、澤、潞、汾、晉，餘郡猶存也；河北所失者，不過眞定、懷、衞、濬四州而已，其餘二十餘郡，皆爲朝廷守。兩路士民兵將，所以戴宋者，其心甚堅，皆推豪傑以爲首領，多者數萬，少者亦不下萬人。朝廷不因此時置司遣使，以大慰撫之，分兵以援其危急，臣恐糧盡力疲，坐受金人之困，雖懷忠義之心，援兵不至，危迫無告，必且憤怨朝廷，金人因得撫而用之，皆精兵也。莫若於河北置招撫司，河東置經制司，擇有才略者爲之使，宣諭天子恩德，所以不忍棄兩河於敵國之意，有能全一州，復一郡者，以爲節度、防禦、團練使，如唐方鎭之制，使自爲守。非惟絕其從敵之心，又可資其禦敵之力；使朝廷永無北顧之憂，最今日之先務也。」

7.斥苟安——高宗紹興四年（西元一一三四年）吳玠、吳璘、韓世忠連敗金人。李綱進言曰：「陛下勿以敵退爲可喜，而以仇敵未報爲可憤；勿以東南爲可安，而以中原未復爲可恥；勿以諸將屢捷爲可賀，而以軍政未修，士氣未振爲可虞。……臣竊觀陛下臨御九年，國不闢而日蹙，事不立而日壞，將驕而難御，卒惰而未練，國用匱而無贏餘之蓄，民力困而無休息之期。使陛下憂勤雖至，而中興之効邈乎無聞，則群臣誤陛下之故也。陛下觀近年以來所用之臣，慨然敢以天下之重自任者幾人？平居無事，小廉曲謹，似可無過，忽有擾攘，則錯愕無所措手足，不過奉身以退。天下憂危之重，委之陛下而已。有臣如此，何補於國？而陛下亦安取此？……大概近年，閒暇則以和議爲得計，而以治兵爲失策。倉卒則以退避爲愛君，而以進禦爲誤國。國勢益弱，職此之由。」

8.重中原——高宗欲渡江，遷都東南，李綱以爲不可，進言陳中原地利及南陽之要，請留南陽，曰：「夫南陽光武之所興，有高山峻嶺，可以控扼；有寬城平原，可以屯兵。西鄰關陝，可以召將士；東達江淮，可以運穀粟；南通荆湖巴蜀，可以取材貨；北距三都，可以遣救援。暫議駐蹕，乃還汴都；策無出於此者。今乘舟順流而適東南，固甚安便，第恐一失中原，則東南不能必其無事；雖欲退保一隅，不易得也。況嘗降詔許留中原，人心悅服；奈何詔墨未乾，遽失大信。」（《宋史》卷三五八，本傳）

第二節　高登的政治思想

一、生平事略——高登字彥先，漳浦（福建省，龍溪縣南）人，少孤力學，持身以法度。宋徽宗宣和年間（西元一一一九年至一一二五年）爲太學生，值金人犯京，上書請斬六賊；而廷臣謀和議，並奪种師道兵柄，登與陳東再抱書詣闕，軍民不期而會者數萬。王時雍縱兵欲盡殺之，登與十人屹然不動。欽宗卽位（西元一一二六年）用吳敏、張邦昌爲相，登又上書，請興利除害，革新政治；凡五次上書，皆不報。此時登已登進士第，復爲書請罷吳敏，亦不報。

南宋高宗紹興二年（西元一一三二年）時秦檜爲相，登廷對極意盡言，無所顧忌。有司惡其直，授富川縣主簿，決獄公明，民甚愛戴。滿秩，士民挽留不獲，衆贈餽金五十萬，不受。詔令登赴都堂審察，遂上疏萬言及時議六篇，帝覽而善之，下議。秦檜惡其議己，不復以聞。授登道州古縣令，至縣，有豪惡秦琥武斷鄉曲，欺壓平民，且侵呑學款，登面斥叱之，而不改，遂置之於法，琥死，全境欣快。當地軍帥胡舜陟語登曰，古縣爲宰相秦檜之父所治之地，檜且生於此，欲建祠祀之。登曰，檜爲政無狀，不可建祠。舜陟大怒，摭奏秦琥事，登遂貶荔浦縣丞。登以母病去官。舜陟遂建檜祠，自爲之記。且誣登以專殺之罪，詔送靜江府獄，舜陟遣壯卒捕登，登母死舟中，航海詣闕上書，求納言贖罪。帝憫之，語曰，丞相嘗識君於太學，能往一見，終身事無憂。登曰，臣只知有君父，不知有權臣。會舜陟先以事下獄死，登獄乃得昭白。

登攝歸善縣令，遂差考試，摘經史要語命題，有譏執政隱意，郡守季仲文馳以報秦檜，檜大怒，坐以前事，遣放容州編管。登在謫所，教授生徒以自給，家事一不介意；惟聞朝廷所行事，小失則顰蹙不樂，大失則慟哭隨之。臨卒所言，皆天下大事。後二十年，丞相梁克家疏其事以聞，追復廸功郎。後五十年，朱熹爲守，乞奏褒錄，贈承務郎。（《宋史》卷三百九十九）

二、主要著作——高登的著作有家論、忠辯、上淵聖皇帝書五篇及時議六篇等。據朱熹所撰高東溪先生祠記稱：公歿之後三十年，延平田君澹爲郡博士，乃始求其遺文，刻之方版，曰《東溪集》行世。

三、政治思想——高登熱血忠誠，憂時愛國，至性中人，事母至孝，堪稱忠孝楷模；守正不阿，正氣凜然，不懼權貴，不屑見奸相，風骨氣節，足以範世正俗。其政治思想坦直爽朗，一本愛國憂時之旨，以勸君道，勵臣節，端政風，肅綱紀爲指歸。玆扼要擧述其政治思想如次：

1.天子之孝——高登把天子之孝和匹夫之孝分爲不同的兩種。匹夫之孝在全恩報養，承顏順志，不敢違拂。而天子之孝則不然。天子之孝重在保全宗廟社稷，澤被黎庶，期以不負祖宗付託之重。蓋當時徽宗當政，已敗壞到幾乎不可收拾的地步，不得已乃內禪於子欽宗。高登對欽宗抱着極高的期望，或可大有所爲。徽宗惶恐出走後，復返宮，道路傳聞，太上皇有把持政事之意。於是高登提出天子之孝，激勸欽宗不受徽宗掣肘，而事大作爲，以保全宗廟社稷。

高登曰：「臣聞天子之孝，與匹夫異。匹夫之孝，獨務全恩。天子之孝，當先顧義。故匹夫之孝，只施於其親；而天子之孝，心存乎天下。今有匹夫，自託於閭里，親之所言而然，所行而善，承顏順志，不敢以絲毫拂其意，世俗之所謂孝子。若使天子爲之，則其亡天下也，必矣。何哉？臣前所謂掣肘是也。祖宗以宗廟社稷之重付之子孫；子孫當以保宗廟社稷爲孝，未聞屑屑然以小恩爲孝也。知太上皇倦萬幾，以宗廟社稷付託於陛下；陛下亦當以保上皇所付託之宗廟社稷爲孝；若乃太上皇還宮之日所言，而陛下然之；所行，而陛下審之；承顏順志，一惟旨意是從；臣知掣肘之事，百端紛起，宗廟社稷，必不能保矣。傳曰，父有子爭，則身不陷於不義；陛下不當靡靡順從，而又陷上皇於不義也。」（上淵聖皇帝第四書）

2. 仁政意義——仁民愛物乃是儒家的正統思想。然史稱成湯仁民愛物竟及於飛鳥，而至祝網，望鳥不墜入網內，殊不近人情，成湯聖人，千百年間，無人對此事敢提出批評或懷疑。而高登竟敢對此加以指責，認爲此乃浮屠（佛）之所謂仁，非聖人之所謂仁，可謂獨具慧眼，有膽有識。成湯網開三面，終日無一獲，徒勞無功。既知無所獲，而又張網圖捕，聖人豈若斯愚耶？登曰：「天地之生物，以養斯人。聖人仁政，所以使咸若，禁其暴殄而已。網罟之利，以網以漁，尚矣。夫網去三面，知終日而不獲一也。且從而祝之曰，欲左左，欲右右，不用命，乃入吾網；近類浮屠之所謂仁，非吾聖人之所謂仁。曾以湯之懋德如天，而謂是區區哉？後世之君，推恩足以及禽獸，而功不至於百姓者，其效此也耶？子長愛奇，吾所不取。」（《史記》湯祝網）

3.用人——高登以爲人君用人，須量其才能，因材而施用；並應洞察其有解決問題，獲致成功的把握，而後可以任使之，授以其任，責其成，非以之食祿尸位。他說：「古之人臣，必自量其可以任事而後進；人主必灼知其可以成功而後用。書詢事考言，乃言底可績。臣願陛下用人之際，勿聽其罔上之言，塞責之論，必曰：强虜可滅乎？何時而可滅也？故地可復乎？何時而可復也？北征之駕，何時而當還？東巡之馭，何時而得安？治道何若爲急？何若爲緩？元元望治，何時而迄小康。覈其可以底績之言，而責其必成之效；庶幾貞賢能不孤陛下委任，而中興之業，日月可冀矣。」（蔽主下）這是高登要求君主任用能以安邦定國，中興宋室，收復故土的大臣，俾能扭轉時勢而卻敵致勝。

4.兵制——高登以爲當時冗兵太多，多而不精，耗用浩大，請裁冗兵，西北採屯兵之策，東南行府兵之制，則兵强國富可期。宋行禁兵制，軍旅集中京師，遇有戰亂，須遣兵馳援。地方空虛，無力就地應戰；派兵馳援，耗費實鉅。若改採屯兵制及府兵制，則軍隊既可就地應戰，不失時機，又可省去軍隊往返調遣的勞苦與耗費；屯兵與府兵可以逸待勞，勝算可增，誠一舉三得的良制，亦可消除宋建國以來禁兵制的宿弊。高登曰：「何謂太倉耗冗食之兵？方今財用不足，實緣養兵，耗費浩大。然西北之兵，備邊禦敵，不憚飛輓之勞；而東南列部，冗食無益，歲衣月糧，飽煖妻孥，非惟不能爲國家折一馘，執一俘；而乘機生變，適以爲暴。其用命殺敵者，非王師卽王兵也。大概列郡養兵，專爲迎送而已。今日迎某官若干人，明日送某官若干人；借幾月，遇大需則與徐放。臣頃在廣右，見一偏郡守臣，送迎之卒借請頗多。是時米價躍貴，計其所入，計其所費及八千緡。嗚呼！此中民幾家之賦耶？夫以一偏郡守臣，迎送之費，不貲如此；議臣但言財用不足，巧爲色目，重斂於民，而不知蠹費國用。盍推其本而救之乎？臣願陛下參考古今，裁立軍政，西北之兵，行趙充國屯田之策，東南之兵，行唐府兵之制；此富國强兵之事，今日尤不可緩者也。」(蠹國上)

5. 吏治——當時吏治，人多缺少，冗濫實甚，至有三人共一職者。其因殆由於科擧制度，不甚謹嚴，進士之科，取人過多；庇蔭父祖之職，因爲得官者，亦復不少。求職者多，得任實缺，實非易事；於是奔競之風盛，鑽營之弊深。夤緣得官，操守難謹，以致貪瀆醜事，多有所聞。高登認爲澄清吏治，整飭仕風，宜裁減進士之科，任子之法亦不得過進士之數。他說：「何謂冗官起貪殘之念？夫以員多缺少，無甚於今日。蓋嘗一職而三人共之。赴者方在任，代者已在途，授者方在詮，候者復在部。固窮君子，雖十年不調，泊而自守，曁當官則益勵。中人以下，私念一萌，未免口計心算。官歸鄉閭，趣裝行朝之日促；官於異郡，待次仰給之日長。吁！責之以淸白之操，勿起貪殘之念，亦難矣。何則？君子不常有，而中人以下，所在皆是。致陛下憂勤惻怛於上，而百姓憔悴愁苦於下；由源之不澂，本之不正也。臣願裁減進士之科，任子之法不得過進士之數，仍加汰擇，務得實才，俾無賢愚同滯之嘆，庶幾士不失職，爲陛下牧養。此實天下之公論。若曰，失志而招怨謗，慮之私也。」(害民上)

6. 排佛——遊民指遊手好閒，不事生產，空事衣食之人民。高登所指的遊民乃是出家住寺的僧徒。僧寺多有財產，且募化四方，而又有不勞而獲的收入；再加以善男信女的捐助，僧徒的生活頗爲優裕，優游飽煖，無所事事，乃國之巨蠹，民之蟊賊。高登主張沒收其資財而贍民用。至於僧徒的生活，可計口授食，不使富有流於奢靡。他說：「何謂良田贍遊手之民？夫佛流入中國以來，爲害之日久矣。風俗漸染，信用之日深矣。而古人論之亦已詳矣。然在今日尤甚焉。我國何負於佛，不獲勝利；日遭變故，民不聊生。而此徒佔良田，居廣厦，二時三衣，優游飽煖。吁！此國之鉅蠹，民之蟊賊也。議臣惑於報應，無敢及之。鬻度牒以誨遊乎，其所取抑末矣。且以閩中論，佛民之宇，極土木之上；而膏沃之地，盡爲所有。歲之所入，有至數萬斛者，聚衆無幾矣。官司或許投牒輸金而後得之。蓋彼既已貲得，則不復顧廉恥矣。豈有安衆之心，與其貲此僧徒而供無益，孰若籍之以贍民用，以寬民力耶！不然，姑計口授之，而取其餘，亦非小補也。」（蠹國下）

第三節　真德秀的政治思想

一、生平事略——眞德秀字景元，後改景希，宋浦城（福建，松溪縣北）人，四歲受書，過目成誦。南宋寧宗慶元五年（西元一一九九年）進士，授南劍州判官。繼中試博學宏詞科，召爲大學正。寧宗嘉定元年（一二〇八年）遷博士，會奸相韓侂冑已被誅，入對，諫以應金人要求，非天下之福。召試學士院，改秘書省正字，兼檢討玉牒。嘉定二年遷秘書郎，兼沂王府教授。四年遷著作郎，同列譏之，德秀不與之較。嘉定六年（西元一二一三年）遷起居舍人，奏疏有言曰：「國恥不可忘，鄰盜不可輕，幸安之謀不可恃，導諛之言不可聽，至公之論不可忽。」受命知泉州，船戶畏苛徵奇斂，多逃避，舟船至者甚少；德秀寬免之，舟船雲集，泉州多豪族，爲害閭里，皆嚴繩之以法。嘉定十二年（西元一二一九年）德秀以集英殿修撰，知潭州，承寬弛之後，乃繼之以嚴，以母喪辭官歸里。

嘉定十五年，母喪服滿，德秀以寶謨閣待制，湖南安撫使知潭州，以廉仁公勤四字勵僚屬，以周敦頤、胡安國、朱熹學術源流勉其士，罷榷酤，除斛面米，申免私糴，以甦其民。因殿中侍御史莫澤等先後奏劾之，遂遭罷職。既歸里，讀書自勵，語門人曰，此人君爲治之門，如有用我者，執此以往。理宗紹定五年（西元一二三二年）德秀以徽猷閣待制再知泉州，迎者塞道，入境，禁預借二稅，寬恤民困，淸理獄訟。史彌遠死，上親政，任德秀顯謨閣待制，知福州，戒屬下不得濫刑橫歛，無徇私黷貨，罷市令司。理宗端平元年（西元一二三四年）蒙古滅金，徽、江、淮有進取潼關黃河之議。德秀以爲憂，上封事曰，移江淮甲兵，以守無用之空城；運江淮金穀，以治不耕之巖壤，富庶之效未期，根本之弊立見，並以大學衍義及祈天永命之說進。帝以德秀任翰林學士，知制誥，時政多所論建。次年拜參知政事，敕令經武要略。得疾，三乞辭，上不得已，進資政殿學士，提擧萬壽觀，兼侍讀，辭。疾甚，猶冠帶起坐，迄謝事，亦神爽不亂。遺表聞，帝震悼，輟視朝，贈銀靑光祿大夫，諡文忠（生平事略參考《宋史》卷四百三十七，本傳）。

二、重要著作——據《宋史》卷四百三十七眞德秀傳所記，德秀之著作，計有《大學衍義》、《西山甲乙稿》、《對越甲乙集》、《經筵講義》、《端平廟議》、《翰林詞草》、《四六獻忠集》、《江東救荒錄》、《淸源雜志》、《星沙集志》，另有《讀書記》及《文章正宗》等。德秀之文章，經後人蒐輯刊行於世者，有《西山文集》及《西山政訓》兩種。後者爲《寶顏堂秘笈》，爲《學海類編》收入，均德秀對僚屬訓誡之文。

三、品格評定——眞德秀身高額廣，容貌如玉，望之者，無不以公輔期之。立朝不滿十年，而奏疏達四十萬言，皆切當世要，務直聲，震朝廷。四方人士誦其文想見其風采；及宦遊所至，惠政深切，不愧其言，由是中外交相贊頌。都城人時驚傳傾洞奔擁出關，曰：眞直院至矣。果至，則塡塞聚觀不置。

奸相遂益加妒忌，而擯之不用。及歸朝，適鄭清之挑惹戰事，兵民死者數十萬，中外大耗費。世道升降治亂之機，而德秀既已哀矣。杜範卻攻擊鄭清之誤國，且謂其貪黷更甚於前。德秀乃奏言，此皆前權臣玩愒之罪，今日措置之失，譬如和扁繼庸醫之後，一藥之誤，代為庸醫受責。其議論與風範不同如此；蓋忠厚持平之論。然自韓侂胄立偽學之名，以錮善類，凡近世大儒之書，皆顯禁以絕之。德秀晚出，獨慨然以斯文自任，講習服行之，黨禁既開，而正學遂明於天下後世，多其力也。」（見《宋史》卷四百三十七，本傳）

四、政治思想——眞德秀的政治思想以儒家學說為依歸，不離於正道和聖學；所為時政議論與疏奏皆能適合時需，恰中世弊，堪稱濟世良策，愛國憂時，情見乎辭。玆扼要舉述其政治思想如次：

1.天道人心——《書》曰：「天聰明自我民聰明，天明畏自我民明畏。」（《尚書》皐陶謨）這是天心以民心為心，天道與人心是一致的。眞德秀本此啓示，主張為治之要，在本乎天道，符於人心。他說：「今日求治之要，莫難於得天心，亦莫難於收人心。然天人非二致也，得人斯得天矣。在《易》大有：上九，自天祐之，去無不利。孔子曰，天之所助者，順也；人之所助者，信也。當元祐初，二聖臨朝聽政，四夷稽首聽命。西羌夏人，降附相尋，而黃河北流，有復禹迹之勢。天下曉然，知上意與天合。蘇軾推明其故，以為此二聖躬信順以天下之功也。夫復無一事不當於天心，乃可言順，無一事不孚於人心，乃可言信。……夫是是非非之理，本諸天道，而著在人心，不以古今而存亡，不以智愚而增損。上之所為，一與理合，則不待敎令而自孚；上之所為，一與理悖，則雖加刑戮而不服。然則今日人心之未信者，果安在耶？」（召除禮侍上殿奏劄二）

2.切戒苟且——與敵國通和，計有兩種方式：一是藉和爭取時間，俟機報復，如越勾踐之和吳便是。一是聽命於敵，暫圖苟安，如六國之事秦便是。眞德秀意謂宋之和金，祇圖苟安，不求振作，難免敗亡。他說：「古者敵國通和，有養其事力，以待可爲之機者，越之事吳是也。有聽命於敵，以圖苟安之計者，六國之事秦是也。今日尋盟於虜，臣不知姑欲養其事力，而待可爲之機乎？抑將聽命於敵，而圖苟安之計乎？勾踐之行成於吳也，蓋忍恥以志仇讎之復，而非倚和以自固也。是以三十年間，早朝晏罷，臥薪嚐膽，未嘗一日忘會稽之恥；故能屈辱一時，迄能伸其志於異日也。若夫六國則不然。其求和於秦也，蓋委國以爲仇讎之役，而非用權以蘄濟也。故朝割地以賂秦，則暮棄謀臣之言，夕遣質以入秦，則旦絕鄰國之援，撤防弛備，冀秦之矜己不加兵；實無異委肉虎狼，而幸其弗食也。」(上殿奏劄一)眞氏此疏蓋冀君主奮然振作，蓄養國力以圖雪恥；切不可藉和而自謀苟且，倖求敵人憐己而不來。

3.尊重民意——得天下者得其民；得其民者得其心。民意卽民心的表現。故爲政者應以尊重民意爲第一要務。眞德秀曰：「古者大事，謀及庶人，翕然大同，乃底元吉。比年政令之間，或有更革，往往過爲秘密，不暇參酌。群言計慮，固有精詳，本末豈無未究？有如楮幣鹽鈔，尤爲民命所關，而更張獨斷於廟謨，獻替靡聞於群下。儻凡皆若此，欲事無遺策，其可得哉！臣願陛下，以帝堯稽衆爲心，以漢廷雜議爲法，俾人得自竭，則令無不臧矣。」(直前奏事劄一)

4.法適人情——眞德秀認爲法適於人情，政因於風俗，乃爲治正道。他說：「漢世用法之最，莫如武帝；然欲重皮幣，而皮幣不可行；欲禁私鑄，而私鑄不爲止。豈非人心不服則法有所不足恃耶？夫法令必本人情，猶政事之必因風俗也。爲政不因風俗，不足言善政；爲法而不本人情，不可謂良法。陛下亦知近日人情之休戚乎？若有唐定制，非叛逆不籍其家；德宗欲籍竇參，而陸贄爭之；憲宗欲籍楊憑，而李絳爭之。今聞巷細民，小有詿誤，輒罄其資而沒之官；有人心者，寧忍爲此!?」（直前奏事劄一）

5.不拂公議——專欲莫成，衆志成城。爲政應以公議爲意，不可獨斷專行。眞德秀曰：「臣聞天下有不可泯沒之理，根本於人心，萬世猶一日者，公議是也。自有天地以來，雖甚無道之世，破裂天常，隳壞人紀，敢爲而弗顧者，能使公議不行於天下，不能使公議不存於人心。善乎！先正劉世安之論曰，公議，則天道也，天道未嘗一日亡，固所在何如耳。熙寧之世，以新法爲不可行者，公議也；雖以安石愎諫逐非，而不能遏止士大夫之口。紹興之際，以和好爲不足恃者，公議也；雖以秦檜之擅權專政，而不能明君子之論。卒之，新法行而民力屈，和好就而敵情驕，甚哉！此理之在人，信可畏也，孰若順之以爲安。……故善爲國者，畏公議如畏天，則人悅之，天助之，何事功不立之憂哉？」（輪對奏劄二）

6.聽納正言——兼聽則明，偏聽則闇，是以明君應廣納諫言。但廣納諫言，須辨正邪。君子的正言，則聽而納之；小人的邪說，則排而拒之。眞德秀曰：「君子小人之分，義利而已矣。君子之心，純乎爲義，故其得位也，將以行其道。小人之心，純乎爲利，故其得位也，將以濟其欲。二者操術不同，故所以導其君者亦異。夫爲人君者，受諫則明，拒諫則昏，明則君子得以自盡；昏則小人得以爲欺。故爲君子者，惟恐其君之不受諫；爲小人者，惟恐其君之不拒諫。彼小人者豈以受諫爲不美哉？蓋正論勝，則邪說不容；公道行，則私意莫遂。故其術不得不出於私。」（直前奏事劄一）

7.勿求外援——國家的生存，須憑自己的力量，以爲維持。若邀外夷援助，無異引狼入室，必罹禍害。眞德秀曰：「然以今日之名義，揆諸宣和，固有不同者。蓋宣和之於契丹，與國也；今日之於女眞，世仇也。伐與國爲非義，滅世仇爲當然。幽燕之失，虜取之於前代，中原之失，虜取之於本朝。前代之憾可捐，而祖宗之恥不可以不雪。惟其名義之不同，故或以規恢爲當擧；然名必有實者相副，義非徒說可行。求之在我，力未足爲；而欲借助於夷狄，則臣未見其可也。……自有載籍以來，與夷狄共事者，未嘗無禍；惟周漢之興，無求於彼，而彼自樂從，所謂得助之至，天下順之者。」（應召上封事）

8.普設社倉——凶年饑饉，勢所難免，故各地應普設社倉，蓄積穀粟，以備凶年，而賑災民，古之善政。眞德秀曰：「臣恭維孝宗皇帝，深惟民食之重，因朱熹有請頒社倉法於天下，自是數十年間，凡置之地，雖遇凶歲，人無菜色。……仰賴聖朝，深知此法，未嘗輕變；前後監司守臣，有欲建立者，皆可詔依。凡今有食之地，如建昌、南城、袁州、萍鄉等處，推行有法，人蒙實惠，而潭之屬縣曰長沙者，有倉二十一所，蓋慶元初，知事饒幹所建。……今夏旱暵尤甚，禱諸之餘，齋居深念，所以爲一方饑饉之備，蓋無出社倉之右者。」（奏置十二縣社倉狀）

9.生財大道——法家爲政，富國强兵。儒家爲政，庶之富之。民富而後國强。財積爲富，積財之道，除《大學》所謂生衆食寡，爲疾用舒外，更當節用。眞德秀曰：「生財有大道，生之者衆，食之者寡，爲之者疾，用之者舒，則財恒足矣。臣按：古今生財之說，未有能外此四言者。韓愈有云：古之爲民者四，今之爲民者六；農之家一，而食焉之家六。蓋古者四民，士農工賈而已；後世益以釋道，所謂爲民者六也。農一而食者六，宜其贍足之難。然士主名教，工治器用，賈通貨財，非無事而食者。若釋若道，則飽食安坐，以蠹吾民，而朝廷乃以鬻祠牒爲生財之資，不知釋道日增，則農民日減；財之所自出者，耗矣。猥曰生財，可乎？此之謂生之者寡，而食之者衆也。農民日減，而耕者少，則爲之者不疾矣，而國家之用度，又未嘗量入以爲出也。以江左一隅之力，而用度數倍於平時，夫安得不匱。夫易窮則變，變則通，通則久。今之事勢，窮極甚矣，不變而通之，其可久乎？然變通之術，豈有他妙巧？夫亦曰節用而已爾。用有節，則經常之費易足；經常費足，則祠牒之鬻可省，釋道少則農民多。生財之源，無出於此。惟陛下圖之。」（《大學》平天下章講義）

10. 凡百維新——國家施政，須與時代並駕齊驅，日新又新，精益求精，方能維持其生存、持續與發展；否則，必成爲時代的落伍者，而歸於自然淘汰。眞德秀曰：「苟日新，日口新，又日新。臣按：成湯此銘，蓋就沐浴取義。朱子之說，已盡之矣。後來武王作盥盤銘，與其溺之於人也，寧溺於淵；溺於淵，猶可游，溺於人，不可救。武王之銘，又就水取義，蓋溺於深淵，猶可浮游而出；一爲姦邪小人所惑，則溺於危亡而不自知，故不可救。聖帝明王，因物自警每如此。願陛下燕閒之際，取湯武之銘，與凡古人自警之語，書而揭之座右，則所益非淺。人君之德，須是苟日新，日日新，又日新。《易》曰：日新之謂聖德；但看日月之明，千年萬載，光彩常常如此，豈不是日新？人君須要法乾之健，體離之明，洗滌磨礪其身心，常使光明皎潔始得。陛下時爲奸臣所蔽，養晦十年，天下之人，未免妄議聖德。一旦奮然更新，天下感仰聖德，如日月之食而更也。然自今以往，日新又新之功，一或不繼，則未免又失天下之望；但須常摒私欲而存天理，常存恭儉而去驕奢，常勤學問而戒游逸，常近君子而遠小人，常公而不私，常正而無邪。今日如是，明日又如是，以至無日不如是，則德無日而不新，仰視成湯，何遠之有？」（《大學》湯之盤銘講義）

第六十八章　功利派的政治思想

第一節　功利派陣營的鳥瞰

一、**道學與儒林的分野**——《宋史》把邵雍、周敦頤、張載、程顥、程頤、朱熹、張栻等列入道學列傳；把胡瑗、孫復、李覯、呂祖謙、陳傅良、眞德秀、薛季宣、陳亮、葉適等列入儒林列傳。道學即所謂理學。《宋史》這種分類，頗具意義。列入道學者皆爲究研天人之際及心性之學的理學家。列入儒林者多爲講究經世致用及富强之術的功利派。宋爲儒學獨尊時代，所以二者皆儒者。惟理學家援道援佛以入儒，使儒學呈現新面貌，可稱之爲新儒學。而功利學派，則頗能保持儒學的本來面貌，主張精研經世致用之學，注重治國平天下之道及富國强兵之術，求言之必可行，行之必足開物成務，期能挽救國勢之頹局，而應時代的需要；在六經中最重《春秋》一書，明夷夏之別，重一統之義。理學家精研天人之際，由宇宙觀的太極、道、理、氣，而至人生觀的明心見性，愼獨存誠，格致誠正等，注重《大學》、《中庸》、《論語》、《孟子》的四書，對實際的政治問題則少所論及。功利學派批評理學家空談心性，不切實用，過分注重修養，有似怯懦。理學家批評功利派好談事功，涵養不足，粗識大體，分析有欠深入與細密。

二、**功利派人物與思想**——茲將功利派陣營中的重要人物及其思想要旨舉述於後：

1.呂祖謙——宋金華人，字伯恭，世稱東萊先生，進士及第，又中博學宏詞科，官至直秘閣著作郎，國史院編修，與朱熹、張栻齊名，稱東南三賢；求學宗旨在多識前言往事以蓄德，氣度恢宏，兼容並包，不自我標榜，不排斥異己，在朱熹、陸九淵、陳亮不同的三派間常作溝通橋梁，對《春秋左氏傳》最有研究，所著《東萊博議》就是對《左傳》中事例所發揮的議論。其學說主張治經史以致用，不規拘於性命之說，反對泥古，注重應時達變，遂開功利學派的先河。此派亦稱浙東學派或永嘉學派。

2.唐仲文——字與政，號說齋，金華人。南宋高宗紹興二十一年進士，仕至江西提刑，爲理學大師朱熹屢劾罷官。其學涉獵甚廣，經籍無所不讀，以經世致用爲主旨，而厭空談心性之學，著有《六經解》及《帝王經世圖譜》等書。

3.薛季宣——字士龍，永嘉人，學者稱艮齋先生，生於高宗紹興四年（西元一一三四年），卒於孝宗乾道九年（西元一一七三年）。十七歲師事袁道潔，問義利之辨，自六經百家至博奕、方術、兵書，無所不通，就所學多措之於實用，遂成永嘉經制之學。著有《通鑑約說》、《漢兵制》、《九州圖志》等書，理學家斥之曰「功利之學」。呂東萊稱曰：「胸中膽易無機械，勇於爲善，於田賦、兵制、地形、水利，甚下功夫，眼前少見其比。」

4.陳傅良——字君擧，瑞安人，學者稱止齋先生，生於南宋高宗紹興十一年（西元一一四一年），卒於寧宗開禧三年（西元一二〇七年）。少時卽著聲名，授徒僧舍，士子莫不歸敬。後從薛季宣學永嘉之學。茅茨一間，聚書千餘卷，日考古咨今於其中。陳氏博覽群籍，考訂千載，擧凡井田、王制、司馬法、八陣圖之屬，該通委曲，求可施之實用；又解剝於《周官》、《春秋左氏傳》，變通當世之治，而修治條盡，本末粲然。孝宗乾道八年（西元一一七二年）登進士第。寧宗即位（西元一一九五年）以中書舍人兼侍講。寧宗嘉泰三年（西元一二〇三年）授寶謨閣侍制。卒於家，年六十七，謚文節，著有《周禮說》三卷，《西漢史鈔》十七卷及《止齋文集》五十二卷；另有《春秋後傳》、《左氏章句》、《毛詩解詁》等。

5. 陳亮——字同甫，永康人，學者稱龍川先生，讀書以經世致用爲宗旨，崛起於永康，遂成永康學派。陳亮才氣超邁，喜談兵，下筆數千言立就。孝宗隆興元年（西元一一六三年）朝廷與金人約和，天下欣然，幸得蘇息；獨陳亮以爲不可。力學著書十年，學者多歸之。嘗上書陳國家立政之本及論天下形勢之消長；孝宗震動，召令上殿，將擢用，大臣交阻之。亮曰：「吾爲社稷開數百年之基，寧用以博一官哉？」亮感帝知遇，至金陵觀形勢，復上疏，激帝圖恢復中原，雪滌國恥。不報。光宗時，策進士，擢第一，授簽書建康府判官，未赴任。生於高宗紹興十三年（西元一一四三年），卒於光宗紹熙五年（西元一一九四年）；著有《龍川文集》。陳亮以爲功到成處，便是有德；事到濟處，便是有理；嘗謂士當以文章行義自名，居官當以政事書判自顯，千途萬轍，因事作則；爲學以成人爲要。

6. 葉適——字正則，永嘉人，學者稱水心先生，其功業在集永嘉學派的大成，與朱熹、陸九淵成鼎足而立之勢。生平意志豪邁，氣度慷慨，以經濟文章自負，以經世致用爲務。孝宗淳熙五年（西元一一七八年）擢進士第二，授平江節度推官，屢遷兵部侍郎，工部侍郎。寧宗開禧二年（西元一二〇六年），金人入侵，適詳陳攻守之道，謀成而後動，守定而後戰。韓侂冑爲相，意甚傲，以適意迂緩，不聽。已而，漢淮間大敗，兵不戰而潰。適嘆曰：「所謂用兵，乃如是耳！」於是受命安輯兩淮，知建康府兼江淮制置使。時執政者急於求和，適以爲不可，但請力修堡塢以自固，而徐圖進取。及韓侂冑死，其黨許及之等畏罪，反劾適附侂胄起兵端。時適已閉門家居，絕不自辯。適嘗嘆息曰：「女眞崛起强暴，據吾太平之土地，已五六十年矣。使其復爲天祚，盛極將衰，他人必出而有之，不可畏哉。」年七十四，卒於家，諡忠定，著有《習學記言》及《水心文集》等。葉適之學，以禮爲宗，以恕爲本，根柢六經，折衷諸子，力矯心性浮言，而歸本開物成務之道；以爲學而不能致用，於世無益。

第二節　呂祖謙的政治思想

一、**宰相世家**——呂祖謙累代簪笏，堪稱宰相世家。他祖先世居東萊（山東掖縣），曾祖父呂好問，宋高宗封東萊郡侯，伯祖父呂本中字居仁，稱東萊先生，而祖謙亦稱東萊先生，後人遂以大東萊和小東萊區別之。據呂氏家傳記載，其遠祖可推溯到唐代戶部侍郎呂夢奇。北宋太宗、眞宗時，呂氏有出任宰相之位者，卽呂蒙正。蒙正之姪呂夷簡於仁宗時三度爲宰相，百官見仁宗，獨夷簡可免行跪拜禮。這是祖謙的六世祖。五世祖呂公著哲宗時任宰相，與司馬光同心輔政，反對王安石新政，勁直敢言。四世祖滎陽公呂希哲與程伊川共事胡安定爲師，爲宋代大儒，開呂氏家學風範。希哲子呂好問博通經術，宋高宗時任尙書右丞。宋室南遷，呂氏一族，定居武林（錢塘）。呂家號稱「中原文獻之傳」。伯祖父呂本中卽大東萊先生。希哲時，遷居婺州（今金華縣）。父呂大器，任倉部郎。高宗紹興七年（西元一一三七年）生於桂林。

二、**生平事略**——呂祖謙字伯恭，學者稱東萊先生，以蔭任補官，後擧進士，復中博學宏詞科。丁內憂，居明招山，四方之士，爭趨之。服滿，除太學博士，差嚴州教授。尋復召爲博士，兼國史館編修官，實錄院檢討官，輪對，勉孝宗留心聖學，且言恢復大事，規模當定，方略當審。越三年，除秘書郎，實錄院檢討官，重修《徽宗實錄》。書成進秩面對，言曰：夫治道體統，上下內外，不相侵奪。陛下以大臣不勝任而兼行其事，大臣亦皆親細務，而行有司之事。外至監司守令職任，率爲其所侵，而不能令其下。……臣謂今日治體，視前代未備者，固當激勵而振起；遠過前代者，尤當愛護而扶持。遷著作郎。

時書肆流行有《聖宋文海》一書，學士周必大言此書去取差謬，不宜傳於後世，宜令館職銓擇，以成一代之書。孝宗因命祖謙審擇修訂，自中興以前，崇雅黜浮，類爲百五十卷上之，賜名《皇朝文鑑》。詔除直秘閣，中書舍人陳揆，以此職非有功不除，而駁之。孝宗批曰：館閣之職，文史爲先，祖謙所進，採取精詳，有益治道，故以寵之，可卽命詞。揆不得已乃草制。尋主管沖祐觀。次年卽孝宗淳熙九年（西元一一八二年）卒於家，諡曰成（參考《宋史》卷四百三十四，本傳）。

三、重要著作——呂祖謙著作，計有《呂氏東萊古易》一卷，《周易音訓》二卷，門人時瀾增修《東萊書說》三十五卷，《呂氏家塾讀詩記》三十二卷，《左氏傳說》二十卷，《春秋左氏傳續說》十二卷，《東萊左氏傳博議》二十五卷，《大事記》十二卷，《少儀外卷》二卷，《歷代制度詳說》十五卷，東陽王崇炳編輯《東萊文集》二十卷。這些著作皆列於《四庫全書總目提要》，且經收入《金華叢書》。另有《詩律武庫》三十卷，《臥遊錄》一卷，《四庫全書總目提要》認係後人依託。

四、學養評定——《宋史》呂祖謙傳有曰：祖謙之學，以關洛爲宗，而傍稽載籍，不見涯涘，心平氣和，不立崖異，一時英偉卓犖之士，皆歸心焉。少時卞急，一日誦孔子言，躬自厚而薄責於人，忽覺平時忿懥，渙然冰釋。朱熹嘗言學如伯恭，方能變化氣質。其所講書，將以開物成務；旣臥病，而任重道遠之意不衰，居家之政，皆可爲後世法。

五、政治思想——呂祖謙的學說，主張治經史以致用，以開物成務爲旨趣，不規拘於性命之學。玆扼要擧述其政治思想於後：

1.爲治有體——論者以爲君主獨運萬機，爲爲治之要。而呂祖謙則謂此非言君主對瑣微繁細，悉加省覽，應知爲治有體，上下內外，不相侵奪。他說：「夫獨運萬機之說，其名甚美，其實不可不察焉。臣請序而言之。人主一心，實治亂安危之所從出。所患者奪於多欲，則其心昏蔽而不能宰制萬事。今陛下於聲色、於游畋，澹然無一毫之欲；惟其有欲於獨運萬機，故瑣微繁細，悉經省覽，酧酢區畫，目不暇給；而天下大計，或有所遺，治效不進，反與多欲者同，豈不甚可惜乎！此獨斷萬機之說不可不察也。……治道體統，上下內外不相侵奪，而後安。向者，大臣往往不稱倚任，陛下不得已而兼行其事。大臣亦皆親細務而行有司之事；外至監司守令職任，率爲其上所侵而不能令其下；故豪猾玩官府，郡縣忽省部，掾屬陵長吏，賤人輕柄臣；居平，患猶未盡見也。一旦有事，誰與招麾而伸縮之耶？由一命而上，大小相承，積而至於人主，然後尊重無以復加。苟萬機獨運，大臣而下皆爲人所易，則人主豈能獨尊重哉？」（淳熙四年輪對劄子）

2.啓廸君心——政務推行，必須先得稱職勝任的賢能人才而任使之，方能成功，所以爲政之要，首在衆建正人，以爲輔助。而得人之道，又須先啓廸君心，使之能親君子，遠小人，方能達到目的。呂祖謙曰：「向見論治道書尺，其間爲欲開井田之意，而科條州郡財賦之類。竊謂此固爲治之具，然施之當有次第。今日先務，恐當啓廸君心，使有尊德樂道之誠，衆建正人以爲輔助，待上下信孚，然後爲治之具，以次而舉可也。倘人心未信孚，驟欲更張，則衆口譁然，終見阻格。」（與朱侍講元晦書）

3.依法爲治——隋煬帝因一主帥，私人衞士出入顯仁宮，帝交付大理治罪，令斬之。大理法源奏曰，陛下初使殺之，自可不關文墨。呂祖謙以爲漢張釋之，隋法源依法治獄，不受皇帝干涉司法，依法獨立審判的法治精神，至屬可嘉可佩。但所謂「法源所謂：陛下初使殺之，自可不關文墨」之句，意謂皇帝可以超越法律，任意殺戮臣民，大悖依法爲治的精神，實屬不當。祖謙曰：「隋煬帝在顯仁宮，有一主帥，私令衞士出入。帝付大理法源師據法，帝令斬之。師奏曰，陛下初使殺之，自可不關文墨。此一段，若源師能與人君爭曲直，以生全人，似亦可喜。謂初使殺之，自可不關文墨一句，不免害事。彼徒見張釋之廷尉嘗如此說，故能全活人而不致曲法。不知旣如此說，若人君錯認了，則謂我自可殺人，無人說得，亦不須下廷尉，是敎人君任己意殺人也。大抵賞罰皆出於天，而寄之人君。《書》曰，天付有罪，天命有德；則賞罰雖在君，實天寄之；而人君亦何嘗可自專哉。」（史話）人君行賞罰須合於天心。天心卽民心，人君固不可背天道，悖人心而擅自殺人。

4.適時達變——禮時爲大。管子曰：「法不可恒也。」（《管子》任法篇）韓非曰：「法與時轉則治。」（《韓非子》心度篇）故爲政之道不可泥古。古制雖貴於當時，未必適合於今日。生今日之世而行古之制，謂之泥古，未有不失敗者。王莽行井田而失敗，卽爲泥古之例。故呂祖謙主張爲政應適時達變。他說：「常人之情，以爲今之事皆不如古；懷其舊俗而不達於消息盈虛之理；此所謂不達於事變者也。達於事變則能得時措之宜，方可懷其舊俗；若惟知舊俗之是德，而不達於事變，則是王莽行井田之類也。」

（《詩說拾遺》）

5.勿用腐儒——儒有眞儒腐儒之分。眞儒尊德樂道，品端學正，知經國致用之道，能教民富民之術。腐儒徒誦訓詁，迂緩拘攣，自取厭薄，不知內省。朝廷若用腐儒必致敗事。因之，人遂譏曰儒者無用。實則此非儒者之罪，乃腐儒之咎。故朝廷用人，應用眞儒，勿用腐儒。呂祖謙曰：「章句陋生，乃徒誦訓詁，迂緩拘攣，自取厭薄，不知內省，反歸咎陛下之不用儒。臣以爲尙幸陛下不用之耳。倘陛下誤信而輕用之，眞實治效於是曹，緜歲歷月，必無所成。陛下遂謂儒術止此；聖人之道，永無復施之日矣。臣竊爲儒學賀。夫不爲俗學所汩者，必能求實學；不爲腐儒所眩者，必能用眞儒。聖道之興，指日可俟。臣所以私愛過計者，獨恐希進之人，不足測知聖意之緼，妄意揣摩，觝排儒學，謂智力足以控海宇，不必道德；權利足以奔走群衆，不必誠信；材能足以興起功事，不必經術。」（乾道六年輪對劄子）

6.繼起人才——爲國者不可祇處理目前之事務，更應預計將來之規畫；用人不可祇知任使現有之人才，更應培育及預備繼起之人才，以免人亡政息之弊。呂祖謙以爲諸葛亮能慮及此事，故其死後，以劉禪之庸，尙能維持二十年。他說：「諸葛亮治蜀之規模，有後人不能盡知。其耕戰之法，立國之紀綱，賞罰之必信，此人所共知，最是亮死後，其規模猶足以維持二十年，以劉禪之庸，墨白不分，而蜀不亂，此誰能及？後之爲相者，身在時尙不能無失；而亮死後猶如此。只緣亮當初收拾得人才在，故亮死後，蔣琬代之；琬之後，董允代之；允之後，費禕代之，皆是賢者。此亮之規模有以維持之也。」（史話）

7.官箴三事——居官任事，在行爲上、生活上除受法律的拘束外，仍應受道德的規範以自勵。此即謂官箴。官箴之要有三：一曰清，二曰愼，三曰勤。清則操守廉，不貪汚瀆職，建立廉潔政府，使人民敬仰，而收風行草偃之效。愼則考慮周詳，計畫縝密，謀定而後動，三思而後行，不致孟浪從事，行有不達。勤則黽勉從公，自强不息，努力服務，而收功成事就之效，所謂勤則有功。能守此三箴，則心地光明，無私無蔽，萃力以赴事功，則無往而不利，無事而不成。呂祖謙曰：「當官之法，唯有三事，曰清，曰愼，曰勤。知此三事，則知所以持身矣。然世之仕者，臨財當事，不能自克，常自以爲不敗；持不必敗之意，則無不爲矣。然事常至於敗而不能自已。故設心處事，戒之在初，不可不察。借使役用權智，百端補治，幸而得免，所損已多，不若初不爲之爲愈也。司馬子微坐忘論云：與其巧持於末，孰若拙戒於初，此天下之要言，當官處事之大法；用力寡而見功多，無如此言者。人能思之，豈復有悔吝耶。」（舍人官箴）

8. 政與事異——治國之務有二：一曰政，二曰事。政者政務，乃國之大事，應由君主與大臣主持之，卽今日所謂之政務官。事乃國之細務，應由百官與群吏主持之，卽今日所謂之事務官。孔子弟子冉有尙不瞭解此理，而稱其所掌理的事務曰政。季氏爲魯之家臣，政不當由季氏出。而冉有爲季氏之屬吏，更不足以言政務。《論語》子路篇載：「冉子退朝，子曰：何晏也？對曰：有政。子曰：其事也，如有政，雖不吾以，吾其與聞之。」

呂祖謙對此申論曰：「冉子退朝，子曰：何晏也？對曰：有政。凡所謂政者，係國家治亂興衰之大綱；事則品節條目，有司所掌者。雖孔門高弟，尙不能辨。孔子特因冉有退朝，明辨政與事之異者，欲使天下後世，識爲國之大綱。孔子之學所謂先立乎其大者。不識大綱大體，而看一節一目，雖多聞多識，然後無總統處。冉有仕季氏，魯之家臣也；冉有退季氏之朝，夫子特辨政與事告之，亦見政不當由季氏出，而季氏所爲者，乃事也。觀此一段，尤足於驗夫子至於是邦，必聞其政處，蓋夫子乃是當時之大聖人，雖時君不能用，然皆知尊事之。如季孫將用田賦，使冉有訪諸孔子曰：子爲國老，待子而行。以此見時君凡有大政，無不資問於孔子者。」（《論語》說）

第三節　陳亮的政治思想

一、**生平事略**——陳亮字同父（亦作同甫），婺州永康人，生於高宗紹興十三年（西元一一四三年），卒於光宗紹熙五年（西元一一九四年），學者稱龍川先生。亮生而目光有芒，才氣超邁，喜談兵，議論風生，下筆數千言立就。孝宗乾道元年（西元一一六三年）與金人約和，天下欣然，以爲幸得蘇息，獨亮以爲不可。婺州以解元薦亮，亮乃五次上書言中興大計，諫皇帝大有爲，用豪傑，振士氣，整軍政，報君父之大讎，雪國家之奇恥。書上，均不報。於是退歸鄉里，益力學著書，凡十年，且觀察錢塘形勢。孝宗淳熙五年（西元一一七八年）亮更名同，復上疏陳中興復讎雪恥大計。疏既上，帝欲官之，亮笑曰：「吾欲爲社稷開數百年之基，寧用以博一官乎！」

亮渡江而歸，日落魄醉酒，與邑之狂士，酒醉中戲爲大言，言涉犯上。有一士以亮事首告。事下刑部侍郎何澹。澹爲考試官時，曾黜亮，亮不平，數以侵辱考官。澹於是時謀泄憤報復，鞭笞亮身，致體無完膚，亮誣服不軌。事聞於帝，孝宗曰：秀才醉後妄言，何罪之有？亮因得免死。不久，陳亮家僕殺人，被殺者曾辱罵亮父，因疑其事乃亮父子教唆。僕被笞死而復蘇者數，亮父子亦被囚於州獄。州官以事大白於刑部而下大理。辛棄疾等素高亮才，力加營救，復得不死。

亮感孝宗恩德，至金陵觀察形勢。歸而復上疏，言有非常之人，然後可以建非常之功，並建議以太子爲撫軍大將軍，歲巡建業，使之兼統百司，盡護諸將，置長史司馬以專其勞。時孝宗將內禪，不報。光宗卽位改元紹熙元年（西元一一九〇年）。其後，光宗策進士，問以禮樂刑政之要，亮以君道師道對。奏名第三，光宗親擢亮第一。亮既高中而歸，弟充拜迎於境，相對感泣。亮曰，使吾他日而貴，澤首逮汝，死之日各以命服告先人於地下足矣。授僉書建康府判官廳公事，亮未至官，一夕而卒，年五十二，諡文毅（生平事略參考《宋史》卷四百三十六，本傳）。

二、重要著作——陳亮一生的文章著作，均收錄於《龍川文集》，凡三十卷。集中所載，大抵皆議論時政及究研治道的文章，其持論着重於經世致用，追求事功之成效。反對理學的空談性命，不切實用。才氣縱橫，文筆奔放，有一瀉千里，不可控勒之勢。《龍川文集》中華書局列入《四部備要》印行。

三、學養評定——亮爲人倜儻不羈，恃才傲物，以豪俠自命，屢遭大獄，孝宗重其才，皆得倖免，益發奮讀書。其學自孟子而下，獨推王通。嘗自謂所學：研窮義理之精微，辨析古今之同異；原心於杪忽，較禮於分寸；以積累爲工，以涵養爲正。睟面盎背，則於諸儒誠有愧焉。至於廟堂之陳，正正之旗，風雨雲龍交發而並至，龍蛇虎豹變現而出沒，推倒一世之智勇，開拓萬古之心胸，自謂差有一日之長。其志經濟，重許可人，人見其肺肝，與人言必本於君臣父子之義。雖爲布衣，薦士恐弗及。家僅中產，寒士衣食久之，久而不衰。卒之後，吏部侍郎葉適，請於朝命，補亮一子爲官，乃是創例，無故事可循（見《宋史》卷四百三十六，本傳）。

四、政治思想——陳亮之學在窮究義理之精微，辨析古今之異同。其政論之要，在於嚴夷夏之分，明君臣之義，論治國安邦之道，陳經世致用之術，致中興之盛，雪國家之恥，報君父之讎。玆扼要擧述其政治思想於後：

1.民族大義——陳亮持豪俠之氣，抱愛國之志，而金人侵陵，二帝北狩，國恥奇重，而朝廷並無雪恥、中興、復讎之意，乃上疏申說民族大義。他說：「臣惟中國天地之正氣也，天命所鍾也，人心所會也，衣冠禮樂所萃也，百代帝王之所相承也。挈中國之衣冠禮樂而寓之偏方，雖天命人心猶有所係，然豈以是爲可久安而無事也。天命人心，固非偏方所可久係也。國家二百年太平之基，三代之所無也。二聖北狩之痛，漢唐所未有也。……及秦檜倡邪議以沮之，忠臣義士斥死南方而天下之氣惰矣。三十年之餘，雖江北流寓，皆抱孫長息於東南。而君父之大讎一切不復關念。……此豈人道所能安乎？」（上孝宗皇帝第一書，載《宋史》本傳）

疏上不報，乃上第二書。書有言曰：「況南北角立之時，而廢兵以惰人心，使之安於忘君父之大讎，而置中國於度外，徒以便妄庸之人，則執事之失策亦甚矣。陛下何不明大義而慨然與金絕也。貶損乘輿，卻御正殿，痛自克責，誓必復讎，以勵群臣，而振天下之氣。雖未出兵，而人心不敢惰矣。」（見《宋史》本傳）

2.駁斥理學——陳亮之學在於經世致用，追求事功，富國强兵，復讎雪恥。而理學家空談性命，不切實用，無關於國計民生，故亮深厭惡之。他說：「始悟今日之儒士，自以爲得正心誠意之學者，皆風痺不知痛癢之人也；舉一世安於君父之讎，而方抵頭拱手以談性命，不知何謂之性命乎！陛下接之而不任以事，臣於是服陛下之仁。」（上孝宗皇帝第一書）陳亮又曰：「而天下之才臣智士趨當世之務者……。謂恢復則曰修德待時，論富強則曰節用愛人，論治則曰正心，論事則曰守法。君以從諫務學爲美，臣以識心見性爲賢。論安言計，動引聖人，舉一世謂之正論，而經生學士合而爲一辭，以摩切陛下者也。夫豈知安一隅之地，不足以承天命。忘君父之讎，不足以立人道。民窮兵疲，而事不可已者，不可以常理論。消息盈虛而與時偕行者，不可以常法拘。……坐錢塘浮侈之地，以圖中原，非其地也。用東南習安之衆，以行進取，則非其人。財止於府庫，則不足通天下之有無。兵止於尺籍，則不足以兼天下之勇怯。爲天下之奇論，此所以取疑於陛下者也。」（上孝宗皇帝第二書）

3. 公以利民——陳亮以爲歷代政制的變遷，雖有太古的君主公推，堯舜的禪讓，大禹的傳子，殷商的兄終弟及，周代的立嫡及秦以後的世襲，然皆須以天下爲公之心，以利人民，始能保其君位，此卽孟子所謂「得乎丘民爲天子」；亦卽管子所謂「政之所興，在順民心；順之之道，莫如利之。」陳亮曰：「生民之初，類聚群分，各相君長，其尤能者則相率而聽命焉。曰皇，曰帝，蓋其才能德義足以爲一代之君師，聽命者不之焉則不厭也。世改而德衰，則又相率以聽命於才能德義之特出者。……豈得以世次而有天下哉。以至於堯，而天下之情僞日起，而堯以爲非天下之賢聖不宜在此位，取舜禹於無所聞之人，而歷試以事，以與天下共之，然後擧而加諸天下之上，彼其心固以天下爲公，而其道終不可常也。禹以苟求未得非常之人，而立與子之法，以定天下之心。子孫之不能皆賢，則有德者一起而定之，不必皆在我，固無損之天下之公也。……而使不肖者或得以自肆於民上，則非所以仁天下也。故或世或及，惟其賢而已。不幸而與之不當其人，則天下之公議，終不以私之吾家也。武王周公定立嫡之法，而塞爭奪覬覦之門，而君臣之分定，屹然如天下之不干矣。秦以智力兼天下，初欲傳之萬世，使天下疾視其上，翻然欲奪而取之。劉氏得以制天下之命，豈其將以私天下哉，定於一而已。李氏之興也則猶劉氏之舊也，彼其初心未有異於湯武也。」（《龍川文集》卷三，問答一）

君主不管經由何種方式取得君位，但皆須本天下爲公的心去爲人民謀福利，方能保持其君位。民爲邦本，君須公以利民，民始戴君。湯武公以利民而得天下，秦私以害民而失天下。劉邦以拯民於水火的公以利民的心而得天下，曹操私心滔滔，而不得天下。漢唐的國朝初建，亦皆本湯武弔民伐罪，公以利民之心而成功。後世君主不能公以利民者，必難以保其君位，有才能德義者將取而代之。

4.國不苟安——靖康之難，二帝北狩，高宗南渡，遷都臨安，只圖偏居苟安，不圖報君父之大讎，雪民族之奇恥，反聽奸相秦檜之邪言，屈膝與金人議和。孝宗繼位，以苟安成習，亦難振作。陳亮愛國憂時，心以爲危，乃上疏孝宗，力促振作有爲，不可居偏苟安。疏有言曰：「……海陵之禍，蓋陛下即位之前一年也。獨陛下奮不自顧，志於殄滅，而天下之人安然如無事。時方口議腹非，以陛下爲喜功名，而不恤後患，雖陛下亦不能以崇高之勢，而獨勝之。隱忍至今，又十有七年矣。昔春秋時，君臣父子相戕殺之禍，舉一世而安之。而孔子獨以爲三綱既絕，則人道遂爲禽獸，皇皇奔走，義不能以一朝安；然卒於無所遇，而發其志於《春秋》之書，猶能以懼亂臣賊子。今舉一世而忘君父之大讎，此豈人道所能安乎!?使學者知學孔子之道，當導陛下以有爲，決不沮陛下於苟安也。南師之不出，於今幾年矣，豈無一豪傑之能自奮哉，其勢必有時而發泄矣。」（上孝宗皇帝第二書）

5.王霸之辨——孟子曰：「以力假仁者霸，以德行仁者王。」（《孟子》公孫丑上）陳亮不同意這一論據，認爲王霸只是程度上有差別，並非性質上的不同。堯舜固然是以德行仁的王者，但仍不能不用以力爲基礎的兵刑。齊桓公誠然是以力假仁的霸者，然九合諸侯，一匡天下，孔子稱之曰：「如其仁，如其仁。」荀子以義利分王霸，陳亮亦不贊成；以爲堯舜固然是行德義的王者，然仍必須行仁政以利兆民。齊桓公誠然是追求功利的霸者，然尊王攘夷，明君之義，嚴夷夏之防，亦大義昭然。

陳亮曰：「自孟荀論義利王霸，漢唐諸儒未深明其說，本朝伊洛諸俗儒，辯析天理人欲，而王霸義利之說大明。然謂三代以道治天下，漢唐以智力把持天下，其說固已不能使人心服。而近世諸儒遂謂三代專以天理行，漢唐專以人欲行，其間有與天理暗合者，是亦能以久長。信斯言也，「天地亦是架漏過時，而人心亦是牽補度日，萬物何以阜蕃，而道何以常存乎。」（《文集》答朱元晦書）

人性本善，仁義禮智源於人性，是謂天理；人生而有欲，飲食男女貨利，生命之所需，是謂人欲。三代若純行天理而去人欲，人將何以維持其黎庶之生命。漢唐若純行人欲，而去天理，則五常絕滅，人豈不皆淪爲禽獸。天理人欲可並行，不可偏廢。故陳亮曰：「使人人皆可以爲堯，萬世皆堯，則道豈不光明盛大於天下。使人人無異桀，則人紀不可修，天地不可立，而道之廢，亦已久矣。天地而可架漏過時，則塊然一物也。人心而可牽補過日，而半生半死之蟲也，道於何處而不常息哉。惟聖惟能盡倫，自餘於人有不盡，而非盡欺人以爲倫也。惟王爲能盡制，自餘於制有不盡，而非盡罔世以爲制也。欺人者人常欺之，罔世者人常罔之，烏有欺罔而可以得長世者乎。」（《文集》與朱元晦書）

6.刑賞與性——陳亮以爲刑賞的施行，蓋同出於天，即依於人性的需要而起，皆所以愛人，而非以害人。賞以勸善是人心之所同欲；刑以懲惡，是人心之所同惡。賞非以利誘，刑非以威迫。他說：「耳之於聲也，目之於色也，鼻之於臭也，口之於呼也，四肢之於安佚也，性也，有命焉。出於性，則人之所同欲也；委於命，則必有制之者，則不可違也。……君制其權，謂之賞罰；人受其報，謂之勸懲。使爲善者，得其所同欲，豈以利而誘之哉；爲惡者受其所同惡，豈以威而懼之哉。得其性而有以自勉；失其性而有以自戒，此典禮刑賞所以同出於天，而車服刀鋸非人君之所自爲也。天下以其欲惡而聽之於君，人君乃以其喜怒之私，而制天下，則是以刑賞爲吾所自有，縱橫顚倒，而天下皆莫吾違。」（《文集》卷四，問答七）

7. 君執其要——人君之道君逸而臣勞。君逸者握其政要，不親細務。臣勞者，細務瑣事，群吏百官皆自理之。宋代行集權之制，事無鉅細，君皆親之。陳亮以爲此非執政之要，君勞而臣反逸，因上疏諫曰：「臣竊惟自陛下踐祚以來，……發一政，用一人，無非出於獨斷。下至朝廷之小臣，郡縣之瑣政，一切上勞聖慮，雖陛下聰明天縱，不憚勞苦，而臣竊以爲君主之職，本在於辨邪正，專委任，明政之大體，總權之大綱，而屑屑焉一事之必親，臣恐天下有以妄議陛下之好詳也。……今朝廷有一政事，而多出於御批；有一委任，而多出於特旨。使政事而皆善，委任而皆當，固足以彰陛下之聖德，而猶不免好詳之名。萬一不然，而徒使宰輔之避事者，得用以藉口，此臣愛君之心所不能以自已也。」（《文集》卷二，論執政之要）

8. 集權弊害——宋興，太祖鑒於唐末藩鎭之禍，遂厲行中央集權制，軍隊集中京師，財權亦握掌於中央，矯枉過正，以致地方空虛，應變無力，當機難斷，「遠夷作難，州縣迎降」；卒致迭敗於遼金，割地納幣而敵亂不止，竟遭靖康之難，京師被陷，二帝被俘。南渡而後，集權之制，仍不修改。陳亮上疏力言其弊害。一則曰：「文爲之太密，事權之太分，郡縣太輕於下，而委瑣不足恃；兵財太關於上，而重遲不易擧。」(上孝宗皇帝第二書) 再則曰：「藝祖皇帝束之以上以定禍亂，後世不原其意，束之不已，故郡縣空虛，而本末俱弱。」(上孝宗皇帝第三書) 三則曰：「夷狄遂得以猖狂恣睢，與中國抗衡，儼然爲南北兩朝，而頭目手足混然無別。」(上孝宗皇帝第三書)

第四節　葉適的政治思想

一、生平事略——葉適字正則，溫州永嘉(浙江永嘉縣)人，生於宋高宗紹興二十年(西元一一五〇年)，卒於寧宗嘉定十六年(西元一二二三年)，因晚年住永嘉城外水心村，人稱水心先生。適爲文藻思英發，志氣慷慨。孝宗淳熙五年(西元一一七八年)，授平江節度推官，丁母憂，改武昌軍節度判官。以參知政事龔茂良薦召爲大學正，遷博士，召入輪對，陳國是，提「四難」「五不可」之論。帝爲之慘然久之。除太常博士，兼實錄院檢討官，嘗薦陳傅良等三十四人於宰相，後皆召用，時稱知人。

光宗卽位(西元一一九〇年)，適由秘書郎出知蘄州，入爲尙書左選郎官。時光宗因心病，不朝重華宮(太上皇住處)七月，適力言父子之情出於自然，不可浮疑私畏，乃兩詣重華宮。未幾孝宗崩，光宗不執喪，朝野氣氛緊張，恐有不測之變。適勸宰相留正奏請立嘉王爲皇太子。其後知樞密院趙汝愚及朝臣韓侂胄定計請命於太皇太后擁立嘉王爲帝，光宗內禪。嘉王卽位，是謂寧宗，改元慶元元年(西元一一九五年)尊光宗爲太上皇，中外晏然。

葉適任兵部侍郎。其時，有人勸韓侂冑立蓋世之功以固其位」。侂冑以爲然。侂冑將啓兵端。適上疏謂：「必先審强弱之勢，而定其論，論定然後修實政，行實德，然後弱可變爲强。今欲改弱而就强，此至大至重事也。故必備成而後動，守定而後戰。」侂冑不聽，仍欲起兵，使適權吏部侍郎兼直學士院，欲使之草詔以動中外，適力辭兼職。會詔將四路出兵。適又勸侂冑宜先固江防，不聽。未幾諸路軍事均敗。

侂冑懼，以丘崈爲江淮宣撫使，葉適爲寶謨閣侍制，知建康府兼沿江制置使。適募集市井中驍勇少年二百餘人及帳下兵夜襲金營，金人錯愕，乃得解和州圍，退屯瓜步，城中始安。適更措置屯田，修建堡塢，使驚散之難民得復業自守。沿江地帶建立三大石堡，每堡以二千家爲準，敎以戰射，無事則戍守，有事則助軍作戰。及韓侂冑被誅。御史中丞雷孝友劾葉適附和韓侂冑用兵，於是罷官。返里居十三年，讀書自勵。寧宗嘉定十六年卒，享年七十四，贈光祿大夫，謚忠定（生平事略參見《宋史》卷四百三十四，本傳）。

二、重要著作——葉適的生平著作，有《水心文集》二十九卷，《拾遺》一卷，《別集》十六卷，前九集爲《制科進》卷，後六集曰《外稾》，皆當時政論文章，末一卷曰後總。近河洛圖書公司，合刊三者爲一，曰《葉適集》。另有《習學記言》五十卷。

三、政治思想——葉適以經世致用自負，以追求事功爲趨務，對空談心性的理學，持反對態度。所爲政論坦直爽朗，指陳時弊，多中肯綮。玆扼要舉述其政治思想如次：

1.國是評論——葉適召爲大學正，遷博士，因輪對。適以銳利的觀察，正確的分析，得知國家形勢的危殆，乃以坦直態度，對皇帝提供忠實的國是評論，而曰「四難」、「五不可」。這是他的政治思想梗概，故加引述。奏曰：「二陵之讎未報，故疆之半未復，而言者以爲當乘其機，當待其時。然機自我發，何彼之乘？時自我爲，何彼之待？非眞難眞不可也。正以我自爲難，自爲不可耳！於是力屈氣索，甘爲退伏者，於此二十六年。積今之所謂難者陰沮之，所謂不可者默制之也。蓋其難有四，其不可有五。

置不共戴天之讎，而廣兼愛之意，自爲虛弱，此國是之難一也。國之所是旣然，士大夫之論亦然。爲奇謀秘畫者，止於乘機待時；忠義決策者，止於固本自治。此議論之難二也。環視諸臣，迭進迭退，其知此事本而可以反覆議論者誰乎!?抱此志意，而可策勵期望者誰乎!?此人才之難三也。論者徒見五代之致亂，而不思靖康之得禍，今循守舊模，而欲驅一世之人，以報君讎，則形勢乖阻，誠無展足之地。若順時增損，則其所更張動搖，關係至重，此法度之難四也。又有甚不可者，兵以多而至於弱，財以多而至於乏，不信官而信吏，不任人而任法，不用賢能而用資格。此五者舉天下以爲不可動，豈非今之實患歟!?」（《宋史》本傳）

2.反對理學——葉適的政治思想重在經世致用，復國雪恥，攻擊理學家的空談性命，不切實用。他說：「高談者遠述性命，而以功業爲可略。精論者妄推天意，而以夷夏爲無辨。」（上孝宗皇帝劄子）理學家窮究性命，率以「太極」爲出發點。葉適對「太極」之說，乃大加批評。他說：「孔子象辭，無所謂太極者，不知傳何以稱之。自老聃爲虛無之祖，然猶不敢放言。曰，無名天地之始，有名萬物之母而已。至莊周始妄爲名字，不勝其多。故有太始太素，茫昧廣遠之說。傳易者將本原聖人，扶立世教，而亦爲太極以駭異後學。後學鼓而從之，失其會歸，而道日以離矣。」（《水心學案》上）

理學家講學皆敎人存天理，去物欲。葉適認爲此亦違悖聖人之道。冉有曰：既庶矣，又何加焉，子曰富之（《論語》子路篇）。孔子曰：「政之急者，莫大於使民富。」（《孔子家語》第十二篇，賢君）孔子曰：「因民之所利而利之，是亦惠而不費乎。」（《論語》堯曰篇）孔子何嘗敎人祇存天理而去物欲。孟子雖曾說：「王何必曰利，亦有仁義而已矣。」（《孟子》梁惠王上）但他又說：「養生送死無憾，王道之始也。」（《孟子》梁惠王上）又說：「若民，則無恒產，因無恒心。」（《孟子》梁惠王上）葉適曰：「《大學》以致知格物爲《大學》之要。……誠意必先致知，則物宜何從。以爲物欲而害道，宜格而絕之耶！以爲物備而助道，宜格而通之耶。然而物之是非固未可定，而雖《大學》之書者亦不能明也。」（《水心學案》上）

3. 權勢之治——葉適以爲治國之道，不在於空談玄理，妄言性命，而在於有實力（勢）握實權（權力），始能以統治人民，貫徹政令。這雖有似法家思想，然這是政治的現實面，固不可忽視之。他說：「欲治天下而不見其勢，天下不可治也。且均是人也，而何以相使，均是好惡利欲也，而何以相治。智者豈不能自謀，勇者豈不能自衞，一人刑而天下何必畏，一人賞而天下何必慕，而刑賞生殺豈以吾能爲之而足以制天下者。……誠以勢之所在也。」（《水心文集》治勢）

人君若不能控制天下的實在勢力，則治失其柄，太阿倒持，權歸於下，犯上作亂，篡弒爭奪之禍，卽因之而起。堯舜三王以天下之勢在己，故莫或制。漢唐以後，天子常失其勢，故紛爭戰亂不已。葉適曰：「古之人君若堯舜禹湯文武，漢之高祖光武，唐之太宗，此其人皆能以一身爲天下勢。雖功德有厚薄，治敎有淺深，而要以爲天下之勢在己不在物。夫在己不在物，則天下之事，惟其所爲而莫或制。及至後世，天下之勢，有在外戚者矣，呂霍上官非不可以監也，而王氏卒以亡漢。有在於權臣者矣，漢之曹氏，魏之司馬氏，至於江南之齊梁，皆親見其篡奪之禍，習以其天下與人而不怪。而其甚者，宦官之微，匹夫之奮呼，士卒之擅命，而天下之勢無不在焉。若夫五季之亂，西晉之傾覆，此其禍特起於公卿子弟，巷里書生，游談聚論，沈湎淫佚而已，而天下爲之分裂者數十世。嗚呼！勢在天下，而人君以其身求容焉，猶豫反側，而不能以自定。其或在於宦官，或在於士卒，而擧威福之柄，以盡寄之者，此甚可嘆也。……夫大勢者，天下之至神也，合則治，離則亂，張則盛，弛則衰，續則存，絕則亡。」（《水心文集》治勢）

4.文柔之失——宋太祖鑒於唐末藩鎭之禍及五代叛將之亂，因懼悍將驕帥之爲亂，遂於杯酒之間解除佐國功臣石守信等的兵權，而採重文輕武的政策。宋代爲儒學獨尊時期，而儒者又多空談性命之學，遂至人心日柔，人氣日惰，不能振作有爲。葉適曰：「昔人之所以得天下也，必有以得之；其失天下也，亦必有以失之。得失不相待而行，是故不矯失以爲得。何也？蓋必眞有得天下之理，不俟乎矯其失而後得之也。矯失以爲得，則必喪其得。而本朝所以立國定制，維持人心，期於永存而不變者，皆所以懲創五季而矯唐末之失策爲言。細者愈細，密者愈密，搖手擧足，輒以法禁。而又文之以儒術，輔之以正論，人心日柔，人氣日惰，人才日弱，擧爲懦弛之行以相與，奉繁密之法，遂揭而號於世曰，此王政也，此仁澤也，此長久不變之術也。」（《水心文集》法度總論二）

5.崇尙功利——葉適的政治思想以經世致用爲趨赴，所以他認爲一切的政治措施與法律制定，均應視其有無功利爲取捨，固不可一味以矯失之爲得，而一成不變。他說：「以仁宗極盛之世，去五季遠矣，而其人懲創五季者不忘也。至於宣和，又加遠矣。其法度紊失，而亦曰所以懲創五季而已。況靖康以後，本朝大變，乃與唐末五季同爲禍難之餘。紹興更新，以迄於今日，然觀朝廷之法制，士大夫之議論，隄防扃鐍，孰曰非矯唐末而懲創五季也哉。夫以二百餘年所立之國，專務以矯失爲得，則眞所以得之之道，獨棄置而未講。故擧一事，本以求利爲事也，而卒以害其事；立一法，本以求利於法也，而卒以害是法。……於是中原分裂，而不悟其由，請和仇讎而不激其憤，皆言今世之病，而自以爲無療病之方，甘心自處於不可振救，以坐視其敗。據往鑒今，而陛下深思其故者，豈非眞所以得之之道未講歟。」（《水心文集》法度總論二）

6. 治不泥古——人類的知識與文化，是遵循累積進化的原則，不斷的前進。前事不忘，後事之師，故歷史上的事蹟，可供今日之借鏡者，自屬不少；但爲治不可泥古而律今，生今日之世而强行古之事，未有不失敗者。王莽之行井田而不成，卽其明例。葉適曰：「欲自爲國，必先觀古人之所以爲國。論者曰，古今異時，言古者常不通於今，此其爲說，亦確而切矣。雖然天下之大，民此民也，事此事也，疆域內外建國立家，下之情僞好惡，上之生殺予奪，古與今皆不異也。然觀古人之所以爲國，非必遽倣之也。故觀衆器者爲良匠，觀衆病者爲良醫，盡觀而後自爲之，故無泥古之失，而有合道之功。」（《水心文集》法度總論）

7. 坐待必亡——宋南渡以後，國力益弱，戰敵不勝，屈膝求和，以偏安爲得，不自振作，不圖恢復，而藉詞以自欺，而爲解嘲曰待時乘機。待時而自强，始可乘機而有爲，如勾踐之十年生聚，十年教訓，一擧而沼吳是也。若待時苟安，不謀振作，無所作爲，必招滅亡，卽所謂「坐以待斃」。葉適曰：「何謂待時，此今論者所常以爲言也。夫時有未可待而至，昔之謀國者，固皆如此，而今之所言，特似之而非也。越之報吳也，范蠡文種以爲必在二十年以外，勾踐欲不忍其憤而一決，則二人者皆出死力以止之。至其成功也，果在於二十年之外，此豈非所謂待時者耶？然二十年之內，越人日夜之所爲，皆報吳之具也。故時未至而不動，時至則動而滅吳，若二十年之內無所爲，而欲待二十年之外，可乎？」（《水心文集》待時）

8.斥責和議——葉適愛國憂時，態度積極，主張勇往進取，期望朝廷振作有爲，奮發自强，報君父之讎，收復失地，洗雪國恥，對於屈辱議和，苟安偸生，極表不滿。屢次上書斥責和議。一則曰：「方今之慮，正以我自有所謂難，我自有所謂不可耳。夫我自有所謂難，而不知變其難，以從其易。我自有所謂不可，而不知變其不可，以從其可。於是力屈氣索，甘爲退伏，常願和好，抽兵反戍，拱手奉虜，而暫安於東南。」（上孝宗皇帝劄子）再則曰：「夫虜以敗殞而後和，雖和而猶不失爲雄。我以應久而後勝，雖勝而猶不敢盡用」（上寧宗皇帝劄子）；「進不可戰，退不可守，而夷狄之侵侮無時而可禁也。」（《水心文集》兵總論一）三則曰：「分畫無方，寄任不專，……言戰不敢，言和不欲，費日累月，師老糧匱，上下厭倦。而秦檜以爲國權不可外假，兵柄不可與人，故曲意俯首，唯虜所命，以就和約。」（《水心文集》紀綱四）

9.集權流弊——宋太祖鑒於唐末藩鎭之禍及五代紛爭之亂，乃厲行中央集權之制，軍旅集京師，財權歸中央；且法度繁密，拘限過多；信吏不信官，郡守縣令難以應事，重文輕武，人心柔惰。集權過甚，流弊叢生，而不謀求改易。葉適極言其不當。他說：「國家規模特異前代，本緣唐季陵夷，藩方擅命，其極爲五代廢立，士卒斷制之禍。是以收攬天下之權，銖分以上，悉總於朝。上獨專操制之勞，而下獲富貴之逸。故內治柔和，無狡悍思亂之民，不煩寸兵尺鐵，可以安枕無事，此其得也。然外網疏漏，有驕横不臣之虜，雖聚重兵勇將，而無一捷之用，屈意損威，以就和好，此其失也。」（上孝宗皇帝劄子）

葉適又曰：「今內外上下，一事之小，一罪之微，皆先有法以待之。極一世之人，志慮之所周浹，忽得一智自以爲甚奇，而法固已備之矣，是法之密也。雖然，人之才不獲盡，人之志不獲伸，昏然俛首一聽於法度，而事功日隳，風俗日壞，貧民愈無告，姦人愈得志，此上下之所同患，而臣不敢誣也。故法度以密爲累，而治道不舉。今日邊徼犬牙萬里之遠，皆自上制命，一郡之內，兵一官也，財一官也，彼監此臨，互有統屬，各有司存，推之一路猶是也。故萬里之遠，嚬仲動息，上皆知之，是綱紀之專也。雖然無所分畫，則無所寄任，天下泛泛焉而已。百年之憂，一朝之患，皆上所獨當，而其害如之何？此夷狄所以憑陵而莫禦，讎恥所以最盛而莫報也。」（《水心文集》實謀）

葉適以爲治國之道，對外宜堅，對內宜柔，若內外皆柔，便不能爲。他說：「固外者宜堅，安內者宜柔，使外亦如內之柔，不可爲可也。唐失其道，化內地爲藩鎭，內外皆堅，人主不能自安。本朝反其弊，使內外皆柔，雖欲自安，而有大不可者。故自端拱雍熙以後，契丹日擾河北山東，無復寧居，李繼遷叛命，西方不解甲，諸將不能自奮於一戰者，權任輕而法制密，從中制外，則有所不行也。」（《水心文集》紀綱二）又曰：「視天下如一家之佃，孰有如本朝之密歟。嗚呼！靖康之禍何爲？遠夷作難，而中國拱手歟！小臣伏死而州縣迎降歟！……豈其能專而不能分，能密而不能疏，知控制而不能縱捨歟。」（《水心文集》紀綱二）

10.用人之失——宋室南渡，偏安一隅，國勢益弱，外患日熾，可謂處於非常之時。處非常之時，必須起用非常之人才，方能建非常之功。而宋代科舉取士，祇憑記誦之學及詩文小技，則魁磊大才，自難中式入選。葉適指責曰：「科舉所以不得才者，謂其以有常之法，而律不常之人，則制科庶乎得之者。而制科之法反密於科舉。若今制科之法是本無意於得才，而徒立法以困天下之泛然能記誦者耳。此固所謂豪傑特起者輕視而不屑就也。」（《水心文集》制科）科舉為常科。制舉為特科，源於漢代之「徵召」，所以待傑出之才。而宋代制科卻科舉化，其法反密，故豪傑之士不屑就之。

宋代文官制度法例繁密，百官升遷進用，皆須依法例以為之，拘束甚多，限制過嚴，傑出之士，磊磊大才，反被抑滯而不出頭。葉適批評資格用人曰：「資格者生於世之不治，賢否混并，而無可別，故以此限之耳。而本朝遂以治世行衰世之法。藝祖太宗所用猶未有定式，惟上所拔，間得魁磊之士。至咸平景德初，資格始稍嚴一。寇準欲出意取天下士，而上下群攻之。故李沆、王旦在眞宗時，王曾、呂夷簡、富弼、韓琦在仁宗、英宗時，數人以謹守資格為賢，名重當世。」（《水心文集》資格）

用人法例甚多，種種拘束，人才不易發揮其才能。所謂法例胥吏最為熟悉。於是用人權力落入胥吏之手。況宋代信吏不信官，微賤小吏竟掌關要。葉適論之曰：「國家以法為本，以例為要，其官雖貴也，其人雖賢也，然而非法無決也。驟而問之，不若吏之素也，蹔而居之，不若吏之久也，知其一不知其二，不若吏之悉也，故舉而不得不歸之吏。官舉而歸之吏，則朝廷之綱目，其在吏也何疑。」（上孝宗皇帝劄子）葉適又曰：「自崇寧極於宣和，士大夫之職業，雖皮膚蹇淺者，亦不復修治，而專從事於奔走進取，其簿書期會一切惟胥吏之聽，而胥吏根固窟穴，權勢熏炙，……故今日號為公人世界，又以為官無

封建，而吏有封建者，皆指實而言也。」（《水心文集》胥吏）

宋有大吏薦舉卑官之法，然流弊亦多，難得人才。葉適曰：「天下之大吏得薦天下之卑官，宜若爲善法矣，而今乃爲大害……上不信其舉人者，舉人者不信其求舉者，求舉者不以自信，必曰是皆不可知。然則是上下相與爲市，均付於不可知而已。故奔競成風，干謁盈門，較權勢之輕重，不勝其求。若此者不特下之人知之，上之人亦知之矣。方其人之未得出乎此也，卑身屈體以求之，僕隸賤人之所恥者而不恥也。及其人之既得脫乎此也，抗顏莊色以居之，彼其下者，又爲卑身屈體之狀以進焉，彼亦安受之而已。相承若此，則以此見舉，以此舉人，陛下之人才壞，而生民受其病，無足疑者。」（《水心文集》薦舉）

第六十九章 理學派的政治思想

第一節 朱熹的政治思想

一、**生平事略**——朱熹字元晦，原籍安徽婺源縣，後遷居福建崇安縣，生於宋高宗建炎四年（西元一一三〇年），卒於寧宗慶元六年（西元一二〇〇年）壽七十一歲，因講學在考亭，世稱考亭先生。父松仕至司勳吏部郎，因反對秦檜和議，出知饒州，未赴任卒。熹幼穎悟過人，二十一歲，高宗紹興二十一年登進士第，授同安縣主簿，選縣民才秀者，日與講聖賢修己治人之道。在縣三年任滿，改「差監潭州南嶽廟」祠祿。

孝宗即位，改元隆興元年（西元一一六三年）下詔求直言，熹應詔上書，請帝講帝王之學，定修攘之學。次年復召入對，熹進言大學之道在於格物以致其知，並言君父之讎不與共戴天，今日所當為者，非無戰以復讎，非守無以制勝，授武學博士。孝宗乾道元年（西元一一六五年）至職，而洪適為相，復主和，意見不合乃辭歸。乾道三年以陳俊卿等薦，任樞密院編修官侍次。侍次者候補之意，熹仍家居。五年丁母憂，六年工部侍郎以詩人薦熹，以在喪辭。七年又召，以服未滿仍辭。帝以熹安貧守道，廉退可嘉，令主管臺州崇道觀。

孝宗淳熙二年（西元一一七五年）除熹秘書郎，熹因受倖小讒間未入官，差主管武夷山沖佑觀。五年宰相史浩促熹知南康軍（江西星子縣），次年至任，興利除害，防天旱，講求荒政，全活甚衆，重建白鹿洞書院，引進士子，與之講學，嚴定學規。淳熙八年（西元一一八一年）熹受命提舉江西常平茶鹽公事，以救荒之勞，除直秘閣；以浙東大飢，改命提舉浙東茶鹽公事，對災民存問撫恤，發糧救飢，活人無算。以功授江東提刑使。時中樞有人攻擊理學，辭歸。淳熙十四年（西元一一八七年）任熹爲提點江西刑獄。次年入奏，言近年刑獄得失及經總制錢之病民，並以正心誠意之論勵皇帝，除兵部郎官，而兵部侍郎林栗劾熹本無學術，徒竊張載程頤緒餘，謂之道學。而侍御史胡晉臣又劾林栗黨同伐異，引起政爭，熹乃辭職。

孝宗內禪，光宗卽位爲紹熙元年（西元一一九〇年），任熹江東轉運副使未就，改知漳州，到任以禮教化民，禁婦女在寺內聚會傳佛經，常至學訓誨諸生。且懲治魚肉鄉民的豪右之家。有人控熹擾民，適熹有子死，乃去職。紹熙四年熹知潭州荆湖南路安撫使，有猺人作亂，善加曉諭，猺人歸順亂平。

光宗內禪，寧宗卽位改元慶元元年（西元一一九五年），帝素知熹名，召熹入奏，除煥章閣待制兼侍講。寧宗得帝位，外戚韓侂冑有定策之功，遂擅作威福。熹憂其害政，嘗上疏言左右竊權之失。侂冑不悅，設計排熹，次年監察御史沈繼祖劾熹，誣以十罪，詔落職罷祠，門人蔡元定亦遣道州編管。慶元五年致仕，次年病卒。侂冑被誅，詔賜熹恩澤，諡曰文，贈中大夫。理宗寶慶三年贈太師，追封信國公。淳祐元年從祠孔廟（生平事略參考《宋史》卷四二九，本傳）。

二、重要著作——朱熹一生，自二十一歲登第後，五十年間五任外官九年，在朝僅四十日，位不過經筵，在政治上無多大影響，然一生致力於講學、治經與著作，在學術上的成就與貢獻卻極爲突出與重大。一生著作甚多，茲依其成書年次，舉列於次：三十歲《謝良佐語錄》，三十四歲《論語要義》、《論語訓蒙口義》，三十五歲《困學恐聞》，三十九歲《程氏遺書》，四十一歲《家禮》，四十三歲《論孟精義》、《資治通鑑綱目》、《八朝名臣言行錄》、《西銘解義》，四十四歲《太極圖說解》、《通書解》、《程氏外書》、《伊洛淵源錄》，四十五歲《近思錄》，四十八歲《論孟集注》、《論孟或問》、《周易本義》，五十七歲《易學啓蒙》、《孝經刊誤》，六十歲《大學章句》、《中庸章句》、《大學或問》、《中庸或問》，六十三歲《孟子要略》，六十八歲《韓文考異》、《周易參同契考異》，六十九歲《集書傳》，七十歲《楚辭集註》、《後語》、《辨證》。平生爲文凡一百卷，生徒問答（《語錄》）凡八十卷，《別錄》十卷。今日書坊易見之朱熹著作爲《近思錄》、《朱文公文集》及《朱子語類大全》及《四書集注》。

三、學術地位——朱熹之學，要在窮理以致其知，反躬以踐其實，而以居敬爲主。嘗謂聖賢道統之傳，散在方册，聖經之旨不明，而道統之傳始晦。於是竭其精力，研窮聖賢之經訓。熹歿，朝廷以其《論語集注》、《孟子集注》、《大學章句》、《中庸章句》立於學宮，又有《儀禮經傳通解》稿亦在學宮。平生爲文凡一百卷、《別錄》十卷。黃榦曰：「道之正統待人而後傳，自周以來，任傳道之責者不過數人，而能使此道章章較著者，一二人而止耳。由孔子而後，曾子、子思繼其微，至孟子而始著。由孟子而後，周（濂溪）、程（明道、伊川）張（橫渠）子繼其絕。至熹而始著。」（《宋史》卷四百廿九，本傳）論者皆以黃氏之言爲知言。

世稱宋代理學分濂（周濂溪）洛（程明道、程伊川）關（張橫渠）閩（朱元晦）四派。實則朱熹（元晦）集理學之大成。朱熹著有《通書解》、《太極圖說解》、《西銘解義》、《程氏遺書》、《程氏外書》等，足見其對周濂溪、張橫渠、程明道與程伊川三派學說皆有深切瞭解與體認，故能融會貫通，折衷至當而自成一家之言。對理學的偉大貢獻，實居於獨特的鉅擘地位。自南宋至滿清七百年間，朱熹受到歷代君主的尊崇，堪稱宏揚儒學的一大宗師。王安石著《三經新義》，要使之成為科舉取士的考試範本，遭到朝臣反對，未能果行。而朱熹所著的《四書集注》卻成為宋、元、明、清四代科舉取士時，應試科目的答案標準，影響的廣大深遠，無人能以及之。

四、政治思想——功利學派的學者雖攻擊理學家空談性命，不切實用。然朱熹除精研格物致知，窮研經籍的理學外，對有關國計民生及經世致用的實際政治問題亦多所論及，且不無獨到見地。玆扼要舉述其政治思想於後：

1.施行仁政——朱熹的政論中心，是「以仁心行仁政」，這是儒家為政的傳統思想。孔子曰：「謹而信，泛愛衆，而親仁」；「節用而愛人，使民以時」（《論語》學而篇）。孟子曰：「以不忍人之心行不忍人之政」，「推恩足以保四海，不推恩不足以保妻子」（《孟子》梁惠王上）。朱熹以為行仁政須以仁心為動力。「恤民之本，在人君正心術以立紀綱」，蓋政治的本源在於人君的心術。心正而後政正，心仁而後政仁。故為政之道，首在啓廸君心，格君心之非。這種功夫，就是大學之道，所謂：「欲明明德於天下者，先治其國；欲治其國者，先齊其家；欲齊其家者，先修其身；欲修其身者，先正其心；欲正其心者，先誠其意；欲誠其意者，先致其知；致知在格物。物格而後知至，知至而後意誠，意誠而後心正，心正而後身修，身修而後家齊，家齊而後國治，國治而後天下平。」朱熹曰，格，至也。物，猶事也。窮至事物之理，欲其極處無不到也。正心言喜怒哀樂之用，皆得其宜也。誠意，言心之所發，一於善而皆有實。一於善而皆有實，便是由仁心所發的仁政。

朱熹《語類》釋仁曰：「或問存得此心便是仁。曰：且要存得此心，不爲私欲所勝，遇事每每精神照管，不可隨物流去，須要緊緊守着。……合視處也不知視，合聽處亦不知聽。蓋仁者不爲私欲所勝，手足耳目口鼻之用，自歸於正也。」朱熹「仁說」有言曰：「古聖賢之言治，必以仁義爲先，而不以功利爲急。蓋天下之萬事本於一心，而仁者此心之存者也。此心既存，乃克有制。而義者，此心之制之謂也。誠便是說著明於天下，則自天子以至庶人，人人得其本心以制萬事，無一不合宜者，夫何難而不濟。」又曰：「故仁之爲心，其德亦有四：曰仁義禮智，而仁無不包。其發用焉，則爲愛恭宜別之情，而惻隱之心無所不貫。蓋仁之爲道，乃天地生物之心，卽物而在。情之未發，而此體已具；情之既發，而其用不窮。誠能體而存之，則衆善之源，百行之本，莫不在是。此孔門之敎，所以使學者汲汲於求仁也」；「仁包括義禮智，禮者仁之發，智者仁之藏，義者仁之收斂」。仁既是天地生物之心，爲衆善之源，百行之本，故人君治國，應存此仁心，發爲愛衆親仁的仁政。

2.修己及人——朱熹之學乃是「內聖外王」之學，修己所以成內聖，其工夫在於格物、致知、正心、誠意、修身。及人所以致外王，其作爲在於齊家、治國、平天下。這亦就是孔子所謂修己以安人之道。朱熹白鹿洞敎條曰：「古昔聖賢所以敎人爲學之意，莫非是使之講明義理，以發其身，然後推以及人。故接物之要，則爲己所不欲，勿施於人；行有不得，反求諸己。處事之要，爲正其誼不謀其利，明其道不計其功。修身之要，則爲言忠信，行篤敬，懲忿窒慾，遷善改過。其爲學之序，則：博學之，審問之，愼思之，明辨之，篤行之。而其極致，則爲父子有親，君臣有義，夫婦有別，長幼有序，朋友有信。」這一教條的內容就是修己以及人。明義理以發其身，是修己工夫；明人倫，敦五教是及人的工夫。修己所以成聖，及人所以致王。明君治國亦當先修己以正其身。其身正不令而行，其身不正，雖令不從。修己而後行及人之善政，使五教彰明，五倫敦睦。

3.適時變法——朱熹不是激進派，不主張對現狀作劇烈的變革；又不是保守派，對現狀要作完全的維護。而他乃是穩健的改良派，認爲政事有最大弊害時自可更張；否則以不變革爲宜。他說：「爲政如無大利害，不必議更張；則所更一事未成，必鬨然成紛擾，卒未已也。」（《朱子語類》人傑）若時代需要，變更亦是事所應然。所以他對王安石的變法，並未作强烈的反對。他說：「新法之行，諸公實共謀之。蓋那時也是合變時節。」（《朱子語類》自熙寧至靖康用人）朱熹既主張適時變法，所以反對泥古與復古。他說：「居今之世，而欲盡除今法，行古之政，則未見其例，而徒有煩擾之弊。」（《朱子語類》僩）又說：「元祐諸賢議論，大率矯熙豐之失，而不知其墮於因循。既有個天下，兵須用練，弊須用革，事須用整頓，如何一切不得爲。」（《朱子語類》僩）他以爲小弊雖可補救，大弊非改革不可。故曰：「譬如補鍋，謂之小補可也，若要做，須是一切重鑄。」（《朱子語類》論治道）

4.法忌滋繁——法治之道，法簡則易知，法約則易行。法令簡約，人民則易知易行，綱擧而目張，執簡而馭繁，功莫大焉。然宋代厲行集權之治，法度嚴密，政令滋繁，拘束過多，限制過嚴，使人動輒得咎。群臣百司束手覊足，難以展其才能，施其膽識，遂致政務日壞，因循不振。朱熹對此法令滋繁亦認爲不當。朱熹曰：「立一個簡易之法，與民由之甚好。夏商法簡，不似周法繁碎，惟繁故易廢，使孔

子繼周，必能通變使簡易，不至如此繁碎。」（《朱子語類》）

5.嚴寬並濟——宋代重文輕武，尊重儒學，不殺儒臣，以致人心日柔，風俗惰弛。所以孝宗曰：「國朝以來，過於忠厚，宰相而誤國，大將而敗軍，未嘗誅戮。」（《宋史》卷三百九十六，史浩傳）用儒臣以立國，以忠厚而治政，焉能振發人心，激勵士氣而矯頹靡之風，使豪傑之士敢於作爲。朱熹曰：「爲政以寬爲本者，其意則以愛人爲本。及其施之於政事，便須有綱紀文章，關防禁約。蓋今之所寬者乃縱弛，所謂和者乃哇淫，非古之所謂寬與和者。……於是奸豪得志，而善良之民反不被其澤矣。」（《宋元學案》晦翁學案）

爲要救治寬弛之弊，自當施之以刑罰。朱熹以爲處寬弛的社會爲政當以嚴濟之。他說：「或問爲政者當以寬爲本，而以嚴濟之。曰：某謂當以嚴爲本，而以寬濟之。曲禮，謂莅官行法，非禮，威嚴不行，須是令行禁止。若曰令不行，禁不止，而以是爲寬，則非也。」（《朱子語類》）爲政既須有法令。有法令則不免有違法犯令者。因之，法令之行，必須繼之以刑罰。朱熹曰：「號令既明，刑罰亦不弛，苟不用刑罰，則號令徒掛牆壁耳。與其不遵以梗吾治，曷若懲其一以戒百；與其覈實檢察於其終，曷若嚴其始而使之無犯。做大事豈可以小不忍爲心。」（《朱子語類》）又曰：「古人爲政，一本於寬，今必須反之以爲嚴。蓋必如是矯之，而後有以得其當。今人爲寬，至於事無統紀，緩急予奪之權，皆不在我。下稍卻是奸豪得志，平民既不蒙其惠，又反受其殃矣。」（《朱子語類》）

6.反對和議——朱熹雖是理學家，窮究心性之學，但他並不贊成偏安一隅，議和苟安。他譏說晉元帝之偏安江左，不知進取中原（《朱子語類》歷代三）；且謂王導只是「隨波逐流的人」；「自渡江以來，都無取中原之意」（《朱子語類》）。孝宗卽位，朱熹上封事曰：「天下之人，皆以非常之事，非常之功望於陛下，不但爲守文之良主而已矣。……臣又聞之，爲天下國家者必有一定不易之計，而今日計不過修政事，攘夷狄而已矣，非隱奧而難知也。然其計所以不時定者，以講和之說疑之也。夫金虜於我，有不共戴天之讎，則其不可和也；義理明矣，……而以臣策之，所謂講和者有百害而無一利，何苦而必爲之！……且彼盜有中國，歲取金幣，據全盛之勢，以制和與不和之權。少懦，則以和要我，而我不敢動。力足，則大擧深入，則我不及支。蓋彼以從容制和而操術常行乎和之外，是以利伸否蟠而進退皆得，而我方且仰首於人以聽和與不和之命。……是以跋前疐後而進退皆失。願陛下自是以往，閉關絕約，任賢使能，立紀綱，厲風俗。……數年之外，志定氣飽，國富兵强，於是視我力之强弱，觀彼釁之淺深，徐起而圖之，中原之地不爲我有，而將安往？此與講和請地，苟且僥倖，必不可之慮計，不可同日而語，明矣。」（《朱子大全》壬午應詔封事）

7.改進科擧——宋代科擧，所試科目祇注重記誦之學及吟詩弄文之雕蟲小技，並非實學，不切實用。朱熹主張予以改進，試實學，擧眞才。他說：「朝廷以經義詩賦課士取人，而不知其毀人才於無用。商鞅論人不可以多學爲士人，廢了耕戰。此無道之言。然以今日觀之，士人千人萬人，不知理會甚事，眞所謂游手。祇是恁的人，一旦得高官厚祿，祇是爲害朝廷，何望其濟事，眞是可恥。補救之道，在令士人改習實用之學術，則學校科擧，庶幾可爲人才之淵藪矣。」（《朱子語類》）

8.占田立限——理學家如張載等多主張行井田制度，而朱熹獨不以爲然，認爲生今之世行古之制，未必適時，必遭失敗；若强行之，謂之泥古。朱熹鑑於當時土地分配不均，貧富懸殊，而主張以口數占田而立科限。朱熹井田類說一文曰：「官家之惠優於三代，豪强之暴，酷於亡秦。是上惠不通，威福分於豪强也。今不正其本。而務除租稅，適足以資富强。夫土地者，天下之大本也。春秋之義，諸侯不得專封，大夫不得專地。今豪民占田，或至數百千頃，富過王侯，是自專封也。賣買由己，是自專其地也。井田雖不可行，宜以口數占田，爲立科限，民得耕種，不得買賣，以贍貧弱，以防兼併。」又曰：「田土旣均，又須輔之賦稅平，濟農急之兩項辦法，丈量田畝以定經界。」（光宗紹熙元年條陳經界狀）就田計稅以均負擔，則州縣之賦稅平，而民間之貧富不至更趨懸殊。

9. 普立社倉——爲救濟農民之急用，宜普設社倉，於粟熟時，斂穀粟儲於社倉，當青黃不接時，農民缺粟而有急用，則散社倉粟以救濟之，俾免豪富以高利貸剝削農民。朱熹所撰建寧府崇安縣五夫社倉記曰：「山谷細民，無蓋藏之積。新陳未接，雖樂歲不免。出倍稱之息，貸食豪右。而官粟積於無用之地，後將紅腐不可復言。願自今日以來，歲一斂散，旣以紓民之急，又得易新以藏。俾願貸者出息什二，又可以抑僥倖，廣儲蓄，卽不欲者勿强。歲或不幸，小饑則弛半息，大饑則盡蠲之；於以惠活鰥寡，塞禍亂源，甚大惠也。」

10. 注重勸農——在農業社會，農民力事耕作，增加生產，方是富國裕民的根源。朱熹曰：「竊謂民生之本在食。足食本在農，此自然之理也。若夫農之爲務，用力勤趨事速者所得多，不用力不及時者所得少，此亦自然之理也。土風習俗，大率懶惰，耕犂種蒔，旣不及時；耘耨培糞，又不盡力；陂塘灌溉之利，廢而不修；桑柘麻苧之功，忽而不務，此所以營生足食之計，大抵疏略。是以田疇愈瘦瘠，收拾轉見稀少。一有水旱，必至流移，下失祖考傳付之業，上虧國家經常之賦。」（孝宗淳熙六年己酉上封事）

11.振肅紀綱——孝宗淳熙十四年朱熹上封事，有言曰：「……至於振肅紀綱，變化風俗，則今日宮省之間，禁密之地，而天下不公之道，不正之人，顧乃得以窟穴盤據於其間，而陛下目見耳聞，無非不公不正之事，則其所以薰蒸銷鍊，使陛下好善之心不著；疾惡之意不深。其害已有所不可勝言矣。及其作姦犯法，則陛下又未能深割私愛，而付諸外廷之議，論以有司之法。是以紀綱不振於上，風俗頹弊於下，其爲害之日久矣，而浙中爲尤甚。大率習爲軟美之態，依阿之言；以不分是非，不辨曲直爲得計。一甚者以金珠爲賄賂，以契劵爲詩文。宰相可啗則啗，宰相近習可通則通。近習惟得是求，無復廉恥。一有剛毅正直守道循理之士，出乎其間，則衆議衆排，指爲道學，而加以矯激之罪。十數年來，以此二字禁錮天下之賢人君子，復如昔日所謂元祐學術者，排擯詆辱，必使無所容其身而後已，此豈治世之事哉。」

12.罪不可出——執法紀、掌訟獄者均當依法斷事，有罪者依法入罪懲罰，無辜者依法出罪釋之；勿枉勿縱，無寃無倖，方稱公平客觀。當時執法司訟者，多有迷信佛家報應之說者，以爲善有善報，饒人一命，勝造七級浮屠，於是持慈悲之心，常出人於罪，使得倖免。朱熹深以此爲不當。他說：「今之法家，感於罪福報應之說，多喜出人罪，以求福報。夫使無罪者不得直，而有罪者得倖免，是乃所以爲惡爾，何福報之有？《書》曰，欽哉，欽哉，惟刑之恤哉。所謂欽恤者，欲其詳審曲直，令有罪者不得免，而無罪者不得濫刑也。今之法官，惑於欽恤之說，以爲當寬人之罪，而出其死。故凡罪之當殺者，必多爲可出之塗，以俟奏裁，則率多減等，當斬者配，當配者徒，當徒者仗，當仗者笞，是乃賣弄條貫，舞法而受賕者也，何欽恤之有？罪之疑者，從輕；功之疑者，從重。所謂疑者，非法令之所能決，而罪從輕功從重；僅此一條爲然耳。非謂凡罪皆可以從輕，而凡功皆可從重。今之律令，亦有此條，謂法所不能決者，則俟奏裁。今乃明知其罪之當死，亦莫不爲可生之途以上之；惟壽皇不然，其情理重者，皆殺之。」（《朱子語類》論刑）

第二節　陸九淵的政治思想

一、生平事略——陸九淵字子靜，自號存齋，因講學於象山，學者稱象山先生，生於宋高宗紹興九年（西元一一三九年），卒於光宗紹熙三年（西元一一九三年），享年五十四。江西金谿人，父名賀，家居皆行古禮，端重不誇，時人敬重。賀生六子，九淵最小，而成就獨大。長兄九思，參加鄉試，著有《家問》一書，受封從政郎。次兄九敘，經營藥舖，以維家計。三兄九皐，學者稱庸齋先生，晚年仕鄉官。四兄九韶字子美，曾與朱熹辯《太極圖書》，著有《梭山日記》，其中居家與正本兩篇，可推之以治國。五兄九齡字子壽，學者稱復齋先生，當時朝廷有擯斥程頤之學，而九齡獨尊之，文辭有韓愈之風，道學則得子思、孟子之旨，對九淵的學術思想頗有影響，乾道進士，仕全州教授。

九淵生長在九世同居的大家庭中，一家千餘口，共生活，同餐食，家務由子弟輪管，故九淵年青時卽有治事經驗。幼年卽好問哲理問題，讀書知宇宙之義，四方上下曰宇，往古來今曰宙；乃大悟曰：宇宙內事乃己分內事，己分內事乃宇宙內事；又嘗言：人同此心，心同此理，千百世不變。十六歲時，聽長者談靖康之難，便憤然剪去平日之長指甲，而學弓箭馬術，志在雪國家之奇恥大辱。

孝宗乾道八年（西元一一七二年）九淵年三十四，登進士第，主考呂祖謙讀卷未揭名，卽判定出自江西陸子靜手。士子聞知九淵至皆爭從之游。授靖安縣主簿，丁母憂。服滿改授崇安縣主簿。孝宗淳熙八年（西元一一八一年）九淵訪朱熹於南康軍，在白鹿洞書院向學生講「君子喻於義」，聽者為之感泣。以少師史浩薦，任國子正，輪對，九淵陳五論，一論讎恥未復，願博求天下俊傑，相與擧論道經邦之職。二論願致尊德樂道之誠。三論知人之難。四論事當馴致，而不可驟。五論帝不當親細務。次年九淵調仕勅局删定官，當道恐其直言害己，外調主管臺州崇道觀祠祿，乃一閒差，有祿而無事。

從這時起卽在貴溪象山講學，學者輻臻，每開講，席皆滿，立戶外者不少。嘗謂為學在乎自立內省，不假外求。或勸九淵著書。答曰：六經註我，我註六經；又曰苟能知道六經皆我註脚。孝宗淳熙十六年內禪，光宗卽位改元紹熙元年（一一九〇年）九淵五十一歲，受命差知荆門軍。至任，民有訴訟者，無早暮皆得造於庭，復令其自持狀以進為立期，皆如約而至，卽為酌情決之，而多所勸釋；其有涉人倫者，使自毀其狀，以厚風俗。惟不可訓者，始繩之以法。其境內官吏之貪廉，民俗之習向善惡，皆明知之。丞相周必大嘗稱荆門之政，以為躬行之效。一日語人曰：先五兄子壽教授有志天下，竟不得施以沒；又謂家人曰，吾將死矣。紹熙三年（西元一一九三年）病卒，會葬者以千數，諡文安。

二、重要著作——朱熹著作甚多，而陸九淵則以為六經皆我註脚，故不重視著作。其著作流行於世者僅一部《象山先生全集》（商務印書舘印行）。全集共有三十六卷。第一卷至第十七卷，是其生前與人的書信。第十八卷為向朝廷所上的奏表。第十九卷是記，如木齋記等。第二十卷為書序及贈文。第二十一卷至第二十四卷為雜著。第二十五卷為詩。第二十六卷為祭文。第二十七卷為行狀。第二十八卷為誌銘。第二十九卷至第三十一卷為程文。第三十二卷為拾遺。第三十三卷為象山的諡議、覆諡及行狀。第三十四卷及第三十五卷爲語錄。第三十六卷爲年譜。

三、思想要旨——九淵自謂其學，因讀《孟子》而自得之於心。故曰：「心一心也，理一理也，至當歸一，精義無二，此心此理，實不容有二。」(與曾宅之書) 又曰：「萬物森然於方寸之間，滿心而發，充塞宇宙，無非是理。」(語錄) 九淵嘗謂宇宙便是吾心，吾心便是宇宙。故曰：「此理塞宇宙，所謂道外無事，事外無道。」(語錄)《孟子》告子篇曰：「心之官則思，思則得之，不思則不得也；此天之所與我也，先立乎大者，則其小者不能奪也。」九淵爲學之本，卽在乎以心爲主，乃持先立其大者之說。故曰：「大綱振掇起來，細細會去，如魚游於江海之中，沛然無礙。」(語錄) 能立其大者，則可以去礙而知本。學苟知本，則萬物皆備於我。他嘗謂：「此理在宇宙間，何嘗有所礙。是你自沉埋，自蒙蔽。」爲求去礙，故不重讀書，而重知本；以爲除知本外，更無所謂學。故曰：「學苟知本，則六經皆我註脚。」(語錄)

四、朱陸異同——陸九淵與朱熹並世而起，同爲儒學重鎭，然其學術思想判然有別；不但在當時有大的辯論，卽延至後世，仍然爭執不休。在舉述二人學術的異同前，略叙二人的交往，雖有相互溝通，然卒不得妥協。孝宗淳熙二年(西元一一七五年)由於呂祖謙的拉攏，二人相會於信州(江西上饒縣)之鵝湖，彼此交換意見，然不能相合，仍然壁壘分明。淳熙八年，朱熹在南康軍，陸氏往訪，九淵在白鹿洞書院講學，是朱子所邀，二人當可和好，但朱子所撰之曹立之墓表，有貶抑九淵之意，陸氏見及，意甚不悅，遂致不歡而散。九淵任敕局刪定官上殿輪對上五劄子，朱熹致九淵信中，有「恐是葱嶺帶來」之句，使陸氏甚不悅。九淵在象山講學，提及四兄九韶與朱熹辯論《太極圖說》事，朱子怨之。從此二人便發生直接的爭辯。二人的學術思想雖有很大的差異，但其爲人、處世、治學亦有不少相同之處。玆將朱陸的異同分別學述如次：

甲、朱陸的相同——二人的相同處計有以下幾點：㈠二人同研究儒學，爲儒學的重鎭與宗師，同師宗孔子孟子，爲儒學繼往開來的關鍵人物。㈡二人研究儒學皆有援佛入儒及援道入儒的功夫，對傳統儒學注入新血輪及刺激劑，使之產生活潑朝氣，而形成所謂理學或道學，亦可稱之爲新儒學，同具宏揚與創發儒學的懋績與成就，功不可沒。㈢二人的仕途同稱不暢達顯通，朱熹在朝僅四十日；陸九淵在朝雖爲國子正及勅局刪定官，皆非要職，且爲期甚短。二人同作了幾年地方官，皆勤政愛民，公正廉明，興利除弊，人民擁戴，治績卓著。㈣二人同爲愛國憂時之士，企望朝廷振作有爲，整飭綱紀，自立自强，生聚敎訓，俟國富兵强，大擧報不共戴天之大讎，雪割地賠款之奇恥。

乙、朱陸的相異——朱熹謂性卽理，故主張窮理以盡性；陸九淵謂心卽理，故主張明心而見性。朱熹集北宋理學的大成，精深淵博，盛極一時；陸九淵獨倡心學，自樹一幟，並駕齊驅。但各立門戶，壁壘分明，爭辯劇烈，猶如冰炭之不相容。黃宗羲論朱陸區異曰：「象山（陸）之學，以尊德性爲宗，謂先立乎其大者，而後天之所以爲我者，不爲小者所奪。夫苟本體不明，而徒致功於外索，是無源之水也。同時紫陽（朱）之學，則以道問學爲主，謂格物窮理，乃吾人入聖之階梯；夫苟信心自是，而惟從事於覃思，是師心之用也。」

著者以爲陸九淵的治學，運用主觀的思考法，認爲人同此心，心同此理，萬物森然於方寸間，以一心之理涵蓋萬物，則無往而不明。這是以大前提適於小前提而得結論的演繹法。這種方法雖有綱擧而目張，據一以止亂的優點。但祇憑一己之心而自信，不求客觀事實，以為佐證，每致發生錯誤。這種「內省法」，可謂之「思而不學」，其弊「則殆」，即「落空」或「失誤」，猶如只有串錢的繩串，卻無錢可資串貫，失之空而不實。

朱熹的方法，運用客觀觀察法，認為萬事萬物無不有理，格物以窮其理，而求至乎其極。這是就客觀事物加以觀察與研究，再作整理分析而得結論的歸納法。這種方法雖有實事求是及就事論事的實證精神和科學態度，值得稱許；但這種「每事問」和「處處找」，每失之費力多而收穫少，即事倍而功半。這種「外索法」，可謂「學而不思」其弊「則罔」，即徒勞無功，失之支離破碎，而乏整體系統，猶如散錢滿地，而無串錢的繩串加以串貫，失之繁而不約。

五、政治思想——陸九淵雖是一位提倡心學的理學家，但對實際的政治問題亦很關心與注意，所為政論亦不少。且其政論多有師承孟子荀子者。茲扼要舉述其政治思想如次：

1.政治起源——荀子認為「君者，善群者也。」《荀子》王制篇曰：「人何以能群？曰分。分何以能行？曰義。故義以分則和，和則一，一則多力，多力則强」；又曰：「欲而不得，則不能無求，求而無度量分界，則不能不爭，爭則亂，亂則窮。先王惡其亂也，故制禮義以分之。」義以分則和，和則一。一者，統一意行而能合群。九淵的政治起源，頗類荀子之說，以為民生不能無群，群不能無君。君制禮義，定分際，使亂止爭息，而過合群生活，安居樂業。他說：「民生不能無群，群不能無爭，爭則亂，亂則生不可以保。王者之作，蓋天生聰明，使之統理人群，息其爭，治其亂，而以保其生者也。夫爭亂戕其生，豈人情之所欲哉！……當此之時，有能以息爭治亂之道，拯斯民於水火之中，豈有不翕然而歸往之者。保民而王，信乎其莫之能禦也。」（《象山先生全集》保民而王）君主的存在是爲保障民生而存在。人君統理人群，荀子之說。保民而王，莫之能禦，孟子之言。

2.**民爲邦本**——陸九淵生長在君主專制時，而能力言「民爲邦本，本固邦寧」及「民爲貴，社稷次之，君爲輕」等民本主義的政治思想，不但是難能可貴，亦是有膽有識的志士哲人始能爲之。他說：「天生民而立之君，使司牧之，張官置吏所以爲民也。民爲大，社稷次之，君爲輕。民爲邦本，得乎丘民爲天子」，此大義正理也。」（《象山全集》與徐子宜書二）得天下者得其民；得其民者，得其心；得其心者，在能保障其生存、生活與樂利。得乎丘民爲天子，君主若得不到人民的擁護與愛戴，便不能保有其君位。這不僅是民本思想，且進入民主思想的境界。九淵又說：「又况天生民而立之君，使司牧之，故君者所以爲民也。《書》曰，德惟善政，政在養民。行仁政者所以養民。君不行仁政，而反爲聚斂以富之，是助君虐民也。」（《全集》雜說）君爲工具，民爲目的，君爲民而立，責在養民。此殆民生主義的政治思想。

3.**事不師古**——陸九淵不是反動派，不向後轉，退回過去；又不是保守派，力圖維持現狀，故步自封。而是進步派，主張因時而創制，不必師古。一般腐儒，凡古人未言者，自己不敢言；古人未行者，自己不敢行。而陸氏則反對這種師古泥古的思想。所以他說：「然所謂稽古祖述者。如曰事必於古有所考，而後能有濟，則如網罟，耒耜、杵臼、弧矢、舟楫、棺椁、書契」，皆上古所無有，而後世聖人創之，而皆能有濟，何耶？若曰是事之小者，因時而創制；至其大者，則必有所師法而後可。則如堯傳天下，不與子，不與在野之大臣，舉舜於匹夫而授之，果何所師法耶？堯傳舜，舜傳禹，禹獨與子，而傳以世，此又何耶？湯以諸侯有天下，孔子匹夫而作《春秋》，此事之莫大焉者，而皆若是，無乃與稽古之說戾乎！今之天下所謂古者，有堯舜，有三代，自秦而降，歷代固多。今朝有祖宗故事，祖宗故事，尚且不一，今欲建一事而必師古，則將安所適從。如必擇其事之與吾意合者而師之，無乃有師古之名，而居自用之實乎！若曰吾擇其當於理者而師之，則亦惟理之是從而已。師古之說無乃亦持其虛說而已乎。」（《全集》策問）九淵既反對師古之說，所以對王安石之變法在原則上並不反對，且有辯護之意。他說：「當時闢介甫者，但云喜人同己，祖宗之法不可變。夫堯之法，舜嘗變之；舜之法，禹嘗變之；祖宗之法自有當變者。使其所變果善，何嫌於同。」（《全集》語錄）

4. 功不可急——王安石變法失敗，不外三大原因：一是操之過急，遂致欲速則不達。二是變革事項太多，本欲百廢俱舉者，反致一事莫成。三是用人不當，改革之效未見，擾民之害已生。陸九淵亦以為天下之事有立卽有效者，有須徐圖方可成功。若欲使徐圖之事而立致，未有不歸於失敗者。所以主張功不可急。他說：「臣嘗謂天下之事有可立致者，有當馴致者。旨趣之差，議論之失，是唯不悟，悟則可以立改，既定趨向，立規模，不待悠久，此則所謂立致者。至如救宿弊之風俗，正久隳之法度，雖大舜周公復生，亦不能一日盡如其意。惟其趨嚮既定，規模既立，徐圖漸治，磨以歲月，乃可望其丕變，此則所謂當馴致之者。」（《全集》勅局刪定官輪對劄子四）

5. 君不親細——宋太祖建國，鑑於唐末藩鎮之禍及五代紛爭之亂，乃厲行中央集權之制，除軍隊集京師，財權歸中央外，更繁立法令，限制群臣百官的行動，事無鉅細，悉由君裁，遂致州郡百司不能負責治事，以致政務頽廢衰弛。南渡以後，君親細務之弊，更見彰著。九淵認為君主治國，重在執綱要，掌樞機，不可親細務，察察爲明。他說：「荀卿子曰，君好要，則百事詳；君好詳，則百事荒。臣觀今日之事，有宜責之令者，令則曰我不得自行其行。有宜責之守者，守亦曰我不能自行其事。推而上之，莫不皆然。文移回復，相互牽制，其說所以防私，而行私者方藉是以藏姦伏慝，使人不可致詰。惟盡忠竭力之人欲舉其職，則苦於隔絕而不得以遂志。」（《全集》勅局刪定官輪對劄子五）

6.刑不可廢——刑賞爲治國之兩柄，缺一不可。賞所以勸善，刑所以禁姦。人向善，則風俗淳厚，而致太平。姦得禁，則宵小匿跡，社會和平，秩序安定。仁義與刑罰可以並行不悖。行仁義，所以使人向善，施刑罰所以防人爲惡。明刑正所以弼敎。刑罰的功用能助仁義與敎化。陸九淵曰：「嘗謂古先帝王未嘗廢刑，刑亦誠不可廢於天下。特其非君之心，非政之本焉耳。夫惟於用刑之際，而見其寬仁之心，此則古先帝王之所以爲政者也。堯舉舜，舜一起而誅四凶。魯用孔子，孔子一起而誅少正卯，是二聖者，以至仁之心，恭行天討，致斯民無邪慝之害，惡懲善勸，咸得游泳乎洋溢之澤，則夫大舜孔子寬仁之心，吾於四裔兩觀之間見之矣。」（《全集》政之寬猛孰先論）

7.復讎雪恥——宋代重文輕武，以致人心日柔，兵力不強，士氣不振，鬪志不堅，卒至夷狄之金人，肆虐入侵，陷京師，虜二帝。南渡偏安一隅，高宗孝宗均未能振作，復讎雪恥，反先後對金寇作屈辱的議和納幣，以求苟安。陸九淵爲儒者，深明《春秋》大義，嚴夷夏之分，愛國憂時，懷復仇雪恥之志，曾以漢文帝安於嫁女和胡爲恥。他對孝宗曰：「陛下臨御二十餘年，版圖未歸，讎恥未復，乏生聚敎訓之實，可爲寒心。」（《全集》勅局刪定官輪對劄子一）他又藉批評漢文帝之言以譏諫當今。他說：「夫文帝之爲君固寬仁之君也，然其質不能不偏於柔。故其承高惠之後，天下無事，不知上古聖人弦弧剡矢重門擊柝之義，安於嫁胡之恥，不能飭邊備，講武練兵，以戒不虞。而匈奴大擧入寇者數四，甚至候騎達於雍甘泉，僅嚴細柳灞上棘門之屯，雖拊髀求將，御鞍講武，而志終不遂。」（《全集》問漢文帝之治）

8.不斥楊墨——陸九淵雖尊崇孟子，但對孟子的闢楊墨，而說「楊氏爲我，是無君也；墨氏兼愛，是無父也；無父無君，是禽獸也」（《孟子》滕文公下），並不贊成。陸氏認爲楊朱、墨翟都是當時的時賢，所倡爲我兼愛之說，亦皆言之成理，並能自圓其說，不可斥爲異端。他說：「夫楊朱、墨翟皆當時賢者，自孟子觀之，則爲先進，孟子之後人猶曰孔曾墨子之賢，墨子之賢蓋比於孔曾。楊朱之道，雖使舍者避席，煬者避竈，猶以爲未也，進而至於爭席爭竈，則其所得豈淺淺者哉」。而孟子闢之，至曰無父無君，是禽獸也。又曰，天下之言，不歸楊，則歸墨。夫兼愛之無父，爲我之無君，由孟子之言而辯釋之，雖五尺童子粗習書數者，立談之頃，亦曰了解，豈有如大賢如楊朱墨翟者，其操履言論足以傾天下之士，而曾不知此，必待孟子之深言力闢，貽好辯之譏，而猶未得以盡白於天下，而熄其說，何耶？」（《全集》策問）

9.不諱言利——陸九淵認爲天生蒸民爲立之君，君之責在於保民生，保民而王，莫之能禦；又曰，德惟善政，政在養民。但保民養民之資必賴於財貨。故孔子曰，既庶矣，富之；又曰因民之所利而利之。管子亦曰：「政之所興，在順民心，順之之道，莫如利之。」（《管子》牧民篇）但一些腐儒迂士，誤解孟子所謂「王何必曰利，亦有仁義而已矣」及「君子喻於義，小人喻於利」和「正其誼不謀其利」之說，遂恥言利。陸氏認爲行仁義所以致功利，君子以義爲利，正其誼亦要謀其利，故不諱言利。他說：「世儒恥及簿書，獨不思伯禹作貢成賦，周公制國用，孔子會計當，洪範八政首食貨，孟子言王政，亦先制民產，正經界；果皆可恥乎。」（《全集》與趙子直書）又曰：「或言介甫不當言利，夫周官一書，理財者居半，冢宰制國用，理財正辭，古人何嘗不理會利。」（《全集》語錄）

10.取予得當——治國保民，必賴財用。而理財之道，必須取予得當。蓋因取之過當，則成聚斂而害民；予之過當，則府庫匱乏而傷國。取予得當，既不害民，亦不傷國。九淵曰：「取而傷民，非知取者也；予而傷用，非知予者也。操開闔斂散之權，總多寡盈縮之數，振弊擧廢，索之於人之所不見，圖之於人之所不慮，取焉而不傷民，予焉而不傷國，豈夫人而能知之者哉。必有其才而後知其說也。非唐之劉晏，吾誰與歸。史氏以知取予許之，眞知晏者哉。」（《全集》劉晏知取予論）

11.制科之弊——宋代制科源於漢代的徵召。漢代取士行鄉擧里選，由郡守察擧孝廉、賢良方正、茂才卓異，隨上計詣於京，以應策問，此爲常科，所以選一般士子。徵召乃是皇帝以特詔，徵召高蹈遠隱，德高望重的賢達名流，遣蒲車往迎而至京師，以爲擢用，所以選非常之人傑。而宋代的制科（制擧）卻科擧化，法例拘束，課試經義詩賦。以常科之法而欲選非常之人，焉能得之。陸九淵對當時制科之弊作批評曰：「制科不可以有法。制科而有法，吾不知制科之所擧者何人也。……今制科者天子所自詔，以待非常之才也。孰謂非常之才而可以區區之法制，束而取之乎。……余嘗以爲，惟人君之所欲擧欲問，毋拘以法，毋限以時，則是科之設庶乎其有補，而是科之名庶乎其無愧矣。」（《全集》問制科）

12.痛惡貪汚——天生蒸民而立之君。君張官置吏，使司牧之，所以輔助人君，處理事務，責在保民養民，爲人民謀求福利。但那些自私自利的貪官汚吏不但不爲人民謀求福利，反而玩法欺民，施暴虐，壓迫小民；枉職殃民，不恤民艱，橫徵暴歛，敲脛擊髓，使人民生活困窮，陷於水深火熱之中。此豈國家官吏，實乃人民的蟊賊。陸九淵對這種貪官汚吏，深惡痛絕。他說：「張官置吏，所以爲民。而今官吏，日增術以朘削之，如恐不及。蹶國本，病國脈，無復爲君愛民之意。良可歎也！百姓足，君孰與不足；百姓不足，君孰與足。損下益上，謂之損；損上益下，謂之益。理之不易者也」，而至指爲老生常談，良可歎也。」（《全集》與趙子直書）

九淵又曰：「大抵今士大夫議論，先看他所主。有主民而議論者，有主身而議論者。邪正君子小人於此可以決矣。今日爲民之蠹者，吏也。民之困窮甚矣，而吏日以橫。議論主民者，必將檢吏姦而寬民力；或不得已而闕於財賦，不爲其上所諒，則寧身受其罪。若其議論之主身者，則首以辦財賦爲大務，必假闕乏之說以朘削民。科條方略，必受成於吏，以吏爲師，以吏爲伍，甚者服役於吏。」（《全集》與陳倅第二書）宋代信吏不信官，官無封建，吏有封建。吏世守其職，繁密之法令至爲熟悉，歷來之事例皆洞知原委，地方之情況瞭如指掌。故官不得不聽命於吏。而吏無出身，無學養，刀筆小吏，不識大體，不愛羽毛，爲非作歹，無所不用其極。

13 嚴斥豪强——自秦廢封建，行郡縣以來，土地可以自由買賣，兼併之風大行，遂致貧富懸殊，富者連阡陌，跨州郡，貧者無立錐之地。這種經濟大病，歷漢、魏、晉、南北朝、隋、唐、五代、宋皆不能改。豪富强族，下則剝削小民，上則勾結官府，爲非作歹，無法無天，武斷鄉曲，魚肉細民。故陸九淵嚴辭斥責之。他說：「豪家擁高貲，厚黨與，附會左右之人。創端緒乎事外，以亂本旨；結左證於黨中，以實僞事。爲節目以與吏符合而成其說。吾以異鄉之人一旦而聽之，非素諳其俗。而府中深崇，閭里之事，不接於吾之目，塗巷之言，不聞於吾之耳。被害者又淳厚柔弱，類不能自明自達。聽斷之際，欲必得其情而不爲所欺，此甚明者之所難也。吾雖得其情，彼尙或能爲之牽制，以格吾之施行。吾斷之速，則文疏事漏，無以絕其辭；吾求之詳，卽日引月長，而適以長其奸。」（《全集》與楊守書）陸九淵爲地方官，身歷其境，深知地方豪富强族，擁高貲，結黨羽，通胥吏，欺壓小民，爲害閭里，武斷鄉曲，爲非作歹，故嚴辭斥其惡。

第八編　專制時期(下)(西元一二七七—一九一一)

卷四　蒙元時代

第七十章　元代政治思想的大勢

第一節　蒙古外族的入主中國

一、**蒙古人的遊牧生活**——蒙古族居住在貝加爾湖以南的一帶地方。其經濟狀況仍滯留在遊牧時代，生活資源，仰給於家畜，最重要者是駱駝、牛、羊、馬。家畜的體皮做皮衣，毛做氈子、繩子等，腱做弓弦及線，骨做箭鏃，糞作燃料，羊蹄盛酒。生活的範圍輾轉於山嶺及平原間。在遊牧社會中需要很多的勞働者去牧放及看管馬牛羊駱駝及作各種勞力工作。這些勞働者多是由戰爭而俘虜來的。這些人被抑爲奴隸，使之擔任勞働工作。故蒙古遊牧民族有奴隸制度的存在。蒙古民族採多妻制，依各人的資財能力，決定妻數的多少。妻室亦是勞働力的來源。妻室和奴隸一樣，都沒有獨立的人格和地位。父死收寡母爲妻，兄死收寡嫂爲妻，並無中國的倫常和倫理觀念。妻和奴隸作牧放、編氈、駕車、騎馬等各種勞働工作。男子則從事於狩獵、練武及戰爭的活動。

蒙古族人的政治組織是部落國家。部落是由氏族（clan）所構成。氏族是一個在父系基礎上組成的大型血族團體。其特徵是㈠這群人認爲來自一個共同的男性祖先，㈡生活在一定的區域內，㈢有共同語言和宗教，㈣具有同屬感（sense of belonging）的團體意識。各部落的領袖曰部長（即酋長），多由氏族族長充任之。部長對氏族的族人及財產有統治與管理的大權。各部長所共同擁戴的全國領袖是可汗。蒙古人及突厥人皆稱其國君曰可汗，簡稱名汗。成吉思汗即元太祖姓奇渥溫，名鐵木眞，有雄略，善用兵，襲父職爲蒙古部長，先後平定韃靼、奈曼等部，統一蒙古，受諸部擁戴，尊曰成吉思汗，於宋寧宗開禧二年（西元一二〇六年）即蒙古帝位。進攻金人時，先得契丹族的聲援，女眞（金）將領亦多紛紛叛附，漢人豪富强族如史天倪等亦有歸附者，女眞之金國遂亡。隨之，又滅西遼、西夏，攻破俄羅斯聯軍而滅花剌子模及波斯，威震域外，西人懼曰「黃禍」。於宋理宗寶慶三年（西元一二二七年）卒於甘肅六盤山脈之清水。

二、忽必烈的征服中國——忽必烈是元太祖鐵木眞之孫，其所以能征服中國而君臨之，在能運用軟硬兼施的兩種戰略。一是軍事侵略，二是政治安撫。就軍事侵略言，忽必烈率十幾萬蒙古勁騎，兵則驍勇善戰，强悍兇猛；馬則飛騰奔馳，弓强箭利，又會使用火藥；宋之兵力既不强，鬥志亦不堅，故蒙軍所至，勢如破竹，入長城經大同，攻取山西、陝西，深入四川雲南諸省，回師略取湖南湖北。宋理宗開慶元年（西元一二五九年）忽必烈之兄元憲宗（名蒙哥）卒於四川合州釣魚城，諸皇弟爭位，乃與宋相賈似道議和，合州及鄂州圍以解。忽必烈返回開平（多倫附近），於一二六〇年强卽可汗帝位，是謂世祖，倣中國之習，定國號曰元，建年號曰中統；一二六四年阿里不哥歸降，大赦天下，改元至元，並入都於燕（北平）。宋度宗咸淳九年（西元一二七三年）元兵攻陷樊城，襄陽守將亦降元。自此，元將伯顏率兵順漢水及長江而下，於宋恭帝德祐二年破宋都臨安，恭帝被虜北去。德祐元年賈似道被誅，文天祥起兵勤王，此時文天祥等立端宗昰於福州，改元景炎元年。端宗景炎二年，卽元世祖至元十四年（西元一二七七年）張世傑等奉端宗走秀山，次年帝崩，帝弟昺立（帝昺）改元祥興，帝遷厓山，文天祥被俘。次年（西元一二七九年）元軍陷厓山，陸秀夫負帝蹈海死。宋兵不强，雖屢戰屢敗，然臣死其君，君殉其國，亡國亦云壯烈。

就政治安撫言，元世祖未稱帝時卽在潛邸思大有爲於天下，召集藩府諸臣及漢文儒之士問治道。元兵以武力得地，而以蒙人治之，百姓多逃散，忽必烈承制以漢人張耕、劉肅分任邢州（今山西河津縣）安撫使及商榷使。忽必烈氣度恢宏，知人善任，信用儒術，用能以夏變夷，建立規模宏偉的制度。他建國號曰大元，蓋取《易經》「大哉乾元」之義。元代採雙元統治，北面朝治理蒙古；南面朝治理中國。南面朝的宰輔機構設中書省，省之長官爲中書令，以左右丞相副之，屬官有平章政事、左右丞及參政，皆沿中國舊制，以順漢人之心。因中國幅員廣大，設行中書省，以其轄地爲行政區域，雖爲創制，然明清兩代皆因之而至於今，不過簡稱曰行省或省。忽必烈建太廟，隆祀典，築墳墓，皆蒙古所無，而彷行漢制，又爲其先輩立謚法，建廟號，皆蒙古所無，模仿漢制而行之。

三、元帝採納儒術文化——蒙古人雖能以武力侵占他人土地，滅人國家，但不能以武力統治人民，所謂「馬上得天下,不能以馬上治之」。得天下者得其民,得其民者得其心。得民心之道莫如順之。順之之道,在於以民意爲依歸。民意之所在,卽在於其經年累月所結晶的傳統文化與風俗習慣。義大利的大政治家馬基維利（Niccolo Machiavelli）著《君主論》（*The Prince*）一書,指治理被征服國的最好方法,就是「奪其政,從其俗」,實是至理名言。元帝深明此理,所以欣然接納中國傳統的儒術文化,而博得漢人的順從。元太宗（窩濶臺）滅金後,得與漢文化接觸,深覺蒙古遊牧文化的粗劣落後,漢人農商文化的精良進步,而生景慕之意。文化落後的民族多爲文化超越的民族所同化,乃是自然之理,因爲「人向高處看,水往低處流」。當時漢人的文化結晶,就是中國有近四千年歷史的傳統性、正統性的儒家學術思想。

元帝既樂於接納中國的儒家學術思想,則除仿行中國的典章制度外,便是擢用漢人飽學碩望儒學之士。元太宗卽帝位,首以耶律楚材爲相。楚材雖爲契丹人,其母楊氏爲漢人,生長在漢化已深的家庭中,故其父能爲之取名楚材,蓋含楚材晉用之意。楚材之父五歲卽能觸景吟詩。及長,以蔭補國史掾,金世宗詔使楚材父耶律履翻譯漢之經史,完成《唐書》及《文選》的翻譯,著有《乙未元曆》及《耶律文獻公詞》一卷,乃是一位優秀的儒士。楚材承家敎,崇漢法建議太宗依中國之制,立朝規,建官制。楚材卒,以漢人楊惟中繼爲相,蕭規曹隨,使元制漢化基礎漸固。元世祖忽必烈以史天擇爲相,凡治國安民之術,無不次第施行（《元史》史天擇傳）。至元以後,劉秉忠奏請建國號曰元,遷都燕京,又與許衡更定官制,姚樞修條格,郝經陳滅宋之策。

楊惟中恒州（漢常山郡,今山西渾源縣）人,史天擇永淸（古曰幽州,周屬燕國,今河北大興縣）人,劉秉忠邢州

（漢鉅鹿郡，今山西河津縣）人，許衡懷州（漢河內郡，今河南沁陽縣）人，姚樞柳城（漢遼西郡，今遼寧興城縣西南）人，郝經澤州（漢上黨郡，今山西晉城縣東北）人。這些人所生長居住的地方，或於五代時割於契丹，或於南宋時割於女眞（金）。在夷狄遼金的統治下爲期已久，祖國觀念和民族思想已甚薄弱，其地的文人仕於遼金者爲數不少。遼金既可仕，今自可立於元之朝。故北方儒士樂於爲元人所用。元帝雖樂於接納儒家的學術思想。儒家的理學家多注重《四書》，而言修身、齊家、治國、平天下之道，卻忽視《春秋》民族大義，故爲元帝欣然接受；至於《春秋》大義嚴夷夏之防的思想，對元人統治中國，頗有不利，遂不能不加以修改。綜觀元代政治思想的大勢，計有五端：一曰夷夏不分的政治思想，二曰元爲正統的政治思想，三曰理學流行的政治思想，四曰儒吏相通的政治思想，五曰元末民族思想的再起。茲就此五者，分節論述之。

第二節　夷夏不分的政治思想

一、夷夏不分思想的由來——孔子著《春秋》，嚴夷夏之防，申民族大義，蓋因當時戎狄爲患，屢屢侵擾，所以倡尊王攘夷之論，期以安定國內，抵禦國外，故盛稱齊桓公九合諸侯，一匡天下，民到如今受其賜，「微管仲，吾其披髮左衽矣」，如其仁，如其仁。但到了漢唐盛世，國勢強大，我武維揚，能以征服四裔，乃倡「天下一家」之說，因孔子亦曾說「四海之內，皆兄弟也。」漢唐倡「天下一家」，蓋欲以安撫四裔，減少異族的反抗心理，中國的民族自尊心仍甚強烈，而以優越者的地位自居，要用以夏變夷的政策同化異族。

五代之世，中國大亂，失統一之勢，成紛爭之局，石敬瑭竟引契丹兵滅後唐，割幽、薊十六州地以賂契丹，契丹立敬瑭爲帝，爲後晉，稱臣於契丹，尊契丹主爲父皇帝，自稱兒皇帝，民族尊嚴完全喪失。夷已爲父位，夏淪爲兒屬，何可再言嚴夷夏之防。宋太祖雖能統一中原，但有宋一代國勢不强，兵力不足，士氣不振，不但不能收復幽薊十六州，且先後敗於契丹（遼）、女眞（金），卒至京師（汴梁）被攻陷，二帝（徽宗、欽宗）被虜去，不得不偏安江左一隅。南宋國勢寖弱，屢受金人侵略，無力抗敵，嘗屈辱議和。北方諸州久陷於異域，人民先後受遼人金人的統治，民族意識逐漸喪失，嚴夷夏之防的思想亦遭淹沒。就是南宋的理學家亦以中原恢復無望，若强調夷夏之防，徒增無可奈何的苦悶與煩惱，故以不談之爲愈。元帝既以武力征服中國，遂以「以子之矛攻子之盾」的大倡「夷夏無別」，「天下一家」之說，以減少華夏反抗異族蒙古人的心理與精神，而遂其統治中國的貪慾與野心。

二、夷夏不分思想的論據——元代儒者持夷夏不分之說者爲數不少。楊奐曰：「中國而用夷禮，則夷之；夷而至於中國，則中國之也。」（《元文類》楊奐正統八例總序）郝經曰：「昔元魏始有代地，便參用漢法。至孝文帝遷都洛陽，一以漢法爲治，典章制度燦然與前代比隆，天下至今，稱爲賢君。王通修元經，卽與爲正統，是可爲鑑也。」（《元文類》郝經，立政論）這是說，雖是夷狄之人，只要行漢法，便是漢之正統與賢君，故無所謂夷夏之分。許衡曰：「考之前代，北方（指夷狄之元魏拓跋氏）之有中夏者，必行漢法，乃可長久。夫陸行宜車，水行宜舟，反之則不能行，幽燕食寒，蜀漢食熱，反之則必有變。以是論之，國家當行漢法無疑也。竊嘗思之，寒之與暑固爲不同。然寒之變暑也，始於微溫，溫而熱，熱而暑，積百有八十二日，而寒始盡。暑之變寒，其勢亦然，是亦積之之驗也。苟能漸之摩之，待以歲月，心堅而確，事易而常，未有不可變者。」（《元史》卷一百五十八，許衡傳）這是說，只要持恒居漸，假以歲月，夷可變夏，夷夏固不必强爲區分。耶律楚材是契丹人，母爲漢人，受母教甚深，且其父耶律履早已漢化。故楚材是高度漢化的契丹人，仕於金。元滅金而爲元世祖的丞相。他持「天下一家」、「夷夏不分」的大同思想，乃是順理成章，極自然之事。楚材所著的《湛然居士集》，雖係詩集，然從其詩文中亦可以窺見其政治思想。當他向西遼郡王助理李世昌學契丹文時，曾贈李一詩曰：「我本東丹八葉花（楚材是契丹開國皇帝耶律阿保機的九世孫），先王賢祖相林牙（林牙是契丹文讀音，漢譯爲翰林），而今四海歸皇化，明月青天卻一家。」這是夷夏不分的「天下一家」的大同思想。

第三節　元為正統的政治思想

一、立道統，見正統——元帝要想收拾中國人的人心，除倡「夷夏不分」、「天下一家」的學說，以軟化漢人的反抗思想外，更接受中國堯、舜、禹、湯、文、武、周公、孔子、孟子等一脈相傳的道統。得天下者得其道。元既承接了中國文化的道統，在政治上自然就是中國的正統。中國的道統到了宋代，就在於所謂道學或理學，其思想的主旨是格物、致知、正心、誠意、修身、齊家、治國、平天下，敦人倫，敷五教，君臣有義，父子有親，夫婦有別，長幼有序，朋友有信。其代表人物就是周敦頤、張載、程顥、程頤、邵雍、朱熹、張栻諸先哲。理學家的學說，對君主治國理民頗有裨益，故樂於爲元帝所接受與推崇。理學在宋並未得到道統的正統地位。而元帝爲要使其政權取得政治上的正統地位，乃先定理學爲道統的正統。藉其崇理學，便可正式宣稱，立道統之正統者，當即取得政治上的正統。

二、習鑿齒的正統論——晉人習鑿齒晉襄陽人，字彥威，博學能文，尤具史才，桓溫任爲從事，遷別駕，出爲滎陽太守，以溫有不臣之跡，乃著《漢晉春秋》，首倡正統論。此書起自漢光武，終於晉愍帝，於三國之時，以蜀爲漢之宗室乃正統，魏武帝雖受漢禪晉，然得國不正，仍爲簒逆，至晉文帝平蜀，始爲漢亡。而晉始興焉，引世祖諱炎，興而爲受禪，明天下不可以勢強也。至於武皇遂併強吳，混一宇宙，又清四海，同軌二漢，除三國之大害，靖漢末之交爭，開九域之蒙晦，定千載之盛功者，皆司馬氏也。而推魏繼漢，比義唐虞，自託純臣，豈不惜哉。今若以魏有代王之德，則其道不足，有靖地之功，則孫劉鼎立。道不足，則不可制當年；當年不制於魏，則魏未曾爲天下主。王道不足於曹，則曹未始爲一日之王矣。依習氏這種理論以言之，一個政權可稱之爲政治上的正統者，必須具備兩個條件：一是經由正道而得天下；二是功德普被而能統一天下。依此標準以言之，曹魏不能視之爲繼漢而有天下的正統。一因曹氏以簒逆而竊奪國家政權，得天下不由正道。二因曹魏功德未能普及全民統一天下，蜀魏吳三國鼎峙，不足以稱王。習氏認爲司馬晉實是繼漢而有天下的正統。因受禪而興，得國由正道，功德普及全民，德能混一天下。依習氏之論而言，蒙元之權政，不能成爲正統，因「天心不可以勢強也」，元以武力征服中國，得天下不以「正」，道不足爲國主；侵略中國全憑武力，燒殺擄掠，罪惡多端，並無任何功德及於華夏之民，德不足君臨中國。一般人皆謂「如秦、西晉、隋則統而不正者，如蜀、東晉則正而不統者。」因之，若蒙元者乃統而不正的政權。

三、朱熹的正統論——朱熹是儒者，是理學鉅擘，論政應不離於仁義道德。但他議論正統，卻擺脫倫理觀念，只論政治勢力，誰的勢力能統治、能統一全國，誰就是正統。以大儒竟只承認事實，向實力低頭，而不言倫理與道德，實屬不可思議。他說：「何必恁地論，只天下爲一，諸侯朝覲，獄訟皆歸，便是正統。所以，如秦初，猶未得正統，及始皇平天下，方始得正統。晉初，亦未得正統，自泰康以後，方始得正統。隋初，亦未得正統，自滅陳後，方得正統。至於本朝（宋）平太宗併了太原，方是得正統。又有無正統時，如三國、南北朝、五代，皆天下分裂，不能君臣，皆不得正統。」（《朱子語類》卷一〇五，論自注書）司馬光著《資治通鑑》，帝魏而黜蜀。因司馬氏生在北宋，趙匡胤篡周而興宋，與曹氏篡漢而建魏實無不同，帝魏黜蜀，所以明宋爲正統。此皆現實主義者，强權卽公理，只要有力量統一中國就是正統，不管其得天下是否由於正道。

四、元繼宋爲正統——依司馬光、朱熹的理論，凡能統一中國，作有效統治者，便有資格成爲政治史上的正統。依此理論以言之，蒙元能統一中國而治之，自然是繼宋祚，而爲中國之正統政權。元旣是中國正統政權，於是中國的儒士便可名正言順的欣然入仕於元，而爲其臣僕。例如郝經乃「儒學世家」，姚樞「以道學自任」，許衡崇信程頤、朱熹之學，均願仕元而無憾，因依朱熹之論，元爲正統，有以致之。

第四節　理學流行的政治思想

一、元代理學思想流行——元代文化落後，並無學術思想之可言。征服中國後，遂欲以中國的學術思想統治中國。當時中國盛行的學術思想，便是宋代的理學。而朱熹集宋代理學之大成，名聲最著。所以元代流行的理學乃是朱熹之學。《新元史》儒林傳序言（卷二百三十四）曰：「自趙復至北方，學者始讀朱子之書，許衡、蕭㪺講學爲大師，皆誦法朱子者也。金履祥私淑於朱子之門人；許謙又受業於履祥。

朱子之學得履祥與謙而益尊。迨南北混一，衡爲國子祭酒。謙雖屢聘不起，爲朝廷所禮敬。承學之士，聞而興起，《四書章句集註》及《近思錄》小學，通行於海內矣。延祐開科（元仁宗延祐元年，西元一三一四年）遂以朱子之學爲取士之規程，終元之世，莫之改易焉。是故元之儒者，服膺朱子之學，篤信謹守，言行相應，無後世高談性命，陽儒陰釋之習。嗚呼！是亦足以通六經之大義，傳孔孟之心法矣。」

二、早期仕元的理學家——理學家仕蒙元最早者爲趙復。趙復仕元，有一段悲苦經過。蒙軍伐宋，侵佔德安，姚樞奉詔於俘營中求儒、道、醫、卜之士。凡儒生掛俘籍者，輒脫之歸。復在其中，樞與言，奇之。復以九族皆遇害，痛不欲生，而與樞別。樞恐其自殺，驅馬追之，至河邊，復披髮跣足，仰天大哭，欲投水。樞曉以布衣未仕，徒死無益，不如隨吾而北，可以傳聖敎，復勉强從之。忽必烈在潛邸，召復問曰，我欲取宋，汝可導之乎？對曰，宋爲我父母之邦，未有引他人以伐父母者。忽必烈悅，不强其入仕。楊惟中、姚樞建書院，請復講授於院。復作傳聖圖，而以書目條列其後，復別著書發揮伊洛宗旨；又取伊尹、顏淵言行作希賢錄以示學者。由是許衡、郝經、劉因皆得其書，而尊信之，北方知有程朱之學，自復始（見《新元史》卷二三四，趙復傳）。

許衡河內人，仕元世祖拜中書左丞，謝病歸。少時刻苦好學，姚樞隱居蘇門山（在河南輝縣）傳伊洛之學。衡往訪，得伊川《易傳》、《朱子論孟集註》、《大學中庸章句》、《或問》、《小學》諸書，手寫而歸，謂學徒曰：昔所授殊孟浪，今始聞進學之序。」（《新元史》卷一七〇，許衡傳）郝經澤州陵川人，避亂河南魯山，金亡徙順天，張柔賈輔延爲上客，二家藏書皆萬卷，得博覽群經，學日進；經父思溫爲元好問之師。經仕元世祖爲翰林侍讀學士（《新元史》卷一六八，郝經傳）。

劉因保定容城人，世爲儒家，父述，精研性理之學。因初究訓詁注疏之學，輒嘆曰，聖人精義殆不止此，及得周、程、張、邵、朱、呂之書，一見能發其微，曰我固謂當有是也。仕元世祖爲右贊善大夫（《新元史》卷一七〇，劉因傳）。金履祥蘭谿人，事同郡王柏，從登何基之門，基學於黃榦，得朱子之傳（《新元史》卷二三四，本傳）。張𥟖金華人，王柏傳朱子之學，從而受業，自六經論孟傳註及周、程、張、邵之微言，朱子所嘗論定者，靡不潛心玩索，久而不懈，元世祖延至江寧學宮講學，士大夫皆遣子弟從學（《新元史》卷二三四，本傳）。許謙師事金履祥習性命之學，崇信程朱，講學華山，不以科舉之文授人，嘗謂「聖人之心具在《四書》，而《四書》之義，備於朱子」，元世祖詔遺逸，使任試官，不赴（《新元史》卷二三四，本傳）。姚樞隨蒙軍侵宋，陷德安，得名儒趙復，始得程朱之書而深習之。元世祖時任昭文舘大學士，詳訂禮儀，後退隱，在蘇門山講學，許衡往師之（《新元史》卷一五七，本傳）。楊璲餘姚人，服膺朱子之學，以御史姚㦤薦，歷任寧海、縉雲學正（《新元史》卷二三五，本傳）。黃澤資州人，生有異質，憤然以明經學道爲志，於名物度數，考覈精審，而義理一宗程朱，元大德中授江州景星書院山長，後改洪州東湖書院山長，從學者甚衆（《新元史》卷二三五，本傳）。韓性原籍河南安陽，宋南渡後，徙居紹興，九歲通《小戴禮》，作《大義》，文意蒼古，宿儒皆稱異；及長，博綜群籍，文辭博達儁偉，自成一家言。元仁宗延祐元年（西元一三一四年）初行科舉取士，學者多向性請其程式，性告朱子學校貢舉私議，作從事根柢，以應其求。憲府嘗舉以爲教官，不赴（《新元史》卷二三五，本傳）。吳師道婺州人，師事同郡許謙，弱冠讀宋儒眞德秀書，幡然有志於學，其學務在發揮義理而以闢異端爲先務，元英宗至治元年（西元一三二一年）進士，授高郵縣丞，累遷至吏部郎中（《新元史》卷二三五，本傳）。

三、理學政治思想舉隅——郝經、許衡皆以道學自負，崇信朱子之學。郝經以爲取人之國不可專靠武力。他說：「自漢唐以來，樹立攻取，或五六年，未有踰十年者，是以其力不弊，而卒能保大定功。國家建極開統，垂五十年，而一之以兵。自古用兵，未有如是之久且多也。」又曰：「取國之術與取地之術異。併力一向，取地之術也，諸道並進，取國之術也。……聞以一旅之衆而能克國者，或者有之，僥倖之擧也。」又曰：「古之一天下者，以德不以力。彼（宋）今未有敗亡之釁，我乃空國而出，諸侯窺伺於內，小民凋弊於外，經見其危，未見其利也。王（元憲宗）不如修德布惠，敦族簡賢，綏懷遠人，順時而動，宋不足圖也。」（《新元史》卷一六八，郝經傳）這種尙修德，重惠民，反武力侵略的政治思想，非有相當的儒學修養者，不能語此。

許衡崇信程朱之學，力勸元世祖行漢法。他說：「自古立國有大規模。規模既定，然後治功可期。昔子產相衰周之列國，孔明治西蜀之一隅，且有定論而終身由之，而堂堂天下可無一定之制哉？前代北方之有中夏者，必行漢法，乃可長久。故後魏十六帝百七十年，遼九帝二百有八年，金九帝百二十年，皆歷年最多。其他不行漢法，如劉、石、姚、苻、慕容、赫連等，專尙威力，掇持魯莽，皆不過二三十年而傾相繼。」（《新元史》卷一七〇，本傳）

元初，屢屢出兵，征服外國，軍費耗用至爲龐大，遂致府庫匱嗇，財政困難，於是廣用言利的小人，肆行聚斂。許衡信持程朱，深不贊成「竭澤而漁，焚林而佃」的「盜臣」，而主張培養稅源的生財之道，善養民德，勿欺勿害。他說：「今國家徒知斂財之巧，而不知生財之由。徒知防人之欺，而不知養人之善。徒患法令之難行，而不患法令無可行之地。誠能優重農民，勿擾勿害，歐游惰之人，歸之

南畝，課之種藝，懇喻而督行之，十年之後，倉廩之積，當非今日之比矣。」（《元文類》許衡時務五事）

許衡認爲君主治國在能正心而防欺；去喜怒而避害。他說：「人之情僞有易有險，險者難知，易者易知。……又有衆寡之辨焉，寡則易知，衆則難知。難知非不智也，而智分也。易知非多智也，積小智而成大智也。故在上之人難以知下，而在下之人易於知上，其勢然也。處難知之地，御難知之人，欲其不見欺也，蓋難矣。……人君處兆億之上，所操者予奪進退賞罰之權，不幸見欺，以非爲是，以是爲非，其害可勝言耶！人君唯無喜怒也，有喜怒，則贊其善以市恩，鼓其惡以張勢。人君唯無愛憎也，有愛憎，則假其愛以濟私，藉其憎以復怨。甚至本無喜也，誑之使喜。本無怒也，激之使怒。本不足愛也，強譽之使愛。本無可憎也，強短之使憎。若是，則進者未必爲君子，退者未必爲小人。予者或無功，而奪者或有功也。以至賞之罰之生之殺之，鮮有得其正也。人君不悟，日在欺中，方伎若曹擿發細隱，以防天下之欺，欺而至此，欺尚可防耶。」（《元文類》許衡時務五事）許氏有似韓非的「君無見其意」，然其主旨在求人君進君子，退小人；君悟於心，賞罰得其正，亦儒家正心誠意，以德化民之意。

第五節　儒吏相通的政治思想

一、儒吏相通的由來——元代何以會流行儒吏相通的政治思想？究其由來，計有三因：㈠宋代信吏不信官，防官之權大而重吏之職，官常調而吏久任，遂形成「官無封建，吏有封建」。官是科舉出身之儒士；吏是不學有術的卑人。官自負儒雅而爲通達之人；視吏爲刀筆小技，乃無學養的俗人。吏視儒爲迂濶，儒視吏爲鄙俗，於是儒吏分途。元兵入侵中國，鐵騎所至，爲官者或逃避，或被俘爲奴。胥吏以位卑而不懼，多仍守其職，於是元人不能不就便而用吏，吏居官位。儒吏之界遂無所分別。㈡元初立國，並無儒士可資任用，所以其所任用的官員則爲貴族、僧徒與胥吏。吏的地位大見提高，不再似宋時的卑賤。元初「天下習儒者少，而由刀筆吏得官者多」（《元史》卷八一），因之，社會上遂有「一官二吏，九儒十丐」之言（《陔餘叢考》卷四十二，九儒十丐）。足見吏高而儒低，儒者不再能自負儒雅博通以驕所謂卑俗的胥吏。㈢元初遲遲不肯開科取士以選拔一般儒士。中統元年許衡向忽必烈建言，宜行科舉。他說：「卿言務實，科舉之學虛誕，朕所不取也。」（《新元史》卷一七〇）元武宗（名海山）雖曾規劃舉行科舉規制，但並未付諸實行。一直遲至元仁宗（名愛育犁拔力八達）延祐二年（西元一三一五年）始開始舉行科舉。科舉既行，一般儒士遂得經由科舉取士的正途而入仕居官。因之，儒士居官者漸多，地位遂得以提高，與胥吏之爲官者可以抗衡。於是儒吏平等，互不嫉視，儒吏相通的思想便因勢而興起。

二、儒吏相通的理論——既有事實的存在，遂有理論的支持與說明。馬端臨曰：「今按西都公卿士大夫，或出於文學，或出於吏道，亦由上之人並開二途以取人，未嘗自爲抑揚，偏有輕重，故下之人亦隨其所遇，以爲進身之階，而人品之賢不肖初不係其出身之或爲吏或爲儒也。後世儒與吏判爲二途，儒自許以雅而詆吏爲俗，於是以劇繁治劇者爲不足以語道。吏自許以能而誚儒爲迂，於是以通經博古者爲不足以適時。而上之人又不能立兼收並蓄之法，過有抑揚輕重之意。於是拘讕不通者一歸之儒，放蕩無恥者悉歸之吏。而二途皆不足以得人矣。」（《文獻通考》卷三五，吏道）

元成宗大德七年（西元一三〇三年）鄭介夫上太平策曰：「吏之與儒可相有而不可相無者也。儒不通吏，則爲腐儒；吏不通儒則爲俗吏。必儒吏兼通，而後可以莅政臨民，《漢書》稱以儒術飾吏道，正此謂也。今咏一篇詩，習半行字，卽名爲儒。檢舉事例，會計出入，卽名爲吏。吏則指儒爲不識時務之書生，儒則詆吏爲不通古今之俗子。儒吏本出一途，析而爲二，遂致人員之冗，莫甚此時。久任於內者，但求速化，未知民瘼之艱難；久任於遠者，推務苟祿，不諳中朝之體統。今朝廷既未定取人之科，當思所以救弊之策。百官自三品以下，九品以上，並內外互相注授。歷外一任，則升之朝，隨朝一任，則補之外。凡任於外者必由內發，任於內者必求外取。庶使儒通於吏，吏出於儒，儒吏不相扞格，內外無分輕重矣。」（《新元史》卷一九三，鄭介夫傳）

馬端臨又說：「秦抑儒崇吏，西都因之，蕭曹以刀筆吏佐命爲元勳，故終西都之世，公卿多出胥吏，而儒雅賢良之人亦多借徑於吏以發身。其時儒與吏不甚分別，故以博士弟子之明經者補太守卒吏，而不以爲恥。元成以來，至東漢之初，流品漸分，儒漸鄙吏，故以孝廉補尚書郎令史，而深以爲恥，蓋亦習俗使然。然胡廣、袁安之進身者亦由郡吏，而丁邯決不肯爲尚書令史，何也？蓋東都亦未嘗廢試吏入仕之途，故方其未遇而浮沉里巷，無所知名也，則雖郡吏，亦不屑爲之，及其既以孝廉異科薦舉徵召，則未免自負清流，雖尚書機要之地，亦恥其爲郎令史矣。」（《文獻通考》卷三五，吏道）

第六節　元末民族思想的再興

一、元代民族思想的消沉——孔子著《春秋》，明民族大義，嚴夷夏之分；但在蒙元時代，這種民族思想，卽告沉淪，而呈銷聲匿跡之勢。究其原因，計有以下五端：㈠蒙古人是仍停留在遊牧時代的民族，文化低落，民性強悍，憑其快馬利矢，以武力征服外國。元世祖以武力滅宋，君臨中國，對中國人民恃其戰勝的威武，加以無情的壓迫。人民在其高壓的淫威下，敢怒而不敢言，雖心怨異族，而不能有民族思想的表現與行動。㈡元帝聽從耶律楚材、郝經、姚樞等人的建議，而採行漢法，對中國人的原有風俗習慣亦不强作改變。這是「奪其政，從其俗」政略運用。元政權雖由異族掌握，但他儘量的用夏變夷，向華夏認同。因之，華夏之人對蒙古的敵視與歧視，便大爲減低。㈢宋人南渡，中原及幽薊十六州等區域，先後被契丹的遼國和女眞的金國所統治，爲期已久，夷狄已漸漢化，華夏亦慣視夷狄，而不以爲怪異，夷夏雜處，互爲認同，得以和平相處，於是嚴夷夏之分的民族大義遂見淡化。㈣蒙元政府積極運用文宣政策，高倡「天下一家」、「夷夏不分」的口號與宣傳，麻醉中國人之心，軟化其反抗異族的意志與精神，更利用朱子的學說，宣稱元爲繼宋的中國政治上的正統。人民對國家的正統政權，自當順從，不作反抗。㈤南宋的理學家窮研四書，注重個人修養，言窮理盡性之理，揚正誼明道之說，反而忽略《春秋》嚴夷夏之分的民族大義。所以葉適批評理學家曰：「高談者遠述性命，而以功業爲可略。精論者妄推天意，而以夷夏爲無辨。」（上孝宗皇帝劄子）元初，理學家多信持朱熹的學說，且入仕於元廷者爲數不少。而彼等素不注重《春秋》民族大義，亦不嚴夷夏之分。這種的學術風氣，自會促成民族思想的消沉。

二、元末民族思想的再興——元末民族思想的再興，自有其客觀原因。第一、元廷對國人的統治採歧視的不平等政策。把國人分爲四等，蒙古人爲第一等人，高高在上，享有特權，待遇優越。色目人（色目人乃Moslem一字的譯音，乃指回教徒）爲第二等人，乃佐蒙古人征服外國的回教徒，因助戰定國有功，故給予僅次於蒙古人的高級地位，所享權利亦高。漢人乃指曾受遼、金統治的北方人，地位較低，待遇亦薄，權利不大，被列為第三等。宋亡後的江南人，稱為南人，被列為第四等人，地位最低，權利極小，受壓迫最甚。凡事不平則鳴，受壓迫愈甚，反抗力愈强，所以反元復漢的民族思想，首先在南方產生，而有反元的軍事行動。第二、人是「自我中心」的動物，而有自尊自重的人格尊嚴。由「自我意識」（I-Feeling）發展為「是我族類感」（we-feeling）。家庭、家族觀念、團體意識、民族思想及愛國精神皆以「是我族類感」為基礎。所以說民族思想着根於人的性靈深處，屬於固有天性，縱使受强力壓迫於一時，亦不能從根剷除，一有空隙便會有反壓力的生長，猶如「崖懸松倒長，石壓竹橫生」。

元末，學術風氣亦有轉變，由理學家的重視四書，轉而發生研究《春秋》的興趣。戚崇增金華人，少好學，能為詩及古文辭，著有《春秋學講》一卷，《春秋纂例指原》三卷。黃清老邵武（福建建陽縣）人，累官湖廣等處儒學提舉，著有《春秋經旨》。單庚金，剡溪（浙江嵊縣）人，隱居三十年，著《春秋傳說集略》十二卷。俞漢諸暨（浙江諸暨縣）人，辟儒學官，不就，著有《春秋傳》三十卷（均見《新元史》卷二三六，各人本傳）。著《春秋經傳》的諸儒，自然瞭解《春秋》之民族大義而嚴夷夏之別。由於這些儒者的教導，當可促成民族思想的再興與流傳。

趙汸休寧（安徽歙縣）人，姿禀卓絕，讀朱子四書多所疑難，就九江黃澤學，得六經疑義千餘事而歸，著有《春秋集傳》十五卷，《左氏補注》十卷，《春秋師說》三卷（《新元史》卷二三六，本傳）。《春秋集傳》序曰：「謹華夏之辨。……楚至東周，潛王猾夏，故霸者之興，以卻攘為功。自晉霸中衰，楚益侵陵中國，甚至假討賊之義以號令天下，天下知有楚而已。故《春秋》書楚事，無一不致其嚴者。而書吳越與徐，亦必與中國異辭，所以信大義於天下也。」（見《宋元學案》草廬學案，趙汸《春秋集傳》自

序）

江南人民既受第四等人的不平等待遇與壓迫，而元廷又在南方橫徵暴斂，以致民生困窮，憤怨之情鼎沸，加以儒者宣揚《春秋》民族大義，於是群雄並起，紛紛擧兵，以滅元復漢爲旨趣。韓山童居永平（廣西藤縣）詭稱宋徽宗八世孫，當爲天下主，以白蓮教爲號召而起兵。徐壽輝湖北羅田人，起兵大敗元將，以蘄水爲都稱皇帝，國號天完。陳友諒沔陽人，殺其帥起兵，取安慶、龍興（南昌）諸地，自稱漢王。張士誠泰州人爲鹽梟，殺富豪起兵，陷泰州，據高郵，自稱誠王，國號大周。方國珍黃巖人，販鹽浮海爲業，殺怨家起兵，受元招撫，屢降屢叛，累官至行省參政，後歸附朱元璋。

群雄中獨朱元璋爲佼佼者，足智多謀，知人善任，善用兵，卒能敗滅群雄，而率大軍討元，終能滅元復漢而建明朝，《春秋》民族大義號召所致的偉大成功。朱元璋興師討元，諭中原檄曰：「自古帝王臨御天下，中國居內以制夷狄，夷狄居外以奉中國，未聞夷狄治天下也。自宋祚傾移，元以北狄入主四國，四海內外，罔不臣服。此豈人力，實乃天授，然達人志士尙有冠履倒置之嘆。自是以後，元之臣子不遵祖訓，廢壞綱常。……夫人君者斯民之宗王，朝廷者天下之根本，禮義者御世之大防，其所爲如彼，豈可爲訓於天下後世哉！及其後嗣沉荒，失君臣之道。……於是人心離叛，天下兵起，使我中國之民，死者肝腦塗地，生者骨肉不相保。雖因人事所致，實天厭其德而棄之之時也。古云，胡虜無百年之運，驗之今日，信乎不謬。……予恭天成命，罔敢自安，方欲遣兵北逐群虜，拯生民於塗炭，復漢宮之威儀，慮民未知，反爲我讎。故先諭告，……歸我者求安於中國，背我者自竄於塞外，蓋我中國之民，天必命中國之人以治之，夷狄何得而治哉，爾民其體之。」（見王世貞《弇山堂別集》詔令雜考一，諭中原檄）此檄主旨，一在訴諸民族大義，嚴夷夏之分，中國應由中國人治之，夷狄豈能爲中國主。民族感情的號召，自易引起人民的認同與響應；二則指出元之天命已盡，朱乃奉天受命，去夷狄而代之，非惟人心所歸，亦天命所授，自易爲尊神敬天的黎庶所接受。故朱師所至，戰無不勝，攻無不克，遂能逐元順帝北遁荒漠，光復中國。

第七十一章　耶律楚材的政治思想

第一節　生平事蹟

一、身世——耶律楚材是契丹人，契丹的開國皇帝耶律阿保機是其九世祖。阿保機建遼之初，卽能任用漢人，採用漢法，建孔子廟，崇尙儒家學說。阿保機的長子耶律突欲，因在政治上未能得君展志，又因其仰慕中國文化，乃逃奔後唐研究漢人學術，知曉音律，精通醫藥，工遼漢文章，尤善畫人物和獵馬。他家原在遼河閭山頂，建有望海樓，藏書萬卷，亦常由外還家讀書。楚材是耶律突欲的八世孫。

楚材的祖父聿魯早死，其父耶律履寄養於族伯家，以履爲後，履取漢人之女爲妻，卽楚材的母親。履生長在漢化遼人家中，幼承庭訓，年方五歲，卽能觸景吟詩。及長，以蔭補國史掾。金滅遼，金世宗崇尙儒術，詔耶律履翻譯《唐書》及《文選》，著有《乙未元曆》及《耶律文獻（履）公詞》乙卷，善畫蘭花、人、馬、鹿，乃一優秀的儒者。

二、事略——耶律楚材字晉卿，號玉泉，法號湛然居士，謚文正，契丹人，遼開國皇帝耶律阿保機的九世孫，生於金世宗大定二十九年（西元一一八九年），卽南宋孝宗淳熙十六年。卒於元太宗皇后乃馬眞稱制第三年（西元一二四四年），卽宋理宗淳祐四年，葬於玉泉東甕山（今北平永安山），此爲楚材的第二故鄉。耶律履六十歲才生楚材，盼他日能成大器，爲異國所用，故取《左傳》「惟楚有材，晉實用之」之義而命名楚材。他三歲而孤，賴寡母楊氏(漢人)有學養，嚴加教養，而知努力向學，對儒學、佛學、《老子》及天文、地理、律曆、術數皆有涉獵，聰敏過人，下筆千言，如有神助。

耶律履曾爲金中書右丞，依例蔭任楚材爲省掾，不就。金章宗親試楚材，中甲科，授開州(河北濮陽縣)同知。金宣宗貞祐二年(西元一二一四年)卽宋寧宗嘉定七年，爲躲避蒙古騎兵的威脅，乃遷都汴梁，令丞相完顏丞暉，行尚書事，留守燕京，薦楚材爲左右司員外郎。是年六月蒙古太祖鐵木眞率軍圍金中都(今北平)。楚材在城中愁苦度日，每日三餐不飽，仍照常辦公，歷六十日城破。鐵木眞入城訪遼之宗室，聞楚材名，召至軍中。楚材身高八尺，美鬚髯，聲如洪鐘，鐵木眞重其偉儀，謂曰，遼、金世仇，朕爲雪之。對曰，臣之祖父和父皆北面事金，旣爲臣子，敢仇君父乎？鐵木眞不以爲怪，反重其言，置於左右，不喚其名，而呼曰長鬚人。

成吉思汗十四年(西元一二一九年)卽宋寧宗嘉定十二年西征，楚材隨行，得夏人常八斤，善治弓。謂楚材曰，國家尚武而明，公欲以文進，不難乎？楚材曰，製弓須弓匠，治國不用治國才耶？時楚材三十歲。十五年破蒲華城(今布哈剌)，大雨，雷電交作，成吉思汗驚異，問楚材，對曰，回訖王當死於田野，後果驗。十七年，長星出現於西方，汗問楚材何故。答曰，女眞國當易新皇，後果證實。汗喜曰：汝於天上事尚無不知，況人間事乎！甚得汗之信任。每出征，先請楚卜吉凶，多驗。汗指次子窩濶臺語楚材曰，天賜此子於吾家，以後軍國悉以委之，望善佐之。十八年蒙軍攻至印度鐵關，楚材藉怪獸語，勸成吉思汗，無殺無辜，宜早退兵。二十年汗回行宮阿富汗都城，留楚材在西域瀚海軍所屬之高昌城，卽今新疆吐魯番。

成吉思汗二十一年蒙軍攻下靈武（寧夏靈縣），蒙古軍官兵皆爭搶金銀財寶，楚材獨取書籍與大黃。軍中士兵多患瘟疫，以大黃治之卽愈。二十二年蒙軍先後攻破西夏都城（寧夏銀川）、積石州（青海貴德縣）、臨洮（甘肅臨洮縣）及西寧（青海西寧）。當年七月，成吉思汗病死於六盤山脈之清水行宮。楚材追隨成吉思汗西征凡九年（自三十歲至三十九歲），征程六萬里，艱苦備嘗。他返回燕京，寫成一本《西遊錄》，以記其經過及見聞。

成吉思汗死，依蒙古俗例，由小兒子拖雷繼承祖產，監理國家事，是謂睿宗。汗之次子窩濶臺，有戰功，勢力最强，楚材助之，强宗王會議選爲皇帝（汗）是謂元太宗。太宗卽位，任楚材爲中書令，乃首相之職，軍國大事均先諮之而後行，奏請於各路設長吏牧民，萬戶（武官名）總兵，使軍民分治，勢力均衡。二年，帝將南伐，楚材奏立十路徵收課稅使，長副悉用士人，以籌軍費，並進言周孔之道，謂天下得之馬上，不可以馬上治之，由是儒者漸獲進用。三年，帝幸雲中，十路皆進銀絹，帝笑謂楚材曰：汝不去朕左右，而能使國用充足。四年，楚材從帝至河南陝虢等州，山林洞穴逃匿之民來降者免死，或謂降民反覆宜盡殺之，楚材奏請釋之返里，活人無算。守汴京的金將垂拔抵拒日久，且殺元兵甚多。城破，欲屠城，楚材馳入奏，將士暴露數十年，所欲者土地人民耳，得地無民，將安用之，殺之將一無所得，帝允之。八年，有人奏請發行交鈔，楚材言其弊，限額發之。脫歡請太宗選宮女，楚材擱置不行。帝怒責之，楚材力言其事擾民過甚，乃止。九年楚材奏上時務十策，曰：信賞罰，止名分，給俸祿，封功臣，考殿最，定物力，汰工匠，務農桑，定土貢，置水運，帝擇而行之。十年有旱蝗之災，楚材奏請停徵租賦。太宗十三年（西元一二四一年）卽宋理宗淳祐元年，帝（太宗）崩。

太宗崩逝，皇后問宜以何人爲儲嗣。楚材對曰：此事非外人所敢議，且有先帝遺詔，遵之則社稷幸甚。皇后乃馬眞不聽，稱制臨朝，奧都刺合蠻以賄得執政，大臣悉畏附之。楚材獨不奉詔，賄之不受，奧都刺合蠻使令史威脅曰，不書者斷其手。楚材曰：老臣事太祖太宗三十餘年，不負國家，皇后豈能以無罪殺之。皇后雖惡其忤己，亦以先朝勳舊，深加敬憚。皇后稱制之三年，五月楚材卒，年五十五。元文宗至順元年（西元一三三〇年）贈經國議制寅亮佐運功臣太師上柱國，追封廣寗王，謚文正。

三、著作——耶律楚材的著作有左列兩種：

1.《湛然居士集》——錢大昕補《元史》藝文志稱《湛然居士集》三十五卷，而今日之流行本（商務印書館，國學基本叢書本）却只有十四卷。這是一本詩多而文少的專集。詩：有七百七十六首，多是吟風誦月，抒寫性靈，友朋唱和的詩篇。不過從詩意中每亦可窺見其政治思想。惟卷八略有論及時政者。卷十三及卷十四則有書序碑記錯雜其間。楚材隨元太祖西征九年，爲元太宗相（中書令）十三年，而集中則無奏議疏劄之文，不知何故。或許這些文件，係由蒙文書寫而不得其傳。

文集既係詩篇，所以各卷內容，甚難擧列，不過可就其詩文之要者，提擧一二以爲蠡測。卷一：治道尙玄默，求儒務求眞。卷二：窮理達生惟孔子，惟思仁義濟蒼生。卷三：能仁深意契無生，儒流釋子無相諷。卷四：資生無爲濟人深，便見能仁六度心。卷五：四海從來皆兄弟，西行誰復嘆行程。卷六：西伯已亡誰老老，卜商何在肯賢賢。卷七：千古興亡同一夢，夢中多少未歸人。卷八：梁冀跋扈德何在，仲尼削迹名終多。卷九：無意戀三公，有心辭駟馬。第十：未行禮樂常如歉，欲掛衣冠似無情。第十一：仁人一言，溥哉其利。卷十二：孜孜進仁義，儒術勿疏廢。卷十三：以儒治國，以佛治心。卷十四：德重文章傑，年高道義尊。

2.《西遊錄》——耶律楚材扈從元太祖（成吉思汗）鐵木眞征西域各國，行五六萬里，歷時八九年，《西遊錄》卽係記述其事及見聞之書。但久未見其足本；祇見盛如梓所輯錄的節略本。直至日本大正十五年（西元一九二六年）文學士神田喜一郞在宮內省圖書寮始發現《西遊錄》足本。原書爲日本京都東福寺普門院所藏。俄人有列兹那德（E. Bretschnudr）於一七八四年將《西遊錄》譯爲英文。淸光緒廿一年（西元一八九五年）始有國人李文田作《西遊錄注》，叢書集成初編復有張金壽作《西遊錄補注》。姚從吾著《耶律楚材西遊錄足本校注》。

第二節　漢儒交遊

一、**漢儒交遊的影響**——一個人的思想與品格的形成，多因受到家庭背景、時代思潮及朋友交遊的相互切琢的影響。第一、就家庭背景言，耶律楚材生長在一個漢化甚深的家庭中。其父耶律履仕金，自幼卽能作詩，以蔭補國史掾，受金世宗之命把漢文的《唐書》及《文選》皆譯爲契丹文，並著有詞一卷。其母楊氏爲漢人，頗有學問，知儒學。在父母的敎養下，遂能認知儒學的重要及漢文化的高超。第二、就時代思潮言，當耶律楚材的時代，宋代理學最爲盛達，學風北向，自然受到文化低落貧困的北方士人所喜愛，而朱熹尤其受到熱烈的歡迎。楚材處在這種的學術風氣下，自然會崇敬這理學的儒術。第三、就朋友交遊言，楚材旣經漢化，當易於與漢儒交遊，近朱者赤，近墨者黑。多與儒士交遊，自然受到朋友的影響，而傾愛於儒學及漢文化。

二、楚材交遊的漢儒——據《湛然居士集》所記，楚材與漢儒吟詩唱和者，計有八十三人。限於篇幅，這裡不能全數引介。玆舉幾位較重要者如次：

1.鄭景賢——在《湛然居士集》中，楚材與景賢相唱和的詩文，有七十五首之多，《居全集》十分之一多，足見二者交往之頻繁與密切。景賢與楚材同扈從元太祖鐵木眞西征，在征途中同居處，自然相互吟詩以慰心情。楚材爲元太宗窩濶臺的宰臣，景賢爲其御醫，相見機會自必甚多。元太宗破汴梁，未大殺百姓，固然是楚材的據理力諫，而景賢在傍幫腔的助力，亦不可沒。楚材能受到元太祖、元太宗的特別信任，景賢的進言，亦大有裨益。

2.王巨川——名檝，巨川是其字，陝西虢縣人，崇敬孔子，精研儒學，在太祖、太宗兩朝，曾從事於對宋朝的議和活動，對蒙古人的漢化及元帝採行漢法，皆有相當貢獻。

3.劉用之——《湛然居士集》，勸其誠以無忘孔子之敎，窮理盡性，莫尙佛法，治國安民，無如孔敎。楚材崇儒而信佛，故曰窮理盡性，莫尙佛法。窮理盡性，故近於佛法，然此亦是理學家所要致力的大功夫。

4.李邦瑞——字國昌，與楚材同朝共事，博讀經史，有儒者之風，與楚材有同聲相應，同氣相求之感，交屬莫逆，情誼深厚。

5.王玉汝——鄆州（今山東沂水縣）人，他是東平嚴實的幕客。楚材與嚴實不和，幸賴玉汝居中調和勸解，二人乃能渙然冰釋，和好如初。

6.苗蘭——《湛然居士集》卷四，有和琴士苗蘭詩。苗蘭乃是金朝著名琴士苗秀實之子，係漢族，山西平陽（今山西臨汾縣）人。人品高潔，當蒙古兵圍困汴京時，苗蘭所制琴譜已成，能以琴悅軍，止其濫殺。金朝自世宗以後，朝野以彈琴爲風尚，在皇帝寢宮外，設有琴臺以備練琴。楚材多才多藝，知天文，識地理，精曆數，喜音律，故常同苗蘭一起練琴，多所交往。

7.蘭光庭——字仲文，金城（甘肅蘭州）人，素習儒學，博通六經，頗具聲譽，不入仕於元朝。楚材聞其賢名，自願與之交往，且爲唱和，互通心曲。

8.孟攀鱗——字駕之，雲內（今綏遠薩拉齊縣）人，其祖與父皆金朝進士。攀鱗亦於金哀宗正大七年進士及第。楚材亦仕於金朝末年，二人同朝居官，自然有交往。元世祖中統三年授翰林侍制同修國史。至元初，世祖召見，向帝陳七十事，勸世祖郊祀天地，祠太廟，制禮樂，建學校，行科舉，擇守令，儲米粟以贍軍用，省無名之賦，罷不急之役，百司庶府皆統於六部，紀綱制度，悉由中書掌之。世祖嘉納之。

9.元好問——楚材與元好問二賢，在金宣宗貞祐二年（西元一二一四年）以前尙不相識，但彼此心儀已久。元太宗五年（西元一二三三年）元好問上中書令耶律楚材書，請收養天下名士（儒者），從此二人始相交遊，楚材接納其意，不但收養了大量儒士，且間接的保全了無數的中原善良百姓。好問的書信中把楚材比如漢朝的蕭何、曹參，唐朝的房玄齡、杜如晦，有平天下致太平的功勞。由於元好問的建議，當時的名士，如孔子的後人孔元措，耆舊宿儒如馮內翰叔獻、梁都運斗南、王延州若虛、王狀元綱、王狀元顎等四十八人皆得到適當的照顧與安排。元政府在燕京設編修所，在平陽（山西臨汾縣）設經籍所，羅致天下儒士。

第三節　史傳中的政治思想

耶律楚材的傳記載於《新元史》卷一百二十七本傳。就史傳中的記載，可以窺見其信持的政治思想。玆扼要擧述如次：

一、崇尙漢法——楚材生長於漢化甚深的家庭中，父爲優秀的儒士，母爲漢人，習知禮儀。因得接受漢化的敎育，深知中國具有優良的典章制度，衷心仰慕中國文化。及其任宰相，秉國鈞，遂輔佐元太宗窩濶臺採行漢法以治國。楚材助窩濶臺卽帝位，卽爲之定禮儀，立綱紀，悉仿漢法。蒙古無跪拜禮，太宗卽位時，群臣首行之。蒙古亦無赦法，楚材屢言之，始採行。揆諸中國歷史，凡治平之世，皆行軍民分治之制，使方面之任不得擅專；値衰亂之世，則多軍民之政掌於一人，因軍人跋扈，恃軍權而强兼掌民政，遂得專橫恣肆，爲所欲爲，禍亂以起。楚材有鑑於此，乃諫請元帝行軍民分治之制，各路設長吏牧民，設萬戶（武職）總兵，使勢均力敵，以遏驕橫之漸。

治國之要，首在足國用。足國用的要徑，端在統一賦稅，財權集中於中央政府。此乃宋之法制，楚材遂奏曰：中原之地，財賦所出，宜存恤其民，州縣非奉上命，敢擅行科差者罪之；貿易借貸官物者，罪之；蒙古、回等人，種地不納稅者死；監主自盜官物者死；應犯死罪者，具由申奏命下，然後行刑。爲防止執事之妄殺無辜，死刑必須奏請中央核准，方能執行。或言漢人無益於國，宜空其地，使爲牧場。楚材急奏曰：「陛下將南伐，軍需宜有所資，誠均定中原地稅、商稅、酒醋鹽鐵山澤之利，歲可得銀五十萬兩，絹八萬四，粟四十萬石，足以供給，何謂無益!?」帝准其施行，乃設十路徵收課稅使。凡此稅制，皆爲漢制，楚材使元帝仿而行之。元太宗於中央設中書省，下設六部，掌管民政；設樞密院掌軍事。此乃宋代軍民二府分治制度，元朝仿襲而行之。

二、尊重儒術——楚材從容向元太宗進說周公孔子之教，謂天下得之馬上，不可以馬上治之，帝深然之，由是儒者漸獲進用。又遣人求孔子後，得五十一代孫孔元措。楚材奏襲衍聖公，並給予林廟之地；又薦名儒梁陟、王萬慶、趙著等，使直講於皇子。又置編修所於燕京，置經籍所於平陽，用以羅致天下之儒士，由是文治以興，儒術漸起。太宗九年楚材奏曰：「制器者必用良工，守成者必用儒臣，儒臣之效，非積數十年之久，殆未易見也。」太宗曰：可擇人而官之。楚材因奏請命宣德州宣課使劉中，隨路校試，以經義、詩賦、論分三科擇人，儒士被俘爲奴者，亦令應試，其主匿不遣者死，凡得士四千三百人，免爲奴者四分之一。又請淘汰三教冒濫者，僧道中選者，給牒住寺觀，儒士中選者，則復其家。轉運使呂振，副使劉子振，以贓抵罪。太宗責楚材曰：卿言孔子之教可行，何故有此輩!?對曰：孔子之教，萬世由之，如天之有日月也。豈得緣一人之失，而廢萬世常行之道乎！帝意乃釋。

三、寬嚴相濟——元太宗四年，楚材從帝幸河南，詔陝虢諸州，山林洞穴逃匿之人，來降者免死。或謂降民反覆，宜盡戮之。楚材奏請人給一旂執之，使散歸田里，活人無算。依蒙古之習，凡攻城，城中一發矢石，卽爲拒命；旣克，必屠城。汴京垂拔大將速不臺奏言，金人抗拒日久，多殺士卒，宜屠城。楚材馳奏曰：將士暴露數十年，所欲者土地人民耳，得地無民，將安用之？太宗猶豫未決。楚材曰：凡工匠厚藏之家皆聚於城內，殺之則一無所得矣。帝始允之。凡此之見，乃楚材寬仁之心的表現，有似以不忍人之心，行不忍人之政。

但在另一場合，楚材則持殺無赦的嚴厲措施。燕京多盜，未至夜即搶略人家財物，不與者，卽殺之。睿宗拖雷監國，遣楚材偕中使往窮治其事。楚材得盜賊姓名，捕之下獄，皆勢家子弟。其人賂中使請緩之。楚材曰，信安（西安）咫尺未下，不嚴懲此輩，恐大亂起。中使懼，從其言，戮十六人於市，民始安堵。爲政施治，究宜從寬，抑宜從嚴？未可一概而論，應視情勢需要，而爲權變運用，當寬則寬，宜嚴則嚴。惟一般言之，對善良無辜的百姓，當採寬柔仁厚政策；對爲非作歹的盜賊，宜採嚴厲堅定政策。若楚材者，得寬嚴相濟的權變治道。

四、交鈔限度——宋眞宗時，蜀人患鐵錢重，不便交易，乃以楮爲劵，謂之交子，一交一緡，以三年爲一界而換之。金海陵王貞元二年以國內銅少，乃循宋交子法，印行紙幣，爲交易之用，謂之交鈔，一稱鈔引。元太宗八年，有人奏請發行交鈔。楚材曰：金章宗時初用交鈔，與錢並行。有司以出鈔爲利，收鈔爲諱，謂之老鈔，至以萬貫易一餅，今日當爲鑒戒，印造交鈔不宜過量，宜以萬錠爲限，從之。銅錢重，攜帶交易皆不方便，而以紙幣濟助之，自有必要。然若交鈔（紙幣）發行過量，且發而不收，必至引起通貨膨脹，物價高漲，招致經濟上的混亂，爲害滋深。楚材深明此理，故贊成有限度的發行交鈔，取其利而避其弊。

五、愼防尾大——元太宗八年七月，忽都虎上戶口籍，帝欲裂州縣土地賜親王功臣。楚材曰，裂土分民，異日有尾大不掉之患，不如多以金帛賜之。帝曰，朕已許之，奈何？楚材曰，請朝廷置吏收其賦稅與之，使勿擅科徵可也。帝然之。於是定賦稅之制，二戶出絲一斤給用；五戶出絲一斤給諸王功臣。地稅上田畝三升，中田畝二升半，下田畝二升，水田畝五升，商稅三十分而一。朝議以爲輕。楚材曰，異日必有以利進者，則今日已爲重矣。漢採郡國並行制，封君地廣權重，致生吳楚七國之亂。唐末，節度使勢强權大，卒釀成藩鎭之禍。滿淸末年，總督權力過大，舉凡軍、民、財、刑諸政皆歸其管轄。洪楊亂後，總督權力益見膨脹，自練兵勇，擅留賦稅，人自爲政，「欲如何便如何」。庚子之役，江南諸督竟倡「局外中立」，與外人協議，共保江南，眞是怪事。楚材深恐地方權重而生尾大不掉之患，使諸王功臣有其地，而不能收其稅，財權集中中央，地方無力作亂。

六、忠於君上——耶律楚材所奉事的君上有二：一是元太祖鐵木眞，二是元太宗窩濶臺；皆有風雲際會及知遇之感。故楚材能公忠體國，對二君主盡忠心，效死力，矢志不渝。太祖器重窩濶臺，囑楚材善輔助之。太祖死，楚材助窩濶臺逼睿宗去位，强宗王會議選之爲可汗，是謂元太宗。楚材相太宗十三年竭股肱之力，盡忠藎之志，足慰元太祖於地下。太宗崩逝，皇后乃馬眞不奉太宗遺詔，而自稱制，奥都剌合蠻以賄得執政，大臣皆畏附之。楚材獨不服。皇后强之，對曰：天下者先帝(太宗)之天下，號令自先帝出，今如此，臣不敢奉詔。奥都剌合蠻使令史示之曰，不書者斷其手。楚材曰，軍國之事，先帝悉委老臣，令史何與焉!?事不合理，死且不避，況斷手乎！且厲聲曰：老臣事太祖太宗三十餘年，不負國家，皇后豈能以無罪殺之。皇后雖怒其忤己，亦以先朝勛舊，深加敬憚。楚材盡忠君主，效死竭力，一秉忠貞，治國愛民，以報知遇之恩，而盡人臣志節，實有足多者。

第四節 詩文中的政治思想

耶律楚材著有《湛然居士集》一書。這書是一詩文集。其詩文中亦多有表現政治思想者。惟楚材既尊崇儒術，又信持佛法。故其政治思想缺乏一貫系統，且不免有崇佛抑儒之嫌。茲扼要舉述如次：

一、信行仁義——楚材尊重儒術，儒術以孔孟爲宗師。孔子曰：居仁由義；孟子曰：亦有仁義而已矣。故楚材信行仁義。他說：「余嘗謂否則卷而懷之，以簡易之道治一心；達則擴而充之，以仁義之道澤四海；實古今之通誼也。」（《居士集》卷一）其詩曰：「英雄不效秦儀志，志圖仁義濟元元。」（《居士集》卷一）又曰：「雅操貞堪坐廟堂，積年仁義佐賢王。」（《居士集》卷七）送房孫重奴行詩曰：「汝亦東丹十世孫，家亡國破一身存，而今正好行仁義，勿學輕薄辱我門。」（《居士集》卷十一）詩曰：「功名未立不爲歉，仁義能行亦足榮。」（《居士集》卷四）

二、天下一家——楚材是契丹人，遼國開國皇帝耶律阿保機是他的九世祖，而又入仕於女眞的金朝，更爲蒙古元帝的宰相，且又漢化很深，故可視之爲無祖國的人，信持天下一家的大同思想，自然是順理成章的事。加以蒙古人君臨中國，爲要減低漢人反抗異族的思想，乃大唱夷夏不分的思想。楚材爲元相，當然要同聲附和。其詩曰：「四海從來皆弟兄，西行誰復嘆行程，既蒙傾蓋心相許，得遇知音眼便明。」（《居士集》卷五）又曰：「我本東丹（契丹）八葉花（八世孫），先生賢祖相林牙（翰林），而今四海歸皇化，明月青天卻一家。」（《居士集》卷七）和高麗使詩曰：「神武有爲元不殺，寬仁常愧數興戎，仁綏武震誠無敵，重譯來王四海同。」（《居士集》卷七）

三、求用賢才——人君不能獨治其國，必須求用賢才以爲輔佐，方能推行政務，治國安民。故禮運大同篇曰：「大道之行也，天下爲公，選賢與能。」孔子的德治，實在說就是「賢才政治」（government by the best），即是使賢德人才居官持政，以身作則，表率群倫，而收風行草偃之效。楚材亦深明此理，故主張求賢才而使用之。其詩曰：「且喜朝廷先正名，林泉隱逸總公卿，群雄一遇風雲會，萬國咸觀日月明。丹鳳固龍潛亂世，白鱗自合出升平，竚看北闕垂溫詔，席前進賢求賈生。」（《居士集》卷三）又曰：「安得夔龍立廊廟，扶持堯舜濟斯民。」（卷四）又曰：「西伯已死誰老老，卜商何在肯賢賢。」（卷五）又曰：「用管仲則安，用豎刁則危。」（卷八）又曰：「他日定下求賢詔，先到河東汾水邊。」（卷十）

四、推行仁政——儒家爲治，重在行仁政。爲君者要視民如子，視民如傷，庶之，富之，愛之，利之，民饑己饑，民溺己溺；即在以不忍人之心行不忍人之政，推己及人，推恩足以保四海，不推恩不足以保妻子。耶律楚材是儒者，故主張推行仁政。其詩曰：「衣冠師古乘殷輅，曆日隨時建夏寅，厚德深仁施萬世，巍然一代典謨新。」（《居士集》卷三）又云：「東夏再降烽火滅，西門一戰塞煙塵，顒觀頒朔施仁政，竚待更元布德音。」（《居士集》卷四）進西征庚午元曆表有言曰：「邁唐虞之至仁，追羲軒之淳化。」（《居士集》卷八）和王正夫詩曰：「功名必要光前古，富貴何須歸故鄉，濟世元知有仁政，活人不假返魂香。」（《居士集》卷九）示從智詩曰：「知人者明，自知者智，仁人一言，溥哉其利。」（《居士集》卷十二）

五、振興禮樂——禮者「因人之情爲之節文，以爲民坊者也。」（《禮記》坊記）樂以致和，故「先王作樂崇德。」儒家爲政，重在制禮作樂。因之，楚材的政治思想，亦注重振興禮樂。和李世榮詩曰：「黎民歡仰德，萬國喜觀光，堯舜規模遠，蕭曹籌策長，巍然周禮樂，盛矣漢文章。」（《居士集》卷一）和武川嚴亞之詩曰：「衣冠異域眞余志，禮樂中原乃我榮，何日功成歸舊隱，五湖煙浪樂餘生。」（《居士集》卷四）和漁陽趙光祖詩曰：「奇謀六出愧陳平，未行禮樂常如慊，欲掛衣冠似不情，何日對君言我志，夜闌秉燭笑談傾。」（《居士集》卷十）和平原張彥詩曰：「于闐歲貢修，敦煌兵勢挫，國維張禮義，民生重食貨，黜陟九等分，幽明三歲課，小人絕覬覦，賢才無坎坷。」（《居士集》卷九）

六、厭煩戰爭——楚材扈從成吉思汗征伐西域諸國，行路六、七萬里，歷時八、九年，親歷百戰，目覩戰亂災害，殺人放火，姦淫虜掠，生靈塗炭，死亡枕藉，尸骨堆山，血流成河，慘苦萬狀。他於事後思之，當有罪惡感，而生懺悔與愧咎之意，遂致興起厭煩戰爭的心情。其詩曰：「含元殿壞荆榛古，花蕚樓空草木春，千古興亡同一夢，夢中多少未歸人。」（《居士集》卷七）和高麗使詩有句曰：「神武有爲元不殺，寬仁常愧數興戎。」（《居士集》卷七）又有詩句曰：「無意戀三公，有心辭駟馬。」（《居士集》卷九）

七、贊修孔廟——楚材崇儒術，尊孔子；但在多年的戰爭中，孔子廟被燬於戰火者甚多，迨戰息，孔廟得有重建者，他對此盛事，甚表稱贊。重修宣聖廟疏曰：「精藍道觀已重新，獨有庠宮尚垝垣，試問中州士君子，誰人不識仲尼門。」（《居士集》卷十三）邳州重修宣聖廟疏曰：「宣尼萬世帝王師，可嘆荆榛沒古祠，重整庠宮闡文教，顒覩日月再明時。」（《居士集》卷十三）太原修夫子廟疏曰：「并門連歲不年豐，證父攘羊禮義空，既倒狂瀾扶不起，直須急手建庠宮。」（《居士集》卷十四）記周敬之修夫子廟詩曰：「天皇有意用吾儒，四海欽風盡讀書，可愛風流賢太守，天山翙起仲尼居。」（《居士集》卷十四）

八、進退得宜——裴子法跋白蓮社圖，斥淵明攻乎異端。楚材以爲人之進退仕止，應視情勢需要及個人旨趣而定之；可以仕則仕，可以止則止，進退各得其宜，各有所安，方爲正論。他說：「昔巢由避天下而遠遁，堯舜受天下而不辭，以致澤施於萬世，名垂於無窮。是知潔己治天下，各有其所安耳。夫清虛玄默，樂天眞而自適者也。焦勞憂勤，濟蒼生爲己任者也。二道相反，甚於冰炭，使堯舜巢由易地則皆然。後之世亂臣賊子窺伺神器，狐媚孤兒寡婦，扼其喉以取天下者，聞巢由之風，亦少知愧矣！然則巢由之功，豈可少哉？棄享天下之大樂，而且希物外之虛名者，豈人情也耶？文中子有言，虛玄起而晉以亡，斯豈莊老之罪歟。蓋用之不得其宜也。以虛玄之道治天下，其猶初寒御單葛，大夏服重裘，自底斃亡，豈裘葛之罪哉。昔晉武一統之始，不爲後世之遠謀，何曾已識之；既而禍難繼作，骨肉相殘，屠殺忠良，進用讒佞，雖元凱復生，不能善其後矣。大厦將傾非一木所能支，獨淵明何能救其弊哉!?適丁天地不交，萬物不通，君子道消，小人道長之時，淵明見機而作，掛印綬而歸，結社同志，安林泉之樂，較之躁進苟容於小人之側者，何啻九牛毛耶。以淵明之才德，假使生於堯舜湯武之世，又安知不與皋夔伊周並驅爭先哉？宣尼有云，用之則行，舍之則藏；又云，進退存亡不失其正者，其惟聖人乎。斯亦名教之內昭昭可考者也，何獨責淵明之深也。」（《居士集》卷一）楚材所論蓋亦孔子所謂「邦有道則仕，邦無道則止」之至意。進退仕止以不失其正，得其所安爲趨歸。

九、憂樂相半——楚材以爲人處富貴固有其可樂者；但同時亦有其可憂者。人處貧賤，固有其憂，然亦有其可樂者，因而曰憂樂相半。貧樂庵記有言曰：「予聞之君子之處貧賤富貴也，憂樂相半，未敢獨憂樂也。夫君子之學道也，非爲己也。吾君堯舜之君，吾民堯舜之民，此其志也。使一夫一婦不被堯舜之澤者，君子恥諸。是故君子之得志也，位足以行道，財足以博施，不亦樂乎！持盈守謙，愼終如始，若朽索之馭六馬，不亦憂乎！且貧賤也，卷而懷之，獨潔己也，無多財之禍，絕高位之危，此其樂也。嗟流俗之未化，悲聖道之將頹，舉世寥寥無知我也，此其憂也。」（《居士集》卷八）

十、儒佛並用——楚材既尊儒，又信佛，故主張儒佛並用。寄（寄是姓）用之侍郎擕書誡以無忘孔子之教。楚材曰：「窮理盡性莫尚佛乘，濟世安民無如孔教。用我則行，宣尼之常道；舍我則樂，釋氏之眞如。何爲不可也。」他並就此而作詩曰：「蓬來憐我寄芳践，勸我無忘仁義先，幾句良言甜似蜜，數行溫語暖於綿，從來誰識龜毛拂，到底難調膠柱絃，用我必行周孔教，舍予不負萬松軒。」（《居士集》卷六）一般論者多謂「以儒治國，以佛治心」。而楚材則援儒入佛，認爲「治心者兼可治國」。他說：「戴經云，欲治其國，先正其心，未有心正而天下不治者也。是知治國之道爲治心之所兼耳。普門示現三十二應法華治世資生，皆順正法，豈非佛事門中不捨一法者歟？孔子稱夷齊之賢，求仁得仁，死而無怨，後世行者難之。又安知視生死如逆旅，坐脫立亡乃衲僧之餘事耳。且五善十戒天人之淺教，父益慈，子益孝，不殺之仁，不妄之信；不化自行於八荒之外，豈止有恥且有格哉！是知五常之道，已爲佛教之淺兼而有之者。弟子且讓之以儒治國，以佛治心。腐儒已切齒，謂弟子叛道忘本矣。又安足以語天道哉？」（《居士集》卷十三）楚材雖主張儒佛並用，且援儒入佛，但實則是高佛而低儒的佛徒。《湛然居士集》中的詩文，大半皆係涉及佛事者。蒙古人信佛教，崇佛出自自己信仰，尊儒乃是政策，未必有至誠之意。

第七十二章　許衡的政治思想

元世祖忽必烈以蒙古遊牧民族入主中國，族性粗獷，文化低落，崇武功而卑文治，君臣皆貪利而忘義，不知尊重中國學術與漢家文物制度，誠中國的一大恥辱與不幸。幸有河南河內（沁陽縣）大儒魯齋許衡，佐世祖，力諫其崇尚儒學，採行漢法，維護中國文物制度，使中國的學術思想及典章法制，始得大量保全，未被從根斬斷，許氏之功實不可沒。玆依據膠縣柯劭忞所著《新元史》許衡傳（卷一七〇）及儀封（河南考城縣）張伯行所編刊的《許魯齋集》，分別論述其生平事蹟、政治思想及學術貢獻，以彰其績。

第一節　生平事略

一、**敦品勵學**——許衡字仲平，懷州河內（沁陽縣）人，農家子。父通避亂移居河南（洛陽）。泰和九年（西元一二〇九年）生於新鄭縣，卒於元世祖至元十八年（西元一二八一年），壽七十三歲。稟賦優異，七歲入學，授章句，問其師曰，讀書何爲？師曰：取科第耳。衡曰，如斯已乎？師人奇之！每授書，又能問其旨義。久之，師謂其父母曰，兒穎悟不凡，他日必有大過人者；吾非其師也，遂辭去。父母强之而不能止。如是者，凡更三師。稍長，嗜學如飢渴。然遭世亂，且貧無書。嘗從日者家見《書經疏義》，因請留宿，手抄歸。既逃難徂徠山，始得《易經》

王輔嗣說。時兵亂中，衡夜思晝誦，身體而力踐之。言行必揆諸義而後發。嘗於暑天過河陽（河南，孟縣），渴甚。道傍有梨，衆爭取食之；衡獨正坐樹下自若，或問之。答曰：非其有而取之，不可也。人曰，世亂，此無主。衡曰，梨無主，吾心獨無主乎？轉魯，留魏，人見其有德，稍稍從之。居三年，聞亂且定，乃還里。往來河洛間，從柳城姚樞學，得《伊川易傳》，《朱子論孟集注》，《中庸大學章句》等書乃手抄而歸，大喜曰，今始聞進學之序。

衡不久遷居蘇門（河南輝縣百泉蘇門山），與姚樞、竇默相講習。凡經、史、傳、子、禮樂、名物、星曆、兵刑、水利、食貨之類無所不講，而慨然以道爲己任。嘗語人曰：綱常不可一日而亡於天下，苟在上無以任之，則下之任也。凡喪祭嫁娶必徵於禮，以倡其鄉人，學者寖盛；家貧耕芸，粟熟則食；粟不熟，則食糠茹菜，處之泰然。謳誦之聲，聞戶外如金石。財有餘，則以分諸族人及諸生之貧者。人有所贈，一毫不義，弗受也。姚樞被召赴京師，樞以所遺在蘇門之雪齋使衡居之，拒不受。庭有菓，菓爛墜地，童子過之，亦不睨視而去，其家敎之化有如此者。

二、秦地興學——元世祖忽必烈爲秦王時，以姚樞爲勸農使，敎民耕植。又思所以敎化秦人，乃召衡爲京師提學。秦人初免於兵亂，欲學無師。聞衡至，人人莫不喜幸來學。郡縣皆建立學校，民大化之。世祖南征，衡返故里。學生攀留之不得，衆乃送至臨潼而歸。

三、正色立朝——忽必烈即皇帝位，召衡入京。其時，王文統以言利，進爲平章政事，位同宰相。衡與樞入侍，言治亂休戚之道，必須以義爲本。宰相患之。竇默亦嘗在帝前斥文統之論。王文統疑樞、衡、默三人私相表裏，乃奏請以默爲太子太傅，樞爲太子太師，衡爲太子太保。表面雖係尊用，實則是文統使三人囿居東宮，不得有向皇帝進言的機會。三人五辭師、傅、保之位。世祖乃改任樞爲司農，默爲翰林侍讀學士，衡爲國子祭酒。未幾，衡謝病歸。

世祖至元二年（西元一二六五年）以安童爲右丞相，召衡至京使輔佐之。衡陳立國規模，中書大要及農桑學校諸事，帝深嘉納之。阿合馬爲中書平章政事，領尚書省六部事，擅權，勢傾朝野，一時大臣多阿附之。衡每與議必正言申義，不少屈己。阿合馬之子又有簽樞密院之命，掌軍事。衡獨持異議曰：國家事權民、兵、財三事而已，其父典民與財，子又典兵，不可。帝曰，卿慮其反耶？阿合馬由是忌衡，奏以衡爲左丞。衡上書論阿合馬擅權害民事，不報。因謝病，請辭機務。

四、敎育蒙古子弟——世祖欲開太學，會衡請辭益力，乃從其請。至元八年（西元一二七一年）命衡爲集賢殿大學士兼國子祭酒，帝親爲擇蒙古子弟使敎之。衡聞命喜曰，此吾事也。衡徵其弟子王梓、劉季倫、韓思永、耶律有尙、呂端善、姚燧、高凝、白棟、蘇郁、姚燉、劉安中、孫安十二人爲伴讀（助敎）。召此十二人來京，分處各齋以爲齋長。時所選蒙古子弟多幼稚，衡待之如成人，愛之如子，出入進退，其嚴若君臣。其爲敎，因覺以明善，因明以開蔽，相與動靜以爲張弛。課誦稍暇則習禮，或習書算。久之，諸生人人自得，尊師敬業。下至童子，亦知三綱五常，爲人生之至道。衡行敎十年間，權臣屢欲毀漢制，力爭之。權臣厭衡，每使學生稟稍食或不繼，衡請返懷州故鄉。

五、釐訂授時新曆——元自入主中原，沿用金人大明曆，自大定至大統，歷時六、七十年，氣朔加時漸差。世祖以海內混一，宜協時正日。至元十三年（西元一二七六年）詔使王恂定新曆，恂以衡知曆數，宜以衡領其事。帝以集賢殿大學士兼國子祭酒任許衡，使領太史院事，釐訂新曆。經時四年新曆成，奏上之，帝賜名授時曆，頒行天下。

六、愼終與哀榮——世祖至元十七年（西元一二八〇年）衡以疾請返懷（州），皇太子爲之請於帝，帝以衡之子師可爲懷（河南沁陽縣）孟（河南孟縣）路總管，以便就近顧養其父。且使東宮官諭衡曰：公勿以道不行爲憂也，公安，則道行有日矣，其善藥自愛。逾年，衡病危，家人侍。衡曰，吾一日未死，寧不有事於祖考，扶而起，奠獻如儀。祭奠畢，家人食之，怡怡如也。尋病逝，壽七十三歲。

元成宗帖木耳大德二年（西元一二九八年）追贈許衡榮祿大夫司徒，諡文正。元武宗海山，至大二年（西元一三〇九年）加贈正學垂憲佐運功臣，開府儀同三司，封魏國公。元仁宗愛育黎拔力八達，皇慶二年（西元一三一三年）詔從祀孔子廟庭。仁宗延祐元年（西元一三一四年）詔立書院於京以祀衡，給田奉祀，名魯齋書院。魯齋乃衡自署的齋名。

七、重要著作——理學傳播者許衡，生平注重躬行實踐，故著作不甚多。歐陽玄撰神道碑，稱「先生（衡）有《魯齋集》及《中庸語意》，門人記載語錄行世。」衡死後二十餘年，元成宗大德九年（西元一三〇五年），汝南縣尹蘇顯忠始輯衡之遺著成書曰《魯齋遺書》，刻梓印行，凡六卷，分奏議、雜著、書簡、詩章、樂府及編年。明憲宗成化七年（西元一四七一年）劉昌刻印中州名賢文表，即係採用蘇之梓本。今中央圖書館藏有高傑刊本之《魯齋遺書》。清康熙年間，儀封（河南考成縣）張伯行正誼堂輯印《許魯齋集》共六卷，卷一爲遺書，卷二爲奏議，卷三爲說書，卷四爲雜著及書簡，卷五爲附錄，卷六爲《元史》本傳。

第二節　政治思想

依《許魯齋集》中的立論，可知其政治思想係以儒家學說爲依歸，其主旨在行仁義，尚道德；進而中論順天道，得民心；任賢能，尚德治；立制度，重體系；崇生產，抑消費等要義。茲就此分別擧述其旨意與構想如次：

一、立國在愛與公——國於天地之間，必有以立。立國之道在於得民心。如何得民心？在於「愛」與「公」。衡曰：「爲天下國家有大規模。規模既定，循其序而行之，使無過焉，無不及焉，則治功可期。否則，心疑目眩，變易紛更，日計有餘，歲計不足，未見其可也。古人立國規模，雖名不同，然其大要，在得天下心。得天下心無他，愛與公而已矣。愛則民心順，公則民心服，於爲治也何有。」（《上時務書》論立國規模）儒家爲治在行仁政。仁者愛人，以不忍人之心，行不忍人之政，視民如子，視民如傷，人飢己飢，人溺己溺，一夫不得其所，王者恥之。「大道之行也，天下爲公」。天下者，天下人之天下也，天生蒸民而立之君，君者所以爲民也。君者非悉天下以奉一身，而是獻一身爲全民謀幸福，爲社會造利益。愛民之道，生之，育之，福之，利之，敎之，安之。

二、順天道，得民心——天道就是自然的理則。天地之大德曰生，生生不息之謂易。易者千古不變之常道。天道就是生民之道。順天者昌，逆天者不祥。順天則使民生順遂，國運昌隆。逆天則使民不聊生，國招災殃。故《書》曰：天聽自我民聽，天視自我民視。天以民生爲生，天以民心爲心，天以民利爲利。順天道莫大於順民心。順民心之道在於愛民。愛民之方，首在養民。故《書》曰：「德惟善政，政在養民。」民爲邦本，食爲民天。養民首在足食。這是民本主義的民生觀。君能如此則國正。國正則天心順。天心順則可免災變而致祥瑞。這一論點，正符於儒家「天人感應」之說。

許衡曰：「三代以下，稱盛治者，莫若漢之文、景。然考之當時，天象數變，如日蝕、地震、山崩、水潰、長星、彗星、孛星，未易遽數。前此後此，凡若是者，小則水旱之應，大則亂亡之應，未有徙然而已者。獨文、景克承天心，消弭變異，使四十年間，海內殷富，黎民樂業，移告訕之風，爲敦厚之俗。且建立漢家四百年不拔之基。文帝承諸呂變故之餘，入繼正統，專以養民爲務。其憂也，不以己之憂爲憂，而以天下之憂爲憂。其樂也，不以己之樂爲樂，而以天下之樂爲樂。今年下詔勸農業也，恐民生之不遂；明年下詔減租稅也，慮民之匱乏。勲愛如此，宜其民心得而和氣應也。君本爲民下，故孟子曰民爲貴，君爲輕。《書》亦曰：天視自我民視，天聽自我民聽。以是論之，則天之道恒在於下，恒在於不足。」（爲君難六事疏）此疏蓋藉天道以警惕元世祖，期其順天道，得民心，而致文、景之治；要愛民養民，使之足衣足食，以遂其生，安其業。

依荀子之說：民猶水也，君猶舟也，水能載舟，亦能覆舟，故君須順水勢，得民心；否則逆水，悖民心，必有覆亡之虞。按今日民主政治的原理言，「統治者的權力建築在被統治者的同意上」。所以一個君主或政權，若得不到民心的支持，民意的擁護，必不能維持其存在。得天下者得民心；失民心者失天下。治國應以得民心爲首要。如何得民心？端在於誠心愛民，以實惠利民，不可口惠而實不至。誠如管子所說：「政之所興，在順民心，順之之道，莫如利之。」

許衡曰：「上以誠愛下，下以忠報上；有感必應，理固宜然。然考之以往昔，有不可常情論者。禹抑洪水，以救天下，其功大矣。啓賢能敬承繼禹之道，其澤深矣。然一傳而太康才畋於洛，萬民遂仇而去之。吁！可怪也！漢高祖起布衣，天下之士，雲合影從，其國滎陽也，紀信且捐身以赴急，人心之歸可見也。及天下已定，而相聚於沙中有謀反者，此又何耶？竊嘗思之，民之戴君，本於天命，初無不順之心也。迨後使之失望，使之不平，而怨怒生焉。大抵人君卽位之初多發美言，詔告天下，天下悅之，冀其有實，既而實不副，遂怨心生焉。」（爲君難六事疏）天命雖不免是迂儒之論，然所謂爲君者應以實惠利民，若口惠而實惠不至，必失民心而怨怒生，則是至理。

三、任賢能，行德治——儒家的政治思想在建立賢能政府，行德教以化民。故禮運大同篇曰：「大道之行也，天下爲公，選賢與能」，孟子亦曰：「俊傑在位」。賢者以德化民，以身作則，表率群倫。政者正也，子率以正，孰敢不正，其身正，不令而行；其身不正，雖令不從。上行下效，君子之德風，小人之德草，草上之風必偃。許衡認爲「論治道者，必以用人爲先務，用得其人，則所謂善政者，始而得而行之」。善人行善政，必也治乎。他以爲「賢者以公爲心，以愛爲心，天下被其澤」。民被其澤，則人心順服。人心順服，天下治平。

許衡曰：「生民休戚，係於用人之當否。用得其人，則民賴其利；用失其人，則民被其害。自古論治道者，必以用人爲先務。用得其人，則其所謂善政者，始可得而行之。以善人行善政，其於爲治者何有。大聖大賢，本末俱擧，極其規模之大，盡其節目之詳，先勤小務，而後盡其大事。降此一等，亦豪傑之士；然擧其大則遺細，盡其小則昏其大。材具稍大，便不謹細行，所以材大便疏之語。謹於細行者，多不識大體，不能謀大事；用人之道宜知之。」（遺書）世無全材，當因材而施用，用其所長，舍其所短，大材大用，細材細用，事得其才，才當其用，則事事皆成功，人人是人才。

許衡又曰：「賢者以公爲心，以愛爲心，不以利回，不爲勞屈，寘之周行，則庶事得其正，天下被其澤。賢人之於人國，其重要固如此。大禹聖人，聞善則拜。益戒之曰，任賢勿貳，去邪勿疑。貳之一言，在大禹猶警省。後世人主，宜如何哉。」(爲君難六事疏) 人君爲治在得賢才而專用之，所謂「疑人不用，用人不疑」，如魏文侯之用樂羊，雖謗書盈篋，而莫之或疑，故能收中山。

四、立制度，重體系——人君治國，不能以一人自任其事，以一承其勞，必須建立制度，設官分職，各任其事，各負其責，層級節制，系統井然，有條不紊。君主者祇在任指揮、督察及協調等事，使「群臣各得其所，事無不治，治之至者也」。許衡在「中書大要」一文中，申論立制度，重體系之要義。

中書大要之言曰：「中書管天下之務，固不勝其煩也，然其大要在用人立法而已。近而譬之，髮之在頭，不以手理，而以櫛理；食之在器，不以手取，而以匕取；手雖不能自爲，而能用夫櫛與匕焉，是卽手之爲也。上之用人，何以異此？不先有司置，欲躬役廣務，將見日勤日苦，而日愈不暇矣。古人謂得士者昌，自用者小，當正如此。夫賢者識事之體，知事之要，與庸人相懸，蓋十百而千萬也。布之周行，百職具擧。宰執總其要而行之，不煩不勞，此所謂省也。……人莫不飮食也，獨膳夫爲能致氣味之美，莫不覩日月也，獨星官爲能步虧食之數，得法與不得法，固難一律論也。……夫治人者，法也；守法者，人也；人法相維，上安下順；而宰執優廊廟之上，不煩不勞，此所謂省也。……已仕者，便當頒降俸給，使可養廉；未仕者，且當寬立條格，俾就序用；則失職，稍可舒矣。外設監司，糾察汙濫；內專吏部，考訂資歷；則非分之求，漸可息矣。再任三年，抑高而擧下，則人才爵位，略可平矣。……俸給之數，叙用之格，監司之條例，尤當擬定，……此其大要。」中書省乃宰職之所，在總攬庶政，統率百揆，宜執機樞，握綱要，督察百司，使群臣各得其所，事無不治，治之至者。宰相者在「成事」(let the works to be done)，不在「做事」(not he himself does the works)。宰相若事皆躬親，則上侵下矣，是謂之賊，體系紊亂，庶事蕩然。宰輔之職在立法與用人。立法成善政，用人得賢才。用賢才以行善政，國未有不治者。用人之要在厚其祿，養其廉；專其任，責其成，綜名以覈實，信賞而必罰；三載考績，黜陟幽明。

五、設學校，育人才——唐、宋皆行科擧取士之制。科擧有一定程式與法例。試經義，流爲記誦之學；重詩賦，不過雕蟲小技；而應試之士不務實學，不求眞知，只圖徧摩記誦及制譜詩律，虛巧投機，只求中式，士風敗壞，群趨浮華。因之，所擧非人，無補於政事，反荒蕪於實學，流弊滋彰，許衡深爲慨嘆；故主張設學校，敎授實學，培育眞才實學之士，以蔚爲國用。他說：「先王設學校，養育人才，以濟天下之用，及其弊也，科目之法愈嚴，而士之進於此者愈巧，以至徧摩字樣，期於必中。上之人不以人才待天下之士，下之人應此者，亦豈仁人君子之用心也哉！雖得之，何益於用？上下相待其弊如此；欲使生靈蒙福，其可得乎？先王設學校，後世亦設學校，但不知先王何爲而設也。上所以敎人，下所以爲學；皆本於天理民彝，無他敎也，無異學也。」（遺書）

六、重生產，抑消費——第二次世界大戰前，美國農工生產有「生產過剩」現象，以致穀賤傷農，政府竟採農業減產政策，甚至把大量糧穀傾倒入海，防止糧價暴跌。商品滯銷，經濟凋敝，以致造成工廠倒閉，工人失業的經濟恐慌。因之，戰後有經濟學者凱因斯等乃高倡廣消費以刺激生產之說，大受社會歡迎。其實，這種學說違反經濟學的基本原理，行有不達。這種學說倡行的結果，不但不能解決其經濟困難問題，且使其情勢每況愈下。今日美國聯邦政府的預算赤字高達四千多億，日本對美貿易出超達三百多億。中華民國對美貿易的出超亦一百多億。凱因斯經濟學說的貽害，當亦是原因之一。經濟學的基本原理，是《大學》上所謂「生財有大道，生之者衆，食之者寡；爲之者疾，用之者舒；則財恒足矣。」（《大學》十）許衡深明此基本原理，故主張崇生產，抑消費。他說：「錢穀是國家大事。生財有箇道理，作生活者多，食用者少；做造者多，使用處不過當。這般呵，財常不缺少。」（《直說大學要略》）

七、辨賢姦，去邪惡——治國安民，固須以用賢才爲第一要務，然姦邪之人，每能擕術以進身，混跡於群臣之間。而姦邪之臣每能藉諛媚之言，逢迎之術而獲君主寵重；進讒言，肆攻訐以排斥忠良之臣。國之亂亡，多由姦邪之臣的舞弄與挑撥。所以明君治國必須明辨賢不肖。知賢而用之不貳；察姦而去之不遲。許衡曰：「姦邪之人，其爲心險，其用術巧。惟險也，故千態萬狀，而人莫能知；惟巧也，故千蹊萬徑，而人莫能禦。人君不察，以諛爲恭，以訐爲公，以欺爲可信，以佞爲可進。喜怒愛惡，人主固不能無；然有可者，有不可者；而姦邪之人，一於迎合，竊其勢以立己之威，濟其慾而結主之愛，愛隆於上，威擅於下，大臣不敢議，近親不敢言；毒被天下而上莫之知。此前人所謂城狐也，所謂社鼠也。至是求去之，不亦難乎！雖然，由人主不悟，誤至於此，猶可說也。如宇文士及之佞，太宗灼見其情，而竟不能斥，李林甫妬賢嫉能，明皇洞見其姦，而卒不能退；邪人之惑主有如此者，可不畏哉？」（爲君難六事疏）

八、取尚勇，守崇謙——取天下多靠武力征伐，擊敗敵人，奪其政，佔其地，治其民。守天下則須行仁義，重道德，崇倫理及典章制度；故曰：馬上得天下，不能以馬上治之。取與守的目標既有不同，則其所運用的手段，自亦有其區別。憑武力征服他國，必須勇往善戰，方能克敵致勝，故取天下當尚勇。守天下要持盈保泰，謙退禮讓，方能得民心，致安定。因「滿招損，謙受益」。故守天下，宜崇謙讓。許衡曰：「臣聞取天下者尚勇敢，守天下者尚謙讓。不尚勇敢，則無以取天下；不崇謙讓，則無以守天下。取也，守也，各得其宜，君人者不可以不審也。」（雜疏）

第三節　學術貢獻

一、傳播理學——蒙古忽必烈以武力統一中國，是征服者的地位，固可不顧一切以蒙俗強治中國。但蒙古文化低落粗劣，遠遜於中國者。「人向高處看，水往低處流」，遂不得不採行漢法以治漢地。元人採行漢法除客觀情勢需要外，尚有以下的原因：㈠宋代的理學講究忠君主，尚倫理，及誠、正、修、齊、治、平之道，合於統治者的需要。㈡理學家「高談者，遠述性命，而以功業為可略；精論者，妄推天意，而以夷夏為無辨」（葉適，上孝宗皇帝劄子）。元帝為減低漢人反抗心理，高唱「夷夏不分，天下一家」的政策。理學家的立論，正好符合元帝的政策。㈢朱熹說：「只要天下為一，諸侯朝覲，訟獄皆歸，便是正統。」（《朱子語類》卷一〇五，自注書）這種舍倫理，棄正道，只要能統一國家者便是正統的理論，正足以支持元繼宋為正統的事實。所以元代最流行朱熹的理學學說。㈣漢人大臣較之蒙古大臣，則智慧高超，知識豐富，能力優長，處理政務，容易解決問題，提供建議多完備合理，故深得元世祖的信任與借重。

宋太祖建國重文輕武，歷時三百餘年，乃儒學獨尊時代，儒者援佛道入儒，而產生獨具特色的新儒學，卽所謂理學或道學。理學家輩出，如周敦頤、張載、程顥、程頤、陸九淵等皆其佼佼者；朱熹能集理學之大成，成爲理學鉅擘。因宋輕武，一直兵力不强，國威不振。這些學者未能發揮富國强兵的功能。反而等到元蒙統一中國，理學家才能得到大用。許衡、姚樞、竇默三人皆漢之理學家，同心協力，輔佐元世祖行漢法，講理學，使南宋理學得以傳播至久受契丹、女眞統治的北方及新興的蒙元。三人中以許衡傳播理學的功勞最大。因他兩度任集賢殿大學士兼國子祭酒，且任皇太子師，皆係施敎布道職位，故對傳播儒學及理學有直接的大貢獻與功績。

二、紹述道統——許衡以朱熹之言爲宗，窮理致知，反躬實踐，純乎儒者之道。中國的學術思想以儒學爲主流。其道統的垂緒，則堯、舜、禹、湯、文、武、周公、孔子、孟子等一脈相傳。至魏晉南北朝則虛玄的老莊思想盛行，淸談誤國，倫常敗壞，儒學趨於式微，道統瀕於中衰。幸有唐之韓愈，原道統，講仁義，「道濟天下之溺，文起八代之衰」，儒學得以復興。迨至宋代儒學大盛，躋於學術獨尊的地位。理學蔚然興起，大儒輩出，而朱熹卻能集其大成，成爲鉅擘，勢可承接儒學之道統。許衡師宗朱子，以小學、《大學》、《中庸》、《論語》、《孟子》爲敎人的張本，以朱子的《章句集註》爲解說的標準，不尙文辭，務求實踐，使學者皆知聖賢之正道。朱子的功夫在闡釋聖賢的理義；許衡則重實踐此義理。故歐陽玄稱：「先生之於道統，非徒託諸言語文字之間而已矣。」蓋許衡之學，以明體達用爲主，修己，以存心養性爲要；事君，以責難陳善爲務；敎人，以洒掃進退爲始，精義入神而終。其繼往聖，開來學的功績，實不可沒。

三、闡揚命義——許衡的學術思想，見於所撰《直說大學要略》、《大學直解》、《中庸直解》、《語錄》及《讀易私言》。這些著作皆課敎生徒之書，文辭通俗，無所創發。蓋朱子對《大學》、《中庸》、《論語》、《孟子》已有詳盡詮釋，不易增益，且許衡意在實踐，只求意達辭明而已。惟《周易》所論者多爲陰陽變化、四時更替及世事衍易的理則。許衡對易理頗有己見，以爲乾坤定，貴賤位，事君敬長乃自然的現象；於世間事物的觀察，則歸之於「命」與「義」。他認爲「義」者出諸己，故自己可以控制。「命」者出於天，非自己所能掌握。所謂「命」乃指天命而言，萬物皆本於陰陽，天有晝夜寒暑，物有生榮枯瘁，人有富貴貧賤及生死休咎禍福。此皆本於天命，乃是一定的「分」，不能勉强而求得，此乃自然的法則，卽「天理」。推而至於君臣、父子、兄弟、夫婦、朋友的五常關係，皆是「天命之性」，亦卽天理所賦的「名分」。天理至公至正，無事不善。背天逆理卽爲不道。不義、不忠、不孝、無別、失序、不信，皆背悖天理的行爲。「義」者宜也，謂行事各得其宜。本於自己的良知的抉擇，適合情勢的需要而措置之宜，便是義。如陸行乘車，水行乘舟，冬日衣裘，夏日衣葛，均爲合於義的事之宜。推而至於君臣、父子、兄弟、夫婦、朋友的五倫關係，如何使之合於義，得其宜？卽在於「各守其分，各安其位」，各盡其應盡的義務，各享其應享的權利。

四、敎育蒙人——元世祖至元八年（西元一二七一年）三月，許衡受命爲集賢殿大學士兼國子祭酒。國子乃國子監的簡稱，卽國學，漢曰太學。祭酒爲國子監的首長，掌國子監的敎育事宜。世祖親擇蒙古子弟使敎育之。國子學設於京師南城樞密院舊址，另設有司業、博士、助敎等，以輔佐祭酒。許衡又奏准召其弟子王梓、劉安中、呂端善、姚燧、姚燉、韓思永、劉季倫、孫安、高凝、白棟、蘇郁、耶律有尚十二人爲蒙古生之伴讀，分齋教學，以伴讀爲齋長。「學生肄業期間爲三年。教學內容以小學及《大學》爲主要教材，自洒掃進退應對以至於窮理、致知、正心、誠意、修身、齊家、治國、平天下之道。許衡主持國子監的教育，長達十年之久」，「以中國學術思想主流的儒學及理學傳授蒙古子弟」，「漢化之功深及於蒙古，以夏變夷，使夷狄而華夏之，功在國家，績光儒學，許衡的貢獻與成績，足以永光史册，德垂不朽。

許衡急於行道以濟世，不擇主而仕，以漢之儒士，屈膝而事蒙古的征服者，曾有後人非議之。不過，清江彭綱曾爲說就此替許衡辯護。他以爲宋失中原於金人，非失於元人。元取中原於金，非取中原於宋。許衡久受異族的統治，而宋莫之能救。衡生於元朝興起已四世之時，而宋失中原亦已數世。衡生爲元民，而仕爲元臣，固不可厚非。若衡不可爲元臣，則中原億兆人民皆不能爲元民耶!?何瑭亦爲許衡作辯析，以爲華夏與夷狄的區分，而應以文化爲標準，若華夏而用夷狄之禮儀與文化則爲夷狄；夷狄而用華夏之禮儀與文化則爲華夏。許衡之仕元，在行其道。其所欲行之道，則是「用夏變夷」的孔子之道，並不背悖聖人的主旨。目的正當，仕元之宗旨所以宏揚儒學與中國文化，有功而無罪，未可非議。否則，若無許衡、姚樞、竇默等人力諫元帝採行漢化，則野蠻的蒙古人摧殘中國文化將不知伊於胡底。

第七十三章　馬端臨的政治思想

第一節　生平事略

一、**事略**——馬端臨字貴輿，江西樂平（今江西樂平縣鄱陽縣東）人，生於宋理宗紹定元年（西元一二二八年），卒於元英宗至治三年（西元一三二三年）。宋度宗咸淳中漕試第一，父廷鸞宋右丞相時，休甯曹涇深於朱子之學，端臨從之游，以蔭補承事郎。宋亡，隱居不仕，傾全力著鉅製《文獻通考》，以補杜佑《通典》之闕，二十餘年而後成書。昔留夢炎與宋廷鸞同朝爲相。夢炎降元，召致端臨欲用之。端臨以親老辭卻之。元仁宗延祐四年（西元一三一七年）遣眞人王壽衍求有道之士，至饒州路之鄱陽縣，錄其書《文獻通考》上進，召官爲鏤板以廣其傳，仍由端臨親爲校勘。元廷起端臨柯山書院山長及臺州教授，以病辭，卒於家。

二、**品評**——馬端臨博通群經，尤深史學，又從曹涇習朱子之學，堪稱學淵德充的儒者。南宋之世，士風敗壞，多以競求利祿爲趨騖，而理學家又如葉適所謂「高談者遠述性命，而以功業爲可略；精論者妄推天意，而以夷夏爲無辨」；宋既亡，無仕進之路，而元廷又使其長輩召致之，在志節不堅，忠貞氣弱者，自必腆顏仕元。而端臨則能淡泊以明志，寧靜而致遠，隱居以求志，著書立說，致力於名山事業，疾風知勁草，歲寒識松柏之後凋，高風亮節，志節忠貞，爲儒者立典型，爲故國留光輝，實足式仰。若趙孟頫者，身爲宋之宗室，不悲亡國之痛，不念宗社之覆，不顧夷夏之辨，利慾薰心，寡廉鮮恥，屈膝以仕異族，厚顏以居高位，食重祿，其視端臨能無愧咎與羞慚！馬氏費二十年之精力與心血，撰就《文獻通考》，堪稱高智結晶，盡慮鉅構，體大思精！賅博精審，蒐羅宏富，體系完備，立論公平客觀，與杜佑《通典》、鄭樵《通志》同稱不朽之作，有功於史志研究及文化發揚者，至深且鉅。清高宗乾隆十三年（西元一七四八年）重刻《文獻通考》序有言曰：「朕惟會通古今，該洽載籍，薈萃源流，綜通同異，莫善於通考之書。其考覈精審，持論平正，上下數千年，貫穿二十五代，於制度張弛之迹，是非得失之林，固已燦然具備矣。夫帝王之治天下也，有不敝之道，無不敝之法。綱常倫理，萬世相因者也；忠敬質文，隨時損益者也。法久則必變，所以通之也，必監於前代以爲折衷。……則是編也，誠考據之資，可以羽翼經史，裨益治道，豈淺鮮也。」

第二節　文獻通考

一、著作的旨趣——馬氏撰寫《文獻通考》的旨趣，於此書的自序中曾明白論述之。要而言之，其旨趣有二：一是增補杜佑《通典》的不足。二是新加史志應行論述的典制。就補充事項言曰：「唐杜岐公始作《通典》，肇自上古以至唐之天寶。凡歷代因革之故，粲然可考。其後宋白嘗續其書，至周顯德。近代魏了翁又作《國朝通典》。然宋之書成，而傳習者少。魏嘗屬稿，而未成書。今行於世者，獨杜公之書耳。天寶以後蓋闕焉。有如杜書綱領宏大，考訂該洽，固無以議爲也。然時有古今，述有詳略，則夫節目之間，未爲明備；而去取之際，頗見精審；不無遺憾焉。」

就新加事項而言曰：「蓋古者田制賦，賦乃米粟之屬，非可析之於田制之外也。古者任土作貢，貢乃包篚之屬，非可雜之於稅法之中也。乃若敘選舉，則秀孝與銓選不分；敘典禮則經文與傳注相汨；敘兵則盡遺賦調之規，而姑及成敗之迹。諸如此類，寧免小疵。至於天文、五行、藝文，歷代史各有志，而《通典》無述焉。馬、班二史，各有諸侯王列侯表，范曄《東漢書》以後無之。然歷代封建王侯未嘗廢也。王溥作《唐會要》、《五代會要》，首立帝系一門，以敘各帝歷年之久近，傳授之始末，次及后妃皇子公主之名氏封爵。後之編會要者倣之。而唐以前則無其書。凡是二者，蓋歷代之統紀典章係焉，而杜書亦復不及，則亦未爲集著述之大成也。」

又曰：「愚自早歲，蓋嘗有志於綴輯，顧百憂薰心，三餘少暇，吹竽已濫，汲綆不修，豈復敢以斯自詭。昔夫子言，夏殷之禮，而深慨文獻之不足徵。釋之者曰，文，典籍也；獻，賢者也。生乎千百載之後，而欲尚論千百載之前，非史傳之實錄俱存，何以稽考。儒先之緒言未遠，足資討論。雖聖人亦不能臆爲之說也。竊伏自念業紹箕裘，家藏墳索，插架之收儲，趨庭之問答，其於文獻蓋庶幾焉。嘗恐一旦散佚失墜，無以屬來哲，是以忘其固陋，輒加考評，旁搜遠紹。」

二、本書的特色——馬氏進而論述其書的特色曰：「自天寶以後至嘉定之末，則續而成之，曰經籍，曰帝系，曰封建，曰象緯，曰物異，則《通典》原未有論述，而採摭諸書，以成之者也。凡敘事則本之經史，而參之以歷代會要，以及百家傳記之書，信而有證者從之，乖異傳疑者不錄，所謂文也。凡論事，則先取當時臣僚之奏疏，次及近代諸儒之評論，以及名流之燕談，稗官之紀錄。凡一話一言，可以訂典故之得失，證史傳之是非者，則採而錄之，所謂獻也。其載諸史傳之紀錄，而可疑稽諸先儒之論辨而未當者，研精覃思，悠然有得，則竊著己見，附其後焉。命其書曰《文獻通考》。」

三、本書的內容——《文獻通考》的內容，共分爲二十四門，凡三百四十八卷。其每門著述之成規，考訂之新意，各以小序詳之。二十四門者：一曰田賦考，七卷。二曰錢幣考，二卷。三曰戶口考，二卷。四曰職役考，二卷。五曰征榷考，六卷。六曰市糴考，二卷。七曰土貢考，一卷。八曰國用考，五卷。九曰選舉考，十二卷。十曰學校考，七卷。十一曰職官考，二十一卷。十二曰郊社考，二十三卷。十三曰宗廟考，十五卷。十四曰王禮考，二十二卷。十五曰樂考，二十一卷。十六曰兵考，十三卷。十七曰刑考，十二卷。十八曰經籍考，七十六卷。十九曰帝系考，十卷。二十曰封建考，十八卷。二十一曰象緯考，十七卷。二十二曰物異考，二十卷。二十三曰輿地考，九卷。二十四曰四裔考，二十五卷。

第三節　政治思想

《文獻通考》自序有言曰：「先儒之論辨有未當者，研精覃思，悠然有得，則竊著己意，附其後焉」；又曰：「而其每門著述之成規，考訂之新意，各以小序詳之。」於此「己意」與「新意」中，則可見及馬氏之政治思想。玆擇要舉述於後：

一、井田不可復——「法不可恒也」，「法與時轉則治」。古時的良法，未必能行於今日。若生今之日，而强行古之法，是謂泥古。泥古者必敗事。王莽倣古之井田制而强行王田制而遭失敗，便是一例。馬端臨認爲在古之封建國家，天下之田悉屬於官，土地任由官府區劃分配，而行井田制，自無不可。但自秦始皇廢封建，行郡縣，田土可以自由買賣，於是皆歸於私有。今若復行井田制，是强奪民之田畝以怨尤，故井田不可行。他說：「古之帝王未嘗以天下自私也。故天子之地千里，公侯皆方百里，伯七十里，子男五十里。而王畿之內，復有公卿大夫采地祿邑。各私其土子其人，而子孫世守之，其土壤之肥磽，生齒之登耗，視之如其家，不煩考覈，而姦僞無所容；故其時天下之田悉屬於官，民仰給於官者也。故受田於官，食其力而輸其賦，仰事俯育一視同仁，而無甚貧富之民；此三代之制也。秦始以宇內自私一人，獨運於其上，而守宰之任驟更數易，而閭里之情僞，雖賢且智者，不能周知也。守宰之遷除，其歲月有限，而田土之還受，其姦蔽無窮，故秦漢以來，官不復可授田，遂爲庶人之私有，亦其勢然也。雖其間如元魏之泰和，李唐之貞觀，稍欲復三代之規，然不久而其制遂隳者，蓋以不封建，而井田不可復行故也。三代而上，天下非天子所得私也。秦廢封建，而始以天下奉一人矣。三代以上，田產非庶人所得私也。秦廢井田，而始捐田產以予百姓矣。秦於其當與者取之，所當取者予之，然所襲既久，反古實難。欲復封建，是割裂其土宇以啓紛爭；欲復井田，是强奪民之田畝以招怨讟。書生之論所以不可行也。」（《文獻通考》自序及卷一，田賦一）

二、兵農宜合一——馬端臨贊成兵農合一制，其利在無事則致力農耕，以增生產；有事則擔任戰鬪，平亂禦侮。如此，則養兵之用費及調遣之餉耗，可以節省。他說：「古者兵與農共此民也。故無事則驅之爲農，而力稼穡；有事則調之爲兵，而任征戰。雖唐兵之法猶然。至於屯田，則驅游民闢曠土，且耕且戍，以省饋饌，尤爲良法。自府兵之法既壞，然後兵農判而爲二，不特農疲於養兵，而兵且耻於爲農。觀陳恕所奏及沮何承矩屯田之議可見。然則國力如之何而不敝於餉軍也哉。」（《通考》卷七，田賦七）在往昔戰爭技術粗劣時代，戰鬪不過角力而已，且武器簡陋，使用容易，兵農合一制行之或可無礙。然在今日，戰術已專精化，武器亦科技化，必須有相當長期的戰技與武學訓練，實難以勝戰鬪之任，而操勝利左劵。故兵農合一制，實難施行於今日。

三、錢幣應流通——錢幣亦稱貨幣，乃商業交易上所用之媒介物。在第一時期，多用物品貨幣，如貝殼、獸皮、穀物、珠玉、寶石等。在第二時期，多用金屬貨幣，如金錢、銅錢、鐵錢、銀錢等。第三時期，多用紙幣，如鈔票、滙票、支票、信用狀等。馬端臨信持的錢幣政策有二：一是錢幣鑄造權應集中統一於政府。二是錢幣應儘其流通，以利交易，不可藏而不用。馬氏曰：「按錢幣之權，當出於上（皇帝），則造幣之司當歸於一。漢時，常令民自鑄錢，及武帝則專令上林三官鑄之，而天下非三官錢不得行。郡國前所鑄錢，皆廢銷，輸其銅於三官。然後以銅鐵鉛錫而成。而銅鐵鉛錫搬運重難，是以歷代多即坑冶附近之所，置監鑄錢。」（《文獻通考》卷九，錢幣二）鑄錢的處所雖可分設於冶金附近之地，而鑄造權仍操之於中央，固無礙於錢幣的統一。漢文帝曾准民間可自鑄錢，遂致規格不一，輕重不同，品質差池，眞僞難辨，弊害百出。故至武帝時不許民間私鑄錢。鑄錢之權乃收歸皇帝，俾作統一的鑄造。錢幣統一，始能通行全國，流通無阻。

馬氏又曰：「雖私家用度，亦非錢不行。天下之物，隱沒不見，而通於世者惟錢耳。夫古今之變，世數之易，物之輕重，貨之貴賤，其間迭往迭來，不可逆知，然錢貨至神之物，無留藏積蓄之道；惟通融流轉，方見其功用。今世富人既務藏錢，而朝廷亦盡征天下錢入於王府。已入者不使出，乃立楮於外以待之。不知錢以通行天下爲利，錢雖積之甚多，與他物何異。人不究其本原，但以錢少只當用楮（製交鈔的原料），楮行而錢益少，故不惟物不得而見，而錢亦將不可得而見。然自古今之弊，相續至於今日，事極則變，物變則反，必須另有作新之道，但不知其法當如何。變決不可易者，廢交子然後可使所藏之錢復出。若夫富强之道，在於物多，物多則賤，賤則錢貴，錢貴然後輕重可權，交易可通。今世錢至賤，錢賤由乎物少。其變通之道，非聖人不能也。」（《文獻通考》卷九，錢幣二）

貨幣宜流通，不宜儲匿，乃經濟學上不易之理。因貨流通始能發揮其利便交易，促進生產的功用。昔之富而吝的守財奴有將金銀鑄爲條塊埋藏房基建築之下者。如此，則財貨對自己已屬無用，對社會亦妨礙經濟發展，實不智之甚者。卽在今日仍有不少如此愚人，藏置黃金美鈔於保險箱而不用。對社會不能作投資生產之用；對自己亦無利息或利潤收入之益，非愚而何!?已開發國家的人民皆知將貨幣存入銀行生息或投資生產事業，決不使有用的金錢呆死於無用之地。

四、育材供選拔——必須有勤勞的耕芸，始能有豐盛的收穫。必須建立學校，施行敎化，培育出優秀的士子，政府於其中始能選拔得勝任的賢才。供應與需求必須兩相呼應，必須有充分的供應才能滿足適當的需求。中國歷代的敎育設施多欠積極推動，培育人才的功用，未能達於理想，因人材的供應不足，以致政府考選官吏，多未能獲得眞才實學之士以爲國用。馬端臨曰：「古之聖賢其於化民成俗，選賢與能二事，視其賢愚升沉，舉切吾身，故其爲法甚備。其敎人也，不特上賢以崇德，而必欲簡不肖以絀惡；其擧人也，不特進賢受上賞，而必欲蔽賢蒙顯戮。蓋賞罰相須而行，則始不視爲具文。後世非不立學校也，而未聞不帥師敎之罰；蓋姑選其能者，而無能之人則聽其自爲不肖而已。非不興選擧也，而未聞蔽賢之戮；蓋姑進其用者，而未用之人，則聽其自爲不遇而已。其敎之也不備，其選之也不精，宜人才之所以日衰也。雖然，惟其敎調之法不備，所以選擧之塗不精。士生斯時，蓋自爲材，而未嘗有所賴於上之人，則所謂焉知賢才而舉之，何以知其不才而舍之，而蔽賢之罰亦無所施矣。」（《文獻通考》卷二十八，選舉一）育材不備，故不能得材，蔽賢不罰，故不能得賢。

五、評九品中正——魏晉採九品中正以衡鑑人才，以憑任用，魏文帝依陳群之建議而設立，即所謂九品官人之法。其法於郡邑設小中正，州設大中正，專司品第人才。由小中正以九等第人品的高下，上諸大中正，大中正核實上諸司徒，司徒再核後付尚書選用。中正官受門閥左右，致形成劉毅所謂「上品無寒門，下品無世族」。馬端臨對九品中正制的弊害，有詳切的批評。其言曰：「魏晉以來，雖立九品中正之法，然仕進之門，則與兩漢一而已。或公府辟召，或郡國薦舉，或由曹掾累積而升，或由世胄承襲而用，大率不外此三四塗轍。然諸賢之說，多欲廢九品，罷中正，何也？蓋鄉舉里選者，採毀譽於衆多之論，而九品中正者，寄雌黃於一人之口。且兩漢如公府辟掾屬，州郡舉曹僚，皆自薦舉而自試用之。若非其人，則非特累衡鑑之明，抑且失恃毗之助，故終不敢十分徇其私心。至中正之法行，則評論自是一人，擢用者自是一人，評論所不許，則司擢用者不敢違其言；擢用者或非其人，則司評論者本不任其咎，體統脈絡，各不相關，故徇私之弊無由懲革。

又必限以九品，專以一人，其法太拘，其意太狹，其跡太露，故趨勢者不限舉賢，如劉毅所謂上品無寒門，下品無世族是也。畏禍者不敢嫉惡，如孫秀爲琅琊郡吏，求品於清議，王戎從弟衍，衍將不許，戎勸品之。及秀得志，朝士有怨者，皆被害，戎、衍獨免是也。快恩讎者得以自恣，如何劭初亡，袁粲弔劭子岐，岐辭以疾，粲曰，今年決不下婢子，是也。又如陳壽遭父喪有疾，使婢丸藥，客見之，鄉里以爲貶坐，是沉滯累年。謝惠連愛幸會計郡吏杜德靈，及居父喪，贈以五言十餘首，坐廢不與榮伍。尚書僕射殷景仁愛其才，乃白文帝言，臣小兒時便見此文，而論者云是惠連，其實非也。文帝曰，若此，便應通之。元嘉七年乃始爲彭城王義康參事。閻纘父卒，繼母不慈，纘恭事彌謹，而母疾之愈甚，乃誣纘盜父時金寶，訟於有司，遂被淸議，十餘年纘孝謹不怠，母後意解，更移中正，乃得復品。以此三事觀之，其法過嚴亦太拘。蓋人之履行稍虧者，一入品目，遂永不可拔拭湔滌，則天下無全人矣。況中正所品者，未必皆當乎？固不若採之於無心之鄕評，以詢其履行，而試之職業，而驗其才能，一如兩漢之法也。」（《文獻通考》卷二十八，選舉一）

六、評唐宋科舉——隋文帝開皇七年（西元五八七年）始行科舉。唐繼而行之，爲時尚不甚久，故制度有欠完備，不無弊端。唐時科舉，試卷尚不彌封，則主試者自可依名徇私。馬端臨論其弊曰：「唐科目考校，無糊名之法，故主司得以采取譽望。然錢徽、高鍇之事觀之，權倖之囑託，亦可畏也。東漢及魏晉以來，吏部尚書司用人之柄，然其時諺曰，取行實，甄材能，故爲尚書者，必使久於其任，而後足以察識。今唐人禮部所試，不過寸晷之間，程其文墨之小技，則所謂主司者，當於將試之時，擇士大夫之有學識操守者，俾主其事可矣，不必專以禮部爲之。今高鍇之爲侍郞知貢舉也，至於仇士良之挾勢以私裴恩謙也，至於再囑，於是鍇亦不能終拂凶璫以取禍矣。此皆預設與久任之弊也。」（《文獻通考》卷二十九，選舉二）試卷不糊名，主司自不敢拒有權勢的囑託以招禍。若臨時以有學識操守者任主司，或較久任者之爲愈。且不糊名亦易有受賄徇私諸弊，故至宋而採彌封卷。

唐旣於科舉不糊名，進而有取「通榜」之弊。所謂「通榜」者，卽錄取知名之士。因之，舉子每攜其所撰詩文至京師，送給權貴，相與標榜吹噓以製造知名度，俾能錄取通榜。白居易以詩謁顧況，李賀以詩謁韓愈，孟郊投詩於呂渭，鄭谷投詩於鄭紞，及皇甫湜與牛僧孺之故相標榜，皆通關節，結權貴，增益聲譽的事例。馬端臨舉一要例以指其弊曰：「太祖幸西都，張齊賢以布衣獻策，帝善之。歸語太宗曰，吾幸西都，得一張齊賢，我不欲官之，汝異日可收以自輔。後齊賢中選，適在數十人之後，及注官，乃詔盡與超除，如是則是通榜恩數之厚。」（《文獻通考》卷三十，選擧三）宋雖採糊名法，擧士難取通榜，但注官仍重聲名而不依次，亦通榜之遺弊。

唐宋科擧所試科目有帖經與墨義，祇重記誦，難取眞才實學之士。馬端臨曰：「自唐以來，所謂明經者，不過帖經與墨義而已。余嘗見東陽澤麗呂氏家塾有刊本呂許公夷簡應本州鄉試卷，因知墨義之式，蓋十餘條。有云，作者七人矣，請以七人之名對。則云七人某某也，謹對。有云，見有禮於其君者，如孝子之對父母也，請以下文對。則對云，下文曰，見無禮於其君者，如鷹鸇之逐鳥雀也，謹對。有云，請以註疏對。則對曰，註疏曰云云，謹對。有不能記憶者，則只云對未審。蓋旣禁其挾書，則思索不獲者，不容臆說故也。其上則具考官批鑿，對所對善，則批一通字；所對不善及未審者，則批一不字。大概如兒童挑誦之狀。故自唐以來，賤其科，所以不通也。」（《文獻通考》卷三十，選擧三）

王安石爲相，令以所著《三經新義》爲科擧應試範本，馬端臨深非之，曰：「變聲律爲議論，變墨義爲大義，則於學者不爲無益。然介甫（王安石）之所謂一道德者，乃是欲以其學，使天下比而同之，以取科第。夫其書縱然善無可議，然使學者以干祿之故，皓首專門雷同蹈襲，不得盡其博學詳說之功，而稍求深造自得之趣，則其拘牽淺陋，去墨義無幾矣。況所著未必盡善乎!?至所謂學術不一，十人十義，朝廷欲有所爲，異論紛然，莫肯承聽，此則李斯所以建焚書之議也，是何言歟。」（《文獻通考》卷三十一，選擧四）

馬端臨爲史學家，故甚重史學，而科舉考試則尊經而抑史，故不以爲然，曰：「尊經抑史，廢詩賦，以崇觀以後立科造士之大指，其論似正矣。然經之所以獲尊者，以有荆（王安石）舒（安石之子雱）之《三經》也。史與詩之所以遭斥者，以有涑水（司馬光）之《通鑑》，蘇（東坡）黃（山谷）之《酬唱》也。群憸借正論以成其姦，其意豈眞以爲六籍優於遷（司馬遷）固（班固）李（白）杜（甫）也哉。」（《文獻通考》卷三十一，選舉四）

唐宋科舉亦有如今日考用不能配合之弊。考試及第者未必皆得任官；而未經考試及第者亦可另途得官。馬端臨以此爲不當而論之，曰：「古之取士蓋將官之，然則舉士與舉官非二途也。三代之時，法制雖簡，而考核本明，毀譽既公，而賢愚自判。往往當時士之被舉者，未有不入官者也。降及後世，巧僞日甚，而法令亦滋多，遂以科目爲舉士之途，銓選爲舉官之途，二者各自爲防閑檢校之法。至唐制，則以試士屬之禮部，試吏屬之吏部，於是科目之法，銓選之法，日新月異，不相爲謀。蓋有舉於禮部而不得官者，不舉於禮部而得官者，則士所以進身之塗轍，亦復不一，不可比而同之也。於是立舉士舉官兩門以統之。然三代兩漢之時，二者本是一事。」（《文獻通考》卷三十六，選舉九）

馬端臨曰：「如昌黎之說，則知唐選舉之法，州府所升者，試之禮部，禮部所升者，試之吏部，其法截然。且禮部所升之士，其中吏部之選，十不及一，可謂難矣。然觀御史韋正伯所劾奏，貞元七年多，京兆府踰濫解送之人，已授官總六十六人，則似未經禮部者逕入吏部。又會要稱，太和元年中書門下奏，凡未有出身未有官，如有文學抵合於禮部應舉，有出身有官方合於吏部赴科目選。近年以年格文差互，多有白身及散官並稱鄉貢者並赴科目選，及注擬之時，卽妄論資次，曾無格例，有司不知所守，則知唐中葉以後，法度大段隳廢紊亂矣。」（《文獻通考》卷三十七，選舉十）

唐宋選擧分科目（科擧）與制科（制擧）兩種。科擧源於漢之察擧，郡守擧孝廉、賢方、秀才，至京經對策而任官，所以擧一般之士。制擧源於漢之徵召，皇帝直接徵擧非常之士及高蹈遠隱之輩。至唐宋，制擧亦科擧化，不足以得非常之才，有失制擧之原意。馬端臨曰：「制科所難者六論，所謂四通五通者中選。所謂準式不考者閫罷，則皆以能言論題出處者爲奇，而初不論其文之工拙。蓋與明經墨義無以異矣。況有博聞强記如巽岩者，聚諸家奇僻之書，掇其可以爲論題者，抄爲一編，揣摩收拾，殆無所遺。然則淺學之士，執此以往，亦可哆然以賢良自名，而有掇巍科之望矣。科目取人之弊，亦至於此。然觀邵氏《聞見錄》言，范文正公以制科薦富鄭公，富公辭以未習。范公曰，已爲君闢一室，皆大科文字，可往就館。以此觀之，所謂大科文字者，往往卽巽岩所編之類是也。以富公異時之德業，如許然應制科之初，倘不求其文而習焉，則亦未必能中選。東坡作張文定墓銘言，天下大器，非力兼萬人，孰能擧之；非仁宗之大，孰能容此萬人之英；蓋卽位八年，而以制策取士，一擧而得富弼，再擧而得公。……則二公之所蘊蓄抱負，此（制科）豈足以知之乎。」（《文獻通考》卷三十三，選擧六）

七、宰相成篡階——宰相原爲佐天子，總百揆，督率群臣的樞機重任，但自漢末以至兩宋之世，丞相擅權，寖成篡弒之階。馬端臨曰：「自後漢時，雖置三公而事歸臺閣，尙書始爲機衡之任。然當時尙書不過預問政事，未嘗盡奪三公之權也。至魏晉以來，中書尙書之官始眞爲宰相，而三公遂爲具員，其故何也？蓋漢之典事，尙書中書者，號爲天子之私人。及叔季之世，則姦雄之謀篡奪者，亦以其私人居是官，而所謂三公者，古有其官，雖鼎命將遷之時，大權一出於私門。然三公未容遽廢也。故必擇其老病不任事，依違不侵權者居之。東漢之末，曹公爲丞相，而三公則楊彪、趙溫，尙書令、中書監則二荀、華歆、劉放、孫資之徒也。魏之末，司馬師、昭爲丞相，而三公則王祥、鄭冲，尙書令、中書監則賈充、荀勗、鍾會之徒也。蓋是時凡任中書者，皆運籌帷幄，佐命移祚之人。凡任三公者皆備員高位，畏權遠勢之人，而三公之失權，任中書之秉機要，自此判矣。至丞相一官，西漢廢於哀帝之時，東漢本不置丞相，建安特置之以處曹操。魏本不置丞相，正始特置之以處司馬師、昭。及晉則不置，正苻堅所謂朕以龍驤建業之說也。然東晉以至宋、齊、梁、陳、隋皆有之。夫中書監既爲宰相之任，則升其品秩可也。宰相既不爲宰相之任，而嘗爲擅代之階，則廢其名可也。今觀魏以後之官品，中書監僅爲三品，而黃鉞大將軍、大丞相、諸大將則爲一品二品。然此數官者，未嘗以授人。特宋、齊、梁、陳、隋將受禪則居之。此外，則王敦、桓溫、侯景亦嘗爲之。夫高官極品不以處輔佐之臣，而又存其名字，使亂臣賊子遽相承襲以爲竊取大物之漸，非所以昭德塞怨，明示百官也。」（《文獻通考》卷四十九，職官三）權臣所以能竊據相位，奪取大物，蓋中央集權不甚，君主地位不固，有以致之。歷宋、元、明、清四個朝代，未再見權臣據相位，篡君權之亂事，蓋中央集權已甚，君主地位已固故也。

八、募兵的禍害——馬端臨贊成兵農合一的民兵制，反對以金錢僱傭的募兵制。

馬氏藉葉適之論，痛陳唐宋行募兵制而致亂亡的禍害。其言曰：「古之兵皆出於民者也，故民附則兵多，而勃然以興；民叛則兵寡，而忽焉以亡。自三代以來皆然也。秦漢始有募兵，然猶與民兵參用也。唐之中世始盡廢民兵而爲募兵。夫兵盡出於招募，於是兵與民始爲二矣。兵與民爲二，於是兵之多寡，不關於國之盛衰；國之存亡不關於民之叛服。募兵之數日多，養兵之費日浩，而敗亡之形，反基於此。唐自天寶以來，內外皆募兵也。外兵則藩鎭擅之，內兵則中人擅之，其勢不相下，而其力足以相制，故安史反叛，而郭子儀李光弼以節度使之兵誅之；朱泚僭亂，而李晟渾瑊以神策之兵誅之。及其衰也，宦官則以內兵而刼制人主，方鎮則以外兵而擅廣土地，及朱溫舉兵內向盡夷中人；廢神策而唐之祚移於內；楊行密、錢鏐、馬殷、王建、劉仁恭、李茂貞之徒，以卒伍竊據一方，而唐之土宇裂於外；而唐遂亡矣。

「中更五代，則國擅於將，將擅於兵，卒伍所推，則爲人主，而國興焉。非以得其民也；其所廢則爲獨夫而國亡焉，非以失其民也。宋有天下，藝祖、太宗以兵革削平海內，暨一傳再傳，則兵愈多而國勢愈弱。元昊小醜稱兵構逆，王旅所加，動輒敗北，卒不免因循苟且置之度外。洎女眞南牧，徵召勤王之師，動數十萬，然援河北則潰於河北，援京城則潰於京城，於是中原拱手以授金人，而王業偏安於江左。建炎紹興之間，驕兵潰卒，布滿江南，聚爲大盜，攻陷城邑，荼毒生靈，行都數百里外，率爲寇賊之淵藪。而所謂寇賊者，非民怨而叛也，皆不能北向禦敵之兵也。張、韓、劉、岳之徒，以輔佐中興，論功行賞，視前代衞、霍、裴、郭曾無少異焉，究其勳庸，亦多是削平內寇，撫定東南耳！一遇女眞，非敗卽遁，縱有小勝，不能補過，而卒不免用屈己講和之下策，以成晏安江左之計。及其末也，夏貴之於漢口，賈似道之於魯港，皆以數十萬之衆，不戰自潰，於是賣降効用者非民也，皆宋之將也。先驅倒戈者亦非民也，皆宋之兵也。夫兵旣不出於民，故兵愈多而國愈危，民未叛而國已亡，唐宋是也。

「司馬法曰，使智使勇，使貪使愚，蓋言戶盡爲兵，則君子小人、賢與不肖，俱出其間也。自募兵之法行，於是擇其願應募者，而所謂願應募者，非游手無籍之徒，則負罪亡命之輩耳，良民不爲兵也。故世之詈人者曰，黥卒曰老兵，蓋言其賤而可羞。然則募兵所得者，皆不肖之小人也。夫兵所以捍國，而皆得不肖之小人，則國之所存者幸矣！紀綱尙立，威令尙行，則猶能驅之以親其上死其長；否則，潰

敗四出，反爲生民之禍，而國祚隨亡矣。」（《文獻通考》卷一百五十四，兵六）

九、反對復肉刑——漢文帝廢除肉刑，世稱仁政。後有人議復肉刑者，馬端臨持反對之論，曰：「是時肉刑之不用，已三百餘年，而卒欲復之，誠非篤論。然陳群所謂殘毀其體，而裁翦毛髮，是當時傷人者，不過坐髡鉗之罪；又言以笞死之法易不殺之刑，是重人肢體而輕人軀命。蓋自孝文立法，以笞代鼻剕，而笞數太多，反以殺人。後雖減笞數，立箠令，然笞者猶不免於死，於是遂以笞爲死刑，其不當死者，則并不復笞之。如孝章以來，屢有寬刑之詔，俱言減死一等者，勿笞徙邊。蓋懼其笞必至於死也。然鬥狠傷人，與姦盜不法之徒，若抵以死則太重，免死而至髡鉗，則裁翦其毛髮而略不罹箠楚之毒，又太輕矣。則曷若斟酌笞數，使其可以懲姦，而毋至於殺人，乃合中道。而肉刑固不必議復也。」（《文獻通考》卷一百六十四，刑三）

十、斥濫酷之刑——詔獄既興，姦權之臣藉以妄行濫酷之刑，用以排除異己而護其黨與。馬端臨深惡權臣輕施濫酷之刑。他說：「淩遲之法，昭陵以前，雖凶强殺人之盜，亦未嘗輕用。自詔獄既興，而以口語狂悖者，皆麗此刑矣。詔獄盛於熙豐之間，蓋柄國之權臣，藉此以威縉紳，祖無擇之獄，王安石私怨所誣也。鄭俠、蘇軾之獄，杜絕忠言也。世居之獄，則呂惠卿欲文致李士寧，以傾王安石。陳世儒之獄，則賈種民欲文致世儒妻母呂，以傾呂公著。至王安石欲報呂惠卿，而特勘張若濟之獄。蔡確欲撼吳充，而特勘潘開之獄。其事皆起於纖微，而根連株逮，坐累者甚衆。蓋其置獄之本意，自有所謂。故非深究黨與，不能以逞甚私憾，而非中以危法，則不能深究黨與。此所以濫酷之刑至於輕施也。」（《文獻通考》卷一百六十七，刑六）

卷五　朱明時代

第七十四章　傳統儒學的政治思想

第一節　薛瑄的政治思想

一、**生平事略**——薛瑄的生平事略載於《明史》卷二八二，本傳。薛瑄河津（山西河津縣）人，字德溫，生於明太祖洪武二十五年（西元一三九二年），卒於英宗天順八年（西元一四六四年），壽七十三歲。性頴敏，授書輒成誦。成祖永樂十九年（西元一四二一年）成進士，擢授御史，出監廣湖銀場，探研性理之學。英宗正統元年還朝，任爲山東提學僉事，後召爲大理左少卿。公卿見宦官王振，多趨拜，瑄獨屹立，振趨禮之，瑄亦不加禮。都御史王文承王振旨，誣瑄入罪，繫獄，論死，以刑部三復奏得免。會景帝嗣位，起瑄爲大理寺丞。景帝景泰二年擢任南京大理寺卿。蘇州大饑，貧民掠富人粟，焚其居，蹈海避罪。王文以閣臣出視，坐以叛亂罪，當死者二百餘人。瑄力辯寃。文恚曰，此老倔强猶昔。然衆卒得減其死。英宗復辟，改元天順元年（西元一四五七年）任瑄爲禮部侍郎，兼翰林院學士，入閣預機要。王文、于謙下獄，交群臣議罪，石亨將置之以極刑，瑄力請於帝，文、謙得減死一等。瑄見石亨、曹吉祥亂政，疏乞骸骨，帝允歸。天順八年卒，贈禮部尚書，謚文清。

二、學養著作——薛瑄之學，本於程、朱，修己敎人，以復性爲主，充養邃密，言行皆足式；著有《讀書錄》及《從政名言》。其門人張鼎校正編輯瑄之著作曰《文淸公薛先生文集》，凡二十四卷。卷一爲賦及古詩。卷二至卷五爲詩歌絕句。卷六至卷十爲律詩。卷十一爲雜著。卷十二爲書。卷十三至卷十七，爲序。卷十八至卷十九，爲記。卷二十，爲哀辭祭文。卷二十一至卷二十三，爲碑誌。卷二十四，爲箴、銘及奏章。

三、政治思想——從薛瑄的文集中，可以見及其政治思想。茲擇要舉述於次：

1.義利之辨——儒家重義輕利，故孔子曰：「君子喻於義，小人喻於利。」（《論語》述而篇）孟子曰：「王何必曰利，亦有仁義而已。」（《孟子》梁惠王上篇）薛瑄師宗孔孟，自亦重義輕利。他說：「嘗謂義利二者，不能並立。古之君子，能建大功，立大業，垂大名於萬世者，未嘗不重義而輕利也。如諸葛武侯自昭烈枉顧，其所以勞心焦思，謨畫規圖者，曷嘗頃刻不以討賊興漢爲義哉。至其爲子孫衣食之計者，不過成都之桑八百株，薄田十五頃而已。此外則別無絲毫取於人，而益其家也，其重義輕利如此。故能噓炎光於已燼之日，續漢統於旣絕之秋，雖弗克遂，其攘除姦凶，興復漢室，還於舊都之志，而大義固已伸於天下，宜其偉烈洪名，垂諸萬世而不泯者。切怪後之君子，建功立業者，莫不慨然以古人自期，然其爲義之公，或有不勝其計利之私；故其正大光明之業，有不及古人遠矣。愚因讀武侯出師表，有感而書此於其後云。」（《文集》卷十一，書諸葛武侯出師表後）

2.視民如傷——儒家爲治，以行仁政爲本。惻隱之心，仁之端也。仁者愛人，視民如子，視民如傷，人飢己飢，人溺己溺，一夫不得其所，王者恥之。薛瑄曰：「昔明道（程顥）爲邑，嘗書『視民如傷』四字於座右。夫以大賢爲政，必視民如傷，則其慈良惻怛愛民之心出於至誠，而不能自已者，爲可知矣。今之爲令者，曰字民，字者養也，養民而能以古人之心爲心，則民焉有不得其所哉。……夫明道大賢也。其爲邑無逾於愛民如傷。」（《文集》卷十五，送建昌尹陳繼賢序）

3.治本治具——薛瑄以爲治天下之道，有其根本（本）與方法（具）。仁義道德，治之根本；禮樂刑政，治之方法。堯舜禹湯，本與具皆備，故能致太平之治。後之爲君者，只知治具，而忽治本，故不能致古之治隆。他說：「仁義道德，治天下之本，禮樂刑政，治天下之具。堯舜有帝德，故禮樂、刑政修，而致黎民於變，四方風動之休。禹湯文武有王德，故禮樂興，刑政備，而致聲教四訖，天下太平之治。降至漢唐宋之間，或有其具，而無其本，故終不能復隆古之治。伊欲正其本，何者爲躬行之實；欲修其具，何者爲適時之宜。德爲本而萬事不變，禮樂刑政爲具，而損益有時。止其本而達其具於天下，先後緩急，行之有序，於以致時雍，於以致風動，於以訖聲教，於以致太平。天地位而寒暑時若，三光宣昭，山川寧謐，萬物有序而百穀同登，鳥獸咸若，四靈畢至者，皆自聖人一心之德，推而爲禮樂刑政之施，乃篤恭而天下平之極功，固非漢唐宋之君，徒求其具而不知修其本之擬也。」（《文集》策問）

4.講學致治——君主講求學問以明爲治之道，方能成大功，勘大難，雖在戎馬倉皇之際，亦不可廢講學之功。薛瑄曰：「昔漢光武躬擐甲冑，討除群凶，猶且投戈講藝，息馬論道。軍旅之間，未嘗一日廢學，故能舉群盜爲鴻毛，復大業猶反掌。此講學之有資於成大功也。唐太宗興義兵，掃除寇亂，一時潛邸從龍之臣，皆文學智謀之士，日夕相與論爲學致治之道。乙夜之覽，身忘其倦，故而剗刮僭僞，拯濟生民。此講學有資於戡大難也。近者漠北醜虜，雖陸梁爲寇，而內外禦侮，各有其人。堂堂天下，號令一施，風行草偃，非至如漢唐草昧之秋也。顧可以斯時而少緩講學之事乎？伏維皇上命廷臣集議經筵儀式，務從簡約，不尙奢華，仍博選公卿侍從文學之臣，有學術純正，持己端方，謀慮深遠，才識超卓，通達古今，明練治體，一二十人，使之更代入直，恭遇皇上視朝之暇，日御便殿，卽召各臣進講。……此講學有資於成大功，勘大難，宜急行之而不宜緩焉故也。」（《文集》卷二十四，上講學章）

5. 崇尙倫理——倫理乃是人之所以爲人的道理，亦卽人倫之理。人倫有五，卽君臣有義，父子有親，夫婦有別，長幼有序，朋友有信。儒家爲政在敎以人倫，故稱五敎。《書》堯典曰：「敬敷五敎在寬」；《左傳》文公十八年云：「布五敎於四方，父義、母慈、兄友、弟恭、子孝，是布五常之敎也。」薛瑄是醇儒，故甚崇尙倫理。他說：「人之所以異於禽獸者，倫理而已。何謂倫？君臣、父子、夫婦、長幼、朋友，五者之倫序也。何謂理？卽君臣有義，父子有親，夫婦有別，長幼有序，朋友有信；五者之天理是也。於倫理明而且盡，始得稱爲人之名。苟倫理一失，雖具人之形，其實與禽獸何異哉！蓋禽獸所知者，不過渴飲飢食、雌雄、牝牡之欲而已。其於倫理，則蠢然無知也。故其於飲食、雌雄、牝牡之欲旣足，則飛鳴躑躅，群遊旅宿，一無所爲。若人但知飲食男女之欲，而不能盡君臣、父子、夫婦、長幼、朋友之倫理，則暖衣飽食，終日嬉戲遊蕩，與禽獸無別矣。聖人憂人之陷於禽獸者如此，其得位者，則修道立敎，使天下後世之人，皆盡此倫理；其不得位者，則著書垂說，亦欲天下後世之人，皆盡此倫理；是則聖賢窮達雖異，而君師萬世之心，則一而已。汝曹旣得天地之理氣，凝合父祖之一氣流傳，生而爲人矣，其可不思所以盡其人道乎！欲盡人道，必當於聖賢修道之敎，垂世之典，若小學，若四書，若六經之類，誦讀之，講貫之，思索之，體認之，反求諸日常人倫之間。聖賢所謂父子當親，吾則於父子求所以盡其親；聖賢所謂君臣當義，吾則於君臣思所以盡其義；聖賢所謂夫婦有別，吾則於夫婦致所以有別；聖賢所謂長幼有序，吾則於長幼思所以有其序；聖賢所謂朋友有信，吾則於朋友思所以有信。於此五者，無而不致其精微曲折之詳，則日用身心，自不外於倫理，庶幾稱其人之名，得免流於禽獸之域矣。」（《文集》卷十二，戒子書）

6. 先覺後覺——薛瑄論爲師之道在先覺覺後覺。古之爲師者衆矣，如楊朱、墨翟、老聃、莊周、佛陀、韓非、鬼谷子、孫臏、吳起皆有其法，雜然相陳，莫衷一是。此不僅無益，且足以壞人心，害仁義。漢武帝雖罷黜百家，獨尊儒術。然歷魏晉南北朝，淸談玄學，老莊之說風行，儒學趨於式微。幸宋代尊文治，崇儒術，聖道大興。更有周、張、二程、朱熹諸大儒輩出，宏揚正道，闡明理學，由是師道之名與實，殆不亞於鄒魯之盛。經通理明，後世學者，有所師法。薛瑄曰：「理之在人心，固無先後，而人之覺是理也，則有先後焉。先覺者以斯理覺後人，俾暗者明，邪者正，故謂之師。自鄒魯之敎衰，而斯理不明於世。所謂師之名雖是，而其實則非矣。如楊、墨、許行之學，莊、列、老、佛、韓、谷、孫、吳之敎，當時習其事者，固各以師稱之矣。然迹其所爲，非徒無益，而邪說怪行，所以壞人心，害仁義，貽患於天下後世者，何勝道哉！至濂溪周元公始以一理二氣五行化生萬物之妙，作爲圖書，以發二程，二程復因聖人遺籍，推究而擴大之，以覺當世之學者。及紫陽夫子，上得伊洛之傳，以道自任，一時及門之士，莫不去暗卽明，去邪卽正。由是師之名與實，殆不異乎鄒魯之盛。其所以明天理，正人心，有功於天下後世後者，豈小補哉。皇明定四方，一文治；縱橫等家，悉皆禁黜，內外學校咸以明經之士爲師。經以程朱氏之說爲之主，蓋謂經之所載者理，能通乎經，斯能明理，以覺夫人。苟經有不通，則理有不明，理有不明則後學無所啓發取正，則人將惑於他歧，其流弊亦不下雜學之師矣。此校官雖爲卑職，而關係爲甚大也。」（《文集》卷十三，送白司訓序）

7. 文行如一——科舉取士，祇觀其文，而不察其行，以致所取之士，文能言廉言義，而行則不廉不義。故應名如其行，行爲其文，反躬自勵，以祛其弊。薛瑄曰：「說者謂豪傑之士，由科學而進，宜所得者皆方正賢良之人也。夫何由進士而出者，有君子小人之不同歟？元之科擧有大賦，蓋詞章之流，今罷大賦，以論易之，誠近於義理之文矣。朱子有曰，爲科擧之文者，亦能言廉，亦能言義，及其所行，則不廉不義者多矣。蓋惟從事於紙上之虛文，而不知反求諸身心之實也。伊欲習擧策者，讀聖賢之書，必欲行聖賢之道，使名如其行，行爲其文，以免朱子之所譏。」（策問）

8. 愼選守令——郡守縣令爲親民之官，關係於生民休戚及政務之成敗者，至深且鉅，故其人選不可不審愼以求之。薛瑄曰：「親民之職，莫守令若，而選不可不愼也。漢之賢君，皆以良二千石，爲生民休戚之繫；官上應宿列，不輕授匪人。夫何當今之時，賢守令寥寥，少見於簡册歟？唐之賢君，有書長民之吏於屛風者，宜郡守刺史皆得其人矣。夫何見於史傳者，循良少而貪暴多歟？今之守令，或以積勞而陞，或以遴選而除，爲民擇人之法，亦已詳矣。監司有御史，有按察，又有巡撫大臣；吏有不稱職者，皆得以去之。夫何尚有冒法，不知警畏，而巧文以苟免者歟？今欲復漢唐之遺法，精守令之銓選，嚴考核之條目；果何法可以約之，使爲守令者，皆知奉法維理，而果及斯民歟？」（策問）

第二節　歸有光的政治思想

一、生平事略——歸有光的生平事略，載於《明史》卷二八七，文苑傳本傳。歸氏字熙甫，崑山人，生於明武宗正德二年（西元一五〇七年）卒於明穆宗隆慶五年（西元一五七一年），九歲能文。世宗嘉靖十九年（西元一五四〇年）鄉試中舉人。八次上京會試皆未中。遲至嘉靖四十四年（西元一五六五年）始中進士，有光已五十七歲。中舉後，在嘉定安亭江上講道學，生徒常數百人，學者稱震川先生。成進士，授長興知縣，以古之敎化化民，每聽訟，引婦女兒童至案前，刺刺作吳語，斷訖，使歸去，不具獄。大吏令以爲不便，輒寢擱不行。有光有所擊斷，直以己意行之，大吏多惡之。調順德通判，專轄馬政。明世，進士爲令，無遷倅者，名爲遷，實重抑之也。穆宗隆慶四年，大學士高拱、趙貞吉，雅知有光，引爲南京太僕丞，留掌內閣制敕房，修《世宗實錄》，次年，卒於官。

二、重要著作——歸有光傳世之著作，爲《震川先生全集》。有光曾孫元恭，曾刻《太僕公集》，未就若干卷而卒。清康熙間徐乾學乃取其家藏本，與錢宗伯校讎次第之編成《震川先生全集》，共四十卷，訛者以訂，缺者以完，好古者得以取正。乾學爲之序，有言曰：「太僕少得傳於魏莊渠先生之門，授經安亭之上，其言深以時之講道標榜者爲非。至所論文，則獨推太史公爲不可及。嘗自謂得其神於二千餘年之上，而與世之摹擬形似者異趣。故余謂文至太僕，始稱復古；非太僕而言文者，明中葉之病於剽竊者也。由明初以溯之宋元以前之文，其不爲剽竊者猶未盡乎文之極至者，時代壓之，風格薾萎者是也。欲知太僕之文，必合前後作者而觀之，則文章之變盡此矣。」

三、學養品評——清張廷玉曰：「有光爲古文，原本經術，好太史公書，得其神理。時王世貞主盟文壇，有光力相觝排，目爲妄庸巨子，世貞大憾，而後其心折有光，爲之讚曰：千載有公繼韓、歐陽，余豈異趨。久而自傷，其推重如此」；又曰：「明代擧子業，最擅名者，前則王鏊、唐順之；後則震川（歸有光）、思泉（胡友信）。」（均見《明史》卷二八七，歸有光傳）清徐乾學，《震川先生全集》序有曰：「太僕（有光）久困公車，屏居絕跡，淹綜百代，始成一家之言。」

四、政治思想——歸有光的政治思想可於其全集中見之，茲擇要擧述於次：

1. 聖人之心——聖人之心，大公無私，決無主觀的好惡、是非與褒貶，一切順因於諸理，理一而遍，故依理而行，事無不公。有光曰：「聖人能順天下之理而已矣。天下之理，不容於偏；故聖人之心，亦不容以有偏。夫惟不容以有偏，而後足以盡天下之理。大哉！聖人之心乎。人皆曰，聖人之心有是非；吾則曰，聖人之心無是非。人皆曰，聖人之心有好惡，吾則曰，聖人之心無好惡。人皆曰，聖人之心有褒貶；吾則曰，聖人之心無褒貶。因物而有是非，是非者，聖人之明，因明而有諸物而已。天下之下，固有可是非之理，固有可好惡之理，固有可褒貶之理；取而進之不加增，抑而退之不加損，稱之爲善而非譽，訾之爲惡而非毀。聖人順因其理，無所於是，無所於非，無所於好，無所於惡，無所於褒，無所於貶。遷移變化，進退伸縮，惟其所遇，不可端倪。曰，是、非、好、惡、褒、貶者，吾姑以是觀聖人之心之著而已；非以爲聖人之心，泥於是也。何者？順因諸理也，理故一，一故無所不公。」（《全集》聖人之心公天下）

2. 爲政之道——爲政治國應依主於孔子之正道，不可偏於申商之覇道。正道以禮樂化民，節用愛人。霸道則嚴刑峻法，威勢逼人。有光曰：「當周之時，去先王未遠。孔子聘於列國，志欲行道；晨門、荷蕢、沮溺、丈人之徒譏之。孔子不以爲然，而道竟不可行。其與學者論政，未嘗不歸於道；如仲弓、子張之問仁，皆言政也。諸子有志於治國，而春風沂水之趣，終不及曾點。故孔子舍三子而與點者以此。子游爲武城宰，以禮樂爲敎；至論君子小人，皆以學道爲主。則孔子之門，雖所施有大小，其與孔子之治天下一也。自管仲、申、商之徒，以其術用於世，其規畫皆足以爲治，然皆背於道，故莫不有功效，而禍流於後世。後世言治者，皆知尊孔子，黜百家，而見之行事，顯出於申、商之下。天下當積世弛廢之餘，一旦欲振起之而無所主持；如庸醫求治療，雜劑亂投，欲如申、商一切之術，已不可得矣。永年蔡先生之守蘇州，其志汲汲於爲道；務在節用愛人，倣周官州黨、族閭、屬民、讀法之政，而時進學者與之語道。吳故大郡，先生獨常從容於吏治之外，有春風沂水之趣。然習俗安於其故，或竊有異議。先生稍不自安於心，卽悠然長往，學者與小民之慕愛如失父母。」（《全集》道難）[redacted]

3. 君臣相須——天生明君以與國，必待賢臣以爲輔翼方能成宏濟之功；如堯之與舜，舜之與禹，禹之與益，殷高宗之於傅說，周文王之與姜尚便是。君臣相須而成，相待而合。有光曰：「王者之興，必有一代之臣，以輔翼天下之治，而成宏濟之功。夫有是君而無是臣，則上常患於不得其下，而君之事無所寄；有是臣而無斯君，則下常患於不遇其上，而下之才無所展。然將開一代之治，而啓其明良之會。旣生是君，使之致摧陷廓清之功，則必生是臣，以致協謀參贊之力。蓋天下之勢，亂極而治，天之愛民之深，必不使之終於此也。故聖人之生，以安民也；而聖人之於天下，又非一手一足之烈也。必得是人，足以辨吾事者；故賢臣之生，以佐聖也。自古大亂之世，未有無聖人而可以致治者，亦未有無賢臣而可

以宏化者，如雲龍風虎，氣類自應，相須而成，相待而合，而烏知其所以然哉。」（《全集》應制策，第四問）

4.創業垂統——帝王之御天下，皆欲垂萬世之統；如欲如此，必須本仁心仁德，以爲周全之謀慮；必須至敬之誠意與戒懼，以勤勞嗣守以保業。有光曰：「帝王之御天下也，欲垂萬世之統者，必須謀慮之遠；欲保萬世之業者，必致其嗣守之勤。謀慮以垂統，仁之周也；嗣守以保業，敬之至也。是故德業光昭而心源繼續，顧承丕大而佑啓無疆。自古有天下者，其祖宗肇之於前，而子孫繼之於後；所以長世而不替者，用此道也。請因明問而陳之。昔唐虞之際，以天下相授受，而示之以精一執中之旨；彼其平時，都俞吁咈，相告於一堂之上者，無非此道。然猶咨命之諄諄者，誠以天下重器，不能不爲長慮也。故以天下與人，而並以治之之道與之，斯知所以與天下矣。受人之天下，而並其治之之道受之；斯知所以受天下矣。不然，徒以天下相傳，則非堯之所以授舜，舜之所以授禹也。夫三聖之面相授受，而猶如此，況祖宗之天下，傳之子孫，而能不爲之長慮乎？誠念今日得之之難，而他日保之之尤難；故垂訓以爲子孫計者，不容不詳且切也。是故聖有謨訓，明徵定保。禹惟有是訓也，而其子孫能敬承之；有夏之曆，至四百年。聖謨洋洋，嘉言孔彰。湯惟有是訓也，而其子孫能克從之，有商之曆，至六百年。文武宣重光，奠麗陳教，故子孫嗣守大訓，無敢昏渝，有周之曆，至八百年。蓋禹湯文武爲其子孫慮天下者，如此其周，而啓太甲成康所以保天下者，如此之至也。」（別集）

5.集智合謀——君主不能以一人之智與謀以治天下，必須以天下之智以爲智，以天下之謀以爲謀，群策群力，共治天下，集思廣益，衆志成城，則理得而公盡，未有不國治民安者。否則，專欲莫成，獨斷招怨，未有不敗亡者。有光曰：「欲盡天下之理者，必並天下之智；欲並天下之智者，必兼天下之謀，而天下之公盡矣。天下之公盡，而天下之理得矣。故古者國有大事，常令議臣集議，不專於一人，不徇於一說，惟其當而已。是故大臣之言必用，小臣之論必庸，衆思之集必繹，一夫之見必伸；故邱山積卑而爲高，江河合水而爲大，人人合併而爲公。此古之聖王，所以用天下之議也。王通論帝制，恢恢乎無所不容，天下之危，與天下安之；天下之失，與天下正之。千變萬化，而吾守兩府大臣，下至博士議郎，皆得盡其所見，而不嫌於以大臣與小民抗衡，其道公矣。若明問所及，皆一時朝廷之大務。」（《全集》應制策）

6. 士之德性——國之衆臣，率經由科擧取士之途以得之。科擧科試祇試其文，而不察其德，則入選之士君子與小人兼之。故欲得良臣，必察士德。士德之要者有三：一曰才，二曰識，三曰誠。有光曰：「論天下之士，非才不足以達當世之務，非識不足以周事物之情，非誠不足以據獻納之忠。務不達，則其幾莫能中也。情不周，則其致莫能極也。忠不據，則矯激以沽名，懷隱而多避，徇私而少公，怯懦而不盡，其言莫能信也。」（《全集》河南策問對）

7. 政在養民——《書》曰：「德爲善政，政在養民。」養民之道，庶之，富之，敎之，育之，使民生順遂，國計充裕。養民是君主施治的要圖，所謂使司牧之。而今之爲政者，多任人民自生自爲而莫之助。甚者横征暴斂，致生活困窮，民不聊生。民困則爭，爭則亂，養民之政，豈可疏忽。有光曰：「古之爲天下者，養民之生；後之爲天下者，聽民之自生。夫聽民之自生可也，又從而取之；取之可也，而不求所以爲可繼之道，則我之取者無窮，而民之生日蹶。民蹶而我之取者，將不我應。國計民生，兩困而俱傷。其何以善其後？是不可以不深思而熟慮之也。……然惟知取於民，而未知所以救菑捍患，與民莫大之利也。大抵西北之田，其水旱常聽於天；而東南之田，其水旱常制於人。蓋其有三江五湖之灌注，而東南有並海，有隄防蓄泄，雖恒雨恒暘，而可以無虞。故古之言水利者先焉。」（《全集》應策制第五問）

8.做行均田——自秦始皇廢封建，行郡縣，井田制亦遭破壞，土地可以私有，自由買賣，於是兼併之風大行，以致富者連阡陌，貧者無立錐。貧富懸殊，經濟不平，爲社會大病。爲救此病，王莽曾欲倣井田而行王田，未能成功。董仲舒亦曾請限民名田，以遏兼併之風。魏文帝之均田之法，乃在救貧富懸殊之患。有光認爲井田不可復，亦可倣行均田之法，有類今日 國父所謂之「平均地權」，不無見地。他說：「自秦用商君之法，開阡陌，除井田之制。漢初不爲限制，累世承平，豪富吏民貲數鉅萬，而貧弱愈困。故董仲舒欲稍近古，限民名田，以塞兼併之路。師丹言，古之聖王，莫不設井田，然後可致太平。今未可詳，請略爲限。武帝方事四夷，內興工利，宜未及此。而丁傅、董賢隆貴用事，詔書雖下，亦寢未行。然至後魏孝文，獨用李安世均田之法，則仲舒、師丹之說，其果泥乎？後之有天下者，能知此意，則井田雖未可復，而均田之法，亦可少倣也。」（《全集》應制策）

9.知人進賢——輔翼君主的大臣，不能一人而獨助之，必須訪求賢才進之於君，共治國政。然進賢必須先能知人。能知賢始能進賢。知人非在一旦之間，必須平素留意注心而廣訪求考察。天下賢才，瞭如指掌，則求必中，進必賢。有光曰：「天下之人材，其爲君子小人皆有一定之性。古之所謂知人者，非苟知之而已也。始知其如此，則其終身不能易也。伯樂之於馬，卞和之於玉，如令馬非絕塵，玉非連城，二人者必不顧。如令二者顧之，而馬與玉，豈有變哉？馬與玉而有變，則天下亦不號爲伯樂卞和矣。故以爲人之賢不肖有定，故古之知人者，決於一見而終身不易。彼有改節易操者，必其始非眞性，有矯而爲之者；特其號爲知人者不至焉耳。孔子曰，擧而所知，蓋謂已知之矣，則其擧之不疑也。故大臣之相其臣，其平日常有意於天下之人材，一旦而任事權，而擧平日之所知，蓋優然而有餘。是以能佐國家，成光明之業，其聲名永與天地無窮。若大取之於臨時，處極貴之地，而欲以週知天下之人材，不能如其取之於素之爲裕也。」（《全集》上王都御史書）

10.去惡興善——爲政的目的，重在爲民興利除弊。興利者在行善政，增進人民福祉。除弊者在除去惡習，消滅人民患害。有光以爲應除的惡習有四，應興擧的善政有五。他說：「致政之術，先屛四惡，乃崇五政。而以僞亂俗，私壞法，放越軌，奢敗制爲四惡。興農桑以養其性，審好惡以正其俗，宣文化以彰其化，立武備以秉其威，明賞罰以統其法，爲五政。」（《全集》河南策問對）

第三節　張居正的政治思想

一、生平事略——張居正字叔大，號太岳，江陵人，生於明世宗嘉靖四年（西元一五二五年），卒於神宗萬曆十年（西元一五八二年）。少穎敏絕倫，十五歲入學成秀才。世宗嘉靖二十六年（西元一五四七年）擧進士，授編修。嚴嵩當政，器重居正，遷中允，領國子司業，與祭酒高拱善，遷侍裕邸講讀，王甚善之。世宗崩，徐階代嵩爲相，居正遷禮部右侍郎，兼翰林院學士，尋進禮部尚書兼武英殿大學士。神宗卽位改元萬曆元年（西元一五七三年），召居正，任爲首相，居正亦慨然以天下爲己任，中外想望豐采。居正以御史在外多凌撫臣，痛欲折之，一事小不合，卽予懲譎，諸給事御史益畏懼之，而心不平。太后以帝年幼，尊禮居正甚至。居正用良將禦外寇，邊境晏然，整飭內政，平定盜賊，社會安定。

居正丁父憂，戶部侍郎李幼孜欲媚之，倡奪情之議，居正惑而從之，吉服從事，給事中言其非禮，居正怒，降爲僉事。帝對居正益重，稱元輔張少師，待以師禮。居正歸里葬父，有大事不得決，馳驛之江陵，由居正處分。神宗初治政，居正纂古治亂百餘條，繪圖以俗語解之，使帝易曉，凡四十卷。又請立起居注，紀帝言行，與朝內外事。居正自奪情後，處事益偏恣；其所黜陟，多由愛憎，左右用事之人多通賄賂。居正相神宗執宰政凡十年之久，爲政以儒學爲體，法學爲用，重在尊君主，信賞罰，一號令，課吏職，治績粲然可觀。病卒，帝爲輟朝，諭祭九壇，視國公兼師傅者，贈上柱國，諡文忠。

惟居正用事激切，且不免有愛憎用事，自不免積怨招忌於人者，屢遭人讒毀，帝亦疑居正家多金。居正死後不久，帝遂抄其家，沒其金，奪其贈爵、及所賜璽書和四代誥命，以罪狀示天下，並謂當剖棺驗屍，而姑免之。其弟都指揮居易，子編修、嗣修，俱發戍烟瘴地；終萬曆之世，無敢爲居正白者（《明史》卷二一三，本傳）。

二、重要著作——張居正的著作有《書經直解》，《帝鑑圖說》四十卷，《太岳雜著》及《張太岳集》四十八卷。《四庫全書總目提要》曰，《張太岳集》明張居正撰，文章本非其所長，集中奏疏啓劄最多，皆在廟堂時論事之作，往往縱筆而成，未嘗有所鍛鍊也。本集四十八卷中，計奏疏十三卷、書牘十五卷、文集十一卷、詩六卷、《女誡直解》一卷、附錄一卷。

三、人格品評——《明史》張居正傳曰：居正爲人，頎面秀目，鬚長至腹，勇敢任事，豪傑自許，然沉深有城府，莫能測也。又曰：居正通識時變，勇於任事，神宗初政，起衰振隳，不可謂非幹濟才；

而威柄之操，幾於震主，卒致禍發身後。《書》曰，臣罔以寵利居成功，可弗戒哉。《四庫全書總目提要》介《張太岳集》亦曰：神宗初年，居正獨持國柄，後毀譽不一，要其振作有為之功，與威福自擅之罪，俱不能相掩。

居正頴敏絕倫，以豪傑自許，及神宗卽位，召為宰相，自己亦慨然以天下為己任。志高識廣，有膽有志，欲大有為於天下，誠不愧為豪傑之士。有魄力，有擔當，善馭人，規模宏大，策略廣遠，武能禦外寇，安邊境；平群盜，弭內亂，民得安堵。振衰起敝，刷新朝政，勳功彪炳，永光史册，功在國家，澤被黎庶，誠一代能相，史不多見。

然居正之失有四：一曰「機」。史稱居正沉深有城府，莫能測也。足見他是用心機，玩手段的人，所謂譎而不正；當不能推誠布公以誠待人。他能得奸險大臣嚴嵩的歡心，非善用心機，焉肯致此，焉能得此。誠則平坦康寧；機則危險疑懼。用機者人亦機之，遂致身後亦不能免禍。二曰「滿」。居正獨持國柄，大權在握，得君又專，幾乎達於為所欲為的地位，自滿自得，自是自傲，勢成自然，擅作威福，用人多由愛憎，小事不合，卽懲衆御史，父喪奪情，以吉服從事，給事中言其非禮，卽怒而降黜之。《書》曰：「滿招損，謙受益。」居正不自戒其滿，故終遭損害。三曰「盛」。居正得君甚專，位極人臣，國鈞獨持，任免賞罰，悉由己意，振衰起隳，武能禦寇安邊，平定群盜，文能修明內政，使四民安業，勳業蓋世，功高震主，可謂極人間之盛事。月圓則缺，日中則昃，盛極必衰，此乃自然之理。老子戒「太」、戒「甚」，乃明哲保身之至理。居正觸犯此戒，故身後亦不能保持其盛名。四曰「剛」。居正為政，以儒家為體，以法家為用，故其要旨，可以一「剛」字概括之。他自稱其為政綱領為「尊主威，定國是，振紀綱，剔瑕蠹」，此蓋剛硬精神的具體表現。法家的剛性政治，尙威勢，行峻法，重懲罰，雖可收實效於一世，然多不能維持於長久，因以力服人者非心悅而誠服也。剛者過之，固不若無過無不及的中庸之道。

四、政治思想——張居正的政治思想可於《張太岳集》中有關的篇文中見及之。玆扼要擧述於次：

1. 尊君主——神宗年幼，無能力行使君權。而居正得君甚專，國柄獨擅，權勢之大，幾可震主，尊君主，無異可以鞏固自己的權勢。張氏以爲今主的政令，即是儒術的指歸，若於此外別立門戶，便是離經叛道。他說：「記曰，凡學，官先事，士先志。士未遇時，則相與講明所以修己治人者，以需他日之用。及其服官其事，即以其事爲學，兢然求以稱職免咎者，以共上之命。未有舍其本學，而別開一門以爲學者也。」（書牘九，答南司成屠石平論爲學書）張氏又以爲時人徒見孔子私人講學，遂疑其自立門戶，與時君之教相抗峙。豈不知孔子著《春秋》，志在從周尊天子，祖述堯舜，憲章文武。他說：「孔子因材施敎，因人立說，未嘗入於空虛怪異之談。究觀其經綸大略，則惟憲章文武，志服東周，以生今反古爲戒，以下不倍上爲準。老不行其道，猶取魯史以存《周禮》。故曰，吾志在《春秋》。其志，何志也？志在從周而已。《春秋》所載，皆周官之典也。孔子殷人也，豈不欲行殷禮哉。周官之法其盡度越前代而不可易者哉。生周之世，爲周之臣，不敢倍也。假令孔子生今之世，爲國子司成，則必遵奉我聖祖學規以敎冑而不敢失墜。爲提學憲臣則必奉皇上勅諭以造士而不敢失墜。必不舍其本業而別闢一門以自蹈於反古之罪也。」（書牘九，同上）

張氏以爲春秋戰國時代的戰亂，乃由於百家爭鳴，處士橫議；國有道，庶人不議，爲要尊君主，一政令，決不容士子干涉國政。他說：「我聖主設立臥碑，天下利病，諸人皆許直言，惟生員不許。今後生員務遵明禁，除本身切己事情，許家人提告有司，從公審問，倘有冤抑，即爲昭雪外，其事不干己，輒便出入衙門，陳說民情，議論官員賢否者」，許該管有司申請提學官，以行止有虧革退；若糾衆扛幫，凝至十人以上，罵詈官長，肆行無禮，爲首照例問遣，其餘不分人數多少，盡行黜退爲民。」（振興人才疏）又曰：「願今日之學者，以足踏實地爲功，以崇尚本質爲行，以遵守成憲爲準，以誠心順上爲忠。」（書牘九，論爲學）

2.論治體——明世宗（嘉靖）一朝，姦相嚴嵩擅權，朝政不修，寇亂頻起，國內不安；帝則崇道教，怠於國政，以致政風敗壞，人心頹靡，國勢危殆。神宗（萬曆）以冲齡即位，以居正爲相，乃慨然以天下爲己任，勇敢任事，力事振作有爲。其論治體之要，則重在强公室，杜私門，省議論，覈名實，以尊主庇民。其言曰：「明興，二百餘年矣。人樂於因循，事趨苦窳。又近年以來，習尚尤靡，至使是非毀譽，紛紛無所歸究，牛驥以並駕而俱疲，工拙以混吹而莫辨。議論鑿興，實績罔效。所謂怠則張而相之之時也。況僕以草茅孤介，擁十齡幼主，立於天下臣民之上；國威未振，人有侮心，若不稍加淬勵，舉祖宗故事，以覺寤迷蒙，針砭沉痼，則庶事日隳，姦宄窺間，後欲振之，不可得矣。故自僕受事以來，一切付之於大公，虛心鑒物，正己肅下，法所宜加，貴近不宥；才有可用，孤遠不遺。務在强公室，杜私門，覈名實，以尊主庇民，率作興事。亦知繩墨不便於曲木，明鏡見憎於醜婦。然審時度勢，政固宜爾。且受恩深重，義當死報，雖怨誹有所弗恤也。」（與李太僕漸菴論治體書）

3.治以剛——世宗之世，朝政不修，風氣敗壞，人心因循，穆宗（隆慶）繼之，益使議論紛紜，國是靡定，名實混淆，可謂柔之甚，弱之至。一弛一張，聖人之道。居正扶幼主，值此柔衰軟弱之後，故欲以剛强之治，而振柔弱之衰。他說：「自僕當事，始布大公，彰大信，修明祖宗法度，開衆正之路，杜群枉之門，一切以尊主庇民，振舉頹廢爲務，天下始知有君也。而疾之者，乃倡爲異說，欲以抑損主威，搖動朝政，故不得不重懲一二人，以定國是，以一人心。蓋所謂剛過乎中，處大過之時者也。而丈乃以爲失士心，誤矣！吾但欲安國家，定社稷耳。怨仇何足恤乎？至於潞公之事，亦復不倫。……蓋大舜疾讒說之殄行，孔子惡利口之覆邦；故去此人，以安僕也，以安社稷也。離明允斷，誠理法之正，而僕所以懇懇救之者，蓋以仰答聖恩，下明臣節耳，非欲爲沽名之事也。而丈乃以潞公見風，誤矣。僕一念爲國家，爲士大夫之心，自省肫誠專一，其作用處，或有不合於流俗者。要之欲成吾爲國家，爲士大夫之心耳。」（答奉常陸五臺論治體用剛）

4.固邦本——張氏以爲攘外必先安內。安內在使百姓安樂，家給人足，則本固邦寧。尚儉素，節財用，薄稅斂，不苛征，則家給民足。百姓足，君孰與不足。國富民足，斯可以安內攘外。他說：「臣聞帝王之治，欲攘外者，必先安內。《書》曰，民爲邦本，本固邦寧。自古雖極治之時，不能無夷狄盜賊之患。唯百姓安樂，家給人足，則雖有外患，而邦本深固，自可無虞。唯是百姓愁苦思亂，民不聊生，然後夷狄盜賊，乘之而起。蓋安民可與行義，而危民易於爲非，其勢然也。……臣竊以爲矯枉者，必過其正，當民窮財盡之時，若不痛加節省，恐不能救也。伏望皇上，軫念民窮，加惠邦本，於凡不急工程，無益徵辦，一切停免，敦尙儉素，爲天下先。仍乞勅下吏部愼選良吏，牧養小民，其守令賢否殿最，惟以守己端潔，實心愛民，乃與上考稱職，不次擢用。若但善事上官，幹理薄書，而無實政及於百姓者，雖有才能幹局，止與中考。其貪污顯著者，嚴限追贓，押發各邊，自行輸納，完日發遣發落，不但懲貪，亦可以爲實邊之一助。再乞勅下吏部，悉心講求財用之所以日匱者，其弊何在？今欲措理，其道何由？今風俗侈靡，官民服舍，俱無限制。外之强豪兼併，賦役不均，花分詭奇，恃頑不納田糧，偏累小民；內之官府造作，侵欺冒破，奸徒罔利，有名無實，各衙門在官錢糧，漫無稽查，假公濟私，官吏滋弊。……以後上下務清心省事，安靜不擾，庶民生可遂，而邦本獲寧也。」（陳六事疏，固邦本）

5.振紀綱——紀者，絲之總也；綱者，網之繩也。紀綱者，操縱聚舍之權柄。振紀綱，則能提綱振領，據一止亂，指揮運如，政令貫徹，自可免於大權傍落，太阿倒持之大病」。「紀綱振便能以「法有當加，雖近貴不宥；事有所枉，雖疏賤必申。」法律之前，人人平等，不枉法，不徇情，則政治肅然，秩序整然，事入正軌，民守常分，國無不治者。張氏曰：「臣聞君主以一身而居乎兆民之上，臨制四海之廣；所以能使天下服從其敎令，整齊而不亂者，紀綱而已。綱如網之有繩，紀如絲之有總。《詩》曰，勉勉我王，綱紀四方；此人主太阿之柄，不可一日而倒持也。臣竊見近年以來，紀綱不肅，法度不行，上下務爲姑息，百事悉從委徇；以模稜兩可，謂之調停；以委屈遷就，謂之善處。法之所加，唯在於微賤，而强梗者雖犯法干紀，而莫之誰何」。禮之所制，反在於朝廷；而爲下者，或越禮犯分，而恬不知畏；陵替之風漸成，指臂之勢難使。……振作者，整齊嚴肅，懸法以示民，而使之不敢犯。孔子所謂道之以德，齊之以禮者也。若操切則爲嚴刑峻法，虐使其民而已。故情可順，而不可徇；法宜嚴，而不可猛。伏望皇上奮乾剛之斷，普離照之明，張法紀以肅群工，擅權綱而貞百度。賞罰予奪，一歸之於公道，則不必曲徇乎私情；政敎號令必斷於宸衷，而勿致紛更於浮議；法所當加，雖近貴不宥；事有所枉，雖疏賤必申。仍乞勅下都監院查照嘉靖初年所定憲綱事理，再加申飭，秉持公論，振揚風紀，以佐皇上明作勵精之治，庶體統正，朝廷尊，而下有法守矣。」（陳六事疏，振紀綱）

6.覈名實——孔子爲政，必先正名。名不正則言不順。言不順則事不成。事不成則禮樂不興。禮樂不興，則刑罰不中。刑罰不中，則民無所措其手足。正名，則可收君君、臣臣、父父、子子、夫夫、婦婦、兄兄、弟弟、朋朋、友友的人倫功效。人倫正而國自治。張居正執政，以爲固邦本、振紀綱與覈名實，皆佔切要地位。他說：「臣聞人主之所以馭其臣者，賞罰用舍而已。欲用舍賞罰之當，在於綜覈名實而已。臣每見欲用一人，當事者輒有乏才之嘆。竊以爲古今人才不甚相遠，人主操用舍予奪之權，以奔走天下之士，何求而不得？而曰世無人才，臣不信也。惟名實之不覈，揀擇之不精，所用非其所急，所取非其所求，則上之爵賞不重，而人懷僥倖之心；牛驥以並駕而俱疲，工拙以混吹而莫辨，才烏得而不乏？事烏得而有濟哉？夫器必試而後知其利鈍，馬必駕而後知其駑良。今用人則不然，稱人之才，不必試之以事；任之以事，不必更考其成。及至僨事之時，又未必明正其罪。……加以官不久任，事不責成，更調太繁，資格太拘，毁譽失實。且近來又有一種風尙，士大夫務爲聲稱，舍其職業，而出位是思；建白條陳，連編累牘，至覈其本職，反屬茫昧。主錢穀者不對出納之數；司刑名者，未諳律例之文。官既失守，事何由舉？凡此皆所謂名與實異者也。臣願皇上愼重名器，愛惜爵賞，用人必考其終，授職必求其當。至於用舍進退，一以功實爲準，毋眩於聲名，毋徒盡拘於資格，毋搖之以毁譽，毋雜之以愛憎，毋以一事概其生平，毋以一眚掩其大節。……。」（陳六事疏，覈名實）

7.清吏治——英諺曰：「君主統而不治，百官治而不統。」由此觀之，則知國家政務的實際推行，不在於君主，而在於百官群吏。政治的良窳，每視官吏是否清廉爲轉移。官吏貪汚，則招人民的怨尤，而離心離德厭惡政府。官吏清廉，則人民敬愛、擁護政府。故張居正對澄清吏治甚爲重視。他說：「爲國之法似理身，元氣欲固，神氣欲揚。廣中患不在盜賊，而患在吏治之不清，紀綱之不振，故元氣日耗，神氣日索。數年之前，論者謂朝廷已無虞廣東矣。自公一振之，而傾者安，黠者戮，炎州以寧。豈易地易民哉？元氣漸固，神氣始暢耳。今主上天縱英明，僕日斤斤焉，以振紀綱，察吏治，安民爲事。願公持而行之，毋畏於群議，則元元之幸也。」（書牘卷五，與殷石汀論吏治）

8. 飭學政——設學校，敎人民，敦崇學術，厚植國力，乃治國興邦的根本。居正執政之初，學風敗壞，學官多不稱職，故欲盡力整飭。他說：「竊惟養士之本在於學校，貞敎端範，在於督學之臣。我祖宗以來，最重此選；非經明行修，端厚方正之士，不以輕授。如有不稱，寧改授別職，不以濫竽。且兩京用御史，外省用按察司風憲官爲之，則可見居此官者，不獨須學行之優，又必能執法持憲，正己肅下者，而後能稱也。記曰，師嚴而後道尊，道尊而後民知敬學。臣等幼時，猶及見提學官多海內名流，類能以道自重，不苟徇人，人亦不敢干以私者，士習儒風，猶爲近古。近年以來，視此官稍稍輕矣，而人亦罕能有以自重，既無卓行實學，以壓服多士爲心，則務爲虛譚賈譽，賣法養交，甚者，公開倖門，明招請託。又憚於巡歷，苦於校閱，高座會城，計日待轉；以故士習日敝，民僞日滋，以馳鶩奔趨爲良圖，以剽竊漁獵爲捷徑；居常則德業無稱，從仕則功能鮮效，祖宗專官造士之意，駸以淪失。去年仰荷聖明，特勅吏部，愼選提學官，有不稱者，令其奏請改黜。其所以敦崇敎化，加意人才，意義甚盛。……撫按以此覈其能否，部院以此定其黜陟，使人皆知敦本尙賢，而不敢萌僥倖之心，則振興人才之一大機也。仍乞勅下吏禮兩部，以後務要加意此官，愼重其選。《書》曰，作新民，堯使契掌敎，命之以勞來匡直輔翼，又從而振德之。今臣等所言，非敢過爲操切，亦不過申明舊章，以作新振德耳。」（奏書四，請申舊章飭學政以振興人才疏）

9. 法後王——張居正以爲法不可不變，但亦不可輕變；變法應以適時而安民爲準則。孟子法先王，荀子法後王。而張氏則認爲法後王爲便。他說：「法不可輕變也，亦不可以苟因也。苟因，則承敝襲舛，有頹靡不振之虞也，此不事事之過也。輕變，則厭故喜新，有更張無序之患，此太多事之過也。二者法之所禁也，而且犯之，又何暇責其能行法哉？去二者之過，而一求諸實，法斯行矣。執事發策，考孟荀之異論，稽國之舊章，審沿革之所宜，求綜覈之實效。愚嘗伏而思之，夫法制無常，近民爲要；古今異勢，便俗爲宜。孟子曰，遵先王之法而過者，未之有也。荀卿曰，略法先王，而足亂世術，不知法後王，而一制度，是俗儒者也。兩者互異，而荀爲近焉，何也？法無古今，惟其時之所宜，與民之所安耳。時宜之，民安之，雖庸衆之所建立，不可廢也。戾於時，拂於民，雖聖哲之所創造，可無從也。後王之法，其民之耳目之也久矣。久則有司之籍詳，而衆人之智熟，道之所易從，令之所易喩，故曰法後王便也。……然則今之欲求治理者，又奚以紛紛多事爲哉？高皇帝畢智竭慮而定一代之制，非如漢高之日不暇給也。列聖相承，創守一道，非有武帝之紛更中變也。百官承式，四海嚮風，非有許史霍氏之專制撓法也。成憲俱存，舊章森列，明君賢臣，相與實圖之而已矣。毋不事事，毋太多事，祛積習以作頹靡，振紀綱以正風俗，省議論以行國是，覈名實以行賞罰；則法行如流，而事功輪臻矣。若曰此漢事耳，吾且爲唐虞，爲三代，則荀卿所謂俗儒也。」（辛未會試程策二）

10. 整武備——有文事者必有武備。二者相須而行，缺一不可。武備整飭，則外寇可禦，邊境安全；內亂可止，社會和平。整武備之要，曰兵强，曰將良，曰餉足。張居正論整飭武備曰：「臣惟當今之事，其可慮者，莫重於邊防。廟堂之上，所當日夜圖畫者，亦莫急於邊防。邇年以來，虜患日深，邊事久廢。比者，屢蒙聖諭，嚴飭邊臣。人心思奮，一時督撫將軍等官，頗稱得人。目前守禦，似亦略備矣。然臣以為虜如禽獸然，不一創之，其患不止。但戰乃危事，未可易言，須從容審圖，以計勝之耳。今之上策，莫如自治；而其機要所在，惟在皇上赫然奮發，先定聖志；聖志定，而懷忠蘊謀之士，得效於前矣。今譚者皆曰，吾兵不多，食不足，將帥不得其人。臣以為此三者皆不足患也。夫兵不患少而患弱；今軍伍雖缺，而糧籍俱存，若能按籍徵求，淸查戶口，隨宜募補，著實訓練，何患無兵？捐無用不急之費，併其財力，以撫養戰鬪之士，何患無財？懸重賞以勸有功，寬文法以中將權，則忠勇之夫，孰不思奮，又何患乎無將？臣之所患，獨患中國無奮勵激發之志，因循怠玩，姑務偷安，則雖有兵食良將，亦恐不能有為耳。故臣願皇上，急先自治之圖，堅定必為之志，屬任謀臣，修舉實政，不求近功，不忘有事，熟計而審行之，不出五年，虜可圖矣。至於目前自守之策，莫要於選擇邊吏，團練鄉兵，併守墩堡，令民收保，時簡精銳，出其空虛以制之，虜即入犯，亦可不至有失。」（集，奏疏一，整武備）

第四節　呂坤的政治思想

一、事略——呂坤的生平事蹟，見於《明史》卷二二六，本傳。呂坤字叔簡，號心吾，寧陵（河南寧陵縣）人，生於明世宗嘉靖十五年（西元一五三六年），卒於神宗萬曆四十六年（西元一六一八年）。少時資質魯鈍，讀書不能成誦，乃澄心體認，十五歲讀性理書，欣然有頓悟，遂孜孜講學，而以明道爲己任。萬曆二年（西元一五七四年）中進士，授襄垣縣知事，政績有優異表現，調任大同，後徵授戶部主事，歷郎中遷山東參政，山西按察使，陝西右布政使，擢右僉都御史，巡撫山西，居三年，召爲左僉都御史，歷刑部左右侍郎。

神宗萬曆二十五年五月，呂坤上疏痛陳國家安危。其略曰：「今天下之勢，亂象已形，而亂勢未動；天下之人，亂心已萌，而亂人未倡。今日之政，皆播亂機使之動，助亂人使之倡者也」；「今陛下所聞，皆衆人之所敢言也，其不敢言者，陛下不得聞矣。一人孤立萬乘之上，舉朝無犯顏逆耳之人，快在一時，憂貽他日」；「陛下數年以來，疑深怒盛，廣廷之中，狼藉血肉；宮禁之內，慘戚啼號。厲氣冤魂，乃聚福祥之地。今環門守戶之衆，皆傷心側目之人，外表忠勤，心藏險毒，旣朝暮不能自保，卽九死何愛一身。陛下臥榻之側，同心者幾人！暮夜之際，防患者幾人！臣竊憂之，願少霽威嚴，愼用鞭扑，而左右之人收矣。」疏入不報，坤乃稱疾乞休，中旨允之。於是給事中戴士衡劾坤機深志險。帝以坤已罷不究。吏部尙書孫丕揚，數力薦坤，帝皆不納。坤居家講學，著書立說，年八十三病卒。熹宗天啓元年（西元一六二一年）追贈刑部尙書。

二、著作——呂坤爲山西按察使時，曾撰《閨範圖說》，以爲女箴。內侍購入禁中，鄭貴妃於書中加十二人，且爲製序，屬其伯文承思重刊之。給事中，戴士衡遂又劾坤，結納宮掖，包藏禍心，將以害坤。坤持疏力辯，帝罪士衡，事乃寢。呂坤的學術性著作有《呻吟語》六卷，《去僞齋文集》十卷。《呻吟語》分內外篇。內篇分七門，曰性命、曰存心、曰倫理、曰談道、曰修身、曰問學、曰應務。外篇分八門，曰世運、曰聖賢、曰品藻、曰治道、曰人情、曰物理、曰廣喻、曰詞章。其門人趙文炳輯其從政要端成《實政錄》一書，內容包括明職、民務、鄉甲約、風憲約、獄政等。

三、品評——呂坤禀性剛介峭直，品正行修，博學深思，讀性理書，欣然領會，而以道學自任，宏揚正學，肫肫儒者，誠學養深厚之有道君子。事君盡忠，赤誠奉上，有膽有識，忠貞不渝，只顧社稷安危，不計個人利害，關心民瘼，盡心國事，痛陳國家危機，直指皇帝罪過，一片赤誠，知無不言，言無不盡，犯顏直諫，骨梗之臣，猶如唐初魏徵，惜乎明神宗非唐太宗，故明室終莫由振起。坤罷官後，居家日久，潛心儒學研究，尊德性而道問學，講學著書，均多創見，學養深邃淵博，洵稱一代名儒。立論創意，不侈談精微，不虛論高遠，惟以躬行實踐爲本，較之朱陸末流之怪僻虛玄，則意高明而道中庸，誠博學篤志之醇儒。爲治則勤政愛民，行仁義，施教化，正風俗，厚人倫，行實政，求實效，重鄉約，務以實利利民，正德正民。

四、政治思想——從呂坤所著的《呻吟語》、《實政錄》等書中，可以見及其政治思想。茲扼要舉述如次：

1.學以致用——呂坤認爲求學的目的，在經世致用，並非侈談精微，空言高論。他說：「一切性命、天人微窈之說，無補國家之存亡，萬姓之生死，身心之邪正者，皆非學者所當究。」(《呻吟語》卷一之四) 因爲「天地人物原來祇是一個原體，一個心腸。自君子觀之，皆滿腔子是惻隱之心，滿六合是運惻隱之心處。君子於六合飛潛動植纖細毫末之物，見其得所則油然而喜，與自家得所一般；見其失所則憫然而悲，與自家失所一般。」(《呻吟語》卷一之四) 學者當本此惻隱之心，仁民之志，去宏濟萬物，救助天下。求學的目的在此，求學的功用亦在此。學者若不明乎此義，只侈談精微，空言高論，非徒對國計民生無所裨益，反又害之。呂坤稱此爲「學者相率入於爲我之異端」（《呻吟語》卷四之四）。何晏、王弼開魏晉淸談玄學之風，競尙虛浮空誕之論，以致「國亡於上，敎淪於下，羌戎互僭，君臣屢易，非林下諸賢之咎而誰哉？」（《日知錄》卷十三）世人每稱許遠蹈高隱的隱逸之士，而卑視居官治民的官吏。呂坤對此不表贊同，以爲隱逸之士，縱使有飽學碩德，於世何益何用！明君賢相濟世利民，造福人群，澤及萬物，德業宏偉，自足擁護。他舉例以申論此義曰：「巢父許由，世間要此等人作甚？世無巢、許，不害其爲唐虞；無堯舜皐夔，巢、許亦無安頓處，誰成就你個高人。」（《呻吟語》卷四之四）

2.倫常經國——人之所以爲人者，以其能群。人何以能群，賴有倫常以爲紀綱而經國。法家的管仲以爲「禮義廉恥，國之四維」。儒家的孔孟以人倫五常爲國之紀綱。五常者，君臣有義，父子有親，夫婦有別，長幼有序，朋友有信。呂坤對於倫常中君父之尊，尤爲重視。漢光武爲君，召舊友嚴光至京，光不肯臣光武而以足加帝腹以傲之。呂氏斥光曰：「天經地義，人綱物軌，莫大於倫常。而五倫之序，堯先父子，孔先君臣。朋友居昆弟後，豈得加於君父之上哉。不知率土之濱，莫非王臣。光武奄有九圜，子陵（嚴光字）即不爲臣，獨非民乎？能逃於天地之間乎？」（《去僞齋文集》六，嚴子陵）呂坤重倫常，故尊君。他更假箕子之事，以申論忠臣不事二主之義。曰：「《史記》以爲箕子陳洪範之後，武王封於朝鮮而爲臣。夫列於五爵，分之三土，皆名臣也。即不謚臣職，謂之非臣，可乎。貴戚之卿，與異姓異。即不國亡與亡，豈至受人爵土，列之庶邦，食其祿而受之寵乎。異姓之夷齊寧爲商山之餓夫而恥食周粟矣。箕子固甘朝鮮之封。臣道也子孫之道也，胥失之矣。洪範九疇，天以錫禹者，又四百年而有箕

子。箕子即不陳洪範，洪範亡乎。洪範寧亡，臣子之道，不可亡也。」（《去僞齋文集》六，箕子）

前所論述乃是假設之辭，呂坤進而說明，《史記》所記恐非眞象，因當時朝鮮並非周之國土，武王焉能封箕子。箕子不受周封而逃至朝鮮，以德化民，受戴爲君。箕子非周臣，後世之人，不可妄引箕子而爲二臣。呂氏曰：「今考方輿家，朝鮮在三代不列職方，其地不在周之版圖，周安得封國於此。今河南西華，唐名箕城。山西遼州，唐名箕州。意者武王所封或在兩地。箕子不受，逃之朝鮮。朝鮮化其德，推以爲君，遂世其祀，而仍其周稱乎？至於出之囹圄，待以賓客，訪以古今，爲之陳疇，亦聖賢邂逅談學論道之常。若曰祀不系於宗祊，名不列於三恪，既不爲社稷忠魂，又不爲湖山遯叟，而儼然受朝鮮之封，夷齊必能笑之矣。箕子何人，肯爲之乎？後之宗臣，幸無借口。」（《去僞齋文集》六，箕子）

3. 君爲民存——呂坤雖持尊君論，但他所尊的君，並不是專制君主，而是惠利人民，仁政愛民的賢明君主，君固不能不惠愛人民而獨立自存。呂氏以爲尊君是手段，安民是目的。君威與民命，兩相須待，並非相反；「天之生民非爲君也，天之立君，以爲民也」（《呻吟語》五）。君在上盡君的職分，臣民在下盡臣民的職分，則國治而民安。上暴下，下犯上，皆爲禍亂之源（《呻吟語》二之一）。呂氏曰：「天下不可一日無君，故夷齊非湯武，明臣道也。此天下之大防也。不然，則亂臣賊子接踵矣，而難爲君。天下不可一日無民。故孔孟是湯武，明君道也。此天下之大懼也。不然，則暴君賊主接踵矣，而難爲民。」（《呻吟語》一之三）君主握有權威，非以虐民也，而是爲人民謀福利的工具。君爲民立，君爲民存，人民是目的，君主是手段，故曰「民爲貴，社稷次之，君爲輕」（《孟子》盡心篇下）。

4. 君臣關係——呂坤以爲政治構成的要素有二：一曰勢，二曰利。勢是權勢，利是福利。呂氏用勢與利闡說君民的關係。勢在上，利在下。勢專屬於君主一人，利普及於全體人民。他認爲「勢利者，宇內之神物也。帝王者勢利之主也。天下之存亡，國之治亂，民之生死，在勢利。顧所以操之者何如耳」（《去僞齋文集》六，勢利說）。他更指出，勢利操之之術，有五種不同方式。一曰以勢制利。「天下皆趨於利，而無勢以制之則亂」。利者，人之所同欲者，乃爭奪的對象，爭則亂。君主藉權勢以定利之分際，分定而亂止。二曰勢利分享。「帝王之御世也，利在下，勢在上。利欲公之天下，勢欲攬之一人」；「利在上，勢在下，亡道也」。勢是爲人民謀福利的手段，故宜操之於在上之君。利是人民生活之資需，故宜普及於在下的人民。若在上的君主惟利是圖，而在下的人民擁有權勢，國必敗亡。三曰攬勢必專。「天子以勢統百官，百官以天子之勢布政令以行其德意。萬方黎獻懍懍奉法若訓而一毫不敢肆焉者，有操其勢者也。勢在臣則奴，勢在萬姓則亡。雖堯舜不敢以勢與天下，此統一四海，平定六合之靈器也。」權勢是能使人服從的力量。勢宜專，不可分。專則事權統一，力量集中，能使政令貫徹，萬方景從。分則門出多門，紛爭搶奪，分崩離析，國亂君亡。四曰分利必均。「天下之利，天下之所以相生相養者也。天不立君，君不建百官，則天下之利歸豪强，歸貪暴。而豪强貪暴者專利，則生勢以役群衆而分天子之權。貧無賴者失利，則相聚以求所欲，而啓天下之釁。是利不可不均也。」貨利分配不均，則形成貧富懸殊，彼此對立的不平現象。不平則鳴，階級鬪爭隨之而起，天下大亂。況豪傑貪暴的資本家可以挾財勢以要挾或對抗政府，則國勢分裂，國敗君亡。國父孫中山先生主張平均地權，節制資本，卽係以天下之利普利天下之民。五曰君不專利。「得天下者，因天下之利而匹夫爲天子，守天下者，專天下之利而天子爲匹夫。是利者勢之藉也，利去則勢亡」；「故天子者衣租食稅而已，足以供軍國之需而已。不專天下之利。建官分職，以人民自有之利而使各有其所有，而又使利於有天子以保其所有，雖萬世君可也。故曰利當公，利當在下」（本節所引，均見《去僞齋文集》六，勢利說）。君不專利，蓋因「財聚則民散，財散則民聚」。君人者應因民之所利者而利之，不可悉天下以奉一身。

5.明君順民——《書》曰：「天聰明自我民聰明；天明畏自我民明畏。」（《尙書》皐陶謨）得天下者得其民；得其民者得其心。管仲亦曰：「政之所興，在順民心。」（《管子》牧民篇）呂坤雖主張勢在上，但在上者不能憑藉權勢壓制人民。因以力服人者，非心服也。而權勢乃是爲人民謀福利的手段。故明君爲治，應順民心，適民情，因民之所利而利之。呂氏曰：「民情甚不可鬱也。防以鬱水，一決則漂屋推山。砲以鬱火，一發則碎石破木。桀紂鬱民情而湯武通之，此存亡之大機也，有天下者之所夙夜孜孜者也。」（《呻吟語》五）

今之政治學曰：「統治者的權力，建築在被治者的同意上。」依古訓言之，君由民尊。君位的安危以民心的向背爲轉移。民心服而向君則君安；民心離而背君則君危。民心背離，天下必土崩瓦解，國亂君亡。呂坤曰：「夫民心之難同久也。欲多而見鄙，聖王識度，豈能同之。噫！治道以治民也。治民而不同之，其何能從。其從，其何能久。禹之戒舜曰，罔咈百姓以從己之欲。夫舜之欲豈適己自便哉，以爲民也。而曰罔咈。盤庚之遷殷也，再四曉譬。武王之伐紂也，三令五申。必如此而後事克有濟。故曰，專欲難成，衆怒難犯。我之欲未必非，彼之怒未必是。聖王求以濟事，則知專之不勝衆也，而不動聲色以因之，明其是非以悟之，陳其利害以動之。待其心安而意順也，然後行之。是謂天下人行天下事，事不勞而底績。雖然，亦有先發後聞者，亦有不謀而斷者，亦有擬議已成，料度已審，疾雷迅電而民不得不然者。此特十一耳，百一耳，不可爲典則也。」（《呻吟語》五）明君爲政要順自然之心，爲自然的推誠置腹，不强求民之順我，在求得民心而不怨我。呂氏曰：「明君推自然之心，置自然之腹，不恃其順我者之迹，而欲得其無怨我者之心。」（《呻吟語》五）

6.無爲而治——呂坤生當張居正得君寵，專國政之際，政尙剛强，治崇專斷，多所更張，事繁刑重，擾民滋甚。呂氏對這種一意孤行的專斷政治，深爲厭惡，大生反感，故主張無爲而治，與民休養生息。他說：「伏羲以前是一截世道，其治，任之而已，已無所與也。五帝是一截世道，其治，安之而已，不擾民也。三王是一截世道，其治，正之而已，不使縱也。秦以後是一截世道，其治，刼之而已，不以德也。」（《呻吟語》四之二）秦以强力刼民暴民愚民，而不以德服民，張居正的剛强政治，殆猶似之。呂氏又曰：「古昔盛時，民自飽暖以外無過求，自利用之外無異好。安自家之便而不恣耳目之欲。家無奇貨，人無玩物。餘珠玉於山澤而不知寶，贏蘭絲於箱篋而不知繡。偶行於途而不知貴賤之等，創見於席而不知隆殺之理。農家於桑麻之外無異聞，士於禮義之外無羨談，公卿大夫於勸課訓廸之外無簿書。知官之貴而不知爲民之難，知貧之可憂而不知富之可嫉。夜行不以兵，遠行不以餱。施人者非欲其我德，施於人者不疑其欲我之德。訢訢渾渾，其時之春乎，其物之胚胚乎。」（《呻吟語》四之二）人的欲望無窮，欲壑難滿，宜抑之，不可掀之。欲猶火也，不戢將自焚。故曰，寡欲常足，不貪無失，知足常樂，知止不殆。物之生長，順其自然，揠苗助長，非徒無益，適足害之。多爲擾民，我無爲而民自安。

7.社會退化——孔子祖述堯舜，憲章文武，意謂齊桓、晉文之時，不及堯舜文武之時的隆盛。孟子法先王，蓋以後王之法不若先王者的優良。老莊認爲原始社會的自然狀態是和平美好的，以後的社會愈變愈壞，愈進愈惡，所以要人返樸歸眞，皈依自然。呂坤親見當時的政治情況，風氣敗壞，弊害重重，不免生悲觀思想，於是信持社會退化論。他以天道氣運說明社會退化的必然過程。他把天道分爲兩種：一是「理道之天，卽先天也，無極之先，理氣渾淪而不分」。二是「氣運之天，卽後天也，氣化之後，善惡同源而異流」。先天惟一，後天有九。後天既有善惡，則「以自然爲盛衰，挾人事爲得失，萬有不齊，每況愈下」（《去僞齋文集》六，說天）。九天的變遷歷程如次：一曰淳龎之天，當洪荒之初，人物雍熙之時。二曰泰寧之天，當唐虞夏四海歡欣之時。三曰平常之天，當三代迭興，有隆有替之時。四曰巧僞之天，詭言讒說，排闔縱橫，朝無國士，野無公言，以亂天下。五曰殺戮之天，當春秋戰國秦項三百餘年爭亂之時。六曰淫濁之天，當武氏僭竊淫亂之時。七曰虐厲之天，癘疫時行，妖孽爲祟，旱以七歲，水以九年。八曰混沌之天，君子小人，禍則同禍，福則同福，玉石不分，薰蕕雜處。九曰倒置之天，小人得志，安富尊榮；君子潛身，危亡困辱（《去僞齋文集》六，說天）。社會退化至於九天，殆天祿永終，生民困窮，國亂君亡之末季。

8.人力回天——呂坤雖持社會退化論，固帶有消極悲觀的色彩，但他並不是徹底的失敗主義者，或絕對悲觀的宿命論者。他認爲天道運行，雖然有每況愈下的趨勢，但若有大德無邊的聖人出，施善政，行德化，移風習，振聾聵，仍可挽狂瀾於既倒，支大厦於將傾，所謂人力能回天。專制的昏庸君主和擅專暴虐的權臣所施布的惡政劣跡，聖人自能洗滌消除之，使歸於清明治理。所以呂氏曰：「氣天惟危，道天惟微，惟燮惟贊，聖人是持。」（《去僞齋文集》六，說天）呂坤對於當時的暴戾君主及强力政治雖甚厭惡與失望；但對國家前途及仁惠的君主政體並未心灰意冷，至於絕望的地步，仍望有聖君賢相出，有以挽救國家的危亡。

9. 地方自治——呂坤治學，主張學以致用；呂坤爲政，力求躬行實踐，施實政，以實利惠利人民。《實政錄》中所述的治術如明職、民務、鄉甲約、風憲約、獄政等，皆是具體而切實際，深合爲政之體要，且對地方自治尤爲重視。民務與鄉甲約推行的政務，多爲地方教育、守望相助、自衞自治、重農桑、增生產、裕民生。鄉甲約的內容係合保甲制與鄉約制爲一體，期以互助合作的群力維持地方的治安與秩序。他解釋鄉甲約的意義曰：「良民分理於下，有司總理於上。」（《實政錄》卷五）這是說，一方面讓人民自治，一方面由長官領導。有賢良的長官作適當的領導，人民的自治事務，方易成功。所以呂氏曰「得千良民，不如得一賢令守。」（《實政錄》卷五）明初，太祖曾提倡地方自治，地方的鄉官鄉紳皆占有相當重要的地位。但自明中葉以後，政風敗壞，紀綱廢弛，於是鄉官鄉紳，武斷鄉曲，魚肉鄉民，弊害滋甚。海瑞巡撫應天時，即裁抑鄉官，壓制豪强，並曰：「鄉官二十餘年爲虎，小民二十餘年爲肉。」（《去僞齋文集》卷一，被論自陳不職疏）海瑞係以官方的權勢，懲抑鄉官與豪强。呂氏的鄉甲約蓋欲藉人民的自治組織與力量，以助官府政令的推行。海瑞的措施是官府權勢的伸張。呂坤的爲政，是自治民力的培養。自今日民主政治的觀點以言之，海瑞的官統，實不如呂坤的民治之爲愈。

第七十五章　反對專制的政治思想

第一節　反專制思想的產生

一、產生的遠因——儒家重視人倫。人倫有五：曰君臣，曰父子，曰夫婦，曰兄弟，曰朋友。儒家的人倫觀乃是相對的權利義務關係。故曰君則敬，臣則忠；父則慈，子則孝；兄則友，弟則恭；夫婦互愛，朋友互信。孔子曰：「君君，臣臣」（《論語》顏淵篇），即「君使臣以禮」而後「臣事君以忠」（《論語》八佾篇）。孟子曰：「君之視臣如手足，則臣視君如腹心。君之視臣如犬馬，則臣視君如國人。君之視臣如土芥，則臣視君如寇讎。」（《孟子》離婁下）這種相對的關係，乃是儒家「君臣之義」的本來面目和原始意義。

孔子尊王攘夷，可見孔子是尊君的。但他所尊的君主，不是「悉天下以奉一身」役使人民的專制君主，而是行仁政，愛人民的仁惠君主。孔子曰：「道千乘之國，敬事而信，節用而愛人，使民以時。」（《論語》學而篇）孟子曰：「民爲貴，社稷次之，君爲輕。是故，得乎丘民而爲天子。」（《孟子》盡心篇下）天之立君以爲民也，民爲邦本，本固邦寧。君主要能得到人民的信服與擁護，必須敬事而信，節用而愛人，使民以時。否則，君主不能行仁義以愛民，便失卻其所以爲君的身分，而淪爲獨夫，天吏可得而誅之。孟子曰：「賊仁者，謂之賊；賊義者，謂之殘。殘賊之人，謂之一夫。聞誅一夫紂矣，未聞弒君也。」（《孟子》梁惠篇王下）這是儒家「君民關係」相對觀念與基準。

秦始皇滅六國，一中國，廢封建，行郡縣，焚書坑儒，誠屬暴君，然秦祚僅三世十五年而絕。漢代去古未遠，君臣之義尚未深刻化，宰相入見君主，祇登拜而已，君臣席坐對話。文帝與賈誼席對至半夜可證。群臣上書敢直言，無所顧忌。漢代君主的地位多欠鞏固。漢高祖威加海內，而獨不能制一呂雉，酖殺趙王，驚死惠帝，滅諸劉，王諸呂，漢祚幾乎傍移。文帝係群臣所迎立，權難專制。景帝之世有吳楚七國之亂，帝位受威脅。武帝雄才大略，經營四夷，帝權威力提高，然外戚權臣之禍已萌芽。宣帝八歲就帝位，霍光秉政專權，使宣帝如「芒刺在背」。元帝、成帝、哀帝之世，皆有宦官外戚作亂，內外受制，皇帝任人擺佈。卒至王莽以外戚權臣而篡漢。故西漢君主並未至於專制的程度。東漢時代，僅光武、明帝、章帝六十餘年可稱盛世。和帝以後，「皇統屢絕，權歸女主，外立者安、質、桓、靈四帝。臨朝者竇、鄧、閻、梁、竇、何六后。莫不定策帷帟，委事父兄，貪孩童以久其政，抑明賢，以張其威。」（《後漢書》后紀序）由此言之，東漢之世，亦尚無專制君主的產生。

漢末天下大亂，群雄蜂起，戰亂不息，形成三國分峙之局，並無統一的君主。曹氏篡漢爲魏，國祚僅四十四年，且西蜀、東吳尚未亡，至高貴鄉公甘露三年（西元二五八年）東吳始被滅。陳留王景元四年（西元二六三年）蜀漢始亡。次年司馬炎卽篡位。曹魏君主並未統一，且內有公孫淵稱王及司馬氏父子專權，亦不足以言君主專制。西晉雖有短暫的統一，然內有八王構亂，外有五胡十六國侵華，竟至懷愍二帝被俘，而偏安江左。南北朝對峙，神州分裂，各國各朝，皆軍人跋扈，割地稱雄，內亂頻仍，篡弒迭起，朝代屢易，帝王均在風雨飄搖中，且不知命在何時，王位不穩，大權傍落，何可言君主專制。

中國政治史上眞正專制君主的出現，實自唐太宗開始。唐太宗鑒於魏晉以來，朝代屢易，權臣常簒，戰亂不息，生靈塗炭，乃思所以建立鞏固的君權，而謀國家的長治久安。太宗貞觀二年謂侍臣曰：「君雖不君，臣不可不臣。」詔曰：「天地定位，君臣之義以彰；卑高既陳，人倫之道斯著。是用篤厚風俗，化成天下。」（《舊唐書》卷二，太宗紀，貞觀二年）這是說，臣對君的效忠是絕對的，君爲天，臣爲地，君高臣卑。這是前所未有的專制君主思想。

「道濟天下之溺，文起八代之衰」的韓愈，著原道一文，有言曰：「是故君者出令者也，臣者行君之令而致之於民者也。民者出粟米麻絲，作器皿，通貨財，以事其上者也。君不出令，則失其所以爲君。臣不行君之令而致之民，民不出粟米麻絲，作器皿，通財貨，以事其上，則誅。」由是言之，臣是君所役使的奴僕，民祇是向君進貢物，効勞力的苦工，只盡義務，而無權利。唐之大儒，竟背悖孔孟的遺教，而發出這支持專制君主的謬論，良足嘆息。陸贄爲唐之賢臣，亦曰：「臣聞國家之立也，本大而末小，是以能固。又聞天下者，若身之臂，臂之使指，則大小適稱而不悖。身所以能使臂者，身大於臂故也；臂所以能使指者，臂大於指故也。……舉天下不敵關中，則居重馭輕之意明矣。」（論關中事宜狀）專制君主與中央集權乃是一對雙胞胎，同時產生與存在。陸贄的中央集權論，亦是擁護專制君主的政治思想。

宋太祖欺人孤兒寡母，狐媚以取天下，深恐地方權重，尾大不掉；軍大勢强，簒竊君位；於是厲行中央集權之治，藉以鞏固專制君主的政權。宋代人臣爲順從專制君主的意志更倡片面的及絕對的倫理觀，說什麼「君要臣死，臣不敢不死」。臣被處死時，還要說：「天子聖明，臣當萬死。」專制君主的氣焰，達於登峯造極的地步。司馬光曰：「文王序卦，以乾坤爲首，孔子繫之曰，天尊地卑，乾坤定矣。卑高以陳，貴賤位矣。言君臣之位，猶天地之不可易也。《春秋》抑諸侯，尊王室，王人雖微，序於諸侯之上，以是見聖人於君臣之際，未嘗不惓惓也。非有桀紂之暴，湯武之仁，人歸之，天命之，君臣之分，當守節伏死而已矣。」（《資治通鑑》卷一，周威烈王二十三年，司馬光曰）又曰：「王者，萬物之父也，父之命，子不敢逆，君之言，臣不敢違。父曰前，子不敢不前；父曰止，子不敢不止。臣之於君亦然。故違君之言，臣不順也；逆父之命，子不孝也。不順不孝者，人得而刑之。」（《司馬文正公傳家集》卷七十四，迂書，士則）

蘇洵曰：「用不測之刑，行不測之賞，而使天下之人視之，如風雨雷電，遽然而至，截然而下，不知其所從發，而不可逃遁。朝廷如此，然後平民益務檢愼，而姦民滑吏亦常恐恐然懼刑法之及其身，而歛其手足，不敢輒犯法，此之謂强政。」（《嘉祐集》卷一，審勢）君主（朝廷）可以行不測的刑賞，是可以不顧法律，依己意而擅作威福以鎭壓臣民，使其慴服於淫威之下，君主專制，莫此爲甚。葉適曰：「古之人君若堯舜禹湯文武，漢之高祖光武，唐之太宗，此其人皆能以一身爲天下之勢。雖其功德有厚薄，治效有深淺，而要以天下之勢在己不在物。夫在己不在物，則天下之事而莫或制。……夫勢者天下之至神也，合則治，離則亂，張則盛，弛則衰，續則存，絕則亡。」（《水心集》卷四，治勢）這種論說有似法家所謂「君也者，勢無敵也」。勢是權力，君主在憑藉强權與勢力統治天下，强權卽公理，以力制人。勢治之君，便是威權至上的專制君主。

自隋歷唐至宋，專制君主政治，有近七百年的長久歷史，專制的政治思想已甚深固。元以蒙古的野蠻遊牧民族征服中國，君臨華夏，承受唐宋的專制遺毒，對國人作强烈的無情壓迫與控制，君權無上，一切權力屬於君，役使群臣如奴僕，虐待人民如牛馬。物極必反，張後必弛，所以明代政治思想特點之一，就是反對專制，上復孔孟民爲貴，君爲輕及「君使臣以禮，臣事君以忠」相對的君臣之義；下開近代「天下者天下人之天下也，非一人之天下也」的民主主義思想。

二、產生的近因——中國受專制君主的壓迫及夷狄蠻族的侵略與荼毒，至蒙元時代，可謂達於極點。五胡亂華，北朝僭位，雖爲中國大禍，然其君多同化於中國，且不乏治政安民的英主。且皆偏居北方一隅，國祚亦皆不久，漢家文物衣冠仍能保存於江南。迨蒙古吞滅宋、金、西夏，以遊騎武力征服中國，强力統一，君臨中國，華夏之族始有亡國之痛。蒙古政權把人民分爲四等。蒙古人爲第一等人。色目人（Moslem）卽助蒙人征服他國的西域回教徒爲第二等人。漢人卽北方的中國人爲第三等人。南人卽江南漢人爲第四等人。種族歧視，不平等待遇，前此所未有。

蒙古人居家犯法，不由漢官斷罪，而蒙古、色目人均得侮傲漢族。柯劭忞《新元史》百官序曰：「上自中書省，下逮郡縣親民之吏，必以蒙古人爲之長，漢人貳之。終元之世，奸臣恣睢於上，貪吏掊克於下。」益之以經濟上文化上的侵略，壓迫與榨取，漢人生活困窮，幾瀕於絕境。元諸帝皆不習漢文，而漢人反多習蒙俗（見趙翼《二十二史劄記》卷三十）。蒙古人色目人常奪佔漢人田地，而賦稅仍由漢人負擔。正常課稅以外，復須供奉土地領主，人民苦痛至深，多有被逼自殺者（《元史》趙孟頫傳）。史稱「州郡長吏生殺任情，孥人妻女，取財貨，兼土田」（《元史》耶律楚材傳）。江南州縣官無俸給，惟剝取百姓以自給。王公大臣復强佔民田以爲草場。民既無地，淪爲佃戶。豪家榨取如奴隸，契賣人民如牛馬。苛

政猛於虎，官逼民至反。故元世祖時，江南盜賊已四百餘地（《元史》世祖本紀）。元末群雄並起，殆皆受

異族專制君主無情壓迫而起的反抗。劉基青田人，方孝孺寧海人，皆第四等的南人，受異族專制君主的侮辱、凌虐與壓迫，尤爲滋甚，遂首先發出反對專制君主的政治思想。

第二節　劉基反專制的政治思想

一、事略——劉基的生平事蹟載於《明史》卷一二八卷本傳。劉基字伯溫，青田（浙江，青田縣）人，生於元武宗至大四年（西元一三一一年）卒於明太祖洪武八年（西元一三七六年）。幼年聰穎過人，博通經史，於書無所不窺，尤精象緯之學，元末以進士爲高要縣丞，爲政廉直，行省大臣辟爲掾史，因與幕官議事不合，謝去。後復應徵，平盜有功，朝廷不用，乃歸隱青田山中。朱元璋起兵下金華，定括蒼，聞劉基、宋濂聲名，徵之，基至，陳時務十八策，元璋大喜，築禮賢舘以待基等。基劃策定計，佐元璋平陳友諒、張士誠等鉅盜。元璋定天下，即帝位，拜基爲御史中丞兼太史令。

明太祖欲以楊憲、汪廣洋、胡惟庸爲相，基指陳三人缺點，以爲不可，後三人皆敗事，基不愧有知人之明。太祖洪武三年（西元一三七〇年）授基弘文閣學士，大封功臣，授基開國翊運守正文臣、資善大夫，上護軍，封意誠伯。次年，賜基歸老於鄉。帝嘗手書問天象，基條答甚悉。而焚其草稿，大要言霜雪之後，必有陽春，今國威已立，宜少濟以寬大。基尚未去京，而胡惟庸爲相，基大慼曰：使吾言不驗，蒼生之福也。憂憤疾作，洪武八年三月，帝親製文賜之，遣使護送歸里，抵鄉疾篤而逝，年六十五。

二、著作——《明史》劉基傳稱其著有《覆瓿集》、《犁眉公集》傳於世。而所著之《郁離子》二

卷，則最爲著名。徐一夔《郁離子》序曰：「離爲火，文明之象。用之，其文郁郁然爲盛世文明之治，故曰郁離子。」後人編輯其著作曰《誠意伯文集》，商務印書館收入國學基本叢書印行。本文集共二十卷，卷一爲御史頌表，卷二爲郁離子，卷三爲序記，卷四爲跋記及連珠，卷五爲賦騷樂府歌行，卷六爲古詩，卷七爲律詩，卷八爲五七言絕句，卷九爲賦，卷十爲古樂府，卷十一爲歌行，卷十二爲四言古詩，卷十三爲五言古詩，卷十四爲七言古詩，卷十五爲五言律詩，卷十六爲七言律詩，卷十七爲五言絕句，卷十八爲詩餘，卷十九及卷二十爲春秋明經。

三、品評——《明史》劉基傳曰：基虬髯，貌修偉，慷慨有大節，論天下安危，義形於色，帝察其至誠，任以心膂，每召基，輒屏人密語移時，基亦自謂不世遇，知無不言。遇急難，勇氣奮發，計畫立定，人莫能測。暇則敷陳王道，帝每恭己以聽，常呼爲老先生而不名，曰吾子良也；又謂數以孔子之言導予。顧帷幄語秘莫能詳，而世傳爲神奇者，多爲陰陽風角之說，非其至也。所爲文章，氣昌而奇，與宋濂同爲一代宗師。

傳又云：基定天下，料事如神，性剛嫉惡，與物多忤，歸隱山中，惟飲酒奕棋，口不言功。邑令求見不得，乃微服爲野人謁基。基方濯足，令從子引入茅舍，炊黍飲令，令告曰，某青田知縣也。基驚起謝去，終不得復見。其韜跡如此，然究爲胡惟庸所中。

《明史》編者張廷玉贊曰：太祖既下集慶，所至收攬豪俊，徵聘名賢，一時韜光韞德之士，幡然就道。若四先生（劉基、宋濂、葉琛、章溢）者，尤爲傑出。基、濂學術醇深，文章古茂，同爲一代宗工。而基則運籌帷幄，濂則從容輔導，於開國之初，敷陳王道，忠誠恪愼，卓哉佐命臣也。基以儒者有用之學，輔翊治平，而好事者多以讖緯術數妄爲傅會，其語近誕，非深知基者。

民國政治學者蕭公權品評劉基曰：劉氏生當元季，抱志有爲，而坎坷不遇，目覩政荒民困之事實，故其立言，遠承孟子之墜緒，而深切憤激，直可與林愼思先後呼應。然林氏祇論人事，劉氏兼明天人，似尤與孟子相近（見《中國政治思想史》第三編，第十六章）。

四、政治思想——劉基的政治思想多見於其所著《郁離子》及《春秋明經》中，玆擇其反專制君主及重視民本的論說，論述於次：

1.立君爲民——天生蒸民而立之君，以爲民也。劉基曰：「天生民，不能自治，於是乎立之君，付之以生殺之權，使之禁暴誅亂，抑頑惡而扶弱善也。」（《郁離子》蛇蝎篇）天立君予以生殺之權，非以虐民，而是使之禁暴誅亂，抑頑惡，扶弱善，俾社會和平，善良人民皆能安居樂業，過幸福生活。若妄用生殺之權，是謂暴君，卽孟子所謂「賊仁者，謂之賊；賊義者，謂之殘。殘賊之人，謂之一夫。」一夫的暴君失天之所以立君的本意，人得起而誅之，不爲弑君。劉氏又曰：「維天生民，儳儳蚩蚩，有欲罔制，乃暴乃螭。爰立之君，載作之師。式養式敎，毋汩秉彝。」（《文集》四，官箴上）天生蒸民，作之君，作之師，使之善以敎養人民，俾以保持與生俱來的懿德。若不能敎養人民，懿德敗壞，必起爭亂，民不得其養，生活困窮，饑餓之民，必將鋌而走險，群起爲盜。如此，則天下大亂，爲君者，亦無從保持其君位。

2.盜天養民——天生萬物以養民。天地的寶藏無窮，如山澤川藪之利，地下金銀銅鐵之礦，土地生植之百穀草木，天空之飛禽，原野之走獸等均屬之。賢明之君非「善治」者，而是「善盜」者，卽能使人民盡力以盜取天生之萬物，地蓄之寶藏，俾以供應其生活需要，而家給戶足，衣暖食飽，社會安寧，百姓康樂。爲君者若不能善使人民盜取天地之物以養其生，而陷於凍餒之苦則饑民作亂，必爲大亂，所謂「天地之盜息，而人盜起」。劉基曰：「人，天地之盜也。天地善生，盜之者無禁。惟聖人爲能知盜，執其權，用其力，攘其功而歸己；非徒發其藏，取其物而已」；「故上古之善盜者，莫伏羲、神農氏若也：惇其典，庸其禮，操天地之心，以作之君，則既奪其權而執之矣。於是教民以盜其力以爲吾用；春而種，秋而收，逐其時而利其生；高而宮，卑而池，水而舟，風而帆，曲取之無遺焉，而天地之生愈滋，庶民之用愈足。故曰：惟聖人爲能知盜。惟天地之善生，而後能容焉。非聖人之善盜，而各以其所欲取之，則物盡而藏竭，天地亦無如之何矣。是故天地之盜息，而人之盜起，不極不止也。然則何以制之？曰，遏其人盜，而通其爲天地之盜，斯可矣。」（《郁離子》天地之盜篇）所謂盜者乃僭取而非竊奪。天不言，聖人代行其事，跡近擅專，故名之盜。聖人本天理物情以行之，贊成化育，功德無邊。劉基曰：「人能財成天地之道，輔相天地之宜，則其奪諸物以自用也，亦弗過。不能財成天地之道，輔相天地之宜，蚩蚩焉與物同行，而曰天地之生物以養我也，則其獲罪於天地也大矣。」（《郁離子》天道篇）

3.養民要務——爲人君者，惟一的任務與使命，就是養民，在「德惟善政，政在養民」。而養民的要務，在於「聚欲去其惡」。就是集聚所有人民的需欲而滿足之，並除去一切有礙民生的弊害與禍罪。換言之，養民之要，務在爲民興利除弊，除暴安良。人君若病民而奉一身或不能勝任養民的任務與使命，便是暴君，則人心背離，將起而驅去之，因君既不君，民亦可以不從。劉基以善養蜂的丈人爲譬，說明君主如何善養其民的要務與至道。基曰：「靈丘之丈人善養蜂，歲收蜜數百斛，臘稱之，於是其富比封君焉。丈人卒，其子繼之。未朞月，蜂有舉族而去者，弗恤也。歲餘，去且半。又歲餘，盡去。其家遂貧。陶朱公之齊，過而問焉曰，是何昔日之熇熇而今日之涼涼者也。其隣之叟對曰，以蜂。請問其故。對曰，昔者丈人之養蜂也，園其廬，廬有守。刳木以爲蜂之宮，不罅不㾓（朽木臭）。其置也，疏密有行，新舊有次。坐有方，牖有鄉。五五爲伍，一人司之。視其生息，調其暄寒。鞏其構架，時其墐發（塗塞）。蕃則從之析之，寡則與之裒之，不使有二王也。去其蛛蟊蚍蜉，彌其土蜂蠅豹。夏不烈日，冬不凝澌。飄風吹而不搖，淋雨沃而不潰。其取蜜也，分其贏而已矣，不竭其力也。於是故者安，新者息。丈人不出戶而收其利。今其子則不然。園廬不葺，污穢不治，燥濕不調，啓閉無節，居處臲卼，出入障礙，而蜂不樂其居矣。及其久也，蛄蟖同其房而不知，螻螘鑽其室而不禁。鷯䳍掠之於白日，狐狸竊之於昏夜。莫之察也，取蜜而已。又焉得不涼涼也哉！陶朱公曰，噫！二三子識之，爲國有民者可以鑒矣。」（《郁離子》靈丘丈人篇）開國之君多能行仁政，愛民育民，庶之富之，君民均足。繼體之君多屬庸主暴君，只知病民奉己，民必叛離，國亂君亡。若靈丘丈人者誠知養民之道也。

4.力難服人——爲君者不能以力服人。以力服人者，非心服也，乃是專制暴君以强力制民也。人之所以異於禽獸者，以其有較高的智慧。故人君治國應運用智慧役使萬物，利用萬物以供民用，而求物阜人豐，家給戶足。善爲國者運智以役物，非恃力以制壓人。虎力大，而人多寢其皮；人力小，卻少爲虎食。劉基曰：「虎之力於人不啻倍也；虎利其爪牙，而人無之，又倍其力矣。則人之食於虎也，無怪矣。然虎之食人不恒見，而虎之皮，人常寢處之，何哉？虎用力，人用智；虎自用其爪牙，而人用物。故力之用一，而智之用百；爪牙之用各一，而物之用百。以一敵百，雖猛不必勝。故人之爲虎食者，有智與物而不能用者也。是故天下之用力而不用智，與自用而不用人，皆虎之類也。其爲人獲，而寢處其皮也，何足怪哉。」（《郁離子》）項羽恃力而亡，劉邦用智而興；秦始皇以力壓民，而國祚暫，漢高祖以智治國，而社稷長。項羽自用而敗，劉邦用人而勝。

5.以德聚民——以德治民者，天下之善皆聚焉，則民歸之如水之就下。爲君若以淫慾爲趨赴，集名利於一身，天下之不善皆聚焉，則民疾之，成爲衆矢之的，必被射殺。劉基曰：「水赴壑，鳥赴林，蠅赴臭，不驅而自至者也。而奚以召之哉？曰，利者，衆之所逐；名者，衆之所爭。而德者，衆之所歸也；是皆足聚天下者也。故聚天下者，其猶的乎！夫的也者，衆矢之所射，衆志之所集也。堯舜以仁義爲的，而天下之善聚焉；收天下之所爭逐者，爲之均之，不使其爭逐也。及其至也，九州來同，四夷鄉風，穆穆熙熙，以入於其的之中。桀紂以淫欲爲的，而天下之不善聚焉，收天下之所爭逐者，私諸其人；及其窮也，諸侯百姓相與操弓注矢，的其躳而射之；是故不能仁義，而爲天下的者，禍也。」（《郁離子》）

6.從民所好——專制之君，縱已所好，悉天下以奉一身，窮奢極慾，盡情享受，病民以利己，必成爲「余及汝偕亡」的衆矢之的。仁德的明君則能順民心，從其所好，因民之所利而利之。「政之所興，在順民心，順之之道，莫如利之。」（《管子》牧民篇）天下者天下人之天下也，非一人之天下也。天下之利，應普利天下之民，非君主一人可得而私之。君主的責任在爲全國國民謀福利。劉基曰：「蓋聞大器非一人之私，大事非獨力所建。是故利不及衆，所以起天下之爭；爵不求賢，所以萃天下之怨。」（《文集》卷四，擬連珠）明君使利普及於衆，暴君利私於己；明君求用賢才以治國，暴君任用肖小以徇私。

7.團結人心——荀子曰：「君者，善群也。」（《荀子》王制篇）人民猶如一片散沙，善群就是能摶而聚之，使人心團結。荀子摶聚人民的方法是分以和之，義以一之。堯舜以王道團結人心，猶如以漆摶沙，團結堅固，人民全心全德以歸依之。三代以仁義團結人心，猶如以膠摶沙，團結緊密，人民一心一德以擁戴之。霸王以勢力團結人心，猶如以水摶沙，團結不固，人民離心離德散去之。其下者如桀紂，以暴政聚民，猶如以手摶沙，愈握緊愈散離，人民恨心恨德以叛弑之。劉基曰：「民猶沙也。有天下者，惟能摶而聚之耳。堯舜之民，猶以漆摶沙，無時而解，故堯崩，百姓如喪考妣，三載四海遏密八音，非威驅而令肅之也。三代之民，猶以膠摶沙，雖有時而融，不釋然離也，故以子孫傳數百年。……霸世之民，猶以水摶沙，其合也，若不可開，猶水之冰然；一旦消釋，則渙然離矣。其下者以力聚之，猶以手摶沙，拳則合，放則散，不求其聚之以道，而以責於民，曰，是頑而好叛。嗚呼！何其不思之甚也。」（《郁離子》）團結人心，必依其道；無道而責民，是速其叛離。

8.視民如身——身者肌肉腠理血脈之所至，生命之所寄也，身存則命在，身敗則命亡。人民者國家之命脈與身軀。人君要保有其國家與君位，身必不可失。故人君應視民如身而養之、愛之、保之。劉基曰：「是故天下一身也，一身之肌肉腠理血脈之所至，舉不可遺也。必不得已而去，則爪甲而已矣。窮荒絕徼，聖人以爪甲視之；雖無所不愛，而捐之可也；非若指手足之不可遺，而視其受病及於身也。故治天下者知其孰爲身，孰爲爪甲，而不逆施也；則庶乎弗悖矣。」（《郁離子》）

9.篤行仁義——專制君主憑藉權勢刑罰以壓制人民，使之屈從。仁德君主篤行仁義禮樂以導化人民，使之向善。王道君主以忠信之心誠意篤行仁義，惠利人民。霸道之主，假借仁義，號召人民，所以沽名釣譽，維持權力，志在利己，非以惠民。劉基曰：「甚矣，仁義莫强於天下也。五伯假之，而猶足以維天下，而獲天下之顯名；而況出之以忠，行之以信者哉！今人談仁義以口，間取其一二，無拂於其欲者，時行焉。將所以賈譽也，及其弗獲，則擧仁義以爲迂而舍之，至於死弗寤；哀哉。」（《郁離子》）

10. 好生之德——天地之大德曰生，生生不息之謂易。宇宙萬物乃是一大生命之流。人類是大生命之流的支流。天地有好生之德，故人君應本天意以生民養民，不可肆虐殺人害人。劉基曰：「嗚呼！天下之亂也，天亦無如之何矣。夫天下之物，動者，植者，走者，翼者，保者，觵觵如也。沸如也，葦如也，出出而不窮，連連而不絕，莫非天之生也。則天之好生，亦盡其力矣。盡其力以生之，又盡其力以殲之，不亦勞且病哉？其生也非一朝，而其殲也在頃刻；天若能如之何而爲之，則亦不誠甚矣。」（《郁離子》）天旣生人而又殲之，且生人非一朝，而其殲也在頃刻。天何爲而如斯乎？這可從兩個角度加以解釋。殲人之情勢有二：一是天下之亂也殺人。一是明君禁暴之殺人。就前者言，暴君濫用權勢亂殺無辜，天怒人怨，激起大亂以除暴君而止殺，弔民伐罪，救兆民於水火，亂之以除暴，正是天地好生之德所以生人。就後者言，明君除暴安良，殺一以儆百，使百人不敢施暴殺人，死一人而生衆人，仍是天地好生之德。

第三節　方孝孺反專制的政治思想

一、事略——方孝孺的生平事蹟見於《明史》卷一四一本傳。孝孺字希直，一字希古，寧海（浙江寧海縣）人，生於元順帝至正十七年（西元一三五七年）卒於明惠帝建文四年（西元一四〇二年）。孝孺幼警敏，雙眸烱烱，讀書日盈寸，鄉人目爲小韓子。長從宋濂學，學成，不重視文藝，恒以明王道，致太平爲己任。太祖洪武二十五年（西元一三九二年）以薦召至京。太祖曰，今非用孝孺時，授漢中敎授，日與諸生講學不倦。蜀獻王聞其賢名，聘爲世子師，每見陳說道德，王尊以殊禮。

惠帝卽位（西元一三九八年）召孝孺爲翰林侍講學士，國家重大政事悉以咨之。帝好讀書，每有疑，卽召使講解。臨朝奏事，臣僚面議可否，或命孝孺就扆前批答，君臣之間，猶如師友。惠帝建文三年，燕王朱棣藉口清君側，起兵南下，孝孺屢獻策抵禦燕軍，皆不能勝。建文四年（西元一四〇二年）朱棣攻陷南京，帝憂懼，自焚。朱棣篡位，是謂成祖，命孝孺草詔，拒之，投筆於地，且哭且罵，死卽死耳，詔不可草。成祖怒，命磔於市，時四十六歲。死前作絕命詞曰：天降亂離兮，孰知其由！奸臣得計兮，謀國用猶。忠臣發憤兮，血淚交流。以此徇君兮，抑又何求。嗚呼哀哉兮，庶不我尤。妻鄭氏、二子中憲、中愈自縊死，二女投秦淮河死，忠烈慘痛，令人酸鼻。

二、著作——方孝孺的著作有《遜志齋集》一書行世。《四庫全書總目提要》稱：《遜志齋集》凡二十四卷，內容包括雜著八卷，書三卷，序二卷，記三卷，題跋一卷，贊文一卷，祭文哀辭一卷，行傳狀一卷，碑表誌一卷，古體詩一卷，近體詩一卷。此書經中華書局列入《四部備要》影印發行。

三、品評——方孝孺「恒以明王道，致太平爲己任」（《明史》本傳）。孝孺「工文章，醇深雄邁，每一篇出，海內爭相傳誦」（《明史》本傳）。孝孺「少承家學，甫有知識，輒欲以伊尹周公自望，以輔明主，樹勳業自期，視管蕭以下蔑如也。」（《遜志齋集》卷十五，茹荼記）《四庫全書總目題要》《遜志齋集》下稱「惟是燕王簒位之初，齊（泰）黃（子澄）爲所切齒，卽委蛇求活，亦勢不能存，若孝孺則深欲藉其聲名，俾草詔以欺天下，使稍遷就，未必不接跡三楊（楊士奇、楊榮、楊溥）；而致命成仁，遂湛十族而不悔，語其氣節，可謂貫金石動天地矣，文以人重則斯集固懸諸日月，不可磨滅之書也。都穆《南濠詩話》曰：方正學先生集，傳之天下，人人知愛誦之。」

方孝孺事君盡節，守義不屈，視死如歸，堪稱「威武不能屈，貧賤不能移，富貴不能淫」的大丈夫。聖人者，人倫之至也。孝孺守庭訓，紹父（克勤，洪武中循吏）業，克稱孝子；事君效死，不愧忠臣；守義不屈，視死如歸，義士仁人；壯烈典型。一門忠烈，子爲孝子，女爲烈女，婦爲貞婦，皆孝孺之家敎使然。若孝孺者，殆周敦頤所謂之「人極」。敦頤曰：「聖人定之以中正仁義而主靜（自註云，無欲故靜）立「人極」焉。故聖人與天地合其德，與日月合其明，與四時合其序，與鬼神合其吉凶。」（《太極圖說》）「人極」者，永垂不朽典型，足永爲世人模範者，方孝孺忠烈典型，永光史册，與鐵鉉、史可法同爲明史中不朽人傑。

四、政治思想——方孝孺反對專制的政治思想，可於其《遜志齋集》中見之。玆擇要擧述如左：

1. 君主天職——《書》曰：德爲善政，政在養民。方氏師其義曰：「天之立民，所以爲民」；「君之職爲天養民者也」（集，卷五，甄琛論）。方氏更從政治起源的觀點，說明天之立君所以使得於天厚者不得自專其用，薄者有所仰以容其身。是君之天職在使兆民皆得其養與生。他說：「智者或可以綜覈海內，而闇者無以謀其躬，財或可以及百世，而餒者無一啜之粟。天非不欲人人皆智且富也，而不能者，勢不可也。勢之所在，天不能爲，而人可以爲之。故立君師以治，使得於天厚者不自專其用，薄者有所仰以容其身。然後天地之意得，聖人之用以行，而政敎之說起。」（集，卷一，宗儀）君之天職在使智者不

得欺愚，富者不得獨享，俾以智愚各相安，貧富皆得養。安民與養民乃人君的天職。

天之立君，非以悉天下以奉一身，而是使君悉心盡力於民事。方氏曰：「生民之初，固未嘗有君也。衆聚而欲滋，情熾而爭起。不能自決，於是乎有才智者出而君長之。世變愈下，而事愈繁，以爲天下之廣，非一人所能獨治也。於是置爲爵秩，使之執貴賤之柄，制爲賞罰，使之操榮辱修短之權，位乎海內之人之上。其居處服御無以大異於人不可也，於是大其居室，彰其輿服，極天下之嘉美珍奇以奉之，而使之盡心於民事。」（集，卷三，君職篇）人君與群官所以隆其待遇，只是手段，不是目的。這只是爲民服務的報酬，猶如工人的工資，非可坐而享其隆厚待遇。

民之所以奉上，是要君盡心悉力以養民；並非如韓愈所說民之職在於奉上。方氏曰：「後世人君知民之職在乎奉上，而不知君之職在乎養民，是以求於民者致其詳，而盡於己者卒怠而不修。賦稅之不時，力役之不共，則誅責必加焉。政敎之不擧，禮樂之不修，弱強貧富之不得其所，則若罔聞知。嗚呼！其亦不思其職甚矣！夫天之立君者，何也？亦以民不能自安生而明其性，故使君治之也。民之奉乎君，何也？亦以不能自治與自明而有資乎君也。如使立君而無益於民，則於君也何取哉？自公卿大夫至於百執事，莫不有職，而不能修其職，小則削，大則誅。君之職重於公卿大夫百執事遠矣，怠而不自修，又從而侵亂之，雖誅削之典莫之加，其曷不畏乎天邪。受命於天者君也，受命於君者臣也。臣不供其職，則君以爲不臣。君不修其職，天其謂之何？」（集，卷三，君職）天立君使之養民、安民，以明其性，其重要遠乎超百官之職。百官不稱職，輕則免官，重則誅殺。君不修職，必遭天討民伐。

2. 虐我則仇——《尚書》泰誓篇曰：「撫我則后，虐我則仇。」這是說：能撫育人民者，民能擁之爲君；其暴虐人民者，民則視之爲仇。孟子申此義，以爲人君不知仁義以養育人民，則謂之獨夫；獨夫可得而誅之，不爲弒君。他說：「賊仁者，謂之賊；賊義者，謂之殘。殘賊之人，謂之一夫。聞誅一夫紂矣，未聞弒君也。」（《孟子》梁惠王下）一夫雖可誅，非人人可得而誅之，只有受命於天的「天吏」如成湯、武王始可順天應人而弔民伐罪。所以他說：「爲天吏，可以伐之」，而方孝孺的思想則更爲激烈，具有民權革命精神。他認爲「秦任刑罰以刼黔首」，人民不堪其苦，遂「以可生之身，蹈必死之禍。」（集，卷三，民政）秦始皇行暴政以虐民，不二世而人民揭竿而起，以暴秦爲寇讎，群起而誅滅之。這是方氏承認人民有叛滅暴君的革命權。故曰：「斯民至於秦，而後興亂。後世亡人之國者，大率皆民也。……視其君如仇寇，豈民之過哉，無法以維之，無敎以淑之，而不知道故也。」（集，卷三，民政）

3.民難威服——孟子曰：「以力假仁者霸，霸必有大國。以德行仁者，王不待大。……以力服人者，非心服也，力不贍也。以德服人者，衷心悅而誠服也，如七十子之服孔子也。」（《孟子》公孫丑上）方孝孺是儒者，自然贊成以德行仁的王道，反對以力服人的霸道。以力服人，人心不服，自會起而反抗，故曰「民不可以威服」。《遜志齋集》卷三，治要篇曰：「無法不足以治天下，而天下非法所能治也。古之聖人知民不可以威服，於是寓革姦剗暴於疏緩不切之爲，使民優柔揖讓於其間，莫不競然有自重知恥之心，未見刑鐵而畏威，未見鞠訊而遠罪，潛修默改於閭閻田里之中，若有臨而督之者，彼豈恃區區之法哉。法之爲用，淺陋而易知，民之爲情，深詭而難測。以難測之情，窺易知之法，法已窮，而其變未已，未有不爲竊笑而陰誹之者也。善用法者，常使人聞吾法之不可犯，而不使民知吾法之果可畏。夫人祗天而懼帝者，以未嘗被其誅殛，而或被其誅殛者必不能以復生也。如使鬼神臨人之庭，捽人而擊之，則愚夫鄙婦皆思持梃而逐之矣，其何畏之有！」

4. 民不畏死——老子曰：「民不畏死，奈何以死懼之？」民之畏死，以其知生之可樂；知生之樂焉肯言死，故畏死。若君主採嚴刑峻法，受暴虐過甚，人民日在水深火熱中，則生不足樂，生不足留戀，且有生不如死之感，所謂「余及汝偕亡」，故不畏死。方孝孺曰：「人惟以死爲足重也，故知樂其生。知生之可樂也，故凡可以賊身害名之事，愼忌而不爲。使皆不愛其生，則將紛然鶩肆，馳逐於法令之外，趨死而不顧，雖有法何足以制之。」（集，卷三，治要）又曰：「且人雖至愚，奚不畏死？彼誠見生之不足樂也。知生之足樂，則安肯言死哉。」（集，卷三，正俗）

5. 天下爲公——天下者天下人之天下，非君主一人之天下。天之立君使之奉天以養民，非使之悉天下以奉一身。所謂「普天之下，莫非王土；率土之濱，莫非王臣」，乃是專制君主的政治思想，非爲至論。「民爲邦本」，國無民不立，民爲主，君爲僕。土地者萬民立足之所，生活資需所自出，天生土地以養民，非以供君。方孝孺信持民本主義及天下爲公之說。方氏曰：「天之立君也，非以私一人而富貴之，將使其涵育斯民，使各得其所也。善於知天者，不敢持天命之在我，而惟恐不足以承天之命；不敢以天下爲樂，而以天下爲憂；視斯民之不安，猶赤子之在抱。養之以寬，而推之以恕，澤之以大德，而結之以至誠，使其心服於我，而不能釋，然後天命可得而保矣。」（集，深慮論七）

6. 量容天下——明君豁達大度，量容天下。蓋以江海滙合大小水流，方能成其浩瀚；山嶽積聚無數土石方能成其高廣。明君不自用，以天下之力爲力，以天下之智爲智，虛懷若谷，從諫如流，合萬流而共包。方氏曰：「智周乎萬物，才高乎衆人者，可以取天下，而不可以守天下；仁足以施法政，義足以洽乎民心者，可以守天下，而未能使天下悅而不忘。善爲智者，蓋有不用智，而無不明；不以才自名者，無所不成。德洽令孚，而人莫能忘其仁義；其惟量足以容天下者能之乎？洪河大江，奔注萬里，勢之所遇，聲之所嗄，洶洶乎其可畏。及趨於海，泊然而行，悠然而逝，渙漫浩渺，不復少肆者，以其量素足以容之也。天下，大物也；其動也無端，其變也無恒；自非量可以容之者，孰能有之？人能辭萬鍾之祿，而或喜色於一金；能虜三軍之帥，而或呻吟於一指。其出於計度而後爲者，未足見人之量。惟其猝然遇之，視之，而不驚；此非有量不能也。古之聖王，叢之以極繁至擾之事，而處之若無；投之以深憂厚懼之變，而應之不勞。恩及乎黎庶，功高乎往古，而不少見於辭色；豈强而爲此哉？其所操持者大，所涵畜者遠；事物不得亂其中也。堯視黎民時雍，不異於洪水滔天之時；舜居乎法宮而朝萬國，與陶漁於河澤之際無異。禹擧天下於魚鱉之波，而使食息於平土，而不與焉。蓋於其功德之盛，未足見聖人之大，於處盛美而不居，然後可見其量也。」（集，卷三，君量）

7. 不自矜伐——方孝孺以爲人君不可恃其才學而自矜伐，應利用衆人的才學以爲佐助。因人君責重事繁，日理萬機，不暇向學，才識難周，故須集衆人之才學，以爲治理國家的依憑。漢高祖學有不足，而能善用他人的才學，遂能興邦建國，而立劉漢四百年的國祚。而陳叔寶、楊廣好自矜伐，以爲群臣皆不如己，遂致敗亡。方氏曰：「人君不患無才，而患恃其才以自用；不患乎無學，而患挾其學以驕人。邈乎無爲，澹乎無謀，以任天下之才智，而不與之爭能；則功之出於人者，猶出於己也。持其偏長小數，以與臣下較銖兩之優劣，使才智之士不獲盡其所欲爲，是曷若不學之爲愈乎？漢高祖椎樸質厚，於學無所知；然其聽言任人，與知道無異。陳叔寶、楊廣好自矜伐，以爲群臣莫己出，而其所以自負者，適足以取敗。蓋聖賢之學不傳，人君既不知爲學之道，而復不能用其學；譬如兌戈垂矢，王者用之，可以伐僭亂；而狂夫得之，或以濟其惡而爲盜。豈戈與矢之不善哉？挾莫邪之器，而不能用，未有不爲大禍者也。況彼之所得，皆聖人之所棄者。而恃之以驕人，則適足以害其身而已。」（集，卷三，君學上）

8. 政尙中庸——爲政治民，皆不可過分。過分則過猶不及，必招致失敗。方孝孺是儒者，故主張政尙中庸。中不偏，折衷至當；庸不易，乃永久不變的常理，足爲立身治事之準則者，無過與不及之弊。如明而不苛，寬而不從，嚴而不刻等便是。方氏曰：「爲政之方有八：明而不至乎苛，寬而不流乎縱，嚴而不迫於刻，仁而不溺於無斷，智而不入於詐妄，納諫而能委任，無逸而能不變。此爲政之本也。然能是八者，則政可以舉而措之矣。」（集，卷三，君學下）

9. 袪私爲公——方孝孺以爲三代以後，昏君庸主，所以敗國，皆由於縱私心以變政，拋棄天下爲公的胸懷。私則爲己，只圖自己之利便。爲便己則妄自更張而亂政；爲利己則悉天下以奉一身。政亂則君位國祚皆不保；利己則財聚而民散。爲政當法古之治，敬天行政，積至誠用大德以結天心，則天眷其德，便可長保國祚。他說：「三代以降，昏主敗國，相尋於世者，非他，皆欲以私意變其政，而無公天下之心故也。舜繼堯未嘗改於堯之政，禹繼舜守舜之法，而不敢損益；湯之繼桀，武王之繼紂，反桀紂之所爲，復之於禹湯之舊，損益之而已，未嘗敢以私意爲之也。以私意爲天下者，懲其末而不究其本者也。周之政可謂善矣；……暴秦起而繼之，見其子孫敗於削弱，則曰，周之政弱。於是更之，以強；周之政過於寬，於是易之以猛。而不知周之法，未嘗過於寬與弱也。當周之衰，國自爲政，苛刑密禁，四布而百出。武王周公之遺意，掃蕩無遺；民不堪其主之暴虐，於是亡六國而爲秦。則周之諸侯，以強與猛而亡，非過於弱與寬也。秦不知其故，不及武王周公之舊，以重之以强，濟之以猛；於是天下怨苦而叛之，非民之罪也，變更之道非也。」（集，卷二，深慮論三）

10.任用賢才——人君不自用，而在能任人。但任人必須審愼，在善擇賢才而信任之。任得其人，則國治而民安；所任非人，則國必亂亡。秦二世任非其人，趙高爲相而亡。漢高祖能用三傑而興國。方孝孺曰：「世之言治者亦難矣，爲任人可以治，則二世之用趙高，哀平之用王莽，玄宗之任李林甫，皆以任之太過而亂。以爲自用可以治，則秦始皇隋文帝皆以自用而致滅亡。然則果何由而可治乎？任人可也，不得其人而任之，不可也；躬政可也，自用而不用人不可也。四海之事，固非一人所能知也。君人者能正一身以臨天下，擇世之賢人君子，委之以政，推之以誠，待之以禮，燭之以明，使邪佞無所進其讒，信之以專，使便嬖不得撓其功。簿書之事，不使親其勞；獄訟之微，不使入其心。惟責之以用賢才，治百官，變風俗，足民庶，興禮樂，而綏夷狄。如農之望穡，旅之望家，必俟至而後已。苟有成功，任之終其身，不爲久也，爵之極其崇，不爲濫也。功苟不成，黜而屛之；不爲少恩也，罰而殛之，不爲過暴也。以此道任人，則賢者可得，而亂無自而生矣。」（集，卷二，深慮論九）

第七十六章　王守仁改革性的政治思想

第一節　生平事略

一、**事略**——王守仁的生平事蹟見於《明史》卷一九五本傳。王守仁字伯安，餘姚人，學者稱陽明先生。生於明憲宗成化八年（西元一四七二年），卒於明世宗嘉靖八年（西元一五二九年），少聰慧，性豪邁，十五歲遊居庸關，慨然有經略四方之志。年十八讀朱子書，以庭前竹，試為「格物致知」，沉思不得，遂以致病。二十一歲中鄉試為舉人。孝宗弘治十二年（西元一四九九年）登進士。時西北邊防急，守仁條陳八事上之，授刑部主事，決囚江北，引疾歸，起補兵部主事。

武宗正德元年（西元一五〇六年）宦官劉瑾逮捕南京給事中御史戴銑等二十餘人，守仁抗章救。瑾怒，廷杖四十，謫貴州龍場驛丞，地在萬山叢中，苗獠雜居，守仁因俗化導，夷人喜，相率伐木為屋以棲守仁。武宗正德五年劉瑾伏誅，守仁改授廬陵知縣入覲遷刑部主事，後升考功郎中，擢南京鴻臚卿。正德十一年（西元一五一六年）擢右僉都御史，巡撫贛南。時當地盜賊蜂起，守仁一一討平之，安撫流亡，民得樂業。正德十四年，命守仁戡福建叛軍，行至豐城，而寧王宸濠反，守仁奉命趨赴吉安，傳檄暴數寧王罪，調集各路軍隊討平叛逆。亂平，功高，為群小所讒，幾遭不測。

世宗嘉靖六年（西元一五二七年）以思田州土酋叛亂，帝因人建言，乃以守仁兼左都御史總督巡撫兩廣討賊。守仁勦平思田土酋亂，又出奇兵勦平斷藤峽猺賊，復因功遭讒陷，桂萼劾之，帝以守仁有平賊功，未加處罰。守仁病甚乞歸，道死於南安，年五十七。守仁在龍場驛潛心治學，大悟格物致知之理，時年三十七歲，次年倡知行合一之學，閱五年專以致良知教訓學者」，一時風氣甚盛，遂有壓倒朱(熹)學之勢。穆宗隆慶元年以群臣言，詔贈守仁新建侯，諡文成。神宗萬曆十二年，詔與陳獻章、胡居仁從祀文廟。

二、著作——王守仁的著作，經其門生徐愛編輯爲《王文成公全書》行世。據《四庫全書總目提要》稱：全書三十八卷，書首編爲語錄三卷，乃《傳習錄》。次編爲文錄五卷，皆雜著。別錄十卷，爲奏疏公移之類。外集七卷，爲詩及雜文。續編六卷，爲文錄所遺而蒐入者。後附以年譜五卷，世德記二卷。守仁勳業志節，卓然見諸實行，而爲文博大昌達，詩亦透逸有致。不獨事功可稱，其文章自足傳世也。

三、品評——王守仁稟賦聰慧，性情豪邁，喜任俠，好言兵，究研聖人之學，以明道爲己任，乃一卓越儒者。巡撫贛南，能勦滅蜂起雲湧的群盜，使人民安居樂業」。奉命討伐寧王宸濠的叛亂，文韜武略，卒告成功，扶危撐傾，安定社稷。平定苗夷獠猺作亂，安輯邊陲，弭止蠻亂。以文人而建立輝煌武功，勳業彪炳，光耀史册，功在國家，難能而可貴，實有足多者。然竟以功高而遭群小忌讒，社會無公道，人心不可測，良足慨嘆。

自唐太宗倡「君可以不君，臣不可以不臣」的絕對忠君之說，韓愈著原道一文，主張人民只有供粟米，作器皿，通財貨以供奉君上的義務。於是專制君主的政治思想，歷唐宋元三朝不斷滋彰，而至於普及人間，公卿士大夫以及人民皆信持之而不疑。明太祖、成祖皆刻薄寡恩，殘暴不仁，其專制統治之熾烈，尤甚於前朝，百僚漸趨奴化。而王守仁的政治哲學則以仁心爲本，而參以明德親民之義，且向上直追孔孟，而持孔子「君君，臣臣」及「君待臣以禮，臣事君以忠」之義，及孟子「君視臣如土芥，則臣視君如寇讎」之論，對當時流行的專制君主的政治思想，乃是一大挑戰，自然會受到時人的抨擊。

明初學術思想，大抵皆墨守朱子（熹）的舊說，無所發明與創新。卽當時的一代大儒薛瑄所著書篇，亦不過詮釋宋儒之說。而王守仁則獨樹一幟，自倡新說，以致良知及知行合一之論教授學生，景從者蜂起雲湧，風氣大盛，遂有壓倒朱學的聲勢，這是學術思想的一大解放，致引起學術界的震撼，遭受譏評，當所不免。

《明史》稱：守仁天質異敏，十七歲謁上饒婁諒，與論朱子格物大旨。還家日端坐講讀五經，不苟言笑。遊九華歸，築室陽明洞中，泛濫二氏學，數年無所得。謫龍場驛，窮荒無書，日繹舊聞，忽悟格物致知，當自求諸心，不當求諸事物，喟然曰，道在是矣，遂篤信不疑。其爲敎，專以致良知爲主。謂宋周程二子後，惟象山陸氏簡易直捷，有以接孟子之傳；而朱子集註或問之類，乃中年未定之說。學者翕然從之，而王氏非之，自創新說，遂有陽明學（《明史》卷一九五）。

守仁學說對當時流行的專制政治思想及朱子之學，乃是一大挑戰和解放，自然引起譏評與抨擊。大臣桂萼曾疏劾之。有言曰：「守仁事不師古，言不稱師，欲立異以爲高，則非朱子格物致知之論，知衆論之不予，則謂爲朱子中年未定論之書，號召門徒，互相倡和，才美者樂其任意，庸鄙者借其虛聲，傳習轉訛，背謬彌甚。」（《明史》王守仁傳）

神宗萬曆年間，名儒顧憲成、高攀龍等在無錫東林學院講學，士大夫從學者甚衆，譏刺權閹，不畏權勢，有東林黨之稱。顧憲成對王守仁亦有批評曰：「不守孔敎，一任心裁。得則是，不得則非。其勢必自專自用。」（《顧端文遺書》與李見羅書）因守仁致良知學說，有打破傳統思想，否認學術權威的傾向，而要獨樹一幟，自成一家之言，故招人抨擊。

《明史》總編張廷玉於王守仁傳後，贊曰：王守仁始以直節著；比任疆事，提弱卒，從諸書生，掃積年逋寇，平定孽藩，終明之世，文臣用兵制勝，未有如守仁者也。當危疑之際，神明愈定，智慮無遺，雖由天資高，其亦有得於中者歟。矜其剏獲，標異儒先，卒爲學者譏。守仁嘗謂胡世寧少講學。世寧曰，某恨公多講學耳。桂萼之議，雖出於媢忌之私，抑流弊實然，固不能以功多爲諱矣。

第二節　思想解放的革新思想

一、**時代背景**——自唐太宗倡絕對忠君的專制君主思想，歷唐、宋、元三朝，日益滋彰與發展日見深化與普及。明太祖開國，即樹立專制君主慘覈威風。海瑞曰：「太祖雖出身民間，注重疾苦；然其用法苛嚴，殆不下秦代。如誅貪吏剝皮囊草，枉法八十貫論絞。」（《明史》卷二二六，海瑞上神宗疏）趙翼曰：「至於文字疑誤殺人（《二十二史劄記》卷三二，明初文字之禍），任意殘殺功臣（胡、藍之獄）則爲無可寬解之野蠻行爲。明太祖藉諸功臣以取天下，及天下既平，即盡取舉天下之人而殺之，其殘忍實千古所未有。蓋雄猜好殺本其天性。」明太祖視人臣如奴僕，數加廷杖，又以孟子曾說「君視臣如土芥，則臣視君如寇讎」，非臣下所宜言，欲廢孟子而不祀（《明史》卷一三九，錢唐傳）。大臣尊嚴，幾於掃地。

成祖篡位，繼承其父惡習，更肆淫虐之行。且依宦官爲腹心，而啓明代弊政苛法之禍源。錦衣衞、東廠獄之暴政亦肇始於永樂中。成祖屠殺建文帝諸臣之慘，尤甚於太祖之殘殺功臣。方孝孺被磔於市，除妻子女皆死外，且株誅十族。齊泰、黃子澄、鐵鉉等被處死後，其婦女均送教坊司。茅大芳妻在教坊司病故，奏奉聖旨「分付上元縣擡出門外，著狗吃了。欽此。」（俞正燮《癸巳類稿》，卷十二）

專制君主視人臣如奴僕，蔑視其人格尊嚴，動輒辱罵、廷杖、下獄、誅殺。古之所謂「士可殺，不可辱」的士人氣節，被朱元璋、朱棣父子摧毀殆盡。士風因以萎靡。士人氣節既不振，於是國之大臣亦不敢輕言國家大事，只圖斤斤計議細務與末節，例如大禮之議，梃擊案、紅丸案皆非有關國計民生的國家大事，而朝廷大臣竟目爲大事而嚴正爭議之。專制之論，腐儒之言盈天下，於是反動思想，勃然興起，劉基、方孝孺啓其端，王守仁鴻其流，欲直追孔孟，要「君待臣以禮，臣事君以忠」，並贊成孟子「民爲貴，君爲輕」之論。

二、解脫章句——明代科舉取士，專重文詞，應試文章，「限定一定程式」，「必須遵守，文式須採排偶，共分八股，謂之制義。所出試題不外四書、五經。四書題的標準答案，須依於朱子的《四書章句集註》。治學爲文不以窮理致用爲宗旨，只拾古人舊說，尤其受朱子註解的拘束，所謂理學末流與餘裔。《明史》儒林傳序（卷二八二）曰：「原夫明初，諸儒皆朱子門人之支流餘裔，師承有自，矩矱秩然，……無敢改錯。」守仁對此因襲沉悶，缺乏勃發生氣的學術思想，遂生厭惡與反感，乃毅然欲求打破爲文祇重記誦文句，治學祇依前人舊說的頹風，而要求學問解放於章句之外，思想要跳出前人窠臼。以儒攻儒，波濤洶湧，氣壯山河，欲一擧而冲決近千年來朱子理學網羅。這是學術思想上一大轉變與解放。他說：「世之學者，章繪句琢以誇俗，詭心色取，相飾以僞，謂聖人之道勞苦無功，非後人之所可爲，而復取辯於言誦之間。……而聖人之學遂廢，則今日所大患者，豈非記誦詞章之習。而弊之所從來，無亦言之太詳，析之太精之過歟。」（《全書》卷七，別湛甘泉序）又說：「世之學者承沿其學業詞章之習，以荒穢戕伐其心，既與聖人盡心之學相背而馳，日鶩日遠，莫知其所抵極矣。」（《全書》卷七，重修山陰縣學記）

王守仁思想解放的革新思想，影響宏大而廣遠。《明史》儒林傳序（《明史》卷二八二）：「學術之分，自陳獻章、王守仁始。宗獻章者曰江門之學，孤行獨詣，其傳不遠。宗守仁者曰姚江之學，別立宗旨，顯與朱子背馳，門徒遍天下，流傳逾百年，其教大行。……嘉（靖）隆（慶）而後，篤信程朱，不遷異說者，無復幾人矣。」

三、懷疑六經——王守仁以爲六經文詞失之紛繁蕩逸，注重繁瑣的辭藻，而忽略經義的躬行實踐，孔子之前固然如此，孔子之後亦莫不然。他說：「天下之大亂，由虛文勝而實行衰也。自伏羲畫卦，至於文王周公，其間言易，紛紛籍籍，不知其幾，易道大亂。孔子以天下好文之風日盛，知其說之將無紀極，於是取文王周公之說而贊之，以爲惟此爲得其宗，於是紛紛之說盡廢，而天下之言易者始一。《書》、《詩》、《禮》、《樂》、《春秋》皆然，詩自二南以降，如八索九丘，一切淫哇逸蕩之詞，蓋不知其幾千百篇。禮樂之名物度數，至是亦不可勝窮。孔子皆刪削而述正之，然後其說始廢。如《詩》《書》《禮》《樂》中，孔子何嘗加一語。今之《禮記》諸說，皆後儒附會而成，已非孔子之舊。至於《春秋》，雖稱孔子作之，其實皆魯史舊文。所謂筆者筆其舊，所謂削者削其繁，是有減無增。」

（《全書》卷一，傳習錄上，徐愛記）他甚而說：「秦始皇焚書，若非出於私意，而志在明道，亦正暗合刪述之意。」（仝上）

王守仁反對朱子的道問學，贊成陸（象山）子的尊德性，稱譽「象山陸氏簡易直捷」（《明史》王守仁傳）。陸氏以為「宇宙便是吾心，吾心便是宇宙。學苟知本，則六經皆我註脚。」（語錄）蓋以為「心卽理」，只要能明心見性，則萬物之理皆瞭然於心，何必讀書，然後為學。他更說「古人之言不可不信，亦不可必信。」守仁亦認為「心卽理」，心無體，以天地萬物感應之是非為體。所以他說：「求之於心而非也，雖其言出於孔子，不敢以為是也，而況其未及孔子者乎。求之於心而是也，雖其言之出於庸常，不敢以為非也，而況其出於孔子者乎。」（《全書》卷二，答羅整菴書）這是說以心辨是非，六經之繁文，未必皆是，故繁不如簡。

守仁更指責《春秋左氏傳》的不是，其理由在於「世儒之說，未得聖人作經之意，如書弒君，卽弒君便是罪，何必更問其弒君之詳。征伐當自天子出，書伐國，卽伐國便是罪，何必更問其伐國之詳。……若是一切縱人慾，滅天理的事，又安肯詳以示人，是長亂導奸也。」（《全書》卷一，傳習錄上，徐愛記）守仁又懷疑《詩經》非孔子之舊本。他說：「《詩》非孔門之舊本矣。孔子云，放鄭聲，鄭聲淫；又曰惡鄭聲之亂雅樂也，鄭衞之音亡國之音也。孔子所定三百篇，皆所謂雅樂，皆可奏之郊廟，奏之鄉黨，皆所以宣暢和平，涵詠德性，移風易俗，安得有此，是長淫導奸矣。此必秦火之後，世儒附會，以足三百篇之數。」（仝上）

四、評論孔孟——王守仁雖崇敬孔孟，但不以之為絕對權威，亦不視之為盲目崇拜的偶像，其言之是者是之，其言之非者非之。他認爲孔子之言未必全是，故不可以全信，應由吾心之明辨其是非，因吾心之明未必不及於孔子。他說：「夫學貴得之心，求之於心而非也，雖其言之出於孔子，不敢以爲是也，而況其未及孔子者乎。求之於心而是也，雖其言之出於庸常，不敢以爲非也，而況其出於孔子者乎。……夫道，天下之公道也。學，天下之公學也，非朱子可得而私也，非孔子可得而私也。天下之公也，公言之而已矣。故言之而是，雖異於己，乃益於己也。言之而非，雖同於己，適損於己也。」（《全書》卷二，答羅整菴書）這種大膽的反傳統疑孔思想，是學術上的革命行動，而世儒自必卑之爲離經叛道的叛逆。

王守仁反對孟子和世儒的排斥「異端」，楊朱、墨翟實當時之賢者，其言雖與聖人之道異，然猶有其自得者，而孟子闢斥之爲無父無君之禽獸夷狄，豈非太過乎？他說：「孟子闢楊墨，至於無父無君。二子亦當時之賢者，使與孟子並世而生，未必不以之爲賢。墨子兼愛，行仁而過耳；楊子爲我，行義而過耳。此其爲說亦豈滅理亂常之甚，而足以眩天下哉？而其流之弊，孟子至比於禽獸夷狄，所謂以學術殺天下後世也。今世學術之弊，其謂之學仁而過者乎，謂之學義而過者乎，抑謂之學不仁不義而過者乎。吾不知其與洪水猛獸何如也。」（《全書》卷二，答羅整菴書）又說：「今世學者，皆知宗孔孟，賤楊墨，擯釋老。聖人之道，若大明於世。然吾從而求之，聖人不得而見之矣。其能有若墨氏之兼愛者乎？其能有若楊氏之爲我者乎？其能有若老子之清靜自守，釋氏之究心性命者乎？吾何以楊、墨、老、釋之思哉。彼與聖人之道異，然猶有自得也。」（《全書》卷七，別湛甘泉）孟子衞儒道之心，過於急切，對楊墨的闢斥，不免過甚，王氏正之，不爲狂妄。

五、萬物一體——王守仁的學術思想以仁心爲本，而參之以大學的明德親民，以不忍人之心行不忍人之政；雖似自出心裁，實亦因襲於孟子。他的立論主旨，是聖人之心以天地萬物爲一體。他說：「大人者以天地萬物爲一體者也。其視天下若一家，中國猶一人焉。若夫間形骸而分爾我者，小人矣。大人之能以天地萬物爲一體也，非意之也。其心之仁本若是，其與天地萬物而爲一也。其惟大人，雖小人之心亦莫不然，彼顧自小之耳。是故見孺子之入井而必有怵惕惻隱之仁焉，是其仁之與孺子爲一體也。孺子猶同類者也。見鳥獸之哀鳴觳觫而必有不忍之心焉，是其仁之與鳥禽爲一體也。鳥獸猶有知覺者也。見草木之摧折，而有憫恤之心焉，是其仁之與草木而爲一體也。草木猶有生意者也。見瓦石毁壞必有顧惜之心焉，是其仁之與瓦石而爲一體也。」（《全書》卷二六，續編一）又曰：「夫聖人之心以天地萬物爲一體。其視天下之人，無內外遠近，凡有血氣，皆其昆弟赤子之親，莫不欲安全而敎養之，以遂其萬物一體之念。」（《全書》卷二，傳習錄中）這一論說和陸九淵所謂「宇宙卽爲吾心，吾心卽爲宇宙」，有異曲同工之妙。

六、人人平等——王守仁認爲「求學貴得於心」，心以爲是者是之，心以爲非者非之。心何以能辨認眞理，判斷是非。因心能「致良知」。良知就是人存於內心的明德。明德卽人同此心，心同此理的天理。以良知明德衡鑑事物，可掃除一切私慾障礙，則辨無不明，判無不是。無論賢愚智不肖，同具此心，苟能致其良知，則人人皆是明明德之人，便是人人平等。猶如釋氏所謂人人可以徹悟成佛，孔孟所謂人人可以修養成聖賢。就心之本體言，衆人亦是生而知之，因人人有致良知之心。就致知之功夫言，雖聖人亦是學而知之（《全書》卷三，傳習錄下）。良知所體認的道學乃是人生日用之常，並非奇異幽怪的艱深奧理爲衆人所難及。或問異端，答曰：「與愚夫愚婦同的，是謂同德；與愚夫愚婦異的，是謂異端。」（《全書》傳習錄下）答門人問曰：「見滿街人都是聖人。此亦常事耳，何足爲異。」（傳習錄下）人人可以致良知，人人可以明明德，人人在精神上皆可是聖人，並無高下尊卑。王氏答希淵問曰：「聖人凡人皆可致良知，於質皆同，於量則有大小之異。譬猶純金，堯舜萬鎰，文王孔子九千鎰，依次減少，凡人則一兩也。」（《全書》傳習錄上，答希淵問）

七、思想自由——王守仁認爲人人能以致其良知。良知能以判斷是非善惡。一切事理的判斷皆依憑於自己的良知，不受外在權威、偶像、傳統、習俗的限制與拘束。自己的言行由自己決定之。自己是自己的主宰，自己是衡量事物的標準，非他人所能控制與干涉。判斷獨立，思想自由。自己之心以爲是者是之，以爲非者非之。王氏曰：「夫舜之不告而娶，豈舜以前有不告而娶的準則，故舜得以考之何典，問諸何人而爲此耶。抑亦求諸其心一念之良知，權輕重之宜，不得已而爲此耶。武之不葬而興師，豈武之前已有不葬而興師者爲之準則，故武得以考之何典，問諸何人而爲此耶。抑亦求諸其心一念之良知，權輕重之宜，不得已而爲此耶。」（《全書》答顧東橋）

門人或問曰：「良知一而已。文王作彖，周公繫爻，孔子贊易，何以各自看理不同？」王氏答曰：「聖人何能拘得死格。大要出於良知同，便各自爲說何害。且如一園竹子，祇要同此枝葉，便是大同。若拘定枝枝節節，都要高下一樣，便非造化妙手。」（《全書》傳習錄下）這正如孔子敎人的因材施敎，不能敎諸多弟子通做一樣，均成一型，而在成就其個性，發展其潛能，不能强不同之才而成一樣之學。因聖人知時節與事物的變遷，不可預知，人才的大小高下亦各有殊異，但求合乎良知，固不可强不同以爲同。

八、**重大影響**——王守仁的解放的思想對晚明學者發生相當重大的影響。其門人王畿王艮等宣揚傳習，其立論有益趨激烈的趨勢。王畿字汝中，別號龍溪，其師宗陽明，學生衆多，不克親授，嘗使錢德洪等代爲講授。錢較謹飭，畿則放縱，故士之浮誕不逞者率自名龍溪弟子（《明史》卷二八三，儒林傳二）。王艮原名銀，七歲入塾，好學不輟，其出言有類陽明者，乃至江西謁陽明，辯難久之始大服，拜爲弟子，陽明易其名曰艮，字汝止，號心齋。王艮承陽明得心之旨，釋格物之義曰：「吾身是個矩，天下國家是個方。治學者，知得身是天下之本，則以天地萬物依於己，不以己依於天下萬物。」（《明儒學案》三十二，語錄）又曰：「知保身者則必愛身，能愛身則不敢不愛人。能愛人則人必愛我。人愛我則吾身保矣。反之，若知保身而不知愛人，必至於適己自便，利己害人，人將報我，則吾身不能保矣。吾身不能保，又何以保天下國家哉。但矯枉過正，愛人不愛己，亦非所宜，知愛人而不知愛身，必至烹身割股，舍生殺身，則吾身不能保矣。吾身不能保，何以保君父哉。」（《心齋遺集》明哲保身論）

信仰陽明學說極深，且實行布其教最力者，則爲韓貞，貞字以中，粗識文字。既以茅屋三間償債，遂居窰中。以化俗爲己任，農工商賈從遊者千餘。秋成農隙則聚徒講學。一村既畢，又之一村（《明儒學案》三二）。闡揚陽明的思想解放思想及其平民學說。另有陽明再傳弟王棟。棟字一菴從學王艮。棟嘗謂「自古農工商賈業雖不同，然人人皆可共學。孔門弟子三千，而身通六藝七十二，其餘則皆無知鄙夫耳。至秦滅學，漢興，惟記誦古人遺經者起爲經師，更相授受。於是指此學獨爲經生文士之業，而千古聖人與人人共明共成之學遂泯沒不傳矣。天生我師，崛起海濱，慨然能悟，直宗孔孟，直指人心，然後愚夫俗子，不識一字之人皆知自性自靈、自完自足、不假聞見，不煩口耳，而二千年不傳之消息，一朝復明矣。」（《明儒學案》三二）

第三節　學術創發性的知行思想

王守仁的學說有所「破」，亦有所「立」。思想解放的思想是消極的破，在破除偶像，打倒權威，謀求思想自由。學術創發的知行思想是積極的立，在建立自己的哲學體系，自成一家之言。其思想體系與架構，包括三大柱石：一曰心卽理，二曰致良知，三曰知行合一。玆就此分別舉述如次：

一、心卽理——王守仁認為心無體，以天地感應之是非為體。他說：「目無體，以萬物之色為體；耳無體，以萬物之聲為體；鼻無體，以萬物之臭為體；口無體，以萬物之味為體；心無體，以天地萬物感應之是非為體。」（《全集》傳習錄上）心不是由血肉構成的心臟，亦不是由若干神經系統構成的腦筋，而是無形體可見可觸的理則。這一理則與外在事物相接觸而起感應，並就感應而辨知是非。由是足見萬物之是非，依心之理則而表現，故曰心卽理。

王氏以為天地有體，而心無體；而以天地萬物與心相感應之是非為體。因心乃是虛靈不昧的明德或眞理，充塞於宇宙間，而為天地萬物之主宰。然心與天地萬物又絕不可分離。無心則天地萬物失其存在；無天地萬物，則心無所感應。理無心而不立，理依心而存在；心無理而不明，心之用在明理。心與理似二而實一，似一而實二，二而一，一而二，故曰心卽理。

孟子曰：「心之官則思，思則得之，不思則不得也；比天之所與我者，先立乎大者，則其小者不可奪也。」（《孟子》告子篇）王氏「心卽理」之論，便是先立其大者。凡事能把握樞要機核，則一切小事細務便可迎刃而解。王氏曾說：「求學貴得之心，求之於心而是者，是之，求之於心而非者，非之。」心能辨別是非，頗似孟子所說的思，思則得之，不思則不得也。學貴知本，「心卽理」便是爲學之本。苟知此本，則天地萬物之理皆瞭然於吾心，無往而不達，無事而不明，則孽障盡消，私慾全去。

二、致良知——孟子曰：「人之所不學而能者，其良能也；所不慮而知者，其良知也。孩提之童，無不知愛其親也；及其長也，無不知敬其兄也。」（《孟子》盡心上篇）又曰：「是非之心，人皆有之；是非之心，智之端也。」（《孟子》公孫丑上篇）良是本然之善，是非之心是知。王守仁因之，乃以是非之心，好惡之道，以明良知。王氏曰：「良知只是個是非之心，是非之心只是個好惡。只好惡就盡了是非，只是非就盡了萬事萬變。」（《全書》卷三，傳習錄下，黃省曾記）良知是本然之善的是非之心，亦卽不爲「物慾遮蔽」，不爲「私欲窒塞」而能衡鑑是非善惡的明鏡。王氏曰：「性無不善，故知無不良，良知卽是未發之中，卽是廓然大公寂然不動之本體，人人之所同具者也。但不能不昏蔽於物欲，故須學以去其昏蔽。」（《全書》卷二，傳習錄中，答陸原靜書）

良知如明鏡。而明鏡常爲塵埃所昏蔽。致良知就是去學如何去除這昏蔽，而保持原來的明鏡。王守仁主張以眞誠惻怛以致良知。他說：「良知只是一個天理自然明覺發見處。只是一個眞誠惻怛，便是他本體。故致此良知之眞誠惻怛以事親，便是孝；致此良知之眞誠惻怛以從兄，便是弟；致此良知之眞誠惻怛以事君，便是忠；只是一個良知，一個眞誠惻怛。」（《全書》卷二，傳習錄）

致良知卽是去「物慾遮蔽」，掃「私欲窒塞」而見原來的明淨。這是爲學的功夫，爲學必須立誠。

王氏曰：「僕近日與朋友論學，惟說立誠二字。」（《全書》卷二一，與王純甫書）如好好色，惡惡臭，便是誠。他說：「人但得好善如好好色，惡惡如惡惡臭，便是聖人。直初時聞之，覺甚易，後體會得來，此工夫着實是難，如一念雖知好善惡惡，然不知不覺，又夾雜去了。才有夾雜，便不是好善如好好色，惡惡如惡惡臭的心。善能實實的好，是無念不善矣。惡能實實的惡，是無念及惡矣。如何不是聖人？故聖人之學，只是一誠而矣。」（《全書》卷一，傳習錄上，徐愛記）誠意以求，則良知可致。王氏曰：「誠意之說，自是聖人教人用功第一義」；「工夫到誠意，始有着落」；「着實去致良知，便是誠意」（《全書》卷二，傳習錄中）。

三、知行合一——王守仁最著名的貢獻，就是「知行合一」之說。他說：「良知的性質昭明靈覺，圓融洞徹，充塞天地，貫通古今。若能致此良知，則自能發其本善之心。而致此良知之道，則爲眞誠惻怛，故其學尤重誠意。以誠意卽能致良知。誠意之極，卽可知行合一。」（《全書》卷二，傳習錄中）又說「未有知而不行者，知而不行，只是未知」；「知是行的主意，行是知的工夫，知者行之始，行者知之成」（《全書》卷一，傳習錄上，徐愛記）。王氏答顧東橋書曰：「知之眞切篤實處，卽是行；行之明覺精密處，卽是知；知行工夫本不可分離。」他嘗以《大學》中所述的如好好色，如惡惡臭，爲知行合一的證明。因而說：「見好色屬知，好好色屬行。只見那好色時，已自好了，不是見了後，又立個心去好。聞惡臭屬知，惡惡臭屬行，只聞那惡臭時，已自惡了，不是聞了後，別立個心去惡。……又如知痛，必已自痛了，方知痛。知寒，必已自寒了。知飢，必已自飢了，知行如何分得開。」（《全書》卷一，傳習錄上，徐愛記）

王守仁又以《中庸》中「博學之，審問之，愼思之，明辨之，篤行之」作解釋，以證明知行合一。他答顧東橋書曰：「夫問、思、辨、行皆所以爲學，未有學而不行者也。如言學孝，則必服勞奉養，躬行孝道，然後謂之學孝，豈徒懸空口耳講說，而遂可以謂之孝乎。學射則必張弓挾矢，引滿中的，學書則必伸紙執筆，操觚染翰。盡天下之學，無有不行而可以言學者，則學之始固已卽是行矣。篤者敦實篤學之意，已行矣，則敦篤其行，不息其功之謂爾。蓋學之不能以無疑，則有問，問卽學也，卽行也；又不能無疑，則有思，思卽學也，卽行也；又不能無疑，則有辨，辨卽學也，卽行也。辨既明矣，思既愼矣，問既審矣，學既博矣，又從而不息其功焉，斯之謂篤行，非謂學、問、思、辨之後，而始措之於行也。」（《全書》卷二）

一般人都把學、問、思、辨屬於知，而只把篤行屬於行，是把知與行截然分爲兩事。而王守仁則把學、問、思、辨、行五者視爲「知行合一」的一事，固知行不可分，知卽行，行卽知。他說：「凡謂之行者，只是着實去做這件事。若着實做學、問、思、辨的工夫，則學、問、思、辨亦便是行矣。學是學做這件事，問是問做這件事，思辨是思辨做這件事，則行亦便是學、問、思、辨矣。若謂學、問、思、辨之，然後去行，卻如何懸空先去學、問、思、辨得？行時又如何去做學、問、思、辨的事。」（《全書》卷六，丙戌答友問）

第四節 為政治民的政治思想

王守仁不僅對學術思想有創造性重大貢獻，至於爲政治民的理論與途徑，亦有頗爲正確的主張。茲就其政治思想的重要者，舉述如次：

一、明德親民——朱子禮爲諸暨宰，問政與學之要。陽明子曰：「明德親民一也。古之人明明德以親其民，親民所以明其明德也。是故明明德，體也；親民，用也，而止至善其要矣。子禮退，而求至善之說，烱然見其良知焉。曰：吾今乃知學所以爲政，而政所以爲學；皆不外乎良知焉。信乎欲至善其要也矣。」（《全書》卷八，文錄五書，朱子禮卷）這是王陽明以知行合一之說解釋學與政。學是爲學，爲學在得之於心，卽是致良知。所謂明德，就是良知，就是「未發之中，廓然大公，寂然不動之體，人人之所同具者也」；「良知只是個是非之心」；「但良知不能不昏蔽於物欲，故須學以去其昏蔽。」（《全書》卷二，傳習錄中）可見爲學所以去昏蔽而致其良知。致良知須於爲政中致之。知於從政中學之，政以良知爲之。故政與學爲一，明德與親民不分。以良知爲政，廓然大公，毫無昏蔽，自可止於至善。

二、禮爲大本——王守仁以爲爲政施治應以禮爲大本。因禮者理也，卽合於天理；禮者性也，符於人性，禮之用爲政施治之大經大本，並不限於儀節細目。禮之德目爲仁、義與知。古聖王以禮治國，便是以仁、義與知治國。王氏曰：「禮也者，理也；理也者，性也；性也者，命也。維天之命，於穆不已；而其在於人也，謂之性。其粲然而條理也，謂之禮；其純然而粹善也，謂之仁；其截然而裁制也，謂之義；其昭然而明覺也，謂之知；其渾然於其性也，則理一而已矣。故仁也者，禮之體也；義也者，禮之宜也；知也者，禮之通也。經禮三百，曲禮三千，無一而非仁也，無一而非性也。天叙天秩，聖人何心焉。蓋無一而非命也。故克己復禮，則謂之仁；窮理，則盡性以至於命。盡性，則動容周旋中禮矣。」（《全書》卷七，禮記纂言序）。禮治的本體在於以不忍人之心行不忍人之政，卽施行仁政禮治的一切施爲，莫不措之宜。禮治係以明覺昭然的良知，推行政務，則無往而不通達。仁、義與知皆禮之理的德目。禮治蓋窮理盡性的至道。

三、愛得其是——王守仁以爲韓昌黎言「博愛之謂仁」大致不錯，而宋儒非之，未必是。但愛須愛得其是，方是愛的本體，若只知博愛，而不論是與不是，亦便有差處。且博愛不如公愛，因公愛係爲公理、公義、公益而施愛；若祇言博愛，則爲私利、私誼、私心而施愛亦可包括在內。王氏曰：「來書云，韓昌黎博愛之謂仁一句，看來大段不錯，不知宋儒何故非之，以爲愛自是情，仁自是性，豈可以愛爲仁？愚意則曰：性卽未發之情，情卽已發之性。仁卽未發之愛，愛卽已發之仁。如何喚仁作愛，不得言愛則仁在其中矣。孟子曰，惻隱之心，仁也。周子曰，愛曰仁。昌黎此言，與孟周之言，無甚差別；不可以其文人而忽之也。博愛之說，本與周子之旨無大相違。樊遲問仁，子曰愛人。愛字何嘗不可謂之仁歟？昔儒看古人言語，亦多有因人重輕病；正是此等處耳！然愛之本體固可謂之仁；但亦有愛得是與不是者，須愛得是方是仁之本體，方可謂之仁者。只知博愛，而不論其是與不是，亦便是差處。吾嘗謂博字不若公字爲盡。大抵訓釋字義，亦只是得其大概。若其精微奧蘊，在人思而自得，非言所能喻。後人多有泥文著相，專在字眼上穿求；卻是心從法華轉也。」（《全書》卷五，文錄，與黃勉之書）

四、權之利害——權是治國的威柄，足以統治人民，推行政令的勢力與工具，生殺予奪的利器，福禍、利害、貴賤、富貧所自出。權用之當，則萬民蒙其福利；權用之不當，則萬民受其禍害。權宜操之於君子，不可持之於小人。故王守仁曰：「夫權者，天下之大利大害也。小人竊之，以成其惡；君子用之，以濟其善；固君子之不可一日去，小人之不可一日有也。欲濟天下之難，而不操之以權，是猶倒持太阿，而授人以柄，希不割矣。故君子之致權也有道，本之至誠，以立其德；植之善類，以多其輔；示之以無不容之量，以安其情，擴之以無所競之心，以平其氣；昭之以不可奪之節，以端其向；神之以不可測之機，以攝其奸；形之以必可賴之智，以收其望；坦然爲之下以上之，退然爲之後以先之。是以功蓋天下而莫之嫉，善利萬物而莫與爭。」（《全書》卷二十一，外集三，寄楊閣老邃庵二）

五、爲邦之道——王守仁認爲治國安邦的萬世常行之道，應是「爲政在人，取人以身，修身以道，修道以仁」。而孔子答顏淵問爲邦，卻只說：「行夏之時，乘殷之輅，服周之冕，樂則韶舞，放鄭聲，遠佞人。鄭聲淫，佞人殆。」（《論語》衞靈公篇）蓋顏淵具體聖人，孔子深知其已諳爲邦的大本大原，故祇就制度文爲上爲說，不使疏忽。黃誠甫問，先儒以孔子告顏淵爲邦之問，是立萬世常行之道，如何？先生(陽明)曰：「顏子具體聖人，其於爲邦的大本大原，都已完備。夫子平日知之已深，到此都不必言；只就制度文爲上說。此等處亦不可忽略，須要是如此方盡善。又不可因自己本領是當了，便於防範上疎濶。須是要放鄭聲，遠佞人，蓋顏子是個克己向裏德上用心的人，孔子恐其外面末節，或有疏忽，故就他不足處幫補說。若在他人，須告以爲政在人，取人以身，修身以道，修道以仁；方是萬世常行之道。不然，只在行了夏時，乘了殷輅，服了周冕，作了韶舞，天下便治得。後人但見顏子是孔門第一人，又問個爲邦，便把做天下大事看了。」（《全集》卷一，傳習錄上）

六、愼薦人才——爲國薦才和自己用人大不相同。自己用人能用能去，且對大醇小疵者，亦可舍短取長而善用之，不致爲害。至於爲國薦才，一經任用，薦者便無權控制，莫由自由用舍，若薦用不當，則貽害國家與人民者，自非淺鮮。故爲國家薦才，必須詳審細考，必須眞才而後薦之，萬不可疏忽。王守仁曰：「昨見邸報，知西樵、兀崖，皆有薦賢之書，此誠士君子立朝之盛節，若干年無此事矣，深用嘆服。但與名其間，卻有一二未曉者；此恐鄙人淺陋未能知人之故。然此天下治亂盛衰所繫，君子小人進退存亡之機，不可以不愼也。此事譬之養蠶，但雜一爛蠶於其中，則一筐好蠶，盡爲所壞矣。凡薦賢於朝，與自己用人，又自不同。自己用人，權度在我，故雖小人而有才者，亦可以器使。若以賢才薦之於朝，則評品一定，便如白黑；其間舍短錄長之意，若非明言，誰復知之？小人之才，豈無可用？如砒、硫、芒硝，皆有攻毒之功，但混合參苓、蓍朮之間，而進之養生之人；萬一用之不精，鮮有不誤者矣。僕非不樂二公有此盛擧，正恐異日或爲此擧之累，故輒叨叨，當不以爲罪。」（《全書》卷二十一，外集，三答方叔賢書二）

七、舍短用長——世無全才。若求全責備，則如緣木求魚，不可得之。人皆有所短長，若能舍短用長，則人人皆人才。王守仁曰：「何謂舍短以用長？臣惟人之才能，自非聖賢，有所長必有所短，有所明必有所蔽。而人之常情，亦必有所懲於前，而後有所警於後。吳起殺妻，忍人也，而稱名將；陳平受金，貪夫也，而稱謀臣。管仲被囚而建霸，孟明三北而成功，顧上之所以駕馭而鼓動之者如何耳。故曰，用人之仁去其貪，用人之智去其詐，用人之勇去其怒。夫求才於倉卒艱難之際，而必欲拘於規矩繩墨之中，吾知其必不克矣。」（《全集》卷九，別錄，陳言邊務疏）因事以求才，因才而施用，事得其人，人當其用，則人能盡其才，事能成其功。此舍短而用長的莫大功效。

八、大臣之節——負大臣之名，須盡大臣之道。盡大臣之道，在於以道事君，格君心之非，正君行之邪，盡仁義之言，經德不回，守正不撓，引君於道，以濟天下；道不行，則奉身而退，以立其節。王守仁曰：「夫所謂大臣也，豈徒以其崇高貴重而有異於群臣已乎？豈亦可以奔走承順而無異乎群臣已乎？必其於事君也，經德不回，而凡所以啓其君之善心者，一皆仁義之言；守正不撓，而凡所以格其君之非心者，莫非堯舜之道。不阿意順旨，以承君之欲也。必繩愆糾繆，以引於道也。夫以道事君如此，……其可枉道以殉人乎？殆必奉身而退，以立其節；雖萬鍾有弗屑也，固將見幾而作，以全其守，雖終日有弗能也。是則以道事君，則能不枉其道；不可則止，則能不辱其身；所謂大臣者蓋如此。」（《全書》卷三十一，山東鄉試錄）

九、移風易俗——風俗的良窳，關係於國家盛衰者至深且鉅。王守仁深憂當時風俗的頹靡敗壞，而提出移風易俗，期以端正社會風氣，改善民間習俗。他說：「天下之患，莫大於風俗之頹靡而不覺。夫風俗之頹靡而不覺也，譬之潦水之赴壑，浸淫泛濫，其始也，若無所患，而既其末也，奔馳潰決，忽焉不終朝而就竭。是以甲兵雖强，土地雖廣，財賦雖盛，邊境雖寧，而天下之治，終不可爲焉；則風俗之頹靡，實有以致之。古之善治天下者，未嘗不以風俗爲首務。……蓋今風俗之患，在於務流通而薄忠信，貴進取而賤廉潔，重儇狡而輕樸直，議文法而略道義，論形迹而遺心術，尚和同而鄙狷介。若是者，其浸淫習染，既非一日，則天下之人，固已相忘於其間而不覺，驟而語之，若不足以爲患，然天下之患終必自此而起。泛而觀之，若無與於鄉愿，而徐而察之，則其不相類者幾希矣。愚以爲欲變是也，則莫若就其所藐者而振作之。何也？今之所薄者，忠信也，必從而重之；所賤者，廉潔也，必從而貴之；所輕者，樸直也，必從而重之；所遺者，心術也，必從而論之；所鄙者，狷介也，必從而尙之。然而今之議者，必以爲是數者未嘗不振作之也，則亦不思之過也。」（《全書》卷三十一，山東鄉試錄）

十、行法振威——王守仁鑑於當時邊患日甚，而軍威不振，戰爭難勝，蓋以軍紀不嚴，敗兵無懲故也，遂主張嚴行軍法，重懲敗兵敗將，以振軍威而固邊陲。他說：「何謂行法振威？臣聞李光弼之代子儀也，張用濟斬於轅門；狄青之至廣南，陳曙戮於戲下。是以皆能振疲散之卒，而摧方強之虜。今邊臣之失機者，朝喪師於東陲，暮調守於西鄙，罰無所加，兵因縱弛。如此，則是陛下不惟不寘之罪，而復為曲全之地，彼亦何憚而致其死力哉！」（《全書》卷九，別錄，陳言邊務疏）

第七十七章　李贄反傳統的政治思想

第一節　生平事略

一、事略——《明史》未爲李贄立傳，僅在耿定向傳（卷二二一）中有所附述，略而多誣，且有詆詘之辭。蓋李贄爲反傳統的革命思想家，立論激烈，世儒視之爲蠱惑人心，狂妄不經的叛逆，故不爲之立傳，雖有亦多詆詘。耿定向傳中附言曰：「耿定向之學，本王守仁，嘗招晉江李贄於黃安，後漸惡之，贄亦屢短定向。士大夫好禪者，往往從贄遊。贄小有才機辨，定向不能勝也。贄爲姚安知府，一旦自去其髮，冠服坐堂皇。上官勒令解任。居黃安日引士人講學，雜以婦女，專崇釋氏，卑侮孔孟。後北遊通州，爲張問達所劾，逮死獄中。」

袁中道著有《李溫陵傳》，記述李贄生平事蹟至爲詳切。玆據以酌見，酌加摘錄，以見李氏生平事蹟之實。李贄字卓吾，又字篤吾，初名載贄。生於福建泉州，首治晉江，因係溫陵禪師福地，遂號溫陵居士。晚年居龍湖，因號龍湖叟。出生於明世宗嘉靖六年（西元一五二七年）卒於神宗萬曆三十年（西元一六〇二年），壽七十六歲。贄二十六歲中福建鄉試擧人，歷任縣教諭，官南京國子監，補禮部司務。時年已四十，始讀王守仁、王畿之書，信陽明之學。年五十一以南京刑部郎出爲雲南姚安知府。其政事「一切簡易，任自然，務以德化民，不賈世俗能聲。」（《焚書》卷二，附錄）「每至伽藍，判了公事，坐堂皇

上，或寘名僧其間。簿書有隙，卽與參論玄虛。人皆怪之，公亦不顧。祿俸之外，了無長物。」（袁中道著《李溫陵傳》）

贄任太守三年，乃致仕，行時「士民遮道，車馬不能前進」（《姚州志》卷五）。五十六歲以後，始勤於讀書著述。初依耿定向居黃安，旋與耿論學不合，辭去，隻身走廡城，依龍潭湖上芝佛院僧無念。「閉門下鍵，日以讀書為事。性愛掃地，數人縛帚不給。襟裾浣洗，極其鮮潔。拭面拂衣，有同水淫。不喜俗客。客不獲辭而至，但一交手，卽令之遠坐，嫌其臭味。其忻賞者鎭日言笑。」（袁中道著《李溫陵傳》）然六十二歲時與友人書曰：「到廡城然後游戲三昧，日入於花街柳市之間，始能與衆同塵。」（《李溫陵集》卷三，答周二魯書）觀此，可知其未必竟日讀書。是年，惡頭垢癢，且示家人決意不歸，遂落髮。

神宗萬曆十八年，贄六十四歲，遊武昌，當局以其「左道惑衆」逐之。萬曆二十四年應劉東星赴山西，未行，聞有史巡道以其大壞風俗，欲加法治，遂留待逮問。然旋仍赴約，轉至北京。萬曆二十六年，焦竑迎至南京，嘗與利瑪竇三度相見。廡城人旣藉口宣淫逐之，馬經綸乃迎之居北通州。次年，禮部給事中張問達劾其「惑亂人心」。朝旨令「廠衞五城，嚴拏治罪。其書籍已刻未刻，盡收燒燬。」顧炎武《日知錄》卷十八引《神宗實錄略》曰：「李贄壯年為官，晚年削髮。近又刻《藏書》、《焚書》、《卓吾大德》等書，流行海內，惑亂人心。……尤可恨者，寄居廡城，肆行不簡。與無良輩遊庵院，挾妓女，白晝同浴。勾引士人妻女，入庵講法，至有攜衾枕而宿者，一境如狂。後生小子喜其猖狂放肆，相率煽惑，至於明刼人財，强摟人婦，同於禽獸而不知恤。」贄被逮至京師。有司問曰，「若何以妄著書？」答曰，「罪人著書甚多，具在，與聖教有益無損。」（袁中道著《李溫陵傳》）贄繫獄中約一月，「作詩讀書自如。一日呼侍者薙髮，侍者去，遂持刀割其喉。氣不絕者二日，侍者問和尚痛否。以指書其手曰，不痛。又問，和尚何自割？書曰，七十老翁何所求，遂絕。」（容肇祖著《李贄年譜》）

二、著作——李贄的著作甚多，雖經明、清兩代皆列爲禁書，然民間潛藏密存，仍能流傳至今。李贄著作較重要者如次：㈠《藏書》，六十八卷，明萬曆二十七年金陵刻本。㈡《續藏書》，二十七卷，萬曆三十七年金陵王刻本。㈢《焚書》，六卷，明刻，國學保存會、陝西教育圖書社及上海雜誌公司各有排印本。㈣《續焚書》，五卷，萬曆四十六年新安刻本。㈤《初潭集》，三十卷，明刻，朱墨本。㈥《枕中十書》，六卷，明刻本。

坊間有《李溫陵集》（明萬曆年間刊本，臺北市文史哲出版社影印）。書首有李溫陵自書書序原文。文曰：「自有書四種：一曰《藏書》。上下數千年，是非未易肉眼視也。故欲藏之，言當藏於山中，以待後世子雲也。一曰《焚書》，則答知己書問，所言頗切。近世學者膏肓既中痼疾，則必欲殺我矣，故欲焚，言當焚而棄之不可留也。《焚書》之後又有《別錄》，雖同是《焚書》，而另爲卷目，則欲焚者焚。此其獨《說書》，四十四篇眞爲可喜，發聖人之精蘊，闡日用之平常，可使讀者一過目，便知入聖之無難，出世之非假也。……故《說書》亦依時文，然不依故多也。今卽刻《說書》，故并《焚書》亦刻并《藏書》中。……又安能知夫欲焚者，謂其逆人之耳也；欲刻者謂其入人之心也。逆耳者必殺，是可懼也；然余年六十四矣，倘一入人之心，則知我者或庶幾乎。予幸其庶幾也，故刻之。卓吾老子題湖上之聚佛樓。」

第二節　思想形成的原因

李贄思想的特質是反傳統、反現狀、求解放和追自由。這種革命性和偏激性的思想所以形成的因由，可從三方面予以探討。一是個人性格的驅使。二是陽明學說的影響。三是時代環境的刺激。玆就此三者，分別論列如左：

一、個人性格的驅使——性格是一個人由於先天的稟賦和後天的薰陶所形成的對人對事的一貫態度和行爲模式。態度是對外在事物受與拒的傾向。凡事物與其性格相合的便樂於接受，反之，則予以排拒。行爲模式指個人對所處環境的反應方式。對環境要完全維持其現狀者爲保守性格。對環境要作和平緩慢的現狀改進者爲自由性格。對環境要用激烈的武力手段徹底推倒現狀者爲激烈性格。從李贄的一生言行觀之，他是具有自由性格的自由主義，要謀求思想解放，追求自由，反抗外在環境的拘束。

李贄的天性熱愛自由，不願受人拘束。嘗自慨平生曰：「夫人生出世，此身便屬人管了。幼時不必言，從訓蒙師時又不必言。既長而入學，則屬師父與提學宗師管矣。入官卽爲官管矣。棄官回家，卽屬本府本縣公祖父母管矣。來而迎，去而送，出分金，擺酒席，出軸金賀壽旦，一毫不謹，失其歡心，則禍患立至。其爲管束，至入木埋下土未已也，管束得更苦矣。我是以寧飄流四外不歸家也。」（《李溫陵集》卷七，感慨平生）又曰：「此眞身不死，自然無所拘礙，而更自作拘礙可乎!?卽此無拘無礙，便是西方淨土極樂世界，更無別有西方世界也。」（《李溫陵集》卷四，與莊純夫）

他既具愛自由的天性，又不願受社會上的種種管束，遂棄官削髮，雲遊四方，度其野鶴閒雲的自由生活，而達無拘無礙的逍遙意願。李贄認爲儒家以「天下爲己任」，並非最高境界。而最高境界的聖人未有不「出家」自由逍遙者。釋迦牟尼誠然出家，老子不但出家，且要出世。孔子「視富貴若浮雲，唯與七十子遊行四方，西至晉，南至楚，日夜皇皇，以求出世；是雖名在家實終身出家者矣。」（《焚書》卷五，書黃安上人手册）帝堯不得已而臨天下，讓其位於許由而不受。「堯之讓舜也，惟恐舜之復洗耳也。苟得攝位，卽爲幸事。蓋推而遠之，惟恐其不可行也」。非以舜之治天下有過堯」，而故讓之以爲生民計也。此其至著也。孔子之蔬食，顏子之陋巷，非堯心歟。自顏氏沒，微言絕，聖學亡，則儒不傳矣。」（《初潭集》卷十一，儒釋道案語）三教聖人爲學不同，「出家」的程度亦異，然其「棄天下如敝屣」之心，「出世以免富貴」之苦，則並無二致。

李贄既熱愛自由不受禮法拘束。答石陽太守曰：「今據我二人論之：兄精切於人倫物理之間，一步不肯放過；我則從容於禮法之外，務以老而自佚。其不同如此。」（《李溫陵集》卷一，又答石陽太守）他更反對德、禮、刑、政之格人心，繫人體。答耿中丞曰：「仁者以天下之失所也，而憂之，而汲汲焉欲貽之以得所之域。於是有德禮以格其心，有政刑以縶其四體，而人始大失所矣。夫天下之民物衆矣，若必欲其皆如吾之條理，則天地亦且不能。」（《李溫陵集》卷二，答耿中丞）他更描述其自由生活的情況曰：「故閉門卻掃，恬然獨坐，或時飽後散步，涼天箕踞，行遊出從，二三年少，聽彼俚歌，聆此哄語，謔弄片時，亦足供醒脾之用，可以省卻枳朮丸子矣。」（《李溫陵集》卷二，答李見羅巡撫）

李贄自贊曰：「其性褊急，其色矜高，其詞鄙俗，其行率易。」（集，卷十一，自贊）又曰：「若要我求庇於人，雖死不爲也。歷觀從古大丈夫好漢盡是如此。不然，我豈無力可以起家，無財可以畜僕，而乃孤子無依，一至此乎？可以知我之不畏死矣，可以知我之不怕人矣，可以知我之不靠勢矣。」（《續焚書》卷一，與耿克念書）這極明顯的表現出，李贄具有强烈的倔强性格。倔强的人皆自矜自傲，不但不輕易接受他人的意見，且對其周圍的事物率皆持抗拒態度，要反對傳統，打倒權威與偶像。

中國的文化傳統是儒家思想。而儒家思想的精髓，則在於六經。而李贄卻懷疑六經，乃是大膽的反傳統。他說：「更說什麼六經，更說什麼語孟乎？夫六經語孟，非其史官過爲褒崇之詞，則其臣子極爲贊美之語，又不然，則其迂濶門徒，懵懂弟子記憶師說，有頭無尾，得後遺前，隨其所見筆之於書，後學不察，便謂出自聖人之口也，決定目之爲經矣。」（《李溫陵集》卷九，童心說）蓋以童子初生之心，乃是善良純潔的眞心，一經廣見聞，多讀書，則失童心；六經亦是童心障蔽。

孔子道貫古今，萬世師表，世之無上權威，神聖偶像，不容侵侮；而李贄竟不畏死，敢對此提出挑戰，主張「不師孔」。他說：「夫天生一人，自有一人之用，不待取給於孔子而後足也。若必待取足於孔子，則千古以前無孔子，終不得爲人乎？故爲願學孔子之說者，乃孟子之所以止於孟子；僕方痛憾其非夫，而公謂我願之歟。且孔子未嘗敎人學孔子也。使孔子而敎人以學孔子，何以顏淵問仁，而曰爲仁由己，而不由人也歟哉？何以曰古之學者爲己；又曰君子求諸己也歟哉？惟其由己，故諸子自不必問仁於孔子；惟其爲己，故孔子自無學術以授門人，是無人無己之學也。無己，故學莫先於克己；無人，故敎惟在於因人。」（《李溫陵集》卷二，答耿中丞）克己端在自己致良知，不必師人；因人施敎，則無一定敎材，自無學可學。

二、陽明學說的影響——一個人的思想形成，每因緣於師友的接觸與影響。李贄反傳統、破偶像、

求自由，倒權威的急進思想的形成，除受自己性格驅使外，並受有陽明學說的影響。「耿定向之學本王守仁，嘗招晉江李贄至黃安。」（《明史》卷二二一，耿傳）耿學本陽明，贄與耿交游，受王學影響，自在意中。贄四十歲研讀王守仁及其弟子王畿之書，遂篤信陽明學說（李卓吾評傳）。李贄曰：「吾聞先生（王畿字龍谿）少遊陽明先生之門，既以一往而超詣中升西河，夫子之坐，遂至歿身而不替。……此予小子所以一面先生，而遂信其爲非常人也。」（《李溫陵集》卷十一，王龍谿先生告文）觀此則李贄當是王陽明的再傳弟子。王畿卒於萬曆十一年，李贄卒於萬曆三十年。二人並世而生有二十年之久，贄之師畿，當屬可能。按王門傳授表（《明儒學案》三十二），則王守仁傳王畿，畿傳王襞（號東崖良子），襞傳贄。則李贄是王陽明三傳弟子。顧炎武謂「龍溪（王畿）之學，一傳而爲何心隱，再傳而爲李卓吾。」（《日知錄》十八）不管李贄是王陽明的再傳或三傳弟子，而其思想的形成，受有陽明學說的影響，則無可疑。

因李贄自四十歲起，卽深信陽明學說，又與陽明學派的學者多所交遊，遂深受良知學說的影響。李贄依陽明人人平等之義及「學貴得之心」之論，而宏揚之，發爲驚世駭俗的自由思想，排孔孟、疑六經、傾道統，而專以自己是非之心良知以爲衡量事物的標準。王李之學，前後呼應，若合符節。李氏生當專制氣燄正熾，道學（理學）學說正盛之時，膽敢發表「衆人皆曰可殺」的議論，不畏權勢，不屈威武，誠爲爲自己的「眞理」而犧牲的奇特眞人。

李贄依陽明學說，認爲人人有良知。「良知只是個天理自然明覺發見處，只是個眞誠惻怛」；「良知只是個是非之心，是非只是個好惡。」各人的良知是衡鑑是非的標準，評判眞理的權威。各人的好惡不同，故其所判定的是非亦不同。各人所見雖不同，然皆是各人良知所認承的眞理。固不能強不同以爲同。就各得於已者言，人人是眞理的判定者。人人平等，人人自由。此卽陽明所謂「夫學貴得之心。求之於心而非也，雖其言之出於孔子，不敢以爲是也，而況其未及孔子者乎。求之於心而是也，雖其言出之於庸常，不敢以爲非也，而況其出於孔子者乎。」（《傳習錄》中，答羅整菴書）故李贄曰「天地之心，生民之命，萬世之平，皆在於此而可輕乎！予是不避忌諱，切骨而論之，要使人務於實學，道期於心得，隳體黜聰，心齋坐忘，則庶乎不愧於君子之儒，可以列於德行之科矣。」（《李溫陵集》卷十五，行業儒臣）

李贄答周西巖曰「天下無一人不生知，無一物不生知，亦無一刻不生知者。」（集，卷一）這是說，人只要眞誠怛惻，則良知立見，本此良知以求之，則眞理至道可知矣。李贄曰：「夫童心者，眞心也。若以童心爲不可，是以眞心爲不可也。夫童心者，絕假純眞最初一念之本心也。若失卻童心，便失卻眞心；失卻眞心，便失卻眞人。」（集，卷九，童心說）不失童心，便可爲眞人或聖人。蓋童心猶如眞誠怛惻之良知。致良知便可爲眞人或聖人。

三、時代環境的刺激——思想是時代環境的產物。對所處環境持認同態度，則產生順從的政治思想。對所處環境持反對態度，則產生抗拒的政治思想。李贄政治思想的形成屬於後者。自唐太宗倡「爲君者可以不君，爲臣者不可以不臣」的專制君主思想，歷宋元繼續發展，至明而達於高峯。明太祖雖出身民間，然天性猜忌，刻薄寡恩，用法苛嚴，殘殺大臣，暴戾專制，殆不下於秦代。成祖簒位，更厲行嚴刑峻法，威嚇群臣。廷杖、錦衣衞、東廠獄諸暴政，皆始於成祖之時。其屠殺建文諸臣之慘酷，尤甚於明太祖之殺大臣。降至世宗（嘉靖）、神宗（萬曆）皆庸弱君主，然仍挾持祖宗之餘威，而厲行專制之治，壓迫臣民。

李贄以爲人臣遇庸弱君主，則宜攫權以自固，否則，將被讒被殺而冤死。他說：「臣之强，强於主之庸耳；若不强，則不免爲舐痔之臣所讒，而爲弱人所食噉矣。死卽死，噉卽噉可也，且又安得瞑也！是以不得已於强也。顏魯公唯弗强也，卒以八十年使死於讒。李懷光不得已於强也，卒以入赴王室之難，而遂反於讒；皆千載令人痛恨者甚矣。……於是桓玄簒位，劉裕代晉，强者終能自强；而不敢强者，終岌岌岌於死也。」（集，卷十七，强臣）觀於此，則知李贄反專制君主的政治思想至爲激烈。

明代的學術思想爲宋代的理學所籠罩，尤以朱子學說，最爲流行，取士用制義卽所謂八股文，四書題的答案，皆以朱子的《四書集註章句》爲標準。明代大儒的薛瑄、吳與弼等亦不過詮釋宋儒學說，無所創發。明代諸儒多朱子門人之支流餘裔，師承有自，矩矱秩然。而李贄對這理學及朱學瀰漫的風氣大加反對，而宏揚陽明之學，門徒遍天下，其敎大行。故《明史》儒林傳序曰：「學術之分，則自陳獻章王守仁始。宗獻章者曰江門之學，孤行獨語，其傳不遠。宗守仁者曰姚江之學，別立宗旨，顯與朱子背馳，門徒遍天下，流傳逾百年，其敎大行。」（《明史》卷二八二）李贄力責理學（道學）曰：「故世之好名者必講道學，以道學之能起名也。無用者必講道學，以道學足欺罔濟用也。欺天罔人者必講道學，以道學足以售其欺罔之謀也。」（《焚書》卷五，賈誼）

第三節　李贄思想的獨特性質

一、思想精神的特質——從李贄的生平事蹟及所發議論以觀之，其思想精神具有左列的特質：

1.自由精神——李贄的天性，熱愛自由，故其思想具有高度的自由精神。他宏揚陽明學說，認爲人人具有本然的良知。良知是辨別是非之心。只有自己的是非之心，才是判斷眞理的明鏡與標準，不受任何拘束，思想自由，人人平等，禮法不足法，世俗不足從，聖人不足學。李贄曰：「卽此無拘無束，便是西方淨土，極樂世界」（集，卷四）；「我則從容於禮法之外」（集，卷一，答石陽太守）；「若要我求庇於人，雖死不爲也。歷觀古今大丈夫好漢盡是如此。」（《續焚書》卷一，與耿克念書）觀此，足見李贄的思想具有濃厚的自由精神。

2.平等精神——李贄以爲人皆有良知，人皆生知，則人人是聖人，人人可成佛。他說：「故聖人之意，若曰，爾勿以尊德性之人爲異人也。彼其所爲，亦不過衆人之所能爲而已。人但率性而爲，勿以過高。視聖人之爲可也。堯舜與途人一，聖人與凡人一。」（集，卷十八，道古錄）又曰：「天下無一人不生知，無一物不生知，亦無一刻不生知者。但不自知耳，然未嘗不可使之知也。生知者便是佛，非生知者未便成佛。……吾不知何以自立於天地之間？旣無以自立，則無以自安。無以自安，則在家無以安家，在鄕無以安鄕，在朝廷無以安朝廷，吾又不知何以度日，何以面於人也？吾恐縱謙讓，決不肯自謂我不成人審矣。又何佛不成，而更何待於他日？天下寧有人外之佛，佛外之人乎。」（集，卷一，答周西巖）這種人人是聖人，人人可成佛的思想，無疑的，乃是人人平等的精神。

3.解放精神——世之學者皆以孔子爲萬世師表，以其言行爲圭臬，必須仿而行之，其言爲眞理，不得有任何疑義；是學術思想的天羅地網，拘束言行，箝制思想，把人的手足綑得緊緊的，把人的心意，壓成死死的。李贄抱大無畏精神，要衝決這天羅地網，自救解散，而爭取學術思想的獨立與自由。陽明曰：「夫學貴得之心，求之於心而非者，雖其言出於孔子，不敢以為是也。」（《傳習錄》卷中）李贄師陽明之意，更進而曰孔子不足師。他說：「夫天生一人，自有一人之用，不待取給於孔子而後足也。若必待取足於孔子，則千古以前無孔子，終不得為人乎？」（集，卷一，答耿中丞）人人自有眞誠惻怛的良知自定是非，固不可以孔子的是非為是非。李贄曰：「人之是非初無定質。人之是非人也，亦無定論。無定質，則此是彼非，並育而不相害。無定論，則是此非彼，亦並行而不相悖矣。……咸以孔子之是非為是非，故未嘗有是非耳。然則予之是非人也，又安能已。夫是非之爭也，如歲時然，晝夜更迭，不相一也。昨日是而今日非矣。今日非而後日又是矣。雖使復生於今，又不知作如何是非也。而可遽以定本行罰賞哉。」（《藏書》紀傳目錄論）

二、思想內容的特質——就李贄思想內容以言之，其特質有二：一曰崇王排朱，二曰三教混合。玆就此二者分別論述如次：

1. 崇王排朱——李贄的思想內容，在崇信陽明的尊德性而輕朱子的道問學。李贄接受陽明的心卽理，致良知及知行合一的學說，要求思想解放，打倒權威，摧毀偶像，衝決網羅，追求思想的獨立與自由，並謂人人平等，聖凡無二。李贄為陽明的再傳弟子，一說為三傳弟子。再傳者陽明傳王畿、王艮、贄師畿、艮。三傳者王畿傳何心隱，何傳李贄（《日知錄》十八）。馬經綸謂「卓吾先生乃陽明之嫡派兒孫。」（與當道書）此卽指王畿、王艮傳陽明之子王襞（東崖良子），襞傳李贄。觀之李贄的極力推崇陽明、王畿、王艮，可知其思想以王派思想為重要內容。

李贄曾撰《陽明先生年譜》二卷，年譜後語曰：「余自幼倔強難化，不信學，不信道，不信仙釋，故見道人則惡，見信則惡，見道學先生則尤惡。……不幸年甫四十，爲友人李逢陽、徐用檢所誘，告我龍溪先生（王畿）語，示我陽明先生書，乃知得道眞人不死，實與眞佛眞仙同。雖倔强，不得不信之。……余今者果能讀先生之書，果能次先生之譜，皆李徐先生力也。若知陽明先生不死，則龍溪先生不死。」又云「陽明先生道明貢書屋有王先生（陽明）全書，遂盡讀之，於是乃敢斷以先生之書爲足繼天下後。」

李贄對王艮亦極佩服，且詳知其學派源流。他說：「當時陽明先生，門徒遍天下，獨有心齋（王艮），爲最英靈。心齋本一灶丁也，目不識丁，逕往江西，見王都堂（陽明），欲與之辨質所悟。此尚以朋友往也。後自知其不如，乃從而卒業焉。故心齋亦得聞聖人之道，此其骨氣爲如何者。心齋之後，爲徐波石（樾）、爲顏山農（鈞）。山農布衣講學，雄視一世，而遭誣陷。石波以布政使，請兵督戰，而死廣南，風雲龍虎，各從其類，然哉。蓋心齋爲英雄，故其徒亦英雄也。石波之後爲趙大洲（貞吉），大洲之後爲鄧豁渠。山農之後爲羅近溪（汝芳），爲何心隱。心隱之後爲錢懷蘇（同文），爲程後台（顏學），一代高似一代，所謂大海不宿死屍，龍門不點破額，豈不信乎？」（《焚書》卷二，爲黃安二上人）

李贄反道學曰：「世之不講道學而致榮華富貴者，不少也。何必講道學而後爲富貴之資也。此無他，不待講道學而自富貴者，其人有學有才有爲有守，雖不欲與之富貴，而不可得也。夫惟無才無學，若不以講聖人道學之名要之，則終身貧且賤焉，恥也，此所以必講道學，以爲取富貴之資也。然則今之無才無學無爲無識而欲致大富貴者，斷斷乎不可以不講道學矣。今之欲眞實講道學，以求儒釋道出世之旨，免富貴之苦者，斷斷乎不可以不剃頭做和尚矣。」（集，卷十七，道學）

李贄反道學，而尤惡朱子（熹）之學，故《明史》曰：「宗守仁者曰姚江之學，別立宗旨，顯與朱子背馳。」（《明史》卷二二一）李贄師宗陽明，自然亦反對朱子之學。李贄甚而目朱子爲勢利小人，視其學爲僞學。他說：「韓侂胄非有秦檜之奸惡也；不過貪富貴，患得失之小人耳。若目之爲奸，欲必去之，則太甚矣。其釀成勢焰，流毒邦家，則以君子自負者（指朱子），激而成之，殊可怪也。李生（贄）曰，侂胄之得志，汝愚（趙）薦之也；學道之受禍，晦翁（朱子）導之也。……而朱先生侍講，首以侂胄爲言，何哉？既約彭龜年共攻之矣，他日經筵，復留身論奏，至於再，至於三，必欲去之而後矣。……今之學者，但能不講學，則天下太平矣；但能見己之小人，而不見人之小人，則雖曰不講學，吾必謂之學也。自古及今，以能去小人謂爲君子者多矣。獨先生（指朱子）快一己之喜惡，流無窮之毒害，僞學（指朱學）之禁有以也。」（集，卷十五，朱子）

2.三教混合——李贄崇信陽明是儒者；出家爲和尚，重釋氏；尚自由，過閒雲野鶴的出世生活，是道家。故其思想內容是儒釋道三教混合。李贄曰：「三教聖人，頂天立地，不容異同明矣。故曰天下無二道，聖賢無兩心。高皇帝統一寰宇，大造區夏，其敬孔子、敬老子、敬釋迦佛，有若一人。然其御製文集，凡論三教聖人，往往以此兩言斷之，以見其不異也。」（集，卷十，三教品序）

李贄又論三教平等與無異曰：「凡爲學，皆爲窮究自己生死根由，探究自己生命下落。……唯三教大聖人知之，故竭平生之力以窮之。雖得心應手之後，作用各不同，然其不同者特面貌爾。既是分爲三人，安有同一面貌之理？强三聖之面貌而欲使之同，自是後人不智，何於三聖人事？曷不予三聖人之所以同者，日事探討乎！能探討而得其所以同，則三教聖人不得而自異，雖天地亦不得而自異也。非但天地不能自異於聖人，雖愚夫亦不敢自謂我實不同於天地也。夫婦也，天地也，既已同其元矣，而謂三教聖人各別，可乎？則謂三教聖人不同者，眞妄也。因地一聲，道家教人參學之話頭也。未生以前，釋家教人參學之話頭也。未發之中，吾儒家教人參學之話頭也。同乎不同乎？唯眞實爲已性命者，默默自知之。」（《焚書》卷一，答馬歷山）

第四節　學術與政治思想

一、否定太極——宋代理學失之虛玄，喜言「太極」。此乃空洞虛誕抽象；而李贄之學重實證，尙經驗，故否定「太極」之說。李贄曰：「夫婦人之始也，有夫婦而後有父子，有父子而後有兄弟，有兄弟然後有上下。夫婦正，然後萬事無不出於正。夫婦之爲物始也。如此，極而言之，天地一夫婦也。是故有天地，然後有萬物。然則天下萬物，皆生於兩，不生於一，明矣。而又謂一能生二，理能生氣，太極能生兩儀。何歟？夫厥生人，陰陽二氣，男女二命，初無所謂一與理也，而何太極之有？以今觀之，所謂一者果何物！所謂理者果何在！所謂太極者，果何所指也！若謂二生於一，一又安從生也。一與二爲二，理與氣爲二，陰陽與太極爲二，太極與無極爲二，反覆窮詰，無不是二，又烏覩所謂一者，而遽爾妄言之哉！故吾究物始，而見夫婦之爲造端也。」（《李溫陵集》卷八，夫婦論）

二、人有私慾——吾人所稱之宋代理學，史書則名之道學。理學與道學，異名而同實。理學家要人崇天理，去人欲，空言高論，只是格言而已，與事實相去甚遠。所以李贄不同意這種空談崇理去欲之論，而認爲天之生人，人人有私慾。李贄曰：「穿衣吃飯，卽是人倫物理；除卻穿衣吃飯，無倫物矣。

世間種種，皆衣與飯類耳。故擧衣與飯，而世間種種自然在其中，非衣飯之外，更有種種絕與百姓不相同者也。學者只宜於倫物上識眞空，不當於倫物上辨倫物。故曰，明於庶物，察於人倫。於倫物上加明察，則可以達本而識眞源。否則，只在倫物上計較忖度，終無自得之日矣。」（集，卷一，答鄧石陽）

李氏又曰：「夫私者，人之心者。人必有私而後其心乃見，無私則無心矣。如服田者，私有秋之獲而後治田必力，居家私積倉之獲而後治家必力，爲學者私進取之獲而後擧業之治必力。故官人而不私以祿，則雖召之，必不來矣。苟無高爵，則雖勸之，必不至矣。雖有孔子之聖，苟無司寇之任，相事之攝，必不能安其身於魯也，決矣。此自然之理，必至之符，非可以架空臆說也。然則爲無私之說者皆畫餠之談，觀場之見，但令隔壁好聽，不管脚跟虛實，無益於事，祇亂聽耳，不足采也。」（《藏書》二四，德業儒臣傳，後論）

李贄甚至謂聖人亦有私慾。他說：「聖人雖曰視富貴如浮雲，然得之亦若固有。雖曰不以其道得之則不處，然亦曰富與貴是人之所欲。今觀其相魯也，僅僅三月，能幾何時，而素衣麑裘，黃衣狐裘，緇衣羔裘等，至富貴享也。禦寒之衣，不一而足；裼裘之飾，不一而襲。凡載在鄉黨者，此類多矣。謂聖人不欲富貴，未之有也。而謂不當求，不亦過乎。」（集，卷十八，道古錄）

三、德行不二——李贄信持陽明知行合一，遂主張德行不二。他說：「或問於余曰，德行有二乎？李生曰，何可二也？夫聖人在上，教出於一，成德爲行，二之則不是矣。然則子之分德行之爲二也，何居？曰聖學既遠，學務徇名，非名弗學，非學無名，以名爲學，失其本矣。……夫足乎己無待於外之謂德，韓子（愈）固文學之儒也，而言德，則聖門之德行是也。君子之儒也，所謂由仁義行者也，是集義也。今無得於心而日以號於人曰，我能行道，……是義襲也。由此觀之，在子夏已不免爲小人之儒矣，況於他乎。彼當其時，親受業於聖門，而爲高足之徒者也，猶尙如是，況於千百世之後乎。在聖人已知其徒之學，爲儒學爲德行者，必至於是也，故合而言之。益恐其爲小人不肯爲君子也。蓋合之則爲君子，分之則爲小人。」（《李溫陵集》卷十五，行業儒臣）

四、不可執一——李贄爲僧信佛，立身處世，信持「圓通無礙」之說，以爲「萬法本無法，惟有隨緣法」。凡事不可執着。他以爲孟子的闢楊墨，斥異端，乃是執一定之說以一天下後世，便是害道。他說「孟子之學識其大者，眞若登孔子之堂而受衣鉢也，其足繼孔聖之傳無疑。其言性善，亦甚是。然至盡排衆說，猶未免執定說以騁己見，而欲以死語活人也。夫人本活也，故其善爲至善，而其德爲明德也。至善者無善無不善之謂也。惟無善無不善乃爲至善。惟無可無不可乃爲當可耳。若乃執一定之說，持刊定死本而欲印行，以通乎天下後世，是執一也。執一便是害道。」（集，卷十五，孟子）

五、推崇狂狷——儒家信持中庸之道，過與不及，均非所推許；狂者進取，過之；狷者有所不爲，不及。故儒者並不贊同狂狷，而李贄則甚爲推崇狂狷。他說「孔子之門，曾點以狂而見道，曾參以狷而信道；此其彰彰較著者。求之千古必如伯夷伊尹行一不義，殺一不辜，而得天下不爲，方可名爲狷者。文王狂而王，泰伯狂而伯，皆狂也。若舜也、禹也、湯與武也，以至周、召之列，皆狷也。微子狂而去，箕子狂而奴，比干狂而死。夫子曰，殷有三仁焉。曰三仁者，無彼此也。管夷吾狂之魁也，漢高祖狂之神也，漢文帝狂之聖也。陶朱狂而哲，子良狂而義，莊周、列禦寇道家之所謂狂也。曹相國（參）汲長孺（黯）道家之所謂狷也，皆能措刑於不用，已不勞而民安之矣。荀之與楊，聖門之所謂狂狷也，韓子（愈）何人，而遽指醇疵哉。若陶淵明肆於菊，東方朔肆於朝，「阮嗣宗肆於目」，劉伯倫、王無功之徒，肆於酒，淳于髡以一言定國肆於口，皆狂之上乘者也。」（集，卷十五，樂正子）

六、提倡女權——宋代理學家，過分重男輕女，而謂「女子無才便是德」，而李贄卻以爲男女平等，女子亦可學道。他說「謂人有男女則可，謂見有男女豈可乎！謂見有長短則可，謂男人之見盡長，女人之見盡短，又豈可乎！……今古觀之，邑姜以一婦人而足九人之數，不妨其與周、召、太公之流並列爲十亂。文母以一聖女而正二南之風，不嫌其與散宜生、太顚之輩，並稱爲四友。彼區區者，特世間法一時太平之業耳，猶然不敢以男女分別短長異視，而況出世道，欲爲釋迦老佛孔聖人朝聞夕死之人乎？……予謂此等遠見女子，正人家吉祥善瑞，非數百年積德未易生也。」（《李溫陵集》卷五，答以女人學道爲見短書）

理學家講片面的道德觀，臣對君，絕對盡忠；妻對夫，絕對守節。夫死妻不得改嫁，若再嫁謂之失節，而曰：「餓死事小，失節事大」；男女婚嫁毫無自由，僅由「父母之命，媒妁之言」。李贄則主張自由戀愛，故稱贊新寡之卓文君私奔司馬相如。他說「其羅列賓席者，衣冠濟楚，一何偉也！空目見金而不見人；但見相如之貧，不見相如之富也。不有卓氏，誰能聽之。然則相如卓氏之梁鴻也，使其時卓氏如孟光必請於王孫（卓王孫，文君之父），吾知王孫必不聽也。嗟夫！斗筲小人何足計事，徒失佳偶，空負良緣，不如早自決擇，忍小恥而就大計。易不云乎，同聲相應，同氣相求，同明相照，同類相招，雲從龍，風從虎，歸鳳求凰，安可誣也，是又一奇也。」（集，卷十五，司馬相如）

七、懷疑六經——儒者治學皆崇信六經，墨守道統，不敢踰越，且視爲至理眞言，金科玉律，信之不疑。而李贄對此則持懷疑態度，認爲不可盡信。他說「夫六經語孟，非其史官過爲褒崇之詞，則其臣子極爲贊美之語。又不然，則其迂濶門徒，懵懂弟子，記憶師說，有頭無尾。」（集，卷九，童心說）這是六經語孟或爲史官臣子溢美之詞，或爲門徒錯記之言，故不可全信，若盡信書，不如無書。所謂道統之說，始自韓愈，盛於宋代，至明儒奉程朱之學爲正宗，學術思想受此拘束，不易開拓，爲害滋甚。李贄以道統之說爲無稽之談，因道無不在，故曰「水無不在地，人無不載道，六經語論，固不能盡載道。」所謂孟軻死後不得其傳者，乃是大謬。自道統之說出，後人遂以宋濂洛關閩之學直傳孟子之道統。而李贄以爲「自秦而漢而唐，而後至於宋，中間歷晉而至五代，無慮千數百年。若謂地盡不泉，則人皆渴死久也。若謂人盡不得道，則人道滅矣，何以能長世也。終遂泯沒不見，混沌無聞，直待有宋而始開闢而後可也。何宋愈以不振，奄奄如垂絕之人，反而不如彼之失傳者哉。好自尊大標幟而不知詬誣，亦太甚矣。」（《藏書》卷二四，德業儒臣論）

八、注重功利——宋儒葉適曰：「高談者遠述性命，以爲事功爲可略；精論者妄推天意，而以夷夏爲無辨。」（上孝宗皇帝劄子）這是永嘉學派，對理學家的抨擊。李贄亦厭惡理學家空談道德性命，不切國計民生，而注重富國利民的功利。他說「所貴長國家者，因天地之利而生之耳。大學不明言生財有大道乎？又言生之衆，爲之疾，不專以節用言。若專以節用言，則必衣皂綈之衣，惜露營之費者，然後可以有天下爲天子也。」（《李溫陵集》卷十五，司馬光）又說「趨利避害，人人同心。……今所以詔學者，則必曰專志道德，無求功名，不可貪位慕祿也，不可患得患失也，不可貪貨貪色，多買寵妾田宅，爲子孫業也。若曰我亦世人爲邇言（指貨色之貪）是耽，必不我聽也，但爲人宗師，不得不如此立論以敎人耳。」

（《李溫陵集》卷一，答鄧明府）

理學家以爲君子不言功利，小人不務道德。董仲舒曰「正其誼不謀其利，明其道不計其功」。李贄均不以之爲然。蓋以爲正其誼必謀其利，明其道必計其功。故曰「且夫天下曷嘗有不計功謀利之人哉！若不是眞知其有利於我可以底吾之大功，則烏用正義明義爲耶。」（《李溫陵集》卷十六，賈誼）李氏更指出：古來才略之君，富強之臣，既有勳業可觀，皆在聖賢之列，桓公九合諸侯，一匡天下，「民到於今受其賜」。始皇千古一帝，項羽不世英雄。桑弘羊乃富國名臣，遠非王安石所能比擬。又曰「彼講周程朱張者，口談道德而心存高官，志在鉅富爾。既已得高官鉅富矣，仍講道德，說仁義者也。又從而嘵嘵然語人曰，我欲勵俗而風世。則敗俗傷世莫甚於講周程朱張者也。」（《焚書》卷一，與焦弱侯書）

九、崇尚無爲——李贄崇信釋老，故主張無爲。他答耿中丞曰：「夫天下之人得所也久矣，所以不得所者，貪暴者擾之，而仁者害之也。仁者以天下之失所也而憂之，而汲汲焉欲貽之以得所之域，於是有德禮以格其心，有政刑以縶其四體，而人始大失所矣。」（《李溫陵集》卷一）暴君擾民，仁君縶民，皆有爲之害，不如無爲之爲愈。又曰「是故順之，順之則安矣。……各從所好，各騁所長，無一人之不中用，何其事之易也。能行此術，則坐致大平；又何必勞心形於萬幾乎。」（集，卷一，答耿中丞）

李贄釋老子無爲之義曰「夫老子者非能治之而不治，乃不治以治之者也。故善愛其身者，不治身；善愛天下者不治天下。凡古聖王所謂仁義禮樂者，非所以治之也。」（集，卷十，老子解序）李氏以爲「士貴爲己務自適，而不自適而適人之適，雖伯夷叔齊同爲淫僻。不知爲己惟務爲人，雖堯舜同爲塵垢。」（集，卷四，答周二魯書）自適不適人，爲己不爲人，便是無爲。自天子以至庶人，只要人人能修己自適，則一切政事不勞治理，各得其所，便是天下太平。故李贄曰「自今觀之，太上者學無學，爲無爲，事無事者也。故其道不道，其德不德，人不我用，我固不用人，或用我，我亦不爲用。」（集，卷十，墨子批選序）

十、反對專制——自唐太宗倡「君可以不君，臣不可以不臣」，專制君主思想以來日行日熾，至明而登峯造極。因之，良臣才士寃死於暴君昏主之手者，不可勝計，於良才爲大損，於人民無裨益。故李贄認爲以死諫暴君者爲癡臣。他說「夫暴虐之君淫刑以逞，諫又烏能入也，早知其不可諫，卽引身而退者，上也。不可諫而必諫，諫之而不聽乃去者，次也。若夫不聽復諫，諫而以死，癡也。何也？君臣之義交也，士爲知己死，彼無道之君烏嘗以國士遇我也。然此直云癡耳，未甚害也，猶可以爲世鑒也。」（《初潭集》卷二四，君臣四，癡臣）

曹操持正而起，敉平董卓之亂，扶君主，安漢室，功莫大焉，堪稱强臣。然獻帝建安五年車騎將軍董承竟受密詔，欲誅曹操。故操曰：「誠恐己離兵，爲人所禍也。」所以李贄以爲暴君在位，固當引退以自全，若遇庸主則宜攬權以自固。他說：「臣之强，强於主之庸耳，苟不强，則不免爲舐痔之臣所讒，而爲弱人所食啖矣。死卽死，而啖則啖可也，目又安得瞑也，是以不得已於强也。顏魯公唯弗强也，卒以八十之年，使死於讒。李懷光唯不得已於强也，卒以入赴王室之難，而遂反於讒，皆千載令人痛恨也。……强者終能自强，而不敢强者終岌岌以死也。夫天下强國之臣能强人之國，而終身不謀自强，而甘岌岌以死者，固少也。是以英君多能臣，而庸君多强臣，故言强臣，必先之庸君也。」（《初潭集》卷二五，君臣五，强臣）

十一、治亂之道——世局一治一亂，有若循環。李贄以爲治亂之道，乃文質兩素有以治之。無爲之質野則治，有爲之文華則亂。他說「一治一亂若循環。自戰國以來，不知凡幾治幾亂矣。方其亂也，得保首領，已爲幸矣。幸而治，則一飽而足，更不知其爲粗糲也；一睡而安，更不知其非廣厦也；此其極質極野之時也。非好野也，其勢不得不野。雖至於質野之極，不知也。迨子若孫則異是矣。耳不聞金鼓之聲，足不履行陣之險，惟知安飽自適而已。則其勢不極文固不止也。……然文極而天下之亂復起矣。英雄並生，逐鹿不已，雖聖人亦順之爾。儒者乃以忠質文並言，不知何說。又謂以忠易質，以質易文，是尤不根之甚矣。夫人生斯世，惟是質、文兩者。兩者之生原於治亂。其質也，亂之終而治之始也，乃其中心之不得不質者也，非矯也。其積漸而至於文也，治之極而亂之兆也，乃其中心不得不文者也，皆忠也。當秦之時，其文極矣，故天下遂大亂而興漢。漢興，天子不能具鈞駟，雖欲不質，可得耶？至於陳陳相因，貫朽粟腐，則自然啓武帝大有爲之業矣。故漢祖之神聖，堯以後一人也。文帝之用柔，文王羑里以後一人也。」（《李溫陵集》卷十四，世紀總論）

十二、反對道學——世之所謂理學，宋史謂之道學，二者名異而實同。李贄師宗陽明，而反對道學。理學家所以必講道學者，因道學既爲世人所崇尙，則講道學，便可以成名，可以欺世，而達到做官發財的目的。李贄曰「蓋世之好名者必講道學，以道學之能起名也。無用者必講道學，以道學之足以欺罔濟用也。欺天罔人者必講道學，以道學足以售其欺罔之謀也。噫！孔尼父亦一講道學之人耳，豈知其流弊至此乎。」（《初潭集》卷十二，師友，二道學）

李贄以爲理學家乃心口不一致的僞君子，比之眞小人更可鄙。他說「自有知識以至今日，均之耕田而求食，買地而求種，架屋而求安，讀書而求科第，居官而求尊顯，博求風水以求福蔭子孫。種種日用皆爲自己身家計慮，無一釐爲人謀者。及乎開口談學，便說你爲自己，我爲他人，爾爲自私！我欲利他。我憐東家之飢矣，又思西家之寒矣，難可忍也。某等肯上門教人矣，是孔孟之志也。某等不肯會人，是自私自利之徒也。是行雖不謹，而肯與人爲善。……翻思此等，反不如市井小人，身履是事，口便說是事，作生意但說生意，力田作者但說力田，鑿鑿有味，眞有德之言，聽之忘厭倦矣。孔子所謂言顧行者。」（《李溫陵集》卷三，答耿司寇）

李贄譏刺理學家多爲無才無學之輩，不過藉講道學以爲致富貴的途徑。他說「其人有學有才，有爲有守，雖欲不與之富貴，而不可得也。夫唯無才無學，若不以講聖人道學之名要之，則終身貧且賤焉，恥矣。此所以必講道學以爲取富貴之資也。然則今之無才無學無爲無識而欲致大富貴者，斷斷乎不可以不講道學矣。」（《初潭集》卷十二，師友二）

十三、道隨時移——李贄以爲所謂道者，不祇一種，亦非一成不變。道則因時而異，因人而異，古人固不能以其道強迫後人接受。孔子以前有道，孔子之後亦有道。若謂道爲孔子所創，難道天若不生孔子，萬古皆如長夜！「有一道學曰，天不生孔子，萬古如長夜。劉諧曰，怪不得羲皇以上聖人盡日燃紙燭而行也。」（《焚書》卷三，贊劉諧）李贄指責道學家欲以自己之道，強迫他人接受，是無異「以己之所種藝者，而欲他人之與同灌漑。」（《焚書》卷二，論政篇）道因時而異，依道而成的典章制度亦是隨時代的變遷與需要而有更易，處今日之世，固不可行古之道。所以春秋的治理不能行於戰國，戰國的制度不能行於兩漢。彼王通（文中子）者欲以周公之禮樂，治隋唐之天下，哪能達到治平。李贄曰「予讀戰國策，而知劉子政之陋也。夫春秋之後爲戰國。旣爲戰國之時，則自有戰國之策，蓋與世推移，其道必爾，如此者，非可以春秋之治治之也，明矣。」（《李溫陵集》卷八，戰國論）又曰「彼（王通）其區區欲以周公之禮樂，治當時之天下，以井田、封建、肉刑爲後世之必復，一步一趨，舍孔子無足法者。然則使通而在，猶不能致治平也，況其徒乎。」（《李溫陵集》卷十五，文中子）其徒蓋指房玄齡、魏徵等人。

十四、鄙視名教——李贄熱愛自由，反對社會上的一切拘束，要衝決萬有網羅，自求解放。禮德刑政固所厭惡，就是綱常名教，亦鄙視之，認爲不足一顧。五倫之教爲儒家之正德，社會之綱常，而李贄削髮出家，無異廢棄君臣、父子、夫婦、兄弟之四倫。「何心隱曰，人倫有五，公舍其四，而獨置身於師友賢聖之間，則偏枯不足以爲訓，與上誾誾，與下侃侃，委蛇之道也。公獨危言危行，自貽厥咎，則明哲不可以保身。」（《李溫陵集》卷八，何心隱論）

理學家認爲寡婦不可再嫁，「餓死事小，失節事大」。婚姻要從父母之命，女子私奔，更是莫大羞恥。而李贄卻極力贊揚新寡之卓文君私奔司馬相如，是使名教掃地。馮道歷事十二君而不以爲恥，衆所鄙棄之人。而李贄則大加稱贊，且稱之爲得孟子之傳。貞女不嫁二夫，忠臣不事二君的名教，全被否定。他說「孟子曰，社稷爲重，君爲輕。信斯言也，道（馮）知之矣。夫社者所以安民也，稷者所以養民也。民得安養，而後君臣之責始塞。君不能安養斯民，而臣獨爲之安養，而後馮道之責始盡。今觀五代相禪，潛移默奪，縱有兵革，不聞爭城。五十年間，雖歷四姓，事一十二君，並耶律契丹等，而百姓卒免鋒鏑之苦者，道（馮）務安養之力也。」（《李溫陵集》卷十五，馮道）至所謂「挾妓女，白晝同浴，勾引士人妻女入庵講法，至有攜衾枕而宿者」，均是不顧名教的狂妄行爲。

第七十八章　民族大義的政治思想

第一節　劉基的民族政治思想

劉基的著作有《誠意伯文集》行世（商務，《國學基本叢書》）。《文集》卷十九及卷二十爲春秋明經。其民族大義的政治思想見於春秋明經中。玆擇要擧述於次：

一、禦夷及早——夷狄之侵略華夏，多由遠及近，由漸至著，當外患初起時，當及時撲滅之，以爲懲禦，使之知難而退，若不及早圖之，則寇必得寸進尺，外患必日益滋長，終至形成國家大患，所謂寇不可長。劉基指責齊桓公的霸業爲德不終。楚侵齊國盟友黃國，桓公袖手傍觀，坐視不救。迨黃國被滅，楚又侵齊盟友徐國，桓公又救之不亟，於是盟邦解體，蠻楚坐大，恣肆侵略，禍及中原，齊亦被其害。設使齊桓公於楚侵黃之始，急往馳援，則黃、徐可無恙，齊之霸業亦可不墜。

劉基曰：「夫華夷之勢不兩立，伯業衰，則夷狄强矣。當齊桓之暮年，楚人伐黃，而公不救；然後楚復伐徐。夫黃遠國，而徐在山東，與齊爲鄰；非外患由遠而近乎？是以牡丘之盟，《春秋》始書公自至會。而桓德之衰，與國皆有可危之勢。於是因魯而見其餘也。楚之爲中國患久矣，東遷以來，僭號爲王，憑陵上國；尚賴桓公叔伯，以攘夷安夏爲己任。是以有次陘之役，而中華之勢復振，抑何幸也。奈何葵丘既會，震矜遂生；一念之怠，前功遽廢；使强夷得以忖度其心，而前日相與周旋之國，悉蒙其

患。自遠以及於近，豈不駸駸乎剝床以膚也哉。」（《文集》春秋明經，楚人伐黃、楚人伐徐，公自至會）

二、吳之失策——楚越爲蠻夷之邦，而吳爲華夏之國，因其爲泰伯之所居。吳王夫差能遵父遺命，大敗夷越於夫椒，報君父之仇，揚華族之威，固足稱許。但夫差自此而恃強驕橫，竟侵陳伐魯，同族相殘，殊足憾焉。乘勝伐蠻楚以復怨仇，固無不宜；然傾國力以伐國，不慮後顧之患，卒被夷越乘虛而入，以至國亡，失策之甚，莫過於此。以夷滅夏，殊足痛惜。劉基雖譏吳、越均係以力勝人，不無一丘之貉之感；但亦有爲吳之失策，不無惋惜之意。仍是袒夏吳而卑蠻夷的楚越。

劉基曰：「方吳之敗楚而入郢也，師猶在楚，而於越乘虛以入吳，亦可警矣。至於黃池之會，方與晉侯爭長，何不虞於越之又入其國耶？《春秋》始書於越入吳於吳入郢之後，再書於越入吳，於公會晉侯及吳子於黃池之後，則其虛內事外，阻兵安忍之效，豈不深切明著也哉？嘗謂以力勝人者，人亦以力勝之，此理之必然也。春秋之季，吳國天下莫強焉。長岸鷄父之戰，滅巢滅徐之文，經不絕書，猶曰以蠻夷而攻蠻夷也。及其勝楚，則遂及齊，而及魯，及晉，若火之燎原，不可嚮邇。自以爲莫能敵己，不知禍亂相尋，罔有紀極，東南又生一越，爲其腹心之患，一之已甚，而至於再。姑蘇之棲兆矣，豈不可爲陵人而不顧己者之大戒哉？」（《文集》春秋明經，吳入郢於越入吳，公會晉侯及吳子於黃池於越入吳）

三、蠻不可召——外援不足恃。借用外援，所得者少，所失者多。華夏之邦，宗親之國，應相互合作，彼此團結，共同抵禦蠻夷之敵。若兄弟鬩牆，同室操戈，必與外人以可乘之隙，而召蠻夷侵略之禍。魯成公借晉爲外援，一戰而勝齊，所得微利，僅是收回汶陽之田。但因此，引起蠻楚之藉口，而爲陽橋之役。魯大敗，魯公不得不屈千乘之尊，會其大夫於蜀，致賂納質，以求免，辱國甚大。此借外援得小利而招蠻夷侵略大禍奇辱的明證。爲國者不可不愼思而切戒之。

劉基曰：「藉勢以復地，其利國爲甚微，致賂以從夷，其辱國也爲甚大。夫爲國，而不知以義爲利，未有不受其咎者矣。魯之成功，恃晉之勢，一戰勝齊，以取汶陽之田，以亂而易亂也，其利國不亦微乎？遂使楚人以此藉口，而爲陽橋之役。公也乃屈千乘之尊，會其大夫於蜀，致賂納質，以求免焉；則其辱國大矣。觀《春秋》書取汶陽田於前，而書公會楚公子嬰齊於後；則魯之所獲，不如所喪。爲國而不以禮，其效豈不深切著明哉！嘗謂天下莫大於禮，莫强於義。是故諸侯修睦以事天子，不敢失也；而後蠻夷順令，以事中國，不敢違也。今也友邦冢君，不能和協，而使外夷得以借此以爲猾夏之階，不亦甚哉!?觀成公之所以勝齊而辱於楚者，抑亦可以爲戒矣。」（《文集》春秋明經，取汶陽田會楚公子齊嬰於蜀）

四、使不辱國——使臣使於外國，責任重大，要上能不屈國體，下能不激敵恚，察變應機，以制事權，國之榮辱休戚繫之，故必須遣派愛信忠亮之臣，方能勝任。而呂后竟欲以己所不喜之刑人出使匈奴，可能辱國體，洩機密，甚至可能投奔敵國，故欒布力諫其不可，堪稱明諫。

劉基曰：「漢八年，高皇帝崩，呂太后臨朝聽政。大臣患匈奴之强，將與爲和親。議使者，太后惡宦者中行說，欲去之，故使往焉。欒布諫曰：陛下之所以使中行說者，不過以匈奴驕恣，必不能善待使者，或留之，則非我所惜，從而棄之耳。臣獨以爲不便。夫使所以達主命，釋仇講和，決疑解紛，卑不可以屈國體，高不可以激敵恚。察變應機，以制事權，國之榮辱，己之休戚，非素所愛信，而知忠且亮者，不可遣也。今中行說，刑臣也；名不齒於國士，又陛下之所素惡；夫素惡於君，則不重其君；名不齒於國士，則不重其身。臣懼其泄國情而開敵釁也。」（《文集》卷二，郁離子）

第二節　方孝孺的民族政治思想

一、國之正統——方孝孺由《春秋》嚴夷夏之別，進而解釋正統的意義。他說：「正統之名，何所本也？本於《春秋》。何以知其然也？《春秋》之旨雖微，而其大要不過辨君臣之等，嚴夷夏之分。」（《遜志齋集》卷二，後正統論）方氏以爲凡篡臣賊后以及夷狄雖能統一天下，均不能稱之爲正統。他說：「夫中國之爲貴者，以有君臣之等，禮義之教，異乎夷狄也。無君臣則入於夷狄，入夷狄則與禽獸幾矣。吾嘗論之曰，有天下而不可比於正統者三：篡臣也，賊后也，夷狄也。何也？夷狄惡其亂華，篡臣賊后惡其亂倫也。……彼篡臣賊后者乘其君之間，弒而奪其位，人倫亡矣，而可以主天下乎!?苟從而主之，是率天下之民無父無君也。彼夷狄者姪母烝雜，父子相攘，無人倫上下之等也，無衣冠禮文之美也。故先王以禽獸畜之，不與中國之人齒。苟舉而加諸中國之民之上，是率天下爲禽獸也。」（《遜志齋集》卷二，後正統論）

方氏又引述先賢言論，證明夷狄不得爲正統的理由。他說：「夷狄不可爲統，何所本也？曰，《書》曰，蠻夷猾夏，寇賊姦宄，以蠻夷與寇賊並言之。《詩》曰，戎夷是膺，荊舒是懲。孟子曰，禹遏洪水，驅龍蛇，周公膺夷狄，以戎狄與蛇蟲洪水並言之。禮之言戎狄詳矣。異服異言之人，惡其類夷狄則察而誅之，況夷狄乎！孔子大管仲之功曰，微管仲，吾其披髮左衽矣，如其仁。管仲之得爲仁者，聖人美其攘夷狄也。然則進夷狄而不攘，又從而助之者，其不仁亦甚矣，曾謂聖人而肯主之乎。」（《遜志齋集》卷二，後正統論）

方氏指出：「繇周以來，秦、漢、晉、隋、唐、宋，皆嘗一天下，主中國，而朝四夷矣。正統必歸焉。……然漢自建安而分爲三，晉自惠帝而後，夷狄橫熾，而中原陷沒；宋自高宗播遷江表。是三代者，或與簒賊勢同地醜，或爲夷狄所虜辱，甚者或屈而臣之，其微甚矣。然君臣之等，華夏之分不可廢，猶周也。故漢必至炎興（蜀漢後主）元年而止，晉必至元興（安帝）三年而止，宋必至於祥興（帝昺）二年而後天命絕。此百世不易之道，春秋之大法也。」（《遜志齋集》卷二，後正統論）

二、批駁朱子——宋儒葉適攻擊理學家，說：「高談者遠述性命，而以功業爲可略；精論者妄推天意，而以夷夏爲無辨。」故朱子的正統論使倫理與政治分開，只講政治的事實，不論道德的是非。他以爲只要有政治實力，誰能眞實的統一中國，誰就是正統，不管他得國的正與不正；亦不管他是華夏之人或是夷狄之人。宋末理學家受朱子學說的影響，多入仕於元朝，助夷狄的蒙元統一中國，而不以爲恥。

方氏批駁朱熹的正統論曰：「朱子之意曰，周、秦、漢、晉、隋、唐皆全有天下矣，固不得不與之以正統。苟如是，則仁者徒仁，暴者徒暴，以正爲正，以非正爲正也，而可乎？吾之說則不然。所貴乎爲君者豈謂其有天下哉，以其建道德之中，立仁義之極，操政教之原，有以過乎天下也。有以過乎天下，斯可以爲正統。不然，非其所據而據之，是則變也。以變爲正，奚若以變爲變之美乎。是故周也，漢也，唐也，宋也，如朱子之意則可也。秦也，晉也，隋也，女后也，夷狄也，不謂之變何可也？」（《遜志齋集》卷二，釋統中）

方氏以新莽與晉爲例，若謂王莽不能爲正統，則晉亦爲簒弒之國，不能爲正統。若謂王莽爲簒，晉爲正統，是以國祚之短長爲標準。此豈能令人心服。他說：「王莽不齒乎正統久矣，以其簒也。而晉之簒也，後之得天下而異乎晉者寡矣，而猶黜莽，何也？謂其無成而受誅也。使光武不興，而莽之子孫襲其位，則亦將與之乎？抑黜之乎？昔之君子未嘗黜晉也，其意以爲後人行天子之禮者數百年，勢固不得而黜之。推斯意也，則莽苟不誅，論正統者亦將與之矣。嗚呼！何其戾也。」（《遜志齋集》卷二，釋統上）

三、國之變統——宋朱熹以爲只要全有天下卽是正統，故周、秦、漢、晉、隋、唐、宋皆不能不視之爲正統。若依此而論，則蒙元亦爲正統。方孝孺不承認朱子之說，認爲簒臣、賊后、夷狄雖全有天下，亦不能視之爲正統。其意蓋在黜亂臣賊子及嚴夷夏之分。依此，則秦、魏、晉、隋、元皆非正統。然秦有國三十七年，新莽有國十三年，曹魏有國四十四年，司馬晉有國一五四年，南朝宋、齊、梁、陳共有國一六八年，隋有國二十八年，武則天爲皇帝二十年，蒙元統治中國近九十年。若依方氏之見，這些年代，中國豈不是無統麼？而方氏的解答是：這些年代的政權僅可稱之爲「變統」，決不可以「正統」視之。

方氏釋「變統」曰：「三代正統也，如漢、如唐、如宋，雖不敢幾乎三代，然其主皆有恤民之心，則亦聖人之徒也，附之以正統，亦孔子與齊桓仁管仲之意歟。奚謂「變統」，取之不以正，如晉、宋、齊、梁之君，使全有天下，亦不可爲正矣。守之不以仁義，戕賊乎生民，如秦、如隋，使傳數百載，亦不可謂正矣。夷狄而僭中國，女主而據大位，治如苻堅，才如武后，亦不可繼統矣。二統立而勸戒之道明，僥倖者其有所懼乎。」（《遜志齋集》卷二，釋統上）

正統與變統，在政治上有何區別？方氏以爲其區別在於史筆之不同。他說：「變統之異於正統者，始一天下，而正統絕，則書甲子，而分註其下曰，是爲某帝，書國號而不書大，書帝而不書皇，書名而不著謚。其所爲非大故，不書。常祀不書，或書以志失禮，或志禮之所從變。……士之仕變統者，能安

中國則書，能正暴亂除民害則書，能明道術於後世則書。」（《遜志齋集》卷二，釋統下）

筆者按，方氏秉持《春秋》民族大義，嚴夷夏之分，以爲夷狄之僭中國者，不得謂正統，這種崇華夏，卑夷狄的民族思想，充分的表現出民族自尊心，自足嘉許。惟「用夏變夷」及「夷狄之在中國者則中國之」。故華夷雜處，由於相互通婚，彼此交往，學習與模仿及思想感情的交流，則文化高的華夏能以同化文化低的夷狄。所以春秋時戎狄荊蠻等異族到了秦漢便已同化爲漢人。秦漢時的匈奴，到了晉代，亦多漢化。南北朝的鮮卑等族到了隋唐，亦和漢人無殊。方孝孺自己亦說「荊楚以南，春秋之所夷狄，然自秦以來，襲禮義而爲中國者二千年矣，人倫明而風俗美，烏得與夷狄比乎？」（《遜志齋集》卷二，後正統論）雖然如此，但在一定時期，確有夷夏的分別與存在。即在今日，亦有華人與外國人的區異。故方氏的夷狄僭中國，不得謂正統之論，不爲無據。

方氏指出得國不正者，不得謂爲正統，蓋所以尊君主，重名分，期以維持政治的安定，故簒臣、賊后的得大位，均不可視之爲正統。他並肯定漢、唐、宋爲正統。漢高祖以布衣而爲天子，用棄秦的怨民而有天下，以漢爲正統，固甚正確；然唐、宋之有天下亦是簒臣，得國並不正，依方氏之論，似亦難屬於正統。隋文帝楊堅仕北周封隋公，廢北周主而自主，改國號爲隋，固爲簒；唐太祖李淵襲父爵七歲爲北周唐國公，及長，仕隋補千牛備身，文帝楊堅之后獨孤氏爲淵從母，特見親信，累任外官，隋煬帝時任太原留守，因起兵滅隋而有天下，不爲簒麼？宋太祖趙匡胤受後周太祖郭威知遇之感，得爲殿前都檢點，於恭帝時，欺人孤兒寡母，自演黃袍加身而爲帝，非簒而何？得國亦不正。若以方氏所立標準，僅有漢明兩朝可稱以正得國而爲正統。明太祖朱元璋以平民起義兵，驅逐夷狄的蒙元，恢復國土而登大位。比之孔子稱管仲之仁，實有過之。

第三節　楊慎的民族政治思想

一、生平事略——楊愼字用修，新都（四川，成都）人，生於明憲宗成化十三年（西元一四七七年），卒於世宗嘉靖二十八年（西元一五四九年）。武宗正德六年，愼年二十四，殿試第一（狀元），授翰林修撰。武宗十二年八月，帝微衣外行，出居庸關，愼抗疏切諫，尋移病歸。世宗卽位，起愼充經筵講官。有人進言，進金銀贖罪。愼以爲小過可贖，大罪不可贖。世宗嘉靖三年，帝納桂蕚言，召爲翰林學士。愼偕同列三十六人上言，以與蕚等學術不同，議論亦異，不能與之同立朝，願賜罷斥。帝怒，切責，停俸有差。踰月，愼又偕學士豐熙等疏諫，不報，偕廷臣伏左順門力諫諍。帝震怒，執首事者八人下詔獄。於是愼及檢討王正元等撼門大哭，聲徹殿廷，悉下詔獄，廷杖之，愼被謫戍雲南永昌衞。扶病跋涉，路經萬里，憊甚，抵戍所，幾不起。自是，或歸蜀，或居雲南會城，或留戍所，大吏咸善視之。及年七十還蜀，巡撫遣四指揮逮之還，縱酒自放，嘉靖二十八年病卒，年七十二歲。穆宗隆慶初追贈光祿大夫；熹宗天啓中追贈文憲（《明史》卷一九二，本傳）。

二、學養著作——楊愼幼警敏，十一歲能詩，十三歲作古戰場文、過秦論，長老驚異之。入京賦黃葉詩，李東陽見而嗟賞，命受業門下。嘗奉使過鎭江，謁楊一淸，閱所藏書，叩以疑義，一淸皆成誦。愼驚異，益肆力古學。既謫戍荒地，多有閒暇，書無所不覽。嘗語人曰，資性不足恃，日新德業，當自學問中來，故好學窮理，老而彌篤。有明一代，記誦之博，著作之富，推愼爲第一；詩文雜著，至百餘種（見《明史》本傳）。

楊愼原以文學著稱，其服官未久，卽遭謫戍。推荒年久，藉讀書著作以爲消遣，學問旣愈窮而愈精，著作日積而益多。其著作流行於世者，有《升庵全集》，計八十一卷，其中賦及雜文十一卷，詩二十九卷，又雜記四十一卷。雜記蓋取楊愼《丹鉛總錄》及《譚苑醒醐》諸書，刪去重複而分類編次之。

三、民族政治思想——楊愼的政治思想，表現有明顯的民族大義的精神。玆扼要擧述於次：

1.正統廣義——楊愼的正統論，贊同方孝孺的主張，並廣其義，且不惜指責前賢，謂王通之以夷狄的拓跋魏爲正統，歐陽修之以賊后武則天爲正統，司馬光以簒臣的曹魏爲正統，皆屬不當。甚而罪王通使華夏變於夷狄，有足誅者。他說：「遜志方子作正統論，大概以夷狄、簒弒、女主，三者非統之正，其論精且悉矣，因而廣其未備云。楊子曰，夷亂華，足加首，非乎？而夷狄是已。是曰，易天明，胡元極矣。稽誅於兩儀者也。柔乘剛，陰干陽，非乎？而女王是已。是曰，逆天常，呂武極矣。稽誅於三綱者也。戕其主，逆其天，非乎？而簒弒是也。是曰亂天紀，稽誅於萬世者也。莽、操極矣。……夫女主也，夷狄也，春秋之世，則未有如胡元呂武也，而羿、浞竊夏四十餘年，則有莽、操之儕矣，未有以統與羿、浞者也。是簒弒者非直，春秋不與也。夫人皆不與也，以簒弒之不得與，知女主夷狄之必不與也。曰：是則然矣。王通氏嘗帝元魏矣，歐陽氏嘗紀武曌矣，涑水氏嘗帝曹魏，寇武侯矣。曰，通也偏，劉子玄已駁之矣；歐也迷，伊川翁已正之矣；涑水也固，朱子已改之矣。二子之瑕也，尤也，可攻也，不可效也。然三子而論，則歐陽、涑水猶無說也，通則有說矣。其曰：亂離瘼矣，吾誰適歸？天地有奉，生民有庇，卽吾君也。居先王之國，受先王之道，子先王之民，謂之何哉？是其言也，偏也，迷也，固也，通兼有之。嘗曰，大哉中國，五帝三王之所自立也。既曰自立，夷狄豈得而立之？通之言相戾矣。且元魏之慘殺，史所載有不忍觀者，生民何庇乎？元魏居先王之國，子先王之民矣，何嘗受先王之道乎？通又戾其說矣。」（廣正統論）

2. 宋統似晉——楊愼深信孔子尊王攘夷之旨，對晉宋皆有微詞。因司馬氏以篡弑而得國；趙匡胤以欺人孤兒寡母而登大位，亦是篡逆，有違尊王之至義，故貶而不褒。晉宋皆未能振華夏之雄風以抵禦夷狄，竟屈辱議和、納幣，甚而低頭稱臣，亦不免於帝王被虜而偏安，終遭亡國之痛，使漢唐錦繡江山淪於異域，深致痛惜。楊氏曰：「余謂漢唐可稱一統，宋僅與晉比爾，不得並漢唐也。宋自太祖開基，僅得五代之土宇，而河東江南閩蜀嶺南十國未平，史氏未嘗以一統例書之。至數年諸國始平。至眞宗而納幣於契丹矣。四傳至神宗，而王安石割七百里地以獻遼矣。至徽宗入虜，而高宗稱臣矣。河西河北之地，則終宋之代，未嘗得其土之一毛。漢唐疆域不如是之隘，而一統之日，曾不得如西晉之久。及其南渡以後，享國差强於典午，而氣息奄奄，不啻倍焉。當時有人問邵堯夫國祚，不答；架上取晉紀示之。徽欽之事，正符懷愍。是宋之擬晉，邵子固已說矣。余嘗謂宋之得國，非有深仁厚澤，大烈顯功，幸取於孤兒寡母之手，與劉智遠、郭威無大相遠；而趙普佐命，不足比周公之王材，況敢望張良、李靖乎!?方是時，曹翰欲取幽州，并契丹，普乃妬忌而巧阻之；以方興之師，而不能克久疲之遼；仗全勝之勢，而不能制蕞爾之夏。景德之際，寇準之謀不盡用，而有靖康。靖康之中，李綱之策不肯行，而有江左。始也，太祖太宗之時，則奉夷狄如驕子；繼而眞宗仁宗之世，則敬之如兄長；至南渡則事之如君父矣。晉之東猶振刷磨淬，滅慕容，滅姚秦，滅李蜀，是蟲死不僵，虎死猶立也。以此言之，宋尙不得比晉，

而況於漢唐乎？」（《升庵全集》宋統似晉）

3.卑抑秦楚——史稱春秋五伯（霸）爲齊桓公、晉文公、宋襄公、秦穆公、楚莊王。楊愼認爲齊桓、晉文稱伯，足以當之而無愧。至於宋襄，則力勢不競，圖霸不成，戰傷而卒，不足言伯。並以秦穆爲繆，楚莊爲寇，亦不足以語伯（霸）業。這是言人之所未言的創見。惟秦穆任賢才，修政治，惠人民，拓疆土，敗晉惠，納晉文，堪以稱伯。楚莊勵精圖治，大强國力，滅庸、克宋、伐陳、圍鄭，與晉爭覇，觀兵周郊，遂成覇業。而楊氏卑抑秦楚，蓋以其爲戎蠻而貶之，實含强烈的民族意識。

楊愼曰：「世儒多稱五伯，濫矣夫！予見其二矣，未見其五也。五伯並稱，桓文之意荒矣。夫伯者何爲者也？中國陵，四夷競，有能聯諸侯，同會盟，以役社稷，以固維城，是之取爾。由此其選者，桓其首也，伯之雄也。文其繼之，桓之匹也。未有三此者也。彼秦宋楚何爲者哉；秦伯之繆也，宋伯之虜也，楚伯之寇也；繆、虜、寇，何伯之有哉！自以爲伯，不明也；人從而伯之，逐聲也。且言秦繆何曰而爲伯哉？或曰，三置晉君非業與？楊子曰，是狐埋之而狐掘之也，奚其置!? ……置惠懷者，公子縶之爲也。用孟明者，公孫枝之爲也。殉三良者，康公之爲也。曰：縶則謀而公實聽，是曰繆聽。枝則舉而公實任，是曰繆任。康則承而公實命，是曰繆命。三繆亦大矣，死謚曰繆，宜哉！……夫伯者，攘夫夷者也。楚莊，身夫夷者也，是高宗之所伐者，周公之所膺也，而可進乎？況又負出蛇豕之力，凶其水草之性；聖人豈其以伯而與之？若以爲强而與之，則夫差也，秦伯之裔也；勾踐也，大禹之裔者，且猶不與之，而豈以伯與楚哉？故曰，楚伯之寇也。」（《升庵全集》二伯論）

第四節　史可法的民族政治思想

一、生平事略——史可法字憲之，一字道隣，大興籍，祥符人。生於明神宗萬曆二十九年（西元一六〇一年），卒於清世祖順治二年（西元一六四五年）。思宗崇禎元年（西元一六二八年）成進士，授西安府推官，後遷戶部主事，歷員外郎、郎中，崇禎八年（西元一六三五年）遷右參議，旋改任討賊副使，分巡安慶、池州，監江北諸軍。流寇李自成作亂，史氏督軍追勦，屢奏戰功，崇禎十年（西元一六三七年）擢升右僉都御史，巡撫皖、豫、湖廣、江西諸省各衝要陣地，擊寇收復舒城、盧江等地。崇禎十二年（西元一六三九年）爲戶部侍郎兼右僉都御史，總督漕運，巡撫鳳陽、淮安、揚州，拜南京兵部尙書，參贊機務，因武備久弛，奏行更新八事。

崇禎十七年（卽清順治元年）流寇李自成稱帝於西安，國號順，犯京闕，思宗崇禎自縊徇國。史可法聞寇犯闕，誓師勤兵，渡江抵浦口，知帝徇國，縞衣發喪。福王卽位，拜可法武英殿大學士，兵部尙書，督師出鎭淮陽。次年（卽順治二年）清將多鐸破西安，李自成走死，多鐸率兵南下，攻揚州。總兵李棲鳳，監軍副使高岐鳳，拔營出降。城中甚空虛，諸文武分陴堅守舊城，西門險要，史可法自己守禦，作書寄母、妻，且曰，死葬我高皇帝陵側。堅守二日，滿兵大軍薄城下，砲擊城北隅，城遂破，史可法率士卒浴血死戰，以衆寡不敵，自覺難勝，乃拔劍欲自刎，一參將强擁之出小東門，致被執。可法大呼曰，我史督師也，遂壯烈成仁，忠烈典型，名垂不朽。

史可法短小精悍，面黑，目爍爍有光，廉而信，與下同甘苦，推心腹，行不張蓋，食不重味，夏不葛，多不褻，寢不解衣；士不飽不先食，士不授衣不先禦，故深得士卒死力。明季政治敗壞，軍事廢弛，盜賊蜂起，民不聊生，諸將猜忌，各不相能，敗象已呈，國勢如江河之日下，雖有一忠貞勇毅的史可法，一木固難支大厦於將傾。滿清既竊大位，攝政多爾袞曾致書史可法勸降，史氏嚴拒之，責以《春秋》大義，且責以「爲德不卒，是以義始，而以利終，將爲賊人所竊笑」。後人稱史可法曰史閣部；清乾隆時追諡忠正（參見《明史》卷二七四，史可法傳）。

二、史氏著作——史可法允文允武，既識韜略，又善爲文。其著作皆輯載於《史忠正公集》，凡四卷，卷一奏疏，卷二爲書，卷三家書及遺書，卷四雜文、詩及四書文。

三、民族政治思想——史可法秉忠貞志節，尊君主，愛國家，攘夷狄，故其政治思想，極具民族意識。茲扼要舉述於次：

1.春秋大義——吳三桂引清入關，滅流寇，據北京，竊居大位，攝政睿親王多爾袞致書史可法勸降。書有言曰：「《春秋》之法，有賊不討，則新君不得書即位。以中華全力，受制潢池，而欲以江左一隅，兼支大國，勝負之數，無待著龜。」史可法據《春秋》大義，嚴峻拒之，忠義正氣，足貫日月，沖斗牛。

復書曰：「南中向接好音，法隨遣史問訊吳大將軍，未敢遽通左右，非委隆誼於草莽也。誠以大夫無私交，《春秋》之義。今倥傯之際，忽捧琬琰之章，眞不啻從天而降也。循讀再三，殷殷至意。若以逆賊尚稽天討，煩貴國憂，法且感且愧。懼左右不察，謂南中臣民媮安江左，竟忘君父之怨，敬爲貴國一詳陳之：我大行皇帝，敬天法祖，勤政愛民，眞堯舜之主也。以庸臣誤國，致有三月十九日之事。法待罪南樞，救援無及；師次淮上，凶聞遂來。地坼天崩，山枯海泣。嗟乎！人孰無君，雖肆法於市朝，以爲泄泄者之戒，亦奚足謝先皇帝於地下哉!?爾時南中臣民，哀慟如喪考妣，無不拊膺切齒，欲悉東南之甲，立翦兇讎。而二三老臣，謂國破君亡，宗社爲重，相與迎立今上。今上非他，神宗之孫，光宗猶子，而大行皇帝之兄也。名正言順，天與人歸。……是以王師既發，復次江淮，乃辱明誨，引《春秋》大義，來相詰責。善哉乎，推言之！然此文爲列國君薨，世子應立，有賊未討，不忍死其君者立說耳。若天下共主，身殉社稷，青宮皇子，慘變非常，而猶拘牽不卽位之文，坐昧大一統之義，中原鼎沸，倉猝出師，將何以維繫人心，號召忠義。《紫陽綱目》，踵事《春秋》；其間特書，如莽移漢鼎，光武中興；丕廢山陽，昭烈踐祚；懷愍亡國，晉元嗣基；徽欽蒙塵，宋高纘統。是皆於國讎未翦之日，亟正位號，《綱目》未嘗斥爲自立，率以正統與之。甚至如玄宗幸蜀，太子卽位靈武，議者疵之，亦未嘗不許以行權。幸其光復舊物也。本朝傳世十六，正統相承，自治冠帶之族，繼絕存亡，仁恩遐被。貴國昔在先朝，夙膺封號，載在盟府，寧不聞乎？今痛心本朝之難，驅除亂逆，可謂大義復著《春秋》矣。昔契丹和宋，止歲輸金繒，回訖助唐，原不利其土地。況貴國篤念世好，兵以義動，萬代瞻仰，在此一擧，若乃乘我蒙難，棄好崇讎，規此幅員，爲德不卒，是以義始，而以利終，爲賊人所竊笑也。……法北望陵廟，無涕可揮；身陷大戮，罪應萬死。所以不卽從先帝者，實惟社稷之故。傳曰，竭股肱之力，繼之以忠貞；法處今日，鞠躬致命，克盡臣節，所以報也。」（《史忠正公集》復攝政睿親王書）

2.光復故土——史可法滿腔熱血，忠君愛國，秉持《春秋》尊王攘夷之《春秋》民族大義，不忍漢家河山淪於異族，且以王業不偏守，自足不足恃，必須振作自强，奮力進取，光復故土。他說：「奏爲恢復，固非浪試，偏安實難自足。臣觀古帝王之中興也，莫不拓基於自强，而不畫境於自足。故漢之光武曰，既得隴，復望蜀；人若不自足，明知足不可狃，而反以不自足自嘲，故取於天下者足也。若宋高之紹統藩服，僅有天下半耳。而說者謂其病在於意足，以已之僅有爲有，而不以祖宗之全有爲有，故足耳。若我皇上於今日，則何足之有？以爲豐沛，則恭皇帝宅中之舊封也，爲恭皇帝之所已有而不有，則不足。以金陵爲長安，則高皇帝無外之初基也，爲高皇帝之所全有而不有，則亦不足。恢復之計，復何可緩？……惟願皇上乘此艱難啓運時，亟圖報仇雪恥之舉，獎率群臣，臥薪嘗膽，藉申干戈，務求縛奇凶以慰先帝，復故土以光祖宗，則中興之業，斯偉然昭著於萬世，斷不可以江南片席地，儼然自足，以下等於宋高也。……夫宋之南遷也，猶走李成，擒楊么，以靖內者制外；而今則獻猺交熾，兩川危如纍卵；且汀漳南贛間，又以警聞矣。北有既毀之室，南無可怡之堂，徒曰，王業不偏安，何偏可據，安尤大言之矣。與言及此，可爲寒心。」（集，卷一，進取疏）

3.進取圖存——史可法認爲惟有積極進取，始能保守（這猶如拿破崙所謂進攻才是最好的防守）。積極進取方是圖存求全之道。期乎上，得乎中，退一步猶可得偏安。若僅求偏安一隅，則偏安必不可得。揆之當時情勢，積極進取，或倖存於一時，若祇求苟安，滅亡之禍，接踵而至。史氏之論，不爲無見。他說：「爲時事萬分難支，中興一無勝算；密請恢復遠略，激勵同讎，以收人心，以安天位事。痛自三月以來，陵寢荒蕪，山河鼎沸。大讎在目，一矢未加。臣備員督師，死不塞責。昔晉之東也，其君臣日圖中原，而僅保江左。宋之南也，其君臣盡力蜀楚，而僅固臨安。蓋偏安者恢復之退步，未有志在偏安，而遽能自立者也。大變之初，黔黎灑泣，紳士悲哀，痛憤相乘，猶有朝氣。今兵驕餉絀，文恬武嬉，頓成暮氣矣。屢得北方塘報，皆言敵必南圖；水則廣調麗師，陸則分布精銳。盡河以北，悉為敵有；而我河上之防，百未料理。人心不一，威令不行，復讎之師，不聞及關陝；討賊之約，不聞達北廷。一似君父之仇置諸度外。近見北示，和議斷斷難成。一旦南侵，卽使寇勢尚張，足以相拒；二者必轉而相合，先向東南，社稷安危，決於此日。……夫將所以能克敵者，氣也；君所以能馭將者，志也。廟堂之志不奮，則行間之氣不鼓。夏少康不忘逃出自竇之事，漢光武不忘蕪蔞爇薪之時；臣願皇上為少康光武，不願左右暬御，輕以唐肅宋高之說進也。……臣恐恢復之無期，而偏安未可保也。合宜速發討賊之詔，嚴責臣與四鎭使悉簡精銳，直指秦闕，懸上爵以待有功，假便宜而責成效。絲綸之布，痛切淋漓，庶使海內忠臣義士，聞而感泣。……」（集，卷一，請出師討賊書）

卷六　滿清時代

第七十九章　清代政治思想的派別

清代政治思想大體可分爲兩大派別：一派是中國固有的政治思想；一派是外來影響的政治思想。前者復可分爲四個派別：一是反對專制的政治思想，二是民族大義的政治思想，三是理學派的政治思想，四是實用派的政治思想。後者亦可分爲四個派別：一是宗教文化輸入與太平天國。二是物質文明輸入與洋務運動。三是政治學術輸入與戊戌維新。四是民主主義輸入與國民革命。玆分別舉述其梗概於後：

第一節　中國固有的政治思想

一、**反對專制的政治思想**——朱元璋反抗蒙元的壓迫，且感受到第四等人待遇的恥辱，本春秋民族大義，奮起義師，所向皆捷，遂能驅逐元順帝逃往北漠，光復國土而有天下，較之齊桓公九合諸侯，一匡天下，實有過之。孰料明太祖猜忌成性，刻薄寡恩，殘酷不仁，妄興文字之獄，殺害無辜；任意誅戮功臣，失卻理性，直是野蠻行爲。誅胡惟庸，不設宰相，六部直屬於皇帝，厲行專制之制。成祖篡位，仍厲行專制，嚴刑峻法，不減其父，且倚恃宦官爲腹心，遂成明代苛政弊害的源頭。廷杖、錦衣衞、東廠獄諸虐政亦皆肇始於成祖時。至成祖屠殺建文諸臣之慘，尤甚於太祖之殘殺功臣。其後明代諸帝，率多庸弱，既不能外禦敵寇，又不能內明政治，然仍挾持祖宗的淫威，壓迫臣民，殘害無辜，朝政日趨敗壞。加以宦官劉瑾肆虐專橫；閣臣嚴嵩擅權亂政；遂致吏治敗壞，士風不振；兵非精練，卒無鬥志；經濟衰退，民不聊生。卒致盜賊蜂起，流寇犯闕，清兵入關，明代乃重蹈蒙元專制苛政覆轍而滅亡。

明初劉基、方孝孺爲反對蒙元的專制苛政曾倡反專制的政治思想。明末反傳統的李贄且闡揚孟子民爲貴，君爲輕之說，以糾正君尊臣賤的謬見，並言遇暴君庸主，强臣自當擅權以自固。明末清初反對專制的政治思想家應推黃宗羲、顧炎武及唐甄。

黃宗羲父親名尊素，乃東林名士，爲權宦魏忠賢所誣陷，死於獄。思宗卽位，宗羲至京訟寃，魏閹已伏誅，黃氏出長錐擊死父仇。著有《明夷待訪錄》，力言專制君主的弊害。其政治思想的要旨，在崇孟子民爲貴，君爲輕的理想，主張天下爲公，以爲立君所以爲民，君臣均爲人民的公僕。君主不可以一己之利爲利，應使天下受其利；不以一己之害爲害，而爲天下除其害。

顧炎武初名絳，耿介絕俗，明魯王時與歸莊同起兵勤王，兵敗得脫。滿清僭竊大位，更名炎武，屢徵不應，周遊四方，睠懷故國，數謁明陵，著有《日知錄》及《天下郡國利病書》等。顧氏的政治思想與黃宗羲者頗相近。黃氏本民本思想反對專制君主。顧氏極力反對過度的中央集權，以致形成君主專制。他說：「封建之失，專在下；郡縣之失，專在上。」（郡縣論）又說：「所謂天子者，執天下之大權者也。及執大權奈何。以天下之權寄之天下之人，而權皆歸天子。自公卿大夫至於百里之宰，一命之

官，莫不分天子之權以各治其事，而天子之權乃益尊。後世有其善治者出焉，盡天下一切之權而收之在上。」（守令）

唐甄原名大陶，仕爲山西長子縣知事，勸民重蠶桑以利養民，判事明敏，敎化寬厚，以逃人詿誤革職，乃隱居治學，著有《衡書》、《潛書》等。唐氏的政治思想重養民，輕種族。他說「古之賢君，舉賢以圖治，論功以舉賢，養民以論功，足食以養民。雖官有百職，職有百務，要歸於養民。」（《潛書》下篇，考功）他更指出：自秦漢以來之君臣，每昧於政在養民之義，非但不能足食以養民，反爲苛政以困苦之，以致民不聊生，天下大亂。

二、民族大義的政治思想——夷狄的蒙元統治華夏近百年，國人受到不平等待遇與壓迫，苛刑、虐政、重賦交加，民生困窮，陷於水深火熱中。幸有朱元璋本春秋民族大義，高擧義旗，興兵討伐，順天應人，遂能擊敗元帝，光復國土，建立華夏政權，而登大位，此誠空前的義擧與盛事。不幸，其繼位子孫，多昏庸而專制，縱容宦官，妄作威福，閣臣擅權，枉民以逞，遂致盜賊蜂起，天下大亂。夷狄的滿族，乘中國之危難，率旗兵入關，明帝思宗自縊殉國，滿人遂奪取大位，而僭中國，建立專制政權，統治華夏之族，妄肆殺戮，有所謂「揚州十日」、「嘉定三屠」，無辜小民，死亡無算，且屢興文字之獄，箝制思想，殘害學人。於是明代遺民，懷種族之奇恥，恨滿人之入侵與竊位，乃持民族大義，排斥夷狄，懷念故國；且有豪傑之士，秘密結社，謀起事「滅清復明」。

王夫之字而農，號薑齋，崇禎十五年，應鄉試，中擧人，少聰穎，有異才，滿清竊國，周遊四方，知國事不足以有爲，遂築室於衡陽石船山，隱居爲學著書，著有《大學衍義》等書。他申論民族大義，認爲中國國土不容夷狄侵犯，中國文化不容夷狄剽竊。夷狄僭竊中國，縱使之彷行中國文物制度，亦未有不亡者。他說：「夷狄而效先王之法，未有不亡者也。以德仁興者以德仁繼其業，以威力興者以威力延其命。沐猴而冠，爲大妖。先王之道不可竊，亦嚴矣哉。以威力起者始終乎威力。絀其威力，則威力旣替矣。竊其德仁，固不足以爲德仁也。父驢母馬，其生爲驘（俗稱騾）。驘生絕矣（騾不能生育）。相雜而類不延，天之道物之理也。」（《讀通鑑論》七）故「拓跋氏遷洛而敗，完顏氏遷蔡而亡。」（仝上）

呂留良字莊生號晚村，崇禎諸生，與黃宗羲等嘗作詩唱和。清聖祖康熙十九年，嘉興太守欲以晚村應山林隱逸之徵，遂削髮爲僧。他所作的鼓吹民族思想的議論與著作甚多，聞而興起欲覆清復明者甚多。至雍正時遂有湖南曾靜抄錄呂氏著作而珍藏之，並率其門徒，說川陝總督岳鍾琪乘清廷內部之亂而擧義。岳告發之，搜查曾呂氏著作，大興文字之獄。呂氏著作被焚絕，不得復見。但從《大義覺迷錄》中，所錄世宗雍正的諭旨，可見嚴夷夏之防，反清意志極爲强烈。諭旨有言曰：「敢於聖祖仁皇帝任意指斥，其性悖逆，狂噬之詞，凡爲臣子者所不忍寓之於目，不忍出之於口，不忍述之於紙筆者也。」

三、理學派的政治思想——宋儒採佛家心性之理及道家象數之說解釋儒學，給儒學注入新血輪，而成儒學的新氣象，所謂理學或道學者，蔚成中國哲學的新系統，亦形成中國學術的主流。理學的支柱就是周敦頤、張載、程顥、程頤及朱熹的學說。理學不僅盛行於宋代，且繼續流行於元朝。葉適指責理學家「妄託天意，而以夷夏爲無辨」。且朱熹以爲凡全有天下者皆爲正統。所以宋理學家入仕於蒙古者不少。故理學至元代仍然流行。明代學術思想承宋元遺緒，亦以理學爲主流，且多墨守朱熹舊說。開科取士，試題不出四書五經範圍，文章程式限於八股。四書試題的答案，以朱熹的《四書集註》及《四書章句》爲標準。滿清僭主中國，不僅政治制度因襲於明代者，就是學術思想亦因沿於明代的主流。故清代學術，理學家的思想仍處於主導地位。科擧取士，所試課題亦是四書五經。四書試題答案須依據於朱熹的《四書集註》與《四書章句》；應試文章程式仍因襲於所謂制義的排偶八股。

湯斌字潛庵，清順治時進士，康熙時擧博學鴻詞，曾任江蘇巡撫，從學孫奇逢於輝縣蘇門，爲學兼綜程、朱、陸、王之長，著有洛學篇，闡述二程學說。他論君道曰：「自古有爲之君，必親君子遠小人；與君子日親，自與小人日遠。與小人日遠，凡聲色貨利之欲，土木興作之煩，奇技淫巧之物，俱耳目所不及見，心思所不及謀。君志清明，忠言易入，天下事可理矣。天生民而立之君。人君之職，在於安民。」（《湯潛庵集》語錄）

張伯行字孝先，號敬庵，康熙年間擧進士，官內閣中書，以督修黃河堤坊有功，累遷福建巡撫，調江蘇巡撫，學宗程朱，及門受業者數千人，著有《困學錄》、《道學源流》、《伊洛淵源錄》等書。或問爲學，答曰致知力行；或問爲政，答曰厚生正德。張伯行認爲無論爲政治學，均須明辨，不可模稜兩可。他說：「天下只有一箇是。此是則彼非，彼是則此非。若曰兩存其是，豈有此理；譬如之燕之都，一人之北，一人之南；必告以之北是，之南不是，然後人有所適從。今日兩存之，則誤人多矣。」（《困學錄》）

四、實用派的政治思想——理學家的思想流弊，宋儒永嘉學派的葉適已指斥曰：「高談者遠述心性，而以功業爲可略；精論者妄託天意，而以夷夏爲無辨。」（上孝宗皇帝疏）清代實用派儒者顏元、李塨亦認爲爲學的目的在經世致用，富國利民，解決人民的生活問題，使之足衣足食，安居樂業。對理學家空談心性，學入虛玄，無補國計民生，深致不滿。宋代學術以理學最爲盛達，然對宋祚的危亡，毫無裨益。於是提倡實用之學，篤實踐履，重視實際政務，主張墾荒、均田、興水利，以富天下。

顏、李講究實用儒學的另一原因，乃是對清代考據學的反動。清初，學者爲避躲文字之獄，乃從事於考據學或考證學的研究。其學在研究古籍字義及歷代名物典章制度等，一一考核辨證，言必須有確鑿證據以確見其眞相。此學於乾隆、嘉慶爲最盛達。自閻若璩、胡渭以後，至乾、嘉時，惠棟、戴震、段玉裁、王念孫及其子引之皆精於此學。其治學方法不外訓詁與校勘二種。前者是字義解釋、整理與貫通。後者是本文的釐正與校正。學者稱此學爲樸學或漢學，以示別於宋學。《清學案小識》提要曰：「考古者必溯其源，言師者必從其朔，得其一句一字，遠蒐而傍獵之。或數十百言，或數千百言，曼衍而無所底止。而考據之學雖爭鳴於天下，蓋穿鑿附會，在所不免也。」顏、李實用學者深嫌考據學的支離破碎，煩瑣細微，既不關微言大義，亦不切國計民生，空耗時日精力，虛擲於無用，無益於經國濟民之實，固無甚大價値之可言。

顏元字易直，號習齋，明末父戍歿遼東，元負骨歸塋，人稱孝子，入清主講肥鄉漳南書院，從游者甚衆，著有《四存編》及《顏氏學記》，重實用，卑空談，躬耕胼胝，乘閒靜坐讀書，尋討古經，以朱子所制不盡合，乃疑宋儒。謂爲道學（理學）訓詁注疏，皆是空言。嘗曰：以七字富天下：墾荒、均田、興水利。以六字强天下：人皆兵，官皆將。以九字安天下：擧人材、正大經、興禮樂（見《淸儒學案》顏元小傳）。他又說：「昔張橫渠對神宗曰，爲治不法三代，終苟道也。然欲法三代，宜如何哉？井田、封建、學校，皆斟酌復之，則無一民一物不得其所。是之謂王道；不然者不治。」（存治編）

李塨字剛主，號恕谷，受業於顏習齋，深信其學，身體力行。清廷屢徵不應，由本籍蠡縣，遷居習齋故里博野，建習齋祠堂，收召生徒講學，治農圃以終，著作有《春秋傳註》等十餘種。塨習數學、射御及書，從王五公學兵法，從毛西河學樂律，以三物：六德、六行、六藝爲爲學之本。且以爲農爲國本，食爲民天，而兵則所以衞民，於田賦、郊社、禘祫、宗廟等皆有所研究，期可見之實用。習齋於程朱學說多出爭議，毛西河著書於朱子多攻擊，李塨宗之（見《清儒學案》卷十三）。又曰：「頒三物教法於各藩，自府下縣，鄉吏受之，各以教其所治。」（《擬太平策》卷三）

第二節　外來影響的政治思想

中國皇帝一向自尊自大，自稱天朝，以爲居天下之中，文化最高，天之驕子，認爲居處其周圍的種族，都是野蠻人。故曰南蠻、北狄、西戎、東夷而卑視之，閉關自守，固步自封，不願與外夷作平等的交往。但自哥倫布（C. Columbus）於一四九二年發現新大陸後，地球距離縮短，世界交通方便，所謂「洋鬼子」的西洋「野蠻人」便不斷的相繼來華，或爲傳教，或爲經商，或爲文化輸入，或爲軍事侵略，或爲政治交涉。這種外來的西方宗教、文化、學術、思想的輸入，爲許多士大夫所接納。這些的刺激與影響，對中國的政治、文化、學術、思想造成重大的轉變與震撼，亦逼迫我「天朝」的中國不得不海禁大開，門戶大張。這種影響，有左列四種情況：

一、宗教文化輸入與太平天國——西洋文化輸入，首是宗教。自明末以來，天主教文化的輸入，利瑪竇（Matteo Ricci）開其端，於神宗萬曆二十六年（西元一五九八年）至北京，繼之而來的天主教傳教士絡繹不絕，廷臣徐光啓、李之藻甚愛其說，信教者漸衆。義大利神父郎世寧（Joseph Caslilhoni）且先後仕於康熙、雍正、乾隆三朝。宗教的輸入，天主教開其先鋒，繼之者爲基督教。太平天國洪秀全起兵詭云上帝召有大刼，拜天則免，造眞言寶誥，謂天曰耶和華，耶穌爲長子，秀全爲次子，改採陽曆。這是西洋宗教影響中國政治的明證。

二、物質文明的輸入與自強運動——中國一向以天朝上國自居，自滿自傲，眼高於頂，目空一切，卑視所謂夷狄的「洋鬼子」，以爲其文化水準、政治制度、學術思想、倫理道德均不如中國。但鴉片戰爭一役，所謂天朝上國的中國卻慘遭失敗，以後英法聯軍之役、甲午戰爭等均不能勝敵，屢戰屢敗，割地賠款，喪權辱國。於是清廷君臣對外國不能不另眼看待。認爲外國之強，強在物質文明，尤其那堅強的兵艦和大礮，爲制勝利器。朝野乃有自強運動或洋務運動，其目的在「師夷之長技以制夷」，乃練水師、設造船廠造兵艦，設兵工廠造武器、大礮。更設同文舘培養外語外文人才，設總理各國事務衙門，辦理外交，天津、上海設通商大臣掌對外貿易。

三、政治學術的輸入與戊戌維新——自強運動或洋務運動期間，國人所注意的僅是西洋物質文明的技藝，如兵艦礮鎗的製造等；對其政治制度、學術、思想則漠然置之。換言之，其所致力者只知追末，不知求本。礮艦和武器的製造只是末，政治制度與思想才是本。於是有識之士及從事於西洋學術的翻譯與著作，期能促成政治思想的進步與政治制度的革新。何啓遊學英國倫敦學院，胡翼南在香港大學受教育，深受西洋學術文化的薰陶。二人合編《新政眞詮》一書。書中有言曰「一國之所以稱盛者，非徒多戰艦、礮臺也，以戰艦礮臺國皆能置也」；「中國眞憂之所在，乃政令之不修，風俗之頹靡也」。又曰

「民之疾苦，惟民知之爲最眞。事之順逆，惟民知之爲最切。」

嚴復在這一方面的貢獻最爲重大。復字幾道，習海軍，留學於英國海軍大學，返國曾任北洋水師學堂總辦，以甲午戰爭海軍慘敗，乃致力於譯著工作，介紹西洋學術思想，譯有赫胥黎《天演論》，亞當斯密《原富》，孟德斯鳩《法意》等書。他深信進化論及功利主義。他說：「夫所謂富强云者，質而言之，不外利民云爾。然政欲利民，必自民各能自利始。民各能自利，又必自皆得自由始；欲聽其皆得自由，尤必自其各能自治始。反是則亂。」（原强）其所譯《法意》中有言曰：「處大地並立之世，吾未見其民之不自由者其國可以自由也；其民之無權者其國可以有權也。且世之黜民權者亦既主變法矣，吾不知以無權而不自由之民何以能孤行其道，以變夫其所受之法也。」

這些政治思想的輸入，促成戊戌維新的出現。戊戌維新的思想領導人物和關鍵人物，乃是康有爲與梁啓超。康氏主張不可排除滿淸曰：「我中國無數革命，而五千年文明之中國禮樂文章敎化風俗如故也。自外入者入焉而化之。滿洲云者，古爲肅愼，亦出於黃帝後。其於明世封號龍虎將軍。然則其入中夏也，猶舜爲東夷之人而代唐，文王爲西夷之人而代商云爾。」（《不忍雜誌彙編》卷一）他主張變法而不革命，因革命必生內亂而速外患。故曰：「若中國今日而亡於外人乎，則必爲芬蘭、印度、安南、爪哇，必不得爲北魏、金、元與本朝之舊，可決之也。以今之外人皆有文明化我故也。」（同上）他更引證外國事例，指出君主立憲與民主立憲無甚差別；而君主立憲尚可使內樞安定；若民主立憲數年改選元首一次，則政黨相爭，勢必引見紛亂（《不忍雜誌彙編》卷一，共和政體不可能行於中國論）。他認爲滿漢一家，主張變法改變君主專制而爲君主立憲。在不變君主政體之下變法維新，圖强以應時需，免被列强滅亡，最爲簡捷有效，以免引起革命的紛亂。他上書清帝申說變法之必要曰：「法既積久，弊必叢生，故無百年不變之法。況今玆之法，皆漢唐元明之敝政，何嘗爲祖宗之法哉？又皆胥吏舞文作弊之巢穴，何嘗有絲毫祖宗之初意哉？今託於祖宗之法，固已誣祖宗矣。且法者所以守地者也，今祖宗之地既不可守，何有於祖宗之法乎？夫使能守祖宗之法，而不能守祖宗之地，與稍變祖宗之法，而能守祖宗之地，孰得孰失，孰重孰輕，殆不待辯矣。」

梁啓超師事康有爲，在戊戌維新前（光緒二十三年）曾爲文，將政體進化分爲三個時期，一是多君爲政之世，二是一君爲政之世，三是人民爲政之世，循序而進，不可躐等。其意蓋在維持一君爲政。他說：「博矣哉，春秋張三世之義。治天下者有三世：一曰多君爲政之世（又分爲酋長之世與封建及世卿之世）。二曰一君爲政之世（又分君主之世與君主立憲之世）。三曰人民爲政之世（又分爲有總統之世與無總統之世）。多君者據亂世之政也，一君者升平時之政也，民者太平世之政也。此三世六別者，與地球始有人類以來之年限，有相關之理。未及其世，不能躐之；既及其世，不能閼之。」（《飲冰室文集》之二，論君政民政相嬗之理）梁氏認爲政治是進化的，循序而進，不可躐等，但主張變法求新；所謂「一勞永逸」，乃誤國之言。他說：「天下之爲說者，動曰一勞永逸；此誤人家國之言也。今夫人一日三食，苟有持說者曰，一食永飽，雖愚者猶知其不能也，以飽之後歷數時而必飢，飢而必更求食也。今夫立法以治天下，則亦若是矣。法行十年，或數十年或百年而必敝，敝而必更求變，天之道矣。故一食而求永飽者必死，一勞求永逸者必亡。」（《飲冰室文集》之一，論不變法之害）

四、民主主義輸入與國民革命——中國原有的政治思想只有民本主義並無民主主義。《書》曰「民

爲邦本，本固邦寧。」（《尚書》五子之歌）孟子曰「民爲貴，君爲輕，社稷次之。」（《孟子》盡心篇）這是說人民在國家中佔有重要的地位。《書》曰「天聰明自我民聰明，天明畏自我民明畏。」（《尚書》皋陶謨）這是說，君主爲政要順天意，應民心。孟子曰「得乎丘民而爲天子。」（《孟子》盡心篇）《書》曰「德惟善政，政在養民。」（《尚書》大禹謨）儒家的政治思想，在於得明君，行仁政。這就是以不忍人之心行不忍人之政，視民如子，視民如傷，愛之恤之，人飢己飢，人溺己溺，一夫不得其所，王者之恥。這些政治思想只是說，人民重要，要盡心愛之利之養之，猶如父母愛護子女一樣。但父母愛護子女，並不使子女當家管事，一切要聽家長安排與指揮，子女自己的婚姻亦不能自主。中國原有的政治思想是民本主義，以民爲本，愛之、利之、養之；但人民並不是國家主人翁，亦無參與或管理國家政務之權。最多只是「民享」（for the people）的思想；根本談不上「民治」（by the people）和「民有」(of the people)。

英國民主的思想家洛克（John Locke）於一六九〇年著《政府論》（*Two Treatises of Government*），認爲天賦人權，一律平等。這是人民與生俱來的自然權利。所謂自然權利包括生命權、財產權和自由權。人民相互同意，訂立契約建立政府。政府的責任在於保障人民的權利。人民是國家的主人，統治者的權力建築在人民的同意上。政府的權力是有限制的，特定的。自然權利神聖不可侵犯。政府若失之專制，不得人民信賴，人民可以解散這政府，另建人民信賴的新政府。政府如侵犯人民的財產權或專斷的剝奪人民的生命、自由或幸福，人民便可起而革命。

法國思想家盧梭（Jean J. Rousseau）於一七六二年著《社會契約論》（*Social Contract*），認爲政府乃是依主權者的人民之意志而設立的，政府僅是人民委託的代理處，人民可依其意志變更之或改組之。人民應具有極大的權力，使處於不可動搖的主人翁地位。政府權力應限制在一定範圍內。若使政府擴大，人民的主權便會受到侵害。爲要防止政府篡竊民權，主權的人民便應定期集會，決定是否維持現行的政府或官員。洛克、盧梭均主張人民有推翻專制政府的革命權；限制政府專制的方式是使人民集會表達民意；制定憲章明定政府與人民的關係及人民應有的權利。表達民意的方式可採人民投票的直接民權。

這種自然權利說、人類平等說、國民主權說、革命合理說不脛而走，風傳雲行，披靡一世，有沛然莫之能禦之勢。因這些學術思想的鼓吹與煽動，首先促成一七七六年美國獨立革命的興起與成功，使世界上第一個民主憲政聯邦國家在新大陸出現。繼則促成一七八九年法國民權大革命的爆發與成功。人類歷史上，這是第一次由人民的力量推翻君主專制的政府建立民主共和的政權。美國革命的獨立宣言和法國革命的人權宣言都採用了洛克、盧梭的學說，以爲革命的理論基礎。

民主革命的政治思潮，自然流傳到中國。這種思想的撞擊，對中國現代的政治遂發生鉅大的影響與震撼。溫和保守派的康有爲、梁啓超主張君主立憲制，而有戊戌維新變法運動。激烈進取派的孫中山、陳少白、陸皓東、胡漢民等則主張實行國民革命運動，打倒惡劣的滿清政府，建立民主共和國。國民革命發生的重要原因，不外以下幾點：㈠滿洲旗兵乘中國內亂之危而入關，僭竊中國，而登大位。爲要壓制華族的反抗，大肆屠殺，「揚州十日」、「嘉定三屠」殺人無算。繼則大興文字之獄，箝制思想，封錮口舌，株連所及，寃死者不計其數。這種舊仇宿恨，永銘人心，一有機會，必謀報讎雪恨。㈡滿清政府以少數民族統治多數民族，採行滿漢不平等的歧視待遇與壓迫。滿人享有特權，高高在上，而有豐厚優越的享受。漢人則受厚賦重稅的剝削，以致民生困窮，無以爲生，常引起民變與革命（洪秀全）。遂又得藉口，大事殺屠，舊仇未報，新恨又添。那能不導致排滿的國民革命。㈢滿清政府自宣宗道光十九年（西元一八三九年）起，對外國的多次戰爭，均慘遭失敗，訂城下之盟，簽不平等條約，割地賠款，喪權辱國，誠國家的奇恥大辱。清政府如此腐敗無能，庸儒軟弱，不求自反改過，謀求革新進步，反倡「寧贈朋友，不與家奴」的謬論，凡有血氣，能不痛心疾首，熱血沸騰，起而革命，要推翻這腐敗無能，十分惡劣的政府。㈣溫和保守的思想家康有爲、梁啓超等，爲適應世界的新趨勢，推動戊戌維新運動，主張變法更新，以圖自强自救。然竟爲頑固的慈禧、榮祿等所扼殺而歸於失敗。有膽有識，愛國圖强的先知如　國父孫中山洞見滿清政府革新無望，只有出於革命一途，方能救亡圖存，於是領導國民革命運動，歷盡艱險，卒能打倒專制的滿淸政府，建立亞洲第一個民有、民治、民享的民主共和國的中華民國。

國民革命的理論是　國父孫中山先生創立的三民主義。　國父一方面接納中國傳統文化的精髓，一方面參酌歐美各國的政治新思潮，取長舍短，擷菁去蕪，融會貫通而成爲完備精當有系統的思想體系。所以三民主義乃是「致廣大而盡精微，極高明而道中庸」的政治哲學。民族主義雖在推翻滿清專制政權，但對滿族不加報復，使國內各民族共處於平等地位；對世界各民族，務求保持我民族的獨立地位，發揚我固有文化，且吸收外國的新文化而光大之，以期與擧世諸民族並駕齊驅，和平相處，漸企於天下一家，世界大同的境界。

民權主義創「權」、「能」區分的政治理論，藉以建立爲民服務的萬能政府。權屬於人民謂之政權，亦稱民權。民權包括選擧、罷免、創制、複決四權。能屬於政府，就是治權，亦可稱之爲政府權。治權包括立法、司法、行政、考試、監察五權。　國父一方面要避免美國立法、司法、行政三權分立，相互制衡的流弊；一方面採行歷代考試權、監察權獨立行使的優良經驗，而採立法、司法、行政、考試、監察五權分工合作的五權憲法。中央與地方的關係採均權主義的地方制度，不使偏於中央集權或地方分權，而免發生頭重脚輕和尾大不掉的流弊。

民生主義的目的在解決人民食、衣、住、行的生活問題。民生就是人民的生活，社會的生存，國民的生計，群衆的生命。解決民生問題，首在改進生產技術、方法與制度，使農、工、商、礦、漁、牧等的經濟生產數量大大增加，財貨充裕，人人富有，不再有民生困窮，衣食不足之虞。惟增加財富要同時避免西洋產業革命後所形成的財富集中，分配不均，貧富懸殊，階級對立的惡果。所以在增加生產的同時要注意到財富分配問題。謀求財富分配均衡的方法，就是平均地權，節制私人資本，發達國家資本。民生主義第二講曰：「民生主義定了兩個辦法，第一個是平均地權，第二個是節制資本。這種方法，……第一是社會與工業的改良，第二是運輸與交通事業的收歸國有；第三是直接稅法，就是收所得稅；第四是分配社會化，就是合作社。」

第八十章　反對專制的政治思想

第一節　黃宗羲的政治思想

一、**生平事略**——黃宗羲字太冲，號梨洲，餘姚人。父明御史尊素，以劾權閹魏忠賢，死詔獄。思宗崇禎元年（西元一六二八年）宗羲至京訟寃，至則魏閹已誅。乃疏請誅曹欽程、李實。許顯純、崔應元被廷鞫會訊，與宗羲對簿，出所袖錐錐顯純，流血被體，又毆打應元，拔其鬚，持歸以祭父。又追殺牢卒葉咨、顏文仲，因二卒爲其父之兇手。獄畢，偕諸家子弟設祭獄門，哭聲達禁中。思宗嘆曰，忠臣孤子，甚惻朕懷。

歸益致力於學，憤科舉之學錮人，思所以變之，盡發家藏書讀之。不足，更鈔同里世學家藏書。山陰劉宗周倡道蕺山，遵父遺命往從學。當時士人多援儒入釋，大壞陽明之說，宗羲力排其說。弟宗炎、宗會有異才，宗羲親敎之，有浙東三黃之目。思宗崇禎十一年（西元一六三八年）清兵犯京師，宗羲踉蹌南歸。迨清兵破南京，宗羲糾合里中子弟數十人從孫嘉績、熊汝霖奉魯王監國，畫江而守，號世忠營，授職方郎，尋改御史。明之將卒不能協力同心禦敵，戰皆不勝。宗羲遂入四明山，結寨自固，餘兵尚五百餘人。

宗羲聞魯王在海上，仍赴之，授左副都御史，日與吳鍾巒坐舟中，正襟講學，暇則注授時、泰西、回回三曆。宗羲之從魯王，母氏尚居故里，清廷挾戰勝之雄姿，以遺臣不順命者，錄其家口以聞。宗羲聞之，亟陳情，得監國可，遂變姓名間行歸家。是年監國由健跳至滃州，復召之，宗羲副馮京第乞師於日本，至長崎不得歸，乃賦式微之章。從此東西遷徙無寧所。清世祖順治十一年（西元一六五四年）下詔指名捕宗羲；其得不死者，蓋得天幸。其後海上傾覆，宗羲以恢復無望，乃奉母返里門，隱居以求志，畢力治學與著作，四方請業之士日衆。清廷屢徵召，皆不應。嘗築續鈔堂於南雷，學生稱南雷先生。宗羲生於明神宗萬曆三十八年（西元一六一〇年），卒於清聖祖康熙三十四年（西元一六九五年）壽八十六。私謚文孝。清宣統元年從祀文廟。死前爲遺囑，令葬時不用棺槨。蓋取死欲速朽之意，以寓亡國隱痛（參見《清史》卷四九九，本傳，萬斯大梨洲先生世譜）。

二、學養評定——黃宗羲忠孝義勇，肝膽照人，至性貞操，千秋不朽，光耀史册。黃氏之學出於蕺山，闡誠意愼獨之說，縝密平實。嘗謂明人講學，襲語錄之糟粕，不以六經爲根柢，束書而從事乎游談。故問學者必先窮經，經術所以經世。不爲迂儒，必兼讀史。讀史不多，無以證理之變化。多而不求於心，則爲俗學。故上下古今，穿穴群言，自天官地志九流百家之教，無不精研（《清史》本傳）。實則黃氏之學兼通經史藝數，合心性事功而爲一，非陽明學派所能範圍。他以爲世人不知心性與事功乃體用一貫之實學，妄加區劃分割，遂致兩敗俱傷。治心性者高談玄妙，息影山林，無栖皇爲治之心。重事功者舍本逐末，舍身從人，身之不守，遑恤其國。爲學者急當糾正此失，以「讀書做人」爲第一要義（《南雷學案》卷一，引黃梨洲晚年語）。黃氏以不修德性躁進事功之爲非，曰：「使舉世之人，舍其時位，而皆汲汲皇皇以治平爲事，又何異乎中風狂走。即充其願力，亦是摩頂放踵，利天爲之之事也。孟子曰，中天下而立，定四海之民，君子樂之，所性不存焉。即德性之功，其不在家國天下亦明矣。」（與友人論學書）但他同時亦以空談性命不重事功者爲非是。曰：「儒者之學，經緯天地。而後世乃以語錄爲究竟。僅附問答一二條於伊洛門下，便廁儒者之列，假其名以欺世。治財賦者則目爲聚斂，開閫扞邊者，則目爲粗材，讀書作文者則目爲玩物喪志，留心政事者，則目爲俗吏。徒以生民立極，天地立心，爲世開太平之闊論鈐束天下。一旦有大夫之憂，當報國之日，則蒙然張口，如坐雲霧。世道以是潦倒泥腐，遂使尚論者以爲立功建業，別是法門，而非儒者之所與也。」（《南雷文定後集》三，弁王吳君墓誌銘）

三、重要著作——黃宗羲博覽群書，博學强誌，一生從事講學著書，故著作極爲宏富。著有《易學象數論》六卷，《授書隨筆》一卷，《律呂新義》二卷，《孟子師說》二卷，《明夷待訪錄》一卷。文集有《南雷文案》十一卷，《文約》四卷。又著《明儒學案》六十二卷，敍述明代講學諸儒流派分合得失頗詳。晚年又輯《宋元學案》，合《明儒學案》，以志七百年儒苑門戶。又著《深衣考》一卷，《今水經》一卷，《四明山志》九卷，《歷代甲子考》一卷，《二程學案》二卷。大文學的著作有《大統法辨》四卷，《割圓八線解》一卷，《西洋法假如》一卷，《回回法假如》一卷。足見黃氏學養深厚淵博，天文、地理、呂律、儒學流派、經學奧義、經世大政等無所不究，堪稱飽學碩德，高風亮節的大哲人。

四、政治思想——黃宗羲的《明夷待訪錄》爲政治思想名著。書之內容在論說治平之大道，分爲十三類。其自序有言曰：「吾雖老矣，如箕子之見訪，或庶幾焉，皆因夷之初旦，明而未融，遂秘其言也。」觀於此，可知其名書之意義。顧炎武與黃梨洲書曰：「讀之再三，於是知天下未嘗無人，百王之弊難以復起，三代之盛可以徐還。」觀於此，則《明夷待訪錄》的重大價值昭然可知。明代君主專制登於高峯，政治腐敗，權閹肆虐，君之視臣如奴隸，君威高張，臣節掃地；橫征暴歛，民不聊生，陷於水深火熱中。黃氏目覩時艱與民病，乃於其名著《明夷待訪錄》中發爲反對專制君主的政治思想。玆擇要舉述於次：

1.君須利民不自利——天之立君所以爲民。君主的職位乃是爲民服務的公僕；君主的責任在爲民興利除害。君主不得以私人之利爲利，而應以天下之公利爲利；不可以一己之害爲害，而應爲天下之民除其害。必如此，方稱明君。否則以一己之利爲利，悉天下之公利以爲己之私利；只知以自己的私害爲害，而不能除天下之公害，便爲忝居君位的暴君。旣悖天子所以爲民之道，人民便可不以之爲君。《明夷待訪錄》原君篇曰：「有生之初，人各自私也，人各自利也。天下有公利而莫或與之，有公害而莫或除之。有人者出，不以一己之利爲利，而使天下受其利；不以一己之害爲害，而使天下釋其害。此其人之勤勞必千萬於天下之人。夫以千萬倍之勤勞而己又不享其利，必非天下之人情所欲居也。故古之人量而不欲入者，許由、務光是也。入而又去之者，堯舜是也。初不欲入而不得去者，禹是也。豈古之人有所異哉。好逸惡勞亦猶夫人之情也。」古之賢君在爲民服務，謀天下之公利，除天下之公害。爲君者的職位，是在爲民負擔服千萬倍勤勞的義務，並非悉天下之力以供一己之享樂。君以爲民，非民以事君。

後世君主多昧於「天之立君以爲民也」之大義，本末顚倒，不知盡爲民興利除害的義務，反而自私自利，而以君主有享樂的權利，自認爲「普天之下，莫非王土，率土之濱，莫非王臣」，把天下視爲私產；其享樂奢靡之所費，乃其所收的孳息。於是「以爲天下利害之權皆出於我，我以天下之利盡歸於我，以天下之害盡歸於人，亦無不可。使天下之人，不敢自私，不敢自利。以我之大私，爲天下之公。始而慙焉，久而安焉。視天下爲莫大之產業，傳之子孫，受享無窮。漢高帝所謂基業所就孰與仲多者，其逐利之情不覺溢之於辭焉。」（原君）

2.君若自利必招禍——君若以天下爲自己的私產和大利；而且把持獨佔，傳之子孫，以爲帝王萬世基業。君主橫征暴斂，敲脛擊髓，以維其尊榮，供其奢侈享樂，錦衣玉食，瓊樓瑤閣，眞所謂「悉天下以奉一身」。好逸惡勞，享樂避苦，是人之欲。於是社會菁英和野心家，亦以爲「大丈夫當如斯也」，便以帝位爲爭奪的目標。因之，自利的君主自招禍患，而國亡身死。或被戰死，或被篡弑，或投海，或自縊，皆無好下場。劉裕篡晉，司馬被夷爲廢姓；蕭道成篡劉宋，劉宗盡見誅夷。此皆君主以天下爲自利，不顧公利所招致的「自食其果」的惡果。黃宗羲曰：「古者以天下爲主，君爲客。凡君之所畢世而經營者，爲天下也。今也以君爲主，天下爲客。凡天下之無地而得安寧者，爲君也。是以其未得之也，屠毒天下之肝腦，離散天下之子女，以博我一人之產業，曾不慘然，曰，我固爲子孫創業也。其既得之也，敲剝天下之骨髓，離散天下之子孫，以奉我一人之淫樂，視爲當然曰，此我產業之花息也。然則爲天下之大害者君而已矣。向使無君，人各得自私也，人各得自利也。嗚呼，豈設君之道固如是乎。」（原君）君既成爲天下之大害，則天下之人，必將群起而除此大害。秦始皇滅六國，一天下，自以爲金城之固，湯池千里，可貽子孫萬世帝王之業，豈知僅歷三世一十五年而竟滅矣，足爲明證。

黃氏又曰：「而小儒規規焉以爲君臣之義無所逃於天地間，至桀紂之暴猶謂湯武不當誅之，而妄傳伯夷叔齊無稽之事。乃兆人萬姓崩潰之血肉，曾不異夫腐鼠。豈天地之大，於兆人萬姓之中，獨私其一人之姓乎。」不但如此，專制之君，私天下以利己，視天下爲私產而欲長保有之。然而「旣以產業視之，人之欲得產業，誰不如我。攝緘縢，固扃鐍，一人之智力不能勝天下，欲得之者衆。遠者數世，近則及身，其血肉之崩潰在其子孫矣。昔人願世世無生帝王家。而毅宗之語公主亦曰，若何爲生吾家。痛哉斯言！回思創業時，其欲得天下之心有不廢，然摧阻者乎。」（《明夷待訪錄》原君）人君的職分在爲民興利除害。君能如此盡職者，人民自然擁戴順從之。否則，君不稱職，反而利己以害民，人民必起而叛離摧毀之。所謂「撫我則后，虐我則讎」。考之歷代的專制君主，虐民以逞者，未有不慘遭敗亡者。

3.百官爲民非事君——君主一人不能獨治天下，必須設百官與之共治人民。所謂治民者，並非憑藉專制君權統治人民，役使人民；而是在爲人民與謀利益，消除禍害。而所謂大儒的韓愈竟說：「君者，出令者也。臣者，行君之令而致之於民者也。民者，出粟米麻絲，作器皿，通財貨，以事其上者也。」這是君尊臣卑，君逸民勞的君主專制思想。在「君爲臣綱」的專制傳統思想下，認爲百官乃是君主僱用的僕人或奴才，職在奉事君主。黃宗羲則不以爲然。因爲君之職在利民，百官之職在助君以利民，並非奉事君主。

黃宗羲曰：「有人焉視於無形，聽於無聲，以事其君，可謂之臣乎？曰，否。殺其身以事其君，可謂之臣乎？曰，否。夫視於無形，聽於無聲，資於事父也。殺其身者，無私之極則也。而猶不足以當之，則臣道如何而可。曰，緣天下之大，非一人之所能治而分治之以群士。故我之出而仕也，爲天下，非爲君也；爲萬民，非爲一姓也。吾以天下萬民起見，非其道，卽君以形聲强我，未之敢從也，况於無形無聲乎。非其道，卽立身於其朝，未之敢許也，況於殺其身乎。不然，而以君之一身一姓起見，君有

無形無聲之嗜慾，吾從而視之聽之，此宦官宮妾之心也。君爲己死而爲己亡，吾從而死之亡之，此其私暱者之事也。」（原臣）

自唐太宗倡「君可以不君，臣不可以不臣」的專制思想，歷宋、元、明而繼續發展，日益普遍化與深刻化，於是世之論者，以爲官爲君設，所以事君，君縱不道」，「君縱不稱職」，百官亦只有絕對服從的義務，不可有疑貳之心。爲人臣者若不顧人民的安危利害，只圖聽君命，固君位，乃是不臣之尤者。黃宗羲曰「蓋天下之治亂，不在一姓之興亡而在萬民之憂樂。是故桀紂之亡乃所以爲治也，秦政蒙古之興所以爲亂也。晉宋齊梁之興亡，無與於治亂者也。爲臣者輕視斯民之水火，即能輔君興國，從君而亡，其於臣道，固未嘗不背也。」（原臣）臣道在於佐君以利民，若置人民的安危憂樂於不顧，不能解民疾苦，即使能助君興國，亦大背臣道，謂之不臣。百官之職在於安利人民，不在於事奉君主。

昏驕君主不以安利天下人民爲職志，只圖一己的利樂與享受，所取用的百官不選有志節，識禮義的良士，而用可供奔走役使的鄙夫，不知輔政安民之道，只圖逢迎君心而博官祿，聽君主頤指氣使，臣節掃地，淪爲奴僕婢妾。黃宗羲曰：「後世驕君自恣，不以天下萬民爲事；其所求乎草野者，不過欲得奔走服役之人。乃使草野之應於上者，亦不出夫奔走服役。一時免於饑寒，遂感在上之知遇；不復計其禮之備與不備，躋之僕妾之間，而以爲當然。……君臣之名，從天下而有之者也。吾無天下之責，則吾在君爲路人。出而仕於君，不以天下爲事，則君之僕妾也；以天下爲事，則君之師友也。」（原臣）

4.法所以安養人民——黃宗羲以爲三代之法所以安養人民，故曰三代有法。三代以下的人君，既得天下，惟恐其國祚之不長，惟恐其子孫不能保其基業，惟恐其君位之不鞏固而被人攫奪，故立爲繁文細法，藉以防患於未然。凡此立法皆所以維持人君的私利，故曰三代以下無法。《明夷待訪錄》原法篇曰「三代以上有法，三代以下無法。何以言之？二帝三王知天下之不可無養也，爲之授田以耕之。知天下之不可無衣也，爲之授地以桑麻之。知天下之不可無敎也，爲之學校以興之。爲之婚姻之禮以防其淫，爲之卒乘之賦以防其亂。此三代以上之法也，固未嘗爲一己而立也。後之人主，旣得天下，唯恐其祚命之不長也，子孫不能保有也，思患於未然以爲之法。然則其所謂法者一家之法，而非天下之法也。是故秦變封建而爲郡縣，以郡縣得私於我也。漢建庶孽，以其可以屛藩於我也。宋解方鎭之兵，以方鎭之不利於我也。此其法何曾有一毫爲天下之心哉。而亦可謂之法乎？」

5. 法之疏密與治亂——三代之君，天下爲公，無私無己，不取民利以爲利，不刑擾人民以爲權，法因以疏，法疏而易治。三代以後之君，天下爲私，立法以取民利，刑罰以立己威，苛嚴以防民變，法因以密，法愈密而愈亂。黃宗羲曰：「三代之法，藏天下於天下者也。山澤之利不必其盡取，刑賞之權不疑其傍落，貴不在朝廷也，賤不在草莽也。在後世方議其法之疏，而天下之人不見上之可欲，不見下之可惡。法愈疏而亂愈不作，所謂無法之法也。後世之法，藏天下於筐篋者也。利不欲遺於下，福必欲歛於上。用一人焉，則疑其自私，而又一人以制其私。行一事焉，則慮其可欺，而又設一事以防其欺。天下之人共知其筐篋之所在，吾亦鰓鰓然日惟筐篋之是虞。故其法不得不密。法愈密而天下之亂卽生於法之中，所謂非法之法也。」（原法）

6. 罷相而宮奴爲相——明多沿元制，太祖卽位設中書省爲相府，置左右丞相。洪武十三年左丞相胡惟庸以謀反伏誅，詔罷中書省，廢丞相，陞六部以分其事，而總於天子。十五年置殿閣大學士侍左右，備顧問，殆猶內相，然品位甚低，終明之世，不過四品。揆之歷代宰相要可分為兩種：一是賢相，可以佐君主治國，而又牽制之以防其專暴。二是權相，君權傍落，太阿倒持，相權膨脹，大權在握，寖成篡弒的厲階。凡此二者均非專制君主所願見。明太祖厲行專制之治，自然要罷廢相職，而自攬其相權。

自夏禹傳子不傳賢，而家天下之制成。天子傳子，而不能保證其世代皆賢，則君主自難勝其為君之職，則國事堪虞，治平難期。所幸宰相不由世襲，可選賢能之人以為相，尚可補救庸君不能治國的流弊。縱使君主庸弱，若有賢相以助之，國事尚可望無虞。明太祖以後，繼位的子孫，或為專制的暴君，或為昏庸的人君，自己既無才能善以治理國事，又無賢能的大臣與宰相直接輔佐之，以補其短，俾維持國務於不亂。因之，這些君主所可信恃及任使者，便是奉侍左右的勢利小人，不知廉恥，不識大政的閹宦，或帷幄親暱的后妃。因之，閹宦得以竊相權之實，假天子以亂朝政。女后聽政，信任親族，大權傍落。於是宦官、女禍、外戚之亂作，國事遂不可為，而卒至敗亡。

黃宗羲曰：「古者不傳子而傳賢，其視天子之位，去留猶夫宰相也。其後天子傳子，宰相不傳子；天子之子不必皆賢，尚賴宰相傳賢，足相補救，則天子亦不失傳賢之意。宰相既罷，天子之子一不賢，更無與為賢者矣。不亦並傳子之意而失者乎？或謂後之入閣辦事，無宰相之名，有宰相之實也。曰，不然。入閣辦事者，職在批答，猶開府之書記也。其事既輕，而批答之意，又必自內授之，而後擬之；可謂有其實乎？吾以謂有宰相之實者，今之宮奴也。蓋大權不能無所寄；彼宮奴者，見宰相之政事墜地不收，從而設為科條，增其職掌，生殺予奪，出自宰相者，次第而盡歸焉。有明之閣臣，賢者貸其殘膏賸馥，不賢者假其喜笑怒罵。道路傳之，國史書之，則以為其人之相業矣。是故宮奴有宰相之實者，則罷丞相之過也。閣臣之賢者，盡其能事，則曰法祖，亦非爲祖宗之必足法也。其事位既輕，不得不假祖宗以壓後主，以塞宮奴。祖宗之法所行未必皆當；宮奴之黠者，又復條舉其疵行，亦曰祖法，而法祖之論荒矣。使宰相不罷，自得以古聖哲王之行，摩切其主；其主亦有所畏而不敢不從也。故曰有明之無善治，自高皇帝罷相始。」（《明夷待訪錄》置相）

7. 宦官之禍明最烈——明太祖罷相，與宦官之爲禍，有直接的關係。誠如黃宗羲所言：「吾以有宰相之實者，今之宮奴也。」宮奴蓋指宦官而言。王夫之曰：「因權臣之蠹國，而除宰相，棄爾輔矣。宰相廢而分任於六部」。……事權散亂，「統之者唯秉筆內臣而已。」（《船山全集》子部，噩夢）然秉筆內臣僅掌批答，而批答之意，又必自內授之。司內授者，則爲閹宦。宦官假天子以授命，秉筆內臣，授命於宦官，宦官得掌宰相實權，作威作福，以小人而有大權，未有不爲禍害者。

況專制君主掌生殺予奪，任免升黜大權。群臣能否取得官位與升晉，皆取決於君主，於是士子百官皆思所以獻媚於君主，期以取得其歡心。然君主深居九重之內，「尊貴而神秘」，天顏高遠，非臣下所易見。君主日常朝夕所見到的卻是宦官。宦官時時奉侍君主左右。彼等以一言片語，每能轉移君主的心意。所以欲獻媚於君主者，不得其門而入，乃不得不諂事宦官，期其伺機爲之進美言。宦官乘勢恣肆，而擅專大權。歷代君主任用官員不能推心置腹，信而不疑。以爲百官多不足信任，其信而不疑者只有奉侍左右的宦官。宦官既得君主信任，遂能假君主妄作威福。

黃宗羲痛論明代奄宦爲禍之烈曰：「奄宦之禍，歷漢唐宋而相尋無已，然未有若有明之爲烈也。漢唐宋有干預朝政之奄宦，無奉奄宦之朝政。今夫宰相六部朝政所自出也，而本章之批答，先有口傳，後有票擬。天下之財賦先內庫而後太倉；天下之刑獄，先東廠而後法司；其他無不皆然。是則宰相六部，爲奄宦奉行之員而已。……漢唐宋之奄宦，乘人主之昏，而後可以得志。有明則格局已定，牽挽相維，以毅宗之哲王，始而疑之，終不能舍之。卒之臨死而不能與廷臣一見，其禍未有若是之烈也。……奄人既以奴婢之道事君，其主之妄喜妄怒，外臣從而違之者，奄人曰，夫非盡人之臣歟？奈之何其不敬也！人主亦卽入奴婢之道，爲人臣之道，以其喜怒加之於奄人而受，加之於士大夫而不受。則曰，夫非盡人之臣歟？奈之何有敬有不敬也！蓋內臣愛我者也，外臣自愛者也。於是天下之爲人臣，見夫上之所賢所否者在是，亦遂舍其師友之道，而相趨於奴顏婢膝之途。習之既久，小儒不通大義，又從而附會之曰，君父，天也；故有明奏疏，吾見其是非甚明也，而不敢明言其是非，或舉其小過而遺其大惡，或勉於近事而缺於古則；以爲事君之道當然，豈知一世之人心學術爲奴婢之歸者，皆奄宦爲之也。」（《明夷待訪錄》奄宦上）

黃氏以爲奄宦之禍由於罷廢宰相。去除奄宦之禍，在於置宰相一人，參知政事無常員，與天子同議政事可否。宰相立政事堂，設吏、戶、兵、刑禮、機樞五房，以主衆務。四方上書言利弊者皆集於此（置相）。如是，則天下政事，無不經宰相而上達矣。既有宰相，當卽裁減奄宦人數，以削其聲勢而抑其氣焰。黃氏曰：「爲人主者自三宮以外，一切當罷。如是，則奄人之給使令者，不過數十人而已足。」（奄宦下）奄宦之衆由於後宮之廣；故欲減宦官，當先縮後宮。宦官人少勢孤，自不足以興風浪，起禍害。

8. 用士人除胥吏害——明代政治的敗壞，上由於奄宦之恣肆，下由於胥吏之舞弊。黃宗羲指出胥吏之害有四。欲除胥吏之害，宜改用士人。他說：「蓋胥吏之害天下，不可枚舉。而大要有四。其一、今之胥吏以徒隸爲之，所謂皇皇求利者，而當可以爲利之處，則亦何所不至，創爲文網以濟其私。凡今所施設之科條，皆出於吏。是以天下有吏之法，無朝廷之法。其二、天下之吏，旣爲無賴子所據，則佐貳又爲吏之出身，士人目爲異途，羞與爲伍。承平之時，士人衆多。出仕之途旣狹，遂使有才者老死丘壑。非如孔孟之時，委吏乘田，抱關擊柝之皆士人也。其三、各衙門之佐貳，不自其長辟召，一一銓之吏部；卽其姓名且不能徧，況其之賢不肖乎？故銓部化爲籤部，貽笑千古。其四、京師權要之吏，頂首皆數千金。父傳之子，兄傳之弟，其一人麗於法，後而繼一人焉，則其子若弟也。不然，則其傳衣鉢者也。是以天下無封建之國，有封建之吏，誠使胥吏皆士人，則一切反是，而害可除矣。」（《明夷待訪錄》胥吏）黃氏以爲胥吏之害，當復宋王安石所廢之差役，以鄉民值年供驅使。中央及地方掌簿書之胥吏，皆分選進士、監生、弟子員任之。能者升其官，否則絕其仕，則過去一切胥吏害可以避免。

第二節　顧炎武的政治思想

一、**生平事略**——顧炎武原名絳，字寧人，崑山人，明諸生（生平事略見《淸史》卷四九九，本傳），性聰敏，讀書目下十行。見明季多故，講究經世之學。明南都亡，奉嗣母王氏，避兵常熟。崑山令楊永言起義師，炎武及歸莊從之；魯王授爲兵部司務，事不克，幸而得脫，母不食死，誡子勿事二姓。唐王以職方郎召，以母喪未赴。炎武自負用世之略，不得遂。四謁孝陵，六謁思陵，始卜居陝之華陰。生平精力絕人，自少至老，無一刻離書。所至之地，以二羸二馬載書，過邊塞亭障，呼老兵卒詢曲直，有與所聞不合，即發書對勘。或平原大野，則於鞍上默誦《詩經》注疏。嘗謂聖人之道，博學以文，行己有恥，士而不先言恥，則爲無本之人。炎武之學，大抵歛華就實，凡國家典制，郡邑掌故，天文儀象，河漕兵農之屬，莫不窮究原委。

清初稱學有根柢者，以炎武爲最，學者稱爲亭林先生。炎武善交賢豪長者，虛懷商榷，不自滿假。作廣師篇云，學究天人，確乎不拔，吾不如王寅旭；讀書爲己，探賾洞微，吾不如楊雪臣；獨精三禮，卓然經師，吾不如張稷若；蕭然物外，自得天機，吾不如傅青主；堅力苦學，無師而成，吾不如李中孚；險阻備嘗，與時屈伸，吾不如路安卿；博聞强記，群書之府，吾不如吳志伊；文章爾雅，宅心和厚，吾不如朱錫鬯；好學不倦，篤於朋友，吾不如王山史；精心六書，信而好古，吾不如張力臣；至於達而在位，其可稱述者，亦多有之；然非布衣所得議也。康熙十七年詔擧博學鴻詞科，不應，大臣爭薦之，以死自誓。生於明神宗萬曆四十一年（西元一六一三年），卒於清聖祖康熙二十一年（西元一六八二年），壽七十。無子。宣統元年，從祀文廟。

二、重要著作——顧炎武一生窮究義理，精研典制，「考證古今」，「勤於記述」，著作極爲宏富。《清史》本傳（卷四九九）所載，其著作計有《天下郡國利病書》百二十卷，《肇域志》一編，《音論》三卷，《詩本音》十卷，《易音》三卷，《日知錄》三十卷；另有《二十一史年表》，《歷代帝王宅京記》，《營平二州地名記》，《昌平山水記》，《山東考古錄》，《東京考古錄》，《菰中隨筆》及《亭林詩文集》等。

三、學養評定——顧炎武生性耿介，志節凜然。忠貞義勇，不事二姓；春秋大義，不臣夷狄。滿清竊國，曾與明遺民黃宗羲、王夫之、孫奇逢等暗通聲氣，謀恢復明室。睠懷故國，周遊四方，行萬里路，讀萬卷書，博通經史，精研典制，識音律，明金字，學養深邃博厚，堪稱鉅擘；勁風亮節，一世人傑。其治學歛華就實，以經世致用爲本，國計民生爲務；博學多文，行己有恥。斥責魏晉六朝之清談玄學曰：「三國鼎立，至此垂三十年。一時名士風流，盛於洛下，乃其棄經典而尚老莊，蔑禮法而崇放達，視其主之顚危，若路人然。……是以論六藝，鄭玄、王肅爲集漢之終，王弼、何晏爲開晉之始，至於國亡於上，敎淪於下，羌戎互僭，君臣屢易，非林下諸賢之咎而誰哉？」（《日知錄》卷十三）顧氏對空言心性之理學亦深致不滿，曰：「百餘年來之爲學者，往往言心言性，而茫然不得其解也。命與仁，夫子所罕言。性與天道，子貢所未得聞。性命之理，著之易傳，未嘗數以語人。其答問士，則曰行己有恥。其爲學，則曰好古敏求。其告哀公明道之功，先之以博學。顏子幾於聖人，則曰博我以文。自曾子而下，篤實無如子夏，言仁則曰博學而篤志，切問而近思。今之君子則不然，聚賓客門人數十百人，與之言心言性，舍多學而識，欲求一貫之方，置四海困窮而不言，而講危微精一，是必其道高於夫子，而其弟子之賢於子貢。」（《清史》本傳，及《亭林文集》卷三，與友人論學書）

顧炎武對陽明學派的心學亦持反對態度，以爲其害尤過於程朱的理學。他說「以一人而易天下，其流風至於百有餘年之久者，古有之矣。王夷甫（衍）之清談，王介甫（安石）之新說。其在於今則王伯安（守仁）之良知是也。孟子曰，天下一治一亂，撥亂世，反之正，豈不在於後賢乎？」（《日知錄》卷十八，斥陽明朱子晚年定論）李卓吾（贄）宏揚陽明心學，至爲明著。顧氏斥之曰「自古以來，小人之無忌憚而敢於叛聖人者，莫甚於李贄。」（《日知錄》卷十八，李贄條）

顧氏既不贊成程朱的理學，又反對陽明學派的心學，於是自述其爲學的旨趣曰「竊以聖人之道，下學上達之方，其行在孝悌忠信，其職在灑掃應對進退，其文在《詩》、《書》、三《禮》、《周易》、《春秋》，其用之身在出處辭受取與，其施之天下在政令敎化刑法；其所著書皆以爲撥亂反正，移風易俗，以馴致乎治平之用，而無益者不談。」（《亭林文集》卷六，答友人論學書）又曰「愚不揣，有見於此，故凡文不關於六經之旨，當世之務者，一切不爲也。」（《亭林文集》卷四，與友人書三）顧氏之爲治，在於「綜覈名實，於禮敎尤兢兢。謂風俗衰，廉恥之防潰，由無禮以權之。常欲以古制率天下。」（《淸史》卷四九九，本傳）

四、政治思想——顧炎武的政治思想多見於《日知錄》及《亭林文集》中。其立論重心在於反對君主專制及中央集權。玆扼要擧述於次：

1.集權專制的弊害——中央集權與君主專制乃是同時誕生的雙胞胎，相互依存，不相分離。宋太祖統一天下，鑑於唐代藩鎭之禍，乃厲行中央集權之治，地方首長，皆以「朝臣出守，不去底缺」並「以京朝官監臨財賦」。誠如葉適所謂「視天下之大，如一家之佃，孰有如本朝之密者歟。」明太祖刻薄寡恩，貪權力，崇威勢，尙權術，廢中書省，罷丞相而不設，析其權於六部，而直隸於皇帝。成祖復設詔獄及錦衣衞，皇帝直接假手太監控制刑獄，置法司於不顧。省設布政使，府設知府，縣設知縣，均爲中央派遣的差臣，並非地方守令。

葉適指陳宋代集權的弊害曰「視天下之大如一家之佃，孰有如本朝之密者歟？嗚呼！靖康之禍何爲？遠夷作難而中國拱手歟！小臣伏死而州縣迎降歟！……豈其能專而不分，能密而不能疏，知控制而不知縱捨歟!?」顧炎武深知史事得失，申論集權專制的弊害曰：「古之聖人以公心待天下之人，胙之土而分之國。今之人君者，盡四海之內爲我郡縣，猶不足也。人人而疑之，事事而制之。科條文簿日多一日，而又設之監司，設之督撫。以爲如此，守令不得以殘其民矣。不知有司之官凜凜焉救過之不給，以得代爲幸，而無肯爲其民興一日之利者。民烏得不窮，國烏得而不弱。」（《亭林文集》卷一，郡縣論一）

顧氏又曰「所謂天子者，執天下之大權者也。其執大權奈何。以天下之權寄之天下人，而權乃歸之天子。自公卿大夫至百里之宰，一官之命，莫不分天子之權以各治其事，而天子之權乃益尊。後世有其不善治者出焉，盡天下之一切之權而收之在上。而萬幾之廣非一人之所能操也，而其權乃移於法。於是多爲法以禁防。雖大姦有所不能踰，而賢智亦無能效尺寸於法之外。相與兢兢奉法，以求無過而已。於是天子之權不寄之人臣而寄之吏胥。是故天下之尤急者守令親民之官。而今日之尤無權者莫過於守令。守令無權，而民之疾苦不聞於上，安望其致太平而延國命乎。」（《日知錄》卷九，守令）百官受命於君主，乃君主的代理人，秉君威權，爲君爪牙，統治人民，橫徵暴斂，民不堪命。法是君主的意志，旨在防禁臣民之爲亂，而鞏固君主的私利，故法愈多而民愈苦。官無封建，吏有封建，吏久任而熟悉科條，遂能玩法條，舞文墨，藉以害民而利己。

2.寓封建於郡縣中——封建與郡縣各有其弊害。顧炎武以爲「封建之失，其專在下；郡縣之失，其專在上。」（《亭林文集》卷一，郡縣論一）中央集權的弊害，起於秦始皇廢封建，行郡縣以後。顧氏遂主張「寓封建於郡縣中」，以防止集權專制之弊。他說「知封建之所以變而爲郡縣，則知郡縣之敝而將復變，然則將變而爲封建乎?曰，不能。有聖人起，寓封建之意於郡縣之中，而天下治矣。……率此不變，雖千百年，吾知其與亂國事，日甚一日者矣。然則尊令長之秩，而予以生財治人之權；罷監司之任，設世官之獎；行辟屬之法。所謂寓封建之意於郡縣中，而二千年以來之敝可以復振。後之君苟欲厚民生，張國勢，則必用吾言矣。」（《亭林文集》卷一，郡縣論一）

顧炎武「寓封建之意於郡縣中」的實施方法，在於提高郡守縣令的品秩，並予以生財治民之大權；愼選守令之人才，使久於其任，績優者奬以世官之任；罷監司的職位，另設巡方御史之官，類似漢代刺史。顧氏主張改七品的「縣知事」爲五品的「縣令」，用千里以內習其風土之人爲之。縣內農田、學校、兵戎諸務，皆歸縣令專斷。令下設丞，吏部選拔。丞下設簿、尉、博士、驛丞、司倉、游徼、嗇夫之屬，皆由縣令自行辟用，而報其名於吏部。縣間歲擧賢能之士一人，試於吏部。上者爲郎，郎之高第者出補縣令，次者爲丞，又次者爲簿尉之屬。令初任爲「試令」，三年稱職爲眞除。又三年稱職封「父母」。又三年稱職，璽書勞問。又三年稱職進階益縣，任之終身（《日知錄》卷九，京官必由守令）。其老病乞休者擧子若弟代，擧他人聽，所擧復爲「試令」。令有得罪於民者有罰，不稱者流，貪敗者殺。督撫司道之官悉罷廢，別遣巡方御史以按之，一年一代。顧氏嘗謂漢武帝刺史之制爲百代不易之良法（《日知錄》卷九，部刺史）。三、四縣或五、六縣爲郡，郡設太守，三年一代（《日知錄》卷九，守令）。

3.分權制度的優益——議事宜廣其謀，治事宜專其責。一事不兩辦，一人不事二主。事權集中，指揮統一爲治事成功的要訣。顧炎武以爲一縣由一令治之，以專責成，民樂而利普。顧氏曰「夫養民者如人家之畜五牸然。司馬牛者一人，司芻豆者復一人，又使紀綱之僕兼之，升斗之計必聞於主人，而馬牛之瘠也日甚。吾則不然，擇一圉人之勤幹者，委之以牛馬，給之以牧地，使其所出常浮於所養，而視其

肥息者賞之，否則撻之。如是而五牸不蕃者，未之有也。故馬牛以一圉人而肥，民以一令而樂。」（《亭林文集》卷一，郡縣論二）

顧氏進而論地方分權的利便，曰「庶政之中有宜分權者，如文書馬政諸端，由縣令直接負責，可免轉手行文於上級政府之無益耗費，而礦務軍餉尤宜於就地籌辦。同一開礦，操之中央則爲亂端，歸之地方則爲財源。就地分任則不勞而足，四方轉給則耗困不濟。分權之效如此，吾人又何必盡天下一切之權而收之在上乎。」（《亭林文集》卷一，郡縣論六）孫中山主張採均權主義的地方制度，凡事之有全國一致之性質者，宜歸之中央；有因地制宜之性質者，宜歸之地方。顧氏之論，似亦含有這一意義。

人類生而是自私自利的動物。這種自私的天性亦是促進社會進步的一大動力。人愛其子，遂盡力培養，使之成人自立。人愛其家，故勤勞治事而賺貨利，以仰事父母，俯蓄妻子。人自愛其地，乃肯努力維護與耕耘。顧炎武亦本人各懷私利之論，而言縣令世官之利。縣令若能私其百里之地，則爲自身及其子孫計，自能善治其縣。他說「天下之人各懷其家，各私其子，其常情也。爲天子爲百姓之心，必不如其自爲，此在三代以上已然矣。聖人者因而用之，用天下之私，以成一人之公，而天下治。夫使縣令私其百里之地，則縣之人民皆其子姪，縣之土地皆其田疇，縣之城郭皆其藩垣，縣之食廩皆其囷。爲子姪，則必愛之而勿傷。爲田疇，則必治之而勿棄。爲藩垣囷，則必繕之而勿損。自令言之私也，自天下言之，所求乎治天下者如是焉而止矣。……一旦有不虞之變，於是有效死勿去之守；非爲天下也，爲其私也。爲其私，所以爲天下也。」（《亭林文集》卷一，郡縣論五）或慮縣令世官有似古之封建與藩鎮，對外爭城爭地，殺人盈野；對內橫徵暴斂，苦厄人民。豈不知封建與藩鎮之禍亂起於土地廣大，權力膨脹及兼掌兵戎。而縣令轄境甚小，權勢不大，又不掌兵戎，故無虞割地自雄或尾大不掉。

4.設藩鎭抵禦外侮——顧炎武主張對內行縣令世官制，使之愛子民，守屬土，遇有變亂，則效死弗去，不致重演宋代「遠夷作難，中國拱手，小臣伏死，而州縣迎降」的悲劇；對外則主張於邊疆設藩鎭，抵禦外侮。或謂唐亡於藩鎭，覆車可爲殷鑑。黃宗羲對此曾有解答，以爲唐初設節度使（藩鎭），皆在邊境，不過數府，其帶甲十萬，力足以控制寇亂。其後國內遍設節度使，多至數十，勢弱兵單；方鎭之兵，不足相制。唐之亡亡於方鎭之弱，非由方鎭之强（《明夷待訪錄》方鎭）。

顧氏主張設藩鎭，祇限在邊境，旨在抵禦外侮。他說「明代之患大約與宋同，岳飛說張所曰國家都汴，恃河北以爲固。苟馮據要衝，峙列重鎭，一城受圍，則諸城或擾或救，金人不敢窺河南，而京師根本之地固矣。文天祥言本朝懲五季之亂，削除藩鎭，一時雖足以矯尾大之弊，然國以凌弱，故敵至一州則一州破，至一縣則一縣殘。今宜分境內爲四鎭，使其地大力衆，足以抗敵，約日齊奮，有進無退。彼備多力分，疲於奔命，而吾民之豪傑者，又伺間出於其中，則敵不難卻也。嗚呼，世言唐亡於藩鎭，而中葉以降，其不遂並於吐蕃、回紇，滅於黃巢者，未必非藩鎭之力。」（《日知錄》卷九，藩鎭）顧氏引述岳飛、文天祥之言，蓋以證設藩鎭的必要，並指出唐之方鎭足以制亂。

顧炎武欲藉世襲之法，使邊疆大臣的藩鎭有愛民守土之情而收效死弗去之效。他說「昔者河東之折，靈武之李……自五代以來，世有其地。二寇畏之，宋太祖於是俾其世襲。每謂邊寇內入，非世襲不克守。世襲則其子孫久遠家物，勢必愛吝，分外爲防。……議者以太祖之懲五季，而解諸將兵權，爲封建之不可復。愚竊以爲不然，夫太祖之不封建，特不隆封建之名，而封建之實，固已默圖而陰用之

矣。」（《日知錄》卷九，藩鎭）

5. 宗族與封駁之用——顧炎武爲要削弱專制君主的權勢，使不得苛虐人民，除主張縣令世官及地方分權制度外，更要充實鄉里的基層組織而固民本與國基，故對鄉亭里甲之職論之甚詳。所以他說「小官多者其世盛，大官多者其世衰。」（《日知錄》卷八，鄉亭之職）又曰「人聚於鄉而治，聚於城而亂。」（《日知錄》卷十二，人聚）爲要充實鄉治及削弱專制君權，主張宗族有參與政治的權力。他以先秦封建盛世，宗族可以分國君之權；六朝的門閥亦可以上抗天子。「强宗大族足以「扶人紀而張國勢」。五胡十六國之亂華夏，中國大族每不肯臣事異姓，且有起義兵以抗異胡者。顧氏曰「是以唐之天子貴士族而厚門蔭。蓋知封建之不可復而寓其意於士大夫，以自衞於一旦倉皇之際，固非後之人主所能知也。」（《亭林文集》卷五，裴村記）强宗大族所以能衞天子於喪亂中，正以其平時不受專制君主的控制，故能自立自强及自衞。

封駁之制，自春秋至明代，代皆有之。唐宋之世掌封駁者有專責機構。中書省取旨，門下省覆奏封駁，尚書省施行。封駁之制，蓋亦限制君主濫權的一法。齊景公燕賞於國，令三出而職計莫之從。令免職計，令三出而士師莫之從。此殆似今日之超然主計及司法獨立。漢哀帝封董賢，丞相王嘉封還詔書。至唐始訂封駁之制，凡詔勅皆經門下省，事有不便，給事中得以封還。五代之世，封駁廢弛。宋太宗淳化四年詔復其制。明存六科給事中，得以「科參」駁正旨書，至熹宗天啓六年，其制猶施行。顧炎武曰「人主之所患莫大乎唯言而莫予違。」（《日知錄》卷九，封駁）封駁制度之可貴，在於可對專制君主的淫威作些許之違抗。但考之史實，封駁之制並無實效，徒有其名。而顧氏寫專文以記之者，殆亦藉此以表達其反對專制之深意。

6.法禁繁密亡之途——古之明君，天下爲公，垂拱而治，無法之治，治之至也。縱使有法，法以「正人心，厚風俗」，法禁疏簡。疏則易守而不犯；簡則易行而有效，法順而不擾，亦爲治平之治。後世人君，天下爲私，悉天下以奉一人，慮地位之不穩，疑人民之有變，遂定繁多的法制，鞏固其權位；乃立苛密法禁，以桎梏人民之手足。法條愈多愈難行，科禁愈密愈易犯。故繁密瑣細之法，不但不足以致治平，且爲招致敗亡的工具與途徑。顧炎武曰「法制繁令，王者之所不廢，而非所以爲治也。其本在正人心，厚風俗而已。故曰居敬而行簡，以臨其民。……秦始皇之治，天下之事，無大小皆決於上，上至於衡石量書，日夜有呈，不中呈不得休息，而秦遂以亡。太史公曰，天下之網嘗密矣，然姦僞萌起，其極也，上下相遁，至於不振。然則法禁之多，乃所以爲趣亡之具。」（《日知錄》卷八，法制）

叔向與子產書曰：國將亡，必多制。顧氏釋之曰「夫法制繁，則巧猾之徒，皆得以法爲市；而雖有賢者不得自用。此國事之所以日非也。善乎，杜元凱之解左氏曰：法行則法從人。」（《日知錄》卷八，法制）顧氏又曰「自萬曆以上，法令繁而輔之以敎化，故其治猶爲小康。萬曆以後，法令存而敎化亡，於是機變日增而材能日減」；「宋葉適曰，法令日繁，治具日密，禁防束縛，至不可動，而人之智慮，自不能出於繩約之內，故人材亦以不振。今與人稍談及度外之事，輒搖手而不敢爲」；「使枚乘、相如而習今日之經義，則必不能發其文章；使管仲、孫武而讀今日之科條，則必不能運其權略。故法令者，敗壞人材之具。」（《日知錄》卷九，人材）專制君主爲要固其君位，滿其私慾，乃制頒過度繁密的法禁，人臣手足受其束縛，不能展才能，治國事，政務敗壞，君主虛尊危居上位，敗亡之日，可立而至。

7.養給人之欲求——《書》曰：「德惟善政，政在養民。」孔子養民，富而後敎。因富而無敎，則將君不君，臣不臣，父不父，子不子，雖有粟豈得而食諸。孔子曰「不患寡而患不均，不患貧而患不安。」（《論語》季氏篇）因富而不均，則貧富懸殊，不平則鳴，爭奪四起，社會不安。顧炎武認爲養民之道在養給人之欲求。人生而有欲，欲則不能無求。求而不得，必流於爭，爭則亂。息爭止亂之法，在養給人之欲求。養給之法在均無貧使財用足。富而敎之，以六行之條，敦親睦族，互助合作，解決食、衣、住、行、樂、育諸民生問題。六行者，孝、友、睦、婣、任、恤是也。

顧炎武曰：「民之所以不安，以其有貧有富；貧者至於不能自存，而富者常恐人之有求，而多爲吝嗇之計。於是乎有爭心矣。夫子有言，不患貧而患不均。夫惟收族之法行，而歲時有合食之恩，吉凶有通財之義，本俗六，安萬民。三曰聯兄弟。而鄉三物之所興者，六行之條，曰睦，曰恤，不待王政之施，而矜寡孤獨廢疾者，皆有所養矣。此所謂均無貧者；而財用有不足乎？至於葛藟之刺興，角弓之賦作，九族乃離，一方相怨；而瓶罍交耻，泉池並竭，然後知先王宗法之立，其所以養人之欲，而給人之求，爲周且豫也。」（《日知錄》卷六，庶民安故財用足）立族法，共生活，則均無貧。行六行，重睦恤，則和無寡。均和則安，安無傾。凡此，皆所以養人之欲，給人之求；乃先王「德惟善政，政在養民」的正道；而專制君主未嘗思爲。

8. 崇恭儉取民有制——專制君主只圖處尊榮，享安樂，瑤瓊宮殿，金玉車輦，錦繡衣冠，珍奇飯食，窮奢極慾，後宮無數，嬪妃成群，淫樂無度，揮金如土，以致國庫空虛，無力支付龐大耗用，遂不得不向人民作敲脛吸髓之橫徵暴斂，以致民窮財盡，無法維生，父子兄弟離散，老弱轉乎溝壑。廄有肥馬，野有餓莩。顧炎武以爲要解民困裕民生，端在君主恭謹持躬，崇尚節儉，節用而愛民，使民以時，取民有制。

顧炎武曰「考之於史，則言帝（隋文帝）躬履儉約，六官服瀚濯之衣，乘輿供御有故敝者，隨令補用；非燕享不過一肉，有司嘗以布袋貯乾薑，以氈袋進香，皆以爲費用，大加譴責。嗚呼！夫然後知大易所謂節以制度，不傷財，不害民。孟子所謂賢君必恭儉禮下，取於民有制者，信利國之良規，而非迂濶之談也。漢隋二文帝皆以躬履樸儉治其國。漢文帝師黃老，隋文帝任法律，而所行暗合聖賢如此。後之讀孔、孟而行管商者，乃曰，苟善理財，雖以天下自奉可也。而其黨遂倡豐亨豫大，惟王不會之說，飾六藝，文姦言，以誤人國家，至其富國强兵之效，不逮隋遠甚，豈不謬哉。」（《佚文輯補》讀隋書）君主能躬履恭儉以率臣下，不事奢華，節用而愛民，取民有制，省刑罰，薄稅斂，民富裕，國强盛，便可躋於太平之治。

第八十一章　民族大義的政治思想

第一節　王夫之的政治思想

一、生平事略——王夫之的生平事略見《清史》遺逸傳（《清史》卷四九九）。王氏字而農，號薑齋，衡陽人，生於明神宗萬曆四十七年（西元一六一九年）卒於清聖祖康熙三十一年（西元一六九二年），壽七十四。明思宗崇禎十五年（西元一六四二年）鄉試，中舉人。張獻忠陷衡州，執其父爲質，夫之引刀徧刺肢體，舁往求易父，賊見其重傷，免之，與父同歸。明王駐桂林時，授行人。國勢阽危，而諸臣仍自相水火，夫之說嚴起恒救金堡等，三劾王化澄，化澄欲殺之。聞母病，間道歸。明亡，夫之益自韜晦，歸居衡陽石船山，築土室曰觀生居，朝夕杜門治學，學者稱船山先生。康熙十八年，吳三桂僭號於衡州，有以勸進表相屬者，夫之曰，亡國遺臣，所欠一死耳；今安用此不祥之人哉！遂逃入深山，作祓禊賦以示意。大吏聞而嘉之，屬郡守餽粟帛請見，夫之以疾辭。未幾卒，葬大樂山，自題墓碣曰，明遺臣王某之墓。

二、重要著作——王夫之的著作，極爲宏富，計有五十二種。其著錄於《四庫全書》者，有《周易稗疏考異》、《尚書稗疏》、《詩稗疏考異》、《春秋稗疏》。《四庫全書》存日者，有《尚書引義》、《春秋家說》。所著《大學衍義》、《中庸衍義》，皆力闢王陽明致良知之說，以羽翼朱子；於張載

《正蒙》一書，尤有神契。所著《讀通鑑論》，凡三十卷，附叙論四篇，尤爲馳名。此書係根據《資治通鑑》史實，闡釋歷代法制沿革，主張因時制法制，反泥古過高而非薄方今，論政治利弊得失，反對用刑名威勢之術。夫之身後四十年，其子敔抱遺書上之督學潘宗洛，乃得入《四庫全書》，而其書仍未得流傳。至清穆宗同治四年，曾國荃刻其書於江南，名《船山遺書》，全書得行於世。

三、學養評定——王夫之治學，以漢儒爲門戶，以宋五子爲堂奧，排陽明心學而重程朱。夫之窮究天人之故，推研陰陽法象之原，就正蒙精繹而暢衍之，著《思問錄》二篇，皆本隱之顯，原始要終，炳然如揭日月。至其扶樹道學，辨上蔡、象山、姚江之誤，或疑其言稍過，然議論精嚴，粹然皆軌於正。當其時，海內碩儒，推容城、盩厔、餘姚、崑山。而夫之刻苦似李二曲，貞晦過孫夏峯。多學多聞，志節皎然，不愧黃梨洲、顧亭林。此諸君子，肥遯自甘，聲望益炳；雖薦辟，皆以死拒，公卿交譽，天子動容。夫之竄身猺峒，聲影不出山林，遂得完髮而歿，勁風亮節，堅貞不二，一代完人，學術重鎮。

四、民族思想——王夫之在政治思想上的最大貢獻，是其毫不妥協的春秋大義的民族思想。立論透闢精彩，直謂前無古人。玆擧述其要義如次：

1.族類自存，出自本性——族類自存乃是生物界的自然現象與普遍規律，自微小的昆蟲至於高尚的人類，莫不有此本能與天性。王夫之認爲政治組織的基本功能，即在於保衞自己民族的生存與延續。他說「今夫玄駒（黑蟻）之有君也，長其穴壤，而赤蚍飛螱之窺其門者，必部其族以噬殺之，終遠其垤，無相干雜，則役衆蠢者必有護之也。」（《黃書》原極）人爲萬物之靈，天生的合群動物，有高度的民族意識，自衞與團結力皆强，且能組織政府，以群策群力，維護民族的獨立與生存。故「民之初生，自紀其群，

遠其沴害，擯其夷狄，建統惟君。仁以自愛其類，義以自制其倫。强幹自輔，所以凝黃中之絪縕也。」（《黃書》後序）

一個民族爲要自衞自存，自建政權以自紀，乃血肉相連，情義互通的純種團體，不得有外族異種滲與其間。王夫之曰「智小一身，力舉天下，保其類者爲之長，衞其群者爲之君。故聖人先號萬姓而示之獨貴。保其所貴，匡其終亂，施於子孫，須於後聖，可禪可繼可革，而不可使異類間之。」（原極）政權建立，所以保類衞群，同類最貴，民族至上。這一政權衍化，無論經由禪讓、經由繼承或經由鼎革，皆不容異族雜於其間。爲要維持這民族政權或民族國家的强固與純正，更須培植民族文化與道德。故王夫之曰「然後植其弱，掖其强，揚其潔，傾其滓，冠婚飲射以文之，哭踊虞祔以哀之，堂廉級次以序之，刑殺征伐以整之。」（《黃書》原極）

2. 非我族類，習性必異——夷夏何由區分？依傳統論說不外兩種標準：一是以地區的不同爲標準。華夏居天下之中，居處其周邊的民族皆爲夷狄，故曰：南蠻、北狄、西戎、東夷。若依此標準以言之，則陸渾之戎，移居伊川，地近周畿，亦可稱爲華夏麼？五胡亂華、契丹女眞侵宋，侵據中國北方土地，亦可視之爲華冑耶？二是以文化高低爲標準。華夏文化水準高尚，習禮義，明人倫，生活優裕。夷狄文化低落，遊牧爲生，騎射是尙，蠻野不知禮。若依此而言之，則夷狄文化昇進亦可變爲華夏。於是楊元愼竟斥華夏的南朝而崇奉夷狄的北魏（《洛陽伽藍記》卷二），許衡、趙孟頫之輩竟援用夏變夷之旨，屈膝而仕異族的蒙元。王夫之則摒棄傳統舊說，另創新義，以爲非我族類，習性必異，蓋從血統遺傳及居處環境的不同，以爲夷夏區分的標準，夷夏判然不同，固不容淆混。

王夫之曰「夷狄之與華夏，所生異地。其地異，其氣異矣。氣異而習異，習異而所知所行蔑不異焉」；「異種者其質異，質異而習異，習異而所知所行蔑不異焉。」（《讀通鑑論》卷十四，東晉哀帝）夷狄與華夏種異、質異、氣異、習異，故終不能混同於中國。王氏進而曰「人與人相於信義而已矣，信義之施，人與人之相於而已矣，未聞以信義施之虎狼與蠭蠆也。……故曰夷狄者殲之不爲不仁，奪之不爲不義，誘之不爲不信。何也？信義者，『人與人相於之道』，『非以施之夷狄者也。』」（《讀通鑑論》卷四，漢昭帝）

3.中國土地，不容侵犯——王夫之曰「聖人審物之皆然，『而自畛其類』，『尸天下而爲之君長』，區其靈，漸其疑似，乘其蠱壞，峻其墉廓，所以絕其禍而使相捄。」（《黃書》原極）聖人依自然法則區夷夏，各守其境，自爲防禦，以絕異族之禍。中國所處的地區，外有山嶺屏障，天然形勢，自成神皋奧域，且有漠沙拒阻夷狄，禹貢神州，不容侵犯。夷狄若妄自入侵，則遷地不良，終必敗亡。王夫之曰「天以洪鈞一氣，生長萬類而地限之以域。天氣亦隨之而變，天命之隨之而殊。中國之形如箕，坤維其膺也。山兩分而兩迤，北自賀蘭，東垂於碣石，南有岷山，東垂於五嶺，而中爲奧區，爲神皋焉。故裔夷者如衣之裔垂於邊幅，而因山阻漠以自立。地形之異，即天氣之分，爲其性情之所便，即其生理之所存。濫而進宅神皋焉，非不歆其美利也。地之所不宜，天之所不祐，性之所不順，命之所不安。是故拓跋氏遷洛而敗，完顏氏遷蔡而亡。游鱗於沙渚，嘯狐於平原，將安歸哉。」（《讀通鑑論》卷七）

王夫之更進而說明夷狄濫宅神州，何以終必敗亡曰：「夫夷狄所恃以勝中國者，朔漠荒遠之鄉，耐飢寒，勤牧畜，習射獵，以與禽獸爭生死。故粗獷悍厲，足以奪中國膏粱豢養之氣。而既入中國，沉迷於膏粱豢養以棄其故，則乘其虛以居其地者又且粗獷悍厲以奪之。」（《讀通鑑論》卷六）江南美味之橘，越淮爲難食之枳，因地氣不宜，天候不適。依同理，粗獷悍厲，善騎射狩獵的夷狄侵入華夏膏粱之區，便失卻本性與長技，而趨於腐化與文弱而無以自保；故拓跋之魏，蒙古之元，國祚不過百年。清初尚能保持關外悍厲風習，以騎射爲事。乾隆以後卽沾染漢族文柔之習，至清末則八旗子弟多成無用之人，生計困蹙。

4.中國文化不容剽竊——石勒起明堂，建辟雍。拓跋魏修習禮樂，弘立明堂。慕容寶定士族舊籍，罷軍營封蔭。凡此皆係以夷狄異族剽竊華夏文化，仿行中國制度。沐猴而冠，東施效顰，乃自取滅亡之道。王夫之斥慕容寶曰「夷狄而效先王之法，未有不亡者也。以德仁興者以德仁繼其業，以威力興者以威力延其命。沐猴而冠，爲時大妖。先王之道不可竊，亦嚴已哉。以威力起者始終乎威力，猶一致也。絀其威力，則威力既替矣。竊其德仁，固未足以爲德仁也。父驢母馬，其生爲贏（騾）。贏則生絕矣。相雜而類不延，天之道、物之理也。」（《讀通鑑論》七）

王氏更斥石勒與拓跋弘曰「天下所極重而不可竊者二：天子之位也，是謂治統；聖人之教也，是謂道統。道統之竊，沐猴而冠，教揉而升木，尸名以徼利。爲夷狄盜賊之羽翼，以文致之爲聖賢而恣爲妖妄。乃且施施然謂守先王之道以化成天下，而受罰於天，不旋踵而亡。嗚呼，至於竊聖人之教以寵夷狄而禍亂極矣。故石勒之子姪駢戮於冉閔，元氏之苗裔至高齊而無噍類。天之不可欺也，如是其赫赫哉。」（《讀通鑑論》卷七）面目醜惡，縱施脂粉，仍不掩其陋劣。本爲虎狼，僞蒙羊皮，仍不失兇殘之性。欺竊搶奪他人的瓌寶者，乃是盜賊，終難逃敗亡的惡運。史實昭昭，足爲確證。

5.夷狄兇殘，宜加膺懲——夷狄蠻族習性兇猛冷酷，殘忍狡猾，多變無信，不識禮儀，不知信義，只可以威力膺懲，不能以德教馴服；且華夏之族，乃神明貴胄，天之驕子，文明禮教，文物制度，冠絕人寰，當為四裔主人，不容夷狄猖狂。其不奉華夏正朔，臣貢天朝者，自應痛加撻伐。漢武帝討伐匈奴，開發邊疆，揚國威，固國防，議者譏其黷武好戰。王夫之深以為不然。他說「嚴尤之諫伐匈奴，為王莽謀之而得爾，而後世亟稱定論，非也。……秦之毒天下而亡，阿房也，驪山也，行遊無度，而誅殺不懲也，非築城治障，斥遠匈奴之害也。漢武之疲敝天下，建章台也，柏梁也，禱祠祈仙，而驅馳海嶽也，貪一馬而興萬里之師也，非掃幕南之王庭以翦艾匈奴之害也。秦得天下於力戰，民未休息，而築戍之役暴興，則民怨起。漢承文景休息之餘，中國無事，而乘之以除外偪之巨猾，故武帝之功至宣元而收，垂及哀平，而單于之臣服不貳。豈可以尤之言為定論，而廢武帝之功哉。」（《讀通鑑論》卷五，王莽）又曰「夷狄者殲之不為不仁，奪之不為不義，誘之不為不信」；「信義者人與人相於之道，非以施之夷狄。」（《讀通鑑論》卷四）

漢光置南單于於西河美稷之地。王夫之深以為不當，因其為禍深遠而可畏。他說「漢詔南單于徙居西河美稷，人極之毀自此始矣，非但其挾戎心以乘我也，狎與之居而漸與之安，風俗以蠱，婚姻以亂，服食以淫，五帝三皇之天下流泆解散，而元后父母之大寶移於非類，習焉而不見其可恥也，間有所利，而不見其可畏也，技擊詐謀有時不逮，呴沫狎媟或以示恩，而且見其足以臨我，愚民玩之，黠民資之，乃至一時之賢豪委順而趨新焉，迤及於千歲之後，而忘為誰氏之族矣。臧宮、馬武請北伐，光武曰，吾恐季孫之憂不在顓臾，奈之何延之於蕭牆之內也。」（《讀通鑑論》卷六，光武）

五、制度思想——王夫之本社會進化的觀點，研判政治制度的得失及其準則，頗多精闢見解，頗足珍視，亦於此扼要論述於次：

1.社會進化觀——許多儒者及世人，動輒慨嘆世風不古，江河日下；每稱贊三代爲盛世，堯舜禹湯爲聖王。這種尊古卑今的社會退化觀，旣不符歷史事實，亦違悖進化原則。宋明理學家亦以三代之治爲中國歷史上的黃金時代，其所行的封建制度、井田制度被推崇爲政治制度的楷模。而王夫之則力反其說，以爲今愈於古，人類社會衍化不息，與時俱進，日新月異，愈進愈佳，乃歷史進化的自然趨勢。王氏以爲「若信古人淳樸，漸至澆僞，則至於今日，當悉化爲鬼魅矣。」（《讀通鑑論》卷十一，引魏徵折封德彝言）實則上古文化未開之時「衣冠未正，五品未清，婚姻未別，喪祭未修，狉狉獉獉，人之異於禽獸者無幾也。」（《讀通鑑論》卷二十）王夫之又曰「中國之天下，軒轅以前其猶夷狄乎。太昊以上其猶禽獸乎。」（《思問錄》外篇）

王夫之曰「若夫三代之季，尤歷歷可徵也。當紂之世，朝歌之沉酗，南國之淫奔，亦孔醜矣。至於春秋之世，弑君者三十三，弑父者三，卿大夫之父子相夷，兄弟相殺，姻黨相滅，無國無歲而無之，烝報無忌，黷貨無厭，日盛於朝野。……五胡之後，元高宇文駤戾相踵，以導民於澆，非民之固然也。……唐初略定，夙習未除，又豈民之固然哉。倫已明，禮已定，法已正之餘，民且願得一日之平康以復其性情之便。固非唐虞以前，茹毛飲血，茫然於人道之比也。……孰謂後世之天下難與言仁義哉。邵子（雍）分古今爲道、德、功、力之四會，帝王何促，而霸統何長。霸之後，又將奚若耶。泥古過高，而非薄方今，以蔑生人之性……君子奚取哉。」（《讀通鑑論》卷二十，唐太宗）

2.法順勢漸變——法制是解決所遭遇的困難與問題的工具與手段。故曰法制是時代環境的產物。時代環境變遷，法制亦當隨之而改易以爲適應。惟此種改易與適應須順勢之自然，理之當然，不可躁進與勉强。因之，因循墨守與躁進紛更，皆非所宜。故英國歷史學家柏克（Edmund Burke）說「一切的制度都是生長成的，不是製造成的。」(By growth, not by creation.) 王夫之曰「古之天下，人自爲君，君自爲國，百里而外，若異域焉。……萬其國者萬其心，而生民之困極矣。堯舜禹湯弗能易也。至殷之末，殆窮則必變之時，而猶未可驟革於一朝。故周大封同姓而益展其疆域，則天之半而歸之姬姓之子孫，而漸有合一之勢。而後世郡縣一王，亦緣此以漸統一於大同。然後風教日趨於畫一，而生民之困亦以稍衰。」（《讀通鑑論》卷十二）由古之萬國，歷封建而至於統一，皆緣時勢的演變順勢而漸成，皆非一朝的驟革。

王氏以爲春秋以前，勢理未變，萬國並立之弊極多，而二帝三王莫之能改。戰國以後，勢理已變，故七國不能自存，而始皇得以私天下。秦漢之際，郡縣之理初具而未全，封建之勢已衰而未盡。故始皇暴裂之而國祚不長，景帝侵削七國而卒召叛亂。由此觀之，躁進之爲患不亞於因循墨守（《讀通鑑論》卷二）。蓋制度的隨時移易，必須依循於必然之勢，符合於自然之理，不可强力而驟革之。王氏又說「夫天，有貞一之德，有相乘之幾焉。知天之理者，善動以化物。知天之幾者，居靜以不傷物，亦不能傷之。以理司化者，君子之德也。以幾遠害者，黃老之道也。庸人不測，恃其一罅之知，物方未動，激之以動，而自詫爲先覺。動而不止，毒遂中於天下。」（《讀通鑑論》卷末）順勢而動，適時而變，乃爲治之正道。躁進者，欲速則不達。急趨者，未至而先仆。

3. 法各適其時——各個時代各有其特殊需要與問題，故各有殊異的法制以爲適應的工具與解決的手段。故古之良法未必可施於今日。今日的美制未必能適用於未來。法儒孟德斯鳩（Baron de Montesquieu）著《法意》一書，認爲最好的法制就是最適合各國國情與時代需要者。王夫之曰「以古之制治古之天下，而未可概之於今日者，君子不以立事。以今日之宜，治今之天下，而非可必之於後日者，君子不以垂法。故封建、井田、朝會、征伐、建官、頒祿之制，《尚書》不書，孔子不言。豈德不如舜禹、孔子者而敢以記誦所得者斷萬世之大經乎。」（《讀通鑑論》卷末）

某一時期的古制固然不可全部移用於今日；就是採取其一部份而混用於今日的制度，亦未有不失者。王夫之曰「一代之治，各因其時，建一代之規模，以相扶而成治。故三王相襲，小有損益，而大略皆同。未有慕古人事之當，獨舉一事，雜古於今之中，足以成章者也。王安石惟不知此，故偏舉周禮一節，雜之宋法之中，而天下大亂。」（《讀通鑑論》卷二十一）法不但因時而異，且因地而殊。「北地之法固不可移用於南；南方之制亦不可移用於北。王夫之曰「一人之身，老少異狀，況天下乎。剛柔異人也，不及者不可强，有餘者不可裁。淸任各有當，而欲執其中，則交困也。南北異地也，以北之役役南人，而南人之脃者死。以南人之賦賦北土，而北土之瘠也盡。以南方之文責北士，則學校日勞鞭朴；以北人之武任南兵，則邊疆不救，危亡其間。」（《讀通鑑論》卷四）

一代的法制自成完整體系，有似一有機體，相互依存，互爲扶助。這一完整系統乃時代環境的產物，既不可整體移用，亦不可分離割裂而採取其片段。整用固不通，分取亦失敗。王夫之曰「禮樂刑政，均四海，齊萬民，通百爲者也。以一成純，而互相裁制。舉其百，廢其一，而百者皆病。廢其百，舉其一，而一可乎。浮慕前人之一得，夾糅於時政之中，而自矜復古，則王不成王，霸不成霸。此猶如庸醫雜表裡，兼溫涼以飲人，强其篤，弱者死，不亦傷乎。」（《讀通鑑論》卷十一）

4. 封建不可復——黃宗羲、顧炎武、王夫之爲同一時代的人物，且同爲明之遺逸。但三人對封建制度評判，並不一致。黃、顧欲寓封建於郡縣中，蓋對世卿制祿之制有所戀慕。而王夫之則斷言封建制度不可復，因時移事遷，勢所不能。古之時，萬國並立，各有其地，各有其民，各有其君，各擁權勢，無異衆多的諸侯。諸侯中之有德有道者共擁立之，是謂天子。這是先有諸侯，後有天子。王夫之曰「三代以上，諸侯有道，天下歸之，則爲天子。天子無道，諸侯叛之，退爲諸侯。」（《讀通鑑論》卷六）觀於禹會諸侯於塗山，執玉帛而至萬國，可以知之。夏后少康盤游無度而爲有窮氏之后羿所簒，后羿不修民事，又爲伯明氏后寒浞所殺，寒浞無道，少康復即帝位。由此可見少康被簒只失去其共主的地位，並不失去其諸侯的地位，故柳宗元曰「堯舜三王非不欲廢封建，勢不可也。」（封建論）殷初，諸侯尚有三千。武王伐紂，諸侯不期而會孟津者尚有八百。周行封建亦不過就原有的諸侯及有戰功佔有土地而承認之。故王夫之曰「古之諸侯皆有兵，天子弗能奪，而非予之也。」（《讀通鑑論》卷十二）

秦滅六國，一天下，廢封建，行郡縣，國土私於天子，所謂「普天之下，莫非王土」。漢有天下，雖行封君之制，然漢之封君與古之諸侯，並不相同。王夫之「古之諸侯，受之始祖，天子易位，而國自如。漢之列侯，受之天子，天子失天下，則不得復有其封國，非己所得私也。」（《讀通鑑論》卷七）古之諸侯自有其土地、人民與權力，非天子所可滅奪，故能自立自存而爲諸侯。封建廢，郡縣行，天子富有天下，封君之地，天子可予之，亦得奪之，不能永久持有之。封君既不得私有其地，夫復何封建之可言。時移事遷，必然之勢所使然，封建固不能復行於後世。漢及以後的分封，雖有封建之名，並無封建之實。

古之諸侯各有其土地與人民，共主就其原有之地與民，立經界而封爲君侯，勢順而易行。迨秦漢以後，土地兼併，自由買賣，土地皆爲人民所私有，若行封建，是滅裂强奪小民之土地而歸於封君，其勢不順，其事難行。封建既不能復，井田制亦不能再行之於後世。王夫之曰「及漢以後，天下統於一王，上無分土踰額之征，下有世業相因之土。民自有其經界，而無煩上之區分。」（《宋論》卷二）又曰「降及於秦，封建廢而富貴擅於一人。其擅之也，以智力屈天下也。……乃欲芟夷天下之智力，均之於柔愚，而獨自擅於九州之上。雖日殺戮而祇以益怨豪强。」（《讀通鑑論》卷二）郡縣天下之法度的根本精神爲自私，爲不平等。井田或限田皆以均公爲目的，斷然不能與之相符，若勉强之必爲民怨。天子無大公之德立於人上，獨滅裂小民而使之公，是仁義中正爲帝王桎梏天下之具。

第二節　呂留良的政治思想

一、家世——呂留良祖籍河南，宋南渡時，先祖遷居浙江崇德縣（清改爲石門，民國復名崇德），先祖繼祖南徙，傳十世至淇字竹溪，官錦衣武衞將軍，乃留良的高祖父。竹溪生相，字種雲，官沔陽別駕，乃留良的曾祖。種雲生三子，長名煥，字養心，仕保守知縣，平苗有功，升太僕寺丞。養心生元啓，官鴻臚寺丞，無子，以留良入嗣。種雲次子名炯，字雅山，嘉靖時鄉試擧人，任泰興縣知縣，博學多聞，交遊遍海內，慷慨好施。王世貞銘其墓曰「近俠而儒，薄吏而循，飲酒賦詩，奪生任眞。」種雲三子名熯，字心源，爲人謙和茂樸，喜與縉紳文學遊。心源生二子，長名元學，號澹津，萬曆年間進士，官繁昌令；次子名元肇，例貢生。澹津即留良之父。留良出嗣元啓（參見包賚著《呂留良年譜》）。

二、事略——呂留良字莊生，又字用晦，號晚村，浙江石門人。生於明思宗崇禎二年（西元一六二九年），卒於清聖祖康熙二十二年（西元一六八三年），壽五十五歲。幼有異禀，穎悟絕人，八歲，善屬文，十二歲，即與人秘密結社，一時名宿，咸避其鋒。時國事崩潰，內外交訌，即慨然有經世之志。李自成陷北京，帝自縊殉國。留良悲痛至極。或勞之曰，莊生何太自苦。留良正色曰，今日天崩地坼，神人共憤，君何出此言也。於是散萬金之家以結客，往來湖山之間，跋風涉雨，備嘗艱苦。怨家嘗以是訐之，其姪亮功獨自引服，竟論死。而留良幸存。留良三十歲後，嘗與黃宗羲等以詩唱和，寓民族大義。

留良於姪遇害，隱於醫，提袋行市，遠近爭求之，乃嘆曰，豈可令人更識韓伯休耶，遯隱益深，名益高。康熙十七年開博學鴻詞科，浙江大吏荐留良，以死拒之。後三年，郡守擬以隱逸舉，留良聞之，吐血滿枕，於枕上剪髮，衣僧衣，得免。留良學重朱子，以格物窮理，辨別是非爲務。嘗謂道之不明也，久矣。今欲使斯道復明，舍目前幾個讀書識字秀才，更無可與言者；而舍四子書之外，亦無可講之學。又疾世之講學者多以聲利相招集。自傷幼孤，不及事其父，祭祀必盡其誠。康熙二十二年忽作祈死詩六篇，詞音淒厲，悲哀不已，卒以病革，又手安寢而逝（見《清史》卷四九九，遺逸傳）。

三、著作——呂留良的著作頗爲宏富，多見於《四庫全書》禁書總目中。著書多有民族大義之感，《維止錄》一書對滿清尤多譏刺抨擊。呂氏所自著及選集的各書，經乾隆三十九年、四十五年、四十六年先後三次查禁焚燬，幾至絕跡，現所流傳的《呂晚村文集》及《續集》可謂刼後餘生得以倖存者。《呂晚村文集》八卷，卷一至卷四皆爲書札，卷五爲序及論文，卷六爲論辨、記、題跋，卷七爲墓誌銘，卷八爲雜著。《呂晚村續集》凡四卷，卷一及卷二爲宋詩鈔、列傳，卷三爲質亡集小序，收亡人四十七人，卷四爲保甲事宜（代邑侯劉佐明作）。又附錄一卷係呂葆中爲亡父呂留良所寫的行略。又有門人陳鏦編輯的呂留良著《四書講義》四十三卷。

四、品評——呂留良忠貞志節，儒俠精神，學尊程朱，以格物窮理，辨別是非爲先務。師宗孔孟，嚴夷夏之防，明民族大義，戎夷是膺，荊舒是懲。國事艱危，夷狄肆虐，以經世明道爲職志，睠懷故國，心存恢復，大勢已去，隻手難以支將傾之大廈；一力難挽狂瀾於既傾。立身於出處去就辭受交接處畫定界限，札定脚根，爲入德之門。隱居以求志，著書以明道，立說而救亡。宣揚民族大義，引致反抗滿清波瀾，事雖未濟，而影響甚爲深遠。王夫之、呂留良所推動的覆清復明活動及所鼓吹的民族大義思想，在當時雖未成功，而其影響所及，則促成反清復明的秘密結社的形成。醞釀激盪波浪推移，引致太平天國的崛起，國民革命的成功，明代遺逸民族思想的傳播，殆亦其前植種仔的生長。

五、政治思想——呂留良的思想重在嚴夷夏之防，最富民族意識。茲擧要論述於次：

1.排斥滿清——呂留良由崇信程朱，進而師宗孔孟。其師宗孔孟非如一般人信其德教仁義，而是信孔子的春秋大義，嚴夷夏之防；信孟子的拒楊墨，懲戎夷。滿清以夷狄牧族而僭中國，自是他的排斥的對象。惟其排滿思想文字，皆被焚燬，無從見其全貌，只得從「呂留良文字獄」一案，窺知其端倪。

清代的文字獄甚多，而以「呂案」爲最大最久最慘酷。呂氏散布排滿的民族思想，頗爲激烈，而未及身罹禍者，因其有朱子學者的旗幟作掩護，未被人所注意。他死後四十七年，於世宗雍正八年（西元一七三〇年）始發生「呂留良文字獄」案。湖南永興曾靜字蒲潭，於應試時，見到呂留良「夷夏之防」及「井田」「封建」等時文，深爲信悅，乃遣學生張熙（字敬卿，衡州人）至呂家訪求書籍。呂毅中盡將其父（留良）遺書予之。書中多排滿的民族革命思想，愈加深信，遂與毅中及學生嚴鴻逵、沈在寬等交結，潛伏信仰排滿的革命思想。

雍正卽位內廷不安，川陝總督岳鍾琪兩次請求進京覲見，皆未邀准，極度不安。曾靜聞之，遂於雍正六年使張熙投書於岳督勸其起義革命，一因雍正人格卑劣，一因鍾琪應效法祖先岳飛的抵禦金人的愛國精神。張熙被拘訊，岳督佯稱邀曾靜等來，共同策畫起事。曾、嚴、沈均被拘解京。審訊結果，留良之子葆中戮尸，毅中斬立決，孫輩發寧古塔爲奴。嚴鴻逵、沈在寬等或戮尸、或凌遲，均誅及九族，曾靜、張熙雖蒙特赦，至高宗乾隆卽位卽加殺害，一切有關書籍悉予焚燬（摘自包賚著《呂留良年譜》四）。震撼一時的民族起義運動竟遭遏殺，惜哉。

呂留良排斥滿清的民族思想可於《東華錄》所記所謂「罪戾」者，見及一斑。記曰「詎意逆賊呂留良者，悍戾凶頑，好亂樂禍。……自是著邪書，立逆說，喪心病狂，肆無忌憚。而遂敢於聖祖仁皇帝任意指斥，憑空撰造，公然罵詛，所著書籍以及日記等類，或鐫版流行，或珍藏秘密，皆世人耳目所未經，意想所未到者。朕翻閱之餘，不勝惶駭。蓋其悖逆狂噬之詞，凡爲臣子所不忍寓之目，不忍述於紙筆者也。且日記所載，稱我朝或曰清，或曰北，或曰燕，或曰彼中，致逆犯吳三桂書，亦曰清或往講，若本朝與逆藩爲鄰敵者然。何其悖亂之甚乎！且吳三桂、耿精忠乃叛逆之賊奴，人人得而誅之。呂留良於其稱兵犯順則欣然有喜，惟恐其不成。於本朝疆宇之恢復，則悵然若失，轉形於嘆惜。於忠臣之殉難則汙以過失，且聞其死而快意。不顧綱常之倒置，惟以助虐迎寇爲心。不顧生民之塗炭，惟以兵連禍結爲幸。何呂留良處心積慮殘忍凶暴至此極也。」（《東華錄》雍正七年五月）觀於此，則知呂氏的排滿民族思想根本不承認滿淸爲合法政權，故欲助吳耿而倒淸，亟盼其早日敗亡而復華夏神州。

世宗閱悉呂氏反滿的激烈民族言論後，深爲惶恐，遂命朝臣編印《大義覺迷錄》，想從根本上消滅漢人民族思想，期能永遠統治中國，用心甚爲惡毒。《大義覺迷錄》的主旨有四，一曰，有德者居君位，不可有地域上的歧視，《書》曰，皇天無親，惟德是輔，撫我則后，虐我則仇。德以君天下者，皇天錫佑之。流寇亡明，生靈塗炭，淸人定亂安民，大有德於中國，若撫我者而不以爲后，非順天合理之人情。二曰，文化有高低，道德無種族之別。「本朝之爲滿洲，猶中國之有籍貫。舜爲東夷之人，文王爲西夷之人，曾何損聖德。《詩》云，戎狄是膺，荊舒是懲。以其僭王猾夏，不知君臣之大義，故聲罪而懲之。非爲其戎狄而外之。若蠻荒之人，能爲禮義，則向之斥爲夷狄者亦儼然而中國矣。韓愈有言「中國而夷狄則夷狄之，夷狄而中國則中國之。然則欲爲華夷中外之區分，非可襲刻木膠柱之故明智矣。」三曰，君臣之義不可悖亂。「自來君上之道當視民如赤子，臣下之道當奉君如父母。若爲子之人，其父母雖待之以不慈，尙不可疾怨忤逆，況我朝之君實盡父母斯民之道乎？」孔子曰「君子居是邦，不非其大夫，況其君乎？」又曰「夷狄之有君不如諸夏之亡。夫春秋之時，以百里之國猶不非其大夫，況我朝爲奉天承運大一統太平盛世，而君上尙可謗議乎？」「然則徒辨華夷悖亂君臣，猶不免自陷於禽獸矣。」四曰，覆滿復明缺乏根據。因「明太祖卽元之子民。以綱常倫紀言之，豈能逃篡逆之名。至於我朝之與明，則僅鄰國耳。且明之天下喪於流寇之手」；「我朝統一萬方削平群寇」。其得天下，與明以子民而取位者迥不相同。「呂留良輩借明代爲言，肆其分別華夷之新說，冀遂其叛逆之志，此不但本朝之賊，實明代之仇讎也。」《大義覺迷錄》所論，多所牽强，强詞奪理，並非理直氣壯的堂堂正論，若長久流傳，反而授人口實，且足引致華人反感與反駁；所以高宗（乾隆）初卽位，卽殺害曾靜、張熙，並禁止《大義覺迷錄》的流行。

2. 民族爲大——孔孟所持的君臣的倫理關係是相對的，故曰「君使臣以禮，臣事君以忠」、「君則敬，臣則忠。」一至唐太宗倡「君可以不君，臣不可以不臣」的專制君主思想，君臣的關係成爲絕對的，臣對君只有絕對的效忠與服從。專制思想愈演愈烈。於是絕對效忠的「君臣之義」，遂成爲天經地義的天下第一要義。但呂留良卻不以爲然。他認爲「君臣之義」固然重要，然尚有比此義更爲重要者，則是《春秋》嚴「夷夏之防」的民族大義。《論語》憲問篇載：「子路曰，桓公殺公子糾，召忽死之，管仲不死，曰未仁乎？子曰，桓公九合諸侯，不以兵車，管仲之力也。如其仁！如其仁！子貢曰，管仲非仁者歟？桓公殺公子糾，不能死，又相之。子曰，管仲相桓公，霸諸侯，一匡天下，民到於今受其賜；微管仲，吾其被髮左衽矣！」

呂留良藉孔子之言，說「攘夷」的意義比之「忠君」之說更爲重要。他說「君臣之義，城中第一事，人倫之至大。若此節一失，雖有勳業作爲，無足以贖其罪者。然而有更大者焉。看『微管仲』句，一部春秋大義，尤有大於君臣之倫，爲城中第一事者。故管仲可以不死耳。原是論節義之大小，不是重功名也。春秋之義如此，何以後世多不能明乎。」（《四書講義》卷十七）春秋民族大義之節義大，後世忠君之節義小。「攘夷」所以全華夏，大公之大義。「忠君」所以利君主一人，爲私利之小節。重大義不必顧小節。

3. 天下爲公——呂留良認爲三代聖王爲政施治，一切本天下爲公之心，以愛利人民。自秦漢以後的一切制度，皆是爲自私自利的存心。後世的所謂「君臣之義」，乃是君主所以保其天下的「家當」；乃是臣下邀寵固祿的伎倆；皆是自私自利的設計，並無安利人民的設想。呂氏曰「天生民而立之君，君臣皆爲生民也。」（《四書講義》卷六）又曰「三代以上聖人制產明倫以及封建兵刑許多佈置，都祇爲天下後世區區，不曾有一事一法，從自己富貴及子孫世業上起一點永遠佔定，怕人奪取之心。自秦漢以後許多制度，其本心卻絕是一個自私自利，惟恐失卻此家當。」（《四書講義》卷二九）

呂氏又曰「封建井田之廢，勢也，非理也；亂也，非治也。後世君相因循苟且，養成其私利之心，故不能復三代。孔孟程朱之所以憂而必爭者正爲此耳。雖終古必不能行，儒者不可不存此理以望聖王之復作。」（《四書講義》卷三四）但後世的儒者，不但不能信守三代天下爲公的古義與聖道，反而被專制君主的絕對忠君思想所汚染而成爲求官干祿的小人儒。

三代之世，君臣以義相合，列國並立，諸侯相若，爲臣者有擇君而仕的自由。志同道合，臣卽就君以輔成其養民爲公的治道；若志不合，道不同，則去之以就有道，或退而獨善其身。卽在封建時代，楚材固可晉用，事齊事楚亦無所拘禁；秦以用客卿而成霸業。吳起可以先後爲魯、魏之將及楚相而均建立勳功。封建廢，郡縣行，天下一統，臣無擇君自由，君則壟斷仕途。臣須依靠君主而致富貴，於是君尊臣卑，上下共濟其自私自利的企求，而小民遂淪於困窮，無以聊生。呂留良曰「祇爲後世封建廢爲郡縣，天下統一於君，遂但有進退而無去就。嬴秦無道，創爲君尊臣卑之禮，上下相隔懸絕，並進退亦制於君而無所逃。而千古君臣爲之一變。」（《四書講義》卷三七）因之，所論儒者遂陷溺於自私自利的專制君主制度中，棄卻政以養利人民的公義，流爲祇徒固富貴私圖。呂氏又曰：「後世事君，其初應舉時原爲門戶溫飽起見，一片美田宅，長子孫無窮嗜慾之私先據其中，而後講如何事君，也祇成爲固寵患失之學問」（《四書講義》卷十八）；「或迎合揣擬時君自私不仁之心事而爲之飾非遂過」（《四書講義》卷二九）。人君給臣下以高官厚祿或賞賜恩典，便稱皇恩浩蕩，要効死以報明君。至於格君心之非，正君行之過及如何安利人民，拯民於水火，置之於衽席之安，均拋之於九霄雲外。馮道、趙普、秦檜之輩何嘗有絲毫惻隱之仁，羞惡之恥。

4.夷夏之防——腐儒事君志在邀寵固祿，於是凡能給我富貴利祿者便是吾之恩君，當卑躬屈膝以事之。至於此君是否得國以正，是否是應加膺懲的夷狄，則均置而不問。呂留良認爲「後儒不明春秋，不述孟子，尊君好利過甚，竟至並夷狄之君而奴顏卑膝以事之。彼絕不自羞，而假借程朱之道統以爲掩飾，遂資陸王攻擊之口實。雖然魚目豈終可以混珠哉，亦在學者之善辨而已。」呂氏又曰：「從來尊信朱子者徒以其名未得其實。所謂朱子之徒，如平仲、幼淸（許衡、吳澄），辱身枉己，而猶哆然以道自任，天下不以爲非。此道不明使德祐（宋亡之年）迄洪武，其間諸儒，失足不少。夷夏之防既潰，仁義之本未立，此非朱子之本來面目，乃元代儒家厚誣前人。故紫陽之學，自許（衡）、吳（澄）以下已失其傳，不足爲法」；「然則居滿洲專制政治下而泛尊朱子，恐不免播揚許、吳之濁塵以貽誤後世矣」（《呂晚村文集》卷一，復高彙旃書）。

呂留良既具强烈的民族意識，故對夷狄侵佔華夏土地至爲痛心疾首，不勝悲憤。他說「然吾數其後，未四十年遘金統之難。區宇糜爛又五十餘年，而陰山微種，開門揖盜，燕雲以南無復人理，數不半百，五朝八姓十主。自生民以來未有若斯之酷也。宋德不長，東罷於耶律，西躪於拓跋，完顏、蒙古相

繼。甘人磨牙吮血，腥聞過百年。……」（《呂晚村文集》卷五，秋崖族兄六十壽序）

5.尊朱抑王——呂留良以爲「救正之道，必從朱子，求朱子之學，必於近思錄始。又竊謂朱子於先儒所定聖人例內的頭等聖人，不落第二等。凡朱子之書有大醇而無小疵，當篤信死守，而不可妄置疑義於其間。」（《呂晚村文集》卷一，與張考夫書）由此足見，呂氏乃是崇信朱子的儒者。因爲崇信朱子，進而卑抑王陽明。他說「從來尊信朱子者，徒以其名，而未得其實。近世闡提陸說者，其權詐又出金谿之上。金谿之謬，得朱子之辭闢，是非已定，特後人未之思而讀耳。姚江良知之言，竊佛氏機鋒，作用之緒餘；乘吾道無人，任其惑亂。夷考其平生，恣肆陰譎，不可究詰，比之子靜之八字著脚，又不可同年而語矣。」（《呂晚村文集》卷一，復高彙旃書）

朱子爲南宋理學家的巨擘。而葉適指斥理學家曰「高談者遠述性命，而以功業爲可略；精論者妄推天意，而以夷夏爲無辨。」且朱子倡「全有天下」的正統論，不管得國是否合於正道，不管僭國者是否是夷狄，只要「全有天下」便是正統。因之，朱子之徒如許衡、吳澄等，枉己辱身，屈膝奉事夷狄的蒙元。而呂氏之信朱子似令人難以理解。惟若進而揣度之，留氏之崇信朱子可能有以下四種原因：㈠滿清定朱子之學爲儒學正宗，科舉取士，以朱子的《四書集註》、《四書章句》爲應試答案的範本，是朱學定於一尊，衆所趨赴。於是呂氏信之以爲掩護，便於暗中向士子傳播民族思想。㈡呂氏所交接的朋友如黃宗羲、張履祥等皆爲朱學中人，朋友之間不免相互聲輔，依門戶之見而崇揚之。㈢許多朱子之徒祇託其名，而未得其實，遂以管窺所見以爲朱子「以夷夏爲無辨」，遂以之爲假借而文飾其枉己辱身，奴顏卑膝以事夷狄之蒙元。呂氏於是倡朱子格物窮理的實學，「示學者當從出處去就，辭受交接處畫定界限，扎定脚根，而後講致知主敬工夫。」（《呂晚村文集》卷一，復高彙旃書）以杜塞腐儒假借以爲厚顏卑躬以事夷狄者的藉口。㈣呂氏信朱子並非其最後目的，不過以之爲進入孔孟之門的梯階。觀於呂氏所說「幼讀朱子集註而篤信之。因朱子而信周程，因朱程而知信孔孟。」（《呂晚村文集》卷一，答潘用微書）可以知之。

第八十二章 理學派的政治思想

第一節 朱之瑜的政治思想

一、生平事略——朱之瑜的生平事略見《清史》遺逸傳（卷四九九），字魯璵，號舜水，餘姚人，寄籍松江，少有志概。九歲喪父，哀痛逾恒，及長，精研六經，特通《毛詩》。崇禎末以諸生，兩徵辟，不就。滿清僭國，福王建號江南，召授江西按察司副使兼兵部職方司郎中，之瑜力辭，走避舟山，與經略王翊相締結，密謀復國，渡海至日本乞師。魯王監國，屢徵皆不就。又至安南乞師，皆無成。舟山失守，之瑜師友擁兵者皆死節。明亡，蹈海全節，流寓長崎。

日人安東守約等師事之，敬禮有加，終始不衰。日本水戶侯源光國厚禮延聘，待以賓師之禮，每與談論，依經守義，曲盡忠告善道之意。教授學者，循循不倦。日人敬重之瑜，禮養備至，特於壽日設養老之禮，又製明室衣冠使服之。之瑜爲日人作學宮圖說，商榷古今，剖微索隱，使梓人依其圖而模之。因以建成文廟、啓聖宮、明倫堂、尊經閣、進賢樓，廊廡射圃，門戶牆垣，皆極精巧。之瑜居日本二十餘年，傳播中國學術文化於東瀛，厥功甚偉。朱氏生於明神宗萬曆二十八年（西元一六〇〇年），卒於清聖祖康熙二十一年（西元一六八二年），壽八十三歲。日人謚曰文恭，立祠祀之，並護其墓，至今不衰。

二、重要著作——朱之瑜的著作，計有《舜水文集》二十五卷，《獻奠儀注》一卷，《陽九述略》

一卷及《安南供役記事》一卷。

三、學養評定——朱之瑜爲人嚴毅剛直，動必以禮。平居不苟言笑，惟言及國難，常切齒流涕。魯王敕書，奉持隨身，未嘗示人，歿後始出，人皆服其深密謹厚。

四、政治思想——朱之瑜在日雖以宣揚儒學爲先務，然前後發表的有關政治思想亦間有之；其著作中亦有一些政治思想。玆擇要舉述於次：

1.施行仁義——朱之瑜爲醇儒，尊信孔孟。孔孟爲治，以施行仁義爲主要；故主張本惻隱之心，以不忍人之心，行不忍人之政，仁覆天下，膏澤人民。他說「仁者，吾心惻隱之微而施之天下，則足以保四海。君子未嘗有四海之貴，宜先具足保之體。故曰，以不忍人之心，行不忍人之政，而仁覆天下矣。今天下有不忍於鰌鱔蚌蛤之戕其生，而忍於殺人，是亦不知務矣。此謂仁心仁聞，而民不被其澤者，所貴乎擴而充之。」（文集，卷二十五，雜說）天下定於一，孰能一之，孟子曰「不嗜殺人者能一之。」由惻隱之心，從保生而至於不殺人，則得天下矣。

仁源於惻隱之心，義基於羞惡之心，本天下爲公的自然理則以舉事以求合於義。義者事之宜也。故孔子曰「君子之於天下也，無適也，無莫也，義之與比。」（《論語》里仁篇）行義謂之勇，故曰見義勇爲。若無行義之動機，只有憤忿之怒，不可謂之義，祇是匹夫之勇。文王一怒而安天下之民，行義也，非勇也。朱之瑜曰「義者，萬物自然之則，人情天理之公，譬之水然，或遇方而成珪，或因圓而成璧。若舉事以求合乎義，則土之型金之範矣。羞惡之心爲義之端，倘未愼之於始，而不勝憤忿之心，或可謂之勇，不可謂之義也。」（文集，卷二十五，雜說）

施行仁義亦須合於規範，這規範就是禮。禮者，理也。故孔子曰「道之以德，齊之以禮」（《論語》爲政篇）；「君子義以爲質，義以行之」；「動之不以禮，未善也」（《論語》衞靈公篇）。又曰「知和而和，不以禮節之，亦不可行也。」（《論語》學而篇）朱之瑜認爲禮爲仁義之節文，所以使人誠於內而正於外。他說「禮爲仁義之飾文，天倫秩序，故曰天秩有禮。」又曰「禮經國家，定社稷，序人民，利後嗣者也。而或者以爲登降上下，雍容愼齊當之，果禮之實乎？雖然，執玉帛卑以徵脩短，氣揚視低以知姦回，有諸內者，必形諸外也。行中采齊，步中肆夏，尙矣，恭敬無實，玉帛云乎哉。」（文集，卷二十五，雜說）

2. 敎養互濟——子適衞，冉有僕。子曰，庶矣哉。冉有曰，旣庶矣，又何加焉。曰，富之。旣富矣，又何加焉。曰，敎之（《論語》子路篇）。由此可知爲治之要，在富之與敎之。富之所以養民，敎之所以使民知禮。富而不敎，民不知禮，則「君不君，臣不臣，父不父，子不子，雖有粟，豈得而食諸。」（《論語》顏淵篇）敎而不富，則倉廩不實，民焉能知禮儀。朱之瑜以爲敎養二者相互爲濟，非養無以爲敎，非敎則養無所終。他說「伏以治道有二，敎與養而已。養處於先而敎居其大。蓋非養則敎無所施，此奚暇治禮義之說也。非敎則養無所終，此飽食暖衣逸居無敎之說也。故敎者，所以親父子，正君臣，定名分，和上下，安富尊榮，定傾除亂，其敎未可一言而喩也。今天下典彝，或未甚修畢；名物或未其允釐，橫議盛而游手多，未爲久安長治之象。卓識之君子，所宜夙夜祗懼，思贊萬世無疆之休。今乃怡怡然一步一趨，恐非持滿保泰之道也。且上公蚤有明哲之譽，逈爾出群；誠天下之所篤生，祖宗之所申佑，而無致君澤民之實，且何以謝天下乎？其何以謝祖宗乎？之瑜老悖，不知忌諱，以此爲祝。竊自以爲賢於百朋之獻也。」（文集，卷七，四致光源國書）朱氏係旅居外國，猶向當局進其忠言，誠誠篤君子。

3.興建學校——敎育旣爲治道之要，欲推行敎育自必然建立學校。庠序完備，師資優良，爲恢宏敎育功能先決條件。朱之瑜除論庠序學校爲國家之命脈外，更論述學校的種類及其不同的任務。他說「庠序學校，誠天下國家之命脈，不可一日廢也。非庠序之足重，庠序立，而庠序之敎興焉，斯足重也。虞夏商周，以至於今，未之有改也。是故興道致治之世，君相賢明，其學校之制，必釐然俱舉，煥乎可觀，於是人才輩出，民風淳茂，而運祚亦以靈長。至若衰世末俗，不念經國大猷；事事廢弛，以致賢才鬱湮，民風偸薄，弱肉强食，姦宄沸騰；而國運亦以隨之矣。」（文集，卷十六，學校議）

朱氏又曰「學校之設，凡有六等。闕里爲孔子發祥之地，且孔林在焉，衍聖奉祀，欽差鎭守，歷代增崇，有加無損，常殿翬飛，碑坊鱗次，大都皆敕建，固不可及矣，是謂第一。兩京乃天子辟雍，規模宏敞，品節精詳，其制尙矣。……是爲第二。至於省會之區，賢豪迭興，名卿接踵；且撫按司道，蒞官謁聖及每月朔望，必須詣學行香，府縣官不敢不竭力經營，以希課最，其爲第三無疑也。餘外府州，視其科第盛衰，地方肥瘠，州府官賢不肖以爲差等，不得不置之第四。……簡陋州縣，本非衝繁孔道，守令闒茸昏庸，鄉紳隱情惜己，徒爲具文而已，列之第五。若夫荒僻下邑，蠻貊新開，戶口無多，錢穀單少，賓興累科之人，忠信十室鮮有，則崇祀之所，頹垣折棟，育賢之地，鞠爲茂草，抑亦姑置第六。」（文集，卷十六，學校議）

4.敬敎勸學——治國之要在施行敎化。敎化施行，首在興建學校。學校祇是推行敎化之工具，端在賢達君子善自運用之，以眞心誠意，推己及人之念敎生徒，淳風化。此乃爲政之先務，建國之大本。朱之瑜曰「敬敎勸學，建國之大本；興賢育才，爲政之先務。寧有舍此而遑他事者乎。舍此而營他事，則僻邪誕慢之說競而雜揉矣。欲求政敎修明，風俗淳茂，何可得哉？子今日旭日之陽，能潛心好學，不荒於嬉，超於世俗遠矣。由是全其誠而不已，其何所不至乎？誠者，天之道，思誠者，人之道。大人者，不失赤子之心者也。顧諟在玆，其勿以儇巧琢之；盡己謂忠，推己爲恕，固也。此已果易盡哉？仁義禮智，天之所賦；子臣弟友，人之所萃；於是有歉焉，尙得謂之忠哉？老老及人，幼幼及人，卽盡其己而推之耳。」（文集，卷二十五，雜說）

5. 興農富民——爲政之要，在於敎養。養民之道，首在富民。富民之方，莫如興勸農業。農業爲立國之本，民食之所繫。食爲民天，農爲食源。故富以養民，端在興勸農業，增加生產。朱之瑜曰「聞凡治國，博施於衆，自古難矣，乃莫若勸農務本。然有富民，有貧民，而不一矣。富民則雖荒年而不凍餒，貧民則雖豐年而凍餒。其政不善，則到此宜矣。治之之要如何而可乎？答，治國有道，因民之所利而利之，豈在博施？春秋傳曰，小惠未徧，民弗懷也。富民當以禮節，貧民當以省耕省斂以補助之。」（文集，卷十五，答野節問）

6. 行井田制——中國自秦始皇廢井田，開阡陌，土地可以自由買賣，因之全國土地均爲私有。若行井田是强奪私有土地以歸公有，不但會引致民怨，甚而可激起民變。其勢不順，阻力過鉅。所以漢唐以來，儒者欲復井田者多矣，然皆成爲空談，井田卒不可復。當時日本情形尙在幕府時代，猶如軍閥的割據局面，類似封建制。朱之瑜是儒者，戀慕中國古代的井田制，故建議日本行井田制。他說「井田方里爲井，溝塗封洫，卽在其內，十里爲百井，山川谿谷，不在其內，近山川谿谷，不可井者，以授士大夫圭田，及餘夫之田。諸侯之國，方百里，七十里，小者五十里。雖周公之國，七百里恐未必然。中原自秦以來，廢井田開阡陌後，漢唐以來，必不能復。所以賢君治國，止於小康，以田皆民間私產，不能井分。今惟貴國之田，可井，可以復古先哲王之治，而君相均無其志，悠悠泄泄，可勝浩歎。」（文集，卷十一，答問一）

7. 致虜之因——滿族以夷狄入侵中國，强奪明祚。朱之瑜具有强烈的民族意識及愛國精神，乃奔赴日本與安南求救兵，謀復明室，但乞師未成，壯志未償，深爲悲憤。悲憤之餘，又本人必自侮也而後人侮之，木必自腐也而後蟲蝕之之旨，痛切指陳明末政治不修，世風澆薄，士大夫的無恥。他說「中國之有逆虜之難，貽羞萬世，固逆虜之負恩，亦中國士大夫之自取也。語曰，木必朽而後蛀生之，未有不朽之木，蛀能生之者也。楊鎬養寇賣國，前事不暇瀆言。卽如崇禎末年。縉紳罪惡貫盈，百姓痛入骨髓，莫不有時日曷喪及汝偕亡之心。故流寇至而內外響應，逆虜入而迎刄破竹。惑其邪說流言，竟有前途倒戈之勢。一旦土崩瓦解，不可收拾耳。不然，河北二十四郡，豈無堅城，豈無一人義士，而竟令其弢戈服矢，入無人之境至此耶!?總之，無大之罪，盡在士大夫，而細民無智欲洩一朝之忿，圖未獲之利，不顧終身及累世之患。」（《陽九述略》） 朱氏更進而言士風所以敗壞，由科擧祇重時文，剽竊記誦爲務。「士旣不知讀書，則奔競門開，廉恥道喪，官以錢得，政以賄成，豈復識忠君愛國?出治臨民，坐沐猴於堂上，聽賦稅於胥吏，豪右之侵漁不聞，百姓之顚連無告，鄉紳受賄，操有司獄訟之權。役隸爲奸，廣暮夜苞苴之路。朝廷蠲租之詔，不敵部科參罰之文，乍萌撫字之心，豈勝一世功名之想，是以習爲殘忍，倣傚模糊，水旱災荒，天時任其豐歉，租庸絲布，令長按册徵收。影占虛懸，巨猾食無糧之土。收除飛灑，善柔貽無土之糧。敲骨剝膚，誰憐易子，羨餘加派，豈顧醫瘡。……」（《陽九述略》）國事如此窳壞，人民窮困以至於此極，國焉得不亡，寇焉能不入。

8.滅虜之策——朱之瑜在消極方面，痛斥士大夫的無恥，政府的無能；在積極方面，則指出民心已厭滿清，思明之念甚强，端在英雄豪傑，齊心奮起，合群策群力，報國仇，滅醜虜。他說「滅虜之策，不在他奇，但在事事與之相反。彼以殘，我以仁，彼以貪，我以義。解其倒懸，使已登之袵席；出之湯火，斯爲沃之清凉。則天下之赤子，與天下英雄豪傑，皆我襁褓之子，同氣之弟，安有不合群策群力，以報十七年之深讎哉！逆虜雖有奇謀秘策，亦無所再施。況黔驢之技久窮，山鬼之術盡露，全爲百姓勘破，毫無足懼。故知一敗塗地，必不可支也。彼之所以能據我中國者，原乘我民心之叛，而用以張其威，所以到處望風潰敗，未嘗一戰，而已竊取中國矣。今百姓之叛虜，更十倍於前日之叛明。而民心之思明，更百倍於前日之望虜。」（《陽九述略》）朱氏赤膽忠心，滿腔熱血，愛國忠君，心存明室，志切滅虜，壯志可嘉，節義可佩，一代孤臣，勁風亮節，足垂千古。無如滿虜强力控制之勢，衆卵擊石，實難撼其基礎。況明政窳腐，久失民心，一時頗難挽回。遂致孤臣孽子之苦心孤詣，卒以付之東流。倒清復漢之大業，只得待諸他日之英雄豪傑，與舉義旗，共滅此獠。

第二節　湯斌的政治思想

一、生平事略——湯斌的生平事略見《清史》卷二百六十五本傳。茲輯錄如次：

湯斌字孔伯，號潛庵，河南睢州（今睢縣）人。母趙氏，流寇陷州城，殉節死。父祖契攜斌避亂於浙江衢州。清世祖順治二年（西元一六四五年）清兵定江南，斌隨父還里。順治九年（西元一六五二年）舉進士，由庶吉士授國史館檢討。順治十二年（西元一六五五年）奉詔陳言，請廣搜野乘遺書，以修明史；且謂前明抗節不屈，臨危受命者，與叛逆不同，宜令纂修諸臣勿事瞻顧，昭示綱常於萬世。大學士馮銓、金之俊等，謂斌誇獎抗逆之人擬旨嚴飭。世祖特召斌至南苑，溫諭移時。九月諭吏部曰，翰林官員，讀書中秘，習知法度，自能以學問爲經濟，助登上理。於是斌得任潼關兵備道。順治十六年（西元一六五九年）斌調江西嶺北道。尋以父老，乞休歸里。丁憂服闋。聞容城孫奇逢講學夏峰，往受其業。

聖祖康熙十七年（西元一六七八年）詔舉博學鴻詞，斌應詔，試第一，授翰林院侍講，纂修《明史》。康熙二十年（西元一六八一年）充日講起居注官，浙江鄉試正考官，轉任侍讀。明年爲《明史》總裁官，並纂修太宗世祖聖訓，遷左春坊左庶子。康熙二十三年擢內閣學士，充大清會典副總裁官，旋補授江寧巡撫。瀕行，上諭曰，以爾侍經筵，老成端謹，江蘇爲東南重地，故特簡用。居官以正俗爲先，江蘇風俗，奢侈浮華，爾其加意化導。移風易俗，非旦夕事，從容漸摩，使之改心易慮，當有成效。錢糧歷年不清，督撫所奏錢穀刑名大事，多有錯舛。爾能潔己率衆，自然改觀。賜璽書三，鞍馬一，表裏十，銀五百兩。

當年十月，上南行至蘇州。諭斌曰，向聞吳閶繁盛，今觀其風土，大略尚虛華」，「安佚樂」，「逐末者多，力田者寡，遂致家鮮蓋藏，人情澆薄。爾當使之去奢返樸，事事務本，庶幾家給人足，可挽頹風。朕欲周知地方風俗，小民生計，有事巡行，皆自內府儲備，秋毫不敢自於民間」。恐不肖官吏」，「借端妄派，以致擾民，爾其嚴飭劾奏。駕至江寧，諭斌回署治事，賜璽書及蟒服。

康熙二十四年（西元一六八五年）斌上疏言蘇、松等府賦額繁重。以康熙十八年以來，積逋若同時並徵，民力不能兼完，請於二十四年起，分年帶徵，俾官無挪新補舊之弊，民無廢棄農田之苦。疏下部議。是年秋，淮、揚、徐三府水患。斌條陳蠲賑事宜以聞，請發帑伍萬兩，糴米湖廣。先借所屬知縣倉穀散給；又言災地百姓，餬口無資，恐入冬饑寒交迫，流亡者多。臣與朝臣徐旭齡、河臣靳輔定議，二臣就近分董淮安賑務。臣即至清河、桃源、宿遷、邳、鹽、豐諸州縣察賑。上命戶部侍郎索赫，往助督賑，俾災民，咸就撫輯。

康熙二十五年，斌上疏言：「吳中風俗尚氣節，重文章。而佻巧者每作淫詞豔曲，壞人心術。蚩愚之民，斂財聚會，迎神賽社。婦女有冶遊之習，連袂寺院。無賴少年，習拳勇，名有打降。臣嚴加訓飭，委曲誥戒，一年以來，人漸斂跡。惟妖邪巫覡，習為怪證之說，愚民為其所惑。蘇州府城西上方向，有五通淫祠，幾數百年，遠近之人，奔走如鶩。諺謂其山曰肉山，其下湖曰酒海。凡少年婦女，有寒熱疾者，巫覡輒曰，五通將娶為婦，病者神魂失據，往往羸瘵而死，每歲常至數十家。臣多方禁之，其風稍戢。比因臣勘災至淮，乘機益逞猖獗，臣遂焚其像，檄有司類此者盡焚之，其材備修學宮葺城垣之用。但吳中巫覡最黠且悍，恐臣去後，又造怪誕之說，更議復興，請賜特旨嚴禁，勒石山巔，庶可永絕根株。」疏上，得旨，淫祠惑衆誣民，有關風化，如所請，勒石嚴禁。各省有似此者，一體飭遵。

先時上有言，輔導太子之任，非斌不可者。於是上諭吏部曰：「自古帝王諭教太子，必選和平恪謹之臣。統領百僚，專資贊導。江寧巡撫湯斌，潔己率屬，實心任事，允宜拔擢人用，風示有位，特授禮部尚書，管詹事府事。」康熙二十五年斌至京。上諭曰，天下官有才者不少，操守清廉不多。見爾前陛辭時，言平日不敢自欺。今在江蘇，克踐前言。朕用嘉悅，故行超擢，爾其勉之。斌疏薦侯補道耿介，賦質剛方，潛心經傳，學有淵源，乞徵取引見，以備錄用。上遂授介爲少詹事。

康熙二十六年五月，天不雨，詔諸臣工直言得失。靈臺郎董漢臣，以諭教元良，愼選宰執奏。御史陶式玉劾之，疏下內閣，集九卿議。有欲重罪漢臣者，尋奉特旨免議。而余國柱時爲大學士，以斌當會議時，有慚對董漢臣之語。傳旨詰問。斌奏，董漢臣以諭教爲言，臣忝長官僚，動違曲禮，負疚實多。上以詞多含糊，令再回奏。斌言：「臣資性愚昧，前奉綸旨，一時惶怖，罔知所措。本欲自陳愆過，致語多牽混，罪何可辭。乞賜嚴加處分，以警溺職。」上因其遮飾具奏，降旨嚴飭之。

左都御史璙丹等劾斌奏諭申飭，不痛自引咎；並追論其於蘇州去任時，巧飾文告，沽名干譽。會耿介以疾乞休，詹事尹泰等，劾介僥倖求去，並劾斌妄薦如尸之人。疏下部議，應革職。上命留任，改授工部尚書，未幾疾作，遣太醫診視，不久病卒。斌生於明熹宗七年（西元一六二七年），卒於清聖祖康熙二十六年（西元一六八七年），享年六十一。依尚書例，予葬祭。雍正十年詔入賢良祠。乾隆元年賜謚文正。

二、重要著作——湯斌嘗從孫奇逢受學於夏峰（河南輝縣蘇門山）凡十餘年，爲學兼綜程、朱、陸、王之長，大旨主於經世致用，講究實用，不尙空談，著有《洛學篇》、《睢州志》、《潛庵語錄》、《湯潛庵文集》、《湯子遺書》等。

三、政治思想——湯斌爲一代名儒，精研性命義理之學，對政治思想的論述，不甚宏富。惟從《潛庵語錄》中觀之，亦足以窺見其政治思想的梗概。茲扼要引論如次：

1.安民擇相——《潛庵語錄》論君道篇曰「自古有爲之君，必親君子，遠小人。與君子日親，自與小人日遠。與小人日遠，凡聲色貨利之欲，土木興作之煩，巧技淫巧之物，俱耳目所不及見，心思所不及謀。君志清明，忠言易入，天下事可理矣。天生民而立之君，君之職在於安民。安民之道，在於擇相。故曰，勞於求賢，而逸於得人。此總其大綱以御天下者，萬世人君之道也。」

斌爲名儒。儒家政治思想的主旨，在於「德治」與「人治」。德治者以德化民，所謂「道之以德，齊之以禮，有恥且格。」（《論語》爲政篇）人治就是爲政者以身作則，表率群倫，而收風行草偃之效。子曰「政者，正也。子率以正，孰敢不正。」（《論語》顏淵篇）季康子問政於孔子曰：「如殺無道，以就有道，如何？」子曰「子爲政，焉用殺，子欲善而民善矣。君子之德風，小人之德草，草上之風必偃。」（《論語》顏淵篇）孔子又曰「其身正，不令而行；其身不正，雖令不從」；「苟正其身矣，於從政乎何有？不能正其身，如正人何？」（《論語》子路篇）使有德者在位，就是親君子，遠小人。君子爲政就是賢人政治（Government by the best.）。賢人在位，以德化民，則國治民安。

明君必須有賢相以佐之，方能達到以德敎安民的目的。故斌曰，「安民之道，首在擇相」。明太祖洪武十三年，左丞相胡惟庸以謀反伏誅，廢丞相，析其事於六部而總於皇帝。十五年置殿閣大學士，以文學侍從之士充之，掌票擬，司批答，雖有「內相」之稱，然其品低位卑，猶如君主之侍僕，遠不如漢唐宰相權重位要。淸沿明制，相權輕，君權重，專制君主的權力得到最高的發揮。湯斌處於異族强君統治之下，不敢批評君權之重，僅從側面指明「安民之道，在於擇相」；「勞於求賢，而逸以得人。此總者大綱以御天下也」。

2.人臣職責——政府爲推行政務，治理國事，乃分任而設職，量能而授官。爲人臣者的職責，端在盡忠職守，達成任務。湯斌論臣道曰「爲臣而不盡職，非君子也。」(《語錄》論臣道) 不過，人臣要盡職，必須先明瞭其職責之所在。職之所在，責所當爲，便須萃全力以赴之，以竟其功，決不可廢弛職務，致罹「失職」之罪咎。至於非職責所在的事務，自當不加處理，以免「越權」與「擾民」。人臣盡職的規範，在於「勿殞」「勿越」。殞則失職，越則侵人，均爲人臣的大戒。腐敗官僚常以「無爲而治」、「與民休養生息」、「不擾民」、「一動不如一靜」、「多一事不如少一事」爲藉口與託詞，因循敷衍，偷生苟安，以致公務廢弛。竟有人視「失職」之臣爲「循吏」者。有些躁急求進，急功近利的官員，爲要求「表現」，要「立功」，猛浪從事，不當爲而爲，勞民傷財，事倍而功半。史傳所稱的「酷吏」多爲不當爲而爲的「妄臣」。湯斌論臣道作了勿殞勿越的立論。他說「爲人臣而不盡職，非君子也；爲臣而不喻乎職分之所當爲，亦非君子也。欲不至於不盡職，任事必須做事；欲不喻乎職分之所當爲，多事不如省事。」(《潛庵語錄》論臣道) 湯斌所謂人臣盡職的要旨，就是做其應當做的事，省其所當省的事。任事以利民，省事以安民。

3.大臣出處——人臣猶如今日的常任事務官，其去留係以能否稱職勝任爲標準。所謂大臣者猶如今日的政務官。政務官出處以政治情勢的順逆及政策能否實行爲轉移。今日之所謂政策，猶如昔日之所謂治道。道能行則進，道不行則退。「合則留，不合則去」乃古大臣應有的風範。事務官重久任，以服官盡職爲終身事業，故留戀職位乃正常現象，不足爲怪。至於所謂大臣，亦可視之爲政治家，當去則急流勇退，不可有「戀棧」之心。大臣的進退既當以政治情勢的順逆爲移轉。若當退而不退，卽所謂「逆勢」

而「戀棧」，必將引起政治風波，甚而至於發生變亂，非政治家所以安民濟世之道。

湯斌論大臣出處與著者所言正相符合。他說「先生近辭司寇之命，請欲留總憲，以汲黯自擬。都下縉紳及儒生不能盡明斯義，以爲翹首跂足，顒聞讜論，而兩月來未聞有所論說，議論紛紛。近聞有浙江監生致書臺下，未知曾塵清照否。某未見其書云何？……知己之感，古人所重；若有聞不告，非事大賢之道，且非所以報知己。蓋自請留任，爲近年不經見之事。故自處較難，無再擇他官之理。而總憲非久居之地。盛名難副，晚節難保，先生詳審之。」（上總督魏環極書）這書是湯斌責魏環極不應「戀棧」總憲之職，當退則退；且告以總憲非久留之地，不能拖懶下去。「戀棧」有失大臣風範，故勸其勇退，以副盛名而保晚節。

4.取士之道——爲治之道，首重得人。人存政擧，人亡政息；得人者昌，失人者亡。所謂「人」，非泛指人人而言，乃指人才而言。所謂人才，在往昔並非指方伎、工巧、技藝等人；而是指能治國安邦，從政治事的官吏。官清民自安，官勤事自理。這些有才德的官吏，自必從所謂「士」的知識分子中選取之。而選取的正確；選取的標準，必須合理，方能選取得所需要的人才，或服公的官吏。

湯斌主張取士的方法要用考試，卽所謂「衡文」。文章的衡鑑，應注重其內容，卽眞才實學，不可僅視其表面的美麗或浮華；尤不可以「虛名」取士。湯氏曰「或云取士以收羅名士爲要。先生曰，使暗中揣摸而得，則主司與名士，共信文章有靈，寧不彼此兩榮？若有意求之，恐非朝廷命遣衡文之意，愛名士如何奪朝廷？」（《潛庵語錄》論取士）

5.鄉里自治——國家是由省縣等地區集合構成的整體，而鄉里又是構成省縣的基石。基礎鞏固，整體方能堅實。是以欲謀國家之富强者，不可不致力於基層的鄉里建設。鄉里建設的重點，一在培養人民的自治能力，守望相助，疾病相扶，通力合作，俾能安居樂業。一在敦教化，厚風俗，勸善懲惡，勵孝悌之道，倡勤儉之風。君能安民擇相，民能守分盡力，上下配合，協同興業，政治自可達於上理。

湯斌深明此義，故曰「適問所論治道，就一邑論之，有司若立申明亭之類，專其實於鄉長，令以詩書善惡爲勸懲，未有不成俗者。何有司憚而莫之行乎？曰，後世利欲浸漬，極重難還，留心治道者絕少。若有司有志復古，整理一方，儘可行去，須無難事。」（《潛庵語錄》論治道）足見湯斌的鄉治主張，在師古意，宣教化，勸善懲惡，移風易俗，養成人民的自治能力。

第三節　李顒的政治思想

一、事略——李顒又名容，字中孚，清盩厔（縣在長安縣西，山曲曰盩，水曲曰厔）人，故號二曲，生平事略見《清史》儒林傳（卷四七九）。顒性至孝，父可從，明材官，崇禎十五年，流寇張獻忠犯鄖西，討賊殉難於襄城。顒年十九，隻身尋父骸，顧炎武爲之作襄城紀異詩，顒名大振。少受父教，淹貫經史百家之言。常州知府駱鍾麟嘗師事顒，邀請至道南書院講學。又至無錫、江陰。靖江講學，所至學者雲集。既而幡悔曰，不孝！汝此行何事，而喋喋於此。卽戒行赴襄城，至父祠，乃哭祭招魂，取塚土西歸，附諸墓，持服如初喪。

清聖祖康熙十八年，薦博學鴻儒，稱疾篤，舁床至省，水漿不入口，乃得予假。自是閉關，晏息土室，惟崑山顧炎武至，則款之。康熙四十二年，聖祖西巡，時顒已衰老，遣子慎言詣行在陳情，上特賜御書「操志高潔」以獎之。顒嘗謂孔、曾、思、孟立言垂訓，以成四書，蓋欲學者體諸身，見諸行，充之爲天德，達之爲王道，有體有用，有補於世；否則假途干進，於世無補。夫豈聖賢立言之初心，國家期望之本意耶？居恒教人，一以反身實踐爲事。時容城孫奇逢之學著於北，餘姚黃宗羲之學盛於南，與顒鼎足稱三大儒。顒晚年寓富平，關中儒者稱三李。三李者顒及富平李因篤，郿李柏。顒生於明熹宗天啓七年（西元一六二七年），卒於清聖祖康熙四十四年（西元一七〇五年），壽七十九。顒自號土室病夫，學者稱二曲先生。

二、著作——李顒的重要著作有二：一爲《四書反身錄》六卷，《續補》一卷。顒之學兼綜朱王。書中釋《大學》格物之物，爲身心意知家國天下之物，卽物有本末之物；又謂明德與良知無分別，念慮微起，良知卽知善與不善，知善卽實行其善，知惡卽去其惡，不昧所知，心方自慊。二爲《二曲集》二十三卷，卷一至卷十六，爲顒講學教授之語，或爲自著，或爲弟子所輯。各卷篇目爲悔過自新說、學髓、兩庠彙語、靖江語要、錫山語要、傳心錄、體用全學、讀書次第、東行述、南行述、東林書院會語、匡時要務、關中學院會約、盩厔答問、富平答問及觀感錄。卷十六至卷二十二爲顒所著雜文。卷二十三爲附錄多種。

三、政治思想——李顒爲清代有名的理學家，未嘗入仕，一生以治學授教及著述爲專務；在異族專制君主統治下，故不願屈身奉事，不與合作，不無消極抵制之意，而對現實政治亦少露骨批評。不過在《二曲文集》中多表現有儒家的政治思想。茲扼要論述如次：

1.施行教化——孔子爲政「道之以德，齊之以禮，有恥且格。」以德道民，以禮齊民，即是施行教化。施行教化，首在設立學校，培育人才，教導人民。李顒曰「設爲庠序學校以教之。今庠序未嘗不設，學校各處皆有，而教安在哉！不但立身行己之道，濟世安民之務，夢想所不及，卽章句文藝之末習，登堂畫卯之故事，亦寥寥無聞。士不皆才，豈士之罪，與言及此，可爲太息。」（《二曲學案》）設學校要有育才化民的實效，不然徒有其名而無其實，爲害滋甚，實可嘆息。

學校要發揮其應有的功能，須延聘飽學碩德的良師，擔任講學施敎的重責大任，以育才化民，所謂良師興國，豈虛言哉。李顒不入仕而講學，蓋志在立師道，育人才，治天下，隱然以師儒自居。師儒者，學校所不可或缺的良師。他說「政治出於人才，人才出於學校，學校本於師儒。師儒爲人才盛衰、生民安危、世道治亂之關。故師道立，則善人多，善人多則天下治，此探本至論。」（《二曲學案》）

學校爲施行敎化的場所，師儒爲施行敎化的良師，講學爲施敎化的方法。三者構成施行敎化的機體，不可分離。李顒論講學的重要與功能，曰「立人達人，全在講學。移風易俗，全在講學。撥亂返治，全在講學。旋乾轉坤，全在講學。爲上爲德，爲下爲民，莫不由此。此生人之命脈，宇宙之元氣，不可一日息焉者也。息而元氣索，而生機漓矣。」（文集，匡時要務）敎育（講學）爲百年樹人的大業，厚植國力的根本。其功能足以培養生人之命脈，充裕國家的元氣。

2.爲學旨趣——施教所以育人，爲學所以養己。養己在培植自己的健全人材，充實自己的治事智能。爲學的目的或旨趣實在於經世致用，治國安民，並非爲章句記誦之學以爲獵取官位名利的工具。質言之，爲學旨趣在於格物致知，誠意正心，修身齊家，治國平天下。李顒論爲學的旨趣曰「經書垂訓，所以維持人心也；學校之設，所以聯群會講，切劘人心也。自敎化陵夷，父兄之所督，師官之所導，子弟之所習尙，擧不越乎詞章名利，此外茫不知學校爲何設，讀書爲何事。嗚呼！學術之晦，至是而極矣。人心陷溺之深，至今而不忍言矣。昔墨氏之學，志於仁者也，視天下爲一家，萬物爲一體。慈憫利濟，惟恐一夫失所。楊氏之學，志於義者也，一介不取，一介不與，從其學者，人人一介不取，一介不與；此其爲學，視後世詞章名利之習，相去何啻天淵。孟子猶以爲愛無差等，理亂不關，辭而闢之，至目爲無父無君，比之洪水猛獸，蓋慮其以學術殺天下後世也。夫以履仁蹈義爲事，其源稍偏，猶不能無弊。矧所習惟在於詞章，所想惟志於名利；其源已非，流弊又何所底止。此其殺天下後世尤酷，比之洪水猛獸尤爲何如也。」（文集，匡時要務）爲學要守中庸之正道，履仁蹈義方能致治安民，而無流弊。墨楊二氏履仁蹈義，其源稍偏，孟子便斥爲無父無君洪水猛獸。當世之學術務以詞章名利爲利，舍棄仁義而不由，其爲害酷烈，尤甚於洪水猛獸。李顒慮世憫時，心以爲危，特提出嚴厲的警告，期能挽救日趨敗壞的學術風氣。

3.知恥守眞——國家建設，首重人才。所謂人才，不僅要有經世致用的豐富知能；尤當有意誠心正的優良品德。德智雙修，品學俱優，方是有爲有守，治國良才。因知能富，才足以治政理民；品德優，才足以正世化俗。而正學純德的養成，須以知恥爲起點。知恥則滌汚存純，明心見性得以保其明靈不昧的明德眞性，即所謂良知。守此眞性良知則知好善惡惡，爲其所當爲，守其所應守，國治而民安。否則，不知恥爲禍亂之源。人不知恥，則無惡不作。士不知恥，則卑躬屈節，求仕干祿。官不知恥，則貪贓枉法，殘民以逞。男不恥，則淪爲盜賊，強暴殺人。女不知恥，墮爲娼狂，敗壞風俗。李顒深明此義，故倡知恥守眞之論。

李氏曰「士生於今日，勿先言才，且先言守。蓋有恥方能有守也。論士於今日，不專在窮深極微，高談性命；只要全其羞惡之良，不失此一點恥心耳。不失此恥心，斯心爲眞心，人爲眞人，學爲眞學。道德經濟咸本於心，一眞自無不眞，猶水有源，木有根。恥心若失，則心非眞心。心一不眞，則人爲假人，學爲假學；道德經濟，不本於心。一假自無所不假，猶水無源，木無根。」（《二曲學案》）李顒所謂恥心，卽孟子所謂羞惡之心。羞惡之心，義之端也。故孔子曰「知恥近乎勇」。勇則見義勇爲，正其所不正，爲其所當爲。

4.科擧原義——自隋唐以來，歷代皆以科擧取士爲國家掄才要政。科擧考試，課試內容以五經四書爲主題，試文文式以制義、策、論、詩賦爲規範，或遴派大臣主考，或由皇帝殿試。論其設計，似屬完備；然究其實際，先則有通榜之失，繼則有八股之拘；文章表達重華浮而不究實質，尙章句記誦而忽經義大體；崇聲律，重技巧；祇流爲士子干祿求仕的途徑，旣難以選拔眞才實學的鴻儒；又未能啓廸希聖希賢的大志。科擧流弊，迭起叢生，不勝枚擧。論者遂提出對科擧制度質疑，而有微詞。李顒乃就疑，而申論科擧制度的意義，以爲解答。

「高先生曰，馮恭定有言矣。漢唐宋之制科，本無關於身心。……若八股之業，所讀者聖賢之書，所摹擬者聖賢之語，只是不曾發得聖賢之心，故不能做聖賢之事，立聖賢之品。今亦不須易業，只就其先資之言，而勉爲實行，便是聖賢了，無奈以書本爲敲門瓦；科名到手，書本棄去，一一盡是反做。此之謂言不顧行，行不顧言；不但背聖人之言，卽自己平生之言，自己全不照管，那得成人？先生（李顒）曰，擧業云者，言其修明體適用之業，擧而用之也。其計曷嘗不善？試以五經四書，欲人之明其體也；試以論，欲人之有醞藉也；試以策，欲人之識時務也。表以觀其華，判以驗其斷。從是科者，果能一一

本之躬行心得之餘，而可效諸用，則學業卽德業矣。」（《二曲集》東林書院會語）

5.制民之產——產者，田產。制民之產卽制定人民應有田產數額，以維持其生活。使人民永有其田制謂之恒產。孟子曰「無恒產而有恒心者，惟士爲能。若民，則無恒產，因無恒心。苟無恒心，放辟邪侈，無不爲已。」（《孟子》梁惠王上）實則，士無恒產亦無恒心。食色性也。人生有食欲，不食不能生存。孔子聖人，故亦曰「吾豈匏瓜也哉？焉能繫而不食。」（《論語》陽貨篇）民爲邦本，食爲民天。恒產者人民衣食所自出，若無恒產，則陷凍餒之苦。飢寒交迫，人民自將鋌而走險，起而爲盜賊。盜賊起，天下離亂。李顒曰「民有恒產，然後可望有恒心。故明君將欲興學校，以敎民，必先有以制民之產。所以然者，衣食足，然後可望知禮義也。後世言治者，卻全不講爲民制恒產；不知恒產不制，而責民以恒心。是猶役餓夫負重，驅羸馬致遠，勉強一時，究之半途而廢耳。」（《二曲學案》）故孔子爲政施治，富而後敎（《論語》子路篇），因民之所利而利（《論語》堯曰篇）。孔子又曰「政之急者，莫大於使民富」（《孔子家語》第十三篇）；「民之所以生者，衣食也。上不敎民，民匱其生，飢寒切於身，而不爲非者寡矣」（《孔叢子》卷二，刑論第四）。

6.保民之道——《書》曰，德惟善政，政在養民。孟子曰「保民而王，莫之能禦也。」（《孟子》梁惠王上）天生民而立之君。君之職在於養民與保民。李顒以師儒之志，惻隱之心，目覩西安人民，流亡失所，飢寒交迫，戚然憂傷，特致書陝西巡撫，申說保民養民之道，籲請行仁政，施救濟。

李顒曰「方今西安之民，以十分論，飢餓瘟疫，死者十二、三，流亡及賣入滿洲者十六、七。計今留者，十不得三耳。向使此三者皆足自保，永不流亡，而戶口減耗，田野荒蕪；明公猶難爲政。況於今茲去秋收之時，尚百有餘日，縱秋成可必，而餬口之資愈窟愈迫；天氣愈炎愈長，一日猶不可空綏，況百有餘日，而欲其不死喪流亡，不亦難乎！再有逃亡死喪，則並其三分亦不可得。民愈寡，田愈荒，……夫民衆財難，賑濟雖非救荒全策。然在目前，事急時迫，則不得不剜心頭肉以醫眼前瘡也。且爲國家者，非無財之患，無民之患。故古賢君，不惜竭府庫之藏，以厚惠下民；古之良臣名佐，不惜冒矯制之罪，身家之命，解民倒懸。誠以民爲國本，有人則自當有土有財也。」（與布撫臺書）

第四節　張伯行的政治思想

一、生平事略——張伯行的生平事略見《清史》，卷二六六；茲輯錄其要。張伯行字孝先，號敬庵，河南儀封（今考城縣）人，生於清世祖順治八年（西元一六五一年），卒於世宗雍正三年（西元一七二五年），壽七十五歲。聖祖康熙二十四年中進士，考授內閣中書，丁父憂歸里建「請見書院」，講明正學。在縣修堤防，除水患。以河道總督薦，帶原銜督修黃河南岸堤二百餘里。康熙四十二年授山東濟寧道，值歲大饑荒，家運米錢，製棉衣，賑濟災民，並發放倉穀二萬二千六百餘石。布政使責其專擅，即論劾。伯行曰，有旨治賑，不得爲專擅，上視民如傷，倉穀重乎？人命重乎？事乃得寢。

康熙四十五年，上南巡，賜伯行「布澤安流」匾額，尋擢任江蘇布政使。四十六年，上巡至蘇州，命所在督撫擧賢能，伯行不與。上見伯行曰，朕久識汝，朕自擧之，他日居官有善，天下以朕爲知人，擢爲福建巡撫，賜「廉惠宣猷」榜。伯行疏請免臺灣、鳳山、諸羅三縣賦。福建米貴，請發帑五萬，市湖廣、江西、廣東米平糶。建鼇峯書院，置學舍，出所藏書，搜先儒文集，刊布爲《正誼堂叢書》，以敎諸生。福州民祀瘟神，命毀偶像，改祠爲義學，祀朱子。俗多尼，鬻貧家女髡之，至千百。伯行命其家贖還擇偶，貧不能贖者，官爲出之。

康熙四十八年，伯行調任江蘇巡撫，賑淮、揚、徐三府饑饉。會布政使宜思恭以司庫空虛，爲總督噶禮劾罷，上遣張鵬翮按治。陳鵬年以蘇州知府署布政使，議司庫虧銀三十四萬兩，分析官俸役食抵補。伯行咨噶禮會題，不應。伯行疏上聞。上覽此疏，知與噶禮不和。上曰，爲人臣者當以國事爲重。朕總理機務，垂五十年，未嘗令一人得逞其私。此書宜置不問，伯行尋乞病去，上不許。

康熙五十年，江南鄉試，副考官交通關節，榜發士論譁然，輿財神入學宮。伯行疏上其事。正考官左必蕃亦以實聞。命尙書張鵬翮、侍郎赫壽按治。伯行與噶禮會鞫，得舉人吳泌、程光奎通賄狀，詞連噶禮。伯行請解噶禮職。噶禮不自安，亦摭伯行七罪上奏。上曰，伯行居官清正，天下皆知，噶禮才雖有餘，而無清正名。遂奪噶禮官。伯行留任。詔伯行來京，旋入直南書房，署倉場侍郎，充順天鄉試主考官，授戶部侍郎。

世宗雍正元年，擢伯行吏部尙書，賜禮樂名臣榜。二年命赴闕里祭崇祠。三年卒。遺疏請崇正學，勵直臣。上軫悼，贈太子太保、謚清恪，光緒初，從祀文廟。

二、學養評定——張伯行清廉持躬，正身立朝，行己有恥，剛直馳聲。巡撫蘇閩，勤政愛民，德澤廣被，霖雨蒼生，人民擁戴，立祠崇祀。伯行學宗程、朱，及門受業者數千人。伯行方成進士，丁父憂，歸里建「請見書院」，構精舍於南郊，陳書數千卷縱觀之，並列小學、《近思錄》、程朱《語類》曰：入聖門庭在是矣。盡發濂洛關閩諸大儒之書，口誦手抄者七年，始赴官。嘗曰，千聖之學，括於一致，故學莫先於主敬。因自號曰敬庵。又曰，君子喻於義，小人喻於利。老氏貪生，佛者畏死，烈士徇名，皆利也。在官所引，皆學問醇正，志操潔清，皆不令人知。平日崎屹之者，復與共事，推誠協恭，無絲毫芥蔕。曰，已荷保全，敢以私害公乎!?

三、重要著作——張伯行，博覽群書，精研聖賢之學，窮究悟得，著爲書篇，博通宏富，所著之書有《困學錄》、《續錄》、《居濟一得》、《正誼堂文集》十二卷，《續集》八卷。伯行所輯之書，有《道學源流》、《道統錄》、《伊洛淵源錄》、《小學衍義》、《小學集解》、《養正類篇》、《訓蒙詩選》、《續近思錄》、《廣近思錄》、《家規類編》、《閨中寶錄》及《後四書》等。

四、政治思想——張伯行的政治思想可從其著作《困學錄》、《正誼堂文集》及《清儒學案》中《敬庵學案》中窺見之。玆扼要論述如次：

1.爲治的思想——伯行爲名儒，故其爲治要旨，仍以省刑罰，薄稅歛爲重心。儒家爲治在道之以德，齊之以禮；其至極則爲「必也使無訟乎」。儒家的政治理想，在於置刑罰而不用。如果不得已而用刑罰時，亦要以愼刑恤刑爲要，哀矜勿喜，「罪疑惟輕」。輕刑以恤民，愼刑以安民，「與其殺一不辜，寧失不經。」德治爲本，刑治爲末，崇教化的德治，優於尙刑罰的法治。

伯行本此要旨而立論曰「天地之道有春溫必有秋肅，帝王之道有敎化不廢刑威。故刑之象屬秋，所以懾服斯民桀傲不馴之氣，而使之懍懍然，不敢以或犯，在肅殺之中，有生長之意寓焉。初非以慘刻之具，毒天下也。三代以前，尙德緩刑，有一不善，從而矜恤之，又從而提撕警覺之。即至情眞罪，當猶必別其故誤，嚴其出入，三宥而後制刑。其載諸經傳者，斑斑可考。漢唐以後，文網稍密，民生日促，幸有一二愼刑之主，爲之戒深文，釋重辟，幾乎有刑措之風。故能享國悠遠，保世滋大也。後之任刑官者，絕不解此；徒知威福惟我，恣行臆見，擊斷成獄，將欽恤謂何？甚而請託公行，苞苴不絕，視民命如草芥，任桁楊以徇私。迨寃成復勘，則稱寃纍纍。嗚呼！是不特殺人以媚人，而且殺人以肥己也。尙忍言哉！余久欲就古今愼刑諸書，裒集成編，以爲當官者勸。無如案牘紛繁，有願未遂。邇金沙李先生持《盡心錄》一書，欲重梓以行世，而問序於余。不禁喟然嘆曰，有斯哉！李先生之得我心也。夫刑所以輔德化也，德化之所不及，於是有强梁頑梗之徒，甘自蹈於法網，庭鞫之下，其情有掩蔽不吐，而難遽信者，非明敏不克以決其疑；有畏刑誣服，而不能昭雪者，非精思未足以洗其寃。……今聖天子在上，好生之德，洽於民心，或有身負重辟，猶從寬典，浩蕩之恩，洋溢中外。余承乏江蘇，當斷決之際，恒恐有一人不愼，傷及無辜，用相日夜祇懼，求所以惠此生民者而不得，玆閱所錄，益信明察不足矜，私智不足尚；揆乎情，斷乎理，以詳愼之心出之，爲平反之政斯已矣。竊願當官者，日手斯編而讀之，以不忍人之心，行不忍人之政；庶幾刑無不當，法不妄加。於以體聖天子欽恤民命，刑期無刑之至意。雖唐虞三代，曷以如此，又何春溫不卽寓於秋肅中哉。」（《正誼堂文集》盡心錄序）

2.養民的途徑——儒家爲政重在施敎化，講道德，行仁義。管仲曰「衣食足而後知榮辱，倉廩實而後知禮節。」法家批評儒家不重視人民的生計。而譏之曰「道德猶如畫餠充饑」，「仁義猶如兒童遊戲以塵爲炊耳」。其實，儒家亦持「德惟善政，政在養民」之論。孔子爲政嘗曰「足食、足兵，民信之矣」；孟子亦曰「五畝之宅，樹之以桑」，「黎民不饑不寒」，「七十者衣帛食肉」，「頒白者不負載於道路矣」。伯行儒者，其政治思想亦頗重養民之道。《困學記》曰「或問何以爲學，曰致知力行。何以爲治，曰厚生正德。」厚生卽所以養民。伯行所持厚生養民的途徑有三：一曰治水，二曰分黃洩湖，三曰社倉。

(1)治水——國以民爲本，民以食爲天。養民首在生產糧食。產糧必須治水。他說「善治水者，爲水大能治之使小，水小能治之使大。水大治之使小，所以防水害也。水小治之使大，所以資水之利也。然古之治河也易，今之治河也難。古之治水止於除水之害，今之治水，兼以資水之利。惟止於除水之害，故禹之治水，使水以四洩爲壑而已，無餘事。惟其兼以資水之利，故不得聽其所之，使必曲折回旋，致其水爲有用之水，而其餘乃歸於海，此善治水也。……所貴乎善治水者，使水不至甚大，而岸隄無漫溢之虞，民田免淹沒之患；使水不至甚小，而運河不至於淺澀，糧艘不至於艱阻，斯已矣。」（《正誼堂文集》治河議）

(2)分黃洩湖——黃河泛濫，爲害滋深，故治河除害亦爲養民要政。伯行治河要着有二：一曰開支河以分黃河之水；二曰置水洞以洩湖。前者所以除黃泛，後者所以去淮害。他說「自黃淮交滙，淮揚百姓悉慶安瀾，其利著矣。而盱泗之民獨被水災，其勢至爲岌岌。凡有一得之愚，不敢不盡芻蕘之獻。因陳管見二條，以備採擇焉。一曰開支河以分黃水也；二曰置水洞以洩湖水也。」（《正誼堂文集》條陳分黃、洩湖策）

(3)社倉——伯行在江蘇巡撫任內，曾擬「社倉條約十六款」恭呈御覽，奏陳其利，以爲施行。奏曰「伏見歷代以來，天下郡縣皆有倉穀，所以廣儲備荒，厚民生，重邦本。但法久弊生，有名無實。……因思歷代備荒之政，有所謂社倉者，出之於民，仍用之於民；下足以備荒，上亦不費帑藏，乃經國之良法，救民之善政。揆之於今，誠可舉行。蓋勸民出粟設立社倉，一遇歲荒，則比閭之民，自相計議而散之。朝開會，午得食於民甚便。若置於州縣，戶口待審於官府，文移高下於胥吏，恐貧富顛倒，窮民不得實惠。且鄉野之民，百里就食，不若社倉置之民間，爲至簡至便。前已具摺奏聞，今斟酌條款開列。此雖採擇歷代之成法，亦臣一得之愚見。」（《正誼堂文集》再奏設立社倉並附條款摺）

3.名臣的標準——伯行於所撰「三朝名臣言行錄總序」一文中，提舉名臣的鑑衡，宜以才識、德性、名節、勳業、度量、嘉言、誼行爲標準，並明言辨學貴嚴，論人宜恕。其言曰「……夫天理民彝具於人心者，固亙古亙今不可泯滅。而世運有汚隆，人品有高下，學術有正邪；則不能不因時而異，惟取其善者而爲法。苟有一言一行合乎道者，孰不爲吾多識之資？況自宋以來，歷八百餘年，名臣輩出，其間爲德量，爲勳業，嘉言善行，可效可師，燦若日星者乎？噫！學者未論作三代以上人物，即此錄所載，已足以薰陶吾德性，開擴吾才識，淬厲吾名節，其取益寧有窮乎？若徒拾其遺文，記其事蹟，以自負賅博而已，則謝上蔡舉史文成誦，明道先生且以爲玩物喪志，「其與斯書也何有。」（《正誼堂文集》三朝名臣言行錄總序）伯行論名臣，重人不重文，重人則以德性、才識、名節、言行及度量爲標準。

4.大臣的風度——大臣指總領百官，輔弼君主之宰執之臣，即所謂宰相。宰相的風度，應有含萬流而共包的容人雅量，見善如不及從善如流的虛心。「宰相肚裡行舟船」，不可偏狹，不可執拗，集衆智以爲智，合群力以爲力，綜多見以爲見。伯行以宋相王安石爲例，指其一生失敗，壞在執拗二字。執拗是自以爲是，固執己見；氣量偏淺，心胸狹小，既不能容人，亦無法從善，乃大臣之大忌。

張氏指出，大臣的風度，應如秦誓曰「若有一個臣，斷斷兮，無他技，其心休休焉，其如有容焉。

人之有技，若己有之，人之彥聖，其心好之，不啻若自其口出，實能容之，以能保我子孫黎民，尚亦有利哉。」（《大學》釋治國平天下） 伯行曰「王安石亦是不世出之資，亦欲以堯舜之道望其君。但其學術不正，遂誤天下。故學者不可不審所尚。或問於朱子曰，介甫之心本欲救人，然其術足以殺人，豈可謂非其罪？愚謂介甫一生總壞於執拗二字，《大學》曰，斷斷兮無他技，其心休休焉，其如有容焉，眞可謂大臣之體矣。惜乎，介甫之學，猶未及此也。」（《困學錄》論大臣）

5. 取士的新法——歷代取士的途徑，計有三種：一是漢代的鄉舉里選制，二是魏晉的九品中正制，三是自隋唐迄明清的科舉制。科舉以八股文取士，流於形式，趨於僵化，不足以選拔眞才實學之士。伯行有鑑於此，乃建議於科舉之外，兼採鄉舉里選的保舉制以爲輔助。其擬議於現制子午卯酉年仍舉行鄉試，辰戌丑未年，仍舉行會試，而於寅申巳亥年加鄉舉里選科，以舉賢良方正之士，由儒學舉於知縣，由知縣核實舉於知府，由知府核實舉於本道。由本道核實舉於兩司。由兩司核實舉於督撫。由督撫核實舉於禮部。由禮部合九卿科道核實進於內閣。由內閣核實獻於皇上，再加以召見或考試，果係才德兼具，則加以任用，所舉不實者，罪其舉主。

伯行奏曰「竊惟自古之人才，各殊其途。自古用人之法，各異其選。古者鄉舉里選，所取端在實行。惟科舉以取士，所重獨在文詞。故古之士皆敦行，今之士專攻文也。皇上御製訓飭士子文，以德行爲先，文詞次之，是亦古者鄉舉里選，敎人修行之意也。數十年來，人皆知行誼爲重，蒸蒸向風，翕然丕變矣。獨制科之法未定，而人心之趨向猶未盡一也。臣查康熙□□年皇上舉博學鴻詞之選，而淹雅貫通之儒，亦應運而生。今若舉賢良方正之選，而經明行修之士，有不鼓舞而思發者乎？今制逢子午卯酉之年行鄉試，辰戌丑未年行會試。臣愚欲於寅申巳亥年加鄉擧里選之科，擧賢良方正之士，以裨世教而正人心。其道必本於人倫，以忠孝爲主，而序別信次之。五倫兼盡者爲上選；忠孝兼盡，而序別，信有其一者爲次選，至於五倫僅有其一者，又次之。無論擧人進士、貢監生員以及布衣皆得入選。其法以恪遵聖訓，謹身寡過，早完國課，急公好義者爲忠；以生事死葬盡禮，昭彰耳目，宗族共稱者爲孝；至於長幼之序，夫婦之別，朋友之信，皆隨所行之事實而塡註之。……核實獻之皇上，或賜之召對，或驗其立身之實行，或加考試，以觀其經濟之實學。果係才德兼全者，送於吏部或照其現在之職，量爲優用；或照其應得之職，豫爲先用；或皇上遇緊要之缺特行擢用。至於生員布衣之無品級者，亦可附之貢監之末，量爲酌用。如此愼重，似亦可以無弊矣。」（《正誼堂續集》擬請鄉擧里選疏）

6.保甲的清釐——伯行任江蘇巡撫，爲安輯地方，教化人民，師保甲制度之古意，而善加改革與修正，乃訂清釐之法，通飭各縣遵行。其清釐保甲檄曰「……立卽通飭各屬縣，於每舖之中，計戶分爲幾甲，公擧誠慤一人爲保長。於每甲十戶之中，又公擧誠慤一人爲甲長。每戶照頒式各給牌一面，懸於門首。甲長亦照頒式給長柄牌一面，立於門首。飭令遵照牌文，互相稽察，照文勸勉。除查獲逃盜，該保甲卽時拘報外，遊手者敎令從事生產，停柩者催助出殯。生女當存，撫養長大，隨分字人，使婢計年二十，毋逾期卽爲遣嫁。倘有不遵，該保甲隣佑隨時據實擧報究治。再每甲十戶中貧富不同，依上上下下分爲九等，秉公確報，於門牌戶名之下，俱註明衣食豐歉之數，以憑查奪。其舖中紳衿，勸令擧行社倉，以爲小民表率。各舖俱有所蓄，卽遇饑饉，亦可恃以無恐。且將舖內人等，或躬行孝悌，或和睦閭里，或周濟孤寡，行善事幾件；或武斷鄉曲，或包攬詞訟，或酗酒賭博，行惡事幾件；一一據實塡註牌內後開，以憑勸懲。如有外出者，於牌內註明因何事故，前往某處。回日，註明於某日回家。倘敢抗玩容隱，立將舖甲一體治罪。」（《正誼堂文集》通飭清釐保甲檄）

第八十三章　實用派的政治思想

第一節　顏元的政治思想

一、**生平事略**——顏元字易直，改字渾然，學者稱習齋先生，生於明思宗崇禎八年（西元一六三五年），卒於清聖祖康熙四十三年（西元一七〇四年）壽七十；生平事略見《清史》儒林傳（卷四七九）及《清儒學案》所撰小傳。明末父㫤戍遼東歿於關外。元貧無立錐，百計覓得骸骨歸葬，世稱孝子。元少有異禀，讀書輒出己見，初好道家言，尋棄去，好讀史，學兵法。及遍讀性理書，奉周程張朱之旨，刻苦勵行，期於主敬存誠。躬耕胼胝，必乘閒靜坐。居喪一依《朱子家禮》，有心未安者，尋討古經，以朱子所制不盡合，乃疑宋儒。因悟堯舜之道在六府三事，周公敎萬民以三物，孔子以四敎，弟子身通六藝。所謂道學（理學）、訓詁、注疏，皆空談也。

元又悟宋儒言性，分義理、氣質爲二，不合於孔孟之說。於是著《存學》、《存性》、《存治》、《存人》四編，以之立敎。堂上置禮樂諸器，率門弟子進退揖讓於其間，歌謳舞蹈，文行並進。分日考究兵、農、水、火、工、虞，弟子各授以所長。嘗曰，必有事焉，學之要也。心有事，則存；身有事，則修；家之齊，國之治，皆有事也。無事，則道與治俱廢。故正德利用厚生曰事。不見諸事，非德非用非生也。元以爲宋以後諸儒著述皆空言無實用。陸、王固禪，程、朱亦近禪。訐隲性理，書條辨之。

元自終父喪，棄諸生，而用世之志甚殷。嘗曰，將以七字富天下：墾荒、均田、興水利；以六字強天下：人皆兵，官皆將；以九字安天下：舉人材，正大經，興禮樂。肥鄉郝文燦建漳南書院，聘元往主講，設文事、武備、經史、藝能等科，從游者數十人。後因天大雨，漳水溢，牆垣堂舍淹沒，遂辭歸，不復出，歷八年病卒。弟子李塨傳其學而益昌盛，信從者甚衆，世以顏、李並稱。民國七年元從祀孔廟。

二、重要著作——顏元之著作流行於世者，有《存學編》四卷，《存性編》二卷，《存治編》一卷，《存人編》三卷，《四書正誤》六卷，《朱子語類評》一卷，《禮文手鈔》五卷。門人李塨、王源、鍾錂所編輯者，有《言行錄》二卷，《闢異錄》二卷，《習齋記餘》五卷，《年譜》二卷。

三、政治思想——顏元的政治思想見於所著四存編中，反對空談性命的精微之論，而以經世致用的政治實務爲先務。玆扼要擧述其政治思想於後：

1.復行王道——顏元爲醇儒，師宗孔孟。孔子憲章文武，祖述堯舜。孟子法先王，尙王道。所以顏元言必稱堯舜，事則法三代。因之，主張復行三代的王道。他說：「昔張橫渠對神宗曰，爲治不法三代，終苟道也。然欲法三代，宜如何哉？井田、封建、學校，皆斟酌復之，而無一民一物不得其所。是之謂王道，不然者不治。」（《存治編》）他進而論復井田之道曰：「或問於思古人，井田之不宜於世也久矣；子之存治，尙何執乎？曰，噫！此千餘載民之所以不被王澤也。夫言不宜者，類謂亟奪富民田，或謂人衆而地寡耳。豈不思天地間田宜天下人共享之，若順彼富民之心，卽盡萬人之產而給一人，所不厭也。王道之順人情，固如是乎？況一人而數十百頃，或數十百人而不一頃；爲父母者使一子富而諸子貧，可乎？或又謂畫田生亂。無論至公服人，情自輯也。卽以勢論之，國朝之圈占，幾半京輔，誰與爲亂者。」（《存治編》井田）元之立論在於天下之田地應由天下之人共享之，公地公有公用，反對土地兼併，貧富懸殊，不使富者連阡陌，貧者無立錐；蓋亦孔子所謂「不患寡而患不均」之義。

顏元以爲後世人臣不敢言封建，因人君均樂於私天下，視天下爲私產，悉天下以奉一身。在專制君主制度下，孰敢言損君主之私利而歸之於大公。他說：「後世人臣不敢建言封建；人主亦樂其自私天下也，又幸郡縣易制也，而甘於孤立，使生民社稷交受其禍，亂亡而不悔，可謂愚矣。如六國之勢，識者嘗言韓、趙、魏爲燕、齊、楚之藩蔽。嬴氏蠶食，楚齊燕絕不之救，是自壞其藩蔽也。侯國且如此，以天下共主可無藩蔽耶！層層厚護，豈不更佳耶！板之詩曰：「大邦維屏，宗子維城，無俾城壞，無獨斯畏」，道盡封建之利，不建侯之害矣。如農家度日，其大鄉多鄰而我處其中之爲安乎，抑吞鄰滅比而孤棲一蕞之爲安乎？況此乾坤，乃堯、舜、夏、商、周諸聖君聖相開物成務，遽爲締造而成者也。人主享有成業，而顧使諸聖人子孫無尺寸之土，魂靈無血食之嗣，天道其能容耶？」（《存治編》封建）

2. 學校敎化——顏元認爲學校之設所以施敎化。敎化之施所以明人倫，究實用，育人才，正風俗，功用至爲廣大。然自魏以來，學政不修，敎化不施，雖有學校之名，而無功能之實。甚而父兄耳提面命，當局勸敎課學及國家取士，皆惟文字是尙，記誦爲務，遂致人才難興，敎化不明，人倫不修，世風不正，故主張一反數代之弊陋，恢復周禮三物之敎，注重六德、六行與六藝，使學校能以名副其實的施行敎化，則士子德行旣行，藝能亦通，以之治事爲政，當可獲致治平。

顏元曰：「考夏學曰校，敎民之義也。今猶有敎民者乎？商學曰序，習射之義也。今猶有習射乎？周學曰庠，養老之義也。今猶有養老者乎？且學所以明人倫耳。故古小學敎以洒掃應對進退之節，《大學》敎以格致誠正之功，修齊治平之務，民舍是無以學，師舍是無以敎，君相舍是無以治也。迨於魏、晉，學政不修，唐、宋詩文是尙，其毒流至今日。國家之取士者，文字而已。賢宰相之勸課者，文字而已。父兄之提示，朋友之切磋，亦文字而已，不則曰詩，已爲餘事矣。求天下之治，又烏可得哉？有國家者誠痛洗數代之陋，俾家有塾，黨有庠，州有序，國有學，浮文是戒，實行是崇，使天下群知所向，則人材輩出，而大法行，而天下平矣。故人材王道爲相生。倘仍舊習，將朴鈍者終歸無用，精力困於紙筆；聰明者逞其才華，詩書反資寇糧。無惑乎家讀堯、舜、孔、孟之書，而風俗愈壞；代有崇儒重道之名，而眞才不出也。可勝嘆哉！周禮大司徒「以鄉三物敎萬民而賓興之」。一曰六德：知、仁、聖、義、忠、和。二曰六行：孝、友、睦、婣、任、恤。三曰六藝：禮、樂、射、御、書、數。鄉大夫「三年則大比，考其德行，道藝而興賢者、能者；鄉老及鄉大夫帥其吏與其衆寡，以禮禮賓之。厥明，鄉老及鄉大夫、群吏獻賢能之書於王，王拜受之，登於天府，內史貳之。」（《存治編》學校）

3. 教育功能——敎育的功能有三：一曰培養性格，謹守的人弊在拘執，敎之以勇爲，可使之前趨進取，而不可及。豪雄的人弊在粗率，敎之以愼密，可使之智勇兼備，而不可敵。顏元曰：「謹守之士，患其拘執，進以勇爲，不可及矣。豪傑之士，患其粗率，濟以愼密，莫與敵矣。」（《習齋語要》）二曰端正人心，人的自然之性，多是動盪不定，無所歸屬，若敎之使習於事，則心有所寄」，志有所止」，性有所託，入於正道，納於常軌，則心無不正，志無不端。顏元曰：「人心，動物也；習於事，則有所寄而不妄動。」（《習齋語要》）三曰敎化所施，風俗善美。周代有聖君賢相，與禮樂，立規制，施敎化，故能養成美善的風俗，後世雖有昏庸之君，然以流風所被，仍能維持國祚於長久。顏元曰：「漢唐後之治道，較之三代，蓋星淵不可語也。吾弟未之思耳。吾弟但見穆、平之衰，而未實按其列國情勢民風也。吾茲不與吾弟論三代之盛時。且以春秋之末，其爲周七百年矣，只義姑存魯，展禽拒齊二事，風俗之美，人材之盛，魯固可尚也。齊乃以婦人而旋師，聞先王命而罷戰。由此以思，當日風俗人心，豈漢唐後可彷佛哉？」（《存學編》學辨二）

4. 九典五德——顏元論治，最重實際政務的實行，避言空虛的玄理與泛論，而以九典五德爲爲政施治的要務。九典就是爲治的九種實際政務，即除制藝、重徵學、均田畝、重農事、徵本色、輕賦稅、時工役、靜異端及選師儒。所謂五德者，就是五種爲政的施爲規範，即躬勤儉、遠聲色、禮相臣、愼選司及逐佞人。

顏元曰：「王道無大小，用之者大小之耳。爲今計，莫要於九典五德矣。除制藝（廢除八股文取士）、重徵學（君主徵召賢良隱逸人才）、均田畝（均貧富，反土地兼併）、重農事（務耕作，增生裕民富）、徵本色（只征收正稅，廢除隨正稅征收的一切苛捐雜稅）、輕賦稅（減輕田畝的租稅負擔）、時工役（使民以時，不礙農事生產）、靜異端（止邪說妄論）、選師儒（選用飽學碩德的儒士擔任教職），是謂九典也。躬勤儉（君主躬勤儉，以身作則，表率天下，勤儉建國）、遠聲色（君主應遠離女色與聲娛之好）、禮相臣（君主對總領百官的宰相應善加禮敬，君待臣以禮，臣始事君以忠）、愼選司（審愼選用司選拔人才的官員）、逐佞人（佞人是逢君惡、長君非的肖小，應逐去之，親君子，去小人爲治國之要着），是謂五德也。爲之君者，充五德之行，爲九典之施，庶亦駕文、景而上之矣。然不體聖學，舉聖法，究非所以致位育，追唐虞也。」（《存治編》濟時）

5.鄉擧里選——明淸科擧皆以八股文取士。八股文亦曰制藝，源於唐之帖經與墨義。經義廢而八股文之制藝興。八股文尙排偶與對稱，體式嚴格，拘束甚重，不得違犯。文中分破題、承題、起講、提比、虛比、中比、後比及大結，共八部份，故曰八股文。以此課士則中式者殆皆爲拘小節，記章句，尙文字的虛才淺士，難以選拔眞才實學之人才。故顏元主張斟酌古舊制，恢復漢代鄉擧里選之察擧，足以求得賢良方正，茂才卓異的眞才。

顏元擧述所欲採行的鄉擧里選曰：「竊嘗謀所以代之（代替科擧），莫若古鄉擧里選之法。鄉置三老人，勸農、平事、正風。六年一擧，縣方一人。如東則東方之三老，視德可敦俗，才堪蒞政者，公議擧之，狀簽某某深知其才德，兼以事實之，縣令卽以幣車迎爲六事佐賓吏人。供用三載，經縣令之親試，百姓之實徵，老人復躋堂曰，某誠賢，則令薦之府，呈簽某令深知其才德，亦兼以事實之，則守以禮徵至。其有顯德懋功者，卽薦之公朝，餘仍留爲佐賓三載，經府守之親試，州縣之實徵，諸縣令集府言曰，某誠賢，則府守薦之朝廷，呈簽某守深知其才德，亦兼之以事實之，則命禮官弓旌，車馬徵至京。其有顯德懋功者，卽因才德授職不次，餘仍留部辦事，親試之三載。凡經兩擧，用不及者，許自辭歸進學。老人、令、守薦賢者受上賞，薦不賢者受上罰，則公論所結，私託不行矣。九載所驗，賢否得眞矣。」（《存治編》重徵擧）

6.學貴實用——爲學貴在實用而忌虛文。進則勝任而食官祿，退則能耕，自食其力。不可成爲只能坐而言，四體不勤，五穀不分的寄食者。孔子曾爲委吏，卽自食其力的事例。學能實用，則無生計之憂。顏元曰：「孔門六藝，進可以獲祿，退可以力食，爲委吏之會計，簡兮之伶官，可以見。故耕者猶有餒，學者必無飢。」（《習齋語要》）所謂實用係指實際的應用與力作而言，並非指只能安坐而談，不能起而實行的空談。無論人才、兵食、德行、學問皆須能付之實際應用，始能見其能否、盈虛、醇駁與得失。顏元曰：「陳同甫謂人才以用而見其能否，安坐而能者不足恃。兵食以用而見其盈虛，安坐而盈者不足恃。吾謂德性以用而見其醇駁，口筆之醇者不足恃。學問以用而見其得失，口筆之得者不足恃。」（《習齋語要》）

7.兵農合一——顏元自號思古人，醉心古制，故對古代兵農合一制甚爲贊許，對後世的募兵制則多所指責；認爲應募之兵多係冒名應募，實則皆乞丐、滑棍，或一人而買數糧，只知領受食銀，並無鬥志，遇敵則潰散，有兵猶如無兵。他說：「慨自兵農分而中國弱，雖唐有府兵，明有衞兵，固欲一之。迨於其衰，頂名應徵，皆乞丐、滑棍，或一人而買數糧；支點食銀，人人皆兵；臨陣遇敵，萬人皆散。嗚呼！可謂無兵矣，豈止分之云乎。即其盛時，明君賢相理之有法，亦用之一時，非久道也，況兵將不相習，威令所攝，其爲忠勇幾何哉。」（《存治編》治賦）

8.治兵九要——顏元除對兵制有前述的消極的批評外，更進而對治兵作積極性的規畫。其所規畫的要點有九：曰預養，曰預服，曰預教，曰預練，曰利兵，曰養馬，曰治衞，曰備義，曰體民心。其言曰：「一曰預養。饑驥而責千里則愚，上宜非供膳，薄稅斂，以足民食。一曰預服。嬰兒而役賁，育則怒。井之賢者爲什，什之賢者爲長，長之賢者爲將，以平民情。一曰預教。簡師儒，中孝悌，崇忠義，以保民情。一曰預練。農隙之時，聚之於場。時，宰士一較射藝；月，千長一較；十日，百長一較，同井習之不時。一曰利兵。甲冑、弓刄精利者，官賞其半值，較藝賢者慶以器。一曰養馬。每井馬二，公養之彷北塞餧法。操則習射，閒則便老行；或十百長有役乘之。一曰治衞。每十長，一牌刀率之於前，九人翼之於後。器戰之法具紀效新書。一曰備羨。八家之中，四騎四步，供役不過各二人。餘則爲羨卒，以備病、傷或居守。一曰體民心。親老無靠不卒，老弱不卒。出戍給耕，不稅；傷還給耕，不稅。死者官葬。九者，治賦之要也。」（《存治編》治賦）

第二節　李塨的政治思想

一、生平事略——李塨字剛主，號恕谷，蠡縣人，生於清世祖順治十六年（西元一六五九年），卒於世宗雍正十一年（西元一七三三年）。生平事略見《清史》儒林傳（卷四七九）及《清儒學案》（卷十三）。康熙二十九年舉人。弱冠與王源同師事顏元，躬耕善稼穡，雖儉歲亦有收，而食必粢糲。塨以三物、六行、六藝爲學之本，期於實用。學數、學射御、學書。從王五公學兵法，從毛西河（奇齡）習樂律。習齋厓岸甚峻，足跡稀出閭巷，塨則屢館京師，遠遊，西至關中，南及吳越，遍交賢豪，上接公卿，下至騶卒。言必稱習齋，習齋之名因得遠播。

李塨在陝西、浙江曾佐友人治縣，敎化大行，政聲馳著。直隸（河北）巡撫李文貞，聞其學行，將薦之，固辭。時相索額圖及明珠之姪皆欲延聘敎其子，不就。[皇十四子撫遠大將軍用兵西陲，聘參其幕事，婉謝之。晚年銓授通州學正，甫浹月，卽以母老病歸。遷居博野，建習齋祠堂，收召學生課敎之，從者甚衆，治農圃而終，年七十有五，民國八年，從祀孔廟。

二、學養評定——李塨爲學，始終一守習齋家法。其學一以實用爲主，解釋經義，多與宋儒不合。又其自命太高，於程朱之講學，陸王之證悟，皆謂之空談。蓋明季心學盛行，儒禪淆雜，其曲謹者又淵於事情，延及清初，猶存餘說。顏元、李塨力以務實用相爭尚，足以補諸儒空腹論學之弊；然究不能獨說立訓，盡廢諸家。其論《易》以觀象爲主，兼用互體。論孔聖之教罕言性天，乾坤四德，必歸於人事。屯蒙以下，亦皆以人事立言；以爲陳摶龍圖，劉牧鉤隱，乃明人以心學竄入《易經》，率持偶以詁經，言數者反置象占於不問，誣飾聖訓，其弊無窮。塨引而歸之人事，深得垂教之旨。又以《大學》格物爲周禮大司徒三物，謂孔子時，古《大學》教法所謂六德、六行、六藝者，規矩尙存。故格物之學，人人所習，不必再言。惟以明德親民標其目，以誠意指其入手而已。格物一傳，可不必補，其說本於顏元。其論《詩》不廢序，在尋賦、比、興之意，以合乎興觀群怨」。論《春秋》在求筆削之義，以觀予奪褒貶。毛西河著書，於朱子亦多所攻擊。塨從西河游，北面稱弟子，偏序其書，服膺其說，註經考典多取之。塨與方望溪交誼最篤，方恪守程朱，斷斷相辨。及李塨卒，方望溪爲誌墓，言與論朱子節概政略諸端，塨亦是之。後於所著書不滿程朱者有所刪削。然塨之遺書具在，固未屈於其說也。

三、重要著作——李塨著作宏富，其經傳刊者，有《周易傳著》七卷，《筮考》一卷，《詩經傳註》八卷，《春秋傳註》四卷，《論語傳註》二卷，《大學傳註》一卷，《中庸傳註》一卷，《論語傳註問》二卷，《大學傳註問》一卷，《中庸傳註問》一卷，《中庸講語》一卷，《小學稽業》五卷，《大學辨業》四卷，《聖經學規纂》二卷，《論學》二卷，《學禮》五卷，《學射錄》二卷，《學樂錄》五卷，《平書訂》十三卷，《擬太平策》七卷，《閱史郄視》四卷，及續一卷，《訐乙古文》一卷，《瘳忘編》一卷，《宗廟考》一卷，《恕谷後集》十三卷，《天道偶測》一卷，《訟過則例》一卷，《學御錄》一卷及《恕谷詩集》二卷。

四、**政治思想**——李塨的政治思想多見於所著《擬太平策》及《平書訂》二書中。茲依以扼要舉述其政治思想如次：

1. 敎用合一——自隋唐實行科舉以來，敎用分途，士習經文，或究義理，祇是理論；科舉僅重文詞詩賦，均非切於為政施治的實用之學。學非所用，用非所學。學業不切實際，為政難期效能。育才既非其道，取士亦不得其法，學用不合，為害滋甚。李塨為革除這種弊害，乃擬訂完整的敎學育才計劃，以學以致用為目的，隨學隨習，以期有裨實用。在敎學及實習的過程中，視其成績而為黜陟。學成，則量才授官，用其所學；不成者，則使返之農工商界，致力生產。

李塨的敎用合一的完整設計如次：「頒三物（六德、六行、六藝）敎法於各藩，自府下縣，鄉吏受之，各以敎其所治。保長擇十家子弟，八歲可敎之學者，聞於里師。里師選之入里學，敎幼儀、退讓、認字、學書，即解字義，先書有用字，習小九九。踰三年，十一歲，不可者，罷。可，選入邑學。邑宰敎以孝弟、忠信、幼儀。惟謹習六書、九章、學歌、讀《論語》、《曲禮》。凡邑有喪祭,役政,則率弟子與事，有能書之。踰三年，十四歲，不可者，罷。可，選入鄉學。鄉正敎幼儀加詳，吹篴簫，鼓琴瑟，舞勺，習射御。凡邑鄉喪祭役政，官率之執事，書敬敏有學者。踰三年，十七歲，庸劣者，罷。縣尹選俊者冠入縣學，敎以智仁聖義忠和之德，孝友睦婣任恤之行；各閱一經，如《孝經》、《詩》、《書》、《儀禮》、《周禮》、《禮記》、《大學》、《中庸》，仍入《記》。至《易》、《春秋》、《孟子》、《左傳》，願閱者聽。若《爾雅》、《公羊》、《穀梁》，不必名經。《爾雅》學書時已解。授之學大禮、大樂，閱史鑑律例，作策論，學騎射。凡縣有喪祭賓飲兵役，學士皆與執事掌其文書，事訖，書某某德，某某行，某某藝優。踰三年，二十歲，庸劣者仍罷歸農工商，雋者貢之府學。府守教試之。三月，下者返之縣鄉及邑，再教之，貢俊於藩府。藩伯教試之。下者，返之府縣及鄉，貢俊於太學。宗伯令成均大司樂教試之。三月，宗伯又親試之。遠僻學士入京艱者，成均遣官，以時至其地教試之。下，退之藩府及縣。成均、藩府觀諸生之學，卽可知其教之高下、勤惰，因以鄉官之殿退而中飭之，記之以俟九載黜陟。取中者爲太學生，遣歸有室。縣尹六衙公量其才學，定其科目：兼科、農科、禮科、樂科、兵科、刑科、工科。惟兼科多，以用多也。兼科入尹署吏衙署，農入戶衙署，禮樂入禮衙署，兵刑工各入其署，試其事而爲附。三年，蓋二十四歲矣。選明習厥事者，尹署兼科爲里師，吏署兼科爲下士，佐政。餘科各佐其署吏。農禮刑科亦間爲里師。兵科亦爲巡檢、驛丞。工科亦爲司市，農亦爲倉使。未明練者，再試三年而進退之。進爲下士，退爲府吏。外有天文、地理、醫、卜、水、火專科者。地理入兵工二署，爲山原川澤等官。水火入工署，卜入禮署，天文貢於欽天監爲天文生。成均、藩府返士，再教再貢之。」（《擬太平策》卷三）

2.儒吏相通——兩漢時代公卿大夫或由文學，或由吏道。儒吏並未自爲抑揚，偏有輕重。魏晉之世，設九品中正官，司人才選拔，上品爲高官，下品爲低吏，出身相同，官與吏並無分歧與抑揚。自唐宋以科學取士，儒士中式而爲官。其治學未成，爲官無望，遂側身衙署，學習實際事務而爲胥吏。宋代厲行中央集權，爲防止地方長官權大而難制，於是信吏不信官，官則常調換，吏則久任而成世職。故宋儒葉適（水心）嘆稱「官無封建，吏有封建」。遂致儒與吏判然分爲兩途。迄明清而未能改。儒自許以雅，而譏吏爲俗。吏自許以能，而誚儒爲迂。吏指官爲不識時務的書生。儒指吏爲不通古今的鄙夫。胥吏既無學養，而又位卑、權輕、祿薄，不爲社會所重視，加以升晉無路，於是不自珍惜，遂自私自利，營蠅苟狗，玩法弄例，貪汚無恥，食肉小民，爲害滋甚。其實，儒不通吏，則爲腐儒；吏不通儒，則爲俗吏。李塨爲打破儒吏分途及胥吏舞弊害民，遂主張儒吏相通，以儒士爲吏，使具學養而能升晉；且進而要仕學合一、文武合一、兵民合一，而爲大幅度的改革。

李塨曰：「六部之吏，典六部之事，皆出其手矣。布政按察之吏，典布政按察之事，皆出其手矣。郡縣之吏，典郡縣之事，皆出其手矣。乃士子羞爲之；而爲之者，必狡猾卑詬之人，天下事安得而治也。夫以狡猾卑詬者爲吏典，是以狡猾卑詬者爲六部也，藩臬也，郡縣也；天下事安得而治也。蘇軾曰，用之則不絕，絕之則不用。爲吏典者，不過官止典史吏目爲止；是用之而復絕之，彼其心以爲榮功顯名，無與於我也；尙何廉恥之足惜，而行誼之可矜耶？今議府部下辦事者，皆以士，以至郡縣六房稱六官，下皆以士辦事，皆可爲官。其役於下者，不過寥寥胥徒而已，誠良法也。余嘗謂治天下有四大端：曰仕與學合，文與武合，官與吏合，兵與民合。此官與吏合也。不然，以白面書生爲官，以矯虔乾沒爲吏，欲天下之平治，斷未之有。」（《平書訂》卷三）

3.守令久任——郡守縣令爲親民之官，地方施政建設，每非短期內所能完成，若不能久任，必至半途而廢。守令不久任，則事無恒心，心無長算，自難能有事功表現。李塨以爲今日郡縣，眞如傳舍，故主張至少九年考績，黜陟幽明，才堪大用，又有缺可升時，始可離去；其行一法而未結者，則應留任；有功績者加賜尊銜，仍留原任，甚至終其身。他說：「今日郡縣眞如傳舍矣。……養民必三年，餘一年食；九年餘三年食；三十年之通，而後民無菜色。敎民必三年，敬業樂群。九年知類通達，三十年而後仁，可輕去哉！況才地不齊，性習亦異，不有月計不足歲計有餘者乎？不有治郡功名，入朝則損者乎？今擬六衙鄉官及郡縣藩侯，九載考陟後，上官有缺任，當選補；或其才德不止於此，及敎養政已畢者，則去如陞。而無缺與其才止於此，或官與民皆不忍舍去，及行一法而未結，卽留二三十年，終其身，有功遞加尊銜，而仍使留其本職焉，渠奚爲視民如秦越也？」（《平書訂》卷二）

4.實行均田——自秦廢封建，開阡陌，土地可以自由買賣，兼倂之風大行，以致富者連阡陌，貧者無立錐，貧富懸殊，階級對立，不平則鳴，每引起社會不安與紛亂。李塨以爲封建不可復，非行均田，則貧富不能均，不能人人有恒產。無恒產者無恒心，放辟邪侈，無所不爲，國斯亂矣。或謂天下之田不足以授天下之人。李塨曰：「天下之口食，不墜於天，不湧於泉，不輸於外國，今時民遇中歲，未至餓莩相望也。況制產（均田）則地闢田治，收獲自加倍蓰；乃憂田少不足以養乎？惟以天下之農，分天下之田，田無論多少，而四民上下之食皆足，斷然也。」（《平書訂》卷七）

李塨擬議的均田，是「如一富家有田十頃，爲之留一頃，而令九家佃種九頃；耕牛子種，佃戶自備。無者，領於官，秋收還。秋熟，以田十畝糧交地主，而以十畝代地主納官。納官者，卽古什一之征也。地主用五十畝，卽今日停分佃戶也。而佃戶自收五十畝，過三十年爲一世。地主之享地利，終其身，亦可已矣，則地全歸佃戶。若三十年以前，地主佃戶情願買賣者聽之。若地主子弟衆，情願力農者，三頃二頃，可以聽一其自種，但不得多僱傭以占地利。每一佃戶，必一家有三四人可以自力耕鋤，方算一家。無者或兩家三家共作一家。地不足者，一家五十畝亦可。」（《擬太平策》卷二）

5.興事勸功——天下之治在於國無曠土，民無游閒，士須勤學，農必力耕，工當勞作，商應貿遷，人人有事做，事事有人治。天下無廢事，井里無閒民，則家給戶足，國治平，民安樂。李塨曰：「王制司空興事勸功，無曠土，無游民。司徒命鄉簡不帥教者以告，使觀學行禮以變之。不變，移之郊遂遠方。樂正敎國子，簡不帥教者以告，王視學變之。不變，屛之棘寄。自蕭曹以淸靜爲治，以獄市容奸，而民始多閒曠。自佛老以淸閒爲敎，而民始以閒爲貴，而天下靡亂矣。天下有一無事之民，則一民廢；無一無事之民，則天下治。今士人靜坐，講無極性天，空談或玩愒觴詠，或博奕嬉戲。里井之民，閒處曠遊，群飲聚談，非勤學，非力農，非工商力作，皆游惰也。司徒督各藩，令各縣戶甸，督鄉官，凡保中有游惰者，保長敎之；不變，稟於里師責之；不變，稟於邑宰責之；不變，稟鄉正責之；不變，縣責之。又不變，士宜如明太祖，築逍遙樓，令其爲玩而斷其食，哀毀求改，誠者釋之，不變，閉而斃之。」（《擬太平策》卷二）

6.寓兵於農——顏元贊成古代的兵農合一制，曾曰：「慨自兵農分而中國弱矣。」李塨師其師意，亦主張寓兵於農。無事致力農耕，有事則上戍出征。二十歲起役，六十歲退役。其所需器械按田畝之數，分擔公製。出征時則領糧於官。農隙則敎其射與武術；不上戍時，有盜亦同鄉兵追捕。

李塨曰：「倣古寓兵於農。二十五家約五口，計之得一百二十五人。餘老弱婦女三分之二，得强壯四十一人；選一官，兵二十應，六十退。二十五家人口田產配之，約與他二十五家等。器械，二十五家按田公製。四官兵選一馬。官兵甲冑芻豆，百家按田公出。無事則業其家之農，有事上戍出征。皆領糧於官，定以數。農隙，里師敎其射與武藝。不上戍者，有盜同鄉兵捕。千家出四十官兵。邑宰三月試其射御擊刺。火器有隙隨時敎之。萬家出四百官兵。鄉正半年試之。冬月，縣兵徧至鄉敎之戰陣，比其藝而賞罰之；卽以田獵，倣周禮以賞罰多少爲鄕正以下之殿最。戍縣者，四鄕歲二百人，供捉賊捕罪，夜分班巡城。有事用兵多者，臨時再調鄕之若干。戍府者，歲三百，戍藩者，歲二千；皆取於縣。一歲一更。府兵衙敎府兵，藩兵衙敎藩兵；而府守、藩公巡按御史，間歲三歲各閱其藩郡縣兵。又有鄕兵百家，除十保長，四官兵。太學生尙八十餘家，家一人，選四十鄕兵爲四牌，一牌二鎗、二刀、二弓矢、二鳥鎗，牌首督之。餘爲火夫四十餘人。里濬濠，濠內起土，卽爲牆，二門二舖。冬月一更，……鄕兵每夜十人，巡火夫，而稟其惰者於里師；官兵夜一人巡，鄕兵如之。里師又間巡之，邑如之。有盜擧信礮，信火，礮以次傳鄕及縣。」（《擬太平策》卷四）此種寓兵於農之制，祇能維持社會秩序與地方治安，固不足以供對外作戰之用。至多，只能作軍隊之輔助。

第八十四章　太平天國的政治思想

第一節　太平天國興起的原因

洪秀全領導的太平天國變亂，歷時十五年（道光三十年至同治二年，一八五〇年至一八六三年），禍亂及十九省，死人五千萬。這事就滿清政府言是重大叛亂；就民族思想言是偉大革命。無風不起浪，事出必有因。太平天國的興起，計有左列四大原因：

一、滿清政府的衰敗——滿清以異族入主中國，對內厲行專制，壓迫人民；對外則好大喜功，拓展疆土，至乾隆一朝爲滿清登峯造極的極盛時代。物極必反，盛極必衰。自雍正以後，滿清政府卽漸趨衰敗。仁宗嘉慶朝，卽變亂迭起，戰火不息，生靈塗炭。黔、湘兩省苗族作亂，攻城略地。安徽、湖北、四川有白蓮教愚惑鄉民起事，聲勢頗强，教匪、官兵、鄉勇互戰，擾害人民至深。包世臣、魏源論教匪禍患，曰：「教匪殺、擄、焚而不淫，官兵則殺、擄、淫而不焚，鄉勇殺、擄、焚、淫俱備。」故除白蓮教外，民間稱官兵爲靑蓮教，鄉勇爲紅蓮教。三者害民，實一丘之貉。廣東、福建、浙江沿海艇匪海盜不絕。人民陷於苦海，求救無門，對政府大感失望，信仰動搖。畿輔、河南天理教（八卦教異名）首領林淸、李文成作亂，欲乘仁宗駕幸木蘭返程中襲於行在；教匪竟能竄入京城西華內，且有匪踰墻欲進皇宮者，幸仁宗皇二子發鳥槍射殺之。

宣宗道光繼位後，五年（西元一八二五年）天山南路有回教匪衆張格爾叛亂，戰爭歷三年而始平。十二年有湖南、廣東猺民作亂，十三年四川邊境夷民滋事紛擾。英國政府曾銷售其殖民地印度所出產的毒品鴉片烟於中國，戕賊國民健康及虛耗錢財甚鉅烈。林則徐奏謂：「鴉片不禁，數十年後，非惟無可籌之餉，亦無可練之兵。」道光十八年派林則徐駐廣東查辦海口禁鴉片烟事件，次年查燬英商鴉片，禁止英國貿易。道光二十年（西元一八四〇年）遂引起中英鴉片戰爭。英軍陷舟山，攻寧波，清廷乃遣琦善與英議和。時粵民有謠曰：「百姓怕官，官怕洋鬼。」戰爭結果，中國大敗。道光二十二年（西元一八四二年）中英訂南京條約，我付英鉅額賠款，香港永租於英國，開五口通商。自稱「天朝上國」的清廷，竟敗於所謂「蠻夷」的英國。滿清政府的昏庸無能，空虛無力，昭然若揭。人民對之既不信賴，亦不畏懼。加以當時兩廣大饑饉，饑民乃群起爲盜匪，嘯聚山林，攻城略地，大股數千人，小股數百人。有野心，具大志，富幻想的廣東花縣洪秀全遂亦乘亂於道光三十年（西元一八五〇年）起事，亂民從之者極衆。

二、民族思想的再興——滿清以異族入主中國。深恐吾國人的民族思想爲禍亂的根源，遂不惜兵刑並用，大肆殺戮，期以消滅之。兵力的殘酷殺戮，則有「揚州十日」、「嘉定三屠」，死人不計其數。刑罰的株連，懲殺亦以萬千數。聖祖康熙時，烏程莊廷鑨自撰《明書》（明史），書中多崇明卑清，如云「王杲孫婿卽清之始祖」，「建州都督卽清之太祖」，更有句曰「長山衂而銳士飲恨於沙燐，大將還而勁卒銷亡於左衽」。廷鑨死後，有人檢發，獄定讞，廷鑨弟廷鉞、作序者李令哲，書中有名者七十餘人皆處死，家屬盡遠戍。桐城戴名世康熙時進士，著《南山集》，用明永曆年號，坐大逆伏誅，株連被處罪者數十人。世宗雍正時，有呂留良之文字獄牽連至廣，被殺死者數以千計，最爲慘烈。呂於康熙時著有《維止錄》、《四書講義》及《文集》八卷。書中對政府有尖銳的攻擊，罵辱康熙，發揮《春秋》民族大義，不承認滿清爲合法政府。死後，有曾靜、張熙搜藏呂氏著作，大受感動，勸說川陝總督岳鍾琪起義反清，被扣押，舉發於朝，時在雍正八年。留良之二子及受株連的數百人皆被誅，且均滅其九族。世宗因呂案大懼，因敕頒《大義覺迷錄》，說舜爲東夷之人，文王爲西夷之人，不可排滿。想從根本上消滅我民族思想。高宗乾隆時，大學士胡中藻著有《堅磨生詩鈔》。高宗謂：「堅磨出自《論語》，孔子所謂堅磨，乃指佛肸而言，中藻以此自號，是誠何心!?」中藻棄市，受株連者，亦有多人。

自孔子著《春秋》，尊王攘夷，嚴夷夏之防，聲教所及，民族思想深入人心，非滿清的高壓手段所能消滅。所以滿清一代反清復明的民族運動，先後不斷。順治時有天津婦女自稱「天啓皇后」。康熙時有北京楊起隆稱「朱三太子」，福建少林寺僧擁戴明皇族嗣裔朱洪竹組洪門會，後爲三合會，組三合軍起事。雍正時有曾靜等勸岳鍾琪起義反清。乾隆時有白蓮教之大亂。嘉慶時有天理教徒犯京師。道光時鴉片戰爭後，「反清復明」口號，漸改爲「反清復漢」呼聲。洪秀全受廣東人儒朱次琦之教，聽其講《春秋》民族大義，深受感動。時有朱九濤自稱明室後裔，襲白蓮教故技，惑衆斂財，從者甚衆，號上帝會，蓋亦三合會之流緒。洪秀全、馮雲山從之游，九濤死，洪領其衆，遂起事。洪起事，布告天下檄有言曰：「慨自明季陵夷，滿奴肆逆，竊入中國，盜竊神器，迄今二百餘年，濁亂中國，鉗制兵民，刑禁法維，無所不至。茲者，三七之運告終，九五之人已出，恭維天父、天兄，大開天恩，命我眞聖主天王，降凡御世，用夏變夷，斬邪留正，誓掃胡塵，開拓疆土。」是誠民族思想再興的義擧盛事。

三、宗教力量的驅使——中國歷史上的野心家每假宗教之名，煽惑群衆起事興兵，漢末張角倡五斗米教起事作亂，稱「蒼天已死，黃天當立」。元時韓山童父子創白蓮教，妖言惑衆，起事反蒙元。明天啓時薊州王森，以得妖狐之異香，自稱聞香教主作亂。其徒徐鴻儒繼之，自稱中興鴻烈帝造反。清乾隆末年，白蓮教爲亂，竭數省之兵力，歷九年之久始平克之。大變雖平，而其教徒仍散各省。北方則有天理教或八卦教，於嘉慶時作亂，林清在京畿作亂，教匪有踰牆入皇城者，李文成在河南滑縣響應。康熙時福建曾有僧徒號召擁明室後裔組洪門會，後改曰洪門三合會，組織三合軍作亂，雖經平定，其徒散佈民間潛伏，暗中傳播反清復明思想，流行於江南各省。道光時，廣東朱九濤倡上帝教，亦名三點會，聚衆作亂，洪秀全後領其衆。洪曾聽耶穌教教士傳教，得聞拜上帝，復得牧師梁發所編的「勸世良言」，讀之大悟耶穌教，遂創上帝會而訛言奉上帝命降凡御世，用夏變夷，掃平胡妖。

四、官吏的因循縱弛——洪秀全的起事並非一朝突發，事前早有醞釀，暗中進行，自道光十三、四年已有風聲。地方官守若能幹練明察，早予禁勦，可於事前敉平，消止大禍於事前。洪秀全與朱九濤之三點會相結合，已非一日。九濤死，洪創上帝會，與馮雲山秘密傳教佈局於桂粵二省諸縣間，範圍頗廣，官府皆充耳不聞。其與蕭朝貴、石達開、楊秀清的交往聯絡，亦不能盡掩衆人耳目。政府官吏竟聽任其自行發展。龍啓瑞上龍伯書，有曰：「金田會匪，萌芽於道光十三四年間，某作秀才時已微知之。彼時巡撫某公方日以游山賦詩飲酒爲樂，繼之者猶不肯辦盜，又繼之者則所謂窺時相意旨者是也。當其時，馮雲山、韋振、胡以洸等蓋無不爲本地紳民指控，拘於囹圄者數月，府縣以爲無是事也，而故縱之。逮其起事，始以八百人聚於桂平之紫金山，紳民知其必爲巨患，集鄉民數千，自備口糧器械，欲往勦捕，且公揭於道府，但請委員督視，使知非私鬥，而殺人始免於賠償。蓋其時粵西初有團練，而民之畏法如此，紳民再三催促，始委一候補知縣薩某應之而馬夫又不時給，委員因逡巡不去，賊聚黨徒巨萬，團練弱，且嗛官兵之莫爲助，遂撒手而賊勢滔天，蓋某所聞於官者，如此。」洪秀全能於宣宗道光卅年（西元一八五〇年）在桂平金田村起大事，殆官吏因循縱私所使之然。加以駐防各省區的八旗兵，優游享受，腐化墮落，軟弱無力，不足爲用。漢人組成的綠營兵亦訓練不足，戰志不旺，致洪軍北攻，勢如破竹，一發而不可收拾。

第二節　太平天國的社會基礎

太平天國若祇是洪秀全、蕭朝貴、石達開、楊秀淸等少數人的結合，必不能興風作浪。其所以能成大患，而亂及十九省，歷時十五年者，因其有相當廣大的社會基礎。這基礎就是極多社會大衆的參加與支持。究其社會基礎，不外左列所舉述幾種社會群衆：

一、敎匪——太平天國的患亂，祇有消極的破壞，並無積極的政治建設，因其思想支離荒誕，其行爲則是燒殺搶擄。究其實質亦不過中國歷史上屢見的一次「敎匪」的叛變而已。中國以農立國，「靠天吃飯」。但天時不定，常有旱澇，每致五穀不收，饑荒常見。「民爲邦本，食爲民天。」而饑饉流行，衣食不足，陷於凍餒。衣食不足，人民焉能守禮儀，生活逼迫，鋌而走險，致成饑民爲盜作亂。野心家遂得利用饑民興風作浪，造成大亂。而饑民皆爲無知鄉民，性保守而愚昧，不足以成事，但皆迷信神靈，虔誠不疑。於是野心家乃造作妖言，假借神靈，藉宗敎信仰而成力量，遂能起事叛亂。

漢末張角創五斗米敎，以符水咒語治病，自稱賢良大師，四出傳敎，從衆數十萬，起事作亂，攻略州郡，賊衆臂纏黃巾爲標幟，故曰黃巾賊，並倡言「蒼天已死，黃天當立」。元時韓山童父子詭言白蓮開花，彌勒降世，創白蓮教，造作經卷符籙，四出佈道。明天啓五年薊州王森謊稱得妖狐異香，自稱聞香教主，煽惑徒衆作亂。其徒徐鴻儒在山東造反，自稱中興鴻烈帝。白蓮教本宗及支流於乾隆及嘉慶時曾幾次惑衆作亂，欲奪清祚。

太平天國天王洪秀全及其從衆，信奉耶穌教，創上帝會，利用民衆迷信心理煽惑鄉民，聚衆作亂。其事雖與「黃巾」、「白蓮」、「聞香」、「八卦」、「天理」有所不同，但均假宗教以號召，借神力以惑衆則如出一轍。洪、楊所創「上帝會」的宗教思想至爲幼稚與荒誕，與天主教、基督教所信持《聖經》教義，頗有出入，多帶有迷信色彩。殊不知事愈迷信愈能煽惑愚昧鄉民。故信之者衆，從之者多。教徒遂成爲其廣大的社會基礎。

二、會黨——

明隱逸大儒黃宗羲、王夫之等著書宣揚《春秋》尊王攘夷，嚴夷夏之防的民族大義。莊廷鑨著《明史》、戴名世著《南山集》、呂留良著《維止錄》，均具反清復明的民族思想，流傳民間，滿清雖嚴禁而不能絕。這種民族思想的傳播，促成反清復明運動及秘密會黨的產生，因爲思想而產生行動。順治三年天津張氏婦女竟自稱「天啓皇后」，康熙十二年北京楊起隆自稱「朱三太子」，康熙四十六年雲南李天極自稱「明桂王孫」，起事雖未成功，但其從衆多散隱民間，秘密進行反清復明的活動與組織。鄭成功反清存明的勢力曾延伸及於福建及江南各地，亦爲助成反清秘密會黨的形成。康熙年間，藏人寇邊，官軍失利。福建莆田縣九連山少林寺僧衆應募平之。清廷信讒，以寺僧人衆、力强、武功高，易爲患，恐難制，謀除之，暗遣兵以火藥炸少林寺，僧蔡德忠等五人得逃出火刼，與勇士吳天祐等五人遇，相偕匿惠州寶珠寺。有學士陳近南，在朝時因諫焚寺事被斥返里，隱白鶴洞，研習道教，以卜者作江湖遊，至是遇五僧，乃與合作，謀爲寺復讎。時有自稱明思宗崇禎之孫者朱洪竹，態度非常，衆推爲首領，成立洪門會，取入洪鈞之門。洪鈞，大鈞，謂天也；大塊，謂地也。洪鈞，造化也；大塊，自然也。故亦名天地會。會衆相識之暗號爲「三八二十一」，即洪字的分開。洪竹死，蘇洪光被推爲首領，取天時、地利、人和三者會合之意曰三合會，組三合軍，北向進攻，所向皆捷，連下七省，聲勢浩大，後大敗於川，洪光陣亡，天地會遂衰。天地會、洪門會、三合會或洪門三合會，乃是同會而異名者。洪門會或三合會的勢力不僅佈國內各省，且遠及海外。國父孫中山在美國倡導國民革命，即得有在美洪門會黃三德之助。朱九濤的上帝會即天地會（三合會）之遺緒。洪秀全利用這些會黨分子爲社會基礎，得以興起大事，擾害各省。

三、流民——中國一向分國民爲士農工商四種。惟中國以農立國，農民佔絕大多數，約近百分之八十五。因土地兼併甚烈，土地集中於少數人，貧富懸殊。大地主佔極少數。絕大多數的農民中又以小農與佃農佔絕大多數。因農業生產技術不够進步，水利灌溉亦欠完備，病蟲害又不良於防治，故農產品收穫難豐厚。因之，大多數農民生活頗爲困苦。因生活困苦，無多餘金錢購買商品或投資工業，工商事業遂難以發達。中國缺少有力而衆多的工商中產階級，積極競進的能力不足，遂使中國遲遲未能出現民主自由的政治社會。農民既已生活困苦，一遇旱澇天災，五穀歉收，農民便陷於衣食惟艱的凍餒絕境，飢寒交迫，饑民流離，鋌而走險，乃起而爲盜賊。中國歷代的敎匪與流寇的興起，便都是飢餓流民搶奪衣食，爲野心家利用所形成的暴動或變亂。

道光末年兩廣發生饑荒，飢餓的貧民，飢寒交迫，鋌而走險，群起爲盜，嘯聚山谷，攻掠城池，擾害民間。盜賊爲患，大股數千人，小股數百人，其他偷竊攔奪者又不計其數。洪、楊起事，群盜附從，官吏事前既不防範消弭；事起官兵亦無力勦滅，遂致其勢力愈聚愈大，卒至聲勢浩大，不能阻抑，大亂遂成。這無數的饑餓流民，便是太平天國的一大社會基礎。天王洪秀全是賣卜維生的窮人。東王楊秀清種山燒炭爲業。西王蕭朝貴是胼手胝足耕種的農人。忠王李秀成幫工就食。干王洪仁玕亦生長於貧家。足見太平天國的領導人物多爲貧苦階級，故易於號召饑民爲盜的群衆。

四、士人——「四民」中，士的地位最爲重要，最受社會重視。因爲士是讀書人或稱知識分子，乃社會菁英。讀書人的出路，能以做官。士子做官則祿俸優厚，超出農工，何止倍蓰。諺曰「一任清知府，十萬雪花銀」，可以知之。富貴相連，貴者必富。富貴是人之所尊崇者。詩曰「天子重英豪，文章敎爾曹，萬般皆下品，惟有讀書高」；又曰「白馬紫金鞍，騎出萬人看；問是誰家子，讀書人做官。」讀書人的目的與出路是入仕爲官。而入仕的途徑則是科舉考試。科舉是歷代政府的掄才大典，亦是君主籠絡士子的重要手段。士子是社會菁英，才智較高，不予安撫覊絆，最足以惹事生非，興風作浪。滿清以異族入主中國，深懼士人的不服與反抗，遂採取前代的科舉制度以爲控制士人的工具。士人欲在科舉途中，中式得志，必須專心致志，心無旁騖的修讀四書五經，全部精力皆消耗於讀書中，自不暇爲非作歹。士不爲亂，統治者便可安然無事。

讀書既可博致富貴，則趨赴者自必日多。士人日多，而仕途甚狹，科考頗難，官位有限，所以士子科試不第者甚多。其散落民間者，善良者則爲塾師，課敎生徒，以資餬口。不肖者流爲土豪劣紳，武斷鄉曲，魚肉鄉民。智黠者出入衙門，勾結胥吏貪官，包攬詞訟，欺壓涉訟之人。士子不第之高級者，嘗以集體努力，夤緣朝官，企求官位或干與政事。漢代黨錮之禍，就是由於太學生郭泰、賈偉節等多人與太尉陳蕃、河南尹李膺相互褒重以抗宦官而引起。明代的東林黨便是學人顧憲成、高攀龍等的結合，藉講學以抗宦官，譏朝政。太平天國天王洪秀全十三歲爲童生，十六歲起四赴府試皆不第，是落第士子而作亂者。翼王石達開家富有，曾讀書，善詩文，但科場不得志，遂起而爲匪盜。北王韋昌輝，亦是屬於士人的監生，曾出入衙門，以做官未遂而起事作亂。忠王李秀成爲洪軍名將，兵敗被俘，親筆寫供詞，文長而暢達，至爲動人，足證是一曾讀書習文的士子。由此觀之，太平天國的社會基礎，亦有士人的參加與支持。

第三節　太平天國的政治思想

中國自秦漢迄清乾嘉時代，政治思想均未能超出先秦諸子的學說，且以儒家學說爲主流。雖有援道佛入儒者，然仍以儒學爲主體。乾嘉以後，因西學東漸，使中國的政治思想發生空前的鉅大變化。其重要者有二：一是耶穌教宗教思想的輸入，而產生太平天國所揭櫫的富有宗教色彩的政治思想。一是民主主義的政治思想的流進，而引起戊戌維新及國民革命。太平天國的政治思想除復漢爲中國固有民族思想外，其他的政治思想則多是接受西洋的宗教理想而略加修正所形成的。玆將太平天國所信持的政治思想扼要論述於後：

一、**民族思想**——太平天國的起事，極富有民族革命的意義。洪秀全等於文宗咸豐元年（西元一八五一年）建太平天國於永安州（今廣西蒙山縣），次年頒布奉天討胡檄於天下。檄有言曰：「夫天下者，中國之天下，非滿洲之天下也。寶位者，中國之寶位，非滿洲之寶位也。子女玉帛者，中國之子女玉帛，非滿洲之子女玉帛也。慨自明季陵夷，滿洲肆逆，乘釁竊入中國，盜竊神器。……迄今二百餘年，濁亂中國，箝制兵民，刑禁法維，無所不至。……茲者，三七之運告終，九五之人已出，恭維天父、天兄，大開天恩，命我眞聖主天王，降凡御世，用夏變夷，斬邪留正，誓掃胡塵，開拓疆土，此誠千古難逢之際，正宜建萬世不朽之勳。……至於荼毒生靈，貽害黎庶，則又截南山之竹，書罪無窮；決東流之波，流毒無盡者矣。故滿奴之世仇，在所必報，共奮義怒，殲此醜夷，恢復舊疆，不留餘孽，是則天理之公，好惡之正，何反含毒忍恥，爲之奴隸，違背天朝，不思歸附？是何異曠安宅而不居，舍正路而不由？嗟嗟，可恨也已。」（見《中華民國開國文獻》第一編，第二册）

奉天討胡檄文，誠然富有强烈的民族思想。然此一民族思想與中國原有的民族思想，並不相同。後者原於孔子《春秋》尊王攘夷，嚴夷夏之防的民族大義，旨在崇華卑夷，非我族類，其心必異，故不與之同中國。前者則來自西洋耶穌教的宗教信仰，認爲國界是上帝所劃分，宜各守其界，各保其產，民族平等，反淸旨在復我固有域土，非以其爲野蠻之劣族而摒棄之。朱元璋討元，基於中國的民族大義，不僅在收回國土，且要恢復漢家文物衣冠。洪秀全反淸是遵奉上帝意旨，使各族各守其疆土而已。中國嚴夷夏之分的標準或以血統的不同，或以文化的高下。太平天國嚴夷夏之分的標準，是基於宗教有別。其稱滿淸爲「妖胡」，殆亦西洋所謂「異教」（Heathen）的含義。洪秀全等所信奉的「天父」（上帝）、天兄（耶穌）是異敎（自中國人洪、楊等而言），而「妖胡」滿淸亦是異敎。驅逐滿淸異敎而收容西洋異敎，有如前門拒狼，後門進虎，似難自圓其說。

二、國際友誼——太平天國的民族思想與中國原有的民族大義並不相同，可從以下兩點，作爲證明。㈠中國的民族大義，旨在尊華賤夷，我爲神明貴族，彼乃野蠻賤種。太平天國的民族思想則以爲民族之分，國家之別，是依天意的自然存在，並無優劣尊賤的差異。洪秀全在本鄉傳教時，嘗告洪仁玕曰：「上帝劃分世上各國，以海洋爲界，猶如父親分家產於兒輩。各人當尊重父親之遺囑各自保管其所得之產業。奈何滿洲人以暴力侵入中國而强奪其兄弟之產耶！」（簡又文《太平天國雜記》，三五—三六頁）各民族各國皆是同父親的親弟兄，自不必强分尊賤優劣，各自自主，不可暴力侵略。這是民族平等的思想。㈡中國的民族大義是用夏變夷，未聞以夷變夏者。王夫之說：「夷狄而效先王之法，未有不亡者也」；甚而又說：「夷狄者殲之不爲不仁，奪之不爲不義。」而洪秀全則主張各族各國彼此有友誼，互通知識，相接以禮。他說：「如果上帝助吾恢復祖國，我當教各國各自保管其自有之產業而不侵害別人所有。我們要彼此有友誼，互通眞理與知識，各以禮相接。我們將共拜同一之天父，而共崇敬同一天兄世界救主之眞理。」（同上）洪秀全的這種民族思想明顯的接納了耶穌平等博愛的宗教信仰；同時亦可能受到國際公法鼻祖荷蘭葛老秀士（Hugo Grotious, 1583–1645）國際法觀念的影響。葛氏早於一六二五年著著名的《戰爭與和平法》（*De Jure Belli Ac Pacis*）流傳甚廣；認爲每個國家都有其主權，地位是獨立自主的。由若干獨立自主的主權國組成「國際社會」（international society of states）。在此「國際社會」中彼此獨立，相互依存，應依平等互惠的法則接觸交往。葛老秀士的學說至洪秀全一八五〇年起事，已流傳二二五年，洪氏或許受到現代國際公法觀念的影響而形成其自己的民族思想。

三、奉天博愛——洪、楊起事建天國，不僅以宗敎天神思想相號召，而且依此思想以建立制度推行政事。洪秀全自稱是奉天父（上帝）、天兄（耶穌）之開恩而降凡御世，又是上帝的次子，耶穌基督的幼弟，受天父之命而稱天王，遂自爲全國的元首。其政治理論是奉天以治人。人類皆是上帝的子孫，一律平等，應本上帝愛護子孫之心，一體而博愛之。平等與博愛是耶穌教的基本教義，即所謂「神愛世人」。神雖愛世人，但以信耶穌，拜上帝爲先決條件，故信主者升天堂，不信者入地獄。辛開三月十四日天主傳上帝之命，有曰：「天父曰，我差爾主下凡作天王。他出一言是天命，爾等要遵。爾等要眞心扶主顧主，不得大膽放肆，不得怠慢也。若不扶主顧主，一個個難逃命。」（《太平天國詩文鈔》第一頁）這是歐洲中古時期政敎（宗敎）合一的神權政治，亦類似中國古代依天意以爲治的天治思想。

洪秀全的太平天國既係奉上帝之命而建立，而上帝是萬能的，無所不知，無所不在，無所不能，無人不養，無人不愛，所以天國應依上帝之意，博愛人民，一律平等，一視同仁，不分男女老幼。洪秀全曾謂太平軍的目的在傾覆滿淸，別創漢族新朝。這新朝自當奉天父之意博愛人民；除上帝以外，皆不得僭稱王，僭稱帝。他發布永安詔，有曰：「天父上主皇上帝，無所不知，無所不能，無所不在，樣樣上，又無一人非其所養，才是上，才是帝。天父上主而外，皆不得僭稱王，僭稱帝。」所以太平天國官文書稱中國古代先王，於王字傍皆加犭。太平詔書原道救世歌，亦云：「開闢眞神惟上帝，無分貴賤拜宜虔。天父上帝人人共，天下一家自古傳。盤古以下至三代，君民一體敬皇天。其時狂（王）者稱上帝，諸侯士庶亦皆然。試問人間子事父，賢否俱循內則篇。天人一氣理無二，何得君狂（王）私自專。」這意謂人人平等，君王亦不可獨尊。

既然如此，何以洪秀全竟然稱天王？洪仁玕對此作解釋曰：「孔丘作《春秋》，有正名分。大書直書曰天王，蓋謂繫王於天，所以大一統也。此天王尊號前代無人敢僭者，實天父留以與吾眞聖王」；「天父父兄方可稱聖。自今衆兵將呼朕爲主則止，不宜稱聖。」（《太平天國詩文鈔》，六頁）嬴政妄自尊大，要超越前代君王，而僭創稱始皇帝，故國祚歷三世僅十五年而亡。洪秀全亦妄自尊大，否定前代之王爲王，而自己卻僭妄，創稱天王，所以自起事至敗亡，亦祇歷時十五年，且及身而亡。

四、神權至上——太平天國是宗教思想建立的政治組織，故信持神權至上的論據。所謂神權至上，可從兩點加以說明。第一、所有的人，包括天王、文武百官及全體人民皆須虔誠的信仰及崇拜上帝。既然一切人類都是上帝子女，在宗教的觀點上便是人人平等，則奉事上帝乃是人人的義務與權利，就是天王亦不能例外。這和中國所謂禮教是不同的。中國的傳統思想，則是只有天子始可以敬事天地，臣子皆不得參預。而太平天國的君、臣、人民皆可直接敬拜上帝。天條書曰：「今有被魔迷蒙心腸者勸說君長方拜得皇上帝。皇上帝，天下凡間大共之父也。君長是其能子，善正是其肖子，庶民是其愚子，强暴是其頑子。如謂君長方拜得皇上帝，且問家中父母，難道單是長子方孝順得父母乎？」《太平詔書》原道救世歌亦曰：「開闢眞神惟上帝，無分貴賤拜宜虔。天父上帝人人共，天下一家自古傳。盤古以下至三代，君民一體敬皇天。」

第二、洪、楊承認上帝的管治權力，不僅於全體臣民，卽天王本人亦受上帝的監督與管制，所以天國天王每託天父下降以博取臣民的信從。天父下凡詔書卽是其正式的官文書。如辛開元年十月二十九日楊秀清等託言天父下凡，命逮捕謀叛的周錫能命令，就是假天命以震懾臣民的事例。又如癸好三年新刊之天父下凡書記楊秀清託天父降命以譴責天王的事，足證天王亦受制於天父皇上帝。書略曰：「東王乘金輿至天王宮，天父忽再下凡，女官啓奏，天王步出迎接。天父怒曰，秀全！爾有過錯，爾知麼？天王下跪，同北王朝臣一齊對曰，小子知錯，求天父開恩赦宥。天父大聲曰，爾知有錯，卽杖四十。衆官哭求代受。天父不許，乃令責天王。天王仍俯伏受杖。天父以其遵旨免其杖責。」天王爲國之元首，猶不敢不遵天父皇上帝意旨受責杖，神權至上，可以見之。

五、天下一家——太平天國襲取於耶穌教者不僅神權思想，更有所謂人類同宗，天下一家的理論。《聖經》屢申此義。耶穌謂凡遵行天父意旨者，均爲兄弟姊妹（馬太福音十二章五十節）。保羅亦說，凡人當相互服事，一切法律皆包含於愛人如己一語之中（加拉太書五章十三—十四節，羅馬書十三章十八節）。這種理論太平天國的領袖人物加以引用與發揮，與禮運篇大同思想及墨子的兼愛學說不無相似，故易於發生吸引與號召力量。《太平詔書》中原道醒世詔專闡博愛之義。其文字頗似模仿墨子的兼愛篇。詔有言曰：「世道乖離，人心澆薄，所愛所憎，一出於私。故以此國而憎彼國，以彼國而憎此國者有之。甚至同國以此省此府此縣而憎彼省彼府彼縣，以彼省彼府彼縣而憎此省此府此縣者有之。更甚至同省府縣以此鄉此里此姓而憎彼鄉彼里彼姓，以彼鄉彼里彼姓而憎此鄉此里此姓者有之。世道人心至此，安得不相凌相奪，相鬥相殺，而淪胥以亡乎？無他，其見小故其量小也。其以此國而憎彼國，以彼國而憎此國者，其見在國，國以外則不知。故同國則愛之，異國則憎之。其以此省此府此縣而憎彼省彼府彼縣，以彼省彼府彼縣而憎此省此府此縣者，其見在省府縣，省府縣以外則不知。故同省同府同縣則愛之，彼省彼府彼縣則憎之。其以此鄉此里此姓而憎彼鄉彼里彼姓者，以彼鄉彼里彼姓而憎此鄉此里此姓者，其見在鄉里姓，鄉里姓以外則不知。故同鄉同里同姓愛之，異鄉異里異姓則憎之。天下愛憎如此，何其見之未大而量之不廣也！」

這詔書接着又言曰：「雖然，此乃世衰俗弊一時之惡習耳。當中國上古盛世，天下爲公。禹稷動饑溺之懷，孔丘發大同之論。揆之眞道，誠無間然。蓋天下凡間，分言之，則有萬國，統言之，則實一家。皇上帝，天下凡間之大共父也。近而中國是皇上帝主宰化理，遠而蕃國亦然。遠而蕃國是皇上帝生養保佑，近而中國亦然。天下多男人，盡是兄弟之輩。天下多女人，盡是姊妹之輩。何得存彼疆此界之私，何得起爾吞我併之念。」此詔書更引禮運大同篇「大道之行至是謂大同」全文，以申說天下一家之義。

六、平均田畝——自秦始皇廢封建，開阡陌，土地可以自由買賣，兼併之風大行，遂致富者連阡陌，貧者無立錐。爲消除或救濟貧富懸殊、階級對立的弊害，歷代的思想家多有倡恢復井田制者，但未能實行。政府亦嘗採行「王田」、「限田」、「均田」、「占田」等政策，亦皆未能濟事。土地私有制及土地兼併歷二千年而不能改。迨至滿清之世，强豪兼併之風不戢，貧富懸殊之勢未變。孔子所謂「不患寡而患不均」之害難除。貧多而富少，社會基礎並不平衡，難望安定。洪、楊起事乃大呼平等與均富口號以號召貧民。先則申令衆兵將不得私有財物，及奠都南京即採行平均田畝之策。

從朱希祖序程演生《太平天國史料》第一輯，可知其平均田畝制度梗要。天下之田分爲「尙尙」至「下下」九等，不論男女，按口分授人民。十六歲以上受田多於十五歲以下一半。一家之中，人多則分多，人寡則分寡，雜以九等。如一家六人，分三人好田，分三人醜田，好醜各一半。這種田制是定制，若遇年荒則彼此應有相互的調劑，以爲救濟。故又規定，凡天下之田，天下人同耕。此處不足則遷彼處，彼處不足則遷此處。凡天下田豐荒相通，此處荒則遷彼豐處以賑此荒處，彼處荒則移此豐處以賑彼荒處。務使天下共享天父上主皇上帝大福。爲要荒豐相通，則田畝所生產的糧食，不得不由公家管理。故定凡當收成時，兩司馬督伍長，除足其二十五家每人所食，可接新穀外，餘則歸國庫。凡麥豆苧麻布帛鷄犬各物及銀錢亦然。蓋天下皆是天父上主皇上帝一家。天下人人不受私物，物歸上主，則主有所運用。鰥寡孤獨廢疾，不能勤耕服役者，皆頒國庫以養之。婚喪嘉禮，立有定式，皆用國庫以行之。如此，則天下之人「有田同耕，有衣同穿，有錢同用，無處不均用，無人不飽煖。」這種狂圖妄想是徹底的共產主義，違犯人性，極不自由，毫無私人生活的囹圄，焉能施之全民。太平天國的失敗，這亦是其一大原因。

太平天國均田共產的構想，亦來自耶穌教宗教教義，並非洪、楊等人的憑空幻想。《新約》使徒行傳曰：「信的人都在一處，凡物公用。並且賣了田產家業，照各人所需的分給各人。」（二章，四—五節）又曰：「那許多信的人都是一心一意的，沒有一人說他的東西有一樣是自己的，都是大家公用。……內中亦沒有一個人是缺乏。因爲人人將田產都賣掉了，把所賣的價錢都放使徒脚前，照各人所需用的分給各人。」（四章，二三節）洪、楊等人的「共產共物」、「同耕同享」的設計，當是由於《聖經》中這些教條的啓示。古代「自耕自地」、「衆耕公地」的井田制，尚終不能復行於後世，那完全廢除私有的「共產制度」焉能不歸於失敗。

第四節　太平天國失敗的因由

太平天國起事時來勢洶洶，聲勢浩大，所向皆捷，亂及十九省，然爲期僅十五年卽告敗滅。蓋其起與必有因，敗亡亦有自，皆非偶然事件。綜觀太平天國失敗的原由計有左列諸端：

一、反固有宗敎——中國立國至淸中葉已近五千年，自有其文化與宗敎，根深蒂固，廣及全民，深入人心。孔孟學術爲中國文化之主流，道敎、佛敎的傳播與流行亦二千餘年，信徒亦極普遍，撼之非易。而太平天國諸酋竟要將西洋耶穌敎以武力強行移至中國，而竟欲盡毀中國固有的文化與宗敎。欲以外國漂疾微風吹倒原有千年巨松，勢必不能成功。洪、楊反原有宗敎的狂妄行爲，爲「毀宣聖（孔子）之木主，十哲兩廡，狼藉滿地。所過州縣，先毀廟宇，卽忠臣義士如關帝岳王之凛凛，亦汚其宮室，殘其身首；以至佛寺道觀，無廟不毀，無像不滅。」（曾國藩討粤匪檄）誠如孫德堅所述：「毀先王聖人之道，廢山川岳瀆諸神，惟耶穌是奉，幾欲變中國爲夷俗。」（《賊情彙纂》卷九，賊敎）洪、楊既不顧衆怒難犯，專欲莫成的人心；又不知「奪其政，從其俗」的謀略，竟一意妄爲，遂招致社會反感，人民反抗，而歸於失敗。

二、反名敎倫常——中國是禮義之邦，重名敎，尙倫常，君臣有義，父子有親，夫婦有別，長幼有序，朋友有信。君使臣以禮，臣事君以忠，父則慈，子則孝，兄則友，弟則恭，夫婦互敬，朋友共信。這些名敎倫常乃是保障國家安寧，促進社會和諧，維持人群團結，不可或缺的重要條件。太平天國對此全加否定，而爲荒謬措施：「太平軍每至一處，卽在城市分男舘女舘，男歸男舘，女歸女舘。」（蜀北五知撰《洪楊遺事》買賣街）「全家被虜，則必使祖孫父子齊一而兄弟之；婆媳、姑嫂、妯娌齊一而姊妹之。及至同胞兄弟數人，則反東西互調而分處之。其所謂兄弟姊妹不以少長排行，而以入會先後分次第」；

「是其所謂兄弟者，不惟自兄其兄，自弟其弟，欲强一切男子而兄弟之，强一切婦女而姊妹之。」（《賊情彙纂》卷六，僞稱呼）「縱令夫婦亦不許相見說話，皆隔別不令共處。倘私約就宿，謂之犯天條，男女皆殺。僞多官副丞相陳宗揚，竟因夫妻同宿，駢首被誅。然各僞王卻盛置姬妾。」（《賊情彙纂》卷十二，雜載）似此荒謬措施，不一而足。滅絕天理，背悖人性，逆天違性，焉得不趨於滅亡。

曾國藩討粵匪檄，有曰「自唐虞三代以來，歷世聖人，扶持名教」，敦叙人倫。君臣父子，上下尊卑，秩然如冠履之不可倒置。粵匪竊外夷之緒，崇天主之教。自其僞君僞相，下逮兵卒賤役，皆以兄弟稱之，謂惟天可稱父。此外，凡民之父皆兄弟也。凡民之母皆姊妹也。農不能自耕以納賦，謂田皆天下之田也。商不能自賈以取息，謂貨皆天下之貨也。士不能誦孔孟之經而別有所謂耶穌之說，《新約》之書。舉中國禮義人倫，詩書典則，一旦掃除蕩盡，此豈獨我大清之變，乃開闢以來多敎之奇變，我孔子孟子之所痛哭於九泉。凡讀書識字者又能袖手傍坐，不思一爲之所也。」

三、諸王的內訌——太平天國諸王間的內訌互鬥，亦是促成其敗亡的一大原因。洪秀全奠都南京，志趨荒逸，深居宮邸，凡事悉由東王楊秀淸主之。楊性桀黠，過於洪天王。楊自言通天語，嘗託天父降其身，令天王跪受杖。以是人之畏楊甚於畏洪。楊因以益驕，使其下呼萬歲，謀自立。其時北王韋昌輝、翼王石達開皆外在分略江楚間事略。石較諸王練達，素不直楊之所爲。韋嘗自外敗歸，而楊不納，奪門而後入，因而怨楊。洪秀全既畏惡楊之專橫相偪，乃密召韋、石返，陰使除之。韋先返，佯約楊議事於天主堂，預藏甲士，突發兵殺之，並誅其黨羽，毀其家室。石後返，不滿韋之所爲，因責之。韋遂欲一倂除石。石縋城逃去，韋盡殺石之母妻子女。天王大恐，乃遣兵攻北王府，韋逃逸，被兵所獲，縛迸南京礫市。似此自挖牆角，自散勢力，無異是自取滅亡。

四、帝王的迷夢——洪秀全慾望高奢，而知識淺陋，不明世界大勢，不識時代潮流，一意私心，懷着當帝王的迷夢。洪秀全起事時，反對三合會「反淸復明」的主張，而堅持「開闢新朝」的號召。惟其所要開闢的新朝，不是時代新寵兒的「民主共和國」，而是世界舊渣滓的「專制君主王朝」。他於大局尚未定，戰爭在酣鬥時，卽匆匆的建金陵爲天京，自任天王，而心怠志荒，大享專制皇帝的淫樂，後宮三十六，后妃八十八，錦衣玉食，狂歌豪飲。似此享受奢樂，誰不羨之，遂引起東王楊秀淸萌「彼可取而代之」的動機。內訌互鬥由帝王之爭而引起，天國王朝遂因以覆亡。美洲十三個殖民地於一七七六年發動獨立革命而成功，建立世界第一個民主憲政聯邦共和國，洪秀全起事在其後七十四年。法國於一七八九年爆發民主大革命，推翻專制政權，建立民主政府，成爲其他君主國家人民的示範。洪秀全起事在其後六十二年。洪氏眼光短淺，坐井觀天，昧於時代潮流，妄想當落伍的帝王。適時者生存，落伍者敗亡，此自然法則，天王自不得不歸於淘汰。

第八十五章　自强運動的政治思想

第一節　自强運動的各種含義

一、**戰爭失敗的覺悟**——中國是大陸國家，地大物博，人口衆多，農產品豐富，足以自給自足，不假外求。中國領域形勢成一自然的地理單位，西有高山峻嶺以爲屏障，東有汪洋大海可做衞護，北有沙漠之隔，長城之防，南有山嶺水域共爲圍牆，國防安全，不虞外患，遂不知向外發展，交好鄰國，更不求建設航業，遠向海上開拓。且自認神明貴胄，文化最高，居天下之中，居住其四周者皆爲野蠻卑劣民族，南蠻、北狄、西戎、東夷，不足以與相提並論，乃限制國民與外國交往，不得私自出境；採封閉政策，海陸不通，自高自大，自傲自滿，閉關自守，嚴防門戶。自以爲如此便可以安享太平，永保富强。

殊不知西洋各國的航海事業，發達甚早。義大利人哥倫布（C. Columbus）得西班牙王之助，即能於一四九二年率舟三艘橫越大西洋航至北美洲，發現新大陸。荷蘭、英國、法國相繼發展航海事業，海上交通四通八達，無遠弗屆。加以英人瓦特（James Watt）於一七六四年發明蒸汽機。繼之者，有其他生產機器陸續發明，至十九世紀上半葉，產業革命大告完成。機器生產替代了手工生產，大規模的工廠生產，替代了小型家庭式生產。工業產品數量龐大，銷售不易。於是這些工業國家便採行帝國主義政策，憑藉砲艦，運用武力向外侵略，擄取殖民地，奪取原料，推銷商品。中國人口衆多，消費量廣大，逐淪為帝國主義的侵略對象，以武力逼我開放海禁，推銷商品。洋布打倒土布，洋貨壓制土貨。故步自封的政策被打破，自高自大的思想難維持。

英國強銷毒品鴉片於中國，我禁之，燬鴉片二萬餘箱，並禁與通商，遂引起鴉片戰爭。中國大敗，不得不作城下之盟，於一八四二年訂南京條約，賠鉅款，永租香港，開五口通商。文宗咸豐六年（西元一八五六年）粵民縱火燒英商船，法商館同遭波及。次年英法聯軍攻陷廣州。八年英法聯軍北上，攻陷大沽口砲臺。十年（西元一八六〇年）英法聯軍攻進北京，焚圓明園，文宗逃往熱河，又作城下之盟，訂中英北京條約，中法北京條約。兩約大致相同，總不外割地賠款，喪權辱國。

滿清連遭對外戰爭的慘敗，朝野均有相當的警覺與醒悟。對過去閉關自守，固步自封政策不得不放棄。對過去自高自大，卑視夷狄的思想，不得不修正。以為中國精神文明、社會倫理、政治典章仍較西洋為優越。惟外國軍艦大砲的威力強大，軍事裝備精良，工商生產技藝的奇巧，則是中國所遠不及者。為謀求自救，必須自強。自強之道，在於取外國之長以補中國之短。自強的要着在於改兵制，練新軍；設工廠，造武器；建船艦，利軍事；並培養熟悉洋務的人才；及開礦產，築鐵路，興郵政，開電訊等。此之謂自強運動，亦曰洋務運動。

二、師夷長技的需要——鴉片戰爭失敗以後，有識之士，放開眼界，認為外國確有勝於中國優長之處，應予模仿學習。林則徐曰「竊謂勦夷而不謀船礮水軍，是自取其敗。勦夷有八字要言，器良技熟，膽壯心齊。造船必求其堅，造礮必求其利。」（《中華民國開國五十年文獻》第一輯，第七册，三六頁）魏源自序《海國圖志》有云「是書何以作？曰，為以夷攻夷而作，為以夷款夷而作，為師夷長技以制夷而作。」英法聯軍之役後，負責辦理外交的恭親王奕訢與大臣文祥，知外人肯遵守條約，願售武器於我，將製造兵器、練兵方法教我國人。所以他們以為今後須注意外交，而講求自強，又必須練兵、製器、造船、籌餉，用熟諳洋務之人，且須持久。

在南方與太平天國作戰的名將曾國藩、左宗棠亦主張師夷長技以求自強。曾曰：「輪船之速，洋礮之遠，在英法而誇其獨有，在中國則罕於所見。若能陸續購買，據為己有，在中國則見慣而不驚，在英法亦漸失其恃。」（《開國五十年文獻》第一輯，第七册，頁六〇）馮桂芬曰：「魏氏源馭夷，以夷攻夷，以夷款夷，萬不可行，獨師夷長技以制夷語為得之。……始則師而法之，繼則比而齊之，終則駕而上之，自强之道，實在乎是。」（《校邠廬抗議》卷下，製洋器議）

三、平等外交的採行——中國一向以「衣冠上國」、「神明天朝」自居，視外國皆為野蠻的夷狄。甚至西方國家的使者，覲見皇帝，亦要其行拜跪叩頭禮。其自高自大，不知世務，以至於如此者。魏源即指出不可以蠻夷視泰西各國。他說「夫蠻狄羌夷之名，專指殘虐性情之民，未知王化者言之。故曰先王之待夷狄如禽獸然，以不治治之；非謂本國而外凡教化之國皆謂之夷狄也。……誠知夫遠客之中，有明禮行義，上通天象，下察地理，旁覽物情，貫串古今者，是瀛外之奇士，域內之良友，尚可稱之曰夷狄乎。」（魏源《海國圖志》卷七十六，西洋人瑪吉士地理備考叙）

迨我國與英法兩國戰爭，竟大敗而受辱，清廷始知原所謂夷狄的野蠻人，確有超越於中國的長技，不得不以另眼看待，乃對外國採行平等外交政策。文宗咸豐十年十二月（西元一八六一年一月）乃設立總理各國事務衙門，簡稱總理衙門，總署辦理外交事宜，上海、天津分設通商大臣，後改為南洋、北洋大臣，由兩江總督及直隸總督分別兼管。對外國訂條約，除英、法、美、俄四國外，至光緒初年，更有普魯士、丹麥、荷蘭、西班牙、比利時、義大利、奧大利、日本、秘魯、巴西、葡萄牙等國。穆宗同治五年（西元一八六六年）派使臣至歐洲考察。七年聘請前駐華美使蒲安臣（Anson Burlingame）及志剛、孫家穀等爲專使赴歐美二洲各國訪問，九年結束。德宗光緒元年（西元一八七五年），開始派遣使臣郭嵩燾赴英國，以後繼續派使臣往美、日、德、法、俄等國家。一向閉關自守的中國從此進入「國際社會」（international society of states）爲獨立平等的一員，以與各國作外交接觸與活動。

四、物質建設的促進——自強運動的目的在「師夷長技以制夷」。而自強運動者認爲「夷之長技」是物質方面的成就，如大礮、船艦、機器的製造，軍隊的訓練，鐵路交通的建築，礦產的開發，郵政電訊的舉辦。因之，清廷及若干大臣遂在這些方面努力進行。穆宗同治元年（西元一八六二年）李鴻章在上海設砲局。四年，曾國藩添購機器，擴充爲江南機器製造局。金陵、天津亦相繼設立機器製造局。江南製造局後成爲大規模的兵工廠兼製造廠。左宗棠在福州設船政局，同治六年成立，由沈葆楨負責，並附設船政學堂。光緒八年（西元一八八二年）李鴻章築旅順軍港。光緒十四年北洋海軍成立。

在經濟建設方面，穆宗同治十一年（西元一八七二年），李鴻章創設輪船招商局，先在沿海航行，後延長至長江。光緒四年（西元一八七八年）左宗棠創設甘肅織呢總局。郵傳部所屬郵務辦事處，開始收公衆信件。光緒七年，開平礦務局成立，並修鐵路十公里運煤，以後不斷延長，並修其他鐵路。同治九年（西元一八七〇年）丹麥設上海、香港海底電線，不久，李鴻章架設天津、大沽與天津、上海兩線，後又延長至奉天、廣州及西北、西南兩地。

五、洋務人員的培養——自强運動既在「師夷長技以制夷」，便須通夷人的言語及學習夷人的專識與奇技。前此所謂「作奇技淫器以疑衆者殺」（《禮記》卷十三，王制）的教條，只得置之高閣。既採平等外交政策，夷字自不便再用，所以習夷務者改稱洋務。同治元年，總理各國事務衙門在北京設同文館，使學生學習外國語文、公法、天文及算學。二年，李鴻章在上海設立廣方言館，訓練譯書人才。十一年，曾國藩開始訪選沿海各省聰穎幼童，遣派出洋學習技藝，每年以三十名爲率，四年計一百二十名，分年搭船出洋，在外國學習十五年後，按年分次返國。時幼年已三十歲上下，正年富力强，正可及時效力。

同時，李鴻章亦遴選子弟，前赴泰西各國肄習技藝，不分滿漢，年十二歲至二十歲爲率，先在滬局肄習，以六個月爲率，察看可以造就，方准資送出國，以十五年爲率，中間藝成後，遊歷二年，以驗其所學，然後回至內地，聽候總理衙門酌量器使。國內又先後設水師學堂、武備學堂培養新軍事人才。足見當時所謂自强者祇在學習西洋的技藝與物質文明，至於人文科學、社會科學及政治、法律等均不必學習外國。因在這些方面，仍自信中國優於外國。

第二節　自强運動贊成者的思想

當時贊成自强運動者的人物，多爲思想進步，眼界廣大，目光高遠，有前瞻性及進取精神者。至於在政府負重責大任，具實際經驗，與洋務有接觸者的要人，因深知外人技藝優長，爲我所不及者，亦多贊成師夷長技的自强運動。玆舉述其中若干重要人物的主張與思想以爲代表：

一、林則徐的思想——林則徐侯官（福州）人，嘉慶進士，道光時，累官至湖廣總督。建議禁煙，則徐言尤切至，奉命赴廣州查辦禁煙事，查獲英商鴉片二百餘萬斤，悉數燬之，英兵不服，卒至引起鴉片戰爭。當時則徐曾曰「竊謂勦夷而不謀船礮水師，是自取敗也。蓋岸上之城郭廛廬，弁兵營壘，皆有定位者也，水中之船，無定位者也。彼以無定攻有定，便無礮虛發。我以有定攻無定，船一閃躲，則礮落水矣。彼之大礮遠及千里內外，若我礮不能及，彼礮先已及我，是器不良也。彼之放礮若內地之放排槍，連聲不斷。我放一礮後，須輾轉移時，再放一礮，是技不熟也。余嘗自謂勦夷有八字要言『器良技熟，膽大心齊』是也。」（致姚春木王冬壽書）

林則徐又曰「……卽以礮船而言，本爲防海必須之物，雖一時難以猝辦，而爲長久計，亦不得不先事籌維。且廣州利在通商，自道光元年至今，粤海關已徵銀達三千餘萬兩，收其利者，必須防其害。若以此關稅十分之一製礮造船，則制夷已可裕如，何至尙形棘手。……粤東關稅，旣比他省豐饒，則以通夷之銀，量爲防夷之用。從此製礮必求極利，造船必求極堅。」（《兩廣奏稿》卷四，密陳夷務不可歇手）

二、曾國藩的思想——曾國藩湘鄉人，道光進士，咸豐初，累官至吏部侍郎，丁憂返鄉，適太平軍勢猖獗，奉朝命在籍編練鄉勇。清兵屢敗，國藩奉命督率所屬鄉勇勦賊軍，收復武漢及沿江各地。同治三年，又克金陵，太平天國被滅，封毅勇侯。後任直隸總督及兩江總督，卒於官。曾氏對自强運動甚爲贊成與支援，主張購買外國兵器加强我軍事作戰力量，擴充江南製造局製造軍用器械。

曾國藩奏請選幼童赴外國學習技藝疏，有曰「擬選聰穎幼童，送往泰西各國書院，學習軍事、船政、步算、制天諸書，約計十餘年，業成而歸。使西人擅長之技，中國皆能諳習，然後可以漸圖自强。携帶幼童前送外國者，四品銜刑部主事陳蘭彬、江蘇候補同知容閎，皆可勝任。竊謂自斌春、志剛及孫家數兩次奉命遊歷各國。於海外情形，業已窺其要略，如輿地、算法、步天、測海、造船、製器等事，無一不與用兵相表裡。凡西人遊學他國，得其長技者，歸卽延入書院，分科傳授，精益求精。其於軍政、船政，直視爲身心性命之學。今中國欲仿傚其意而精通其法。當此風氣既開，宜亟選聰穎子弟，攜往外國肄業，實力講求，以副皇上徐圖自强之至意。」（擬選子弟出洋學藝摺）

現已知曉外國非我想像之野蠻夷狄，須採平等外交。因之，曾國藩在其日記，指稱要對外親睦。記有曰「欲求自强之道，總以修政事求賢才爲急務，以學作炸礮，學造輪船等具，爲下手工夫。但使彼之所長，我皆有之。順則報德，有其具；逆則報怨，亦有其具。若在我者，挾持無具，則曲固罪也，直亦罪也。人人媚夷，吾固不能制之；人人仇夷，吾亦不能用也。」媚夷與仇夷皆不是，應以平等立場與觀光對之，庶可敦睦，不致輕起戰釁。

三、左宗棠的思想——左宗棠湘陰人，道光舉人。咸豐、同治兩朝，以四品京堂統軍，攻洪軍，勦捻匪，所向有功，歷浙江巡撫，陞總督。回部反淸，調陝甘總督，不久，肅清秦隴，復進兵平定天山南北路回亂，封恪靖侯。贊成自强運動，主張整頓水師，造建輪船。他說「愚以欲防海之害，而收其利，非整理水師不可。欲整理水師，非設局製造輪船不可。泰西巧，而中國不必安於拙也。泰西有，而中國不必安於無也。雖善作者不必善其成，而善因者究易於善創。……中國之睿知運於虛，外國之聰明寄於實。中國以義理爲本，藝事爲末；外國以藝事爲重，義理爲輕。彼此各是其是，兩不相喩，姑置而不論可也。謂執藝事者舍其精，講義理者必遺其粗，不可也。謂我之長不如外國，藉外國導其先，可也。謂我之長不如外國，讓外國擅其能，不可也。此事理之較著者也。」（奏造輪船摺）

四、李鴻章的思想——李鴻章合肥人，道光進士，太平天國作亂時，曾國藩議設淮揚水師，令鴻章統之，是爲淮軍，同治初，駐師上海，擢升江蘇巡撫，並領外籍兵英法常勝軍，克敵復地，頗著勛績。後又平定東西捻匪，歷任直隸總督、湖廣總督、兩廣總督。爲人英斷有遠識，明達時務。他認爲窮則變，變則通，主張師夷長技以謀自强。他說「竊以爲天下事窮則變，變則通。中國士大夫沉浸於章句小學之積習，武夫悍卒又多粗蠢而不加細心，以致所學非所用，所用非所學。無事則嗤外國之利器爲奇技淫巧，以爲不必學。有事則驚外國之利器爲怪變神奇，以爲不能學。……前者英法各國以日本爲外府，肆意誅求。日本君臣發憤爲雄，選宗室及大臣子弟之聰秀者，往西國製造廠師習各藝，又購製器之器，在本國製習。現在已能駕駛輪船，倣製炸礮。去年英人虛聲恫喝，以兵臨之。然英人所恃爲攻戰之利者，彼已分擅其長，用是凝然不動，而英人固無如之何也。……鴻章以爲中國欲自强莫如學習外國利器；欲學習外國利器，則莫如覓製器之器，師其法而不必用其人。欲覓製器之器與製器之人，則或設一科取士。士終身懸以富貴功名之鵠，則業可成，藝可精，而才亦可集。」（致總理衙門書）

李鴻章不僅贊成而更能採取實際行動，倣夷之長技推行很多物質文明建設。光緒年間創立海軍，設機器製造廠，舖設沿海岸海底電纜、修築鐵路、開採漠河、開平等處煤礦等，皆嘗主理其事。另有左列三事值得特別擧述：

1. 成立武備學堂——前代兵制有八旗兵及綠營兵，前者趨於腐化，後者訓練不精。太平天國時所成立的南大營與北大營亦被太平軍攻破。較能作戰者只有湘軍與淮軍。但此二者則不免地方性與私人性，亦不足言現代化的國家軍隊。李鴻章乃倣照西法創設武備學堂。創辦武備學堂奏摺有曰「遵旨選雇德國兵官來津，當卽派往水陸各軍，認眞教練。該兵官等，或熟精鎗礮陣式，或諳習礮臺營壘作法；皆由該國武備院讀書出身，技藝優長，堪充學堂教師之選。各軍稟請仿照西國武備書院之制，設立學堂，遴派德弁充當教師，挑選營中精健聰穎，略通文字之弁目，到堂肄業。經臣批准照辦。」

2.開辦輪船招商局——在自强運動聲中，政府雖已設置造船廠，但其所造之輪船係供軍用，至於商運、客運、漕運所需船隻，旣量數不敷用，性質亦落伍，對於商業的發展實大不利。李鴻章乃以招股方式，開辦官商合辦的輪船招商局，添購輪船以利交通與運輸。李鴻章試辦招商輪船奏摺有云「……查朱其昂承辦海運已十餘年，於商情極爲熟悉，人亦明幹，當卽飭派回滬設局招商。疊據稟稱，會集素悉商業殷富正派道員胡光墉、李振玉等，公同籌商，意見相同。各幫商人紛紛入股，現已購集堅捷三隻。所有津滬應需棧房及保險股分事宜，海運米數等項，均辦有頭緒。」

3.學生出洋學習——師夷長技不能專靠外人教練。須我國人自有其技，自主運用。然得其技，習其文，又必須至其國學習方易有成。所以在同治年間，自强運動者曾國藩、李鴻章便遣學生出洋學習。幼童出洋由曾主持；技術學生出國，由李主持。前者爲期較久，乃是基本的養成教育。後者爲期較短，乃是實用性的技術學習。李鴻章請派閩廠學生出洋學習奏摺有云「……近自同治十二年籌遣幼童赴美學習之後，上年日意格回國，臣葆楨遣學生數名隨往遊學。本年臣鴻章又遣卞長勝等赴德學習。此次又派李鳳苞等率領學生分赴英法兩國。從此中國端緒漸引，風氣漸開，雖未必人人能成，亦可拔十得五，實於海防自强之基，不無裨益。」

五、魏源的思想——魏源湖南邵陽人，道光進士，官至高郵知州，崇尙理學，治經求微言大義，熟於經濟掌故，尤精史地學，著有《聖武記》及《海國圖志》。他主張「師夷長技以制夷。」馮桂芬評云：「其曰以夷攻夷，以夷款夷，萬不可行。獨師夷長技以制夷一語爲得之，始則師而法之，繼則比而齊之，終則駕而上之，自强之道實在乎是。……或曰管仲攘夷狄，夫子仁之。邾用夷禮，春秋貶之。今之所議，毋乃非聖人之道耶。是不然。夫所謂攘夷者必實有以攘之，非虛驕之氣也。居今日而言攘夷，試問何以攘之？所謂不用者，亦實見其不足用，非迂濶之論也。夫世變代嬗，質趨文，拙趨巧，其勢然也。時憲之曆，鐘表槍礮之器，皆西法也。居今日，據六經以頒朔，修刻漏之稽時，挾弩弓以臨戎，曰吾不用夷禮也，可乎？且用其器，非用其禮也。用之，乃足以攘之。」（《校邠廬抗議》卷下，製洋器議）

兵法有云「知己知彼，百戰百勝」，而清末葉衰衰諸公，多既不知己，更不知彼，所以每戰必敗。魏氏以中國之敗，不但兵器不及人，更因不識夷情，不通敵勢。愚昧無知爲致敗之主因。他主張立譯舘譯夷書，以明夷情，爲自强之要徑。他說「今日之事，苟有議借用西洋兵船者，則必曰借用外夷，示弱也。及一旦示弱數倍於此，則甘心而不辭。使有議置造船械，師夷長技者則曰糜費。及一旦糜費十倍於此，則又謂權宜救急，而不足惜。苟有議譯夷書，刺夷事者，則必曰多事。及一旦有事，則或詢英夷國都與俄羅斯國都相去遠近；或詢英夷，何路可通回部；甚至廓夷効順，請攻印度而拒之；佛蘭西、彌利堅願助艦，願代購款而疑之。以通市二百年之國，竟莫知其方向，莫悉其離合，尚可謂留心邊事者乎？漢用西域攻西域，唐用吐蕃攻印度，用回紇攻吐蕃，聖祖用荷蘭夾板攻臺灣，又聯絡俄羅斯逼準噶爾。古之馭外夷者，惟防其協寇以謀我，不防其協我而攻寇也。止防中華情事之泄於外，不聞禁外國情形之泄於華也。然欲制外夷者，必先悉夷情始，欲悉夷情者，必先立夷舘譯夷書始；欲造就邊（外）才者，

必先用留心外事之督撫始。」（《海國圖志》卷一，籌海篇三）

六、郭嵩燾的思想——郭嵩燾湖南湘陰人，道光時進士。光緒初，以兵部侍郎出使英、法、義三國，對外交涉主張理與勢並用，後以事事受制於副使，乞病歸，家居仍數議論國事，後其言多驗，著有《養知書屋詩文集》、《奏稿》、《讀書記》等。他認爲自强首先不可以蠻夷視外國。他說「所謂戎夷但據禮樂政教所及言之，爲其倏盛倏衰，環起以立國者，宜以中國爲宗者。非謂盡地球縱橫九萬皆爲夷狄，獨中土一隅，不問其政教風俗何若，可以凌駕而出其上也。」（《養知書屋詩文集》卷十一，復姚彥嘉書）

郭氏進而斥國人的囂張而無識，個人生活甚喜愛用洋貨，但遇有提議採用鐵路輪船及機器，則又群起阻難。他說「竊謂中國人心有萬不可解者，西洋爲害之烈莫甚於鴉片煙，英國士紳亦自恥其以害人者，爲構釁中國之具也，有謀所以禁絕之。中國士大夫甘心陷溺，恬不爲悔，數十年國家之恥，耗竭財力，毒害生民，無一人引爲疚心。鐘表玩具，家皆用之，呢絨洋布之屬，遍及窮荒僻野。江浙風俗，至舍國家錢幣，而專行使洋錢，且昂其價，漠然不知其非者。一聞修造鐵路電話，窮心疾首，群起阻難，至有以見洋人機器爲公憤者。曾劼剛以家諱乘坐南京小輪船至長沙，官紳起而大譁，數年不息，是甘承人之害力全自，以使朘吾之脂膏，而挾塞其利源，誠不知其何心也。辦理洋務三十年，疆吏全無知曉，而以挾持朝廷爲公論，朝廷亦因而獎飾之曰公論。嗚呼！天下之民氣鬱塞壅遏，無能上達久矣。而用囂張無識之氣發動游民，以求一逞，官吏又從而導引之，宋之弱，明之亡，皆此囂張無識者爲之也。」（《養知書屋詩文集》卷十一，倫敦致李伯相）

第三節　自强運動反對者的思想

反對自强運動者則爲思想頑固，頭腦多烘，態度保守，畏難更張，墨守成規，不求進步的人們。平日悉心研究八股文章，全力記誦章句之學，昧於世界大勢，猶如坐井觀天。論事動輒引用詩云子曰，迷信往昔，不知變通。明明我國落後不敵西洋的堅艦利礮，猶妄稱我爲天朝上邦，彼乃夷狄蠻族。西洋的政教文物已燦然可觀，猶堅不肯以之易我之禮儀文化。且以爲只聞有用夏變夷者，未聞以夷變夏者。玆舉述一二反對者思想以見一斑：

一、倭仁的思想——清蒙古正白旗人，姓烏齊齊克里，道光時進士，研習儒學，乃一純正學者，惟思想守舊，失之迂濶，授編修，升大理寺卿，官至文華殿大學士，言事剛直，亦端人也。倭仁反對自强運動曰「竊謂立國之道，尚禮義，不尚權謀，根本之圖在人心，不在技藝。今求一藝之末，而又奉人爲師，無論夷人之詭譎，未必傳其精巧；卽使敎者誠敎，所成就者不過術數之士。古今來，未聞有恃術數而能起衰振弱者也。」（《開國五十年文獻》第一輯，第七册，倭仁反對設立同文舘招集正途學習天文數算奏）

二、王闓運的思想——王闓運湖南湘潭人，篤志苦學，致力於《詩》、《禮》、《春秋》的研究，補邑庠生員（俗稱秀才），鄉試中舉人，才名漸著。時值太平天國之亂，走依於曾國藩。自後主講校經書院及船山書院及江西大學堂講師，從學者甚衆，聲名大揚。宣統元年，岑春煊等上其所著書，賜翰林院檢討，後晉經筵侍讀，所謂皇帝師，故受人敬重。入民國曾任國史舘舘長。其所爲文，汪洋縱横，而達於理，但爲著名頑固守舊人物。

王氏反對自強運動曰「火輪者至拙之船也。洋礮者至蠢之器也。船以輕捷爲能，械以巧便爲利。今夷船煤火未發而不能使行，礮須人運而重不可擧。若敢決之士奄忽臨之，驟失所恃，束手待死而矣。又況陸地作戰，船礮無施；海口遙攻，登陸則困。蹙而擧之，我衆敵寡，以百攻一，何患不克。而乃張皇其船礮，未交而先潰；機器船局，效而愈拙，是則知武靈之胡服，而忘其探雀鷇；信冀之多馬，而未知其無與國也。」（《開國五十年文獻》第七册，五五二頁）此乃知其一不知其二，不切實際的空論，夷師敗我，乃是不可否認的事實，我之刀槍不敵夷之拙船蠢礮，未交而先潰，不知何以解釋。所謂敢決之士誠難求之，貪生怕死人之天性，驅人使鬥狼虎，若非瘋痴，孰肯赴之。以血肉之軀而戰鋼鐵礮艦焉能取勝。

三、俞樾的思想——清德清人，道光時進士，官編修，九歲能文，治小學不摭商周彝器，治經重《公羊春秋》，主講杭州詁經精舍，著有《群經平議》、《諸子平議》及《古書疑義》等書，恃才傲物，性直切而保守。他反對自強運動曰「賢知之士爭言自強，而又不得其術，徒見機器之巧，技藝之精，乃從而效之，奉其人以爲師，曰非此不足以自强也。嗟乎！彼之智巧日出而不窮，而我乃區區襲其已成之迹，竊其唾棄之餘，刻舟而求其劍，削足以合其履，庸有濟乎？盍亦反其本矣。」（自强論，見《開國五十年文獻》第七册，頁五八七）俞樾所謂反求其本，乃是行仁政，興敎化，勸農桑。他說「興起敎化，勸課農桑，數年之後，官之與民，若父兄子弟然，一旦有敵國外患，鑿斯池也，築斯城也，與民守之，效死而民弗去，夫何守之不固乎？壯者以暇日修其孝弟忠信，入以事其父兄，出以事其長上，可使制梃以撻秦楚之堅甲利兵矣，夫何戰之不克乎？此自强之上策也。」（前揭書，頁五八八）俞樾所言乃是孟子二千多年前所倡之老調。當時的中國確是天朝上邦，四週皆文化甚爲落後的蠻族。清季的國際情勢遠非昔比。外國的文化已甚高超，乃我所大不及者。若孟子生於清季亦必會主張「師夷之長技以制夷」。

四、張自牧的思想——張自牧的生平事略無從查知，但知其著有《瀛海論》一書。書中曾有反對自强運動的言論。他說「抑又聞之，中國謀生乏術，如農夫、女紅、百工，其爲道也甚迂，而獲利也甚薄。先王之治天下也，使民終歲勤動而僅能溫飽其身，故曰民生在勤，勤則不匱；又曰民勞則思，思則善心生；所謂家給人足者，誠欲其勤而得之，非欲其佚而致也。今擧耕織煤鐵之事，皆以機器代人力，是率天下之民，習爲驕惰，而坐擁厚資，其有不日趨於淫奢者乎？南山之農夫，北山之礦工及其挽車操舟者流，數千百萬之人，畢生胼胝於其中，一旦爲機器所攘奪，失其謀生之業，其有不相聚而爲亂者乎？泰西機器之行，未及百年，而大亂屢見，殆有此也。大抵機器初興，能頓致其富，物以多而價賤，其利仍歸於薄。近年泰西商賈，日形消耗，輪船電線之利，皆遠不如通商初年之盛，老於航業者，皆能言之。凡世間機巧便利之事，斷未有經久而不敝者。今如海濱各省商民，嗜機器之利，或糾資仿造，或與洋人合辦，凡舟船耕織煤鐵諸務，可一切聽民自便；目前實能驟分洋人之洋，更歷百數十年，仍當以利薄而廢。民間農工商賈之趨向，有莫之爲而爲者，與洋人夙不相習，則亦何必開此未有之風氣，狃一時弋獲之利，而貽他日無窮之憂乎。」（張自牧撰《瀛海論》，見《開國五十年文獻》第七册，頁五九四）

張氏之論不免失之偏陂而欠完整，知其一不知其二，猶如瞎子摸象，只知覺其一端，而斷言其全體。玆對之作解釋如次：㈠機器的大量生產較之手工業的小量生產成本大爲降低，數量大爲增加，消費品「以物多而賤」，人民以相同的財力可以較以前買得更多的消費品，生活水準提高，福祉因以增加，不可視之爲「淫奢」。三十年前，有立委在立法院議場大聲疾呼，誰家有電冰箱應向之徵收奢侈稅。今日人人家有電冰箱，孰可視之爲奢？㈡機器生產，數量大，銷售廣，因之商業、貿易、交通、運輸等事業便大爲發達。於是這些事業所需要的工作人員爲數甚多，可以容納初用機器時解放出的失業人員。所謂「機器之行，大亂屢見」，係指工人罷工之動亂。這些動亂之起，多係在職工人爲要改善生活環境及增加工資等事而引發，並非失業人員之所爲。㈢所謂「世間機巧便利之事，斷未有能經久不敝者。」但揆之西洋各國經濟發展的事實，自產業革命後迄今已近三百年，機器愈造愈精，生產技術愈進愈高，生產成本愈降愈低，其勢仍生氣勃發，蒸蒸日生，獲利之數亦較前日見增加，尙未見衰敝徵兆，不可謂不久。㈣昔日之農夫、礦工、挽車、操舟者流，終歲沐雨櫛風，披星戴月，胼手胝足，勞其筋骨，耗其精力，十分辛苦，畢生勤動僅能溫飽其身。今日工廠工人操作機件，費力不足，辛勞不重，工作尙屬輕鬆，而工資較之昔日農工亦大爲增多。機器之用，足以造福人群，乃事實俱在，不可否認。

第四節　自强運動調和者的思想

自强運動的贊成者，以爲只有「師夷之長技以制夷」方能以致富强，時代已變，應付以窮，所謂窮則變，變則通，固不可墨守成規，因循舊習，自甘落伍，而被自然淘汰。自强運動的反對者，認爲夷之技藝僅能應付一時的末節，並非治國利民以致富强的根本正途。興敎化，守禮義，行仁政，富之敎之，視民如傷，修其孝弟忠信，君臣黎庶融爲一體，親如父子兄弟，入則事其父兄，出則事其長上，能守能攻，守無不固，攻無不克，何患不强；且只聞以夏變夷不聞以夷變夏者。自强運動的調和者以爲雙方的對立意見，各有所本，各有其理，固不可偏廢，兼容並包，兩全其盛，乃是治本亦治標的上上之策。所謂兩全者，或曰「中學爲本，西學爲末」，或曰「中學爲體，西學爲用。」玆舉述此調和論說與思想如次：

一、王韜的思想——王韜，清長洲人，自少性情曠逸，不樂仕進，能詩，工駢文，孤貧，在滬賣文爲生，曾至西商所立書舘授書，會洪楊亂起，到處立僞官，韜曾任賊所設僞組織的董事。洪楊事敗，走往香港，創循環日報，遊歐親見普法戰爭，作《普法觀戰記》；遊日本，作《扶桑遊記》。光緒年間歸國，主講格致書院，又致力於新聞事業，聲譽鵲起。王韜首先强調道貴乎因時制宜，處今日之勢，不適時而變不足致富强。他說「中西同有舟，而彼則以輪舟。中西同有車，而彼則以火車。中西同有驛遞，而彼則電音。中西同有火器，而彼之鎗礮獨精。中西同有備禦，而彼之礮臺水雷獨擅其勝。中西同有陸軍水師，而彼之兵法獨長。其他如彼考察爲我之所不知，彼之所講求，爲我所不及，如此者，直不可以僂指數。設我中國至此時而不一變，安能埒於歐洲諸大國，而與之比權量力也哉。然而一變之道，難矣。以今日西國之所有，彼悍然而不顧者，皆視以爲不屑者也。其言曰，我用我法以治天下，自有聖人之道在。不知道貴乎因時制宜而已。卽使孔子而生乎今日，其斷不拘泥古昔而不爲變通，有可知也。」（王韜著變法中，見《開國五十年文獻》第七册，頁一〇一）

王韜認爲「師夷長技」以自强，不僅師其物質文明，如輪船大礮等，更當進一步，師夷之「上下一心」，此蓋寓意於民主政治。他說「且夫西法者，治之具，而非卽以爲治者也。使徒恃西人之船堅、礮利、機巧、算精，而不師其上下一心，嚴尙簡便之處，則猶未可與權。蓋我師法者，固更有進焉者矣。彼迂濶之儒又何足以知之哉。」（王韜著變法自强下，見《開國五十年文獻》第七册，頁一一〇）此蓋言自强除師夷之物質文明外，更當師其上下一心的政治制度。

二、馮桂芬的思想——馮桂芬，清吳縣人，道光時進士，授編修，引疾歸。平生精漢學，工古文，通小學，思想進步，明達時務，評論政事不少，著有《西算新法直解》及《校邠廬抗議》等書。馮氏認爲致富强之道，莫如「鑒諸國」。所謂「鑒諸國」者，就是考察西洋各國情勢，擇其優長者而師法之。至於西國的優長，自然不祇限於物質文明，其政敎施尙，民情風俗等當包括在內。他說「太史公論治曰，法後王，爲其近已而俗變相類，議卑而易行也，愚以爲在今日，又宜曰鑒諸國。諸國同時並域，獨能自致富强，豈非相類易行尤大彰明較著者。如以中國之倫常名敎爲本，輔以諸國富强之術，不更善之善者哉。」（馮桂芬《校邠廬抗議》卷下，采西學議）馮之調和思想是以中國之倫常名敎爲本，輔之諸國富强之術，既贊成自强運動的支持者，同時亦可不開罪於自强運動的反對者。

馮氏深自慨嘆中國以世界大國而受制於小夷，非吾人之不如彼人也，而是吾人不自爲自强有以致之也；實足爲奇恥大辱。愛國赤忱，溢於言表。他說「中華以地球第一大國，而受制於一夷，非天時地利物產之不如也，人實不如耳。……又人奚不如，則非天賦人以不如也，人自不如耳。天賦人以不如，可恥也，可恥而無可爲也。人自不如，尤可恥也，然可恥而有可爲也。如恥之，莫如自强。」（《校邠廬抗議》卷下，製西器議）

三、鄭觀（官）應的思想——鄭官應的生平事略不詳，但知其爲粤人，曾至國外考察，思想進步，通達時務，所著《盛世危言》一書，膾炙人口，名噪一時，清季應策論試者幾乎人手一册，傳誦不息，以備應試參用。鄭氏對自强運動的調和論是中學爲本，西學爲末；主以中學，輔以西學。他說「今之命爲清流，自居正人者，動以不談洋務爲高，見有講求西學者，則斥之曰名教罪人，士林敗類。噫，今日之緬甸、越南，其高人亦豈少哉。其賢者蹈海而沈淵，不賢者覥顏而苟活耳。溝瀆之諒，於天時人事何裨乎。且今日之洋務猶時務也。欲救時弊，自當對症以發藥。……然則西學當講不當講，亦可不煩言而解矣。……且夫國於天地，必有與立，究其盛衰興廢，固各有所以致此之由。學校者，人才所由出，人才者，國勢所由强，强於學，非强於人也。然則欲與之爭强，非徒在槍礮戰艦而已。强在學中國之學，而又學其所學也。今之學其學者，不過粗通文字語言，爲一己謀衣食，彼自有精微廣大之處，何嘗稍涉獵藩籬？故善學者，必先明本末，更明所謂大本末而後可。以西學言，分而言之，如格致製造等學其本也，語言文字其末也。合而言之，則中學其本也，西學其末也。主以中學，輔以西學，知其緩急審其變通，操縱剛柔，洞達政體，教學之效，其在玆乎。」（鄭官應《盛世危言》卷二，西學）

四、張之洞的思想——張之洞，清南皮人，同治進士，屢主典試，注重經史實學。歷任兩廣、湖廣、兩江總督，銳意新政，設立水陸師學堂、造船廠、兵工廠、礦務局，平漢鐵路、漢陽鐵廠、萍鄉煤礦皆其所興辦。又派學生出洋，學習製造鎗礮機器等技術。光緒末，官體仁閣大學士，授軍機大臣。著有《廣雅堂集》。他於戊戌維新前數月發表《勸學篇》，調和自强運動的論爭。其要旨卽爲著名的「中學爲體，西學爲用。」

張之洞不祇推行自强運動，而且主張政治維新。他說「不變其習，不能變法。不變其法，不能變器。……西藝非要，西政爲要。」（《勸學篇》序）他進而曰，要知西政之用意，不可不考西藝之功用，是謂西藝西政不可偏廢，二者並知，方得其全，猶如今日習社會科學者應略知自然科學；學自然科學者應略知社會科學。他說「大抵救時之計，謀國之方，政尤急於藝，然謂西政者亦宜略考西藝之功用，始知西政之用意。」（《勸學篇》外篇，設學，第三）張氏雖主張變法維新，但變法不能舍棄三綱四維的聖道，若舍此而變法，則法未行而天下已大亂。由此言之，他雖主張變法，但不拋棄「君爲臣綱」的君臣之大義。他說「法不可變者倫紀也，非法制也。聖道也，非器械也。心術也，非工藝也。……法者所以適變也，不必盡同。道者所以立本也，不可不一。所謂道本者，三綱四維是也。若並此去之，法未行而大亂作矣。若守此不失，雖孔孟復生，豈有議變法之非者哉。」（《勸學篇》外篇，變法，第七）

張之洞雖主張講西學，但講西學必須先鞏固中學的根柢。此即他所謂「舊學（中學）爲體，新學（西學）爲用。」（《勸學篇》外篇，設學，第三）他說「今欲强中國，存中學，則不得不講西學，然不以中學先固其根柢，端其識趣，則强者爲亂首，弱者爲人奴，其禍更烈於不通西學者矣。……如中士而不通中學，此猶不知其姓之人，無轡之騎，無柁之舟。其西學愈深，其疾視中國亦愈甚，雖有博學多能之士，國家亦安得而用之哉。」（《勸學篇》內篇，循序，第七）又曰「王仲壬曰，知古不知今，謂之沉淪。知今不知古，謂之聾瞽。吾謂易之曰，知外不知中，謂之失心。知中不知外，謂之聾瞽。夫不通西語，不識西文，不譯西書，人勝我而不信，人謀吾而不聞，人吞我而不知，人殘我而不見，非聾瞽何哉。」（《勸學篇》外篇，廣譯，第五）

第八十六章 戊戌維新的政治思想

第一節 戊戌維新的促進因素

德宗光緒十三年（西元一八八七年）慈禧太后歸政，帝有志奮發圖强，努力向上，欲圖振作。德宗親政前，在自强運動中，卽有人主張變法者，如張之洞曾說「不變其習，不能變法；不變其法，不能變器。」（《勸學篇》外篇，設學，第三）光緒二十年（西元一八九四年）適値中日戰爭，康有爲、梁啓超聯合公車數千人，上書申請變法。迨馬關條約成，喪權失地，有爲等鼓吹變法更力，立學會，辦報紙以爲推動與宣傳。迨德佔膠州灣，俄租大連，瓜分之禍日亟，人心震恐，有爲成立「保國會」（維新黨），屢上書請變法。德宗深受感動，曰「吾不能爲亡國之君。」光緒二十四年四月廿三日（陽曆六月十一日）下詔定國是，用康有爲等，推行新政，廢科擧，立學校，開言路，淸吏治。但守舊勢力仍强，極力反對變法維新，慈禧與榮祿密謀，於八月六日（陽曆九月二十一日）晨，慈禧太后自頤和園回宮，詔稱德宗因病不能視事，復行垂簾聽政，幽德宗於南海瀛臺，逮殺楊銳、林旭、劉光第、譚嗣同、康廣仁（有爲弟）、楊深秀。時稱「戊戌六君子」。康有爲、梁啓超得英、日之助，得逃走。太后下詔停止一切新政，恢復舊觀。當年歲次戊戌，故曰戊戌政變或曰戊戌維新。戊戌維新的歷史事變，何以會發生於當時。究其原因，蓋由於左列諸因素所促成：

一、自强運動的不足——中國經鴉片戰爭及英法聯軍之役，連遭慘敗，訂城下之盟，割地賠款，喪權辱國。一向自傲自尊的天朝上邦，竟被所謂夷狄的蠻族，打得棄甲曳兵而逃，毫無招架之力。於是面對現實，痛定思痛，朝廷大臣及士大夫，不得不返躬自省，對過去一向自傲自尊自大自滿的態度不能不加以檢討與修正。自省的結果，認爲外國的優越處是物質文明，如輪船、軍艦、大礮、電訊、機器的製造與使用。至於中國的倫常名敎、仁義道德、政治法制等，仍凌駕於外國之上。因之，乃推行所謂「師夷長技以制夷」的自强運動，設同文舘、廣方言舘學習外國語文，設造船廠造輪船，設製造廠造機器，設兵工廠造鎗礮，設武備學堂及練水師。朝野均以爲如此便可以致富强，以抗外夷。

基於此一認識，左宗棠曰「中國以義理爲本，藝事爲末。外國以藝事爲重，義理爲輕。彼此各是其是，兩不相喩。……謂我之長不如外國，讓外國獨擅其能，不可也。」（奏請造輪船摺）張之洞亦曰「夫所謂道本者，三綱四維是也。若並此棄之，法未行而大亂作矣。」（《勸學篇》外篇，變法，第七）馮桂芬曰「如以中國之倫常名敎爲原本，輔以諸國富强之術，不更善之善者哉。」（《校邠廬抗議》卷下，采西學議）兪樾甚而曰「壯者以暇日修其孝弟忠信，入以事其父兄，出以事其長上，可使制梃以撻秦楚之堅甲利兵矣，夫何戰之不克乎，此自强之上策也。」（自强論）

凡此論議皆表面觀察未究底裡的淺見浮言，未觸及問題癥結之所在。殊不知外國物質文明輪船、大礮、兵艦、機器等成就，乃是結果而非原因。其所以能有此偉大成就者，乃是政治修明世風振作，上下一心，學術昌明，科學發達等因素所造成的成果。今不究其因，欲採其果，殆亦徒勞無功的擧措，頭痛治頭的醫療，必難濟事。至所謂中國之倫常名敎，仁義禮智，政敎法紀優於外國者之說，仍是囿於過去自尊自大、自傲自滿的主觀成見，是否符於客觀事實，亦不無商榷餘地。自强運動之不足，故爲自强圖存，必須作進一步的改革而出之於變法維新。

二、明治維新的啓示——日本在明治維新前，是一武藩幕府割據的封建局面，外不能抵抗歐美帝國主義的侵略，內無法平定農民的暴亂，情勢紊亂。於是大久保利通、西鄉隆盛等乃起而推動「擁公朝，倒幕府」運動，到一八六七年經德川幕府「大政奉還」，國家得告統一。一八六九年（明治二年）「版籍奉還」，次年「廢藩置縣」，中央集權的政府實現，便推行富國强兵，文明開化政策，政治採君主立憲制，經濟行資本主義模式，軍事取軍國主義政策。勵精圖治，奮發圖强，上下一心，推動各種建設，僅二十五年卽戰勝我「上邦天朝」的大中國；僅三十五年又戰勝稱雄歐亞的俄羅斯帝國，而躋足列强之林。

我國自鴉片戰爭（西元一八四〇年）失敗，朝廷大臣及社會有識的士大夫，卽積極推行自强運動（洋務運動），吸取泰西各國的物質文明，造輪船，製大礮，鑄造機器，修建鐵路，訓練新軍，成立海軍等。自强運動行至光緒二十年（西元一八九四年）已有五十餘年。依理言之，軍隊當已堅强，國力當已雄厚，朝廷當已振作，當可周旋於列强之間。孰料光緒二十年歲次甲午，爲我國出兵援助藩邦朝鮮，與日本發生衝突，引起中日甲午戰爭。平壤一役，我陸軍慘敗；黃海一戰，我多年苦心經營的海軍全軍覆沒。城下作盟，訂馬關條約，承認朝鮮獨立，割遼東半島、臺灣、澎湖與日本，賠償軍費兩萬萬兩，喪權辱國莫此爲甚。

因此，我國朝野乃推究我國推行自强運動五十餘年，仍未能致富强，而日本維新僅歷二十餘年，何以竟能國富兵强，以區區三島一舉擊敗我泱泱大國，易如反掌。經推究而察知，日本的維新，是政治、軍事、經濟、社會等多頭並進的全面改革，上下一心，全民動員，層面廣，基礎厚，植根深，故能蔚成大器。而我國的自强運動，僅是表面的、重點的軍事建設，乃是不揣其本，而齊其末的措施，不能帶動全面，故效果不彰。於是乃進而改弦易轍，要致力於根本的政經文敎等改革。此戊戌變法維新所由自起。

三、中外國情的重估——自强論者以爲我國的政治文敎，倫常名敎，義理道德皆優於泰西各國，祇需造艦、製礮、强兵、築港、修路卽可與之並駕齊驅。實則，此僅治標之法，並非治本之計，故何啓、胡翼南曰「一國之所以稱盛者，非徒多戰艦、礮臺也，以戰艦、礮臺國皆能置故也。陸軍之建設，戰艦之添置，礮臺之新築，槍礮之精鉅，有之則其國重，無之則其國輕，人人而知之矣。然吾謂仍事之小者耳，亦不足爲中國憂也。中國眞憂之所在，乃政令之不修，而風俗之頽靡也。」（何啓、胡翼南合著《新政眞詮》卷三，曾論書後）由此言之，變法維新實重於所謂之「自强」。蓋治本比治標更爲急要。

中國自以爲我國的政敎風俗遠優於泰西各國者，今加重估，中外相比，我實有大不如之者。何啓、胡翼南曰「中國無刑無政，大吏誤國而無罰，小臣賣法而無懲，富者不能保其家產，貧者不能存其性命。外國之法非必盡治人心也，而以中國比之，則已有天堂地獄之別。外國之俗非必盡如人意也，而自中國視之，則已有逍遙煩惱之殊。」（《新政眞詮》卷二，後總序）觀此，我之政敎風俗亦大不如外國，豈可不變法維新，謀求富强。

張之洞著《勸學篇》指出治國之本在於三綱四維，而何、胡二氏深非之曰「父子不言親而言綱，則父可以無罪而殺其子，而克諧允若之風絕矣。夫婦不言愛而言綱，則夫可以無罪而殺其妻，則伉儷相莊之風絕矣。君臣不言義而言綱，則君可以無罪而殺其臣，則直言敢諫之風絕矣。由是官可以無罪而殺民，兄可以無罪而殺弟，長可以無罪而殺幼，勇威怯，衆暴寡，貴陵賤，富欺貧，莫不從三綱之說而推，是化中國爲蠻貊也。」（《新政眞詮》卷十五、《勸學篇》書後）三綱之說，非孔孟之言，出自禮緯，《白虎通》引之。讖緯解經，無一是處，竟用以爲治國之本，不免謬誤，不變則行有不通。故中國欲圖富强，非從政教風俗，作根本變革不爲功。

第二節　民主政治思想的輸入

清季閉關自守的門戶，被西方帝國主義的礮艦打開，海禁解除，外國人可以自由來中國傳教、通商、講學，中外亦可互派使節，我亦能翻譯西洋書籍，西學東漸，民主的政治思想乃得以輸入中國。思想是行動的原動力，有怎樣的思想就會產生怎樣的行爲。於是要求政治民主化的改革聲浪便洶湧澎湃的興起。在光緒年間，政治改革運動要可分爲兩派：一是康有爲等領導的緩進派，主張變法維新，實行君主立憲制。一是　國父孫中山領導的急進派，主張打倒專制君主制，建立民主共和國。在民主政治思潮的衝擊下，民主政治改革之政，如箭在弦上，有不得不發之勢。玆將當時民主政治思想輸入的要論，舉述於次，以見戊戌維新有勢不得不然者：

一、薛福成的民主思想——薛福成無錫人，字庸盦，同治時副貢生，光緒時游曾國藩、李鴻章幕，陳治平六策及海防密議，下所司議行。後奉使英、法、義、比四國。返國擢任右副都御史，卒於官，務經世之學，著有《庸盦全集》。他未敢直言採行民主政治，卻大加稱贊英國的議會制度，曰「西洋各邦立國規模以議院爲最良。然如美國，則民權過重，法國則叫囂之氣過重。其斟酌適中者，惟英德兩國之制，頗爲盡善。」（《出使英、法、義、比四國日記》光緒十六年七月二十二日記）英德兩國當時採行君主立憲制，薛氏的政治改革，意亦止於變法維新。

薛氏不敢明言民主政治，只說西國之政暗合於管子的量民力以成事，不强民以其所惡，是殆以民意爲依歸的意義。他說《管子》一書以富國强兵爲宗旨，然其時去三代未遠，其言之粹者非盡失先王之遺意也。余觀泰西各邦治國之法，或暗合管子之旨，則其擅强盛之勢亦較多。管子云，量民力則無不成，不强民以其所惡，則詐僞不生；不欺其民，則下親其上。西國之設上下議政院，頗得此意。」（《出使英、法、義、比四國日記》卷五，光緒十六年十月二十六日記）薛氏主張知西方之長，適乎民情而變法。他說「大抵古今之事百變，應之者無有窮時，知我之短，知人之長，取長舍短而變之。至於風俗政令之間，亦往往有相通之理。試觀其著者，其條教規模有合於我先王故籍之意者，必其國之所以興；其反乎我先王故籍之意者，必其國之所替。卽其技藝器數之末，要亦隨乎風氣之自然，適乎民情之便利，何新奇之有爲。」（《出使英、法、義、比四國日記》序）

薛氏認爲我國應師西人之長而變法，期能追而上之，不可囿於「用夏變夷」之說，墨守成規，自甘落後。他說「若夫西方諸國，恃智力以相競，我國與之並峙，商政礦務宜籌也，不變則彼富而我貧；考工製器宜精也，不變則彼巧而我拙；火輪、舟車、電報宜興也，不變則彼捷而我遲；約章之利病，使才之優絀，兵制陣法之變化宜講也，不變則彼協而我孤，彼堅而我脆。……或曰以堂堂中國，而效法西人，不且用夷變夏乎？是不然，夫衣冠語言風俗，中外所異也。假造化之靈，利生民之用，中外所同也。彼西人偶得風氣之先耳，安得以天地將洩之秘，而謂西人獨擅之乎。又安知百數十年後，中國不更駕乎其上乎？或又曰，變法務其相勝，不務其相追。今西法勝而吾學之，敝敝焉以隨人後，如制勝無術何？是又不然。夫欲勝人，必盡知其法而後能變，變而後能勝，非兀然端坐而可以勝人者也。」（變法，見《開國五十年文獻》第一編，第七册，頁二〇五—二〇六）

二、魏源的民主思想——魏源著《海國圖志》一書，書中對美國民主政治制度的優點特加贊許。他說「美國總統非特不世及，且不四載即受代，一變古今官家之局，而人心翕然，可不謂公乎。議事聽訟，選官擧賢（美國議員、法官皆由選擧），皆自下始。衆可可之，衆否否之，衆好好之，衆惡惡之，三占從二，舍獨狥同。即在與議，亦先由公擧，可不謂周乎。」（《海國圖志》卷三十九，人西洋外墨利加洲總叙）中國歷代先哲，其政治思想，亦間有涉及民主主義者，但始終無人能提出實行民主政治的具體方法者。古希臘時代，實行民主的具體方法是抽籤。這可視之爲「神主」，不可謂之爲「民主」。民主政治的實行方法，必自選擧始。美國革命成功後，初行平民的民主政治，總統、副總統、國會議員、重要官員及若干法官皆由選擧產生。這是民主政治的實際，非我國先哲的空談。魏源介述之，足供政治改革者的參考與深思。

三、鄭官應的民主思想——鄭官應著《盛世危言》一書，書中對泰西各國的議會制度極力贊揚。他說「泰西各國，咸有議院，每有擧措，詢謀僉同，民以爲不便者不必行，民以爲不可者不得强，朝野上下，同德同心，此所以交際鄰封，有我薄人，無人薄我。人第見有士馬之强壯，礮船之堅利，器用之新奇，用以雄視宇內，不知其折衝禦侮，合衆志以成城，致治固有本也。」（《盛世危言》卷一，議院上）民主政治是以民意爲依歸的政治。民意何由表達，在經由選擧。由選擧產生民意代表。由民意代表組織國會或議會。國之政事及法律皆依國會或議會衆意決定之。此卽主權在民的民主政治。國之強盛的根本，不在於堅甲利兵，而在於上下一心，全民一意，團結無間，衆志成城，以全民之力以興國，國始可興；以全民之力以禦侮，侮始可禦。國者非一人之國，乃全體國民之國。以此言之，滿清的專制君主政制，豈可不有所變革乎？

四、何啓、胡禮垣的民主思想——何啓遊學於英國倫敦學院，所學頗爲廣博。胡禮垣肄業於香港大學，研習政治。二人皆接受英國式的高等教育，受西洋文化的薰陶頗深，對民主政治的瞭解亦頗多，合著《新政眞詮》一書，提供我國政治改革意見不少，介述民主政治思想亦甚多。玆扼要擧述如次：

1.民爲國本——民爲國本，國無民不立，國之設官所不保民，官不保民，官不可害民。治國有法，法以利民，非以虐民。二氏曰「國之根本在於民，而民之身家在於官。官不保民，而民危矣。今之從政者，非理煩也，非治劇也，奔競而已，趨承而已。今之牧民者，非休養也，非生息也，營私而已，受賄而已。如此則民危，而澆淩刻薄之徒，讒諂面諛之輩，又復從而助虐之，搜剔之，則是豺狼之噬人也，猶有飽時，而官府之私橐無時可飽也。盜賊之刦人也，猶有法治，而官府之剝民，無法可治也，如此而民愈危，根本浮動，國何可安。」（《新政眞詮》卷三，曾論書後）又曰「爲純臣者止知得君以固位，爲良臣者但思諱過以自賢。」（《新政眞詮》卷二，後總序）政令不修，政風腐敗，官吏貪瀆，政治墜毀，至於此極，若不變法維新以求振作，甚至不實行革命，從根救起，國家未有不敗亡者。

2.得民信心——信仰就是力量，政府若能得到人民的信心，則心悅誠服，而後法從事遂。民無信不立，然所謂信者，非由君力之强迫，而是由於民心之樂從。如何立信，在於君之一政一令，人民皆以爲其合乎眞公眞平。二氏曰「當今之世而不變今之法，雖使堯舜臨朝，禹臯佐績，仲由愼諾，公綽無私，加以管晏之才，蘇張之辯，亦無以決疑徵信，大得於民。夫一政一令，在立之者無不自以爲公，自以爲平；而公否、平否？當以民之信否質之，乃得其至公至平。且一政一令，在行之者多亦自謂無不公，自謂無不平；而公否、平否？亦當以民之信否證之，乃得其眞公眞平。以立之者君，而循之者民也。行之者官，而受之者民也。然則公平者當求之於民而已。民以爲公平者，我則行之；民以爲不公平者，我則除之而已。公平無常局，吾但以民之信而爲歸。公平有變法，吾但以民之信爲主。夫如是，則民信矣。」（《新政眞詮》卷三，曾論書後）公則無私，無私則民信，民信則令從。平則無怨，無怨則民順，民順則事成。公平與否，斷之於民。是則民之所好者好之，民之所惡者惡之；因民之所利而利之，因民之所患而去之。這便是以民意爲依歸的民主政治。

3.主權屬民——政治學者對國家主權屬誰的問題，分爲三種學說：一是君主主權說，認爲主權屬於君主。二是國民主權說，認爲主權屬於國民。三是國家主權說，認爲主權屬於國家。何胡二氏持國民主權說，而爲申論曰「政者民之事，而君辦之者也；非君之事而民辦之者也。事旣屬於民，則主亦屬乎民。民有性命，恐不能保，則賴君（指政府）以保之；民有物業，恐不能護，則藉君以護之。至其法如何，性命始能保，其令如何，物業方能護，則民自知之，民自明之，而惟恐其法令之不能行也，於是乎奉一人以爲主，故民主卽君主，君主亦民主也。」所謂君主卽國家元首，而由人民選任之是，卽民主之國。君主之國，君位世襲；民主之國，君（元首）由民選。「自古亂之所由生，由於民心之不服，民心之不服，由於政令之不平。今則依民意以立議院，是使民自議其政，自成其令，是人人皆得如願以償，從心所服也，何不服之有。」（《新政眞詮》卷四，新政議）由民意機關議成政令，則政令適於民意。民意旣適，民心自服。民心旣服，則全民一德一心，協力赴事，政無不順，令無不行，政通人和，國未有不治者。

4. **地方自治**——地方政事，關係於人民之切身利害者，至深且鉅。地方的公共事務必須由地方之人自行處理之，方能切合人民的需要，而解決其衣、食、住、行、樂、育諸生活問題。民主政治的實施，應由下而上，故地方自治實爲民主政治的基石。二氏曰「在今日而論，則必以土著之人治本地之事，斯爲平允得宜。竊嘗論天地自然之理，能合必先分，能分然後能合。合而先之以分者，其於分之之時，早先含合之之意也。分而後之以合者，其於合之之後，未嘗不可以分也。夫然後卽合卽分，卽分卽合，無合非分，無分非合，則無合久必分，分久而必合之弊，將古所謂一治一亂之說掃而空之，然後明光日上，教化日治之機乃有進而無退，有盈而無虧。然而以大治小，不若以小治大。以大治小，精神不能到，知慮必不能周。小者有所不治，大者將與俱傾。以小治小，燭之必無不明，算之必無遺策。小者旣顚撲不破，大者則無懈可擊。以故以縣治鄉，不若以鄉自治之爲得也。以府治縣，不若以縣自治之爲得也。以省治府不若以府自治之爲得也。以京師治各省，不若各省自治之爲得也。鄉治則縣治，縣治則府治，府治則省治，省治則京師自無不治。京師治，而一國定矣。」（《新政眞詮》卷二，後總序）自治者是在國家法令許可的範圍內自治其事，並非獨立或分割。是分之前，卽有合之意。自治爲奠定國家民主的基石，是分之後而又合之。故逐級自治自無不可。惟鄉之範圍太小，是否具有足夠的自治條件與能力，不無商榷之餘地。不如以縣爲地方自治單位，較爲妥善。

5.限制選擧——民主政治實施的具體方法是選擧。選擧權的行使要普及，卽每一成年人，都有選擧權，一人一票，一票一値，是謂平等選擧或普遍選擧。在第一次世界大戰以前，歐美民主國家，只准男性成年有選擧權。英國在初期民主政治時，不但只准男性有選擧權，且只准男性中有一定價値的財產者或繳納一定數額稅款者，方有選擧權，其受某等程度以上教育可多享一票或兩票的選擧權，是謂限制選擧或不平等選擧。此皆有背民主政治的原則。何胡二氏所處的時代，尙遠在第一次世界大戰以前，民主政治的發展，尙滯留在限制選擧的階段。故二氏對選擧權的主張，亦未能突破時代的囿限，而採一人一票，一票一値的普及選擧或平等選擧；仍持限制選擧的觀點。二氏曰「其選擧方法，非必人人有選擧權也。」（《新政眞詮》卷二，後總序）又曰「凡男子二十歲以上，除喑啞盲聾以及殘疾者外，其人能讀書明理者，則予以公擧之權。」（《新政眞詮》卷四，新政論議）因當時泰西各國的民主政治發展，仍只限於男性有參政權，女性則無之。而男性的參政權亦有不少限制，故二氏有此主張。實則二氏之論，於今觀之，實甚落伍。中國教育向不發達，讀書人甚是有限。據民國十八年的調查，全國人口中，文盲竟佔到百分之八十之鉅。何胡二氏之時，讀書人口可能僅佔百分之十五。百分之十五的人始有選擧權，豈得謂之民主!?況所謂明理又毫無標準，弄權舞弊的貪官劣紳，便可藉機舞弄，而達其徇私弄權的目的。

6.法無常法——何胡二氏認爲法無常法，法須隨時代的變遷而變遷。依經義以施治，已不能適用於今日。處今日之世，勢非變法不可。二氏曰「羣經之義，不可宗也，中國經學崇尙已久，而不能治。不知世易時移，新理代出，五經之言，施於今日，已不可用。且非惟不可用而已也，謂又於文明進化之機多所窒礙。……夫孔子何嘗教人以宗經哉，非惟不教人宗經，直是教人以勿宗經耳。勿之云者非違背之謂也，謂經自爲經，人自爲人。以人用經，非經用人。因事成經，非因經成事。是故古有古之經，今有今之經。古經今經，有同有不同。吾且不必問其同不同，但當察其善不善。古之經有善者焉，吾則取而用之。古之經有不善者焉，吾則棄而去之。今之經亦然。一棄一取，皆由於我，是則經之宗我，而非我之宗經也。夫經者有常法之謂也，易者無常法之謂也。《詩經》、《書經》、《禮經》，孔子皆以刪定出之，僅存什一於千百。獨至……禍福吉凶亨貞悔吝莫不由於變易、交易、反易、對易、移易而來，即以無常法爲常法而名之爲易經者，孔子則終身奉之以爲圭臬。然則孔子之所宗，其惟以無常法爲常法之常法，而非以常法爲常法可知矣。……是故今之世不言變法者，必非聖人之徒，言變法而猶泥於古經之說者，亦非聖人之所與。」（《新政眞詮》卷一，前總序）

五、嚴復的民主思想——嚴復侯官人，字幾道，又字又陵。同治間，肄業於福建求是堂藝局，習海軍，卒業後，復留學英國格林威治海軍大學。光緒初返國，歷任北洋水師學堂總辦及京師大學堂編譯局總辦。宣統時爲資政院議員。入民國曾任北京大學校長。嚴氏學問廣博深邃，翻譯西洋名著介紹其哲學與政治思想於國人者甚多。其著名者有赫胥黎《天演論》、亞當斯密《原富》、孟德斯鳩《法意》、彌爾（John Mill）《群己權界論》（*On Liberty*）、甄克斯（Edward Jenks）《社會通詮》等。玆將其民主政治思想扼要擧述如左：

1.崇尚自由——在專制君主制度下，君權高於一切，一切權力屬於君。君主乃挾持其無上威權，控制人民，嚴加約束，人民固無自由權利之可言。迨政治思想家洛克（John Locke）盧梭（J.J. Rousseau）

倡天賦人權，一律平等，人民具有不可剝奪的自然權利，如生命、財產與自由。掀起民主革命，打倒專制君主，建立民主政府，人民獲得解放，人民遂獲得極可珍貴的自由權利。自由既可促進社會進步，又是個人的享受與快樂。政府的責任，在保障人民的自由，並提供適當環境，俾人民的內在潛能得以充分發揮。

嚴復曰「凡可以聽人民自爲者，其道莫善於無擾。顧國家開物成務，所以供民用者，又有時而不可諉，諉之則其職溺矣。約而言之，其事有三。一、其事以民爲而費，以官爲之則廉，此如郵政電報是也。二、所利於群者大，而民以顧私而莫爲，此如學校之廩田，製造之獎勵是也。三、民不知合群，而群力猶弱，非在上者爲之先導，則相顧趑趄，此則各國互異，而亦隨時不同。爲政者，必斟酌察度，而後爲之，得以利耳。」（《原富》部戊，篇一，嚴復案語）政府只可作此三事，其餘各事，皆由人民自由爲之，政府不得加以干擾。治事如此，人民的自由權利，可謂極其廣大矣。經濟上有自由，工商相互競爭，成本減低，物價趨平，消費者可享物美價廉的利益。政治上有自由，人民不受壓抑，心無怨懟，氣順心平，足以維持社會安定。

2. 限制政府——在專制君主政治下，政府權力强大，寸權尺柄皆屬於官，自國家大政，民間細事，皆爲政府所當過問與干涉。人民的自由被箝制，人民財產受剝削，在强大政府權力的控制下，人民生活至爲痛苦。民主革命成功，因人民有飽受强大政府壓迫的痛苦經驗。所以主張「限制政府」（limited government），要由人民制定憲法，規定政府的有限職權及人民的自由權利。政府在此限制內行使權力，不得侵越。而且憲法所授予政府的權力，愈小愈好。其理論是「政府最好，管轄最少」（Government best, government least.）。

嚴復曰「西人之言政也，以其柄爲本屬諸民，而政府所得而操之者，民予之也。且必因緣事會，而後成之。察其言外之意，若惟恐其權之太盛，將終不利於民者也，此西說也。中國之言政也，寸權尺柄皆屬官家，其言政也，乃行使其固有者。假令取下之日用，一切而整齊之，雖至纖息，終無有人以國家爲不當問，實且以爲能任其天職。其論現行政柄也，方且於之而見少，又曷嘗於之而見多。」（《社會通詮》國家之行政權分，第十三）中國政論家以政府之權大爲當然，因其爲君固有之權。政府之權鉅細無遺，遂流爲專制政治，人民的自由權利大受侵迫。西人之政論家認爲政府之權乃人民的授予。人民畏懼政府權力强大而受侵迫故儘量少授予，使政府權力受到限制，期以保障人民權益。

3. 多數統治——民主政治是以民意爲依歸的政治。民意的表達率係以選舉與表決二途出之。選舉是對候選人的抉擇。表決是對若干不同意見的抉擇。無論選舉或表決皆以過半數的多數同意爲定案，是謂「多數統治」（majority rule）、或「多數決」（majority decision）。何以要採取這多數統治或多數決呢？因爲若採全體一致的通過，則一人的意見就可否決萬千人的意見，此無異是一人獨裁，完全違反民主政治的精神。若以少數意見爲定案，則少數意見必不止一個，那將採用那一個少數意見呢？是又行不能通。結果，只有採用過半數的多數意見。多數意見未必是最好的意見，而是因爲它是行得通和辦得到的意見。故民主政治未必是最理想（ideal）的政治，只是「合理」（reasonable）的政治。

嚴復曰「宜乎古之無從衆也。蓋從衆之制行，必社會之平等，各守其畛畔，一民各具一民之資格價值而後可。古宗法之社會不平等之社會也。不平等，故其決異議也，在朝則尙爵，在鄉則尙齒，或親親，或長長，皆其所以折衷取決之具也。使是數者而無一存，固將反於最初之道。最初之道何？强權是已，故決鬥也。且何必往古，即今中國，亦無用從衆之法以決事者。何則？社會貴者寡而賤者衆，既曰衆，則賤者儔也，烏足以決事。以是之故，西文福脫（vote）之字，於此土無正譯。」（《社會通詮》國家之議制權分，第十二）民主政治的實行方法爲投票表決，而中國的先哲，無一人發明選擧方法，故中國歷代並無民主政治。選擧的實行以人格平等爲前提，而中國社會迄未達於這一水準，故亦難以採行「從衆」（多數決）制。因之，投票表決（vote）一字國人很不易翻譯。

4. 地方自治——中國二千多年來，在專制君主政治下，君權高於一切，一切權力屬於君。君主委任其僕役的官吏充任地方長官。地方的公共事務，均掌理於官吏之手。官吏對上不對下，只知爲君主效忠，徵收租稅，剝削人民；厲行刑罰，壓制黎庶。因之，人民毫無自治經驗與能力。加以人民缺乏團體意識及公共觀念，只知注重自己的私人生活與利益，對公共事務漠不關心。所謂「只掃自己門前雪，不管他人瓦上霜」。所以中國向無地方自治之可言。

嚴復曰：「吾國公家之事，在在於官。彼於所官之土固無愛也，而著籍之民又限於法，雖欲完治其地而無能。若百千年之後，遂成心習，各顧其私，而街巷城市以其莫恤顧也，遂無一治者。」（《法意》第十八卷，第七章，復案語）又曰：「夫泰西之俗，凡事不逾於小己者，可以自由，非他人所可過問。而一涉社會，則人人皆得而問之。乃中國不然，社會之事，國家之事也。國家之事惟君若吏得以問之，使民而圖社會之事，斯爲不安本分之小人，吏雖中之以危法，可也。然則吾儕小人舍己私之外，又安所恤。且其人既恤己私，而以自營爲唯一之義務矣。」（《法意》第十九卷，第二十章，復案語）

嚴復進而論地方自治之重要，曰：「特觀吾國今處之形，則小己自由尚非所急，而所以祛異族（西洋

（帝國主義）之侵略，求有立於天地之間，斯眞刻不容緩之事，故所急者乃國群自由，非小已自由也。求國群之自由，非合通國之群策群力不可。欲群策群力，又非人人愛國，人人於國家皆有一部分之義務不能。欲人人皆有一部分之義務，因以生其愛國之心，非誘之使與聞國事，敎之使洞達外情，又不可得也。然則地方自治之制乃刻不容緩者矣。竊計中國卽今變法，雖不必遽設議院，然一鄉一邑之間，設爲鄉局，使及格之人，推擧代表，以與國之守宰，相助爲理，則地方自治之基礎矣。」（《法意》第十七卷，第三章，復案語）

5. 中西之異——嚴復之學，貫通中西，深知中西文化不同之所在。乃曰：「西洋之於學，則先物理而後文詞，重達用而薄藻飾」；「中土之學必求古訓，古之非旣不能明，卽古人之是亦不知其所以是」；「中之人好古而忽今，西之人力今以勝古。」（原强）他又曰：「嘗謂中西事理，其最不同而斷乎不可合者，莫大於中之人好古而忽今，西之人力今而勝古。……今之稱西人者，曰彼善會計而已，又曰彼擅機巧而已。不知吾今之所見聞，如汽機兵械之倫，皆其形下之粗跡，卽所謂天算格致之最稱，亦其能事之端，而非命脈之所在。其命脈云何。苟扼要而談，不外學術則黜僞而崇眞，於刑政則屈私以爲公而已。斯二者與中國理道初異也。顧彼行之而常通，吾行之而常病者，則自由與不自由異耳。中國理道與西法（指自由）最相似者，曰恕，曰絜矩。然謂之相似則可，謂之眞同則大不可也。何則，中國恕與絜矩，專以待人及物而言。而西人自由，則於及物之中，而實寓所以存我者也。自由旣異，於是群異叢然而生。粗擧一二言之，則如中國最重三綱，而西人言則平等。中國尊君，而西人隆民。中國多忌諱，西人重議評。其於財政也，中國重節流，西人重開源。中國重淳樸，西人求驩虞。其接物也，中國美謙屈，西人

精發舒。中國尙節文，西人樂簡易。其於學也，中國誇多識，西人尊新知。其於禍災也，中國委天數，西人恃人力。」（論世變之亟）

6.中西治道——中西之間不但其文化精神大不相同；就是中西爲政施治的治道，亦大異其旨趣。西人之治道以公治衆而尙自由；中國之治道，以孝道治天下而首尊親。嚴復曰：「西之教平等，故以公治衆而尙自由，自由故貴信果。東之教立綱，故以孝治天下，而首尊親，尊親故薄信果。然其流弊之極，至於懷詐相欺，上下相遁，則忠孝之所存，轉不若貴信果者之多也。且彼西洋所以能使其民，皆若有深私至愛於其國與主，而赴公戰如私仇者，則亦有道矣。法令始於下院，是民各奉其所自主之約，而非率上之制也。宰相以下，皆由一國所推擇，是官者民之所設，以釐百工，而非徒以尊奉迎戴者也，撫我虐我，皆非所論者矣。出賦以庀工，無異自營其田宅；趨死以殺敵，無異自衞其家室。吾每聞英人之言英，法人之言法，以至各國之人之言其所生之國土，聞其名字，若吾曹聞其父母之名，皆肫摯固結，若有無窮之愛也者，此其故何哉？無他，私之以爲己有而已矣。」（原强）

第三節　康有為的維新思想

康有爲廣東南海人，號長素。清德宗光緒十五年，集數千舉子伏闕上書，建議作政治改革，清廷不置理。中日甲午戰爭失敗，又上變法自强策。光緒二十三年，俄人侵佔我旅順、大連，德人侵佔膠州灣。中國有被瓜分之危機，有爲又上書要求變法維新，翁同龢力薦於德宗，於是召見之，極信任之。光緒二十四年德宗銳意變法維新，採行不少政治改革，爲國人所仰望。無如守舊派榮祿、袁世凱力加反對，慈禧太后復行垂簾聽政，廢止新政，恢復舊觀。有爲著有《新學僞經考》、《孔子改制考》、《孟子微》及《大同書》等。玆將變法維新思想扼要擧述如次：

一、反對排滿——康氏反對革命而主張維新，因革命必引起內亂。內亂必招致外國乘機入侵，而速亡國之禍。今之外人，文明甚高，若亡我國，有同化之力，我有免種的危險。他說：「若中國今日而亡於外人手，則必爲芬蘭、印度、安南、爪哇，必不得爲北魏、金、元與本朝之舊，可決之也。以今之外人皆有文明化我故也。」（《不忍雜誌彙編》初集，卷一）革命派所持的一個重要理由，是排除異族的滿洲人。康氏反對革命，遂强詞奪理，說漢人乃是一多種族的混合族，滿洲人亦是黃帝之裔嗣，故不應排滿。

康氏曰：「近人多謂中國漢族全爲黃帝子孫，有欲以黃帝紀年者。其實大地萬國無有能純爲一族者也。夫黃帝出自崑崙，實由中亞洲遷徙而來。《史記》黃帝本紀稱以師兵爲營衞，則實由遊牧而入中國之北方。其餘中國地屬有苗。……至堯舜時，大江以南尙爲苗人所據。歐人以中國人種同於蒙古人種，而馬來人別自爲種。蓋馬來民族出自苗人，其音本同。而黃帝徙自中亞，實卽蒙古之種。惟孔子作《春秋》，以禮樂文章爲重，所謂中國夷狄之分，專以別文野而已。合於中國之禮者，則進而謂之中國，不合於中國之禮者，則謂之夷狄。……《春秋》以吳爲夷狄，則吳爲泰伯之後，實周之宗室，安有以爲夷狄者哉。可知《春秋》中國夷狄之辨，不純在種族矣。魏、齊、周、隋、五代、遼、金、元諸史中由諸番改漢姓者不可勝數，吾未及徧擧之。但擧簡要，則《北魏書官氏志》九十九姓之所改，蓋中國自負爲三代華胄也者，乃無一能免於北狄所雜亂矣。滿洲之音轉從肅愼，其在周世曾貢楛矢石砮，皆黃帝二十五子分封之所出。而匈奴之祖出於淳維，實爲殷後，則北魏亦吾所自出耳。卽鮮卑之種今爲西伯利亞，

面目骨神實與我同。遠徙入美而爲墨西哥、秘魯，實皆我種。」（《不忍雜誌彙編》初集，卷一）

康氏以爲滿洲人入主中原，早已接受中國禮敎，採用中國文物典制，爲期已二百餘年，高度中國化，依《春秋》夷夏之辨，豈可以夷狄視之，而排斥之。他說：「我中國雖屢更革命，而五千年之中國禮樂文章敎化風俗如故也。自外者入焉而化之。滿洲云者，古爲肅愼，亦出於黃帝後。其於明世封號龍虎將軍？然則其入主中夏也，猶舜爲東夷之人而代唐，文王爲西夷之人而代商云爾。敎化皆守周孔，政俗皆用漢明。其一家帝制，不過如劉李趙朱云爾。五千年文明之中國禮樂文章政俗敎化一切保存，亦如英國也，則亦不易姓移朝耳。易姓移朝者，可謂之亡君統，不得以爲亡國也。」（《不忍雜誌彙編》初集，卷一，君與國不相關，不足爲輕重存亡論）

二、法不突變——康有爲亦認爲法應隨時代而變遷。但這種變遷須隨自然法則，而採進化性的漸變，決不可違反自然法則，輕舉妄動，而採革命性的突變。凡事要順乎自然，循序而進，欲速則不達，急奔易顚仆。他依《春秋》三世之義，說明法只可漸變，不可突變。何休釋三世曰：「於所傳聞之世，見起治於衰亂之中；於所聞之世，見治昇平；於所見之世，著治太平。」此卽據亂世、昇平世及太平世。康氏參斟禮運大同篇，改曰據亂世、小康世及大同世。

康氏以爲清末爲據亂世，只可漸變而至於小康世，不能突變而遽然入於太平世。所以當時中國變法只可行君主立憲制，不能行民主共和制。他說「故獨立自由之風，平等自主之義，立憲民主之法，孔子懷之。待之平世而未能遽爲亂世發也。以亂世民智未開，必當代君主治之，家長育之。否則，團體不固，民生難成，未至太平之時，而遽欲去君主，是爭亂相尋，至國種夷滅而已。」（《孟子微》禹稷當平世章註）

康氏又以爲政法變遷的正道，在於依舊而生新，新舊相依，並行互進，次第改革，盈科而後進，而漸抵於成功而無礙。倘若盡毀舊基，浮躁猛晉，欲憑空一躍千里，必有顚仆不起之大禍。他說：「夫法之不能無弊，窮之不可不變，自然之勢也。然舊者有堅固之益，新者順時變之宜，二者不可偏廢也。故孔子曰，溫故而知新，雙輪並馳，則車行至穩也。英國之爲治也，常新舊並行，其溫故者操守極堅，其知新者進行不失，二者相牽相制，且前且卻，各一步而一驟，而得其調和焉。故常度舊而保俗，而又日更新以爭時。夫守舊而能保俗，則國民德不改，風俗不變，持重不佻，而無顚仆之患。更新而能爭時，則國民進趨不後，比較不失，競爭進化，而無敗退之虞。」（《不忍雜誌彙編》初集，卷一，中華救國論）

三、君主立憲——康有爲主張採行君主立憲，反對民主共和制。其理由之一，認爲法制有其空間性，在外國雖爲良制，若移植於中國，可以是弊政，猶如江南之橘，越淮爲枳，强悍之蒙古人若使之久居印度亦可變爲怯懶。民主共和之制，在英美縱是良制美法，若行之中國，將爲禍亂紛爭之源。他說：「今中國之與歐美，其歷史國力爲强弱老幼何若，其政治禮俗爲表裡虛實何若。此必不能以一驗方而救治效，不待言也。若持美法之治效，自由平等之說，共和政黨之制，施於中國，其宜耶，其非耶。夫天下無萬應之藥，無論參朮苓草之實，牛溲馬渤之賤，但能救病，便爲良藥。天下無無弊之法，無論立憲、共和、專制、民權、國會一切名詞，但能救國宜民，是爲良法。執獨步單方者，必非良藥，執一政體治體者，必非良法。……夫所謂政黨議會、民權憲法，乃至立憲、共和、專制，皆方藥也。當其病，應其時，則皆爲用。非其病，失其宜，則皆爲災。」（《不忍雜誌彙編》初集，卷一，中國以何方救亡論）

最佳的法制就是最適合國情的法制。所謂最適合國情就是政治法律與一國國民的性情習俗，相洽相宜，方能政通人和，推行順利。康氏曰：「夫政治法律非空言理想所能爲也，以政治法律皆施於人民者，必與人民之性情習俗相洽相宜，乃可令下如流，施行無礙也。非可執歐美之成文，擧而措之中國，而卽見効也。豈徒不効，其性情風俗不相宜者，且見害焉。」（《不忍雜誌彙編》二集，卷一，中國顚危誤在全法歐美而盡棄國粹說）

中國有二千多年君主專制的歷史，養成人民的依賴性，重順從，守法紀，事事被動，缺乏獨立自主的能力及積極負責的精神，若猝然改行民主共和制，引致禍亂，必然無疑。他說：「若中國而行美國之憲法乎，則兩黨爭總統之時，不知經幾年，不知死幾千萬人而後定也。今將從法國之憲法乎，法國內閣歲必數易，甚少能耐期年者。卽內閣未覆時，總統與宰相（總理）意見不同，亦遭各黨齮齕而不能施行。卽能行之，亦不能久。故法之宰相（總理）卽有奇才，亦難行其志。故四十年來，日德强而法不振，皆由立法之初憲法不善之故。」（《不忍雜誌彙編》二集，卷一，憲草發凡）

康氏更歷擧外國事例，用以證明猝然行民主共和制未有不招致禍亂者。他說：「法之共和亂八十三年而後定，墨西哥之共和亂近三百年，至今而未定。中南美諸二十共和國除智利之外，皆爭亂百餘年，至今猶未已。」（《不忍雜誌彙編》二集，卷二，嗚呼噫嘻吾不幸而言中）唯獨美國由殖民地猝行民主共和制而未亂，康氏指出：「其故有四：開國諸賢皆清敎之徒，無爭權位之志，只有救民之心，一也。因於屬地十三州已有議院，本無君主，二也。本爲英人，移植英已成之憲法於美，政黨僅二，故美獲安，三也。美初立時，人民僅三百萬，仍爲小國，四也。」（《不忍雜誌彙編》初集，卷一，共和政體不能行於中國論）

康氏認爲君主立憲既可避免革命的禍災，又能收到變法的効益，更得防止專制的弊害，中國救亡圖存，捨君主立憲外別無他途。君主立憲實爲奇妙之暗合共和法（康文題目）。他說：「原夫政治黑暗，生於天下爲私。故當據亂世，中外人民所當爭者，惟「國爲公有」之一義。蓋天下者天下人之天下，非一人所能私有之。故天下爲公，理至公也。但當亂世，水火塗炭，民無所歸。有聰明神武者首出爲君，民得所庇以出水火，則國暫君有，亦亂世所不得已者。及國民漸進，則君當以國復還之民。否則民將自起而爭其還。力爭之後，若既得國爲公有，則無論爲君主民主，爲獨立半立，爲同族異族，皆不深計。」（《不忍雜誌彙編》二集，卷二，新世界祇爭國爲民有而種族君主民主均爲舊義不足計說）

康氏以爲問題在於是否立憲。只要立憲，則立憲君主與立憲民主，亦無甚差別。英國爲立憲君主制，而其民主政治則廣受贊揚。他說：「夫立憲君主與立憲民主之制，其民權同，其國會內閣同，其總理大臣與總統事權同。位名懸殊，皆代君主者也。除其有乾脩之君銜外，亦幾幾於古之有天下者也。自德國外，君主殆不在有無之數矣。則總統與總理大臣之更易，亦與君主之移朝易姓無異也。然爭總理大臣者不過兩黨人以筆墨口舌爭之。歲月改易之，行所無事，國人幾忘，則與專制世之易相無異也。而爭總統者兩黨列軍相當，驅國人之屬於黨者相殺。每爭總統一次，則死國民無算。夫立總統不過爲國民代理而已。乃爲一代理而死國人無算，其害大矣，則反不如有君主而不亂之爲良法也。蓋非有愛於君主而必欲立之也，所以愛國民也。」（《不忍雜誌彙編》初集，卷一，共和政體不能行於中國論）

四、變法必要——康氏既主張滿漢一家，反對排滿，又鼓吹君主立憲，而滿清卻是君主專制。由君主專制進爲君主立憲自然非變法不可。所以他於光緒時卽屢上書要求變法。他說：「方今之病，在篤守舊法而不變，處列强競爭之世，而行一統垂裳之法；此如已夏而衣重裘，涉水而乘高車，未有不病暍而淪胥者也。《大學》言日新又新，《孟子》稱新子之國，《論語》孝子勿改父道，不過三年，然則三年之後，必改可知。夫物新則壯，舊則老，新則鮮，舊則腐，新則活，舊則滯，新則通，物之理也。法既積久，弊必叢生；故無百年不變之法。況今玆之法，皆漢唐元明之弊政，何嘗爲祖宗之法度哉？又皆爲胥吏舞文作弊之巢穴，何嘗有絲毫祖宗之初意哉？今託於祖宗之法，固已誣祖宗矣。且法者所以守地者也，今祖宗之地既不守，何有祖宗之法乎？夫使能祖宗之法，而不能守祖宗之地，與稍變祖宗之法，而能守祖宗之地，孰得孰失，孰重孰輕，殆不待辯矣。」(康有爲上清帝書)

五、諫君立憲——光緒二十四年戊戌六月，康有爲對德宗論說法國革命之經過及英戮查理士之事例，勸帝非行憲不能免禍。他說：「民性可靜不可動也。一動之後，若轉石於懸崖，不至於趾不止也。傳曰，豈其使一人肆於民上。民愚不知公天下之義則已耳。既知之，則富貴崇高者衆之所妒，事權尊一者衆之所爭也。法民既遠感於美民主之政，近覩於英戮查理士逐占士第二之故，則久受壓制，且瞻岩岩，必傾覆之。且夫寡不敵衆，私不敵公，理之公則也。安有以一人而能敵億兆國民者哉。則莫若立行乾斷，不待民之請求迫脅，而與民公之。如英之威廉第三後諸王然。明定憲法，君民各得其分，則路易十六必有泰山磐石之安。而惜路易十六不能審時剛斷也。徘徊遲疑，欲與不與。緩以歲月，新其事權，遂使身死國亡，爲天下譏笑。」(康有爲進呈法國革命記序) 清廷不能審時剛斷，徘徊遲疑，欲與不與，不肯行憲遂不免於社稷傾覆，但清帝得苟全性命，未遭殺身之禍，亦云幸矣。

六、請設國會——光緒三十一年派五大臣載澤等出洋考察憲政，次年下詔預備立憲。三十三年康有爲代僑民寫請願書，請求設立議院。書有曰：「明詔已許之矣。所以遲遲者，或疑於民智未開，資格未至耳。夫以中國之大，四萬萬人之衆，學校之盛，當講求新學之殷，通於中外之彥，殆不可數計。而謂區區數百議員竟無此資格之人才。此不獨厚誣中國，自貶人才，亦無此理。夫以變法之日淺，閱歷之難，辦事之艱，人才或乏。若夫徒發空言，兼收中外，從多取決，豈患乏才。卽有嚴苛之論，謂通才仍乏，豈合四萬萬人，公擧數百之人才，而多數取決者，此其見聞知識乃不如政府數人之明耶？夫今政府諸臣之才否，非民等所能妄爲毁譽。如諸臣多未遊歷各國，未遍閱省郡縣邊徼，以親貴清流之故，多不解民俗農工商礦之百業。凡此數事，皆擧議員應有之人，而政府諸臣皆實未經，則政府諸臣雖可頌爲上聖大賢，或眞能清忠公正，而實不能免卽聾從昧。……何乃於全國人才公謀國政，而獨以人才不足與。此商民等隱笑大奇而不可解者也。夫立憲不過空言之耳，苟無國會守之，則亦如敎宗之經義耳。故商民等以爲眞欲救國，必先立憲。眞欲立憲，必先開國會。欲定憲法之宜否，與其派一二不通語文之大臣遊歷考查，不如合國會之民，獻千數百英彥之才而公定之也。」（海外亞美歐非澳五洲二百埠中華憲政會僑民公上請願書）

查此會乃光緒三十三年丁未元旦由保皇黨改組而成者。

第四節　譚嗣同的政治思想

譚嗣同清湘瀏陽人，生於穆宗同治四年，父繼洵，官湖北巡撫。嗣同十二歲喪父，受父妾虐待，遂養成其偏激性格與思想，淹通群經，能文章，好任俠，喜劍術，嘗習佛學。弱冠曾遊新疆巡撫劉錦棠幕，劉嘆爲奇才。是後十年往來南北各省及新疆、臺灣，察風土，交豪傑，以天下爲己任。甲午中日戰爭失敗，志益憤發，力倡新學，自稱爲康有爲私淑弟子。設學會於湘，以與北京强學會相呼應。光緒二十四年歲次戊戌，四月下定國是詔，以學士徐致靖薦，自候補知府充軍機章京，與楊銳、林旭、劉光第同預新政，時號「軍機四卿」。戊戌變法維新事敗，譚嗣同與林旭、楊銳等六人同被害。譚氏著作有《仁學》、《寥天一閣文集》、《遠遺集》等書，以《仁學》爲最著名。《仁學》一書成於光緒二十二年，時年三十二歲。《仁學》自序有曰：「凡治此者，當通佛學華嚴法相宗西學新約格致社會、中學《易》、《春秋》、《禮記》、孟、莊、墨及周張陸王等家。」梁啓超謂：「嗣同冥探孔佛之精奥，會通群哲之心法，衍繹南海之宗旨，成《仁學》一書。」譚氏的政治思想多見於《仁學》一書中。玆扼要擧述於次：

一、崇尚自由——譚嗣同雖私淑康有爲爲師，但其所贊同者僅是康氏的大同思想與維新理論。因譚氏之學是融會孔學佛學及西學而成，至爲深邃高妙，多所創新意及前進思想，非康氏之說所能範圍。所以康氏的保皇護滿的守舊思想及墨守傳統的儒學理論，均非譚氏之所認同。

康氏雖有守舊思想，但其《大同書》中所倡自由平等之旨及破除九界至於世界大同的思想則頗爲高遠，爲譚氏所贊成。譚氏更參酌《莊子》「在宥」篇之意，而倡「衝決萬有網羅」的自由思想。「在宥」的意義就是逍遙自在，無拘無束。各人各適其性，各適其所在，便是自由自在。宥者寬放，意謂聖人寬放無爲，則天下清平。譚氏曰：「治者有國之義也。在宥者無國之義也。曰，在宥，蓋自由之轉音。旨在言乎。人人能自由，是必爲無國之民。無國則畛域化，戰爭息，猜忌絕，權謀棄，彼我亡，平等出。且雖有天下，若無天下矣。君主廢，則貴賤平；公理明，則貧富均。千里萬里，一家一人。視其家逆旅也，視其人同胞也。父無所用其慈，子無所用其孝。兄弟忘其友恭，夫妻忘其唱隨。若西書中百年一覺者，殆彷佛禮運大同之象。」（《仁學》下篇）這種境界乃是無政府主義的大同社會，萬物一體，人我不分，四海一家，人類一人，不但無法律的拘束，無政府的管轄，且無道德的規範，乃是超越時空的神仙世界，快樂無邊，幸福無窮的人間天堂；較之禮運大同篇的構想，更高幾層樓了。此景只有天上有，人間實在無處尋，無以名之，名之曰「烏何有之鄉」；西人稱之曰「烏托邦」（Utopia）。

這一美妙幸福快樂的自由天堂，何以未能實現呢？在譚氏的心目中，認為因在現實的社會中有「萬有網羅」把人細綁得緊緊的、死死的，以致自由盡失。所以，要實現「在宥」式的美妙完全自由，便非「衝決這萬有網羅不可」。他說「初當衝決利祿之網羅，次衝決俗學若考據若詞章之學，次衝決全球群學之網羅，次衝決君主之網羅，次衝決倫常之網羅，次衝決天地之網羅，次衝決佛法之網羅。」（《仁學》自叙）如此則海濶縱魚躍，天空任鳥飛的「在宥」式的美妙自由便可以實現。殊不知「萬有網羅」非一人之力所能衝決，縱使能合多數人之群力，能以衝決「萬有網羅」，則人生而有欲，欲而不能無求，求則無饜，無饜則爭，爭則亂。爭亂不止，人類將同歸於盡，復有何自由之可言。若如孔子所說「道之以德，齊之以禮」，或荀子的「分以和之，義以一之」，或行孟子所謂「仁政」，墨子的所謂「兼愛」，或法家所謂「刑罰」，則又「網羅」叢生，又失去自由。若譚子者可謂「極高明」而道欠「中庸」，「致廣大」未「盡精微」。

二、卑棄名教——譚氏以為網羅雖然衆多，然其中縛人最烈，苦人最深者，則推名教與倫常。數千年來的人間慘禍，皆生於名教與倫常。名教與倫常中所謂三綱五常貽毒為害最為深遠。他說：「君以名桎臣，臣以名軛民，父以名壓子，夫以名困妻，兄弟朋友各挾一名以相抗拒。」（《仁學》上篇）若能除去三綱五常之名教，則所謂仁義道德，禮義廉恥者均將歸於消失，人類桎梏始告脫除，自由平等的幸福方可恢復。

譚氏認爲歷代俗儒皆挾持三綱五常的名教以拘制人群，以爲名教者天經地義，千古不泯的眞理。實則這名教乃是長期的軟硬兼施，恩威並用所強制造成的，乃人爲的枷鎖，非天然的需要，其本身並無價值之可言。他說：「不知名教之起也，悉由人爲，本無內在的價值。古以淫爲惡名，故相習以淫爲惡。倘使生民之初，卽相習以淫爲朝聘宴饗之鉅典，則淫非惡名，亦孰知淫爲惡。」（《仁學》上篇）誠然，若最初名朝聘宴饗曰「淫」，後世之人自不會以淫爲惡。猶如最初名人爲「狗」，則後世之人，自不會拒以「狗」呼己。不過，淫不祇是空名而且有實事實行。若淫行不拘，愛死病、花梅瘡必趨於猖獗，人無噍類矣。

譚氏又曰：「獨夫民賊固甚樂三綱之名。一切刑律制度，皆依此爲率，取便於己也。於是君爲臣綱，父爲子綱，夫爲妻綱，君父恣睢於上，臣子憔悴於下。名教旣立，雖身受荼毒，亦俯首帖耳，無敢呻吟。」（《仁學》上篇）譚氏進而申論曰：「中國積以威刑箝制天下，則不得不廣立名爲箝制之器。如曰仁，則共名也，君父以責臣子，臣子亦可反之君父。於箝制之術不便，故不能不有忠孝廉節一切分別等級之名，乃得以責臣子曰，爾胡不忠，爾胡不孝。是當逐放也，是當誅戮也。忠孝終爲臣子之專名，則終必不能以此反之。雖或他有所據，意欲詰訴，而終不敵忠孝之名爲名教之所尙。反更益其罪，曰怨望，曰觖望，曰怏怏，曰腹誹，曰訕謗，曰亡等，曰大逆不道。是則以爲當逐放，逐放之已矣。當誅戮，誅戮之而已矣。曾不若孤豚之被縶縛屠殺也，猶奮蕩呼號以聲其痛楚，而人不之責也。」（《仁學》上篇）有倫常則人失其平等，有名教則失其自由，暴君獨夫得藉倫常名教固其位，虐其民。譚氏以爲

「今日若要變法維新，非先變三綱五常之名教不可。」（《仁學》下篇）

三、君臣關係——變法維新必先變三綱之名教。

改變三綱五常之名教，必先改革君臣之義。譚氏論君臣之關係曰：「生民之初，本無所謂君臣，則皆民也。民不能相治，亦不暇相治，於是共舉一人爲君。夫曰共舉之，則非君擇民，而是民擇君也。夫曰共舉之，則其分際又非甚遠於民而不下儕於民也。夫曰共舉之，則因有民而後有君。君末也，民本也。天下無有因末而累及本也，亦豈有因君而累及民哉。夫曰共舉之，則且必可共廢之。君也者，爲民辦事者也。臣也者，助辦民事者也。賦稅之取於民，所以爲辦民事之資也。如此而事猶不辦，事不辦而易其人，亦天下之通義也。」（《仁學》下篇）譚氏的這一論說和今日的民主主義或民權思想頗相類似。民爲本，君爲末，蓋卽今日所謂人民爲主權者，乃國家的主人翁。總統及官員皆是人民的公僕。所謂共舉與共廢，卽今日選舉權與罷免權的行使。君與臣皆辦民事者也，殆亦總統及百官的職責皆爲人民服務的公僕。總統及百官由選舉產生，不稱職則罷免之，卽譚氏所謂不辦事而易其人。

譚氏以爲忠君指應物平施，心無偏袒。獨夫民賊而猶忠事之是助桀紂虐民。爲臣者只可死事，若死君是宦官宮妾之爲愛。他說：「古之所謂忠，中心之謂也。撫我則后，虐我則仇。應物平施，心無偏袒，可謂中矣，亦可謂忠矣。君爲獨夫民賊，而猶以忠事之，是輔桀也，是助紂也。其心中乎，不中乎。君亦民也，且較尋常之民而更爲末也。民之與民無相爲死之理，本之與末更無相爲死之理。然則古之死節者，乃皆不然乎。請爲一大言以斷之曰，止有死事之理，決無死君之理。死君者，宦官宮妾之爲愛，匹夫匹婦之爲諒也。」（《仁學》下篇）

四、反抗滿族——康有為反對排滿，所持理由，不外《大義覺迷錄》之論，認為滿漢不分。而譚嗣同則極力反對此種牽强附會，似是而非之說。譚氏雖自稱私淑有為，但對排滿與護滿之說，則大相逕庭，南轅而北轍，無可通融。譚氏極論歷代異族壓迫我中華民族的罪惡，曰：「天下為君主囊橐中之私產，不始今日，固數千年以來矣。然而有知遼金元之罪浮於前此君主者乎。其土則穢壤也，其人則羶種也，其心則禽心也，其俗則毳俗也。一旦逞其凶殘淫殺之威，以攫取中原之子女玉帛。礪猰貐之巨齒，效盜跖之奸人。馬足蹴中原，中原墟矣。鋒刃擬華人，華人靡矣。乃猶以未饜。峻死灰復燃之防，為盜憎主人之計，錮其耳目，桎其手足，壓制其心思，絕其利源，窘其生計，塞蔽其智術。繁跪拜之儀以挫其節，而士大夫之才窘矣。立著書之禁以緘其口說，而文字之禍烈矣。且即挾此土所崇之孔教為掩飾史傳，以愚其人而為藏身之固。悲夫！悲夫！王道聖教典章文物之亡也，此而已矣。」（《仁學》下篇）由此足見譚氏春秋民族大義的思想至為强烈。遠代的遼金元尚且痛斥之，近時滿清異族，自不能免於被排斥之論。他說：「抑滿洲之人據中華也，其禍尤過此者（遼金元）。成吉思汗之亂也，西國猶能言之。忽必烈之虐也，鄭所南心史紀之。有茹痛數百年來（指滿清）不敢紀者，不愈益可悲夫。」（《仁學》下篇）

譚氏進而言倘華人含悲茹痛而能保其國土，尚有可說，無如今當東西列强環伺共攻之時，瓜分慘禍迫在眉睫，猶不肯變法自强，反曰寧為懷愍徽欽，決不令漢人得志，寧贈朋友，不予家奴。譚氏熱血沸騰，隱然有革命之志。且曰求為陳涉、楊玄感，死而無憾。可惜譚氏屈為「軍機章京」及受知於保皇黨的康有為而成冤鬼。若使之能遇國父孫中山，革命陣營中將多一烈士如陸皓東或吳樾者。他說：「試徵之數百年之行事，與近年政治之交涉，若禁强學會，若訂俄國密約，皆毅然行之不疑。其跡已若雪中之飛鴻，泥中之鬥獸，較然不可掩。況東事亟時，決不肯假民以自爲戰守之權。且曰，寧爲懷愍徽欽，而決不令漢人得志。固明宣之語言，華人寧不聞之耶!?夫異族之壓制如彼，亡國之迫近如此。則以時考之，華人固可以奮矣。且舉一事而必其事之有大利，非能利其事者也。故華人慎勿言華盛頓、拿破崙矣。志士仁人，求爲陳涉、楊玄感以供聖人之驅除，死無憾焉。若其機無可乘，則莫若爲任俠，亦卒以申民氣，倡勇敢之風，是一撥亂之具。」（《仁學》上篇）

五、中外交通——中國係大陸國家，地大物博人衆，足以自給自足，少與外國交通，且視四周皆夷狄蠻族，亦不屑與之平等交往，故歷代率採自大自滿，固步自封政策，國人私自出國，是犯法行爲，要受國法懲罰。但自鴉片戰爭以後，閉關自守的海禁鐵門被外國兵艦大礮轟開；中國的神秘面紗被揭開，面對現實，非與外國平等交往，另無他途。譚氏謂「博愛之謂仁，仁以通爲第一義。」（《仁學》下篇）通之義有四：一曰上下通，二曰中外通，三曰男女通，四曰人我通（《仁學》下篇）。四通不塞，則仁道完全而全球合一。

譚氏曰：「夫仁者欲求其通，雖不能遽臻太平世遠近大小若一之境界，要不可自囿而拒人，以一族一國爲不可逾越之畛域。數十年來，學士大夫覃思典籍，探深研微，罔不自謂求仁矣。及語及中外之故，輒曰閉關絕市，曰重申海禁。抑何不仁之多乎。夫仁以「以太」之用而天下萬物，由之以生，由之以通。星辰之遠，鬼神之冥，漠然將以仁通之。況同生此地球而同爲人，豈一二人私意能塞之。亦自塞其仁而已。彼治於我，我將歸之。彼忽於我，我將拯之。可以通學，可以通政，可以通教。又況乎通商之尋常者乎。」（《仁學》上篇）「以太」乃 ether 一字的譯音，猶如物理學中之原子或生物學中之生元，爲萬物生成的本原。譚氏乃康氏《大同書》中世界大同之義，亦《春秋》三世中太平世之境界。

六、變法圖强——譚氏本《春秋》三世之義，認爲社會不斷的演變，日新月異，進化不已。且以孔子之教以革新爲義，靜止不變乃衰老垂死之態。因之，圖强必須變法。他首先抨擊中國學術上寧靜之說，曰：「言學術則曰寧靜，言治術則曰寧靜。處事不計是非首禁更張。躁妄喜事之名立，百端由此廢弛矣。用人不問賢不肖而多方遏抑。少年意氣之論起，柄權則頹暮矣。陳言者則命之曰希望恩澤，程功者則命之曰露才揚己。既爲糊名以取之，而復隘其途。既爲年資以用之，而又嚴其等。財則憚闢利源，兵則不貴朝氣。統政府臺諫六部九卿督撫司道之所朝夕孜孜不已者，不過力制四萬萬人之動。縶其手足，塗塞其耳目，盡驅以入契乎一定不移之鄉愿格式。夫群四萬萬之鄉愿以爲國，教安得不亡，種類安得而可保也。」（《仁學》上篇）

中國二千年來政治之不振，國力之不强，學術之不明，皆此畏難更强，不求進步的鄉愿作風有以致之。窮則變，變則通。清季已瀕於列國瓜分之危局，猶不肯變法維新以圖自强。譚氏痛言之，曰：「國與教與種將偕亡矣。唯變法可以救之，而卒堅持不變。豈不以方將愚民，變法則民智。方將貧民，變法則民富。方將弱民，變法則民强。方將死民，變法則民生。方將私其智、其富、其强、其生於一己，而以愚、貧、弱、死歸於民。變法則與己爭智、爭富、爭强、爭生，故堅持不變也。究之智與富與强與生決非獨夫之所任爲，彼豈不知之。則又以華人比牧場之水草，寧與之同爲齏粉而貽其利於外人，終不令我所咀嚼者還抗乎我。」（《仁學》下篇）

譚氏所謂變法非自强運動者之師夷長技，學習其物質文明而已，乃在於要從根本放棄舊日典章，而採用西洋的文教制度；甚而引西人之意可廢君主行民主。他說：「來語數十年來，士大夫爭講洋務，絕無成就，反驅天下人才盡入頑鈍貪詐。嗣同以爲足下非惟不識洋務之謂，兼不識何者爲講矣。中國數十年來何嘗有洋務哉。抑豈有一大夫能講者。能講洋務卽又無今日之事。足下所謂洋務，第就所見之輪船而已耳，電線已耳，火車已耳，槍砲、水雷及織布、鍊鐵機器而已耳。於其法度政令之美備，曾未夢見。固宜足下云爾。凡此皆洋務之枝葉，非其根本。執枝而責根本之成就，何爲不絕無哉。」（報貝元徵書）譚氏以爲列强爲避免中國衰老之病傳染於自身計，「莫若明目張膽，代其改革，廢其所謂君主，而擇其國之明賢者爲民主。」（《仁學》下篇）如是則中國人人自主，可以圖强自存。康氏維新，志在保皇護淸。譚氏變法，志在救國圖存。康則懷有私心，譚則純然大公，一腔熱誠。譚深知守舊章決不足以自存，惟有舍故舊採西政，始有自拔之途。惜譚氏生不逢辰，壯志難申，且遭寃殺，誠國家之大損失。

第五節　梁啟超的政治思想

梁啓超廣東新會人，字卓如，號任公。生於淸穆宗同治二年，卒於民國十八年。九歲下筆千言，有神童之譽。十七歲中擧人。次年入京會試不第歸，道經上海，得購中譯西書若干種，得知新學，並遇康有爲而師之，遂得成爲維新保皇康黨之一員。康梁雖爲師生，但二人性格，頗有差異。康氏自信心過强，主見太深，近於宗教家，始終信持君主立憲的主張。梁則富於感情，無甚成見，兼含詩人與文學家的氣質，嘗言「以今日之我，攻昨日之我」，故先則從康，主張變法維新，君主立憲，入民國後又反對君主立憲，而主張民主政治。袁世凱的政治顧問美國名政治學家古德諾（Frank J. Goodnow）在順天主立憲。

時報發表「國體論」一文，意謂中國宜行君主立憲。梁氏著文駁之，題曰「異哉所謂國體論」，反對君主立憲。

光緒二十一年，梁氏復入京會試，值中日和約成，乃從康氏奔走變法，聯合廣東公車（入京會試舉人）九十人上疏請變法維新，任强學會書記。次年在上海辦時務報，不久至湖南主講時務學堂，與譚嗣同等開南學會，爲守舊派所惡，離去。光緒二十三年在澳門發行知新報。光緒二十四年春助康氏開保皇會於京師。五月以徐致靖薦，賞六品銜，辦大學堂譯書事務。八月戊戌變法事敗，與康氏同逃亡日本。光緒二十八年至光緒三十三年梁氏在日本發行新民叢報與革命黨所辦之民報大作筆戰。前者擁護君主立憲，後者主張民主革命。光緒三十二年清廷下詔預備立憲。次年，新民叢報停刊，梁氏返國，保皇會改名憲政會，與蔣觀雲等辦政聞社。宣統三年武昌革命起，梁氏仍不肯放棄君主立憲的希望，辭去袁世凱內閣法律副大臣命，與康氏發表虛君共和之主張，距清帝遜位僅一月。

辛亥革命成功，民國成立，梁氏的政治立場立卽完全改變，其所創辦之天津庸報改行宣揚民主政治。民國二年春，梁氏加入共和黨及以後與袁世凱的統一黨合併的進步黨。民國三年任司法總長。迨袁世凱帝制自爲，乃與蔡鍔密籌倒袁之策，並赴兩廣佐陸榮廷宣布獨立。張勳復辟，梁氏曾助段祺瑞馬廠誓師討之。及段祺瑞任內閣總理，梁氏任財政總長。梁氏晚年不再談政治，專致力於著作及講學，著有《墨子學案》、《墨子校釋》、《清代學術概論》、《中國近三百年學術史》、《先秦政治思想史》及《飲冰室文集》等書。梁氏稟賦聰敏，才華洋溢，博通中外，下筆一瀉千里，文情並茂，有大文豪之譽。一生樂觀進取，孜孜不息，努力不懈，在政治上雖無大成就，但在學術上卻有卓越貢獻。玆將梁氏之政治思想，扼要舉述於次：

一、利己競爭——英儒亞當斯密著《國富論》，以爲人類是自私利己的動物，因自私而競進，促致社會進步，增益人類幸福。達爾文著《物種原始》，倡物競天擇之說，認爲優勝劣敗，適者生存。法家爲政皆以人類的自私利己心爲出發點，而嚴名實，重賞罰。梁啓超亦以自私利己立論，可能受到這些學說的影響。

梁氏曰：「爲我也，利己也，私也。中國古義以爲惡德者也。是果惡德乎？曰，惡，是何言，天下之道德法律未有不自利己而立者也。人類之所以能主宰世界者賴是焉，對於他族而倡愛國保種之義，則利己而已。而國民之所以能進步繁榮者，賴是焉。故人而無利己之思想者，則必放棄其權利，弛擲其責任，而終至無以自立。彼芸芸萬類，平等競存於天演界中，其能利己者必優而勝，其不能利己者必劣而敗，此實有生之公例也。國不自强，而望列國之爲我保全；民不自治，而望君相之爲我興革；若是者皆缺利己之德而已。西國之政治基礎在於民權，而民權之鞏固由於國民爭權利，寸步不肯稍讓。……觀於此，然彼知中國人號稱利己心重者，實則非眞利己者。苟其眞利己，何以他人剝己之權利，握制己之生命，而恬然安之，恬然受之，曾不以爲意也。」（《飲冰室文集》之五，其四，利己與愛他）

二、仁政不仁——中國尚仁政，西國重自由。尚仁政，流於專制；重自由，躋於民主。蓋因仁政思想原於民本主義，愛民如子，視民如傷，若父母以赤子之心撫愛其子女。愛之愈深，則管之愈甚。管之愈甚，則父權至上，君權無限。君父之權膨脹至極，則子民失去獨立人格，毫無自主自立能力。仁政不仁，暴君以生。自由思想原於個人主義，個人有獨立自主的人格，爲國家主人，訂憲法，立政府，政府之權由人民授予，受有一定限制，政府不能濫權，侵犯人民自由權利。政府與人民各守其權界，互不侵害。政府不濫權，人民有自由，政府受制於民，人民爲主，政府爲僕，是謂民主政治。

梁氏曰：「中國先哲言仁政，泰西近儒倡自由，此兩者形質同而精神迥異，其精神異而正鵠仍同者，何也？仁政必言保民，必言牧民。保之牧之其權無限也。故言仁政者祇能論其當如是，而無術使之必如是。雖以孔孟之至聖大賢，嘵音瘏口以道之，而不能禁二千年來暴君賊臣之繼踵而起，魚肉我民，何也？治人者有權而治於人者無權。其施仁也，常有鞭長莫及，有名無實之憂，且不移時而熄焉。其行暴也，則窮凶極惡，無從限制，流毒及於全國，亘百年而未有艾也。聖君賢相既已千載不一遇，故治日常少而亂日常多。若夫貴自由，定權限者，一國之事其責任不專在一二人。分工而事易舉，其有善政，莫不遍及。欲行暴者，隨時隨事皆有所牽制，非惟不敢，抑亦不能，以故一治而不復亂也。是故言政府與人民之權限者，謂人民與政府立於平等地位，相約而定其權界也，非謂政府畀民以權也。趙孟之所貴，趙孟能賤之，政府若能畀民權，則亦能奪民權。吾所謂形質同而精神迥異者此也。」（《飲冰室文集》之十，論政府與人民之權限）

三、自由權界——所謂自由並非絕對的，亦非無限制的。自由以不妨他人的自由爲其權界，即在不妨害他人自由的範圍內，才有完全的自由。自由的權界率由法律予以規定。故曰，法律之前，人人平等；法律之內，人人自由。梁氏曰：「凡人民之行爲有侵他人之自由權者，則政府干涉之。苟非爾者，則一任人民之自由，政府宜勿過問也。故文明之國，人各有權，權各有限。權限云者，所以限人不使濫用其自由也。」（《飲冰室文集》之十，論政府與人民之權限）法儒孟德斯鳩以爲「有權者必濫權，防止之道，在以權制權」，此「制衡原理」(principle of checks and balances) 所自起。梁氏師其意，曰：「强有力者恒喜濫用其力，自然之勢也。濫用者，鋒有而所要而頓焉，則知斂，斂則其濫用之部份適削減以去，而軌於正矣。」（《飲冰室文集》之三十，政治上之對抗力）

四、民權監君——儒家的政治思想，以施行仁政為要務。然而歷經先聖大賢的諄諄勸導，而二千年來，仁政之君實少見，而暴戾之君則多有。其故何也？因君主秉生殺予奪之大權，有權者必濫權，君主之貪勢濫權如虎狼之嗜人肉，勸之行仁政，斂己以恤民，無異與虎謀皮，焉能生效。為要防止君主的暴戾或防止政府的濫權，必須有有力的民權以為監督與對抗。此即「以權制權，防止濫權」的制衡原理。

梁氏曰：「儒家之政治思想有自相矛盾者一事，則君民權限不分明是也。儒教之所最缺點者，在專為君說法，而不為民說法。其為君說法奈何。若曰汝宜行仁政也。……若有君於此而不行仁政，則將由何道以使之不得如是乎？此儒教所未明答之問題也。夫有權之人之好濫用其權也，猶虎狼之嗜人肉也。向虎狼諄諄說法，而勸其勿食人，此必不可得之數也。二千年來，孔教極盛於中國，而歷代君主能服從孔子之明訓，以行仁政而事民事者，幾何人也。然則其道當若何？曰，不可不箝制之民權。當其暴威之未行也，則有權以監督之；當其暴威之方行也，則有權以屏去之；當其暴威之既革也，且有權以永絕之。如是，然後當有權者有所憚，有所縛，而仁政之實乃得行。」（《飲冰室文集》之七，論中國學術思想變遷之大勢）

五、寡頭統治——梁氏所謂以民權箝制君權或政府權，實就是民主政治。民主政治乃是依民意為依歸的政治。而民意表達，全體一致幾乎不可能，而且亦不可行。因若採全體一致則一人可否決千百人。若採少數意見，則又不祇一個少數，亦不能決定。結果，只有以過半數的多數意見為決定。故民主政治就是多數決或多數統治(majority rule)，即少數服從多數，多數尊重少數。但梁氏對這多數統治，卻又持懷疑態度，認為理論上雖是多數統治，而實際上則是少數操縱的少數統治或寡頭統治（oligarchy）。梁氏曰：「理論上之多數統治，謂以多數宰制少數也。事實上之多數政治實乃以少數宰制多數。夫絕對的理論上之多數政治，非可不可之問題，乃能不能之問題也。彼號稱多數政治之國家，參考其事，則無任何國家之議會，任何國之政黨，其主持而指揮之者，為多數人耶？為少數人耶？不待問而知其必為少數人也已矣。」（《飲冰室文集》之三十，多數政治之試驗）

梁氏的這種懷疑態度和悲觀論調，並非憑空臆度，實則既有其事實證明，又有其理論根據。就事實言，即就英美兩黨政治國家觀之，每次選舉的投票率多者亦不過選民百分之七十耳，少者有僅及百分之四十至五十者。則選民百分之三十六的贊成，即是所謂民主內閣或民主總統。這不是少數政治麼！就理論言，義大利買克爾（Robert Michaels）教授著《政治黨派：現代民主政治的寡頭趨勢》（*Political Parties: A Sociological Study of the Oligarchical Tendencies of Modern Democracy*, Translated by Eden & Cedan Paul, 1959）一書，指出亞里斯多德（Aristotle）雖把政體分為六種：國家最高統治權屬於一人者曰君主政體或專制政體；屬於少數人者曰貴族政體或寡頭政體；屬於多數人者曰民主政體或暴民政體。實則，古今中外，只有一種政體，那就是少數統治的寡頭政體。因為無論賢明君主或暴君以及今日的獨裁者，實際上皆不能一人獨決國政，必依賴其左右少數親信以為共決國政。所謂民主政治，實際上的統治者不可能是多數公民，而是少數政要所操縱把持的少數政治。

六、政黨功用——政治上要防止暴君或獨裁政府的產生，必須政治上至少有兩種對抗的力量相互牽制制衡，才不致出現獨斷或專制政權，濫權虐民。如何形成政治上相對的力量，那就是政黨的功用。梁氏曰：「苟一國無强健實在之對抗力行乎其間，則雖有憲法而不爲用。强健正常之對抗力何自發生耶。曰，必國中常有一部份上流人士惟服從一己所信之眞理，而不肯服從强者之指命，威不可得而𠦑也，利不可得而誘也。旣以此自勵，而復以號召其朋。朋聚衆則力弸於中而申於外，遇有拂我所信者，則起而與之抗，則所謂政治上之對抗力，厥形具矣。今代立憲國家之健全政黨，其所以成立發展者恃此力也。夫旣知對抗力之可貴，則於他人之對抗力亦必尊重之。故當在野也，常對抗在朝者而不爲屈，卽其在朝也，亦不肯濫施强權以屈彼與我對抗之人。」（《飲冰室文集》之三十，政治上之對抗力）

七、兩黨政治——政治上之對抗力率指在野者力量制衡執政者力量而言。二者的力量最好相去不遠，不相上下，處於對峙制衡狀態。且以和平選擧方法計其得票的多寡，更迭在野及執政的地位。如此，執政者不致强橫濫權，且可防止在野者的革命推翻政府。如在野者力强而能推翻政府，而另無在野力量以對抗，則是以暴易暴，革命戰爭將無從止息。所以梁氏最贊成英美兩大黨對抗制衡的政治。

梁氏曰：「其革命後所演生之政象，則又視乎對抗力之發展如何，使能於革命前革命中醞釀成一種强健正常之對抗力而保持之，則緣革命之結果，專制可以永絕，而第二次革命可以永不發生。而不然者，以疇昔厭苦專制之人，一旦爲革命之成功者，則還襲其專制之跡以自恣。若此者，無論革命後仍爲君主國體或變爲民主國體，而於政象之革新，國運之進化，絲毫無與焉。其仍爲君主國體者，則易姓之君主專制也。其變爲君主國體者，則或爲少數之梟雄專制，或多數暴民之專制也。其易姓之君主專制，則中國二千餘年之史蹟也。其少數梟雄專制，則克林威爾之在英，爹亞士之在墨，與夫中南美之武人迭僭，皆是也。其多數之暴民專制，則法蘭西大革命十年間是也。其形式不同而其專制則同，其醞釀第二次革命則同。其經一兩次革命之後，漸能養成强健正當之對抗力者，則及其旣養成焉，而革命隨而絕跡，如英法是也。亦有經數次之革命，而終不能養成强健正當之對抗力者，則其國之歷史以革命相始終，如中國自秦迄清是也，如中南美諸國自共和國成立迄今皆是也。若是者，苟其國能閉關自守，則僅內亂以塗炭其民已耳。若有大敵以臨之於外，則國必且折而入於敵矣。」（《飮冰室文集》之二十，政治上之對抗力）

八、反對排滿——梁啓超在淸季屬於保皇黨，主張變法維新，君主立憲，認爲滿淸入主中國，中葉以來，全化漢俗。咸豐同治以後，政權歸入漢人手者，已十而八九，實無排滿必要，故與革命黨主張之打倒滿淸之思想，大相對立。他說：「排滿者以其爲滿人而排之乎，抑以其爲惡政府而排之乎。如以爲滿人也，且使漢人爲政，將腐化而亦神聖之也。如以其爲惡政府也，雖骨肉之親不得私，而滿不滿奚擇焉。今日之中國，其蠹國殃民者非芸芸坐食之滿人，而其大多數乃在闒姌無恥媚玆一人之漢族也。故今日當以集全國之鋒刄向於惡政府爲第一義，而排滿不過其戰術之一支線。認偏師爲正文，大不可也。今之論者或乃盜賊胡曾，而神聖洪楊，問此果爲適於論理否耶？且使今日得如胡曾者爲政府，與得如洪楊其人者爲政府，二者孰有利於救國？而論者必將倔强而曰毋寧洪楊，此吾所不敢苟同。吾中國言民族者，當於小民族主義之外，更提倡大民族主義。小民族主義者何？漢族對於國內他族是也。大民族主義者何？合國內本部屬部之諸族以對於國外之諸族是也。中國同化力之强，爲東西歷史家所同認。今關內之滿人，其能通滿文滿語者，已如鳳毛麟角，他無論矣。苟漢人可以自成國民之資格，則滿人勢不得不融而入於一爐，此則吾所敢斷言也。今所欲硏究者，則中國之能建國否，係於逐滿不逐滿乎？抑不係於逐滿不逐滿乎？實問題之主點也。自今以往，中國而亡則已，中國而不亡，則此後所以對於世界者，勢不得不合漢合滿合蒙合回合藏，組成一大民族。提全球三分之一之人類，以高掌遠蹠於五大陸之上，此有志之士所同心醉也。」（《飲冰室文集》之十三，論國民與民族之差別及其關係）

九、國家觀念——國家觀念的强弱係乎國家的盛衰。西國之强，强於其國民有强烈的國家觀念，知愛其國，衞其國，榮其國。中國之弱，弱於國家觀念的薄弱，不知愛國，衞國及爲國家爭光榮。梁氏以爲其所以致此，不外四因：一、國人只知私利獨善，不恤國事。二、只知忠君，不知愛國。三、久遭外族侵略與壓抑。四、知有天下，不知有國家（《飲冰室文集》之四，論國家思想）。

梁氏曰：「蓋吾國地勢平衍，政敎統一，與歐洲之山河綜錯，邦國分存者迥異其勢。中國人之國家思想發達甚難遠過歐洲，而二千年中遂以天下自視其國。不寧惟是，戰國紛爭，生民塗炭，學者憂之，乃立春秋一王之義以矯正其弊。及秦漢統一，列國之事跡已滅，天下之理想有據。先秦之國家思想遂隨之而絕滅。國人久受此循環與學說之薰陶，則今日不能有國家思想，又何怪焉。雖然，知有天下而不知有國家，此不過一時之謬見。其時變則其謬亦可自去。彼謬之由地理而起者，今則全球交通列國比鄰。閉關一統之勢破而安知殷憂之不足相啓也。今則新學輸入，古義調和。通變宜民之論昌，則安知王覇之不可一途也。所最難變者，則知有一己而不知有國之弊。」（《飲冰室文集》之四，論國家思想）

十、維新意義——張之洞之自强論是「中學爲體，西學爲用」，仍是以中爲本，西爲末。康有爲之變法維新，仍不肯放棄中國的君主制度，而接受西洋的民主思想。梁啓超的維新意義，固然不主張放棄中國固有文化，而完全西化；但亦反對嚴分中西界限，而拒絕西洋的制度與思想，西政之善者亦當欣然接納。梁氏曰：「政無所謂中西也。列國並立，不能無約束，於是乎有公法。土地人民需人而治，於是乎有官制。民無恒產而國不可理，於是有農政、礦政、工政、商政。逸居無教，近於禽獸，於是乎有學校。官民相處，良莠匪一，於是乎有律例。各有猜忌，各有保護，於是乎有兵政。此古今中外之所同，有國者之通義也。」（《西政叢書》序）

梁氏又曰：「中國三代以上，政事修明。歐洲近百年來之政治煥然一新。其所以立國之本末每合於公理，而不戾於吾三代聖人平天下之義。然則論維新者，又何所嫌於西政而不加采用。夫政既無所謂中西，則變法者不必辨何者爲中法，何者爲西法。惟當權衡利弊，取其善者而用之耳。吾人苟知此理，則能中西一貫，擇善而從。采西人之意，行中國之法。采西人之法，行中國之意。斷斷乎中西之辨，眞成無謂之舉矣。」（《飲冰室文集》之二，變法通議）

十一、政治進化——梁氏於光緒二十三年依《春秋》張三世之說，論君政民政相嬗之理，與其師康有爲之思想尙相契合。他說：「博矣哉春秋張三世之義也。治天下者三世。一曰多君爲政之世，二曰一君爲政之世，三曰民爲政之世。多君世之別有二：一曰酋長之世，二曰封建及世卿之世。一君世之別有二：一曰君主之世，二曰君民共主之世。民爲政之世別有二：一曰有總統之世，二曰無總統之世。多君者據亂世之政也。一君者昇平世之政者。民者太平之政也。此三世六別者，與地球始有人類以來之年限有相關之理。未及其世，不能躐之，既及其世，不能閼之。」（《飲冰室文集》之二，論君政民政相嬗之理）

光緒二十七年因梁氏在日居住日久，接受西學知識，又將政治進化，分爲四個階段。他說：「且人群進化之階級皆有一定。其第一級則人人皆棲於一小群之中，人人皆自由，無有上下尊卑之別者也。亦名爲野蠻自由時代。其第二級因與他族競爭，不得不擧群中之有智勇者以爲臨時酋長，於是所謂領袖團體出以指揮其群，久之遂成爲貴族封建之制度者也，亦名爲貴族帝政時代。其三級則競爭日烈，兼併盛行，久之遂將貴族封建一切削平而成爲郡縣一統者也；名爲君權極盛時代。其第四級則主權既定之後，人群秩序已鞏固，君主日以專制，人民日以開明。於是全群之人共起而執回政權；名爲文明自由時代。此四種時代，無論何國何族，皆循一定之天則而遞進者也。」（《飲冰室文集》之六，堯舜爲中國中央君權濫觴考）

第八十七章　國民革命的政治思想

第一節　國民革命勃興的原因

國民革命是　國父孫中山先生領導的覆清復國、建立民主共和的革命運動。國父於光緒十一年(乙酉)中法戰役後，卽有志於革命。光緒二十年創立興中會於檀香山，次年(乙未)發動廣州首次革命而失敗。仍本不屈不撓的革命精神，繼續奮鬥，歷十次的革命失敗，卒於宣統三年(西元一九一一年)歲次辛亥，武昌起義推翻滿清君主專制政府，建立中華民國。玆將國民革命勃興的重要原因擧述於次：

一、反抗滿清的壓迫——滿清以關外遊牧異族，乘明室流寇之亂，擁八旗兵入關，奪取明祚，入主中原，殘酷凶狠，明宗室及諸王被殺害者殆盡。而明之忠臣勇將在江南先後擁立福王、唐王、桂王與清兵浴血抗戰歷十六年明始全亡。鄭成功起兵據臺灣，與清兵苦戰，曾克復南京，歷三世，奉永曆正朔凡三十七年。似此反清扶明的英勇戰鬥，皆死傷慘重，不愧爲民族大義所作的壯烈犧牲。滿清詭譎無信，卽對明之降臣亦多加殺害。吳三桂、耿仲明、尙可喜三藩之反清，不爲無因。

自滿清入主中原，明之舊臣、故吏、志士、義民蜂起抗清，高擧義旗，揭反清復明之宗旨，波濤洶湧，風起雲擁，彼起此升，繼續不斷，如雨後春筍，叢生群長，前仆後繼，再接再厲，烽火遍野，義旗蔽日，抗清義擧，遍及大江南北，西至四川，北及山西，南至廣東，事件頻繁，不可勝計。義擧盛事歷十六年之久，始被清以兇猛武力，毒狠殺戮，而告平息。殉國死難者，白骨堆山，血流成河，人數殆逾百萬。

明末江河流域，連年荒災，盜賊猖獗，於是居民多築寨堡，購兵器，練武術，以備防盜禦匪之用。迨滿清竊國，寨堡組織予以擴大，加强聯繫，悲國土之淪喪，恨異族之侵略，遂奮舉旗，抗清保明。這種義勇之兵，自浙東以至川西，自嶺南達於河北，幾無處不有，尤以大江南北及浙江爲最盛，英勇抗清兵，以寡敵衆，以弱禦强，前仆後繼，死亡枕藉，難計其數。卒被清兵鐵蹄壓平。恢復故國之壯志雖告失敗，但爲清季的國民革命播下種籽，並非平白犧牲，而實有助於民族革命的成功。

滿清爲要改變我國流行三、四千年的蓄髮結髻的古老風俗，下薙髮令，强迫我國人屈從其剃髮一周留長辮垂背後的陋習。國人爲維護長久的傳統風俗，並保持我民族尊嚴，那肯輕易從令。於是各地掀起驚心動魄的拒薙髮抗滿清的義烈運動，清兵壓制，發生戰鬥。抗清運動地區甚廣。江浙有嘉興、吳江、嘉定、江陰、松江、舟山、四明山、揚州等地。皖鄂有徽州、皖岩、鄂岩等地。江西有廣信、贛州、南昌等地。孤城抗清，單軍作戰，後援不濟，焉能抵禦兇狠殘忍的清兵，自然流於失敗，義勇被殘殺，不計其數。情況最爲慘痛者，則是「揚州十日」、「嘉定三屠」。忠魂寃鬼雖沉寃於九泉，然正氣凛然，永垂典型，名標清史。

滿清以兇猛兵力屠殺忠勇義民，尙以爲不足，乃不斷興文字之寃獄，以刑罰迫害我懷有反清復明思想的仁人志士，要從根本上消滅我嚴夷夏之防的民族精神。順治時有莊廷鑨《明史》文字獄，康熙時有戴名世《南山集》文字獄，雍正時有呂留良《維止錄》文字獄，乾隆時有胡中藻《堅磨生詩鈔》文字獄。每案皆廣事株連，殺人衆多。滿淸又開博學鴻詞科及科擧取士之制，以利祿引誘知識分子入彀，使爲俯首貼耳之奴僕，淡化其民族意識。

淸代康乾時，國勢最盛，兵力最强，在妄殺寃懲的高壓政策下，人民難以作公開反淸復明運動；上層的知識分子的民族意識亦因以低落。於中下層的愛國志士，乃潛入基層組織秘密會黨暗中作反淸復國的活動。這種秘密會黨散佈甚廣，在珠江流域者爲洪門會、三合會或洪門三合會，在長江流域者爲哥老會。宣宗道光末年，鴉片戰爭失敗。滿淸的衰僘，暴露無遺，粵中會黨於是有起事之志，洪秀全乃能得三合會之助而興兵，建太平軍，立太平天國，戰亂十五年，揭滅淸復國之旨，申民族大義之志。足見我民族意識勃然興起。

太平天國雖失敗，反淸革命情緒，日益滋長。國父孫先生深恨滿淸對我國民大肆屠殺，無理懲罰，箝制思想，嚴加歧視，待遇不平，視如奴僕，强橫壓迫二百六十餘年。民族深仇，不可不報，神明華胄，必須翻身，乃攘臂奮起，領導國民革命，高擧打倒滿淸專制君主政府，創建中華民主共和國家的義旗，歷十一次艱險革命戰役，卒告成功。國父革命之初卽得會黨之助。鄭士良客家人（國父亦客家）自少投入洪門三合會甚得衆心，國父與之結納，加入革命陣營，使之指揮第一次廣州革命。

二、挽救國家的危亡——淸代以乾隆時代達於强盛高峯。高宗好大喜功，十持十次勝利戰爭，國庫消耗至鉅，兵力亦死傷甚衆，遂啓盛極必衰之危機。仁宗嘉慶，雖節儉持躬，但戰亂迭起，川鄂等地有白蓮敎之亂，京畿、河南有天理敎、八卦敎之亂，粵、閩、江、浙沿海有艇盜之亂。宣宗道光之世，內有天山回部之叛，湖南有猺民之亂，而外國商船雲集廣州、舟山、寧波、天津，强行對我貿易，英人爲傾銷毒品鴉片，引起中英鴉片戰爭，我「天朝上國」竟被蠻夷之英國打敗，訂城下之盟，割地賠款，喪權辱國。滿清政府之腐敗無能，遂揭露於世。

文宗咸豐在位十一年，全值太平天國之亂。七年英法聯軍攻破廣州，兩廣總督葉名琛被俘送印度處死。九年攻佔大沽口，破天津，次年進攻北京，焚圓明園，文宗逃熱河避難。屈膝媾和，損失慘重。光緒十年中法戰爭起，中國南洋艦隊被擊毀，攻臺灣，佔澎湖與基隆，訂和約，失安南。光緒二十年中日甲午戰爭爆發，結果，中國的陸軍潰敗於平壤，多年苦心經營的海軍在黃海全軍覆沒。訂和約（馬關條約）割臺灣、澎湖及遼東半島，承認朝鮮獨立，賠款兩萬萬兩，增開沙市、重慶、蘇州、杭州爲商埠，允日輪船駛至重慶。損失慘重，空前未有。接着俄國依中俄密約，佔據旅順、大連，德國亦進兵膠州灣。國勢岌岌可危，列强瓜分之厄，迫在眉睫。

滿清對外作戰屢戰屢敗，喪權辱國，割地賠款，國恥累積，國亡無日。滿清昏瞶庸愚，腐敗無能，腆不知恥，不但不肯變法維新，奮發圖强，反而對漢族益加歧視與仇視，竟說：「華人比如牧場之水草，寧與之同爲齏粉而貽利於外人，終不令我所咀嚼者還抗於我。……況東事亟時，決不肯假民以自爲戰守之權。且曰，寧爲懷、愍、徽、欽而決不令漢人得志。固明宣之語言，華人寧不聞之耶？」（譚嗣同《仁學》下篇）這卽是衆人所熟知的「寧贈朋友，不與家奴」的謬論。　國父目覩國難，深悲時難，徹識非革命不足以挽救國家的危亡，乃挺身而起，登高疾呼，倡導國民革命，力圖覆滿復國。這是國民革命勃興的一大原因。

三、改革維新的無望——穆宗同治三年太平天國之亂敉平，清廷推行自强運動，設造船廠製兵艦，建機器製造廠，造機器，設兵工廠製大礮，立武備學堂，興建海軍。……一片新氣象，號稱中興。所謂「師夷長技以制夷」。這種「不揣其本而齊其末」的自強運動效果不彰，自在意中。所以康有為自光緒十三年起便再次上疏請求變法維新，以為祇學西人物質文明的末節，而不採其促致富強根本動力的政教法制，必難濟事，遂主張變法，行君主立憲，而滿清卒不之行。此時 國父對之尚存有一線的改革希望，於是「予乃與陸皓東北游京津，以窺清廷虛實」時，乘便「上李鴻章書」，提出「人盡其才，地盡其利，物盡其用，貨暢其流」，此殆恢宏士、農、工、商四民基業，以民為本的一貫的改革思想。而李不納， 國父以為改革無望，非出於革命一途，不能挽救國家危亡。 國父亦曾說「革命是不得已而為之事」(三民主義與中國民族之前途)可見其革命的苦心孤詣，猶如武王一怒而安天下之民。

第二節　興中會時期的革命思想

一、興中會成立宣言—— 國父於光緒二十年(西元一八九四年)至京津考察清廷虛實後，深信非革命不能救中國危亡，乃於次年(光緒廿一年)正月成立興中會於香港；九月發動廣州第一次起義。失敗後偕鄭士良、陳少白至檀香山號召同志擴大組織。冬十月興中會成立於檀香山。發表成立宣言，曰：「中國積弱非一日矣。上則因循苟且，粉飾虛張；下則蒙昧無知，鮮能遠慮。近之辱國傷師，強藩壓境。堂堂華夏，不齒於鄰邦；衣物冠裳，被輕於異族。有志之士，能無撫膺？夫以四百兆蒼生之衆，數萬里土地之饒，固可奮發為雄，無敵於天下；乃以庸奴誤國，荼毒蒼生，一蹶不興，如斯之極！方今強鄰環列，虎視鷹瞵，久垂涎於中華五金之富，物產之饒。蠶食鯨吞，已效尤於接踵；瓜分豆剖，實堪慮於目前。

有心人能不禁大聲疾呼，亟拯斯民於水火，切扶大厦之將傾！用特集志士以興中國，協賢豪而共濟，抒此時艱，奠我中夏。勉諸同志，盍自勉旃。謹訂章程，臚列如左：一、宗旨宜明也。本會之設，專爲聯絡中外有志華人，講求富强之學，以振興中華，維持國體起見。……故特聯絡四方賢才志士，切實講求當今富國强兵之學，化民成俗之經，力爲推廣，曉喻愚蒙，務使舉國之人，皆能通曉。聯愚智爲一心，合遐邇爲一德，群策群力，投大遺艱，則中國雖危，庶可挽救。所謂民爲邦本，本固邦寧也。二、志向宜定也。本會擬辦之事，務須利國益民者方能行之。如設報館以開風氣，立學校以育人才，興大利以厚民生，除積弊以培國脈等事，皆當唯力是視，逐漸推行，以期上匡國家以臻隆治，下維黎庶以絕苛殘。三、人員宜得也。本會按年公舉辦理人員一次，務擇品學兼優才能通達者，推一人爲總辦，一人爲協辦，一人爲管庫，一人爲華文文案，一人爲洋文文案，十人爲董事以司會中事務。四、交友宜擇也。本會收接會友，務要由會員二人薦引，經董事會察其心地光明，確具忠義，有心愛戴中國，肯爲其父母邦竭力，維持中國以臻强盛之地，然後由董事會帶之入會。五、支會宜廣也。四方有志之士，皆可依照章程，隨處自行立會。六、人才宜集也。本會需才孔亟，會友散處各地，自當隨時隨地，物色賢材。七、款項宜籌也。本會需款浩繁，故特設銀會以集鉅資用濟公家之急。八、公所宜設也。各地支會，當設一公所，爲會員辦公之處。」

觀此宣言，措詞和平，未敢明言逐滿虜，倒君主。因當時風氣未開，若立論過激烈，衆將裹足不前。與中會初立，入會者並不踴躍，後得洪門會黃三德之助，聲勢始大振。

二、陸皓東的革命供詞——陸皓東名中桂，字皓東，廣東香山人，與　國父同里，性聰穎毅勇，眞摯懇直，以外患日亟，欲治其標； 國父則主清政必覆，思治其本。連日辯論，革命之志始定。光緒二十年夏與 國父同遊京津，窺清廷虛實。甲午戰敗，人心憤激，亟欲採取革命行動，乃於光緒二十一年正月成立興中會於香港，與 國父定謀襲取廣州，定九月重陽節發難，事洩，皓東等人被捕，解交南海縣受審，皓東慷慨陳詞，力指異族政府專制無能，官吏貪汚庸儒，喪權辱國，非革命無以挽救危亡。

供詞曰：「吾姓陸，名中桂，號皓東，香山翠微鄉人，年二十九歲，向居外國，今始返粤。與同鄉孫文同憤異族政府之腐敗專制，官吏之貪汚庸懦，外人之陰謀窺伺。憑弔中原，荊榛滿目，每一念及，眞不知涕之何從也。居滬多年，碌碌無所就，乃由滬返粤，恰遇孫君。客寓過訪，遠別故人，風雨連床，暢談竟夕。吾方以外患之日迫，欲治其標，孫則主張滿仇之必報，思治其本。連日辯駁，宗旨遂定。此爲孫君與吾倡行排滿之始。蓋務求驚醒黃魂，光復漢族。無奈貪官汚吏，劣紳腐儒，靦顏鮮恥，甘心事仇，不曰本朝深仁厚澤，卽曰我輩食毛踐土。詎知滿洲以建州賊種，入主中國，奪我土地，殺我祖宗，擄我子女玉帛。試思誰食誰之毛，誰踐誰之土。揚州十日，嘉定三屠，與夫兩主入粤，殘殺我漢人之歷史尤多，聞而知之，而謂此爲恩澤乎。要知今日非廢滅滿清，決不足以光復漢族，非誅除漢奸，又不足以廢滅滿清。故吾等尤欲誅一二狗官，以爲我漢人當頭一棒，今事雖不成，此心甚慰。但一我可殺，而繼我而起者不可盡殺。吾言盡矣，請速行刑。」（《開國五十年文獻》第一編，第九册，頁五五〇）

陸皓東是爲中國國民革命而犧牲之第一人。論曰：「革命黨以少擊衆，以弱摧强。所賴以寒敵人之膽者，先聲奪人耳。威武不能屈，刀鋸鼎鑊置於前而不變色，亦賴有革命正氣耳。無此氣不足以壯山河，無此氣不足以張革命。讀陸供詞，詞嚴義正，尤有從容就義之大度。所謂氣壯山河，洵不虛也。自

陸皓東始，至黃花崗烈士而愈光大，辛亥清廷之覆，亦賴此氣覆之也。」（《清史》卷五四九，頁六二二八）

三、史堅如的革命思想——史堅如初名久緯，字經如，後改堅如，廣東番禺縣人，七歲而孤，先習章句，輒不屑，後讀六經，又以其無用而棄之，乃讀史，究經世之學，尤喜研西學，甲午戰敗，知非廢帝政無以救國。在澳門與日人原口聞一遊，得識陳少白，入興中會。原口熱心中國革命，邀堅如至日本訪國父，抵掌論國事，經旬，慷慨相期許而別。旣歸，益銳意圖大事，嘗與同志微行山澤，聯絡會黨。庚子，義和團事起，堅如以爲有機可乘，乃與粤中黨人議起事。堅如以洪、楊蹴踏半中國，成敗誠不足道。謂用兵次第，宜先取廣州，鼓行湘鄂，直搗幽燕，別約鄭士良以偏師出循州，從間道來會，腹背夾擊，此必勝之道，黨衆願部署，而資用不足。堅如乃返里售田產得資以濟之。鄭士良出義師受阻，堅如又以廣州大舉事難猝集，乃改行暗殺，聲援在惠州之鄭師，乃購炸藥二百磅，掘一地道，通至廣東巡撫兼總督滿人德壽府。炸藥依時爆炸，但未傷及德壽。堅如大疑，竟乘輿至炸處視察，一擊不中，擬走香港，謀再舉事，不幸被巡邏者所捕。清吏欲藉以興大獄，嚴刑逼供同謀者。堅如傲視自若，悉不承招，卒被害，時年僅二十二。論曰：「昔太史公作刺客列傳，謂自曹沫至荊軻五人。此其義或成或不成，然其意較然，不欺其志，名垂後世，豈妄也哉。惟軻等大多重私恩，逞意氣，舍性命以圖一報，固無與天下之公義也。以天下公義者，實自革命黨人始。堅如之轟擊德壽，乃爲中國，猶勝博浪一擊之爲韓。太史公以爲張良魁梧奇偉，而乃如婦人好女，吾於堅如一然。」（《清史》卷五四九）

史堅如平素所爲之革命言論，可得而舉述者，有下列諸端：㈠史氏讀史每至權奸橫行，輒拍桌叫罵，大有恨不能手刄奸邪之慨，而對於荊軻、聶政等壯士的行爲，則尤稱羡。蓋君爲民立，職在保民、養民，今而專制暴君不能保民、養民，反而害民、虐民。撫我則后，虐我則仇。國之公仇，人人可得而誅之。㈡甲午戰爭，偌大中國，竟被蕞爾小島的日本大敗，不得不割地賠款以求和，國人莫不受到重大刺激，引爲國恥。堅如那時才十六歲，聽到這消息，極爲憤慨，痛恨滿清政府庸弱無能，官吏腐敗不盡職。憤然曰：「大厦覆矣，孰尸其咎？某血性男子，乃肯戴民賊以取僇乎？吾將行吾志矣。」又說：「今日中國，正如千年破屋，敗壞不可收拾，非盡毀而更新之不爲功。」當時一般守舊之人，聽此論調，皆目之爲瘋狂，不敢與之接近。其兄古愚，恐其惹禍，累及老母，勸勿發激烈言論。堅如曰：「多言固是賈禍，但國家危辱如此，雖生世上，有何益乎。」㈢堅如與人討論時局，恒憤形於色，立志欲爲世界第一等人。一日，友人與論君臣大義，堅如正色曰：「民主爲天下公理，君主專制必不能治，卽治亦不足訓。世之言變法者，粉飾支離，補苴罅漏，庸有濟乎？」㈣光緒二十四年，德宗依康有爲等的建議，有「戊戌變法」之舉，廢科擧、立學校、清吏治、用新人、辦官報等新政。但此項變法維新運動被慈禧太后那拉氏一手推翻，恢復舊狀，維新派鉅子或被殺或逃亡。堅如聞此消息，奔跑返家，憤然語其兄古愚曰：「天下壞矣，此老婦眞可殺。」（各項皆見《開國五十年文獻》第一編，第九冊，頁六二二及六一四）

四、鄒容的革命思想——鄒容原名紹陶，字蔚丹，四川巴縣人，少慧敏，不覊拘，易侮謾人，以是頗不理於人口，乃更名容，父以科甲期之，容不願。與人言，嘗非堯舜，薄周孔，無所避，曾從日人習和文。容性嫉惡如仇，又不戒於口。川督遣學生二十餘人留學日本，容預選赴日。在日以學生監督姚文甫有姦私事，留學生集會欲懲罰之。容與五人破門入其邸，持剪強斷其髮辮。姚訴於清公使蔡鈞，蔡照會日本外務部向同文書院索容，容不避，友人強之歸。容在上海與章炳麟同辦愛國學社。容嫉異族如仇，乃著《革命軍》一書，倡革命以排滿。章炳麟時在滬辦蘇報，爲文表彰之。章與容同被捕，二人在獄同論佛說經。容在獄憤激不平，卒發病，病四十日，卒於獄，年二十一。論曰：「蜀多奇士，其爲民國革命而壯烈成仁者，前有鄒容，後有喻培倫。至廣開風氣之偉績，尤無人能與鄒容比。當同盟會未建，民報未刊，革命大義尚未爲共曉，而容首以革命軍揭櫫民族革命、民權革命之義理，以討虜廷，使天下人共知，其影響大矣。至蘇報之獄，清帝以國家元首之尊，而與平民爭訟於租界公廨，其權威亦掃地盡矣。容死，名益彰，《革命軍》之流傳亦愈廣。昔容居鄉，自幼嫉惡如仇，直言如矢，人幾目爲輕薄子，又誰知其爲天地正氣所鍾耶。嗚呼，中國士大夫久爲專制淫威所柔輭，剛勁豪烈之氣，消磨盡矣。相率以阿世，相率以媚權，則革命尚可爲耶。使無容至大至剛之氣，又烏乎成容之烈。」（《清史》卷五四九）

《革命軍》一書作於光緒二十九年，凡七章，計約二萬言，全書雖側重於民族革命，但同時亦論及政治革命。章炳麟爲之作序曰：「同族相代，謂之革命。異族攘竊，謂之滅亡。改制同族，謂之革命。驅除異族，謂之光復。今中國既滅亡於逆胡，所當謀者光復也，非革命云爾。容之署斯名，何哉。諒以其規畫者，不僅僅驅除異族而已。雖政教學術，禮俗材性，猶有當革者也。故大言之曰革命。」（《革命軍》全文，載《中國學術名著今釋今譯》，西南書局，頁四六八—五一八）茲將其重要內容擧述如次：

1.革命宗旨——鄒氏於本書第一章緒論，擧述革命之宗旨曰：「掃除數千年種種之專制政體，脫去數千年之奴隸性質，誅絕五百萬有奇披毛戴角之滿洲種，洗盡二百六十年殘慘虐酷之大恥辱，使中國大陸成乾淨土，黃帝子孫皆華盛頓，則能起死回生，還命返魂，出十八層地獄，昇三十三天，鬱鬱勃勃，莽莽蒼蒼，至尊極高，獨一無二，偉大絕倫之一目的曰革命。」觀於此，則知鄒氏的偉大革命宗旨不祇在驅除滿洲異族，更要掃除專制政體及在專制政體下養成的奴隸性，更要拯人民於水深火熱之中，置之於衽席之安，磐石之固，成立頂天立地，至尊極高，獨一無二的偉大國家與人民。

2.革命手段——這一偉大的革命宗旨與目的的達成，並非易事，必須運用有效的革命手段方能成功。革命手段有二：一爲直接行動，驅除滿洲異族。一爲革命教育，改造國民性格，推行政治建設。鄒氏擧述的革命手段，有五大條目，內容如下：⑴推倒滿洲人所立北京之野蠻政府，⑵驅逐住中國之滿洲人或殺之以報仇，⑶誅殺滿洲人所立之皇帝，以儆萬世，不復有專制之君主，⑷敵對干預我中國革命獨立之外國人及中國人，⑸建立中央政府爲全國辦事之總機關（《革命軍》第六章）。鄒氏又曰：「夫革命所以必須排滿者，非故爲殘刻也。彼滿洲人以漠北異族，入據神州，凌虐漢族，種種不平，昔日彼視我如草芥，今我視之爲寇仇，咎由自取，又何疑乎殘刻乎？」（《革命軍》第二章）

3.革命種類——鄒氏曰：「有野蠻之革命，有文明之革命。野蠻之革命，有破壞，無建設，橫暴恣狙，適足以造成恐怖之時代，如庚子之義和團，意大利之加波拿里，徒爲國民增禍亂。文明之革命，有破壞，有建設，爲建設而破壞，爲國民購自由平等獨立自主之一切權利，爲國民增幸福。欲大建設，必先大破壞，欲大破壞，必先大建設，此千古之定論。吾儕今日所行之革命，爲建設而破壞之革命也。雖然，欲行破壞，必先有以建設之。善夫！意大利建國豪傑瑪志尼之言曰，『革命與敎育並行。』吾於是鳴於我同胞前曰：『革命之敎育，更譯之曰，革命之前，須有教育，革命之後，須有教育。』」（《革命軍》第三章）

4.驅滿雪恥——滿族非黃帝之裔，以異族入主中國，凌虐漢族，兵力屠殺，刑罰誅戮，高壓恐怖，殘忍萬分。奪我子女玉帛，橫徵暴斂，敲脛擊髓，無所不用其極。堂堂漢族，受制於夷狄，含寃茹痛，而不知反抗，實爲我漢族之奇恥大辱。今又招致列强，鯨呑蠶食，瓜分豆剖，將陷我於萬刼不復之地。處此生死存亡，千鈞一髮之際，凡我同胞須一致挺身奮起，高揭義旗，驅除萬惡滿族，雪此深仇奇辱，恢復我漢族之尊嚴、光榮與地位。鄒容曰：「昔之禹貢九州，今日之十八省，是非我皇漢民族嫡親同胞，生於斯，長於斯，聚國族於斯之地乎？黃帝之子孫，神明之胄裔，是非我皇漢民族嫡親同胞之名譽乎？中國華夏，蠻夷戎狄，是非我皇漢民族嫡親同胞區分人種之大經乎？滿洲人與我不通婚姻，我猶是淸淸白白黃帝之子孫也。夫人之於家庭則莫不相親相愛，對異姓則不然，有感情故耳。我同胞豈忍見此莫大之奇辱，而無一毫感情動於中耶？愛爾蘭隸於英，以人種稍異故，數與英人爭，卒得其自治而復已。諺曰『非我族類，其心必異』，又曰『狼子野心，是乃狼也』，我同胞其三復斯言！我同胞其有志跳身大海洋中，涌大海洋之水，以洗潔我同胞羞祖辱宗男盜女娼之大恥大辱乎？」（《革命軍》第四章）

5. 除去奴性——中國二千餘年受專制君主的統治，採高壓政策控制人民，使之無力反抗；用暴虐手段桎梏人體，使之受屈忍痛。更以名利爵祿餌誘知識分子入彀，養成其依賴諂媚的婢妾性，唯唯諾諾的奴才性，俯首貼耳的順從性。對一般人民則用刀鋸鼎鑊、兵力刑罰肆行屠殺誅戮，使之懾服淫威暴力之下，養成其畏懼退縮心理及忍痛服從的屈辱性。因之，皇漢民族剛毅豪傑之英氣，消磨殆盡；自强獨立的精神，爲之掃地。奴隸性成，所以曾國藩、左宗棠、李鴻章以讀書明理之人，竟爲虎作倀，助紂爲虐，勦滅代表我皇漢民族正氣的太平天國。今日而言國民革命，必先消除民國的奴隸性方能成功。鄒氏曰：「吾先以一言喚起我同胞曰，吾願吾同胞萬衆一心，肢體努力，拔去奴隸之根性以進爲中國之國民。

法人革命前之奴隸，卒收革命之成功；美國獨立前之奴隸，卒脫英人之制縛；此無他，能自認爲國民耳。吾故曰，革性必先去奴隸之根性。非然者，天演如是，物競如是，有國民之國，群起染指於我中土，我同胞其將由今日之奴隸以進爲數重奴隸，由數重奴隸而猿猴，而野豕，而蚌介，而荒荒大陸，絕無人烟之沙漠也。」（《革命軍》第五章）

6.革命建設——革命有破壞，有建設。破壞在打倒滿清專制政府。建設在建立中國共和國。鄒容曰：「自格致學日明，而天子神授爲皇帝之邪說可滅。自世界文明日開，而專制政體一人奄有天下之制可倒。自人智日聰明，而人人皆得有天賦之權利可享。今日，我皇漢人民永脫滿洲之羈絆，盡復所失之權利，而介於地球强國之間。蓋欲全我天賦平等自由之位置，不得不革命而保我獨立之權。嗟我小子，無學頑陋，不足以言革命獨立之大義，兢兢業業，謹模擬美國革命獨立之大義，約爲數事，以備采行焉。如左：一、定名中華共和國。一、中華共和國爲自由獨立之國。一、自由獨立中國所有宣戰議和訂盟通商及一切獨立國應爲之事，俱有十分權利與各大國平等。一、立憲法，悉照美國憲法，參照中國性質訂立。一、自治之法律，悉照美國自治法律。一、凡關全體個人之事及交涉之事，及設官分職國家上之事，悉準美國辦理。」（《革命軍》第六章）

五、章炳麟駁康有爲書——章炳麟浙江餘姚人，字太炎，博通經史，精研國學，堪稱大師，亦富有民族思想及革命精神。於光緒二十八年在上海與蔡元培組愛國學社，後加入中國同盟會。光緒二十九年（西元一九〇三年）主蘇報筆政，發表鄒容之《革命軍》及自己之《訄書》，均爲革命重要文獻。其時，康有爲發表「最近政見書」，排斥革命仇滿之論，不遺餘力，章氏乃爲文極力駁斥之（書之全文，載前揭書，頁四二五—四三九）。玆將其要旨，擧述如次：

1.油滑圓渾——章氏首先指出康乃油滑圓渾之徒，作妄言以諂滿人，可悲可恥。章氏曰：「長素（有爲字）足下：讀與北美洲諸華商書，謂中國只可立憲，不能革命，援引古今，灑灑萬言。嗚呼長素，何樂而爲是邪？熱中於復辟以後之賜環，而先爲齟齬不了之語，以聳東胡群獸之聽，冀萬一可以解免，非致書商人，致書於滿人也。夫以一時之富貴，冒萬億不韙而不辭，舞詞弄札，眩惑天下，使賤儒元惡爲之則已矣。尊稱聖人，自謂教主，而猶爲是妄言。在己則脂韋突梯以佞滿人而已；而天下之受其蠱惑者，乃較之出於賤儒元惡之口尤爲甚。吾可無一言以是正之乎？」

2.滿非同種——康有爲以牽强附會之辭，稱滿清於古爲肅愼，乃黃帝之裔，滿漢同種，不可排滿仇滿。章氏駁之曰：「民族主義自太古原人之世，其根性固已潛在，迨至今日，乃始發達，此生民之良知本能也。長素亦知種族之必不可破，於是依違遷就以成其說，援引匈奴列傳，以爲上系淳維，出自禹後。夫滿洲種族是曰東胡，西方謂之通古斯族，固與匈奴殊類。雖以匈奴言之，彼既大去華夏，永滯不毛，言語政教，飯食居處，一切自異於域內，猶得謂之同種也邪!?」

3.滿未漢化——康有爲以滿淸既以尊孔，奉行儒術，早已漢化，不可仇之排之。章氏駁曰：「長素以氐、羌、鮮卑等族，以至元魏所改九十六姓，大江以南，駱、越、閩、廣，今皆與中夏相雜，恐無從檢閱族譜而攘除之。不知駱、越、閩、廣，皆歸化漢人而非凌制漢人者也。五胡、代北，始嘗宰制中國，逮乎隋、唐統一，漢族自主，則亦著土傅籍，同爲編氓，未嘗自別一族以與漢人相抗，是則同於醇化而已。日本定法，夙有蕃別，歐美近制，亦許歸化。此皆以己族爲主人而使彼受吾統治，故一切無可異視。今彼滿洲者，其爲歸化漢人乎？其爲陵制漢人乎？堂子妖神，非郊丘之敎，辮髮瓔珞，非弁冕之服，清書國語，非斯邈之文；徒以尊事孔子，奉行儒術，崇飾觀聽，斯乃不得已而爲之，而卽以使其南面之術，愚民之計。若言同種，則非使滿人爲漢族，乃適使漢人爲滿族也。」

4.甘爲奴隸——章氏以爲康氏雖不承認爲滿清奴隸，但他貪求富貴，摧挫革命，實是甘爲奴隸。章氏曰：夫長素所以不伋（認）奴隸，力主立憲以摧革命之萌芽者，徒固終日屈心忍志以處奴隸之地者爾。欲言立憲，不得不以皇帝爲聖明，奉其詔旨有云「一夫失職自以爲罪者，而謂『亟亟欲開議院』，使國民咸操選舉之權以公天下，其仁如天，其公如地，視天位如敝屣，然後可以言皇帝復辟，而憲政必無不行之慮」，則吾向者爲正仇滿論，旣駁之矣。

5.投機變法——康有爲嘗自矜詡，以戊戌變法爲其一大政績。而章炳麟斥之爲投機行爲，意在邀寵獵官而已。章氏曰：「蓋自乙未以後，彼聖主所長慮卻顧，坐席不暖者，獨太后之廢置我耳。憂慮內結，智計外發，知非變法，無以交通外人，得其歡心；非交通外人得其歡心，無以挾持重勢而排沮太后之權力。載湉小醜，未辨菽麥，鋌而走險，固不爲滿洲全部計。長素乘之，投間抵隙，其言獲用，故戊戌百日之政，足以書於盤盂，列於鐘鼎，其迹則公，其心則只以保我權位也。曩令制度未定，太后夭殂，南面聽治，知天下之莫予毒，則所謂新政者，亦任其遷延隳壞而已。非直隳壞，長素所謂拿破崙第三新爲民主，力行利民，已而夜宴伏兵，擒議員百數及知名千數盡置於獄者，又將見諸今日。何也？滿漢兩族固莫能兩大也。」

6.不言天命——康有爲曰：「幽居而不失位，西幸而不被弑，是有天命存焉。」章氏駁之曰：「嗚呼！

王莽漸臺之語曰『天生德於予，漢兵豈如予何！』今之載湉，何幸有長素以代爲王莽也。必若圖錄有徵，符命可信，則吾亦嘗讀緯書矣。緯書尙繁，中庸一篇固爲贊聖之頌，往時魏源、宋翔鳳皆嘗附之三統三世，謂可以前知未來，雖長素亦竺信者也。然而中庸以『天命』始，以『上天之載無聲無臭』終。『天命』者，滿洲建元之始也；『上天之載』者，載湉爲滿洲末造之亡君也。此則建夷之運終於光緒，奴兒哈赤之祚盡於二百六十八年，語雖無稽，其彰明較著，不猶愈於長素之談天命乎？」

7. 立憲匪易——康有爲以立憲易，革命難。章氏駁之曰：「今以革命比之立憲，革命猶易，立憲猶難。何者？立憲之擧，自上言之，則不獨專恃一人之才略，而兼恃萬姓之合意，自下言之，則不獨專恃萬姓之合意，而兼恃一人之才略，人我相待，所倚賴者爲多。而革命則旣有其合意矣，所不敢證明者，其才略矣。然則立憲有二難，而革命獨有一難，均之難也，難易相較，則無寧取其少難，而差易者也。」

8. 勢須革命——康有爲以爲「中國今日之人心，公理未明，舊俗俱在，革命以後，必將日尋干戈，偸生不暇，何能變法救民，整頓內治！」夫公理未明舊俗俱在之民，不可革命而獨可立憲，此又何也？豈有立憲之世，一人獨聖於上而天下皆生番野蠻者哉？雖然，以此譏長素，則爲反唇相稽，校軫無已，吾曰不可立憲，長素猶曰不可革命也。則應之曰，人心之智慧，自競爭而後發生，今日之民智，不必恃他事以開之，而但恃革命以開之。且勿擧華、拿二聖而擧明末之李自成。李自成者，迫於饑寒，揭竿而起，固無革命觀念，尙非今日廣西會黨之儕也。然自聲勢稍增而革命之念起。革命之念起，而勦兵救民賑饑濟困之事興。豈李自成生而有是志哉？競爭旣久，知此事之不可已也。雖然，在李自成之世，則賑饑濟困爲不可已，在今之世，則合衆共和爲不可已。是故賑饑濟困結人心者，事成之後，或爲梟雄；以合衆共和以結人心者，事成之後，必爲民主。民主之興，實由時勢迫之，則知掃淸滅洋也。」

六、陳天華的革命思想——陳天華號星臺，湖南新化人，慷慨好義，少有才華，識民族大義。光緒二十九年（西元一九〇三年）留學日本。是年夏，鄒容、章炳麟因蘇報案同下獄。冬，天華返湘，與宋教仁、黃興等組華興會於長沙，謀革命，以通俗之筆寫《猛回頭》、《警世鐘》宣傳書册，散布長江流域軍中，雖販夫走卒，莫不聞風興起，較之鄒容之《革命軍》，章炳麟「駁康有爲書」，尤爲平易動人。光緒三十年（一九〇四年）與黃興、劉揆一等謀起義事洩，走避日本。次年（一九〇五年）加入中國同盟會，任民報撰述員。民報發行未一月，日文部省徇淸使之請，頒取締留學生條例。天華悲憤不能自已，乃草絕命書萬言，自投海死，年三十一。論曰：「人莫不愛生而惡死，自殺者且謚爲懦夫。夫匹夫匹婦之自縊於溝壑，烏足道哉。至激於仁，或迫於義，有不得不死者，亦豈可常情論哉。天華之死，豈爲己哉!?讀其遺書，蓋欲以喚醒留東學生，蓋欲以喚醒國人。」（《淸史》卷五四九）

陳天華的三種著作《警世鐘》、《猛回頭》（全文見《開國五十年文獻》第一編，第十六册，頁一四三—一九五）及《絕命書》（全文見《革命詩文選》上册，頁三五四—三六〇）的主旨均不外抗洋人、反滿淸、起革命、救中國及行民主。玆將三書之要點分別擧述如次：

1.警世鐘——「洋人來了，大家都不好了。我們同胞辛苦所積的銀錢產業，一齊被洋人奪去了。恨的是滿淸政府不早變法自强。恨的是曾國藩只替滿人殺同胞，不爲中國爭權利。眞呀，中國要瓜分了。恥呀，堂堂中國，自古稱爲天朝麼?爲什麼到今日，頭等國降爲第四等國呀!殺呀!殺我累世的同仇，殺我新來的大敵，殺我媚外的漢奸。聽着！捨死向前去，莫愁敵不住，千斤擔子肩上擔，打救同胞出水火，方算大英雄，大豪傑。」

又有十個須知。第一、須知瓜分之禍，不但是亡國，一定還滅種。第二、須知滿清殺害我漢人千千萬萬，再亦不能忍受。第三、須知救中國，只有死死苦戰，才能救中國。第四、須知今日多死幾人，以後方能多救幾人。第五、須知種族二字，最要認得明白，分得清楚。第六、須知國家是人人有份的，萬不可絲毫不管，隨他怎樣的。第七、須知要拒外人，須要先學外人的長處。第八、須知要想自强，當先去掉自己的短處。第九、須知用文明排外，不可用野蠻排外。第十、須知這排外事業，無有了時。

又有十奉勸。第一、奉勸做官的人要盡忠報國。第二、奉勸當兵的人，要捨生取義。第三、奉勸世家貴族，毁家紓難。第四、奉勸讀書士子，明是會說，必要會行。第五、勸富的捨錢。第六、勸窮的捨命。第七、勸新舊兩黨各除意見。第八、勸江湖朋友改變方針。第九、勸教民常以愛國爲主。第十、勸婦女必定也要想救國。

2. 猛回頭——書中舉列八怕、十要、四要學及四莫學。八怕曰：怕只怕，學印度，廣土不保。怕只怕，學安南，中興無望。怕只怕，學波蘭，飄零異域。怕只怕，做猶太，沒有家鄉。怕只怕，做非洲，永爲牛馬。怕只怕，做南洋，服事犬羊。怕只怕，做澳洲，要把種滅。怕只怕，做苗傜，日見消亡。

第一要除黨見，同心同德。第二要講公德，有條有綱。第三要重武備，能戰能守。第四要務實業，可富可强。第五要興學堂，教育普及。第六要立演說，思想徧揚。第七要興女學，培植根本。第八要禁纏足，敝俗矯匡。第九要把洋煙，一點不吃。第十要凡社會，概爲改良。

四要學：一、要學那法蘭西，改革弊政。二、要學那德意志，報復凶狂。三、要學那美利堅，離英自立。四、要學那意大利，獨自稱強。四莫學：一、莫學那張弘範，引元入宋。二、莫學那洪承疇，狼心毒腸。三、莫學那曾國藩，爲仇盡力。四、莫學那葉志超，棄甲丟鎗。

3.絕命書——陳氏之絕命書洋洋灑灑近萬言，不便全述其內容。玆擇其要者擧述於次：㈠日文部省頒取締留學生條例，中國留學生氣憤聚衆抗議。日本報章直詆爲「放縱卑劣」。陳氏慨嘆曰：「二十世紀之後有放縱卑劣之人種，能存於世乎？鄙人心痛此言，欲我同胞時時勿忘此語，力除此四字，而做此四字之反面，堅忍奉公，力學愛國。恐同胞之不見聽而或忘之，故以身投東海，爲諸君之紀念。」㈡陳氏又述其自殺之用意曰：「今朝鮮非無死者，而朝鮮終亡。中國去亡之期，極少須有十年，與其死於十年之後，曷若於今日死之，使諸君有所驚動！去絕非行，共講愛國，更臥薪嘗膽，刻苦求學，徐以養成實力，丕興國家，則中國或可以不亡，此鄙人今日之希望也。」㈢論滿漢不並立之義曰：「然至近主張民族者，則以滿漢終不並立。我排彼以言，彼排我以實；我之排彼自近日始，彼之排我二百年如一日；我退則彼進，豈能望彼消釋嫌疑，而甘心與我共事乎？欲使中國不亡，惟有一刀兩斷，代滿執政柄而卵育之。㈣論中日關係曰：「中國之與日本，利害關係，可謂同矣。然而實力苟不相等，是同盟其名，保護其實也。故居今日欲與日本同盟，是欲作朝鮮也。居今日而欲與日本相離，是欲亡東亞也。惟能分擔保全東亞之義務，則彼不能專握東亞之權利，可斷言也。」㈤陳氏論宗教觀曰：「鄙人於宗教觀念，素來薄弱，然如謂宗教必不可無，則無寧仍尊孔教；以重於達俗之故，則並奉佛教亦可。至於耶教，除好之者可自由奉之外，欲據以改易國教，則可不必。」

七、吳樾的革命思想——吳樾字孟俠，安徽桐城人。樾年十三，始以科擧疲於歲試，至二十歲乃棄八股習古文辭。二十三歲以同里吳汝綸之勸，考入保定高等學堂。逾年，讀鄒容之《革命軍》，三讀不置。其時，値俄人佔奉天，邊警驚傳，油然動國家危亡之思。讀清議報，深信康梁之主張，可救中國，日日言立憲。後獲讀中國白話報及孫逸仙、黃興等革命書刊，民族大義始忽然開朗，方知康梁倡立憲，率國人爲滿奴。其欺世誤國，實洪承疇、吳三桂之不如，自恨幾爲所誤。乃與黨人密相結，潛謀革命，並與趙聲創辦兩江公學以爲機關，刊直話報以資宣傳，樾自任教習與主筆。

樾與趙聲、馬鴻亮、楊積厚、楊篤生同立盟誓，被推爲黨支部主幹，樾益激勵奮發。樾與趙聲意志相投。聲知樾素主暗殺，期勉之。聲北行，樾送至保定車站，臨別執手相視，良久不語，蓋知此別爲永訣。楊篤生能製炸彈，與樾試炸於山谷中，藥力甚猛。乃欲用之以炸鐵良。光緒三十一年（一九〇五年）清廷派載澤等五人出國考察憲政。樾憂此事成，對革命極不利，乃移以預炸鐵良之炸彈炸五大臣。五大臣行期已定。樾乃致書於妻，示永訣，決以身殉急赴京師。八月二十六日，五大臣啓行，樾懷炸彈，作皂隸裝，得混進火車站，登五大臣花車，旣而車動，炸彈撞針，未及拋擲而猝炸，樾身先被炸死，載澤、紹英受微傷，死從者三人。

論曰：「孔子曰，志士仁人，無求生以害仁。有殺身以成仁，吳樾有焉。夫仁莫大於殉國，樾始有科擧功名之念，與常人等耳。繼感國家之危，而信康梁之說足以救國，猶未曉民族大義也。及明革命大道，始決殺身以成仁，其智與勇，皆足以驚天地，泣鬼神。夫五大臣烏足以當樾之死哉。樾死，旣奪清廷之魄，而更蘇民族之魂，是樾之成仁，其成功亦大矣。」（《清史》卷五九四）

吳樾遺書（全文見《開國五十年文獻》第一編，第十三册，頁六〇〇—六一六）洋洋萬餘言，內容共分十三節。玆舉述其要旨如次：

1.暗殺主義——夫今日之漢族民氣，其散渙不伸，至於此極，觀其所以對付異族政府可知矣。割地也，賠款也，攤捐也，加稅也，借民債也，又有甚者，礦務權、鐵路權、航路權、關稅權、教育權、用人權，率所有保滿洲而制漢人之權，皆送之强隣而不惜。我同胞雖愚弱，而利害亦明；我同胞雖窳敗，而心灰未死，未有見此而不恨入骨髓者。然徒恨之，而不敢有所反對焉，亦足徵民氣之渙散不伸矣！今欲伸民氣，莫若行此暗殺主義。夫人孰不欲生而惡死，棄危而就安。若滿酋之於生死安危，自較他人視之而尤重，亦以彼等向居長林豐草之中，衣毛食肉，射獵為生，一旦闖入中原，奪我子女玉帛而有之。於是欲生惡死，棄危就安之念，自往來於腹中，以爲生則有此樂，而死則無之。安則有此樂，而危則無之。人將有以死之，將有以危之者，則彼未嘗不懼也，懼則不敢妄有所爲矣。……我同志諸君，苟持主暗殺主義以實行之，吾恐滿酋雖衆，而殺那拉、鐵良、載湉、奕劻諸人，亦足以儆其餘。滿奴雖多，而殺張之洞、岑春煊諸人，亦足以懼其後。殺一儆百，殺十儆千，殺百、殺千、殺萬，其所儆者，自可比例觀。殺之無已，儆之亦無已。安知東胡群獸，有不見死見危而思出關走避乎！又安知夫皇皇漢族，無繼起之人，而吾黨之不日增月盛乎。

2.復仇主義——暗殺者，吾黨之戰兵也。復仇者，吾黨之援兵也。有暗殺之兵在前，勢不得不有復仇之援兵在後。蓋以暗殺之戰兵，此一時則殺人，彼一時人將殺我。甚至此一時我不得人而殺之，彼一時人反得我而殺之。此際賴以報復於人，而轉敗爲功者，則非此復仇之援兵而何？有援兵則戰兵爲有用，有復仇則暗殺爲有濟。以復仇爲援兵，則愈殺愈仇，愈仇愈殺；仇殺相尋，勢不至於革命不已。欲言革命者，不得不前以暗殺，後以復仇。此暗殺與復仇，亦互相爲力，互相爲功也。非然者，則子之殺甲，丑之殺乙，寅卯之殺丙丁；子丑寅卯，其必戊己庚辛所殺無疑。使於此任戊己庚辛之殺子丑寅卯，而不爲之復仇，則戊己庚辛必將盡辰巳午未而殺之以施其威，使申酉戌亥知所畏懼，而不敢再爲子丑寅卯之所爲矣。於此而子丑寅卯之死；爲有濟乎？爲無濟乎？甲乙丙丁之殺，爲有用乎？爲無用乎？不待智者而後知矣。此復仇主義之所必有而不可無者，固如是也。我同志諸君，苟持此復仇主義以實行之，吾知今日虛無黨之名，不十年而出現於我皇皇漢土。昔日歐洲大革命之事業，不二十年而成立於我皇皇漢族矣。

3.革命主義——我中國之人，與滿洲之人爲同族乎？曰，否。中國乃漢族也，滿洲則通古斯族耳。又問之曰，滿洲人之爲我中國君主，既二百有六十餘年，則我土地之爲滿洲所據，我利權之爲滿洲所奪，我之子女爲滿洲所奴，不亦二百有六十餘年乎？……彼滿洲入關之時，殺我同胞之若祖若宗，淫我同胞若祖若宗之妻妾姊妹，迨至今日，割我土地於外人，送我權利於外人，鬻我子女於外人，不殺盡我漢族之同胞而不已，此賊也，此仇也，其能與之處此二百有六十年之久而遂忘之乎？若其忘之，是忘其殺我同胞若祖若宗之仇也；是忘其淫我同胞若祖若宗之妻妾姊妹之仇也；是忘其割我土地，送我權利，鬻我子女，以忘我漢族同胞之仇也。此而可忍，孰不可忍，願我同胞一思之。同胞乎，居今日而不思排外則已，欲思排外，則不得不先排滿，欲先排滿，則不得不出以革命。革命！革命！我同胞今日之事業，孰有大於此乎？

4.激烈手段——某嘗自以主義之不破壞，手段之不激烈爲深戒，故每觀虛無黨之行事，而羨其同志者之多能實行此主義，實行此手段也。誠以無破壞則無建設，無激烈則無平和。若一於破壞，一於激烈，匪特建設之不可期，平和之無由致，而破壞爲無用，激烈爲無益矣！若求其建設而不先經以破壞，則建設直無從建設；若求其平和，而不先經以激烈，則平和亦無可平和。不觀乎醫者之治熱病乎？先之以苦寒之劑，俾袪其邪，然後補以參苓，以復其元氣。若先以補劑，則熱邪在中而不出，其爲患必至於不可藥，此醫者之切戒也。吾黨之行事，亦復如是。蓋以我同胞久伏於異族專制之下，其受患較熱病爲重且大，若不先之以破壞主義，行之以激烈手段，而驟以建設爲宜，平和爲主，則鮮有不失其利而得害者。夫至今日而言建設，言平和，殆亦畏死之美名詞。

5.生死之辨——吳樾與妻書有言曰：人之生死亦大矣哉！蓋生必有勝於死！然後可生。死必有勝於生，然後可死。可以生則生，可以死則死，此之謂知命，此之謂英雄。昧昧者何能焉！生不知其所以生，死不知其所以死。以爲生則有生人之樂，而死則無之，故欲生惡死之情，自日來於腹中而不去，則此輩之生如秋蟬，死若朝菌者可無怪矣！若夫號稱知命之英雄，向人則曰，我不流血誰流血，此卽我不死誰死之代名詞耳。及至可以流血之日，而彼則曰，我留此身，將有所待，待之又久，則此身或病死，或他故而死，吾知其將死之際，未有不心灰意冷，勃發天良，直悔前言之不踐。與其今日死，不如昔日之不生也。然悔之何及，徒益悲傷耳。此吾之所爲有鑒於此，而不敢不從速自圖也。亦以內顧藐躬，素非强壯，且多愁善病，焉能久活人間。與其悔之他日，不如圖之今日。抑或蒼天有報，償我以名譽於千秋，則我身之可以腐滅者，自歸於腐滅；而不可以腐滅者，自不腐滅耳。夫可以腐滅者體質，而不可腐滅者精靈。體質爲小我，精靈爲大我。吾非昧昧者比，能不權其大小輕重以從事乎？而況奴隸以生，何如不奴隸而死。以吾一身而爲我漢族不奴隸之首，其功不亦偉耶！

第三節　中國同盟會時期的革命思想

一、同盟會的政治號召——在同盟會成立以前，國內外志士組織的革命團體爲數不少。其著者除 國父領導的興中會外，尚有橫濱王寵惠、馮自由等的廣東獨立協會，東京章炳麟、秦力山等支那亡國紀念會，上海章炳麟、蔡元培、吳敬恒等的愛國學社，雲南臨安周雲祥的保滇會，武昌黃華亭、胡蘭亭等的日知會，長沙黃興、馬福益、劉揆一等的華興會及同仇會，上海龔寶銓、蔡元培、陶成章等光復會。西元一九〇五年（光緒三十一年）夏 國父自美抵日，力言全國各革命黨派應合組新團體協力從事討虜革命大業，衆無異議，經再三討論，決定名稱爲「中國同盟會」，宗旨爲「驅除韃虜，恢復中華，創立民國，平均地權」，公推 國父爲總理。中國同盟會之成立，於一九〇五年七月三十日在東京赤坂區檜町黑龍會內開籌備會；八月二十日在赤坂區霞關阪本金彌邸開成立會（《總理年譜長編初稿》載）。玆將同盟會政治號召學述如次：

1.中國同盟會宣言——民國紀元前一年，中國同盟會發表宣言，略曰：「吾等生當斯時，顧瞻身影，紆軫中邦，濟然雪涕，謹承先志，勿敢隕越。用是馳騾四方，以求同德，持民族、民權、民生三大宗旨，期實行其志。設同盟本部於日本東京；設支部於各省及歐洲、美洲、非洲、澳洲、安南、暹羅、南洋群島等地。湊其智能，以圖大舉，篳路藍縷，於今八年。或刊報紙，以揚漢風，或遣偏師，以寒虜膽。而惠州之役、萍鄉之役、鎭南之役、廣州之役，良材駿雄，前仆後繼，斷脰決腸，維繫牢獄，輾轉人間，漂淪絕域者，何可指數！以死者愈繁，益用自勵，日居月將，走無停足。誠於頹波橫流之中，拯同胞於沉淪，鐵騎金鎗之下，返大漢之河山。此物此志，寧有他哉！

「今日天亡索虜，人心思漢，朔風變楚，天下響應。智勇之師，其會如林，旬日之間，勘定東南大局。上而士夫，下而嬰娩，皆知淩厲踔發，以求其友，雲氣飛揚，日月再現。雖將帥努力，士卒知方，而黃祖之靈，吾伯叔昆季諸姑姊妹，克念舊烈，實深賴之。惟元兇尚在，中夏未清，封豕長蛇，薦食上國，不去慶父，魯難未已。有同胞未離鬼趣，悵燕南實慘人痾。吾等罔敢自弛，以逸時會，憂愓之念，造次不衰。蓋懼馬首徘徊，雄師已老，江山黯淡，汗血生凉。輒願策其至愚，隨伯叔昆季諸姑姊妹之後，長驅河朔，犁庭掃穴，以復我舊邦，建立民國，期得竟其始志。」（《總理全集》第二册，肆，頁五－六）

2. 軍政府宣言——中國同盟會成立後，卽以軍政府名義發表宣言。其略曰：天運歲次年月日，中華國民軍軍都督，奉軍政府命，以軍政府之宗旨及條理，布告國民。今者，國民軍起立軍政府，滌二百六十年之羶腥，復四千年之祖國，謀四萬萬人之福祉。……我等今日與前代殊，於驅除韃虜恢復中華之外，國體民生，尙待變更。雖經緯萬端，要其一貫之精神，則爲自由、平等、博愛。故前代爲英雄革命，今日爲國民革命。所謂國民革命者，一國之人皆有自由、平等、博愛之精神，卽皆負革命之責任，軍政府特爲其機關而已。自今日以往，國民之責任，卽軍政府之責任，軍政府之功，卽國民之功，軍政府與國民，同心戮力，以盡責任，用特披露腹心，以今日革命之經綸，暨將來治國之大本，布告天下。

㈠**驅除韃虜**——今之滿洲，本塞外東胡。昔在明朝，屢爲邊患，後來中國多事，長驅入關，滅我中國，迫我漢人，爲其奴隸，有不從者，殺戮億萬。我漢人爲亡國之民者，二百六十年於斯。滿洲政府，窮凶惡極，今已貫滿。義師所指，覆彼政府，還我主權。其滿洲、漢軍八等，如悔悟來降者，免其罪。敢有抵抗者，殺無赦。漢人有爲滿洲作漢奸者，亦如之。

㈡**恢復中華**——中國者，中國人之中國。中國人之政治，中國人任之。驅除韃虜之後，光復我民族的國家，敢有爲石敬瑭、吳三桂之所爲者，天下共擊之。

㈢**建立民國**——今者由平等革命，以建民國政府。凡爲國民，皆平等而有參政權，大總統由國民共擧，議會以國民共擧之議員構成之，制定中華民國憲法，人人共守。敢有帝制自爲者，天下共擊之。

㈣**平均地權**——文明之福祉，國民平等以享之。當改革社會經濟組織，核定天下地價，其現有之地價，仍屬原主。所有革命後社會改良進步之增價，則歸於國家，爲國民所共享。肇造社會的國家，俾家給人足，四海之內，無一夫不獲其所。敢有壟斷以制國民之生命者，與衆棄之。

右四綱，其措施之序，分爲三期：第一期爲軍法之治。義師既起，各地反正，土地人民，新脫滿洲之羈絆。臨敵者，宜同仇敵愾，內輯族人，外禦寇仇，軍隊與人民，同受治於軍法之下。軍隊爲人民戮力破敵，人民供軍隊之需要，及不妨其安寧。既破敵者，及未破敵者，地方行政，軍政府總攝之。以次掃除積弊，政治之害，如政府之壓制，官吏之貪婪，差役之勒索，刑罰之殘酷，抽捐之橫暴，辮髮之屈辱，與滿洲勢力，同時斬絕。風俗之害，如婢妾之蓄養，纏足之殘忍，鴉片之流毒，風水之阻害，亦一切禁止。每一縣以三年爲限，其未及三年已有成效者，皆解軍法，布約法。第二期爲約法之治。每一縣既解軍法之後，軍政府以地方自治權歸之其地之人民，地方議會議員及地方行政官吏，皆由人民選擧。凡軍政府對於人民之權利義務及人民對於軍政府之權利義務，悉規定於約法，軍政府與地方議會及人民皆循守之，有違法者，負其責任。以天下定後六年爲限，始解約法，布憲法。第三期爲憲法之治。全國行約法六年後，制定憲法。軍政府解兵權，行政權；國民公舉大總統及公舉議員以組織國會。一國之政事，依憲法以行之。

二、民報的政治主張——中國同盟會於一九〇五年八月二十日成立，於當年十一月二十六日發行民報於東京，以爲該會之發言機關，共發行二十六期，至一九一〇年停刊。民報編輯人先後爲張繼、胡漢民、章炳麟、陶成章及汪精衛。民報的政治主張，可於 國父孫先生所撰之民報發刊詞，及胡漢民於第三期所撰之民報六大主義二文見之。茲扼要舉述其要旨如次：

1.民報發刊詞—— 國父民報發刊詞，略曰：「予維歐美之進化，凡以三大主義，曰民族，曰民權，曰民生。羅馬之亡，民族主義興，而歐美各國以獨立，洎至帝其國，威行專制，在下者不堪其苦，則民權主義起。十八世紀之末，十九世紀之初，專制仆而立憲政體殖焉。世界開化，民智益蒸，物質發舒，百年鋭於千載，經濟問題繼政治問題之後，則民生主義躍躍然動，二十世紀不得不爲民生主義之擅場時代也。……觀大同罷工與無政府黨、社會黨之日熾，社會革命其將不遠。吾國縱能媲逐歐美，猶不能免於第二次革命，而況追逐於人已然之末軌者之終無成耶！夫歐美社會之禍，伏之數十年，及今而後發現之，又不能使之遽去。吾國治民生主義者，發現最早，覩其禍害於未萌，誠可舉政治革命，社會革命，畢其功於一役。……吾群之進化，適應於世界，此先知先覺之天職，而吾民報之所爲也。抑非常革新之學說，其理想輸灌於人心，而化爲常識，則其去實行也近，吾於民報之世覘之。」觀此發刊詞，則知國父之抱負，不僅拯華漢齊民於羶裘異族之手，且欲由斯漸進，以躋世界於大同。蓋以歐美勞資階級的尖銳對立，顯爲社會動亂及社會革命的根源，而中國的工商企業尚欠發達，勞資對立的情勢尚未嚴重，故要實行民生主義，舉政治革命、社會革命畢其功於一役，俾以消弭階級鬥爭於未萌，先知先覺之遠見，亦云偉大矣。

2.民報之六大主義——胡漢民於民報第三期發表民報之六大主義，揭櫫同盟會所持之革命宗旨。本文內容分爲：㈠顚覆現今惡劣政府，㈡建設共和政體，㈢土地國有，㈣維持世界眞正和平，㈤主張中國日本兩國之國民的連合，㈥要求世界各國贊成中國之革命事業。前三者，所以對內也。後三者，所以對外也。前三者，殆卽同盟會的四大宗旨，驅除韃虜，恢復中華，建立民國及平均地權；亦卽民族主義、民權主義及民生主義。後三者，無異中國同盟會對外政策。胡氏爲文就此六者詳切論釋之，篇幅甚長，不便引述。

三、同盟會與保皇黨的論辯

——同盟會發言機關是民報。保皇黨的發言機關是新民叢報。故同盟會與保皇黨的論辯，就是民報與新民叢報的筆戰。民報的筆戰主將是胡漢民、汪精衞。新民叢報的筆戰主將是梁啓超。玆將論辯的綱領、篇目及重點分別擧述如次：

1.論辯的綱領——民報代表民主革命派，新民叢報代表君主立憲派，故兩派的筆戰無異是君主與民主之爭，立憲與革命之辯。一般青年都喜歡革新及突破現狀；反對守舊與維持現狀。民報的立場符合青年心理，故較爲理直氣壯，生氣勃發。新民叢報較爲守舊，旨在維護君主，非一般青年所歡迎，聲勢較弱，雖以梁氏鋒利而富感情的文筆，亦難振威風。兩派論辯的綱領，包括以下的十二項：㈠民報主民主共和，新民叢報主君主立憲。㈡民報寄望於國民，以民權立憲；新民叢報寄望政府，行開明專制。㈢民報以政府惡劣，故要求國民之革命；新民叢報以國民惡劣，故要求政府之嚴以治民。㈣民報寄望國民以民權立憲，故鼓吹教育與革命，以求達其目的；新民叢報寄望政府以開明專制，不知如何方符其希望。㈤民報主張政治革命，同時主張種族革命；新民叢報主張政府的開明專制，同時主張政治革新。㈥民報以爲國民革命，自顚覆專制而觀，則爲政治革命；自驅除異族而觀，則爲種族革命；新民叢報以爲種族革命與政治革命不能相容。㈦民報以爲政治革命，必須實力；新民叢報以爲政治革新，祇須要求。㈧民報以爲革命事業，專主實力，不取要求；新民叢報以爲要求不遂，繼以懲警。㈨新民叢報以爲懲警之法，在不納稅與暗殺；民報以爲不納稅與暗殺，不過革命實力之一端，革命須有全副事業。㈩新民叢報詆毀革命，在鼓吹虛無黨；民報以爲凡虛無黨皆以革命爲宗旨，非僅以刺客爲事。㈩一民報以爲革命所以求共和；新民叢報以爲革命反以得專制。㈩二民報鑒於世界前途，知社會問題必須解決，故提倡社會主義；新民叢報以爲社會主義，不過煽動乞丐流氓之工具（見《開國五十年文獻》第一編第十五册，頁六五一—六六）。

2.論辯的篇目——民報所刊載的論辯重要篇目有九，即㈠民族與國民，㈡駁新民叢報，㈢駁新民叢報最近之非革命論，㈣辨滿人非中國之臣民，㈤希望滿清立憲者盍聽諸，㈥斥爲滿洲辯護者之無恥，㈦駁革命可以召瓜分說，㈧告非難民生主義者，㈨駁革命可以召內亂說。新民叢報所刊載的論辯篇目有七，即㈠開明專制論，㈡暴動與外國干涉，㈢申論種族革命與政治革命之得失，㈣雜答某報，㈤駁某報之土地國有論，㈥答某報第四號對於本報之駁論，㈦中國不亡論（見《開國五十年文獻》第一編，第十五册，頁六八一—六九）。

3.論辯的重點——新民叢報論者以滿人已漢化，不必反對滿人，又以爲革命含有排外之意，將招致列强瓜分中國。民報爲文以駁之。胡漢民曰：「汪精衞第一次爲文，題爲民族與國民，從政治觀點指出滿洲人不能同化於漢人，而爲專制宰割漢人之特殊貴族，陷中國於滅亡，國民對之決無調和之可言。革命排滿，非仇殺報復之事，乃民族根本解決之事，宗旨嚴正，而根據歷史事實，以證其所主張者，至爲詳確。師出以律，不爲叫囂跳踉之語，異於鄒容之《革命軍》，遂受學界之大歡迎。余爲排外與國際法一文，歷擧中國在國際上所受之種種不平等，言國已不國，中國爲求獨立自存，排外不得認爲野蠻，而滿洲政府喪權媚外，鉗制漢人，故吾人非排滿無以自救。文凡數萬言。蓋其時義和團變後，中國創鉅痛深，清廷既一心事大，社會亦隱忍於列强之壓制，而不敢有言，欲申訴不平者，列强即指爲義和團之變相復活。余故爲此文，以矯正社會心理而促進之，亦民族革命之本意也，爾時列强間瓜分中國之聲不絕，保皇立憲派之人常挾此以爲恫喝，謂革命即召瓜分，其言足以惑衆。先生乃口授精衞爲文駁之，題爲革命不致招瓜分說，言列强不能瓜分中國，故維持均勢，滿洲之媚外政策，任所取攜，如割棄膠州灣、旅順、大連、威海衞之故事，轉足惹起瓜分中國；革命自治己事，外人不能干涉，其革命獨立結果，乃以弭止瓜分云云，皆當時之重要問題。」（《革命文獻》第三輯，胡漢民自傳）

當時新民叢報立言革命必生內亂，必致瓜分，故只主張君主立憲，且詆毁民生主義是爲乞丐流氓設計，足以破壞社會秩序，民報乃爲文就此以駁之。胡漢民曰：「梁啓超初以能爲時文，輕視學界，學生之在帝國大學法科與早稻田大學者，又與結納爲立憲團（即章宗祥、曹汝霖、陸宗輿等），意氣甚張。留學界間有發表反對保皇之言論，如「浙江潮」、「江蘇」者，梁亦不以爲意。及民報出，而梁始大蹙，於是爲文肆意攻擊，且造謠以詆孫先生。其要點則謂革命必生內亂，必致瓜分，中國不求革命，但求立憲。立憲以滿洲政府開明專制爲過渡，民生主義更是爲乞丐流氓下流社會計，而破壞中國之秩序；革命黨建民族、民權、民生三幟，適以自殺，不能有成。梁之文蓋足爲當時反對革命論之代表。余等知非征服此傖，無由使革命思想發展也。精衞乃就革命與立憲之關係及中國民族之立場，革命所以爲必要諸點，闡明其意義，而駁梁所主張，駁梁卽以爲革命之宣傳。余與執信、君佩則解釋民生主義非無病而呻吟，斥梁拜金慕勢，動言士大夫，而不知有平民之可笑。梁始猶不服，再三反唇，如是者竟年，爲民報與新民叢報之筆戰，實革命、保皇兩派之鬥爭也。革命黨從民衆利益立場，於客觀事實無所隱蔽；保皇黨則反對，其言僅以代表新官僚之利益；兩者相形，已足使人聽取其是非，而爲公平之評判。梁於政治、經濟之學，猶甚茫然，乃由其黨徒供給以材料；梁未通東文，祇大膽勦襲，强不知爲知，一度交鋒，勝負已見。梁雖戀戰，而其言曰『張之洞、袁世凱非漢人耶？吾視之若寇讎也；今上（光緒名載湉）非滿人耶？吾戴之若帝天也。』其卑鄙既令人肉麻；又曰『不惜以今日之我，與昨日之我挑戰』，其反覆又令人冷齒。於是交戰結果，爲民報全勝，梁棄甲曳兵，新民叢報停刊。保皇之旗，遂不復見於留學界，亦革命史中可紀之戰爭也。」（《革命文獻》第三輯，胡漢民自傳）

四、徐錫麟的政治思想——徐錫麟字伯蓀，浙江山陰人，幼憍處，聰敏，自修習算術天文等。光緒二十七年任紹興府學算術講師，在校四年，以觀博覽會赴日本，得識陶成章，鈕永建，談國家大事，悅服。購書劍歸，設蒙學，俄人佔遼東，聞之慟哭。光緒三十年至滬，加入光復會，謀革命。返紹與與弟子習兵法部勒。次年遊諸暨、嵊縣、義烏、東陽四縣，多交其地奇才力士。章炳麟因蘇報案入獄，錫麟爲之奔走調護。年三十四，以道員赴安徽試用。在安慶主陸軍小學，踰年移主巡警學堂。安徽巡撫以錫麟有能，奏請加二品銜。然聞人言日本留學生多陰謀，遂忌之，錫麟亦因而內心不安。會浙東義軍起事，秋瑾使陳伯平赴安慶走告之。錫麟勢將受牽連，乃急與所練軍警謀，欲取安徽大吏，以亂軍心，而擧大事。原欲於五月二十八日巡警學校學生卒業，大吏臨視時盡殺之。而恩銘提前於五月二十六日至校臨視。錫麟乃急與馬宗漢、陳伯平謀而爲準備。及期，諸大吏皆詣校凝立，巡撫恩銘前卽位，錫麟持短銃遽擊恩銘，數發皆中要害，左右輿之去。錫麟率巡警生百餘人攻軍械署據之。發兵捕錫麟，錫麟彈盡，發砲。官兵追之疾，陳伯平戰死，錫麟登屋走，追者至，被擒，恩銘已死。三司會審，問爲何造反。錫麟直言排滿革命救國。滿吏殘酷，先剖心以祭恩銘，而後斬首。死年三十五。論曰：「清季行險擧義者，莫如錫麟。夫起義與暗殺爲兩途。暗殺一人足矣。起義必須結黨衆。錫麟安慶之役，巡警無預謀者，乃翅而行事。新軍無聯絡，而內外無呼應，革命黨僅錫麟與陳伯平、馬宗漢三人耳。惟錫麟之出此，亦不得已也。蓋內慴於陶成章之不諒，外迫於浙事之已洩，乃鋌而走險，作孤注之一擲，亦云壯烈矣。」（《清史》卷五四九）

徐氏著有禮義廉恥國之四維論一文，略曰：「禮義廉恥國之本也，亦民之本也。自古未有本不立而能治也。無源之水，必不能大；無根之木，必不能久。有民則有國，無民則無國。佛教不行於大地，生民不絕於萬國，民存而禮義廉恥亦存，故元會十二萬年而三大變，而禮義廉恥無可變。……無禮則國體不尊，衣冠而禽獸也。無義則國法不彰，犯上而作亂也。無廉則國貪，鷹瞵而虎視，殘忍而滅亡也。無恥則國辱，華冑而奴隸，丈夫而妾婦也。」徐氏又著有强恕而行義一文，其略曰：「人必知大地與行星爲一類，而後可言造化運行之理；彼沾沾焉自域於地者無當也。人必視吾心與萬物爲一體，而後可言儒者公正之道；彼斤斤焉私其心無能也。《孟子》七篇，而曰强恕而行。恕者如心也，吾心如萬物，萬物如吾心；知萬物如吾心，而吾心不容拂萬物。萬物合而爲吾心；萬物之欲，如吾心之欲；萬物所惡，如吾心之惡。欲萬物之欲，欲如萬物；惡萬物之惡，惡如萬物。則是行恕之道。」徐氏又著有致知在格物義一文略曰：「自《大學》亡格致一篇，而格致之義久晦。諸家聚訟，說如煙海，而惟朱子之說近是。然朱子釋致知可已，而釋格物未詳也。其言格物謂窮至事物之理，欲其極處無不到。夫物無極也；物無外無內，物以外有物，外之物又有物，則謂無外之物，而物無極。物以內有物，物內之物又有物，則謂無內之物，而物無極。物愛物，物物而合爲一物，一物又有愛物，而物無極，物離物，一物而分爲物物，物物又有離物，而物無極。朱子言欲窮其極處無不到，雖聖人亦難也。」（三文皆原載江蘇革命博物館月刊，全文見《開國五十年文獻》第一編，第十三册，頁一九二－一九四）

五、秋瑾的革命思想

——秋瑾字璿卿，浙江會稽人，幼隨父宦於閩，旋又隨父入湘，年十八，嫁湘人王廷鈞。廷鈞入貲爲部郎，瑾隨夫至北京，生子女各一，與同官廉泉妻吳芝瑛相契，讀書通大義，工詩文，性任俠，慕朱家、郭解之爲人，巾幗而有鬚眉氣。時清政敗壞，國勢陵夷，而士大夫仍醉心利祿，瑾心薄之，因與夫不睦。光緒三十年三月以衣章裳珮之屬悉贈芝瑛，而東走日本留學，次年同盟會成立，瑾入盟，更字曰競雄，號鑑湖女俠，日以物色志士爲事，得識陶成章、蔡元培及徐錫麟。瑾入青山實踐女學校。光緒三十一年，日文部首頒取締留學生條例，陳天華憤而投海死。瑾亦憤而返國，設中國女報於上海，又與陳伯平等租屋秘製炸彈，謀暗殺。光緒三十二年冬，萍鄉革命軍起事，同盟會會員集議上海，欲起兵以爲聲援，秋瑾以浙事自任，乃還紹興，入居大通學校，親走各地，結納志士力士謀起事。大通學校爲徐錫麟所創辦，爲薈萃訓練黨人之所。是時瑾任學校校長，乃部署黨人，以光復漢族大振國權八字分編八軍，號光復軍。原定光緒三十三年五月二十六日與在安慶的徐錫麟同時起事，因佈置未周，瑾易期於六月初十日起事。而徐如期擧事殺死巡撫恩銘而被捕，瑾未能應，衆議提前於六月初一日擧事，而瑾必欲如期行事，事未發而清軍至。瑾與程毅、徐頌揚等人同被執。及審訊，瑾直認排滿、革命、救國不諱。再審，無一語，惟書秋風秋雨愁煞人，次晨，殉義於紹興城軒亭口，年三十三。論曰：「秋瑾以弱女子而心雄萬夫，可爲巾幗揚眉吐氣矣。其在橫濱，卽入三點會，後返浙。復組浙東會黨爲光復軍。其欲以會黨起事，蓄意久矣。觀軍事佈署，有大將才。獨惜未能奮起一擊，至終至束手就縛。清季以巾幗光革命史乘者惟瑾一人，亦人傑矣哉。」（《清史》卷五四九）

秋瑾的革命思想，可於其所著《秋風秋雨集》中見之。玆摘錄六則如左，以見一斑：

1. 自强在人——紅毛刀歌，曰：「一泓秋水淨纖毫，遠見不知光是刀。直駭玉龍蟠匣內，待乘雷雨縱雲霄。傳聞利器來紅毛，大食日本羞同曹；濡血便令骨節解，斷頭不俟鋒刃交。抽刀出鞘天爲搖，日月星辰芒驟韜，斫地一聲海外立，露鋒三寸陰風號！陸剸斬犀象水截蛟，魍魎驚避魑魅逃。遭逢斯刃凡幾輩，髑體成臺血湧濤。刀頭百萬冤魂泣，腕底乾坤殺扨操，揭來掛壁暫不用，夜半鳴嘯聲疑鴞。英雄渴欲飲戰血，也如磊塊需酒澆。紅毛紅毛爾休驕，爾器誠利寧我拋？自强在人不在器，區區一刀焉足豪！」

2. 志挽危局——感懷詩，曰「飄泊天涯無限感，有生如此復何歡？傷心鐵鑄九州錯，棘手棋爭一着難。大好江山供醉夢，催人歲月易寒溫。陸沉危局憑誰挽？莫向東風倚斷欄。」

3.憂國救時——題畫應月人之索詩，曰「萬里乘風去復來，隻身東海挾春雷。忍看圖畫移顏色，肯使江山付刼灰。濁酒不銷憂國淚，救時應仗出群才。拚將十萬頭顱血，須把乾坤力挽回。」

4.女子英雄——石井君索和卽用元韻詩，曰「漫云女子不英雄，萬里乘風獨向東。詩思一帆海空濶，英魂三島月玲瓏。銅駝已陷悲回首，汗馬終慚未有功；如許傷心家國恨，那堪客裏度春風。」

5.國破人賤——感憤詩，曰「莽莽神州嘆陸沉，救時無計愧偷生。摶沙有願興亡楚，博浪無錐擊暴秦。國破方知人種賤，義高不礙客囊貧。經營恨未酬同志，拔劍悲歌涕淚橫。」

6.根除奴性——再疊韻寄小淑詩，曰「中山一樹長春芽，繡榻初停徐月華。廿紀風雲多變幻，一生事業絕豪奢。女兒花發文明好，奴隸根除舊習差。有志由來終必達，雄風快整御風撾。」

六、宋敎仁的革命思想——宋敎仁字遯初，別號漁父，湖南桃源縣人，少聰敏機智，志氣豪邁，愛國心强，少年肄業桃源三育乙科農業學校，後留學日本，改習法政，創二十世紀支那社，發行雜誌，宣傳愛國思想，反對列强侵華，挽救危亡，光緒三十一年（一九〇五年）加入中國同盟會。同盟會成立前，馬君武、宋敎仁、陳天華被推爲會章起草員，成立時宋敎仁被推爲司法部檢事。 國父以二十世紀支那社多數社員已加入同盟會勸宋氏停刊該社雜誌，改辦民報以爲同盟會之機關報。宋氏負責經營該報經銷事宜。康梁主張君主立憲，宋氏屢爲文駁斥之。淸廷爲和緩革命曾設資政院及諮議局聯合會，宋氏亦力斥其是非。宋氏亦嘗追隨 國父奔走各地宣傳革命，籌募捐款，厥功甚偉。

民國元年八月由宋敎仁策畫，中國同盟會與統一共和黨、國民共進會、國民公黨、共和實進會合併爲國民黨。其政綱爲：⑴促成政治統一，⑵發展地方自治，⑶實行種族同化，⑷注重民生政策，⑸維持國際和平。國父於八月二十四日蒞北京，二十五日國民黨開成立大會，公推國父爲理事長，另以黃興、宋敎仁、王寵惠等八人爲理事。國民黨在國會中佔絕大多數。袁世凱爲大總統，唐紹儀組首任內閣，唐雖爲袁系人物，然當其代表北京至南京議和時，卽加入同盟會。十一位閣員中施肇基是唐之姻親，陸徵祥無所屬，熊希齡爲統一黨，袁系之劉冠雄、段祺瑞、趙秉鈞分任海軍、陸軍、內政總長。另敎育、司法、農林、工商四總長分由同盟會蔡元培、王寵惠、宋敎仁、陳其美任之。民國元年六月直隸督軍出缺，唐紹儀派王芝祥，袁氏不但不肯到南京就職，並派王芝祥赴南京遣散軍隊。唐氏大憤，於六月十五日辭職，各部總長依例總辭。

宋敎仁平日極力主張政黨內閣，卽內閣總理應由國會多數黨領袖擔任；辭職後南下，至湘、鄂、皖、蘇等省講演，本憲政常軌發表其政治主張，並指責袁政府之不當與錯誤，大招袁氏忌恨，二年三月二十日下午十時，宋氏在上海火車站擬搭滬寧車西上，被袁氏所派刺客鎗擊，以傷勢過重，入醫院救治，延至二十二日晨逝世。一代人傑，冤遭暗殺，深足惋惜。

宋敎仁的革命與政治思想，見於其所發表的各篇論文中。玆扼要擧述其主旨如次：

1.立憲的虛僞——淸廷爲和緩革命勢力的壓力，乃設資政院、採行內閣制並頒佈憲法大綱，以混淆視聽。宋氏乃於宣統三年（一九一一年）六月十四日在《民立報》發表「希望立憲者其失望矣」一文，以斥責其虛僞。其要旨如下：㈠夫吾輩所主張者，以爲今日之主權，非中國之主權，而爲滿洲之主權，吾儕皆爲亡國之民，舍光復外無他務，此凡漢族所應知者也。然君等以希望滿洲立憲之心，至殷且切，都忘亡國之痛，今乃爲狙公所愚，其亦內愧於心否乎!?㈡夫立憲之根本孰有大於憲法者?立憲之精神，孰有大於立法機關之作用與責任政府之組織者？天下豈有虛懸一憲法於此，政府不必遵守，而責人民之服從，而猶謂之立憲者乎？又豈有立法機關之作用與政府之組織，不合憲法政治之原則，而猶謂之立憲者乎？㈢夫資政院之性質與上下議院之性質相去何若？組織資政院之形式，與上下議院之形式，相去何若？稍一研究，意當有以見其根柢懸殊，規模別異，有必不可相假借者。清廷於資政院與議院之關係固在所忽，而惟一人之愛憎，位置一二平凡衰耆之人物，以顯其描摹塗澤之伎倆。㈣暫行內閣組織無異是皇族內閣，其所以爲皇族謀者亦可謂忠也。使彼輩稍有立憲誠意者，則當力悔前非，不罪己之詔，召簡賢能，組織內閣，收拾人心，痛除積弊，實行庶政公諸輿論。㈤彼輩每假口憲法大綱，以爲抵禦輿論之武器。彼憲法大綱，果何物者？其抄襲東洋半專制之憲法條文，而又謬以己意增減之。處處鹵莽滅裂作外行語，已爲通人所不齒，何足以言憲法？㈥立憲者，決非現政府所能成者也。現政府所謂立憲，僞也。不過欲假之以實行專制者也。彼輩所謂立憲，不過欺人之門面，賴人之口實，萬不可信者也。吾國民之大夢，其尙未醒耶？吾國民果欲眞正之立憲者，其速納代價，流血光復，勿用彼廉價不值一錢之要求方法。

2. 評憲友會——當清末各省諮議局聯合會蛻變爲憲友會以政黨姿態出現。宋氏爲文以批評之。其要旨曰：憲友會者，聞卽諮議局聯合會之脫胎。會員大抵多各省諮議局議員，固不乏通達政理之士，然文盲無識趨赴奔競之客亦不鮮。未成立前，聞已有種種之暗潮。或因此暗潮之故，而錚錚佼佼者，盡已作壁上觀乎？其所發表之政綱都凡六條：一曰尊重君主立憲政體，二曰督責聯責內閣，三曰整釐行省政務，四曰開發社會經濟，五曰講求國民外交，六曰提倡尙武精神。……綜觀所發表之政綱，大抵其精神蓋欲趨重於國民一方，而未注意於國家，趨重於該會自身，而未嘗注意於政府；趨重於消極方面，而未嘗注意於積極方面；趨重於硏究，而未嘗注意於實行；此其受病之大原因。故其立詞，遂遺本就末，而多失體之處，要皆其會員之無政治常識，有以致之。……方今吾國百廢待興，重要不可緩者猶多，何所見必先於經濟、外交、教育也？今夫財政者，非維持國家之命脈所必需者乎？軍備者，非保衞國家安全所必不可少者乎？卽此二端，固已無一非今日所應汲汲有事者，果用何方針以整頓之，此尤言政黨者所宜考究審愼而定爲政見，以昭示天下者也。乃該會不是之察，竟顚倒錯亂如是，猶復大聲疾呼以簧鼓天下，而天下亦將受其惑，其殆所謂「國家將亡必有妖孽」。

3. 評帝國憲政實進會——宣統三年五月，宋敎仁在民立報發表評帝國憲政實進會一文。其要旨曰：該會資政院欽選議員居多數。若衡以外國，民、吏兩黨相對之例，而假呼他會爲民黨者，則該會亦可僭稱吏黨（官僚黨）。其會員皆是頑固老朽之輩，其政治知識之程度，較憲友會尤低下。其所發表之政綱，都凡十條：一曰尊重君主立憲政體，二曰發展地方自治能力，三曰籌謀政治社會之改良，四曰謀求法律制度之完善，五曰謀致財政前途之穩固，六曰促進人民生計之發展，七曰注重國民教育，八曰提倡移民事業，九曰研究外交政策，十曰籌劃軍事次第。……總觀該會政綱之全部，大抵尚不知法律、政治爲何物。其條項雖及於各方面，較憲友會爲稍多，然亦非實感其必要，且未能明其本末先後而以有組織的精神貫注之而審定之者，不過冒冒然抉拾世界所流行之口頭禪的法政名詞，塡於紙上，而又不能脫離咬文嚼字的筆法，故其條文雖多而不完善，其文義似通而非通，惟成數聯，非驢非馬之八股四六文而已也。至語於政治之方針，政治之系統，則支離滅裂，見笑大方，眞可謂無批評之價値者矣。

4. 强硬對付蠻俄侵略——宣統三年，俄國蠻横無理提出通告書六則；其尤要者，爲蒙古、天山南北諸地方，俄國人民得自由居住，一切商品皆爲無稅貿易，並可於伊犁、塔爾巴哈臺、庫倫、烏里雅蘇臺、喀什噶爾、烏魯木齊、科布多、哈密、古城、張家口等處設領事，俄人可在此等地方有購土地建房屋之權，清若不允，俄將採所謂「自由行動」，且已進兵伊犁以示威迫。滿清畏懼，竟予屈允。宋教仁對此深爲憤慨，乃於當年二月發表「討俄橫議」一文呼籲以强硬手段抵制蠻橫無理之帝俄。其要旨曰：嗚呼！近日俄人之舉動，其蠻橫無理，蓋可謂自有國際交涉以來，未見其例者也。前月中旬之照會，既以自由行動恐喝吾國，而滿清既已聽命，承諾其要求之條項。頃者又有第二次照會，謂中國答覆，有關約章者，未滿俄政府之意，顯有不願和平之態度，難免擾亂兩國之邦交云云。而其後之舉動，則方日日耀武以示威於我滿蒙新疆。前後合觀之，其蔑視國際法，其蔑視條約，其玩弄吾政府，侮辱我國民，已洞若觀火。此次如任其跋扈飛揚，不稍爲計，是吾人直甘願爲亡國民，甘受其影響所及，釀成瓜分之禍而不辭矣。嗚呼！是可忍也孰不可忍也。……俄人舉動之蠻橫無理，卽彼歐西之輿論，亦多不直之，其所要求之條項，又皆爲未來新約之事，無有藉口前約之理由，存乎其間，其國內情僞不能以此事而遂與我一戰，已瞭如指掌，我政府對此固不難以强硬手段對付之者也。……今宜再度正式照會彼國，其言曰，伊犁事件條約，在本年八月以前，吾當謹如尊命，遵守無違；八月以後，則當按照該約十五款全部廢除，所有俄人在蒙古、新疆自由貿易等特權，皆歸無效。至於新約，則兩國當和衷協議另訂。夫果如斯，吾意俄人必不能再以破壞前約責我，其所要求之條項，皆將變爲無用之長物。苟其必欲攫而有之，則非另以之作爲新約之條件，而要索之不可，我既得居上游之勢，是未嘗無可勝之機會也。

七、朱執信的革命思想——朱執信原名大符，原籍浙江蕭山，隨父宦遊，生長番禺，性聰敏而好學，私塾讀書，嘗執經問難，塾師無能應。從舅父汪仲器習數學，被稱爲天才數學家。後入廣州敎忠學堂肄業，學業冠同儕。十九歲，參加政府遣派留日學生考試，名列第一，年紀最輕，得至日本留學。執信曾習王船山之學，深明民族大義，一九〇五年加入中國同盟會，嘗在民報發表文章，鼓吹革命，根據新思想指斥君主立憲，屢駁康梁之論。同盟會初成立時，多人對國父所主張的民生主義，表示異議，朱氏特發表「論社會革命與政治革命並行」一文，闡揚民生主義的理論。

執信在日本留學時，堅持不剪髮辮，黨人多譏笑之。迨至畢業返國，一班黨人以剪去髮辮，清吏皆不准其入內地。朱氏以有髮辮掩護，不爲清政府注意而能在內地活動。因之，他得到廣州多處聯絡民軍及新軍，以佈置革命勢力。光緒三十四年（一九〇八年）滿帝載湉與慈禧太后相繼去世，認爲是革命的好時機，乃與同志秘密計劃，謀以巡防營、新軍、民軍同時發難，攻取廣州。巡防營由鄒魯主持，新軍由趙聲主持，民軍由朱氏自己負責。不幸事洩失敗，黨人殉難者十餘人，朱氏僅以身免。宣統二年（一九一〇年）起義準備又告成熟，香港機關部決定正月初六日在廣州發難，指定朱執信到時率四鄉民兵馳援響應。不料正月初三日，因新軍與人發生小衝突，新軍躍躍欲試，臨時由黨人倪映典領導起義，新軍人人奮勇，攻佔軍械局，奪得槍械，猛攻省城，不幸中途倪映典中彈死難，餘衆潰敗，執信亦因以未得率民軍馳援。

經此失敗，革命黨再接再厲，謀在廣州作更大規模的起義。黃興親到廣州主持，於宣統三年（一九一一年）三月二十九日起事，分十路向廣州進攻，執信仍負責統率民軍響應。戰鬥開始，黃興、朱執信率隊先攻總督署，先擊死衛兵，進入署內要活擒總督張鳴岐，遍尋不獲。這時黃、朱二人炸彈已用完，且已受傷，仍空手轉戰至雙門底，見地臥着許多被犧牲的同志，二人拾其槍彈，仍持槍向前衝戰，迨彈盡，戰衆潰散，始棄槍而去。朱因仍有髮辮，不爲淸兵所注意，得安然逃至友人家中，是役傷亡無數，經得尸體七十二，是爲著名的黃花岡之役。

宣統三年武漢起義，各省響應。廣東仍由朱執信負責，發動民軍會攻廣州，淸水師提督李準投降，粵局不血刃而成功，胡漢民被擧爲廣東都督，朱執信任都督府總參議兼負責編練軍隊。民國二年七月二次革命失敗後，國父、胡漢民、朱執信、陳其美等先後至日本。民國三年七月以國民黨渙散無力，改組爲中華革命黨。國父以粵督龍濟光爲袁世凱心腹，乃革命大敵，非去之不可，遂派朱執信、鄧鏗回粵圖之。多方佈置，遂於十一月擧事攻廣州，亦未成功。

民國四年十二月袁世凱帝制自爲，蔡鍔在雲南起義攻四川，李烈鈞由贛攻廣東，朱執信率會黨及綠林之衆數千人攻廣州以爲響應。袁世凱於民國五年六月六日暴斃。討袁軍事因以結束。國父、朱執信等均至上海，國父創辦建設雜誌，朱氏亦爲重要分子。民國九年秋，國父命陳炯明由閩南率師回廣東驅除桂系軍隊，派朱執信負責聯絡廣州附近友軍以爲聲援。朱氏至虎門砲臺招降守軍。守軍有一部份投降，不久降軍與黨人鄧某發生衝突，事態嚴重，朱氏親往調解，不幸被降軍包圍，調解不成，受槍傷過重而殞命，年三十六。朱氏本大無畏精神，獻身革命，志切救國救民，早已置生死於度外，求仁而得仁，壯志犧牲，英靈不泯。

朱執信的革命與政治思想見於其所發表論文及信札中。玆扼要擧述於次：

1. 闡揚民生主義——中國同盟會成立時，揭櫫「驅除韃虜，恢復中華，建立民國，平均地權」四大政綱。其含義卽爲三民主義的民族主義、民權主義、民生主義。當時會中有若干人對民生主義持異議。朱氏卽發表「論社會革命與政治革命並行」以爲解釋。保皇黨的新民叢報亦大力攻擊社會主義（民生主義）的弊害，此文亦詳加駁斥。本文首言社會革命與政治革命之意義與原因。次言二者相關之各場合。三則說明中國現在當並行之理由。四論二者並行之功用與效果。文長及二萬言，立論賅博透闢，極具學術價值，爲研究政治學及經濟學之精心傑構（全文載《朱執信集》）。

2.反對君主立憲——國民革命的大敵除滿清政府外，便是效忠滿帝，主張君主立憲的康、梁的保皇黨。該黨的機關報是新民叢報，發表謬論，破壞革命，蠱惑人心，與同盟會的民報對壘作戰。朱氏嘗爲文指責君主立憲之謬論。在所撰「論滿洲雖欲立憲必不能成」一文，有言曰：「吾今正告天下曰：中國立憲難，能立憲者惟我漢人。漢人欲立憲，則必革命，彼滿洲卽欲立憲，亦非其所能也。」

3.反褊狹的國家主義——民國八、九年朱執信在上海助　國父辦「建設雜誌」時，正值「五四運動」高潮，全國人士多捲入愛國運動的怒潮中。朱氏深恐其流爲褊狹的愛國主義進而爲侵略主義。朱氏致函古應芬曰：「於提倡愛國主義時，同時警告之以更有較高的目的，將恐流入褊狹之國家主義，而侵略主義卽隨之而興矣。卽如主張强有力政府，主張帝政者，不外謂如此始有富强。故楊度曾謂，德、日帝制能富能强，法、美非帝制，能富不能强。日本人心理仇視中國者，仍在百分之九十幾，乃是愛國思想，正證明愛國不持不必於人類有益，抑且不必於國家有益，惟愛國同時愛一切人類，且能有益於人類，有益於國家耳。」（朱執信傳，見《開國五十年文獻》第一編，第四册，頁五三〇—五三一）這一觀念正是　國父民權主義中世界各民族一律平等的正確解釋。

4.贊成白話文學——當民國八、九年時胡適之等人提倡新文化運動，頗受一般士人的歡迎。朱執信亦認為文言文是意思發達形式上大拘束，使意思每不能隨白話之便暢所欲言，白話文是意思自由與順利表達的新工具和利器，甚為贊同。有人寫信問朱氏「你何以有時寫文仍不放棄文言。」朱氏答之曰「所以主張用白話文，以其近於自然也。余所以不多用白話文者，因少時惟操粤語，若以普通語為文，頗感不自然，較之用文言，抑猶過之。」朱氏對於白話詩亦頗贊成，且經過一番研究，偶爾亦作白話詩，對其音節，尤有特別見地，並和胡適之、胡懷琛等往復討論，不無貢獻（《開國五十年文獻》第一編，第十四册，頁五三一—五三二）。

5.井田制度考證新論——新文化運動另一支流是用科學方法整理國故，亦是胡適之等所提倡。周代井田制度，在整理國故運動中掀起一次大論戰。論戰分為兩個壁壘。一是胡適之等《新青年》，一是朱執信、胡漢民、廖仲愷等《建設雜誌》。胡適之等懷疑井田制度是後人之偽託，並非事實。朱執信等根據新的社會學理論，肯定井田制度乃是古代的社會制度。這種解釋，直到現在看來還是正確合理的（見《開國五十年文獻》第一編，第十四册，頁五三二）。

6.輿論與煽動的辨正——民國成立後袁世凱專橫恣肆，毀約法，驅黨人，解散國會。民國二年七月國父二次革命未能敗袁，形成南北對峙之局。北方每指南方的鼓吹或輿論為煽動，藉以加罪。朱執信乃在「建設雜誌」發表「輿論與煽動」一文，以為辨正。略曰：「鼓吹與煽動，其範圍常不得明瞭，主張其說者則曰鼓吹，反對者則目之為煽動，其實皆是也。煽動者，主就感情而言之，而鼓吹者，則自認根於理論。其實人民苟無熱烈之感情，輿論何從成立，但當問其所煽起者為正當之感情，抑為偏頗之感情；

爲合乎理性，抑爲悖於理性耳。苟其感情正當無悖理性，則安能以其爲煽動之結果，而蔑視之哉。」

朱氏進而詳論輿論形成的經過，而斷言煽動之不可免。最後結語曰：「今日政府對於人民之舉動，無論合理與否，皆以被煽動排之。於是凡有輿論之起，不問其內容如何，而惟探索其煽動之人。始於內政，暨及外交，有反對北廷者，則曰南方之煽動也。有反對日本者，則曰英美之煽動也，相驚相戒以煽動，則煽動者亦相與諱言之而已。彼知輿論之不可明攻也，而攻其煽動，可謂巧於立言矣。而爲人民者，豈可以避煽動之名，而使輿論坐萎乎。國民之自覺，豈可遂以畏被煽動之名而中絕乎。當仁不讓，是在不舍其主義而已。」

八、陳其美的革命思想——陳其美字英士，浙江吳興縣人，性聰敏勇毅，尚義氣，廣交遊，初經商於蘇浙滬上，後留學日本東京警監學校，光緒三十二年（一九〇六年）加入中國同盟會。同盟會設中部總會於上海，蘇浙革命事務全由陳氏負責。陳氏傳播革命，聯絡會黨與新軍，奔走蘇浙間不遺餘力，在上海下層社會佈結有雄厚基礎。宣統三年（一九一一年）武昌起義，清廷派重兵南下，武昌軍政府以基礎未穩固，形勢危急，亟促各省黨人響應聲援。而上海爲全國首要商埠，尤爲中外觀瞻所繫。因之，陳氏經營蘇、浙及滬事益急。先至南京，以鐵良、張勳擁重兵，不易動。復走杭州，以滬杭交通方便，如上海未得，浙江先動，易於受敵。乃專注滬事。以于右任介，陳氏得與上海紅幫人物張承槱相結納，有衆三千餘人，又與巨紳江南製造局提調李平書、商團團長蔡惠鈞結合。陳氏復使承槱運動淞滬巡防營統領梁敦綽守中立。十月十三日，陳氏命張承槱、高子白、楊譜笙等率黨人猛攻江南製造局，該局總辦張楚寶乃李鴻章外甥，率衞隊猛烈抗拒，革命軍死傷五十餘人，承槱亦負傷，陳氏乃令黨人停攻，隻身進入江南製造局內，向張總辦曉以大義，說以利害，張不聽，張以鐵絲繫陳氏。次日，黨人再猛攻製造局，張逃去，局破。十月十七日，陳氏被舉爲滬軍都督。上海光復適在漢口失守後。武昌革命聲勢，復以大振，扭轉危局，滬局最要。

先是，武昌起義，陳其美派姚勇忱至杭州聯絡黨人。十月九日陳氏至杭州，適朱瑞代八十一標統帶，八十二標統帶顧乃斌素主革命。上海光復，陳召集軍中黨人會議，籌劃浙事，及回滬，復派黃郛、陳泉卿同至杭州共商起義事，並決定以童保暄爲臨時司令官。十月十三日夜，諮議局副局長沈鈞儒勸浙江巡撫增韞將旗營兵編入民籍，宣布獨立，以免戰禍。增韞不允。適 蔣公中正率先鋒敢死團由滬已抵杭，會同新軍八十一標及八十二標起義，佔領巡撫衙門，增韞逃匿馬房，被獲。旋佔領軍械局。惟駐防旗營不降，革命軍圍攻之，市民數千觀戰，歡呼助威，革命軍大勝。翌日，以諮議局爲軍政府，舉湯壽潛爲都督，浙江光復。

民國成立，唐紹儀任內閣總理時，陳其美任工商總長。辭職後，助 國父進行第二次革命。民國二年六月九日袁世凱下令免江西都督李烈鈞、安徽都督柏文蔚、廣東都督胡漢民職。三人皆國民黨。 國父乃實行第二次革命，以黃興爲討袁軍總司令，七月十二日李烈鈞首先起兵湖口，宣布獨立。陳其美繼之，在上海宣布獨立，自爲總司令，吳淞礮臺入革命軍手中，陳氏命 蔣公中正率革命軍攻軍械局。袁軍陸續至滬馳援。革命軍卒以衆寡不敵而告失敗。

第二次革命失敗後， 蔣公中正任湖口黨部主任，言於陳氏曰：「吾同盟會之組織，原以中國革命爲志業，今滿清雖覆，袁世凱居心叵測，革命未爲成功，遂與他黨合流黨人競於利祿，非黨之福也。」

陳氏答曰：「總理亦有此感。」陳其美、朱執信、蔣中正等助　國父改組國民黨爲中華革命黨。民國三年六月二十三日擧行選擧大會，公推　國父爲總理，七月八日召開成立大會，地點均在日本東京。

民國四年秋，袁世凱帝制自爲之事甚急，命駐上海之肇和軍艦於十二月六日啓碇開往廣東，壓制革命軍。陳氏偵知之，以該艦早有聯絡，遂派楊虎率三十餘人乘小汽船攜帶手槍炸彈登艦起義，艦上海軍學生響應，遂得佔領該艦，開入黃埔江，發砲攻製造局。另由孫祥夫率黨人乘小汽船欲奪應瑞、通濟二艦，因無海關護照，未能抵艦。另一路由朱霞、譚斌率衆攻佔電話局。聲勢頗盛，無如袁軍紛至，卒至失敗。

肇和軍艦起義失敗後，民國五年四月陳其美派　蔣公中正協助楊虎突襲江陰礮臺，於四月十六日佔領，並宣布獨立。十八日吳江、震澤等縣亦爲革命軍光復。時黨人由海外陸續回國，聚集上海。五月五日，黨人百餘名，乘小輪三艘，由陳其美指揮，圖襲吳淞江之策電警艦，事雖未濟，然深召袁世凱的畏懼。尤其對雄才大略，有膽有識，敢作敢爲的大將風範，革命巨靈的陳大將軍其美畏之如虎，恨之入骨，竟喪天害理陰遣奸人，於五月十八日暗刺殺陳氏於上海，國失英雄，黨折柱石，人傑溘逝，遐邇同悲。陳氏去世後，滬上之黨務推行及革命策進事業，皆由　蔣公中正接替主持。

陳其美的革命思想，見於其所發布的文告及信函中，玆扼要擧述於次：

1.討滿清，復國土——革命軍已先在武昌興兵起義，而浙、閩各地尙無擧義旗以爲響應者。陳氏乃發布「檄浙江福建文」，呼籲兩省同胞同抒義憤，共興師北伐，討滿清，復國土。檄文略曰：「中華民國軍政府起義於武昌，天下雲集響應，而我江浙之間，不聞有擧義旗之聲，實我江東同胞之羞。今滿清政府，尤窮凶極惡，倒行逆施，將我浙閩蘇三省之土地，科抵於外人。我三省人民寧可復因循坐視，以自陷於再亡之慘境。我軍政分府既建立於上海，誓與滿清不共戴天。浙閩皆我兄弟，共同利害，用特通檄知之，希各共抒義憤，早日恢復城池，共與北伐之師，以討滿清二百六十年來猾夏之罪，而復我民族素賦之光榮。」

2.鋤蠻滿，建共和——上海光復後，陳氏溯江西上，恢復南京，遂公布檄文，激勵南京同胞，共擧義旗，以爲響應，鋤野蠻之滿清，建共和之中華。檄文略曰「今天下光復之師，同時並起。我江東革命軍，已於九月十三日擧義於上海，人民歡迎，健兒踴躍，遂得克復江南製造局，據守吳淞礮臺，地方安靖，不犯秋毫。本軍政分府，正擬上溯長江，恢復江寧，尅日會合武漢皖浙光復軍，共伸天討，誅鋤野蠻之滿政府，建立共和之新國家。江南素多忠義之士，久抱同仇，定必聞風興起。用特通知，檄文到處，其速響應，樹江南獨立之先聲。」

3.利國家，福人民——陳其美領導革命黨人及幫會會衆冒險奮鬥攻破江南製造局，佔領吳淞礮臺，光復上海，受衆擧爲滬軍都督，乘勝夥同　蔣公中正，策動駐浙新軍攻佔巡撫衙門及軍械局等處，光復浙江，勳功彪炳，聲勢壯盛，衆所欽仰。迨開國革命軍事結束，忌之者放發流言，詆其擁兵自衞。陳氏聞之，慨然以大公無私之精神，光明磊落之態度，發出「解職宣言」，除歷述其革命經營及形勢外，謂其一切行事，皆以追求國家利益爲趨赴，增進人民福祉爲依歸，兵可忽然而有，亦可忽然而去；都督之稱係由革命而發生，既非趙孟之所貴，自非趙孟所能賤，權力名位向不介意，願自行解職。

宣言有曰「……抑思其美一革命黨員，本無兵柄，所以忽然而有兵者，亦由革命事實上發生，固非有人予之。時當用兵，不予而自有，時當止兵，不奪而自無，予奪之權，不在於人，操縱之機，作用在我。其美以精神爲主宰，以事實爲依歸，以國家之利害爲前提，以同胞之禍福爲準的，故兵可忽然而有，亦可忽然而無。若夫都督之稱，亦仍由革命事業而發生者，既非趙孟之所貴，自非趙孟所能賤。但其美顧恤名義，在被擧之初，固已辭之，江蘇光復後又辭之，臨時政府成立後又再辭之，政府北遷後，又四辭五辭而一辭矣，而卒未允。是知其美欲解滬軍都督之名位，不自今日始，固非因今日詠憂心悄悄之詩，而有所進退也。」

4.討國賊，保共和——革命成功，民國成立，袁世凱倒行逆施，蠻橫恣肆，毀約法，壞司法，殘殺忠良，濫捕議員，擅自借外債，廣植私人勢力，窮兇惡極，罪狀昭著。　國父於民國二年七月實行第二次革命，聲討袁賊。因之，陳其美亦發表討袁宣言，以伸討國賊，保共和之義。此宣言詞嚴意正，歷述事實，極具歷史價值，玆錄之於次：

共和政體，首重民意。不圖我國自改革以來，國賊袁世凱，殘害忠良，袒護兇犯，搗亂司法之制，提倡暗殺之風，蔑視國會，擅捕議員；私借外債，喪失主權，重人民之負擔，啓各國之干涉。蒙古叛亂，不加一兵，失地喪權，擅締協約，授各國以利益均霑之口實，陷中國於瓜分豆剖之危機。濫擲金錢，日用多至一千餘萬；收買議員，國會遂至一事莫成。解散各省聯合會之民意機關，擅設不經議會通過之濫竽官職；約法掃地，奸宄盈庭。白狼騷擾河南，張鎭芳以私人之故不加懲治；吉林屢次彈劾陳昭常，以官僚之誼，參案留中。藏事日迫，設邊督以掣人之肘；江淮本安，設檢察使以防人之變。司法無費，行政無費，各省幾無一事能爲；運動有費，賄買有費，誣害可以購人自首。工商海陸等部，則思減政併裁，主張消極；三海皇宮等處，則反繁興土木，不惜鉅資。竭全國之脂膏，供一人之揮霍，諫書朝上，貶詔夕下，令天下人人自危，使國家奄奄無氣。近更派兵南下，破壞共和。擄掠姦淫，漢鄂之同胞既已慘遭蹂躪，示威近逼，潯陽之鼙鼓又復動地而來。奇惡窮兇，實在忍無可忍，不得已共圖討賊，保障共和。振臂一呼，贛、蘇、皖、魯、湘、鄂、豫、奉等省同時響應，梟首太白，指顧間矣。特將國賊罪狀宣告中外，顧與我愛國同胞共殛之。」

5.一事權，便指揮——民國成立，中國同盟會在國會中，爲擴充力量，廣建助力，乃與有關黨派合流，改組爲國民黨。但國民黨反而流於組織鬆懈、力量渙散，紀律廢弛，難以發揮有效功能。所以民國二年七月第二次討袁革命失敗後，陳其美、朱執信等在日本東京，於民國三年七月助國父成立中華革命黨，重振革命精神，嚴密組織，整飭紀律，入黨誓約中，有「附從先生，服從命令」之語，蓋懲前毖後，謀所以統一事權，利便指揮，恢宏革命功能。黃興對此頗爲不滿，對國父持有歧見。陳其美乃致書黃克強就此作詳切解釋，期此誤會渙然冰釋。

書有曰「……至於所定誓約，有『附從先生，服從命令』等語，此中山先生深有鑒於前此致敗之故，多由於少數無識黨人誤會自由平等之眞意。蓋自辛亥光復以後，國民未享受自由平等之幸福，臨於其上者，個人先有緬規越矩之行爲，權利則狺狺然以爭，義務則望望然以去，彼此不相統攝，何能收指臂相使之功？上下自爲從爲，更難達精神一貫之旨。所謂既不能令，又不受命者，是耶非耶？故中山先生於此，欲相率同志納於軌物，庶以統一事權，非強迫同志尸厥官肢，盡失自由行動。美以爲此後欲達革命目的，當重視先生主張，必如衆星之拱北辰，而後星躔不亂其度數，必如江漢之宗東海，而後流派不至於紛歧。懸目的以爲之赴，而視力乃不分，有指車以示之方，而航程得其向。不然，苟有黨員如吾人昔日之反對中山先生者，以反對於將來，則中山先生之政見，又將誤於毫釐千里之差，一國三公之失。故遵守誓約，服從命令，美認爲當然天職而決無疑義者。足下其許爲同志而降心相從否耶？……長蛇封豕，列强方逞薦食之謀；社鼠城狐，內賊愈肆穿墉之技。飄搖予室，綢繆不忘未雨之思；邪許同舟，慷慨應擊中流之楫。望風懷想，不盡依依，敬掬微忱，耑求指示。」

第四節　國民革命的政治理想

一、三民主義的精蘊與價值——　國父孫中山先生領導國民革命，初期的目的，在於「驅除韃虜，恢復中華，建立民國，平均地權」，最後的政治理想是在建設民族獨立，民權伸張，民生順遂的三民主義的新中國。「三民主義就是救國主義，因爲三民主義是促進中國之國際地位平等，政治地位平等，和經濟地位平等，使中國永久適存於世界。」（民族主義，第一講）

三民主義的實行，一方面是適應中國客觀環境的實際需要，一方面在順應世界文化政治經濟進化發展的普遍潮流，乃一勞永逸之擧。國父在所撰「何以必須三民主義」一文中說「中國革命何以必須行三民主義？以在此二十世紀之時代，世界文明進化之潮流，已達於民生主義也。而中國則尚在異族專制之下，則民族之革命以驅除異族與民權之革命以推翻專制已爲勢所不能免者也。然我民族民權之革命時機，適逢此世界民生革命之潮流，此民生革命又我所不能避也。以其旣不能免又不能避之三大革命，已乘世界進化潮流催迫而至，我不革命而甘淪亡爲天然淘汰則已，如其不然，則曷不爲一勞永逸之擧，以

一度之革命而達此三進化之階段也。此予之所以主張三民主義之革命也。」（《總理全集》雜著，頁三八七—三八八）

由此言之，則知三民主義並非由三個各自分離，不相聯貫的混合體，可以脫離整體而獨立的。三民主義乃是由三個相互依存，密切融合而成的化合物；部份不能脫離整體而存在，整體須依部份而發揮其功能。所以，必須在全國人民民權伸張，政治地位平等及民生順遂，社會繁榮富裕的情形下，始能眞正獲得民族的獨立、平等與自由。故民族主義乃是民權主義、民生主義的民族主義。必須在民族獨立、平等、自由，民生順遂，社會繁榮富裕的情形下，人民始能眞正獲得民權伸張政治地位的平等。故民權主義乃是民族主義、民生主義的民權主義。必須在民權伸張，政治地位平等，民族獨立、平等、自由的情形下，始能眞正獲得民生順遂，社會繁榮富裕。故民生主義乃是民族主義、民權主義的民生主義。此之謂三民主義的連環性及整體性。

國父嘗謂「余之謀中國革命，所持主義，有因襲吾國固有之思想者，有規撫歐美之學說事蹟者，有吾所獨見創獲者」；又謂「當此新舊潮流相衝之日，爲調和計，並取兼收，集中外之精華，防一切之流弊，使國家發達，幾於完美。」由此足見三民主義乃是貫通古今，融會中外而成的博大精深，完整無缺的嶄新的思想體系。所謂「致廣大而盡精微，極高明而道中庸。」

自鴉片戰爭以後，歐風美雨襲擊中國；政治、經濟、社會、科學、哲學諸種學說的新潮，波濤洶湧的沖入中國。原有先秦諸子百家的固有傳統思想已無力量應付這來勢洶湧的猛烈攻擊。幸有　國父孫中山先生運用其最高的智慧，對中國固有思想注射入新血輪新生殖素，使之重見生機勃發的新契機。故三民主義乃是依舊生新，推陳出新，中西合璧的新晶品；可視之爲綜合性、一貫性、創造性的世界思想中新的完整體系。

三民主義的價値和功用，誠如民國十二年元旦，中國國民黨宣言所說的「本黨總理孫先生文，內審中國之情勢，外察世界之潮流，兼收衆長，益以新創，乃以三民主義爲立國之本原，五權憲法爲制度之綱領，俾民治臻於極軌，國基安於磐石，且以躋於有進無退，一治而不復亂之域焉。」國父於民國十年六月在廣州中國國民黨特設辦事處講演「三民主義之具體辦法」，曾說「三民主義有如林肯所主張的民有、民治和民享主義。」蔣公中正著「三民主義的本質」一文，指出「三民主義的本質就是倫理、民主和科學。」茲將三民主義構成要素的民族主義、民權主義、民生主義的內容和要義，分別舉述於次：

二、民族主義的精義與內容——民族主義的精義和內容可從左列各點予以說明：

1.民族主義的意義——民族主義就是國族主義。因爲國人只注重家族宗族及鄉土觀念而無國家觀念，勢如一盤散沙，不能團結一致，以群力禦外侮，求生存。民族主義就是要全國人民包括一切的不同種族團結合作成爲一體的國家，協力謀群生，同心禦外侮，而享受民族獨立、平等、自由的團體幸福。

2.民族與國家區別——英文 nation 一字雖可解釋爲民族或國家，但二者顯有區別。「民族是由天然力造成的，國家是由武力造成的。」國家的構成要素是土地、人民、和主權。主權乃是以武力爲後盾的國家最高權力。造成民族的自然力量，包括血統、生活、語言、宗教和風俗習慣。

3.恢復中國的民族地位——中國因兩度被異族統治及空談類似世界主義的天下思想，以致民族意識消沉，民族地位低落，今日要恢復民族地位，第一、要喚起民族意識，第二、要促成國民的團結，第

三、要恢復民族固有道德，第四、要恢復固有智能，第五、更要學習外國的優點。國父說「但是恢復了我們的固有道德智識和能力外，在今日的時代，還要去學歐美的長處，然後才可以和歐美並駕齊驅。如果不學外國的長處，我們還是要退後。」（民族主義，第六講）

4.民族主義對外意義——民族主義對外要自求解放，排除異族的統治及外國的侵略而獲得獨立平等的地位。對外維持吾國之獨立，即民有；對外國要爭取平等主義。所謂世界各民族一律平等。國父在所著「中國革命史」一文中說「對於世界諸民族，務宜保持吾民族之獨立地位，發揚吾固有之文化，且吸收世界之文化而光大之，以期與各民族並驅於世界，以馴致於大同。」

5.民族主義對內意義——中國民族對外獲得獨立平等地位後，對滿族既不採報復思想，並持「濟弱扶傾」之旨，扶助國內各弱小民族使之自立自強，皆享受一律平等的權利。各民族間亦可依自然同化之趨勢而發展爲和諧無間的大國族。

中國民族在自求解放，爭取獨立平等的過程中，固宜聯合其他以平等待我之民族，共同奮鬥，謀致勝利。故國父遺囑曰「余致力國民革命凡四十年，其目的在求中國之自由平等。積四十年之經驗，深知欲達到此目的，必須喚起民衆及聯合世界上以平等待我之民族共同奮鬥。」民族主義對內不是大漢族主義，國內各民族一律平等，相互合作，團結一致，共謀生存與發展，以躋於富強之域。對外不是褊狹的國家主義，富强之後，不會變爲帝國主義侵略他人，而在求世界各民族一律平等，彼此提攜，和平相處，維持互濟互重，講信修睦，漸臻於大同之治。故　國父曰「如果中國强盛起來，也去學列强帝國主義，去侵滅人國家，便是自蹈他們的覆轍。所以我們要先定一種政策，要『濟弱扶傾』才是盡我們民族天職。我們對於弱小民族要扶持他，對於世界的列强要抵抗他。如果全國人民都立定這個志願，中國民族才可以發達。」（民族主義，第六講）這亦是中國傳統的「不欺弱小，不畏强禦」的民族精神。

三、民權主義的精義與內容

民權主義的精義和內容，可從左列各點予以說明：

1.自由的正確意義——民權主義第二講對自由作定義曰「在一個團體中能够活動，來往自如，便是自由。」　國父以爲民族主義在爭取民族與國家的自由；民權主義在爭取人民的政治自由與個人自由。前者指人民能依其自由意志行使選舉權、罷免權、創制權和複決權。後者指確定人民有集會、結社、言論、信仰之完全自由。他反對「放蕩不羈」式或「一盤散沙」式的自由；因爲這種自由足以妨害國家民族的生存與發展。一個團體的分子所享有的自由，不是爲所欲爲的自由，而是爲其所應爲的自由。一個國民所享有的自由亦不是漫無限制的自由，而是不妨害他人自由與不違犯法律爲限的自由。

2.平等的正確意義——自由平等是民權的基礎。民權主義在爭取並保障人民的自由平等。　國父反對封建國家及專制政治下的人爲的不平等，如帝、王、公、侯、伯、子、男、民等。他亦不贊成洛克、盧梭所倡的「天賦人權，一律平等。」因天之生人萬有不齊，智力商數有多寡，天資禀賦有高下，如聖、哲、才、智、平、庸、愚、劣及先知先覺、後知後覺、不知不覺便是。如謂此之爲平等，則是平頭不平脚的假平等。眞平等是各人立足點的平等，各依才智自行發展。民權所要求的平等有四：一是政治平等卽政治地位的平等，人民行使其政權，人格平等，一人一票，一票一値。二是法律平等，卽同一類等的人，享相同權利，盡相同義務，法律之前，人人平等。三是機會平等，各人皆可憑一己才智在自由平等的機會下，公平競進，自由發展。四是社會平等，廢除一切階級的、宗敎的、種族的、男女的等一切歧視和不平，人格平等，不使特權存在。

3. 權能區分的政治——人民最怕的是有一個萬能政府而人民無方法去節制它。人民最歡迎的是一個萬能政府完全爲人民使用，爲人民謀福利。爲解決這一政治難題，國父發明「權能區分的原理」以爲應用。他說「這個權能分別的道理，從前歐美的學者都沒有發明過」；「這是世界上學理中第一次的發明。」所以他主張人民有權，政府有能。人民有四種政權，卽選舉權、罷免權、創制權和複決權。人民有此政權可以控制政府，政府不致流於專制，去壓迫人民。政府有能掌握立法權、行政權、司法權、考試權、監察權五種治權，可以爲人民服務造福，而成爲萬能政府；但受有人民的政權節制不致流於專制，壓迫人民。權能區分的原理和五權憲法之治乃是民權主義的精義。

美國的三權憲法係依法儒孟德斯鳩的制衡原理而設計成功的，使立法、司法、行政三權分立而又使之相互牽制。如此則易使政治流於無能，無足够能力爲人民作事服務。行政部門兼掌考試權難望其客觀公正，甚而可能徇私。故 國父依中國考試獨立的良好傳統而主張考試權脫離行政權而獨立行使。三權憲法使立法部門兼掌監察權，易使議會流於專制濫行彈劾及糾舉官吏。故 國父依中國監察權獨立的良好傳統，使之脫離立法部門。五權分立而綜於總統，則可收分工而合作之效，無彼此牽制之弊，而使政府有能。

4. 直接民權的採行——國父指出現代歐美民主國家只作到了間接民權和代議政治。人民只獲得一個選舉權，人民選舉了官吏、議員之後，他們若不稱職或不副衆望與民意，在任期屆滿前，人民對之無可如何。議會權力甚大，一切國家事務非經議會立法無法推行。而議會若不通過人民所需要的法律，而通過人民所不需要的法律，人民對之亦無可如之何。國父稱此爲「能放不能收的政治機器。」爲消除這種政治弊害，國父主張直接民權，卽人民可以直接行使選舉權、罷免權、創制權。被選舉出的官吏議員若不稱職或不符民意，在其任滿前，人民更可行使罷免權使之去職。代議機關的議會，若不通過人民所需要法律，人民可以行使創制權自行訂立此種法律。議會若通過人民所不需要的法律，人民可以行使複決權，廢止此種法律。如此，則所謂直接民權便是一部收放自如完備的政治機器。直接民權亦稱爲全民政治。

5. 地方自治的事業——國父給地方自治所下的定義，是「將地方上的事情，讓本地方人民自己去治理，政府不加干涉。」國父政治主張在於地方自治則採行直接民權，中央政府則採行間接民權。他對地方自治十分重視。他說「地方自治者，國之礎石也。礎不堅，則國不固」；又曰「蓋建設國家，譬如造屋，必先將舊材料拆去，然後可以建造新屋；而建造新屋，首重基礎。地方自治乃建設國家之基礎。民國建立後，政治尙未完善。政治所以不完善，實由於地方自治未發達。若地方自治已發達，則政治卽可完善，而國家卽可鞏固。」

國父指出地方自治實行之時期，須在國民革命勝利以後。第一次全國代表大會宣言有云「夫眞正的自治，誠爲至當，亦誠適合於民族之需要與精神。然此等眞正的自治，必待中國全體獨立之後，始能有成。中國全體尙未獲得自由，而欲一部份先獲得自由，豈可能耶？故知爭回自治運動決不能與爭回民族獨立之運動分道而行。自由中國之內，始能有自治之省。一省以內所有經濟問題、政治問題、社會問題，惟有於全國之規模中始能解決，則各省眞正自治之實現，必在全國國民革命勝利之後，亦已顯然。」

實行地方自治，須先培育自治人才。民國十二年，國父對全國青年聯合會講演時說「諸位想救國，現在已知道地方自治的方法，又有青年會團體的能力，那麼去實行地方自治還缺少什麼呢？簡單的說，就是要懂地方自治中一切細微節目的人才。」他並且勸告聽衆曰「在青年會研究體育、智育、德育之外，喜歡做地方事情的人，還要組織一個地方自治研究會或辦一個地方自治學校，來造就這樣專門人才。」

國父以縣爲地方自治區域。地方自治開始實行法曰「地方自治之範圍，當以一縣爲充分區域。如不得一縣，則聯合數鄉村，而附有縱橫二三十里之田野者，亦可爲試辦區域。」建國大綱第十八條曰「縣爲自治之單位，省立於中央與縣之間，以收聯絡之效。」國父在所著「中華民國建設之基礎」一文中，有曰「實行民治必由之道，卽其實行之次第，則莫先於分縣自治。蓋無分縣自治，則人民無所憑藉，所謂全民政治必無由實現。無全民政治，則雖有五權憲法，國民大會，亦未由舉土權在民之實也。以是之故，吾夙定革命方略，以爲建設之事，當始於一縣，縣與縣聯以成一國。」

地方自治開始實行法規定，自治事務，先辦清戶口、立機關、定地價、修道路、墾荒地、設學校六項，「俟收成效，然後陸續推行其他。」實行法又曰「以上自治開始之六事，如辦有成效，當逐漸推廣，及於他事。此後之要事，爲地方自治團體所應辦者，則農業合作、工業合作、交易合作、銀行合作、保險合作等事。此外，更有對於自治區域以外之運輸交易，當由自治機關設專局以經營之。」中國國民黨第一次全國代表大會宣言，對內政策曰「確定縣爲自治單位。自治之縣其人民有直接選舉及罷免官吏之權，有直接創制及複決法律之權。土地之稅收、地價之增益、公地生產、山林川澤之息、鑛產、水力之利，皆爲地方政府之所有，用以經營地方人民之事業，及應育幼、養老、濟貧、救災、衞生等公共之需要。」

6.均權的地方制度——中國自秦漢迄明清，二千餘年之政治史，乃是「合久必分，分久必合」的治亂循環的變亂紀錄。此蓋由於中央與地方的事權未能作合適與均衡的分配有以致之。持中央集權主義者，誤以爲統一必須集權，於是將地方的財權、治權悉收歸中央，以致地方財政困難，事業衰退，致失卻統一的經濟基礎，集權反使地方分裂。豈不知美英二國皆行地方分權而無礙於國家統一。信地方分權主義者誤將應歸中央的統治權亦要分割之，以致形成地方割據，破壞國家統一。

國父有鑑於此，遂主張採行均權主義的地方制度。建國大綱第十七條曰「中央與省之權限采均權制度。凡事務有全國一致之性質者，劃歸中央；有因地制宜之性質者，劃歸地方；不偏於中央集權或地方分權。」

均權主義的地方制度具有左列的特性與優點：

(1)合於萬物的均衡原理——宇宙萬物均在均衡的狀態下存在。大則宇宙星體運行，小則原子結構，中則機器系統、生物系統、社會系統等莫不是均衡狀態。國父在五權憲法講演中，說「自由同專制這兩個力量，不要各走極端，像物體的離心力和向心力互相保持平衡一樣。如果物體單有離心力或單有向心力，都是不能保持常態的。總要兩力相等，兩方調和，才能令萬物均得成現在宇宙安全現象。」均權制度正是依宇宙萬物均衡原理而設計。

(2)避免集權或分權流弊——中國歷史的分合治亂，多是由於中央與地方的權限分配，失卻上下的均衡狀態。有時中央集權過甚，引起地方叛亂，或下層空虛，而動搖國家的統一基礎。有時地方分權過甚，形成地方的尾大不掉和國家的分裂與割據。國父懲前毖後而采均權制度，既不偏於中央集權，亦不偏於地方分權，均適平衡，一治而不復亂。

⑶調劑集權或分權偏陂——中央集權與地方分權，各有其優劣。前者的優點在於事權集中，指揮統一，全國一致；而其缺點則使地方失卻活力與蓬勃生氣，且不能因地制宜。後者的優點在於因地制宜，及時行事；而其缺點則在於力量分散，事權分歧。國父的均權制度既不偏於中央集權，亦不偏於地方分權，取二者之長，而避二者之短，均衡調劑，不偏之謂中，中則立；均衡之謂和，和則順。

四、民生主義的精義與內容——民生主義的精義與內容可從以下各點予以說明：

1.民生主義的意義——一八九五年興中會成立宣言，有云「志向宜定也。本會擬辦之事，務須利國益民者，方能行之」；利國益民之事，是「興大利以厚民生」。此時雖未明言民生主義，但實則已含有國民革命的目的在解決民生問題，實現民生主義。國父於民國元年，給民生主義下定義曰「欲行一方策，使物產之供給得按公理而互蒙利益。此卽余主張之民生主義的定義。」民生主義第一講曰「民生主義就是人民的生活，社會的生存，國民的生計，群衆的生命便是。」人民的生活就是要解決人民的食、衣、住、行、育、樂諸問題。社會的生存，就是要維持社會全體的安全、安定、安和，使人人能安其生，樂其業，各得其所，各遂其生。國民的生計，就是要國民的財富充裕，家給戶足，物阜人豐。群衆的生命，卽國家民族的集體生存，民族獨立，國家自主，外不受列强侵侮，內不受任何壓迫，人人自由平等。

2. 民生主義的目的——民生主義的目的有二：一曰養民，二曰經濟平等。國父在民生主義的講演中，說「民生主義是以養民爲目的」；「民生主義是……人人都能够做事，人人都有飯吃」；「我們既有了土地與主權，自然要想一個完全方法來享受，才能够達到生活上圓滿的幸福。怎麼樣享生活上幸福的道理，便叫做民生主義」；「民生主義就是要用國家的大力量去開採鑛產、開闢交通、振興工業、發展商業，提倡農業，把中華民國變成一個黃金世界。大家便可以享人生眞幸福，子子孫孫便不怕窮」；「民生主義就是做全國大生利之事，要中國像英國、美國一樣的富足。」

國父在民生主義的講演中又說「民生主義是對大富人打不平的」；「是對資本家打不平的」；「是對貧富爭平等的」；「就是貧富均等，不能以富者壓制貧者」；「就是要弄到人人生計上、經濟上平等」；「人類要求社會上機會平等，貧富平等，便是民生革命」；「不許全國男女有大富人或大窮人的分別。」由此觀之，民生主義的目的在使全國人民都可過着既富且均的生活。富則民生樂利，生活富裕，生活水準得以提高，幸福享受得以增進。若富而不均，貧富懸殊，階級對立，不平則鳴，將會引起階級鬥爭的變亂。既富且均，均則平，平則和，和則安樂。

3. 民生史觀的創見——國父認爲馬克斯是位社會病理學家，不是社會生理學家，遂倡民生史觀以糾正其錯誤（見民生主義，第一講）。民生史觀的要旨如下：㈠馬克斯以爲物質是社會進化的動力，國父則以爲人類求生存的慾望，才是社會進化的動力。國父曰「人類求生存是什麼問題呢？就是民生問題。所以民生問題才可說是社會進化的原動力」；「民生是社會進化的重心，社會進化又是歷史的重心；歸結到底，歷史的重心是民生，不是物質。」㈡馬克斯持勞動價值說，以爲一切物品的價值是工人的勞動力所創造出來的。而資本家的財富是由於剝削勞動力的剩餘價值。　國父持社會價值說，認爲物品的價値是社會上一切有用的分子共同創造出來的。他說「剩餘價値係屬於全社會所有，故應分之於全社會；不應完全歸工人所有。」㈢馬克斯既認爲資本家的財富是剝削勞工的剩餘價值，故資本家是勞動者敵人，遂主張階級鬥爭，且認此爲社會進化的原因。　國父以爲經濟利益衝突是社會進化的病態，經濟利益的調和與社會的互助，才是進化的原因。他說「人類求生存才是社會進化的原因，階級戰爭不是社會進化的原因，而是社會進化的時候所發生的一種病症。這種病症的結果，便是戰爭。馬克斯研究社會問題所有心得，祇見到社會進化的毛病，沒有見到社會進化的原理。所以馬克斯祇可說是一個社會病理學家，不能說是一個社會生理學家。」　國父在心理建設中，又說「物種以競爭爲原則，人類則以互助爲原則。社會國家者，互助之體也；道德仁義者，互助之用也。人類順此原則則昌，不順此原則則亡。」

4.平均地權的方法——平均地權是實行民生主義的一種方法，其目的在防止因社會進步而促成地價增漲的利益歸於私人，並藉以阻止土地的操縱壟斷與投機。如何實施平均地權？其事有五：即㈠地主自定地價，㈡照價徵稅，㈢照價收買，㈣漲價歸公，㈤新市地公有。前四者的實施，建國大綱第十條規定曰「每縣開辦自治之始，必須先規定全縣私有土地之價，其法由地主自報之，地方政府則照價徵稅，並可隨時照價收買。自此次報價之後，若土地因政治之改良，社會之進步而增價者，則其利益當爲全縣人民所共享，而原主不得而私之。」至於新市地公有，　國父於民國元年談及江西市政時，說「現有街市，亦不必再改，惟須擇一最大之地段，另闢新埠，將衙署、公所、學校、銀行遷入其中，則舊有者不期廢而自廢，改建甚易矣。至於地皮，祇可由公家購買。」在實業計畫第一計劃北方大港中，說「今欲所計畫之地，現時毫無價值之可言。假令於此選地二、三百方咪，置諸國有，以爲建築將來都市之用，而四十年後，發達程度卽令不如紐約，僅等於美國費府，吾敢信地價所漲已足償所投建築資金矣。」

5.耕者有其田的含義——自秦始皇廢封建，開阡陌，土地可以自由買賣，土地兼併之風大行，致形成富者連阡陌，貧者無立錐的土地分配的畸形狀態。大地主不能自力耕作其田地，乃將其田地分給佃農耕作。佃農終歲櫛風沐雨，胼手胝足辛苦耕作的農產品，多數歸地主所有。地主不勞而獲，佃農寃枉被剝削。耕者有其田的目的就是在消除土地分配的不均，及解除佃農的痛苦。

國父在民生主義第三講，說「要使農民問題得到完全的解決，是要耕者有其田，那才是對於農民問題的最終結果」；「一般農民，有九成都是沒有田的。他們所耕的田，大都是屬於地主的。有田的人自己都不去耕。照道理講，農民應該是爲自己耕田，耕出來的農品，要歸自己所有。現在的農民都不是耕自己的田，都是替地主來耕田，所生產的農品，大半是被地主奪去了」；「據最近在鄉下的調查，十分之六是歸地主，農民自己所得到的不過十分之四，這是很不公平的」；「我們要解決農民的痛苦，歸結是要耕者有其田。就是要農民得到自己勞苦的結果，不令別人奪去」；「假使耕田所得到的糧食完全歸到農民，農民一定是更高興去耕田的。大家都高興去耕田，便可以多得生產。」

6.節制私人資本的方法——國父曰「夫吾人之所以持民生主義者，非反資本，反對資本家耳，反對少數人佔經濟之優勢壟斷社會之富源耳」；「此民生主義爲預防政策；但須研究對於將來之資本家加以如何之限制，而不必遽學各國將資本家悉數掃除」；這是節制私人資本的目的。至於節制私人資本的方法，計有以下幾點：㈠劃定私人資本經營範圍。凡夫事務之可以委諸個人或其較國家經營爲適宜者，應任個人爲之。凡企業之有獨佔性者，應由國家經營之。㈡限制私人公司或工廠之大小。國父雖未說明限制的程度。但私人之托辣斯（trust）或聯合經營（combination）足以壟斷或操縱大衆經濟者，當在限制之列。㈢多徵收資本家的所得稅及遺產稅。此等租稅須採累進稅率，最高可至百分之八、九十，防止足以妨害大衆經濟的資本家。㈣建立勞動立法體制，保護勞工的利益。如最低工資法，工廠安全衞生法，勞工疾病、傷亡等保險法，勞工組織法等便是。

7. 發達國家資本的計劃——民生主義第二講有曰「中國今日單是節制資本，仍恐不足以解決民生問題，必須加以製造國家資本。製造國家資本就是發展國家實業。這項發展實業的計劃，已詳於建國方略第二卷的物質建設，又名曰實業計劃。」民國元年九月四日在北京共和黨本部演講曰「民生主義關係國民生計至鉅，欲使大多數人享大幸福，非達到民生主義不可。外間對此一問題，頗有疑慮，與前二十年反對革命相同。殊不知民生主義，並非均貧富之主義，乃以國家之力，發展天然實利，防止資本家之專制。德國俾士麥反對社會主義，提倡國家社會主義，十年以來，擧世風靡。」由此言之，民生主義的意義有似國家社會主義，在於以國家之力振興國家實業，發達國家資本。

發達國家資本的要素有三，卽資本、人才與方法。但此三者，均我國所欠缺。民國元年九月十四日國父在北京與各報記者談話曰「鄙意以爲三項皆須利用外人，因㈠我無資本，利用外資，㈡我無人材，利用外國人材，㈢我無良好方法，利用外國方法。」國父在物質建設序文曰「發展之權，操之在我則存，操之在人則亡。」蓋指借外債應守之原則。他又說「主張借外債以從事生利事業，不可以之供消耗之用，如北庭剜肉補瘡之所爲。」國父草擬「國際發展中國實業計劃書」時，相信「以國際共助中國之發展，可以免將來之貿易戰爭。」國父以爲「借用外國人材，可以訓練本國人材。」否則，要派留學生或設學校培養，必須等十年之後，而有青黃不接之虞。

國父認爲如欲使發達國家資本成功，必須講求效率與防止貪污。國營事業往往耗費太多而缺少效率。如果國營事業衙門化而缺少效率，則發達國家資本不能不說是失敗。國父深惡官吏之貪污，是政治腐敗之源，發達國家資本，亦必須防止貪污。心理建設中有言曰「中國的貧弱原因，在官吏貪污，政治腐敗之爲害」「倘此害一除，則致中國之富强，實頭頭是道也。」物質建設中亦有言曰「開闢利源之辦法，如不令官吏從中舞弊，則中外利益均霑，中國人民必歡迎之。」

發展國家資本的具體計劃，國父在實業計劃中有詳細說明。第一計劃是：築北方大港於直隸灣，建鐵路系統起北方大港迄中國西北極端，蒙古新疆之殖民，開濬運河，開發直隸山西煤礦，設立製鐵煉鋼工廠。第二計劃是：築東方大港、整治揚子江水路及河岸，建設內河商埠，改良揚子江現存水路及運河，創建大士敏工廠。第三計劃是：改良廣州爲一世界港，改良廣州水路系統，建設中國西南鐵路系統，建設沿海商埠及漁業港，創立造船廠。第四計劃是：建築中央鐵路系統，建築東南鐵路系統，建築東北鐵路系統，擴張西北鐵路系統，建築高原鐵路系統，創立機關車、客貨車製造廠。

8.食衣住行的養民方法——民生主義的目的在養民。養民的方法在解決人民的食、衣、住、行的四大生活問題。民國五年七月，國父講演「中華民國之意義」，有曰「故謀國者，不論英、美、法、德，必有四大主旨：一、爲國民謀吃飯，二、爲國民謀穿衣，三、爲國民謀居屋，四、爲國民謀走路。食、衣、住爲生活之根本，走路則且影響至國家經濟與社會經濟矣。」建國大綱第二條，亦曰「建國之首要在民生。故對於全國人民之食、衣、住、行四大需要，政府當與人民協力，共謀農業之發展，以足民食；共謀織造之發展，以裕民衣；建築大計劃之屋舍，以樂民居；修治道路、運河，以利民行。」

民生主義第三講對足食的方法，有詳明而切實的說明。民生主義第四講對裕衣的方法，亦有詳明而切實的闡釋。國父指出食的材料，有風、水、動、植四種。解決食的問題，在增加生產、解放農民及耕者有其田。增加生產的方法，在改良農耕機器、施肥、換種、運輸、防災及農產品加工。農產品增加後，同時要使之分配合理。衣着的材料有絲、麻、棉、毛、皮。穿衣的作用爲護體、彰身及爲身分表現。今日之衣着應力求經濟、美觀、實用與方便。衣着的供應須建立大規模的裁縫工廠，使衣着供應充裕。

民生主義的講演雖未能及於居室及行路問題的解決，然實業計劃中的第五計劃，則除糧食工業、衣服工業外，更包括居室工業及行動工業。居室工業中有言曰「居室爲文明之一因子，人類由是所得之快樂，較之衣食更多，人類之工業過半數皆以應居室需要者。」「依吾所定國際發展計劃，則中國之一切居室，將於五十年內依近世安適方便之式改造，是予所能預言者。」建築所需之材料，須建立磚瓦窰、鋸木廠、鐵工廠、石工場、士敏土工廠、三合土工廠，大量生產，並配合足用舟車及水陸道路廉價運至所需之地。公衆建築，以公款爲之，無利可圖，由政府設專部以司其事。私人居室，爲國際發展計劃所建築，乃以低廉居室供應人民，而司建築者仍須有利可獲。此類居室之建築，須依一定規模。在城市中所建屋，分爲二類，一爲一家之居室，一爲多家之居室。鄉村中之居室，依人民之營業而異，爲農民所居者，當附屬穀倉、牛奶房之類。一切居室設計，皆須使居人得其安適，故須設特別建築部，以考察人民習慣，營業需要，隨處加以改良。建築之事，須以機器爲之，務期之事可速，費用可省。居室所用家具，亦須改用新式者，以圖國人之安適，而應其需要。食堂、書室、客廳、臥室、厨房、浴室、厠所所需家具皆須特別製造。家用物如水、光、電、燃料、電話等皆須加以設備與製造，以供日用之需要。

實業計劃第五計劃行動工業曰「人生時期內，行動最多，每人之有行動，故文明得以進步。中國欲得近時文明，必須行動。個人之行動，爲國民之重要部份，每人必須隨時隨地行動，甚易甚速。」「吾儕欲行動敏捷，作工較多，必須以自動車爲行具。但欲用自動車，必先建造大路。吾於國際發展計劃提前一部序言中，已提議造大路一百萬英里。是須按每縣人口之比率，以定造路之里數。中國本部十八省約有縣二千，若中國全國設縣制，將共有四千縣，每縣平均造路二百五十英里。」「中國人民既定建造大路，國際發展機關，即可設立製造自動車之工場，最初用小規模，後乃逐漸擴張，以供給四萬萬人之需要。所造之車當合於各種之用途，爲農用車、工用車、商用車，旅行用車、運輸用車等。此一切車以大規模製造，實可較今更廉，欲用者皆可得之。」「除供應廉價車外，尚須供應廉價燃料，否則人民不能用之。故於發展自動車工業以後，即須開發中國所有之煤油礦。」

9.庠序學校的敎民方法——國父不僅注重養民，對於敎民的方法，亦極有研究。早年上李鴻章書即提出人盡其才的主張。有曰「人質有愚智，非學無以別其才；才智全偏，非學無以成其用。有學校以陶冶之，則智者進焉愚者上焉，偏才者普焉。蓋賢才之生，或千百人而見一，或千萬人而有一，若非隨人而施敎之，則賢才亦以無學而自廢，以致於湮沒而不彰」；又曰「泰西諸邦，崛起近世，深得三代之遺風。庠序學校遍布國中，人無貴賤皆奮於學。凡天地萬物之理，人生日用之事，皆列於學之中，使通國人民，童而習之，各就性質之所近而肆力焉。又各設有專師，津津啓導，雖理至幽微，事至奧巧，皆能有法以曉喻之，有器以窺測之。其所學由淺而深，自簡而繁，故人之靈明日廓，智慧日積也。」

國父認爲教育人民乃是國家的責任。民國元年在上海講社會主義之派別及批評，曰「圓顱方趾，同爲社會之人，生於富貴之家，卽能受教育，生於貧賤之家，卽不能受教育，此不平之甚也。社會主義學者，主張教育平等。凡爲社會之人，無論貧賤皆可入公共學校，不特不取學膳等費，卽衣履書籍，公家任其費用，盡其聰明才力，分專分科，卽資質不能受高等教育者，亦按其性之所近，授農工商技藝，使有獨力謀生之材。卒業之後，分送各處服務，以盡其能，庶幾教育之惠不偏爲富人所獨受，其貧困不能造就者，亦可以免其憾矣。」地方自治開始實行法，亦曰「凡在自治區域之少年男女，皆有受教育之權利。學費、書籍與學童之衣食，當有公家供給。學校之等級，由幼稚園而小學而中學，當陸續按級而登，以至大學而後已。」

國父指出教育的功能與目的有三：一曰培養人才，二曰實用技能，三曰社會服務。民國十年十二月，國父在桂林學界歡迎會上，說「少年受了教育，十多年之後，便成爲有用人才，可以繼續你們前輩去辦事。如果他們失了教育，你們以後的人才，便新舊不相接，以後的事業便無人辦。」足見教育功能與目的在培養人才。地方自治開始實行法，有云「學校的目的，於讀書、識字、學問、智識之外，當注意於雙手萬能，力求實用，凡能雙手生產之機械，我當倣造，精益求精，務使我能自造，而不依靠於人，必期製造精良，實業發達，此亦學校所有事也。」足見傳授實用技能，乃是另一教育的功能與目的。民國十三年黃花岡紀念會上，國父對嶺南大學學生講演時，說「諸君現在求學的時候，便應從今晚學起，愛惜光陰，發奮讀書，研究爲人類服務的各種學問。有了學問之後，便要立志，爲國家服務，像七十二烈士一樣，雖至犧牲性命，亦所不惜。」由此可知，教育的功能與目的，在培養能爲社會國家服務的人才，能够犧牲奉獻，不計個人利害。

10社會福利與大同社會——　國父對於社會福利的各種施設，極爲重視。建國大綱第十一條，曰「土地之歲收，地價之增益，公地之生產，山林川澤之息，鑛產水力之利，皆爲地方政府所有，而用以經營地方人民之事業及育幼、養老、濟貧、救災、醫藥與夫種種公共之需。」凡此皆社會福利的各種設施。民生主義建設的最高理想就是經由社會福利的各種設施，而漸躋於禮運篇的大同社會。　國父最喜歡寫「博愛」、「天下爲公」及禮運大同篇全文。　國父對大同社會的情景惜無具體描述，幸有　蔣公中正寫有「民生主義育樂兩篇補述」，以作較明確的論說。

補述篇曰：大同的經濟制度是「貨不必藏於己，力不必爲己。」大同的社會制度是「人不獨親其親，不獨子其子。」大同的政治制度是「選賢與能，講信修睦。」分別說明如下：

(1)「貨惡其棄於地也，不必爲己；力惡其不出己身也，不必爲己。」——這是說大同社會的生產是努力開發資源，而以養民爲目的；大同社會的勞力是爲社會服務，而不是爲工資而勞動。所以大同社會的經濟制度是以合作爲基礎，以服務爲目的，這就是民生主義的經濟制度。

(2)「不獨親其親，不獨子其子，使老有所終，壯有所用，幼有所長，矜寡孤獨廢疾者皆有所養；男有分，女有歸。」——這就是說，在大同社會裡，兒童不會失去教養，壯年都能得到職業，男女都有配偶，老年都有歸宿，家庭的生活安定。如有鰥寡孤獨、疾病殘廢，也都受到國家保護和社會的扶助，不致生活發生困難。民生主義「育」的問題是全部解決了。

(3)「選賢與能，講信修睦」——這是民主國家主權平等的世界。在這世界裡，「謀閉而不興，盜竊亂賊而不作」，這是「天下為公」的永久世界和平。

《春秋公羊傳》有「三世」之說，禮運篇亦有「三世」之說。這三世就是到達大同社會的三大階段。《公羊傳》的三世，一是據亂世，二是昇平世，三是太平世。禮運篇所說「幽國」、「疵國」、「亂國」。要建設大同社會，首先要削平各種變亂。而削平變亂的階段，就是《公羊傳》所謂「據亂世」。削平變亂之後，國家社會漸告安定，就是建設開始的階段。禮運篇把這一階段叫做「小康」，亦就是《公羊傳》所謂「昇平世」。等到社會建設達到最高理想，那就是禮運篇所謂「大同」，亦就是《公羊傳》所謂「太平世」。

（張金鑑《中國政治思想史》一書，至此竣工）

參考書目

第一編　緒　　論

1 《荀子》王制篇、非相篇、禮論篇、性惡篇

2 John A., *Cogitative Development*, Englewood, Prentice-hall, 1977

3 俞莜鈞《人類智慧探索者——皮亞協》，允晨公司，七十一年

4 Lucien Febvre, *A Geographical Introduction to History*, N. Y., 1925

5 Samuel K. Beer, *Patterns of Government*, 1968

6 《管子》水地篇、牧民篇

7 《淮南子》要略篇，主術訓，齊俗訓

8 張金鑑《政治學概要》，三民書局，五十二年

9 R. G. Gettell, *History of Political Thought*, Century Co., N. Y., 1939

10 司馬遷《史記》卷六秦始皇本紀、卷六十八

11 張金鑑《西洋政治思想史》，三民書局，五十九年

12 Lawrence C. Wanlass, *Gettell's History of Political Thought*, 1978

13 《論語》衞靈公、顏淵、八佾、里仁、雍也、子路、爲政、泰伯、述而各篇

14 《孟子》梁惠王、告子、盡心、離婁、公孫丑各篇

15 《韓非子》有度、姦刼、定法、開塞、儲內、六反、畫策

16 《商君書》禁使、修權、弱民、算地、開塞、去強各篇

17 Levis H. Morgan, *Ancient Society*, & Engels, *Origin of Family, Private Property and the State* 三書，哈佛大學於一九六四年重印

18 Edward B. Tylor, *Primitive Control*, 哈佛大學，一九五八年重印

19 《列子》楊朱篇

20 班固《漢書》卷五十六，董仲舒傳

21 劉向《說苑》卷十八、卷八

22 《老子》第二十五章、第四十二章

23 《墨子》法儀、尙賢

24 《中庸》第一章、第二十七章、第二章、第四章

25 《尙書》大禹謨、武成篇

26 王通《中說》卷四，第一

27 《大學》十

28 孫中山《孫文學說》三民主義

29 《春秋左氏傳》昭公二十八年、文公七年、僖公二十四年、定公十年

30 王陽明《傳習錄》

31 顧炎武《日知錄》卷一

32 康有爲《大同書》第一章
33 賈誼《新書》大政篇
34 董仲舒《春秋繁露》第二十五
35 王符《潛夫論》第三、第八、第十、第三十三
36 吳兢《貞觀政要》第二、第六
37 朱熹《近思錄》卷八、卷九
38 葛洪《抱朴子》第一
39 劉基《郁離子》用人
40 方孝孺《遜志齋集》深慮論，九
41 趙翼《陔餘叢考》卷十七
42 俞正燮《癸巳類稿》三
43 梁啓超《中國歷史研究法》，中華書局，五十九年
44 劉知幾《史通》六家篇
45 鄭樵《通志》總序
46 章學誠《文史通義》釋通篇

第二編　上古時期

1 《荀子》禮論篇、王制篇

2 《韓非子》五蠹篇

3 《管子》君臣篇

4 《墨子》尙同篇、辭過篇

5 張金鑑《西洋政治思想史》，三民書局，五十九年

6 《老子》第十八章、第十九章、第二十五章、第一章

7 《莊子》繕性篇、盜跖篇

8 馬驌《繹史》卷三

9 凌純聲《邊疆文化論文集》，中央研究院，四十二年

10 張金鑑譯《政治簡史》(Edward Jenks, *Short History of Politics*)，商務印書館，五十四年重印。此書經嚴復譯曰《社會通詮》

11 《尙書》虞書，益稷篇、堯典篇、盤庚篇、說命篇、湯誓篇、湯誥篇、仲虺之誥篇、咸有一德篇、西伯戡黎篇

12 《周易》繫辭

13 張其昀《中華五千年史》第一册、第二册，文化大學，七十年

14 張金鑑《行政學典範》，中國行政學會，七十二年

15 《論語》泰伯篇、衞靈公篇

16 《孟子》梁惠王篇、滕文公篇、萬章篇

17 章嶔《中華通史》第一册，商務印書館，六十一年

18 司馬遷《史記》殷本紀

19 王靜安《三代地理小記》
20 羅振玉《殷墟書契》後編
21《春秋左氏傳》定公四年
22 洪安全《周公》，商務印書館，六十八年

第三編 封建時期

1《孟子》公孫丑篇、萬章篇、告子篇、滕文公篇、萬章篇
2《尚書》泰誓、西伯戡黎、武成、大誥、無逸、康誥、洛誥、召誥，牧誓、洪範、金縢、多士、酒誥、梓材、多方、旅獒、君奭、立政等篇
3《詩經》大雅大明、篤、生民、蕩蕩上帝、緜、皇矣、文王；豳風七月、豳雅、楚茨、南山、大田、豳頌、思文、臣工、噫嘻、豐年、載芟、良耜；大雅烝民、小雅六月、鹿鳴、四牡、皇皇者華，棠棣、伐木、天保、采薇、出車、秋杜、魚麗、南陵、白華、華黍、由庚、南有嘉魚、崇丘、南山有臺、由儀、蓼蕭、湛露、菁菁者莪等篇
4 張其昀《中華五千年史》第二冊，文化大學，七十一年
5 章嶔《中華通史》第一冊，商務印書館，六十一年
6 司馬遷《史記》卷三殷本紀，卷四周本紀，卷三十三魯世家，卷六十八商鞅列傳
7《荀子》儒效篇
8《春秋左氏傳》定公四年，昭公二十年，昭公二十八年，僖公二十四年，昭公二十六年，桓公二年，昭公六年、

七年、十三年、三十二年，成公元年，僖公二十八年，襄公二十四年，宣公元年、十三年，僖公五年

9 柳宗元《柳河東集》卷三，封建論

10 《呂氏春秋》愼勢篇、下賢篇

11 《管子》事語篇

12 《晏子春秋》卷六

13 馬驌《繹史》卷二十二，周公攝政

14 周洪謨「殷人叛周論」，載《中華叢書》，「明文彙」，四十七年

15 司馬光《資治通鑑》周紀一，威烈王二十三年

16 王國維《觀堂集林》卷十，殷周制度論，十八年

17 《禮記》王制篇、曲禮篇

18 《國語》周語

19 《春秋穀梁傳》襄公二十九年

第四編　先秦時期

1 《孟子》離婁、梁惠王、公孫丑、滕文公、盡心、告子、萬章等篇

2 《管子》牧民、任法、禁藏、覇言、法法、明法、戒第、國畜、揆度、臣乘馬、重令、五輔、七臣、七主、修權、七法、形勢解、君臣、立政、四稱、乘馬、版法、治國、心術、國蓄、山至數、水地、度地、樞言、八觀等篇

3 《國語》魯語、楚語
4 馬驌《繹史》卷六十三、卷五十八
5 顧炎武《日知錄》卷二
6 司馬遷《史記》孔子世家、貨殖列傳、蘇秦列傳、仲尼弟子列傳、天官書、魏世家、田敬仲完世家、荀孟列傳
7 夏曾佑《中國古代史》，商務印書館，二十一年
8 柳詒徵《中國文化史》上册，正中書局，二十七年
9 梁啓超《春秋記載》
10 《戰國策》第八，齊策
11 張蔭麟《中國上古史綱》，華岡書城，四十二年
12 三軍大學編《中國歷代戰爭史》，六十五年
13 錢穆《先秦諸子繫年考辨》，香港大學
14 《論語》爲政、泰伯、公冶長、八佾、憲問、季氏、衛靈公、顏淵、先進、陽貨、里仁、雍也、子路、學而、述而、子罕等篇
15 陳東原《中國古代教育史》，商務印書館，二十年
16 《呂氏春秋》孟夏紀、尊師、愼勢等篇
17 《荀子》天道、解蔽、非十二子、富國、勸學、修身、不苟、榮辱、非相、仲尼、儒效、王制、王覇、君道、臣道、致仕、議兵、强國、天論、正論、正名、君子、大略、宥坐、子道、法行、堯問、禮論、非相、哀公、性惡等篇

18 司馬遷《史記》孟嘗君、平原君、信陵君、春申君 、呂不韋、老子、莊子、申不害、韓非、管仲、晏嬰、商君等人列傳

19 《老子》第二十一章、第一章、第二十五章、第三十四章 、第四十二章、第二十八章、第二章、第十六章、第五十八章、第五十一章、第五十七章、第十章、第三十八章、第十九章、第三章、第六十六章 、第三十七章、第二十九章、第四十四章、第六十章、第十八章、第七十四章、第八十章、第四十章、第八章 、第七十三章、第七十八章

20 《莊子》漁父、盜跖、胠篋、逍遙遊、大宗師、應帝王、列禦寇、天下、德充符 、至樂、 齊物論、在宥、養生主、駢拇、馬蹄、秋水等篇

21 《商君書》畫策、墾令、農戰、算地、錯法、禁使、開塞、修權、賞刑、去强、弱民、君臣、說民、境內、更法、兵守、愼法、定分、戰法、徠民等篇

22 《韓非子》五蠹、內外儲、難二、說林、有度、八經、功名、姦刼、弑臣、難三、主道、三守、心度、用人、解老、亡徵、六反、說疑、顯學、八姦、說難、孤憤、定法等篇

23 《墨子》兼愛、非攻、親士、所染、法儀、尙賢、尙同、節用、天志、非命、非樂、耕柱、貴義、魯問、公輸、公孟、明鬼等篇

24 蕭公權《中國政治思想史》第一編第一至第七章，華岡出版公司，六十一年

25 薩孟武《中國政治思想史》第一編，先秦政治思想，三民書局，六十六年

26 梁啓超《先秦政治思想》，中華書局，六十九年；《孔子》，中華書局，四十五年

27 《胡適文存》第一集，遠東圖書公司，四十二年

28 顧頡剛《古史辨》第六册，臺灣明倫書局
29《大學》經一章、九、十、三
30《中庸》第六章、第二十章、第二十五章、第十七章、第一章
31《愼子》威德篇
32 熊十力《原儒》上卷
33 唐君毅《哲學概論》
34 李翺《復性書》上篇，中華書局，四十六年
35《國語》國語、晉語
36 劉寶楠《論語會箋》上册，廣文書局
37 柳詒徵《中國文化史》上册，正中書局，四十三年
38《禮記》曲禮、王制、坊記
39 張金鑑《西洋政治思想史》，三民書局，五十九年
40《尙書》堯典、舜典、大禹謨、皐陶謨、五子之歌、仲虺之誥、湯誥、康誥、酒誥、無逸、蔡仲之命、周官
41 蔣伯潛《諸子通考》上篇
42 林麗眞《荀子》，商務印書館，七十一年
43 余培林《新譯老子讀本》，三民書局，六十一年
44 顧祖禹《讀史方輿紀要》
45《春秋左氏傳》閔公元年、僖公四年、七年、十二年

46 黃錦鋐《新譯莊子讀本》，三民書局，六十六年
47 王忠林《新譯荀子讀本》，三民書局，六十三年
48 張蓓蓓《孔子》，商務印書館，七十一年
49 劉正浩《孟子》，商務印書館，七十一年
50 黃錦鋐《莊子》，商務印書館，七十一年
51 王多珍《墨子》，商務印書館，七十一年
52 甲凱《商鞅》，商務印書館，七十一年
53 張其昀《中華五千年史》，第三册至第七册，文化大學，七十一年
54 佘培林《老子》，商務印書館，六十八年
55 婁良樂《管子》，商務印書館，六十八年
56 楊樹藩《韓非》，商務印書館，七十一年
57 林尹《中國學術思想大綱》(一)(二)，東方書局，四十四年

第五編　王權時期

1 《春秋左氏傳》僖公二十四年、昭公二十三年、桓公五年、昭公二十六年、襄公九年、宣公十一年
2 《管子》小匡、牧民二篇
3 司馬遷《史記》貨殖列傳、范蠡列傳、呂不韋列傳、秦始皇本紀，漢興以來諸侯年表、平準書、李斯列傳、甘茂列傳、武帝本紀

4 班固《漢書》卷十四、卷二十四上下、卷九十九、諸侯王表序、蕭何曹參傳、陳平傳、周亞夫傳、張釋之傳、汲黯傳、呂后紀、高帝紀、文帝紀、景帝紀、武帝紀、陸賈傳、儒林傳、賈誼傳、揚雄傳、張湯傳、酷吏傳、鼂錯傳、食貨志、董仲舒傳、劉安傳、劉向傳

5 范曄《後漢書》樊安傳、王丹傳、岑彭傳、吳漢傳、百官志、許荊傳、李固傳、神蔦傳、鄭興傳、魯恭傳、韋彪傳、劉寵傳、后紀序、宦官列傳、楊終傳、丁鴻傳、陳忠傳、翟酺傳、郎顗傳、張衡傳、周擧傳、黃瓊傳、襄楷傳、朱穆傳、爰延傳、劉陶傳、荀爽傳、皇甫傳、竇武傳、楊賜傳、廣植傳、方術列傳、劉歆傳、井丹傳、王梁傳、桓譚傳、尹敏傳、王充傳、王符傳、荀悅傳、仲長統傳

6 顧炎武《日知錄》卷八、卷二十四

7 趙翼《廿二史劄記》卷二

8 徐天麟《西漢會要》、《東漢會要》

9 《呂氏春秋》重己、貴生、本生、去私、君守、任數、知度、先己、論人、審分覽、勿躬，十一篇

10 李斯「諫除逐客令書」

11 陸賈《新語》道基、輔政、無爲、至德、術事、資質、明誠、思務篇

12 賈誼《新書》大政、脩政、胎教、定取舍、道德說、宗首、藩强、連語、過秦、治安策，十篇

13 揚雄《法言》孝至、先知、寡言、問道、五百、脩身、寡見、學行、君子、本性，十篇

14 董仲舒《春秋繁露》立六神、爲人者天、王道通、深察名號、符瑞、仁義發、必仁且智、身之養重於義、奉本、玉杯、保位權、考功名、度制、基義、天容、陽尊陰卑、天辨人在、五行五事、五行變救，十九篇

15 《淮南子》（鴻烈書）原道訓、詮言訓、齊俗訓、主術訓、俶眞訓、本經訓、道應訓、精神訓、泰族訓、繆稱

訓、修務訓、人間訓、說林訓、汜論訓、天文訓、覽冥訓，十六篇

16 劉向《新序》第四、第八、第七、第三十四篇

17 劉向《說苑》第一、第二、第十、第七、第十九、第八、第三、第十四、第十八，九篇

18 王充《論衡》自然、異虛、變動、譴告、卜筮、訂鬼、自紀、書虛、超奇、佚文、定賢、案書、治期、感虛、禍虛、講瑞、紀妖、宣漢、齊世、逢遇、命祿、本性、非韓、儒增、率性、問孔、刺孟，二十七篇

19 王符《潛夫論》班祿、務本、救邊、忠貴、本政、讚學、思賢、潛嘆、明闇、考績、論榮、斷訟、衰制、明忠、述赦、三式、實邊、浮侈、議邊、釋難、德化、慎微、實貢、本訓，二十四篇

20 桓譚《新論》第四、五頁、第十一頁、第二十頁、第十六頁、第六頁、第二十二頁、第十八頁、第十四頁、第十三頁、第十五頁、第二十一頁、第八頁、第十七頁、第三頁，全書不標題分篇

21 荀悅《申鑒》政體、時事、雜言、俗嫌四篇

22 徐幹《中論》務本、慎所從、賞罰、審大臣、亡國、民數、爵祿、修本、虛道、貴言、貴驗、考僞、譴交，十三篇

23 仲長統《昌言》損益、法誡、理亂、雜篇，四篇

24 桓寬《鹽鐵論》（儒法論辯紀錄）

25 陳壽《三國志》魏書，一卷，武帝操，二十一卷，劉劭、仲長統；蜀書，三十二卷，先主備，三十三卷，後主禪，三十五卷，諸葛亮

26 袁宙宗《諸葛武侯的素養與戰略》，商務印書館，六十九年

27 張其昀《中華五千年史》第八冊、第九冊，文化大學，七十二年

28 蕭公權《中國政治思想史》第二編，第八章、第九章、第十章，華岡出版公司，六十一年

29 薩孟武《中國政治思想史》第二編，凡十節，三民書局，六十六年

30 王更生《陸賈》、《賈誼》，商務印書館，六十八年

31 林麗雪《董仲舒》，商務印書館，六十五年

32 于大成《劉安》，商務印書館，六十七年

33 廖吉郎《劉向》，商務印書館，六十八年

34 李鍌《揚雄》，商務印書館，六十八年

35 陳麗桂《王充》，商務印書館，六十八年

36 王關仕《王符》，商務印書館，六十八年

37 張美煜《荀悅》，商務印書館，七十一年

38 楊昌年《仲長統》，商務印書館，六十八年

39 林尹《中國學術思想大綱》㈢，東方書局，四十四年

第六編　霸權時期

1 陳壽《三國志》卷九何晏，卷十一田疇，卷十八李典，卷二十一王粲、阮籍、嵇康、衞覬，卷二十八王弼，卷三十九董和等人傳。

2 房玄齡《晉書》卷一二一李雄，卷二十六，食貨志，宋該、皇甫岌、張純、陳元達、張賓、王猛各人傳，阮籍、向秀、山濤、劉伶、王戎、阮咸各人傳。

3 姚思廉《梁書》卷五十一張孝秀傳，何敬容傳，賀琛傳，周朗傳，平南王偉傳，魚弘傳，曹景宗傳，庾華傳，梁武帝紀，陶弘景傳，劉勰傳。

4 姚思廉《陳書》魯悉達、傅縡二人傳，宣帝紀

5 魏收《魏書》卷一一〇食貨志，宣武帝紀，崔亮傳，卷三十，陸俟傳，韓麒麟傳，韓顯宗傳，孫紹傳，釋老志

6 沈約《宋書》武帝本紀，卷五十四羊玄保傳，蕭惠開傳，沈慶之傳，周朗傳，彭城王義康傳

7 趙翼《陔餘叢考》卷十七

8 俞正燮《癸巳類稿》三

9 馬端臨《文獻通考》卷二七二

10 趙翼《二十二史劄記》卷十二

11 顧炎武《日知錄》卷十三、卷三

12 房玄齡《晉書》干寶、王衍、樂廣、裴頠、庾亮、殷浩、王導、孫盛、劉惔、殷仲堪、王濛、何晏、嵇康、韓伯、王坦之、張憑各人傳，及簡文帝紀；傅玄、葛洪、郭象、佛圖澄傳、鳩摩羅什傳、王羲之傳、孫恩傳

13 何晏《道德通論》（通老論）、《論語集解》

14 阮籍孔子贊、達莊論、大人先生傳、老子贊、通易論、樂論

15 嵇康琴賦、卜疑集、釋私論、養生論、聲無哀樂論、難自然好學論、管蔡論、明膽論、原憲贊、司馬相如贊、許由贊、難宅無吉凶攝生論、與山巨源絕交書、與呂長悌絕交書、家誡、太師贊

16 王弼《周易注》六卷、《老子注》二卷、《論語釋疑》二卷

17 傅玄《傅子》正心、問政、仁論、義信、禮樂、貴教、檢商賈、舉賢、重爵祿、平賦役、法刑、通志、治體等篇及舉清遠有禮之臣疏
18 葛洪《抱朴子》外篇：塞難、明本、詰鮑、臣道、卷五、卷七、嘉遯、審舉、廣譬、勗學、省煩、窮達、任命、知止、博喻、用刑等；內篇：暢元、論仙、丹砂、對俗、釋滯、道意、仙藥、辨問、勤求、極言、地眞等篇
19 郭象《莊子注》、《論語解》
20 蕭子顯《南齊書》蕭惠基傳、王敬則傳、虞玩之傳、顧歡傳
21 李延壽《北史》高謙之傳
22 魏伯陽《參同契》上、中、下篇
23 陶弘景，眞誥、眞靈位業圖、尋山誌、登眞隱訣
24 梁、釋僧祐《弘明集》三破論、滅惑論、卷十二答桓太尉書、釋三破論、神滅論、難神滅論、神不滅論、形盡神不滅、駮顧道士書、戎華論、沙門不應盡敬表、論沙門致敬書、喩道論、理惑論等篇
25 劉勰《劉子新論》九流、愛民、從化、知人、薦賢、均任、適才、崇學、專學、言苑、隨時、辯樂、法術、辯思、利害、賞罰等篇及文心雕龍序
26 蕭公權《中國政治思想史》第二編第十章，華岡出版公司，六十一年
27 薩孟武《中國政治思想史》第三篇，三民書局，六十六年
28 林麗眞《王弼》，商務印書館，六十八年
29 何啓民《嵇康》，商務印書館，六十八年

30 沈謙《陶弘景》，商務印書館，六十八年
31 韓復智《傅玄》，商務印書館，六十八年
32 何啓民《何晏》，商務印書館，六十八年
33 尤信雄《葛洪》，商務印書館，六十八年
34 何啓民《阮籍》，商務印書館，六十八年
35 黃錦鋐《郭象》，商務印書館，六十八年
36 林尹《中國學術思想大綱》㈣，東方書局，四十四年

第七編　專制時期（上）

1 魏徵《隋書》食貨志、煬帝紀
2 馬端臨《文獻通考》田賦考、征榷考、錢幣考
3 劉昫《唐書》食貨志、太宗紀、長孫皇后、魏徵傳、陸贄傳、房玄齡傳、韓愈傳、柳宗元傳、杜順傳、智顗傳、玄奘傳、慧能傳、神秀傳、趙歸眞傳、元結傳、黃巢傳、憲宗紀、慧遠傳、王質傳〕、武宗紀、宣宗紀、狄仁傑傳、秦彥傳
4 歐陽修《新唐書》食貨志、馬周傳、王質傳、太宗本紀、北狄傳、魏徵傳、陸贄傳、房玄齡傳、韓愈傳、柳宗元傳、杜順傳、智顗傳、玄奘傳、慧能傳、神秀傳、趙歸眞傳、元結傳、黃巢傳、憲宗紀、武宗紀、慧遠傳、柳冲傳、王質傳、宗室傳贊、百官制三、選舉志一、李訓傳、楊炎傳、李嶠傳
5 柯劭忞《新元史》食貨志、太祖紀、世祖紀、成宗紀、武宗紀、史天擇、楊惟忠、劉秉忠、姚樞、耶律楚材、

郝經、許衡、趙復、蕭𣂏、許謙、金履祥、劉因、張䇓、王柏、楊璲、黃澤、韓性、吳師道、鄭介天、戚崇增、黃清老、俞漢、趙汸諸人傳及憲宗紀、仁宗紀、文宗紀

6 趙翼《陔餘叢考》卷十七、卷四十一

7 王通（文中子）《中說》王道、立命、事君、周公、關朗、禮樂、問易、天地等篇

8 王溥《唐會要》皇后、封建、尊崇道教、明經

9 李世民《帝範》建親、務農、賞罰

10 吳兢《貞觀政要》封建、政體、刑法、禮樂、君道、君臣、鑒戒、納諫、任賢、擇官、赦令、誠信、愼終、征伐

11 魏徵，諫太宗十思疏、諫十漸不克終疏，論治疏

12 陸贄，陸宣公奏議、奏當今所切務狀、論裴延齡姦蠹書、興元論姜公輔狀、論叙遷幸之由狀、謝密旨因論所宜事狀、論關中事宜狀、論進瓜果人擬官狀、請許臺省長官擧薦屬吏狀、論朝官闕員及刺史等改轉倫序狀、均節賦稅恤百姓狀、請罷瓊林大盈二庫狀、論緣邊守備事宜狀、論兩河及淮西利弊狀、奉天請教對群臣兼許論事狀

13 韓愈《韓昌黎文集》原道、圬者王承福傳、本政、對禹問、原性、師說、復讎狀、上宰相書、雜說、讀墨子、論迎佛骨表、讀荀、送王秀才序、祭鱷魚文等篇

14 柳宗元《柳河東集》貞符、封建論、天說、斷刑論、答劉禹錫天論書、舜禹之事時令論、捕蛇者說、種樹郭槖駝傳、送薛存義序等篇

15 佚名，《无能子》，聖過、質妄、嚴陵說、范蠡說、宋玉說、修眞、陽子說、文王說等篇

16 薛居正《舊五代史》羅隱、馮道、朱溫、劉知遠、石敬瑭、郭威、柴榮、李嗣源、李存勗、楊行密、李昪、王

建、孟知祥、李隱、馬殷、高季興、錢鏐、王潮、王審知、劉旻、張全義諸人傳

17 羅隱《兩同書》强弱、敬慢、貴賤、理亂、損益、得失、眞僞等篇

18 羅隱《讒書》題神羊圖、書馬嵬驛、聖人理亂、君子之位、天機、風雨對、三閭大夫意、吳宮遺事、伊尹有言、英雄之言、本農等篇

19 譚峭《化書》道化卷第一：神交、稚子、大化等篇。德化卷第三：有國、弓矢等篇。仁化卷第四：畋漁、螻蟻、止門、大和等篇。食化卷第五：絲綸、七奪、巫像、養馬、無爲、興化、戰欲、鵰鳶等篇。儉化卷第六：君民、權衡、三皇、解惑、天牧、損益、慳號等篇

20 脫脫《宋史》地理志，食貨志，太祖、太宗、眞宗、仁宗、神宗、哲宗、徽宗、欽宗、高宗、孝宗諸帝紀；趙普、范仲淹、李覯、蘇洵、王安石、司馬光、歐陽修、蘇軾、邵雍、周敦頤、張載、程顥、程頤、李綱、高登、眞德秀、呂祖謙、唐仲文、薛季宣、陳傅良、陳亮、葉適、朱熹、陸九淵、張栻諸人傳

21 范仲淹《范文正奏議》答手詔條陳十事疏

22 李覯《李直講文集》易論、原文、常語、上范參政書、安民策、潛書、禮論、刑禁、備亂、强兵策、富國策等篇

23 蘇洵《老泉文集》上皇帝書、易論、法制、審勢、議法、義者利之和論、廣士等篇

24 王安石《王臨川全集》周公、全集序、擬上殿劄子、子貢、非禮之禮、上仁宗皇帝言事書、慈溪縣學記、答司馬諫議書、上時政疏等篇

25 司馬光《司馬溫公文集》應詔言朝政缺失狀、論勸農上殿劄子、陳治要上殿劄子、進五規狀、上體要疏、言爲治所先上殿劄子、進修心治國之要劄子、論風俗札子等篇

26 司馬光《資治通鑑》周威烈王三十五年，臣光言；唐僖宗光啓三年
27 司馬光《迂書》士則篇
28 歐陽修《歐陽永叔文集》本論、準詔言爲上書、爲君難、勸農勅、國學試策、朋黨論、縱囚論、南省試策等篇
29 蘇軾《蘇文忠公全集》秦始皇帝論、上神宗皇帝書、論時政狀、刑政、思治論、策略、志林、上神宗皇帝言事書、應詔策別、策略等篇
30 邵雍《皇極經世書》觀物內篇，第一至第十篇
31 周敦頤《通書》誠幾德、順化、禮樂、誠、太極圖說等篇
32 張載《張子全書》西銘、大易、宗法、周禮、禮樂等篇
33 程顥、程頤《二程遺書》識仁、定性、上神宗陳治法十事書、上仁宗皇帝書等篇
34 李綱，輔政十事
35 高登《東溪集》上淵聖皇帝書五篇，時事六篇，湯祝網、蠹國、害民三篇。
36 眞德秀，召除禮侍上殿奏劄、上殿奏劄、直前奏事劄、輪對奏劄、應詔上封事、奏置十二縣社倉狀、大學平天下講義、大學湯之盤銘講義
37 呂祖謙，輪對劄子、與朱侍講元晦書、史話、詩說拾遺、舍人官箴、論語說等文
38 陳亮《龍川全集》上孝宗皇帝第一書、上孝宗皇帝第二書、問答一、答朱元晦書、與朱元晦秘書、問答七、論執政之要、上孝宗皇帝第三書等篇
39 葉適《水心文集》上孝宗皇帝劄子、水心學案上、治勢、法度總論一、法度總論一、待時、紀綱四、實謀、

紀綱二、制科、資格、胥吏、薦學等篇
40 朱熹《朱子大全》、《朱子語類》。《宋元學案》晦翁學案。《朱子大全》壬午應詔封事。《朱子語類》科學。《朱子大全》條陳經界狀、崇安縣社倉記、己酉上封事。《朱子語類》論刑
41 陸九淵《象山先生全集》保民而王、與徐子宜書二、雜說、策問、語錄、刪定官輪對劄子一、四、五、政之寬猛孰先論、問漢文帝之治、劉晏知取予論、問制科、與趙子直書、與陳倅第二書、與楊守書等篇
42 蕭公權《中國政治思想史》第二編，第十二章至第十五章，華岡出版公司，六十一年
43 薩孟武《中國政治思想史》第四篇及第五篇，第一節至第五節，三民書局，六十六年
44 沈秋雄《王通》，商務印書館，六十八年
45 王德毅《范仲淹》，商務印書館，六十八年
46 張特生《韓愈》，商務印書館，六十八年
47 彭楚珩《玄奘》，商務印書館，六十八年
48 陳郁夫《邵雍》，商務印書館，六十八年
49 黃俊彥《周敦頤》，商務印書館，六十八年
50 陳弘治《張載》，商務印書館，六十八年
51 王德毅《司馬光》，商務印書館，六十八年
52 廖吉郎《王安石》，商務印書館，六十八年
53 王開府《程顥、程頤》，商務印書館，六十八年
54 楊樹藩《羅隱》，商務印書館，六十八年

55 羅宗濤《慧能》，商務印書舘，七十一年
56 姚榮松《呂祖謙》，商務印書舘，六十八年
57 陸寶千《朱熹》，商務印書舘，六十八年
58 甲凱《眞德秀》，商務印書舘，六十八年
59 陳麗桂《葉適》，商務印書舘，六十八年
60 陳郁夫《陸九淵》，商務印書舘，六十八年
61 林耀曾《陳亮》，商務印書舘，六十八年
62 林尹《中國學術思想大綱》(五)(六)，東方書局，四十四年

第八編　專制時期（下）

1 耶律楚材《湛然居士集》卷一、卷七、卷十一、卷五、卷四、卷十、卷三、卷九、卷十三、卷十四、卷八、卷六
2 許衡《許魯齋集》上時務書，論立國規模、爲君難六事疏、中書大要、直說大學要略、雜疏等篇
3 許衡《魯齋遺書》任賢才、行德治、設學等篇
4 馬端臨《文獻通考》自序、卷一田賦一、卷七田賦七、卷九錢幣二、卷二十八選舉一、卷三十選舉三、卷三十一選舉四、卷三十六選舉九、卷三十七選舉十、卷三十三選舉六、卷四十九職官三、卷一五四兵六、卷一六四刑三、卷一六七刑六、卷三五吏道等篇
5 張廷玉《明史》薛瑄、歸有光、張居正、呂坤、劉基、方孝孺、王守仁、楊愼、胡惟庸、劉瑾、魏忠賢、嚴

嵩、李幼孜、高拱、趙貞吉、王振、王文、于謙、顧憲成、高攀龍、王畿、王艮、韓貞、王棟、耿定向、利瑪竇、何心隱、史可法諸人傳；太祖、成祖、宣宗、英宗、景宗、憲宗、孝宗、武宗、世宗、神宗、穆宗、光宗、熹宗、思宗諸帝紀及儒林傳

6 薛瑄《文清薛先生文集》讀諸葛武侯出師表後、送建昌尹陳繼賢序、策問、上講學章、戒子書、送白司訓序等篇

7 歸有光《震川先生全集》聖人之心公天下、道難、應制策第四問、別集、應制策第二問、河南策問對、應制策第五問、應制策第三問、上王都御史書等篇

8 張居正《張太岳集》答南司成屠石平論爲學書、振興人才疏、與李太僕漸菴論治體書、陳六事疏，固邦本、陳六事疏，振綱紀、陳六事疏，覈名實、與殷石汀論吏治書、請中舊章飭學政疏、辛未會試程策二、奏請整武備疏等篇。

9 呂坤《呻吟語》卷一之四、卷四之四、卷一之三、卷三、卷四之二等篇

10 呂坤《去僞齋文集》卷一被論自陳不識疏、卷六說天、卷六勢利說、卷六箕子、卷六嚴子陵等篇

11 呂坤《實政錄》明職、民務、鄉甲約、風憲約、獄政等篇

12 王守仁《王文成公全書》別湛甘泉序、重修山陰縣學記、傳習錄上徐愛記、答羅整菴書、傳習錄中、傳習錄下、答顧東橋書、朱子禮卷、三奇楊閣老邃庵二、答方賢書二、陳言邊務疏、山東鄉試錄等篇

13 劉基《郁離子》，蛇蝎、官箴、天地之盜、天道、靈丘丈人、反覇、德聚、擬連珠、行仁義、結民心、視民如身、生德、春秋明經等篇

14 方孝孺《遜志齋集》宗儀、君職、民政、治要、深慮、君量、君學、後正統論、釋統論等篇

15 李贄《李溫陵集》卷七感慨平生、卷四與莊純夫書。《焚書》卷五書黃安上人手册。《初潭集》卷十一儒釋道案語。《集》卷二答耿中丞書、卷十一自贊。《續焚書》卷一與耿克念書。《集》卷儿童心說、卷十五行業儒臣、卷一答周西巖書、卷十七強臣。《焚書》卷五賈誼。《集》卷一答石陽太守、卷十八道古錄。《藏書》紀傳目錄論。《集》卷十五朱子、卷十三教品序。《焚書》卷一答馬歷山書。《集》卷八夫婦論、卷一答鄧石陽書。《藏書》德業儒臣傳後論。《集》卷十五孟子、樂正子、司馬相、卷二十四德業儒臣論、卷一與焦弱侯書、卷一老子解序、墨子批選序。《初潭集》卷二十四癡臣。《集》卷十四世紀總論。《初潭集》卷二道學、卷二十師友。《集》卷三答耿司寇書、卷十五文中子、卷八何心隱論、卷十五馮道等篇

16 袁中道《李溫陵傳》；容肇祖《李贄年譜》

17 楊愼《升庵全集》廣正統論、宋統似晉、二伯論三篇

18 史可法《史忠正公集》復攝政睿親王書、進取疏、請出師討賊疏三篇

19 張其昀監修，清史編纂委員編纂(國防研究院印行)《清史》卷四至卷二十五，世祖、聖祖、世宗、高宗、仁宗、宣宗、文宗、穆宗、德宗、宣統諸帝本紀；湯斌、張伯行、張鵬翮、張廷玉、岳鍾琪、尹會一、尹繼善、紀昀、官文、倭仁、葉名琛、向榮、張國棟、曾國藩、左宗棠、李鴻章、榮祿、張之洞、薛福成、郭嵩燾、康有爲、譚嗣同、劉光第、楊銳、楊深秀、林旭、康廣仁、孫奇逢、李顒、顏元、李塨、俞樾、王闓運、王先謙、戴名世、趙翼、章學誠、俞正燮、魏源、馮桂芬、嚴復、林則徐、顧炎武、黃宗羲、王夫之、呂留良、朱之瑜諸人傳。補編十至十七洪秀全載記一—八。補編十八至二十一革命黨人列傳中，陸皓東、史堅如、鄒容、吳樾、陳天華、馬福益、劉道一、秋瑾、徐錫麟、趙聲、楊篤生等人傳。革命黨人列傳一及二係記敘　國父孫中山領導的國民革命史，黃興、胡漢民、宋教仁、朱執信、陳其美、蔣中正等人的革命事略均可於其中見之

20 黃宗羲《明夷待訪錄》原君、原臣、原法、置相、奄宦胥吏等篇

21 顧炎武《日知錄》卷十二、卷十三、卷十八、卷九、卷八、卷六等篇。又《亭林文集》與友人論學書、郡縣論一、郡縣論二、郡縣論六、郡縣論五、裴村記、讀隋書等篇

22 王夫之《船山遺書》黃書後序、黃書原極。《讀通鑑論》卷四、卷七、卷六、卷十一、卷二十、卷末、卷二十一、卷十二、卷二。又《思問錄》外篇等篇

23 呂留良《呂晚村文集》卷一復高彙旃書、卷五秩崖族兄六十壽序、卷一與張考夫書、卷一答潘用微書。又《四書講義》卷十八、卷二十九、卷三十七、卷六、卷十七。呂氏民族思想可於《東華錄》所記及包賚著《呂留良年譜》見之

24 朱之瑜《舜水文集》卷二十五雜說、卷七十四致光源國書、卷十六學校議、卷十五答野節問、卷十一答問等篇及《陽九述略》一卷

25 湯斌《湯潛庵文集》君道、臣道、取士、治道、上總督魏環極書等篇

26 李顒《二曲集》匡時要務、東林學院會語、與布撫臺書等篇。又《清儒學案》中二曲學案、另二曲教學語錄

27 張伯行《正誼堂文集》盡心錄序、治河議、奏請設社倉摺、三朝名臣言行錄總序、論大臣、擬請行鄉舉里選疏、通飭清釐保甲檄等篇

28 顏元《存治編》井田、封建、學校、濟時、重徵舉、治賦等篇。《存學編》辨學及《習齋語要》

29 李塨《擬太平策》卷二、卷三、卷四。《平書訂》卷七、卷三等篇

30 太平天國：奉天討胡檄；簡又文《太平天國雜記》、《太平天國詩文鈔》卷一、天條書、太平詔書；程演生著《太平天國史料》第一輯朱希祖序；曾國藩，討粵匪檄、孫德堅編《賊情彙纂》卷九、卷十二等篇

31 林則徐，兩廣奏稿，密陳夷務不可歇手書、致姚春木王冬壽書

32 曾國藩，奏請選幼童赴外國學習技藝疏、擬選出洋學藝摺、主張對外親睦日記

33 左宗棠，奏請造輪船摺

34 李鴻章，致總理衙門書、奏請創辦武備學堂摺、奏請試辦官商合營招商輪船摺、奏請派閩廠學生出洋學習摺

35 魏源《海國圖志》自序、卷一籌海篇三、卷三十九大西洋外墨利加洲總序

36 郭嵩燾《卷知書屋詩文集》卷十一，復姚彥嘉書、倫敦致李伯相書

37 倭仁，反對設立同文舘奏摺

38 俞樾，自强論

39 張自牧，瀛海論

40 王韜，變法自强論

41 馮桂芬《校邠廬抗議》卷下製洋器議、采西學議

42 鄭官應《盛世危言》卷二西學、卷一議院

43 張之洞，勸學篇，外篇設學第三、外篇變法第七、外篇廣譯第五

44 薛福成，出使英法義比四國日記，光緒十七年七月二十二日日記、光緒十六年十月二十六日日記及變法論

45 何啓、胡翼南《新政眞詮》卷三曾論書後、卷二後總序、卷四新政議、卷一前總序等篇

46 嚴復《原富》部戊第一嚴復案語。《社會通詮》國家之行政權分，第十二、第十三。《法意》第十九卷第二十章嚴復案語；第十七卷第三章嚴復案語。原强、論世變之亟等篇

47 康有爲《不忍雜誌彙編》初集，第一。《孟子微》禹稷當平世章註。《不忍雜誌彙編》二集，卷一、卷二。奏

請皇帝變法書、進呈法國革命記序、中華憲政會僑民公上請願書等篇
48 譚嗣同《仁學》下篇、《仁學》上篇
49 梁啓超《飲冰室文集》之五其四，利己與愛他、之十論政府與人民之權限、之三十政治上之對抗力、之七論中國學術思想變遷之大勢、之三十多數統治之試驗、之十五論國民與民族之差別及關係、之四論國家思想、之二變法通議、論君政民政相嬗之理、之六堯舜爲中國君權之濫觴考、另《西政叢書》序等篇
50 興中會時期革命思想：興中會成立宣言、陸皓東革命供詞、史堅如的革命言論（《清史》卷五四九）、鄒容的革命軍、章炳麟駁康有爲書、陳天華的警世鐘、猛回頭、絕命書、吳樾遺書、與妻訣別書
51 同盟會時期的革命思想：中國同盟會宣言、軍政府宣言、《民報》一期至二十六期、《民報》發刊詞、《民報》之六大主義、《民報》與《新民叢報》論辯
52 徐錫麟，禮義廉恥國之四維論、强恕而行義、致知在格物義文三篇
53 秋瑾《秋風秋雨集》
54 宋教仁，希望立憲者其失望矣、評憲友會、評帝國憲政實進會、討俄橫議四篇
55 朱執信，論社會革命與政治革命並行、致古應芬函、反對褊狹的國家主義輿論與煽動三篇
56 陳其美，檄浙江福建文、檄南京同胞文、解職宣言、討袁宣言、致黃克强書五篇
57 國父孫中山《三民主義》、《孫文學說》、《五權憲法》、《建國方略》、《建國大綱》、地方自治開始實行法、第一次全國代表大會宣言、《國父全集》中有關講演及雜著
58 蔣中正，三民主義本質、民生主義育樂兩篇補述
59 蕭公權《中國政治思想史》第三編、第四編、第五編，華岡出版公司，六十一年

60 薩孟武《中國政治思想史》第六篇，三民書局，六十六年
61 王壽南總主編《中國歷史思想家》，商務印書館印行，左列各思想家分册（民國六十八年至七十一年印行）：①趙振績、耶律楚材，②王民信、許衡，③邱德修、方孝孺，④王熙元、王守仁，⑤王孺松、李顒，⑥賴橋本、朱之瑜，⑦許錟輝、黃宗羲，⑧簡明勇、顧炎武，⑨黃懿梅、王夫之，⑩李國英、顏元，⑪周何、李塨，⑫王樹槐、康有為，⑬林載爵、譚嗣同，⑭何烈、曾國藩，⑮孫會文、鄭觀應，⑯呂實强、王韜，⑰陸寶千、郭嵩燾，⑱王家儉、魏源，⑲呂實强、馮桂芬，⑳王爾敏、薛福成，㉑郭正昭、嚴復，㉒張玉法、章炳麟，㉓胡平生、梁啓超
62 吳寄萍著《蔣中正》，商務印書館，六十八年
63 蔣永敬著《孫中山》，商務印書館，六十八年
64 林尹《中國學術思想大綱》，東方書局，四十四年

《中國政治思想史》校訂後記

「丈夫為志，窮當益堅，老當益壯。」馬援的這番豪語，在處理張金鑑先生《中國政治思想史》手稿的過程中，不時地浮現在我們的心頭。我們彷彿還可看見一位年屆八十六之齡的老學者，兀坐書齋，握卷伏讀；桌上散置各種參考書籍，以及一疊加滿箋註的未定稿。時而他握筆疾書，時而他陷入沈思，猶為建構中國政治思想史的風雨名山之業而奮惕不懈，然而，這樣的情景，已經沈澱入歷史洪流深深的底層，再也無從親見了。

我們收到張先生的定稿，是在民國七十六年八月。厚厚的一疊手稿，卽使置於几上，都顯得份量沈重。全文凡一百四十餘萬言，真可說是積稿盈尺。有感於先生治學之博洽，徵引之豐贍，魄力之宏大，我們決定不計盈虧，斥資為先生出版這部學術界近年來罕見的鉅著，也算是為文化事業略盡棉薄之力。然而由於公司急待出版的稿件甚多，一直到七十七年上半，才騰出空檔付梓。

《中國政治思想史》體大思精，不僅全書結構有獨到之處，卽使遣詞用句，也是典雅有致。但由於寫作時間長達五年，徵引的原典、參考文獻不下數百種之多，為免有疏漏之虞，因此在排版期間，張先生卽有意在校對時為全書作一番查核的工作。然而，就在這個時候，卻傳來張先生病重入院的消息。

這部書，對一生獻身學術、教育的張先生來說，是有非凡意義的。這不僅是他盱衡中外古今，畢生研究政治思想歸根結穴的定論，也彰顯了他鑑往察來，援古御今的終極關懷。劉董事長到醫院探望他的時候，他臉上罩著氧氣罩，病情已十分危急，但仍然念念不忘這部書的出版。他握著劉先生的手，囑咐道：「這大概是我有生之年最後的一部書了，我總希望能親眼看到它問世，希望你能幫我完成這最後的心願。」說著說著，眼淚就簌簌地流了下來。劉先生答應他，絕對儘速處理這部書。於是我們就展開代張先生校訂《中國政治思想史》的工作。

為了使這部書更臻完善，不負張先生的重托，因此特別敦請任職中央研究院近代史研究所，對中西政治思想均有研究的朱浤源博士，為我們主持校訂的工作。校訂的項目，主要是：引用中西人名、年代、書名、資料內容的核對。在某些細節上，也略作補充、修訂，但絕無損於原書的結構與創見。此外我們也編了中西人名索引，以便讀者翻檢。限於人力與時間，我們不敢說校訂工作盡善盡美，但是希望這份心力的付出，能使讀者有一部翔實的《中國政治思想史》可讀，並可由這部書作基礎，推擴出去，進入政治思想研究的遼闊天地。若能達到這個目的，這份工作就很有意義了。在校訂與編索引的過程中，朱浤源先生及其夫人鄭月裡女士，一直提供我們很大的協助，這是特別要感謝的。

校訂工作卽將完成的時候，張先生也因為病情穩定而出院，能夠自由走動了。為了便於出入，他就把床榻設在客廳。劉先生前往探病的時候，他顯得精神很好，談起《中國政治思想史》，對校訂工作的進行亦感到欣慰。我們也覺得鬆了一口氣，想來應該沒有問題了。

孰料，天不假年，就在劉先生赴美期間，傳來了張先生去世的噩耗。等劉先生回國，也只能在公祭時悼念這位一生如春蠶吐絲般獻身教育的學者了。我們聽到這個不幸的消息後，心裏也是一片悵惘，尤其是不能使張先生親睹本書的出版，了一樁最後的心願，這個歉咎，一直横梗胸臆。

現在，這部書終於出版了，雖然張先生已撒手人寰，但是他鍥而不捨，通古達今，老而彌堅的傳統學者風範，還是令我們這一代追慕無已的。我們也這麼想：假如後學晚輩能聞其風而得到精神上的鼓舞，能讀其書而放寬學術領域的視界，那麼，雖然張先生生前沒有親眼看到這部書的流傳，但在天壤之間，他也沒有留下任何遺憾。

編輯部　謹識

中文人名索引

二畫

三畫

四畫

五　畫

六　畫

七　畫

八　畫

九 畫

十　畫

十一畫

十二畫

十三畫

十四畫

十五畫

十六畫

十七畫

十八畫

十九畫

二十畫

二十一畫

英文人名索引

三民大專用書(十)

書名	著作人	任職
日本史	林明德	師範大學
美洲地理	林鈞祥	師範大學
非洲地理	劉鴻喜	師範大學
自然地理學	劉鴻喜	師範大學
聚落地理學	胡振洲	中國海專
海事地理學	胡振洲	中國海專
經濟地理	陳伯中	臺灣大學
都市地理學	陳伯中	臺灣大學
修辭學	黃慶萱	師範大學
中國文學概論	尹雪曼	中國文化大學
新編中國哲學史	勞思光	香港中文大學
中國哲學史	周世輔	政治大學
中國哲學發展史	吳怡	美國舊金山亞洲研究所
西洋哲學史	傅偉勳	美國費城州立天普大學
西洋哲學史話	鄔昆如	臺灣大學
邏輯	林正弘	臺灣大學
邏輯	林玉體	師範大學
符號邏輯導論	何秀煌	香港中文大學
人生哲學	黎建球	輔仁大學
思想方法導論	何秀煌	香港中文大學
如何寫學術論文	宋楚瑜	臺灣大學
論文寫作研究	段家鋒 孫正豐 張世賢 等人	各大學
語言學概論	謝國平	師範大學
奇妙的聲音	鄭秀玲	師範大學
美學	田曼詩	中國文化大學
植物生理學	陳昇明譯	中興大學
建築結構與造型	鄭茂川	中興大學

三民大專用書(九)

書　名	著作人	任　職
初級會計學（下）	洪國賜	淡水工商
中級會計學	洪國賜	淡水工商
中等會計	薛光圻 張鴻春	美國西東大學 臺灣大學
中等會計（下）	張鴻春	臺灣大學
商業銀行實務	解宏賓	中興大學
財務報表分析	李祖培	中興大學
財務報表分析	洪國賜 盧聯生	淡水工商 中興大學
審計學	殷文俊 金世朋	政治大學
投資學	龔平邦	逢甲大學
財務管理	張春雄	政治大學
財務管理	黃柱權	政治大學
公司理財	黃柱權	政治大學
公司理財	劉佐人	前中興大學教授
統計學	柴松林	政治大學
統計學	劉南溟	前臺灣大學教授
統計學	楊維哲	臺灣大學
統計學	張浩鈞	臺灣大學
推理統計學	張碧波	銘傳商專
商用統計學	顏月珠	臺灣大學
商用統計學	劉一忠	美國舊金山州立大學
應用數理統計學	顏月珠	臺灣大學
中國通史	林瑞翰	臺灣大學
中國現代史	李守孔	臺灣大學
中國近代史	李守孔	臺灣大學
中國近代史	李雲漢	政治大學
黃河文明之光	姚大中	東吳大學
古代北西中國	姚大中	東吳大學
南方的奮起	姚大中	東吳大學
中國世界的全盛	姚大中	東吳大學
近代中國的成立	姚大中	東吳大學
近代中日關係史	林明德	師範大學
西洋現代史	李邁先	臺灣大學
英國史綱	許介鱗	臺灣大學
印度史	吳俊才	政治大學

三民大專用書(八)

書名	著作人	任職
貿易英文實務	張錦源	交通大學
海關實務	張俊雄	淡江大學
貿易貨物保險	周詠棠	中央信託局
國際匯兌	林邦充	輔仁大學
信用狀理論與實務	蕭啟賢	輔仁大學
美國之外匯市場	于政長	東吳大學
外匯、貿易辭典	于政長	東吳大學
國際商品買賣契約法	鄧越今	前外貿協會處長
保險學	湯俊湘	中興大學
人壽保險學	宋明哲	德明商專
人壽保險的理論與實務	陳雲中	臺灣大學
火災保險及海上保險	吳榮清	中國文化大學
商用英文	程振粵	臺灣大學
商用英文	張錦源	交通大學
國際行銷管理	許士軍	新加坡大學
國際行銷	郭崑謨	中興大學
市場學	王德馨	中興大學
線性代數	謝志雄	東吳大學
商用數學	薛昭雄	政治大學
商用數學	楊維哲	臺灣大學
商用微積分	何典恭	淡水工商
微積分	楊維哲	臺灣大學
微積分(上)	楊維哲	臺灣大學
微積分(下)	楊維哲	臺灣大學
大二微積分	楊維哲	臺灣大學
機率導論	戴久永	交通大學
銀行會計	李兆萱 金桐林	臺灣大學
會計學	幸世間	臺灣大學
會計學	謝尚經	專業會計師
會計學	蔣友文	臺灣大學
成本會計	洪國賜	淡水工商
成本會計	盛禮約	政治大學
政府會計	李增榮	政治大學
政府會計	張鴻春	臺灣大學
初級會計學	洪國賜	淡水工商

三民大專用書(七)

書名	著作人	任職
經濟學導論	徐育珠	美國南康涅狄克州立大學
通俗經濟講話	邢慕寰	前香港中文大學教授
經濟政策	湯俊湘	中興大學
比較經濟制度	孫殿柏	政治大學
總體經濟學	鍾甦生	西雅圖銀行臺北分行協理
總體經濟理論	孫震	臺灣大學
總體經濟分析	趙鳳培	政治大學
個體經濟學	劉盛男	臺北商專
合作經濟概論	尹樹生	中興大學
農業經濟學	尹樹生	中興大學
西洋經濟思想史	林鐘雄	臺灣大學
歐洲經濟發展史	林鐘雄	臺灣大學
凱因斯經濟學	趙鳳培	政治大學
工程經濟	陳寬仁	中正理工學院
國際經濟學	白俊男	東吳大學
國際經濟學	黃智輝	東吳大學
貨幣銀行學	白俊男	東吳大學
貨幣銀行學	何偉成	中正理工學院
貨幣銀行學	楊樹森	中國文化大學
貨幣銀行學	李穎吾	臺灣大學
貨幣銀行學	趙鳳培	政治大學
現代貨幣銀行學	柳復起	澳洲新南威爾斯大學
商業銀行實務	解宏賓	中興大學
現代國際金融	柳復起	澳洲新南威爾斯大學
國際金融理論與制度	歐陽勛 黃仁德	政治大學
財政學	李厚高	前臺灣省財政廳廳長
財政學	林華德	臺灣大學
財政學原理	魏萼	臺灣大學
貿易慣例	張錦源	交通大學
國際貿易	李穎吾	臺灣大學
國際貿易實務詳論	張錦源	交通大學
國際貿易法概要	于政長	東吳大學
國際貿易理論與政策	歐陽勛 黃仁德	政治大學
國際貿易政策概論	余德培	東吳大學
貿易契約理論與實務	張錦源	交通大學

三民大專用書㈥

書名	著作人	任職
社會心理學理論	張華葆	東海大學
新聞英文寫作	朱耀龍	中國文化大學
傳播原理	方蘭生	中國文化大學
傳播研究方法總論	楊孝濚	東吳大學
大眾傳播理論	李金銓	美國明尼蘇達大學
大眾傳播新論	李茂政	政治大學
大眾傳播與社會變遷	陳世敏	政治大學
行爲科學與管理	徐木蘭	交通大學
國際傳播	李瞻	政治大學
國際傳播與科技	彭芸	政治大學
組織傳播	鄭瑞城	政治大學
政治傳播學	祝基瀅	美國加利福尼亞州立大學
文化與傳播	汪琪	政治大學
廣播與電視	何貽謀	政治大學
廣播原理與製作	于洪海	輔仁大學
電影原理與製作	梅長齡	前中國文化大學教授
新聞學與大眾傳播學	鄭貞銘	中國文化大學
新聞採訪與編輯	鄭貞銘	中國文化大學
新聞編輯學	徐昶	臺灣新生報
採訪寫作	歐陽醇	師範大學
評論寫作	程之行	紐約日報總編輯
小型報刊實務	彭家發	政治大學
廣告學	顏伯勤	輔仁大學
中國新聞傳播史	賴光臨	政治大學
中國新聞史	曾虛白主編	總統府國策顧問
世界新聞史	李瞻	政治大學
新聞學	李瞻	政治大學
媒介實務	趙俊邁	中國文化大學
電視與觀眾	曠湘霞	新聞局廣電處處長
電視新聞	張勤	中視新聞部
電視制度	李瞻	政治大學
新聞道德	李瞻	政治大學
數理經濟分析	林大侯	臺灣大學
計量經濟學導論	林華德	臺灣大學
經濟學	陸民仁	政治大學
經濟學原理	歐陽勛	政治大學

三民大專用書(五)

書名	著作人	任職
教育心理學	溫世頌	美國傑克遜州立大學
教育哲學	賈馥茗	師範大學
教育哲學	葉學志	國立臺灣教育學院
教育經濟學	蓋浙生	師範大學
教育經濟學	林文達	政治大學
教育財政學	林文達	政治大學
工業教育學	袁立錕	國立臺灣教育學院
家庭教育	張振宇	淡江大學
當代教育思潮	徐南號	師範大學
比較國民教育	雷國鼎	師範大學
中國教育史	胡美琦	中國文化大學
中國國民教育發展史	司琦	政治大學
中國現代教育史	鄭世興	師範大學
社會教育新論	李建興	師範大學
教育與人生	李建興	師範大學
中等教育	司琦	政治大學
中國體育發展史	吳文忠	師範大學
中國大學教育發展史	伍振鷟	師範大學
中國職業教育發展史	周談輝	師範大學
中國社會教育發展史	李建興	師範大學
技術職業教育行政與視導	張天津	師範大學
技職教育測量與評鑑	李大偉	師範大學
技術職業教育教學法	陳昭雄	師範大學
技術職業教育辭典	楊朝祥	師範大學
高科技與技職教育	楊啟棟	師範大學
工業職業技術教育	陳昭雄	師範大學
職業教育師資培育	周談輝	師範大學
技術職業教育理論與實務	楊朝祥	師範大學
心理學	張春興 楊國樞	師範大學 臺灣大學
心理學	劉安彥	美國傑克遜州立大學
人事心理學	黃天中	美國奧克拉荷市大學
人事心理學	傅肅良	中興大學
社會心理學	趙淑賢	
社會心理學	張華葆	東海大學
社會心理學	劉安彥	美國傑克遜州立大學

三民大專用書㈣

書名	著作人	任職
考銓制度	傅肅良	中興大學
員工考選學	傅肅良	中興大學
作業研究	林照雄	輔仁大學
作業研究	楊超然	臺灣大學
作業研究	劉一忠	美國舊金山州立大學
系統分析	陳進	美國聖瑪麗大學
社會科學概論	薩孟武	前臺灣大學教授
社會學	龍冠海	前臺灣大學教授
社會學	蔡文輝	美國印第安那大學
社會學	張華葆主編	東海大學
社會學理論	蔡文輝	美國印第安那大學
社會學理論	陳秉璋	政治大學
西洋社會思想史	龍冠海 張承漢	前臺灣大學教授 臺灣大學
中國社會思想史	張承漢	臺灣大學
都市社會學理論與應用	龍冠海	前臺灣大學教授
社會變遷	蔡文輝	美國印第安那大學
社會福利行政	白秀雄	政治大學
勞工問題	陳國鈞	中興大學
社會政策與社會行政	陳國鈞	中興大學
社會工作	白秀雄	政治大學
團體工作	林萬億	臺灣大學
文化人類學	陳國鈞	中興大學
政治社會學	陳秉璋	政治大學
醫療社會學	藍采風 廖榮利	印第安那中央大學 臺灣大學
人口遷移	廖正宏	臺灣大學
社區原理	蔡宏進	臺灣大學
人口教育	孫得雄	東海大學
社會階層	張華葆	東海大學
社會階層化與社會流動	許嘉猷	臺灣大學
普通教學法	方炳林	前師範大學教授
各國教育制度	雷國鼎	師範大學
教育行政學	林文達	政治大學
教育行政原理	黃昆輝主譯	師範大學
教育社會學	陳奎憙	師範大學
教育心理學	胡秉正	政治大學

三民大專用書㈢

書名	著作人	任職
公共政策概論	朱志宏	臺灣大學
中國社會政治史	薩孟武	前臺灣大學教授
歐洲各國政府	張金鑑	政治大學
美國政府	張金鑑	政治大學
中美早期外交史	李定一	政治大學
現代西洋外交史	楊逢泰	政治大學
各國人事制度	傅肅良	中興大學
行政學	左潞生	前中興大學教授
行政學	張潤書	政治大學
行政學新論	張金鑑	政治大學
行政法	林紀東	臺灣大學
行政法之基礎理論	城仲模	中興大學
交通行政	劉承漢	成功大學
土地政策	王文甲	前中興大學教授
行政管理學	傅肅良	中興大學
現代管理學	龔平邦	逢甲大學
現代企業管理	龔平邦	逢甲大學
現代生產管理學	劉一忠	美國舊金山州立大學
生產管理	劉漢容	成功大學
品質管理	戴久永	交通大學
企業政策	陳光華	交通大學
國際企業論	李蘭甫	香港中文大學
企業管理	蔣靜一	逢甲大學
企業管理	陳定國	臺灣大學
企業概論	陳定國	臺灣大學
企業組織與管理	盧宗漢	中興大學
企業組織與管理	郭崑謨	中興大學
組織行為管理	龔平邦	逢甲大學
行為科學概論	龔平邦	逢甲大學
組織原理	彭文賢	中興大學
管理新論	謝長宏	交通大學
管理概論	郭崑謨	中興大學
管理心理學	湯淑貞	成功大學
管理數學	謝志雄	東吳大學
管理個案分析	郭崑謨	中興大學
人事管理	傅肅良	中興大學

三民大專用書(一)

書名	著作人	任職
比較主義	張亞澐	政治大學
國父思想新論	周世輔	政治大學
國父思想要義	周世輔	政治大學
國父思想	周世輔	政治大學
國父思想	涂子麟	中山大學
中國憲法論	傅肅良	中興大學
中國憲法新論	薩孟武	前臺灣大學教授
中華民國憲法論	管歐	東吳大學
中華民國憲法逐條釋義(一)(二)(三)(四)	林紀東	臺灣大學
比較憲法	鄒文海	前政治大學教授
比較憲法	曾繁康	臺灣大學
美國憲法與憲政	荊知仁	政治大學
比較監察制度	陶百川	前總統府國策顧問
國家賠償法	劉春堂	輔仁大學
中國法制史	戴炎輝	臺灣大學
法學緒論	鄭玉波	臺灣大學
法學緒論	孫致中	各大專院校
民法概要	董世芳	實踐家專
民法概要	鄭玉波	臺灣大學
民法總則	鄭玉波	臺灣大學
民法物權	鄭玉波	臺灣大學
民法債編總論	鄭玉波	臺灣大學
民法總則	何孝元	前中興大學教授
民法債編總論	何孝元	前中興大學教授
判解民法物權	劉春堂	輔仁大學
判解民法總則	劉春堂	輔仁大學
判解民法債篇通則	劉春堂	輔仁大學
民法親屬新論	陳棋炎	臺灣大學
民法繼承	陳棋炎	臺灣大學
公司法	鄭玉波	臺灣大學
公司法論	柯芳枝	臺灣大學
公司法論	梁宇賢	中興大學
土地法釋論	焦祖涵	東吳大學
土地登記之理論與實務	焦祖涵	東吳大學
票據法	鄭玉波	臺灣大學

三民大專用書(二)

書名	著作人	任職
海商法	鄭玉波	臺灣大學
海商法論	梁宇賢	中興大學
保險法論	鄭玉波	臺灣大學
商事法論	張國鍵	臺灣大學
商事法要論	梁宇賢	中興大學
銀行法	金桐林	華銀資訊室主任
合作社法論	李錫勛	政治大學
刑法總論	蔡墩銘	臺灣大學
刑法各論	蔡墩銘	臺灣大學
刑法特論	林山田	政治大學
刑事訴訟法論	胡開誠	臺灣大學
刑事訴訟法論	黃東熊	中興大學
刑事政策	張甘妹	臺灣大學
民事訴訟法釋義	石志泉 楊建華	輔仁大學
強制執行法實用	汪禕成	前臺灣大學教授
監獄學	林紀東	臺灣大學
現代國際法	丘宏達	美國馬利蘭大學
現代國際法基本文件	丘宏達	美國馬利蘭大學
平時國際法	蘇義雄	中興大學
國際私法	劉甲一	臺灣大學
國際私法論叢	劉鐵錚	政治大學
國際私法新論	梅仲協	前臺灣大學教授
引渡之理論與實踐	陳榮傑	外交部條約司
破產法論	陳計男	行政法院庭長
破產法	陳榮宗	臺灣大學
中國政治思想史	薩孟武	前臺灣大學教授
西洋政治思想史	薩孟武	前臺灣大學教授
西洋政治思想史	張金鑑	政治大學
中國政治制度史	張金鑑	政治大學
政治學	曹伯森	陸軍官校
政治學	鄒文海	前政治大學教授
政治學	薩孟武	前臺灣大學教授
政治學	呂亞力	臺灣大學
政治學方法論	呂亞力	臺灣大學
政治學概論	張金鑑	政治大學
政治理論與研究方法	易君博	政治大學